Großkommentare der Praxis

STAUB
Handelsgesetzbuch

Großkommentar

6., neu bearbeitete Auflage

begründet von
Hermann Staub

herausgegeben von
Stefan Grundmann, Mathias Habersack, Carsten Schäfer

Siebter Band
§§ 316–324a

Bearbeiter:
Vor § 316, §§ 319–323: Christoph A. Weber
§§ 316–318, §§ 324, 324a: Mathias Habersack

DE GRUYTER

Bearbeitungsstand: März 2023
Zitiervorschlag: Großkomm/*Weber* § 319 Rn. 12
Bandherausgeber: Professor Dr. Mathias Habersack, Ludwig-Maximilians-Universität München
Sachregister: Christian Klie

ISBN 978-3-11-056393-1
e-ISBN (PDF) 978-3-11-056536-2
e-ISBN (E-PUB) 978-3-11-056398-6

Library of Congress Control Number: 2023934700

Bibliografische Information der Deutschen Nationalbibliothek
Die Deutsche Nationalbibliothek verzeichnet diese Publikation in der Deutschen Nationalbibliografie; detaillierte bibliografische Daten sind im Internet über http://dnb.dnb.de abrufbar.

Satz: Meta Systems Publishing & Printservices GmbH, Wustermark
Druck und Bindung: CPI books GmbH, Leck

www.degruyter.com

Verzeichnis der Bearbeiter der 6. Auflage

Professor Dr. **Jochen Axer**, Rechtsanwalt, Wirtschaftsprüfer, Steuerberater, axis Rechtsanwälte, Köln
Professor Dr. **Jens-Hinrich Binder**, LL.M. (London), Universität Tübingen
Professor Dr. **Benjamin B. von Bodungen**, LL.M. (Auckland), GGS, Heilbronn
Professor Dr. **Jens Bülte**, Universität Mannheim
Professor Dr. **Ulrich Burgard**, Otto-von-Guericke-Universität Magdeburg
Professor em. Dr. Dr. h.c. mult. **Claus-Wilhelm Canaris**, Ludwig-Maximilians-Universität München †
Professor Dr. **Matthias Casper**, Westfälische Wilhelms-Universität Münster
Professor Dr. **Klaus-Dieter Drüen**, Ludwig-Maximilians-Universität München
Max Ehrl, Hauptgeschäftsführer der Bundesnotarkammer K.d.ö.R., Berlin
Dr. **Raimond Emde**, Rechtsanwalt, GvW Graf von Westphalen, Hamburg
Professor Dr. **Philipp S. Fischinger**, Universität Mannheim
Jun.-Prof. Dr. **Stephan Gräf**, Universität Konstanz
Professor Dr. **Hans Christoph Grigoleit**, Ludwig-Maximilians-Universität München
Professor Dr. Dr. **Stefan Grundmann**, LL.M. (Berkeley), Humboldt-Universität zu Berlin und European University Institute in Florenz
Professor Dr. **Mathias Habersack**, Ludwig-Maximilians-Universität München
Professor Dr. **Stephan Harbarth**, LL.M. (Yale), Präsident des Bundesverfassungsgerichts
Professor Dr. **Rafael Harnos**, BSP Business & Law School Berlin
Professor Dr. Dr. h.c. mult. **Peter Hommelhoff**, Ruprecht-Karls-Universität Heidelberg
Professor Dr. **Henning Jessen**, LL.M. (Tulane), World Maritime University Malmö
Professor Dr. **Christian Kersting**, LL.M. (Yale), Heinrich-Heine-Universität Düsseldorf
Professor Dr. **Peter Kindler**, Ludwig-Maximilians-Universität München
Professor Dr. **Detlef Kleindiek**, Universität Bielefeld
Professor Dr. **Jens Koch**, Universität zu Köln
Dr. **Ernst Thomas Kraft**, Rechtsanwalt, Hengeler Mueller, Frankfurt am Main
Professor Dr. **Andreas Maurer**, LL.M. (Osgoode), Universität Mannheim
Professor Dr. **André Meyer**, LL.M. Taxation, Universität Bayreuth
Professor Dr. **Florian Möslein**, LL.M. (London), Phillips-Universität Marburg
Professor Dr. **Hartmut Oetker**, Christian-Albrechts-Universität Kiel
Professor Dr. **Karsten Otte, M.J.C. (Austin)**, außerplanmäßige Professur an der Universität Mannheim, Direktor bei der Bundesnetzagentur, Bonn
PD Dr. **Moritz Pöschke**, LL.M. (Harvard), Universität zu Köln, Rechtsanwalt, Dipl.-Kfm.
Professor Dr. **Moritz Renner**, Universität Mannheim
Dr. **Fabian Reuschle**, Richter am Landgericht Stuttgart
Professor Dr. **Carsten Schäfer**, Universität Mannheim
Professor Dr. **Patrick Schmidt**, Rechtsanwalt, NJP Grotstollen, Duisburg
Harald Schoen, LL.M., Referatsleiter, Bundesministerium der Justiz und für Verbraucherschutz, Berlin
Professor Dr. **Martin Schwab**, Universität Bielefeld
Professor Dr. **Jan Thiessen**, Humboldt-Universität zu Berlin
Professor Dr. **Chris Thomale**, LL.M. (Yale), Universität Wien
PD Dr. **Christoph Andreas Weber**, Ludwig-Maximilians-Universität München
Professor Dr. **Christoph Weber**, Julius-Maximilians-Universität Würzburg

https://doi.org/10.1515/9783110565362-202

Vorwort zur 6. Auflage

Die sechste Auflage des von *Hermann Staub* begründeten Großkommentars zum HGB hat noch einmal stärker als schon die fünfte Auflage ein breites, dynamisches, herausforderndes Gebiet zu erfassen. Zunehmend handelt es sich um Handelsrecht und Wirtschaftsrecht, die handelsrechtlichen Normen und die wichtigsten handelsrechtlichen Akteure (einschließlich Banken und Transportwesen), das nationale Recht ebenso wie die internationalen Bezüge und die immer stärker dominierenden unionsrechtlichen Grundlagen und Vorgaben, und schließlich ein Handelsrecht der Liberalität und eines der Regulierung. Tempo und Intensität der Reformen haben – gerade auf der stärker regulierenden Seite – beständig und während der vergangenen zwei Dekaden nochmals verstärkt zugenommen. All diese Einflüsse bewirken tiefgreifende und stets fortschreitende Änderungen des Textes und der Systematik des HGB, die es in der Neuauflage aufzubereiten und in ihren praktischen Folgen zu würdigen gilt. Auch nach Ausgliederung des Aktienrechts 1937 blieb das Handelsgesetzbuch das Grundgesetz von Handel und Wirtschaft. Dem damit aufgerufenen Reichtum der Phänomene, Regelungskomplexe und Methoden stellt sich dieser Kommentar auch in der Neuauflage in besonderem Maße.

Der Kommentar hat heute eine nahezu 130-jährige Tradition, die ersten sieben Auflagen besorgte *Hermann Staub* selbst in einer Dekade (bis zu seinem Tod). Aus diesem Erbe erwuchs der erste Großkommentar überhaupt, langsamer im Takt, vertieft. Anspruch und inhaltliche Konzeption blieben jedoch stets gleich: Der Kommentar soll in einer sowohl wissenschaftlichen Ansprüchen genügenden als auch die Belange und Gepflogenheiten der Praxis berücksichtigenden Art und Weise über den Stand der Diskussion informieren und Entwicklungslinien aufzeigen.

Die Neuauflage wird durch den Tod von *Claus-Wilhelm Canaris* überschattet, der am 5. März 2021 im Alter von 83 Jahren verstorben ist. Er war dem Kommentar seit der 3. Auflage verbunden, zunächst als Autor nicht nur, aber insbesondere des gerade durch seine Kommentierung nachhaltig geprägten „Bankvertragsrechts", sodann – zusammen mit *Wolfgang Schilling* und *Peter Ulmer* – auch als Herausgeber der 4. Auflage und – zusammen mit *Mathias Habersack* und *Carsten Schäfer* – als Herausgeber der 5. Auflage. Auch in die Konzeption der 6. Auflage hatte sich *Claus-Wilhelm Canaris* noch eingebracht. Verlag und Herausgeber der 6. Auflage neben *Mathias Habersack* und *Carsten Schäfer* nun auch *Stefan Grundmann* – danken Herrn *Canaris* an dieser Stelle sehr für sein Jahrzehnte währendes erfolgreiches Wirken für den „Staub".

Im Unterschied zur Vorauflage bleibt es zwar bei einer – erweiterten – Bandfolge, werden jedoch Neuauflagen auch einzelner Bände innerhalb der 6. Auflage – als Neubearbeitungen – möglich sein, um den Ansprüchen einer nochmals gestiegenen Dynamik im Handels- und Wirtschaftsrecht gerecht zu werden. Mit der Neuauflage des Staub soll also eingeführt werden, was für die dreizehnte Auflage des Staudinger längst bewährte Realität ist. Siebzehn Bände sind vorgesehen, und damit liegt die Gesamtzahl über derjenigen der Vorauflage, dem Anwachsen des Rechtsstoffes geschuldet.

Der jetzt vorgelegte siebte Band umfasst mit der Kommentierung der §§ 316–324a HGB die Vorschriften über die Prüfung des Jahres- und Konzernabschlusses von Kapitalgesellschaften. Mathias Habersack hat die Kommentierung der §§ 316–318 und der §§ 324–324a HGB besorgt. Für die Vorbemerkungen zu § 316 und die Kommentierung der §§ 319–323 HGB zeichnet Christoph Andreas Weber verantwortlich.

Juni 2023 Herausgeber und Verlag

https://doi.org/10.1515/9783110565362-203

Inhaltsverzeichnis

Abkürzungsverzeichnis

aA	anderer Ansicht
a.a.O.	am angegebenen Ort
abl.	ablehnend
ABl.	Amtsblatt
ablehn.	ablehnend
Abs.	Absatz
Abschn.	Abschnitt
abw.	abweichend
AcP	Archiv für civilistische Praxis
ADAC	Allgemeiner Deutscher Automobil-Club
ADHGB	Allgemeines Deutsches Handelsgesetzbuch v. 1861
aE	am Ende
AEUV	Vertrag über die Arbeitsweise der Europäischen Union
a.F.	alte Fassung
AG	1. Amtsgericht 2. Aktiengesellschaft
AGB	Allgemeine Geschäftsbedingungen
AGG	Allgemeines Gleichbehandlungsgesetz
AiB	Arbeitsrecht im Betrieb
AIF	Alternativer Investmentfonds
AIFM	Alternative Investment Fund Manager
AIFMD	Alternative Investment Fund Managers Directive, Richtlinie 2011/61/EU über die Verwalter alternativer Investmentfonds
AktG	Aktiengesetz
Aktz.	Aktenzeichen
allg.	allgemein
allgM	allgemeine Meinung
a.M.	andere(r) Meinung
amtl.	amtlich(e)
amtl. Begr.	Amtliche Begründung
AnfG	Anfechtungsgesetz
Anh.	Anhang
Anl.	Anleitung
Anm.	Anmerkung(en)
AnzV	Anzeigenverordnung: Verordnung über die Anzeigen und die Vorlage von Unterlagen nach dem Kreditwesengesetz
AO	1. Amtsordnung (Schleswig Holstein) 2. Abgabenordnung
AöR	Archiv des öffentlichen Rechts
AP	Arbeitsrechtliche Praxis
ApothekenBetrO	Apothekenbetriebsordnung
ApothekenG	Apothekengesetz
ArbG	Arbeitsgericht
ArbGG	Arbeitsgerichtsgesetz
AR-Blattei	Arbeitsrecht-Blattei
ArbR	Arbeitsrecht
ArbstättVO	Arbeitsstättenverordnung
ArbZG	Arbeitszeitgesetz
ArchBürgR	Archiv für Bürgerliches Recht
Art.	Artikel
AÜG	Arbeitnehmerüberlassungsgesetz
Aufl.	Auflage
AV	Ausführungsverordnung
AWD	Allgemeiner Wirtschaftsdienst
AZR	Gesetz über das Ausländerzentralregister

https://doi.org/10.1515/9783110565362-205

Baden-Württ.	Baden-Württemberg
BaFin	Bundesanstalt für Finanzdienstleistungsaufsicht
BAnz	Bundesanzeiger
Basel I	Ausschuss für Bankenbestimmmungen und -überwachung: Internationale Konvergenz der Eigenkapitalmessung und Eigenkapitalanforderungen (1988)
Basel II	Baseler Ausschuss für Bankenaufsicht: Internationale Konvergenz der Kapitalmessung und Eigenkapitalanforderungen, überarbeitete Rahmenvereinbarung (2004)
Basel III	Baseler Ausschuss für Bankenaufsicht: Basel III: Ein globaler Regulierungsrahmen für widerstandsfähige Banken und Bankensysteme (2010)
BauspG	Gesetz über Bausparkassen
BayERVV	Bayerische Verordnung über den elektronischen Rechtsverkehr und elektronische Verfahren (E-Rechtsverkehrsverordnung – ERVV)
BaWüNotZ	Baden-Württembergische Notarzeitung
BayObLG	Bayerisches Oberlandesgericht
BayZ	Bayerische Zeitung
BAG	Bundesarbeitsgericht
BAO	Bundesabgabenordnung
BÄO	Bundesärzteordnung
BB	Der Betriebs-Berater
BBG; BBAnkG	Gesetz über die deutsche Bundesbank
BBiG	Berufsbildungsgesetz
BBK	Buchführung, Bilanzierung, Kostenrechnung (Zeitschrift)
BC	Zeitschrift für Bilanzierung, Rechnungswesen und Controlling
Bd.	Band
BdB	Bundesverband deutscher Banken e. V.
BDSG	Bundesdatenschutzgesetz
Bek. v.	Bekanntmachung vom
Begr.	Begründung
Beschl.	Beschluss
BetrAVG	Gesetz zur Verbesserung der betrieblichen Altersversorgung (Betriebsrentengesetz)
BetrVG	Betriebsverfassungsgesetz
BeurkG	Beurkundungsgesetz
BfA	Bundesversicherungsanstalt für Angestellte
BFH	Bundesfinanzhof
BFHE	Entscheidungen des Bundesfinanzhofes
BFuP	Betriebswirtschaftliche Forschung und Praxis (Zeitschrift)
BGB	Bürgerliches Gesetzbuch vom 18.8.1896
BGBl.	Bundesgesetzblatt
BGH	Bundesgerichtshof
BGHR	BGH-Rechtsprechung, hrsg. von den Richtern des Bundesgerichtshofes
BGHZ	Entscheidungen des Bundesgerichtshofes in Zivilsachen
BIZ	Bank für Internationalen Zahlungsausgleich, Basel
BKartA	Bundeskartellamt
BKR	Zeitschrift für Bank- und Kapitalmarktrecht
Bl.	Blatt
BMJ	Bundesministeriums der Justiz
BNotO	Bundesnotarordnung
BOARD	Zeitschrift für Aufsichtsräte in Deutschland
BoHdR	Bonner Handbuch der Rechnungslegung
BörsG	Börsengesetz
BörsO	Börsenordung
BörsZulV	Börsenzulassungs-Verordnung; Verordnung über die Zulassung von Wertpapieren zur amtlichen Notierung an einer Wertpapierbörse
BPatG	Bundespatentgericht
BPatGE	Entscheidungen des Bundespatentgerichts
BR-Drucks.	Bundesratsdrucksache

BRAGO	Bundesgebührenordnung für Rechtsanwälte
BRAK-Mitt	Mitteilungen der Bundesrechtsanwaltskammer
BRRD	Bank Recovery and Resolution Directive
BRRD-Richtlinie	Richtlinie 2014/59/EU des Europäischen Parlaments und des Rates vom 15.5.2014 zur Festlegung eines Rahmens für die Sanierung und Abwicklung von Kreditinstituten und Wertpapieren; ABl. EU L 173 v. 12.6.2014
BSpKG	Gesetz über Bausparkassen
BStBl	Bundessteuerblatt
BT	Bundestag
BT-Drucks., BT-Drs.	Bundestags-Drucksache
BuB	Bankrecht und Bankpraxis, hrsg. v. Hellner/Steuer/Piekenbrock/Siegmann/Höche, Loseblatt-Sammlung, Köln
BUrlG	Bundesurlaubsgesetz vom 8.1.1963
BVerfG	Bundesverfassungsgericht
BVerfGE	Entscheidungen des Bundesverfassungsgerichts
BVK	Bayerische Versicherungskammer
BWNotZ	Zeitschrift für das Notariat in Baden-Württemberg
bzgl.	bezüglich
bzw.	beziehungsweise
CaR	Credit at Risk
CB	Compliance-Berater (Zeitschrift)
CD	Certificate of Deposit
CDH	Centralvereinigung Deutscher Wirtschaftsverbände für Handelsvermittlung und Vertrieb e.V.
CDS	Credit Default Swap(s)
cic	culpa in contrahendo
CISG	United Nations Convention on Contracts for the International Sale of Goods, UN-Kaufrecht
CRD IV	Capital Requirements Directive IV; Richtlinie 2013/36/EU des Europäischen Parlaments und des Rates vom 26. Juni 2013 über den Zugang zur Tätigkeit von Kreditinstituten und die Beaufsichtigung von Kreditinstituten und Wertpapierfirmen, zur Änderung der Richtlinie 2002/87/EG und zur Aufhebung der Richtlinien 2006/48/EG und 2006/49/EG, ABl. EU L 176 v. 27.6.2013
CRDIVAnpV	Verordnung zur Anpassung von aufsichtsrechtlichen Verordnungen an das CRD IV-Umsetzungsgesetz
CRR	Capital Requirements Regulation; Verordnung (EU) Nr. 575/2013 des Europäischen Parlaments und des Rates vom 6. Juni 2013 über Aufsichtsanforderungen an Kreditinstitute und Wertpapierfirmen und zur Änderung der Verordnung (EU) 6486/2012; ABl. EU L 321 v. 30.11.2013
CRR-Kreditinstitute	Kreditinstitute, die (ggf. auch allein) das Einlagen- und das Kreditgeschäft betreiben (früher Einlagenkreditinstitute)
CSR	Corporate Social Responsibility
DAR	Deutsches Autorecht
DAV	Deutscher Anwaltsverein
DepG	Depotgesetz; Gesetz über die Verwahrung und Anschaffung von Wertpapieren
ders.	derselbe
DB	Der Betrieb
DepG	Depotgesetz; Gesetz über die Verwahrung und Anschaffung von Wertpapieren
DGS	Depot Guarantee Scheme (Einlagensicherungssystem)
d.h.	das heißt
dies.	dieselbe(n)
DIHT	Deutscher Industrie- und Handelstag
Dipl.	Diplom
Diss	Dissertation
DJT	Deutscher Juristentag
DNotZ	Deutsche Notarzeitung
DR	Deutsches Recht
DSGV	Deutscher Sparkassen- und Giroverband

DStR	1. Deutsches Steuerrecht (Zeitschrift) 2. Deutsche Steuerrundschau 3. Deutsches Strafecht
DV	1. Durchführungsverordnung 2. Deutsche Verwaltung
DVBl	Deutsches Verwaltungsblatt (Zeitschrift)
DVO	Durchführungsverordnung
DZWIR	Deutsche Zeitschrift für Wirtschafts- und Insolvenzrecht
E	Entscheidung
EABG	Einlagensicherungs- und Anlegerentschädigungsgesetz
EBA	European Banking Authority (Europäische Bankenaufsichtsbehörde)
EBE/BGH	Eildienst Bundesgerichtliche Entscheidungen
EBJS	Ebenroth/Boujong/Joost/Strohn
EDV	Elektronische Datenverarbeitung
EFG	Entscheidungen der Finanzgerichte
EFSF	European Financial Stability Facility (Europäische Finanzstabilisierungsfazilität)
EFZG	Entgeltfortzahlungsgesetz
EG	Europäische Gemeinschaft
EGBGB	Einführungsgesetz zum Bürgerlichen Gesetzbuch
EGHGB	Einführungsgesetz zum Handelsgesetzbuch
EGInsO	Einführungsgesetz zur Insolvenzordnung
EGVP	Elektronisches Gerichts- und Verwaltungspostfach
EGVVG	Einführungsgesetz zum Versicherungsvertragsgesetz
ehem.	ehemalige
EHUG	Gesetz über elektronische Handelsregister und Genossenschaftsregister sowie das Unternehmensregister
einh.	Einheitlich
Einl.	Einleitung
EIOPA	European Insurance and Occupational Pensions Authority (Europäische Aufsichtsbehörde für das Versicherungswesen und die betriebliche Altersvorsorge)
e.K.	Eingetragener Kaufmann/Eingetragene Kauffrau
Entsch.	Entscheidung
ErbStG	Erbschaftsteuer- und Schenkungsteuergesetz
E-Register	elektronisches Register
ERJuKoG	Gesetz über elektronische Register und Justizkosten für Telekommunikation
Erl.	Erläuterung
ESA	European Supervisory Authorities
ESFS	European System of Financial Supervision (Europäisches Finanzaufsichtssystem)
ESM	European Stability Mechanism (Europäischer Stabilitätsmechanismus)
ESMA	European Securities and Markets Authority
ESRB	European Systemic Risk Board (Europäischer Ausschuss für Systemrisiken)
EStG	Einkommenssteuergesetz
ESZB	Europäisches System der Zentralbanken
et al.	Et alii (und andere)
etc.	Et cetera
EU	Europäische Union
EUFAAnpG	Gesetz zur Umsetzung der Richtlinie 2010/78/EU vom 24. November 2010 im Hinblick auf die Einrichtung des Europäischen Finanzaufsichtssystems
EuGH	Europäischer Gerichtshof
EuGHE	Entscheidungen des Europäischen Gerichtshofs
EuG	Europäisches Gericht Erster Instanz
EuGVVO	Verfahrensverordnung des Europäischen Gerichts Erster Instanz vom 1.3.2002
EuGVÜ	Übereinkommen über die gerichtliche Zuständigkeit und die Vollstreckung von Entscheidungen in Zivil- und Handelssachen, vom 27.9.1968, seit dem 1.3.2002 weitgehend durch die EuGVVO ersetzt
EuInsVO	Europäische Insolvenzverordnung

EuLF	European Law Forum
EuZVO	Europäische Zustellungsverordnung
EuZW	Europäische Zeitschrift für Wirtschaftsrecht (Zeitschrift)
EuroEG	Euro- Einführungsgesetz
EWiR	Entscheidungen zum Wirtschaftsrecht
EWIV	Europäische wirtschaftliche Interessenvereinigung
EWR	Europäischer Wirtschaftsraum
EWS	1. Europäisches Währungssystem 2. Europäisches Wirtschafts- und Steuerrecht
EV	1. Eigentumsvorbehalt 2. Einführungsverordnung
EzA	Entscheidungssammlung zum Arbeitsrecht
EZB	Europäische Zentralbank
f	folgende
FamFG	Familienverfahrensgesetz
FAZ	Frankfurter Allgemeine Zeitung
FeiertagslohnzahlungsG	Feiertagslohnzahlungsgesetz
ff	fortfolgende
FG	Finanzgericht
FGG	Gesetz über die Freiwillige Gerichtsbarkeit
FGPrax	Praxis der freiwolligen Gerichtsbarkeit
FMFG	Finanzmarktförderungsgesetz; Gesetz zur weiteren Fortentwicklung des Finanzplatzes Deutschland
FMSA	Bundesanstalt für Finanzmarktstabilisierung
FMStFG	Finanzmarktstablisierungsfondsgesetz v. 17.10.2008 (BGBl. I S. 1982)
Fn	Fußnote
FRUG	Gesetz zur Umsetzung der Richtlinie über Märkte für Finanzinstrumente und der Durchführungsrichtlinie der Kommission (Finanzmarktrichtlinie-Umsetzungsgesetz) v. 16.7.2007
FS	Festschrift
FSB	Financial Stability Board (Rat für Finanzstabilität)
GBO	Grundbuchordnung
GbR	Gesellschaft bürgerlichen Rechts
gem.	gemäß
GenG	Genossenschaftsgesetz
GewO	Gewerbeordnung
GesRZ	Der Gesellschafter
GG	Grundgesetz
ggf.	gegebenenfalls
GK	Großkommentar
GmbH	Gesellschaft mit beschränkter Haftung
GmbHG	Gesetz betreffend die Gesellschaften mit beschränkter Haftung
GmbHR	GmbH-Rundschau
GenG	Genossenschaftsgesetz
GewO	Gewerbeordnung
GewStG	Gewerbesteuergesetz
GoA	Geschäftsführung ohne Auftrag
GOÄ	Gebührenordnung für Ärzte
GOZ	Gebührenordnung für Zahnärzte
GREStG	Grunderwerbsteuergesetz
GroMiKV	Großkredit- und Millionenkreditverordnung; Verordnung über die Erfassung, Bemessung, Gewichtung und Anzeige von Krediten im Bereich der Großkredit- und Millionenkreditvorschriften des Kreditwesengesetzes
Großkreditrichtlinie	EG-Richtlinie für die Überwachung und Kontrolle der Großkredite von Kreditinstituten
GRUR	Gewerblicher Rechtsschutz und Urheberrecht

GRUR-RR	Gewerblicher Rechtsschutz und Urheberrecht/Rechtsprechungsreport
GSG	Gerätesicherheitsgesetz
GV	Gebührenverzeichnis
GVG	Gerichtsverfassungsgesetz
GVO	Gerichtsvollzieherordnung
GWB	Gesetz gegen Wettbewerbsbeschränkungen
hA	herrschende Ansicht
HAG	1. Heimarbeitsgesetz 2. Hessisches Ausführungsgesetz
Halbbd.	Halbband
HansGZ	Hanseatische Gerichtszeitschrift
HandelsR	Handelsrecht
Hdb.	Handbuch
HdJ	Handbuch des Jahresabschlusses
HGB	Handelsgesetzbuch
HK	Handelskammer
HKO	Haager Landkriegsordnung
hL	herrschende Lehre
hM	herrschende Meinung
HOAI	Honorarordnung für Architekten und Ingenieure in der Bekanntmachung vom 4.3.1991
HRefG	Handelsrechtsreformgesetz vom 22.6.1998
HRegGebV	Verordnung über Gebühren in Handels, Partnerschafts- und Genossenschaftsregistersachen Handelsregistergebührenverordnung)
HRegGebNeuOG	Handelsregistergebühren-Neuordnungsgesetz
HRR	Höchstrichterliche Rechtsprechung
Hrsg., hrsg.	Herausgeber, herausgegeben
HRV	Verordnung über die Einrichtung und Führung des Handelsregisters
Hs./Hs	Halbsatz
HSG	Hochschulgesetz
HuRB	Handwörterbuch unbestimmter Rechtsbegriffe im Bilanzrecht des HGB
HV	Handelsvertreter
HVR	Humanitäres Völkerrecht
HVuHM	Der Handelsvertreter und Handelsmarker
HWK	Handwerkskammer
IAS	IASC Framework for the Preparation and Presentation of Financial Statements, International Accounting Standards
IASB	International Accounting Standards Board
ICC	1. Intergovernmental Copyright Committee 2. International Chamber of Commerce
idF	in der Fassung
idR	in der Regel
idS	in diesem Sinne
IDW	Institut der Wirtschaftsprüfer
ie	id est
iE	im Einzelnen
i.E.	im Ergebnis
ieS	in engerem Sinne
IFRC	International Financial Reportings Committee
IFRS	International Financial Reporting Standards
IFSt	Institut Finanzen und Steuern
IHR	Internationales Handelsrecht
iHv	in Höhe von
insbes.	insbesondere
Ind.- u. Handelsk.	Industrie- und Handelskammer
InsO	Insolvenzordnung
InsoBekV	Verordnung zu öffentlichen Bekanntmachungen in Insolvenzverfahren im Internet

InvG	Investmentgesetz
InvStG	Investmentsteuergesetz
IOSCO	International Organization of Securities Commissions
IPRax	Praxis des Internationalen Privat- und Verfahrensrechts
IPRsp.	Die Deutsche Rechtsprechung auf dem Gebiet des internationalen Privatrechts
iRd	im Rahmen des
IRZ	Zeitschrift für Internationale Rechnungslegung
iS	im Sinne
iSd	im Sinne des/der
ISDA	International Swaps and Derivatives Association, Inc.
iSv	im Sinne von
i.V.m.	in Verbindung mit
IWB	Internationales Steuer- und Wirtschaftsrecht (Zeitschrift)
i.w.S.	im weiteren Sinne
IZPR	Das Internationale Zivilprozess
JA	Juristische Arbeitsblätter
JbFSt	Jahrbuch der Fachanwälte für Steuerrecht
jew.	jeweils
JMBl.	Justizministerialblatt
JR	Juristische Rundschau
JRPV	Juristische Rundschau für Privatversicherung
JURA	Juristische Ausbildung
JuS	Juristische Schulung
JVKostO	Justizverwaltungskostengesetz
JW	Juristische Wochenschrift
JZ	Juristenzeitung
KAG	Kapitalanlagegesellschaft
KAGB	Kapitalanlagegesetzbuch
Kapitaladäquanz-richtlinie	Richtlinie 2006/49/EG v. 14.6.2006 über die angemessene Eigenkapitalausstattung von Wertpapierfirmen und Kreditinstituten, ABl. EU 177/201 v. 30.6.2006
Kart	Kartell
Kfm.	Kaufmann
KFR	Kommentierte Finanzrechtsprechung
KfW	Kreditanstalt für Wiederaufbau
Kfz	Kraftfahrzeug
KG	1. Kammergericht 2. Kommanditgesellschaft
KGaA	Kommanditgesellschaft auf Aktien
KGJ	Jahrbuch für Entscheidungen des Kammergerichts in Sachen der freiwilligen Gerichtsbarkeit und Kosten-, Stempel- und Strafsachen
KMU	Kleines oder mittelständisches Unternehmen
KO	1. Kassenordnung 2. Konkursordnung
KOM	Kommissionsdokumente
Königl.	Königlich
KÖSDI	Kölner Steuerdialog
KoR	Internationale und kapitalmarktorientierte Rechnungslegung (Zeitschrift)
KostG	Kostengesetz
KostO	Kostenordnung
krit.	kritisch
KSchG	Kündigungsschutzgesetz in der Bekanntmachung vom 25.8.1969
KTS	Konkurs-, Treuhand- und Schiedsgerichtswesen
KWG	1. Kommunalwahlgesetz 2. Kreditwesengesetz; Gesetz über das Kreditwesen
LAG	Landesarbeitsgericht
LG	Landgericht

lit.	litera
LM	Nachschlagewerk des Bundesgerichtshofes, hrsg. v. Lindemaier
LS	1. Landessatzung 2. Leitsatz
Ltd.	Private Company Limited by Shares
LVA	Landesversicherungsanstalt
LZ	Leipziger Zeitschrift für Deutsches Recht
m.	mit
M.	Meinung
MaRisk	Mindestanforderungen an das Risikomanagement, Rundschreiben der BaFin 10/2012 (BA) v. 14.12.2012
MarkenG	Markengesetz
MaSan	Mindestanforderung an die Ausgestaltung von Sanierungsplänen, Rundschreiben der BaFin 3/2014 (BA) v. 25.4.2014
m.a.W.	mit anderen Worten
m. Bespr.	mit Besprechung
m.E.	meines Erachtens
mglw.	möglicherweise
MiFID	Markets in Financial Instruments Directive; Richtlinie 2004/39/EG v. 21.4.2004 über Märkte für Finanzinstrumente, zur Änderung der Richtlinien 85/611/EWG und 93/6/EWG des Rates und der Richtlinie 2000/12/EG des Europäischen Parlaments und des Rates und zur Aufhebung der Richtlinie 93/22/EWG des Rates, ABl. EG L 145/1 v. 30.4.2004
MiFID II	Richtlinie 2014/65/EU v. 15.5.2014 über Märkte für Finanzinstrumente sowie zur Änderung der Richtlinien 2002/92/EG und 2011/61/EU (Neufassung), ABl. EU L 173/349 v. 12.6.2014
MiFIR	Markets in Financial Instruments Regulation; Verordnung (EU) Nr. 600/2014 v. 15.5.2014 über Märkte für Finanzinstrumente und zur Änderung der Verordnung (EU) Nr. 648/2012, ABl. EU L 173/84 v. 12.6.2014
Mio.	Millionen
MitbestG	Mitbestimmungsgesetz
MittRhNotK	Mitteilungen Rheinische Notar-Kammer
MittBayNot	Mitteilungen der Bayerischen Notarkammer
MiZi	Mitteilungen in Zivilsachen
mN	mit Nachweisen
MoMiG	Gesetz zur Modernisierung des GmbH-Rechts und zur Bekämpfung von Missbräuchen
Mrd.	Milliarde
MünchKomm	Münchener Kommentar
MuW	Markenschutz und Wettbewerb
m.w.N.	mit weiteren Nachweisen; mit weiteren Nennungen
m.W.v.	mit Wirkung vom
Nachw.	Nachweise
NaStraG	Gesetz zur Namensaktie und zur Erleichterung der Stimmrechtsausübung
NdsRpfl.	Niedersächsische Rechtspflege
n.F.	neue Fassung
NJOZ	Neue Juristische Online Zeitschrift
NJW	Neue Juristische Wochenschrift
NJW-RR	Neue Juristische Wochenschrift, Rechtssprechungsreport
NotBZ	Zeitschrift für die notarielle Beurkundungspraxis
Nr.	Nummer
NRW	Nordrhein-Westfalen
n.v.	nicht veröffentlicht
NVwZ	Neue Zeitschrift für Verwaltungsrecht
NWB	NWB Steuer- und Wirtschaftsrecht (bis 2008: Neue Wirtschafts-Briefe für Steuer- und Wirtschaftsrecht)
NZA	Neue Zeitschrift für Arbeits- und Sozialrecht
NZA-RR	Neue Zeitschrift für Arbeits- und Sozialrecht, Rechtsprechungsreport

NZG	Neue Zeitschrift für Gesellschaftsrecht
NZI	Neue Zeitschrift für das Recht der Insolvenz und Sanierung
NZM	Neue Zeitschrift für Miet- und Wohnungsrecht
o.	oben
o.ä.	oder ähnliches
ÖBA	Österreichisches Bankarchiv (Zeitschrift)
OFD	Oberfinanzdirektion
OGA	Organismus für Gemeinsame Anlagen
OGAW	Organismus für Gemeinsame Anlagen in Wertpapieren
(ö)OGH	Oberster Gerichtshof (Österreich)
OGHZ	Entscheidungen des Obersten Gerichtshofs für die Britische Zone in Zivilsachen
OHG	Offene Handelsgesellschaft
OLG	Oberlandesgericht
OLGR	OLG-Report: Zivilrechtsprechung der Oberlandesgerichte
österr.	Österreichisches
OTC	Over The Counter
OWiG	Gesetz über Ordnungswidrigkeiten
PartGG	Partnerschaftsgesellschaftsgesetz
PfandBG; Pfandbrief G	Pfandbriefgesetz
PflegeVG	Pflege-Versicherungsgesetz
PiR	NWB Internationale Rechnungslegung
ppa.	per procura (in Vollmacht)
ProdHaftG	Produkthaftungsgesetz
PublG	Publizitätsgesetz; Gesetz über die Rechnungslegung von bestimmten Unternehmen und Konzernen
PucheltsZ	Zeitschrift für französisches Zivilrecht
RabelsZ	Zeitschrift für ausländisches und internationales Privatrecht
RAG	Reichsarbeitsgericht
RAG ARS	Reichsarbeitsgericht, Arbeitsrechts-Sammlung (Entscheidungen des Reichsarbeitsgerichts und des Reichsehrengerichts, der Landesarbeitsgerichte, Arbeitsgerichte und Ehrengerichte, 1928 ff)
RBerG	Rechtsberatungsgesetz
RdA	Recht der Arbeit
Rdsch.	Rundschau
RdW	Das Recht der Wirtschaft
RefE	Referentenentwurf
RegBegr.	Regierungsbegründung
RegE	Regierungsentwurf
RG	1. Reichsgericht 2. Reichsgesetz
RGSt	Entscheidungen des Reichsgerichts in Strafsachen
RGZ	Entscheidungen des Reichsgerichts in Zivilsachen
RIW	Recht der internationalen Wirtschaft (Zeitschrift)
RJA	Entscheidungen in Angelegenheiten der freiwilligen Gerichtsbarkeit und des Grundbuchrechts, zusammengestellt im Reichsjustizamt
RKS	Rechtsprechung kaufmännischer Schiedsgerichte
RL	Richtlinie
RNotZ	Rheinische Notar-Zeitschrift
Rn	Randnummer
ROHG	Reichsoberhandelsgericht
ROHGE	Entscheidungen des Reichsoberhandelsgerichts
Rpfleger	Rechtspfleger
RPflG	Rechtspflegergesetz
Rs.	Rechtssache
Rspr.	Rechtsprechung

RUF	Revolving Unterwriting Facility
RuS	Recht und Schaden
RVO	Rechtsverordnung
Rz	Randziffer
s.	siehe
S.	Seite
s.a.	siehe auch
SAE	Sammlung arbeitsgerichtlicher Entscheidungen
Sächs.	Sächsisch
ScheckG	Scheckgesetz vom 14.8.1933
SE	Societas Europaea – Europäische Gesellschaft
SEAG	Gesetz zur Ausführung der Verordnung des Rates über das Statut der Europäischen Gesellschaft (SE)
Sg	Sozialgericht
SGB	Sozialgesetzbuch
SIFI	Systemically Important Financial Institutions
SigG	Signaturgesetz
Slg.	Sammlung
sog.	Sogenannt
SolvV	Solvabilitätsverordnung, Verordnung über die angemessene Eigenmittelausstattung von Instituten, Institutsgruppen und Finanzholding Gruppen
SpruchG	Gesetz über das gesellschaftsrechtliche Spruchverfahren – Spruchverfahrensgesetz
SRM	Single Resolution Mechanism, Einheitlicher Abwicklungsmechanismus
SRM-Verordnung	Verordnung (EU) Nr. 806/2014 des Europäischen Parlaments und des Rates vom 15. Juli 2014 zur Festlegung einheitlicher Vorschriften ... im Rahmen eines einheitlichen Abwicklungsmechanismus. ABl. EU 2014 L 225/1
SSM	Single Supervisory Mechanism, Einheitlicher Aufsichtsmechanismus
SSM-Verordnung	Verordnung (EU) Nr. 1024/2013 des Rates vom 15.10.2013 zur Übertragung besonderer Aufgaben im Zusammenhang mit der Aufsicht über Kreditinstitute auf die Europäische Zentralbank, ABl. EU L 287 v. 29.10.2013
st.	ständige
StBp	Die steuerliche Betriebsprüfung
std. Rspr.	ständige Rechtsprechung
Stbg	Die Steuerberatung
StGB	Strafgesetzbuch
StPO	Strafprozessordnung
str.	streitig
StuB	Zeitschrift für das Steuerrecht und die Rechnungslegung der Unternehmen
StuW	Steuer und Wirtschaft
s.u.	siehe unten
TB-Merkmale	Tatbestandsmerkmale
TDG	Gesetz über die Nutzung von Telediensten – Teledienstegesetz
teilw.	teilweise
TransPuG	Transparenz- und Publizitätsgesetz; Gesetz zur weiteren Reform des Aktien- und Bilanzrechts, zu Transparenz und Publizität
TranspR	Transportrecht
TUG	Transparenzrichtlinie-Umsetzungsgesetz
TVG	Tarifvertragsgesetz
Tz	Teilziffer
TzBfG	Teilzeit- und Befristungsgesetz
Tz.	Textziffer
u.a.	unter anderem; und andere
u.ä.	und ähnliches
Ubg	Die Unternehmensbesteuerung

UG	Unternehmergesellschaft
umf.	umfassend
UmwG	Umwandlungsgesetz
unstr.	unstrittig
Unterabs.	Unterabsatz
UrhG	Urheberrechtsgesetz
Urt.	Urteil
URV	Verordnung über das Unternehmensregister
usf.	und so fort
UWG	Gesetz gegen den unlauteren Wettbewerb
u.U.	unter Umständen
v.	von/vom
VAG	Versicherungsaufsichtsgesetz
VerBAV	Veröffentlichungen des Bundesaufsichtsamtes für das Versicherungswesen
Verf.	Verfasser
VerkprospG	Verkaufsprospektgesetz
VersVerm	Versicherungsvermittlung
Vertikal-GVO	Die Gruppenfreistellungsverordnung für vertikale Vereinbarungen
VertriebsR	Vertriebsrecht
VGA	Bundesverband der Geschäftsstellenleiter und Assekuranz
Vgl.	Vergleiche
v.H.	von Hundert
VO	Verordnung
Vol.	Volume
Voraufl.	Vorauflage
Vorb.	Vorbemerkung
VRS	Verkehrsrechts-Sammlung
VvaG	Versicherungsverein auf Gegenseitigkeit
VVG	Gesetz über den Versicherungsvertrag
VW	Versicherungswirtschaft
VwVfG	Verwaltungsverfahrensgesetz
WarnRprs	1. Rechtsprechung des Reichsgerichts auf dem Gebiete des Zivilrechts, soweit sie nicht in der amtlichen Sammlung der Entscheidungen des RG abgedruckt ist, hrsg. v. Warnmeyer 2. Sammlung zivilrechtlicher Entscheidungen des Reichsgerichts hrsg. von Buchwald (Begründet von Warnmeyer)
WechselG	Wechselgesetz
weit.	weitere(n)
WG	1. Wassergesetz 2. Wechselgesetz 3. Wohnwirtschaftliche Gesetzgebung
Wistra	Zeitschrift für Wirtschafts- und Steuerstrafrecht
WM	1. Wertpapier-Mitteilungen (Zeitschrift) 2. Wohnwirtschaft und Mietrecht
wN	weitere Nachweise
WpAIV	Wertpapierhandelsanzeige- und Insiderverzeichnisverordnung
WPg	Die Wirtschaftsprüfung (Zeitschrift)
WpHG	Wertpapierhandelsgesetz
WPO	Gesetz über eine Berufsordnung der Wirtschaftsprüfer. (Wirtschaftsprüferordnung)
WpÜG	Wertpapiererwerbs- und Übernahmegesetz
WRP	Wettbewerb in Recht und Praxis
WuB	Entscheidungssammlung zum Wirtschafts- und Bankrecht
WuW	Wirtschaft und Wettbewerb
WuW-E	Wirtschaft und Wettbewerb, Entscheidungen zum Kartellrecht
WVK	Wiener Vertragsrechtskonvention
Z	(in Zusammenhängen) Zeitschrift, Zeitung, Zentralblatt
z.B.	zum Beispiel

ZBB	Zeitschrift für Bankrecht und Bankwirtschaft
ZBH	Zentralblatt für Handelsrecht
ZBR	Zeitschrift für Beamtenrecht
ZErb	Zeitschrift für die Steuer- und Erbrechtspraxis
ZEuP	Zeitschrift für Europäisches Privatrecht
ZEV	Zeitschrift für Erbrechts- und Vermögensnachfolge
ZfA	Zeitschrift für Arbeitsrecht
ZfBF	Zeitschrift für betriebswirtschaftliche Forschung
ZfgK	Zeitschrift für das gesamte Kreditwesen
ZfIR	Zeitschrift für Immobilienrecht
ZfV	1. Zeitschrift für Versicherungswesen 2. Zeitschrift für Verwaltung
ZGR	Zeitschrift für Unternehmens- und Gesellschaftsrecht
ZHR	Zeitschrift für das gesamte Handels- und Wirtschaftsrecht
ZIP	Zeitschrift für Wirtschaftsrecht und Insolvenzpraxis
ZInsO	Zeitschrift für das gesamte Insolvenzrecht
ZPO	Zivilprozessordnung
ZR	Zivilrecht
ZRP	Zeitschrift für Rechtspolitik
ZS	Zivilsenat
ZSR	1. Zeitschrift für Schweizerisches Recht 2. Zeitschrift für Sozialrecht
z.T.	zum Teil
zust.	zustimmend
ZustErgG	Zuständigkeitsergänzungsgesetz
zutr.	zutreffend
ZVersWiss	Zeitschrift für Versicherungswissenschaft
ZVglRWi(ss)	Zeitschrift für vergleichende Rechtswissenschaft
zwh.	zweifelhaft

Verzeichnis der abgekürzt zitierten Literatur

Soweit andere als im nachfolgenden Verzeichnis angegebene Auflagen zitiert werden, sind diese mit einer hochgestellten Ziffer gekennzeichnet.

Adler	Das Handelsregister, seine Öffentlichkeit und sein öffentlicher Glaube, 1908
ADS	Adler/Düring/Schmaltz (Hrsg.), Rechnungslegung und Prüfung der Unternehmen, Stuttgart, 6. Aufl. 1995–2000
ADS International	Adler/Düring/Schmaltz (Hrsg.), Rechnungslegung nach Internationalen Standards, Stuttgart, 7. Ergänzungslieferung August 2011 (Loseblatt)
Altmeppen	Altmeppen, GmbHG-Gesetz betreffend die Gesellschaften mit beschränkter Haftung, Kommentar, begründet von Günter H. Roth, München, 11. Aufl. 2023
Anders/Gehle/*Bearbeiter*	Anders/Gehle (Hrsg.) Zivilprozessordnung: ZPO, München, 81. Aufl. 2023, bis zur 78. Aufl. Baumbach/Lauterbach/Albers/Hartmann/Anders/Gehle,
AnwKommBGB	Dauner-Lieb/Heidel/Ring (Hrsg.), Anwaltkommentar BGB, 5 Bd., Bonn, 2005 ff
Assmann/Schneider/Mülbert/ *Bearbeiter*	Assmann/Schneider/Mülbert (Hrsg.), Wertpapierhandelsrecht – Kommentar – WpHG, MAR, PRIIP, MiFIR, Leerverkaufs-VO, EMIR, Köln, 7. Aufl. 2019
Assmann/Schütze/Buck-Heeb/ *Bearbeiter*	Assmann/Schütze/Buck-Heeb (Hrsg.), Handbuch des Kapitalanlagerechts, München, 5. Aufl. 2020
Baetge et al./*Bearbeiter*	Baetge/Wollmert/Kirsch/Oser/Bischof (Hrsg.), Rechnungslegung nach IFRS, Stuttgart, 48. Ergänzungslieferung Juni 2022 (Loseblatt)
Baetge/Kirsch/Thiele/*Bearbeiter*	Baetge/Kirsch/Thiele (Hrsg.) Bilanzrecht, Bonn/Berlin, 108. Ergänzungslieferung Januar 2023 (Loseblatt)
Ballwieser et al./*Bearbeiter*	Ballwieser/Beine/Hayn/Peemöller/Schruff/Weber (Hrsg.), Wiley IFRS-Handbuch 2010, Weinheim, 7. Aufl. 2011
Bamberger/Roth/Hau/Poseck	Kommentar zum Bürgerlichen Gesetzbuch, 5 Bd., München, 4. Aufl. 2019 ff., 5. Aufl. 2022 f.
BankR-HdB	Ellenberger/Bunte (Hrsg.) Bankrechts-Handbuch, 2 Bd., 6. Aufl. 2022; vormals Schimansky/Bunte/Lwowski
Bassenge/Roth FamFG/RPflG	Bassenge/Roth, Gesetz über die Angelegenheiten der freiwilligen Gerichtsbarkeit. Rechtspflegergesetz, Kommentar, Heidelberg, 12. Aufl. 2009
Bauer/Diller Wettbewerbs- verbote	Bauer/Diller, Wettbewerbsverbote, München, 9. Aufl. 2022
Baumbach/Hefermehl/Casper WechselG u. ScheckG	Baumbach/Hefermehl/Casper, Wechselgesetz, Scheckgesetz, Recht der kartengestützten Zahlungen: WG, ScheckG, Kartengestützte Zahlungen, München, 24. Aufl. 2020
Baumbach/Hueck/*Bearbeiter* GmbHG	s. Noack/Servatius/Haas/*Bearbeiter*
Baumbach/Hopt/*Bearbeiter*	s. Hopt/*Bearbeiter*
Baumbach/Lauterbach/Albers/ *Bearbeiter*	s. Anders/Gehle
Baums	Eintragung und Löschung von Gesellschafterbeschlüssen, 1981
BeckBilKomm/*Bearbeiter*	Grottel/Schmidt/Schubert/Störk (Hrsg.), Beck'scher Bilanz-Kommentar, München, 13. Aufl. 2022
Beck HdR/*Bearbeiter*	Böcking/Gros/Oser/Scheffler/Thormann (Hrsg.), Beck'sches Handbuch der Rechnungslegung, München 68. Aufl. 2022 (Loseblatt)
Beck IFRS-Hdb/*Bearbeiter*	Brune/Driesch/Schulz-Danso/Senger (Hrsg.), Beck'sches IFRS-Handbuch, München, 6. Aufl. 2020
BeckOGK-AktG/*Bearbeiter*	Spindler/Stilz (Hrsg.), beck-online.Großkommentar zum Aktienrecht
BeckOGK-HGB/*Bearbeiter*	Henssler/Herresthal/Paschke (Hrsg.), beck-online.Großkommentar zum Handelsrecht
BeckOK-HGB/*Bearbeiter*	Häublein/Hoffmann-Theinert (Hrsg.), Beck'scher Online Kommentar zum HGB, 39. Ed. Stand 15.1.2023
BeckOK-WpHR/*Bearbeiter*	Seibt/Buck-Heeb/Harnos (Hrsg.), Beck'scher Online Kommentar zum Wertpapierhandelsrecht, 6. Ed. Stand 15.11.2022
BeckRS	Beck Rechtsprechung

https://doi.org/10.1515/9783110565362-206

BoHdR – *Bearbeiter*	s. Hofbauer/Kupsch
Bohl/Riese/Schlüter/*Bearbeiter*	s. Beck IFRS-Hdb
Bohnert OWiG	Bohnert, OWiG, Kommentar zum Ordnungswidrigkeitenrecht, München, 3. Aufl. 2010
Bokelmann Firmenrecht	Bokelmann, Das Recht der Firmen- und Geschäftsbezeichnungen, Freiburg, 5. Aufl. 2000
Boos/Fischer/Schulte-Mattler/ *Bearbeiter* KWG	Boos/Fischer/Schulte-Mattler (Hrsg.), KWG, CRR-VO: Kommentar zu Kreditwesengesetz, VO (EU) Nr. 575/2013 (CRR) und Ausführungsvorschriften, 2 Bd., 5. Aufl. 2016
Bonner HdR-*Bearbeiter*	s. Hofbauer/Kupsch
Bork	Bork, Der Vergleich, Berlin 1988
Braun/*Bearbeiter* InsO	Braun (Hrsg.), Insolvenzordnung: InsO, München, 9. Aufl. 2022
Brox/Henssler	Brox/Henssler, Handelsrecht mit Grundzügen des Wertpapierrechts, München, 23. Aufl. 2020
Brox/Walker	Brox/Walker, Allgemeiner Teil des BGB, 46. Aufl. 2022
Bruck/Möller	Baumann/Beckmann/Johannsen/Johannsen, (Hrsg.), Großkommentar zum Versicherungsvertragsgesetz, Berlin, 9. Aufl. 2008 ff., 10. Aufl. 2022
Bürgers/Körber/*Bearbeiter* AktG	Bürgers/Körber/Lieder (Hrsg.), Heidelberger Kommentar zum Aktiengesetz, Heidelberg, 5. Aufl. 2021
Bumiller/Harders FamFG	Bumiller/Harders/Schwamb, Kommentar zum Gesetz über das Verfahren in Familiensachen und in den Angelegenheiten der freiwilligen Gerichtsbarkeit, München, 13. Aufl. 2022
Busse von Colbe/Ordelheide/ Gebhardt/Pellens Konzernabschlüsse	Busse von Colbe/Ordelheide/Gebhardt/Pellens, Konzernabschlüsse, Rechnungslegung nach betriebswirtschaftlichen Grundsätzen sowie nach Vorschriften des HGB und der IAS/IFRS, 9. Aufl. 2009
Canaris Handelsrecht	Canaris, Handelsrecht, München, 24. Aufl. 2006
Canaris Vertrauenshaftung	Canaris, Die Vertrauenshaftung im deutschen Privatrecht, München 1971
Christ/Müller-Helle	Christ/Müller-Helle Veröffentlichungspflichten nach dem neuen EHUG, Freiburg 2007
Deloitte iGAAP 2011	Deloitte (Hrsg.), iGAAP 2011, London, 4. Aufl. 2010
Derleder/Knops/Bamberger	Derleder/Knops/Bamberger, Deutsches und europäisches Bank- und Kapitalmarktrecht, Berlin/Heidelberg, 3. Aufl. 2017
Düringer/Hachenburg	Düringer/Hachenburg, Das Handelsgesetzbuch vom 10. Mai 1897 (unter Ausschluß d. Seerechts) auf d. Grundlage d. Bürgerl. Gesetzbuchs, Mannheim 1935
Ebenroth/Boujong/Joost/Strohn/ *Bearbeiter*; EBJS	Ebenroth/Boujong/Joost/Strohn (Hrsg.), Handelsgesetzbuch: HGB, München, 1. und 2. Bd., 3. Aufl. 2014 f., 4. Aufl. 2020
Ehrenbergs Hdb	Ehrenbergs Handbuch des gesamten Handelsrechts, 5. Band, I. Abteilung, 1. Hälfte, 1. Lieferung, 1926
Eidenmüller	Ausländische Kapitalgesellschaften im deutschen Recht, München 2004
Emmerich/Habersack	Emmerich/Habersack, Aktien- und GmbH-Konzernrecht Kommentar, München 10. Aufl. 2022
Emmerich/Habersack KonzernR	Emmerich/Habersack, Konzernrecht, München, 11. Aufl. 2020
Ensthaler/*Bearbeiter*	Ensthaler (Hrsg.), Gemeinschaftskommentar zum Handelsgesetzbuch: HGB, 8. Aufl. 2015
Erman/*Bearbeiter*	Erman, Bürgerliches Gesetzbuch, Kommentar, Köln, 16. Aufl. 2020
Ernst & Young International GAAP 2011	Ernst & Young (Hrsg.), International GAAP 2011, Chichester 2011
Fezer MarkenG	Fezer, Markenrecht, Kommentar, München, 4. Aufl. 2009
FK-InsO/*Bearbeiter*	Bornemann (Hrsg.), Frankfurter Kommentar zur Insolvenzordnung, München, 5. Aufl. 2023, bis zur 9. Aufl. 2018 hrsg. v. Wimmer
FK-KartellR/*Bearbeiter*	Jaeger, u.a. (Hrsg.), Frankfurter Kommentar zum Kartellrecht, 102. Ergänzungslieferung Juni 2022 (Loseblatt)
Fleischhauer/Wochner	Fleischhauer/Wochner (Hrsg.), Handelsregisterrecht: Verfahren – Anmeldemuster – Erläuterungen, Berlin, 4. Aufl. 2019
Fülbier/Aepfelbach/Langweg	Fülbier/Aepfelbach/Langweg, GWG – Kommentar zum Geldwäschegesetz, 5. Aufl. 2006

Gesetzgebungsmaterialien zum ADHGB	Lutz, Protokolle der Kommission zur Beratung eines allgemeinen deutschen Handelsgesetzbuches 1858 ff
Geßler/Hefermehl	Geßler/Hefermehl/Eckardt/Kropff, Aktiengesetz, 1973 ff
Goldmann	Goldmann, Unternehmenskennzeichen, Berlin, 4. Aufl. 2019
Gortsos Single Supervisory Mechanism	Gortsos, The Single Supervisory Mechanism (SSM) – Legal aspects of the first pillar of the European Banking Union, 2015
Grabitz/Hilf/Nettesheim/*Bearbeiter*	Grabitz/Hilf/Nettesheim (Hrsg.), Das Recht der Europäischen Union: EUV/AEUV, 77. Aufl. September 2022 (Loseblatt)
GroßkommAktG/*Bearbeiter*	Hirte/Mülbert/Roth (Hrsg.), Aktiengesetz Großkommentar, Berlin, 5. Aufl. 2015 ff.
Großkomm/*Bearbeiter*	Staub, Handelsgesetzbuch: Großkommentar, Berlin, 5. Aufl. 2008 ff., 6. Aufl. 2021 ff.
GroßkommUWG/*Bearbeiter*	Pfeifer (Hrsg.), Großkommentar zum UWG, Berlin, 3. Aufl. 2020 ff.
Grüll/Janert Die Konkurrenzklausel	Grüll/Janert, Die Konkurrenzklausel, Heidelberg, 5. Aufl. 1993
Grüneberg/*Bearbeiter*	Grüneberg, Bürgerliches Gesetzbuch: BGB, München, 82. Aufl. 2023
Grundmann EG-Schuldvertragsrecht	Grundmann, Europäisches Schuldvertragsrecht – das Europäische Recht der Unternehmensgeschäfte (nebst Texten und Materialien zur Rechtsangleichung), 1999
Grundmann Europäisches Gesellschaftsrecht	Grundmann, Europäisches Gesellschaftsrecht, 2. Aufl. 2011
Grundmann Treuhandvertrag	Grundmann, Der Treuhandvertrag – insbesondere die werbende Treuhand, 1997
Habersack/Casper/Löbbe/*Bearbeiter* GmbHG	Habersack/Casper/Löbbe (Hrsg.), GmbH-Gesetz, Kommentar, 3 Bd., Tübingen, 2. Aufl. 2016, 3. Aufl. 2019 ff., vormals Ulmer/Habersack/Löbbe
Habersack/Verse	Habersack/Verse, Europäisches Gesellschaftsrecht, München, 5. Aufl. 2019
Hachenburg/*Bearbeiter* GmbHG	Ulmer (Hrsg.), Hachenburg, GmbHG – Gesetz betreffend die Gesellschaften mit beschränkter Haftung, Kommentar, Berlin, 3 Bd., 8. Aufl. 1992/1997
Hachmeister/Kahle/Mock/Schüppen/*Bearbeiter*	Hachmeister/Kahle/Mock/Schüppen (Hrsg.), Bilanzrecht Kommentar, Handelsbilanz – Steuerbilanz – Prüfung – Offenlegung – Gesellschaftsrecht, Köln, 3. Aufl. 2022
Hahn ADHGB	von Hahn, Das Handelsgesetzbuch vom 10. Mai 1897 (mit Ausschluss des Seerechts) auf der Grundlage des Bürgerlichen Gesetzbuchs, Braunschweig, 4. Aufl. 1894
Handbuch des Außendienstrechts I	s. Küstner/Thume I–III
Hartmann-Wendels/Pfingsten/Weber Bankbetriebslehre	Hartmann-Wendels/Pfingsten/Weber, Bankbetriebslehre, 7. Aufl. 2019
Haufe BilKomm-*Bearbeiter*	Bertram/Kessler/Müller (Hrsg.) HGB Bilanz-Kommentar §§ 238–342e HGB, Freiburg, 13. Aufl. 2022
HdJ-*Bearbeiter*	Schulze-Osterloh/Hennrichs/Wüstemann (Hrsg.), Handbuch des Jahresabschlusses (HdJ), Bilanzrecht nach HGB, EStG und IFRS, Köln, 82. Ergänzungslieferung November 2022 (Loseblatt)
HdKR-*Bearbeiter*	Küting/Weber (Hrsg.), Handbuch der Konzernrechnungslegung, Stuttgart, 2. Aufl. 1998
HdR-EA/*Bearbeiter*	Küting/Weber (Hrsg.), Handbuch der Rechnungslegung – Einzelabschluss, Stuttgart, 36. Ergänzungslieferung Juli 2022 (Loseblatt)
Heidel/*Bearbeiter* AktienR	Heidel (Hrsg.), Aktienrecht und Kapitalmarktrecht, Kommentar, Baden-Baden, 5. Aufl. 2019
Herrmann/Heuer/Raupach/*Bearbeiter*	Einkommensteuer- und Körperschaftsteuergesetz mit Nebengesetzen, Köln, 315. Ergänzungslieferung Januar 2023 (Loseblatt)
Hess/Binz/Wienberg Gesamtvollstreckungsordnung	Hess/Binz/Wienberg, Gesamtvollstreckungsordnung, Neuwied, 4. Aufl. 1998
Hess/Weis/Wienberg InsO	Hess/Weis/Wienberg (Hrsg.), Insolvenzordnung, Heidelberg, 2. Aufl. 2001
Heuser/Theile/*Bearbeiter*	Heuser/Theile (Hrsg.), IFRS-Handbuch, Köln, 6. Aufl. 2019
Heymann/*Bearbeiter* HGB	Horn/Balzer/Borges/Herrmann (Hrsg.), Heymann, Handelsgesetzbuch (ohne Seerecht), Kommentar, 4 Bd., Berlin, 3. Aufl. 2019 f.
Hirte/Bücker	Hirte/Bücker (Hrsg.), Grenzüberschreitende Gesellschaften, Berlin, 2. Aufl. 2006
HK-HGB/*Bearbeiter*	Glanegger/Kirnberger/Kusterer u.a., Heidelberger Kommentar zum Handelsgesetzbuch, Heidelberg, 7. Aufl. 2007
Hoeren/Sieber/*Bearbeiter*	Hoeren/Sieber/Holznagel, Handbuch Multimediarecht – Rechtsfragen des elektronischen Geschäftsverkehrs, München 58. Aufl. März 2022 (Loseblatt)

Hofbauer/Kupsch/*Bearbeiter*	Hofbauer/Kupsch, Rechnungslegung, hrsg. v. Kupsch/Scherrer/Grewe/Kirsch, 119. Ergänzungslieferung Stand Juli 2023
Hopt/*Bearbeiter*	Handelsgesetzbuch, München, 42. Aufl. 2023; bis zur 40. Aufl. 2020 Baumbach/Hopt
Hopt/Mössle/*Bearbeiter* Handelsrecht	Hopt/Mössle, Handels- und Gesellschaftsrecht, Band I: Handelsrecht, München, 2. Aufl. 1999
Hueck/Canaris Recht der Wertpapiere	Hueck/Canaris, Recht der Wertpapiere, München, 12. Aufl. 1986
Hueck/Nipperdey Arbeitsrecht	Hueck/Nipperdey, Lehrbuch des Arbeitsrechts, Band 2: Kollektives Arbeitsrecht, Berlin, 7. Aufl. 1967/1970
Hueck OHG	Hueck, Das Recht der offenen Handelsgesellschaft, Berlin, 4. Aufl. 1971
Hüffer/Koch AktG	s. Koch AktG
HuRB	Leffson/Rückle/Großfeld (Hrsg.), Handwörterbuch unbestimmter Rechtsbegriffe im Bilanzrecht des HGB, Köln 1986
Ingerl/Rohnke	Ingerl/Rohnke, Markengesetz, Kommentar, München, 4. Aufl. 2023
Jansen/*Bearbeiter*	von Schuckmann/Sonnenfeld (Hrsg.), Großkommentar zum FGG, 3 Bd., Berlin, 3. Aufl. 2005 f.
Kallmeyer/*Bearbeiter*	Kallmeyer u.a., Umwandlungsgesetz, Köln, 8. Aufl. 2023
Kreidel/Krafka/*Bearbeiter* RegisterR	Krafka/Kühn RegisterR, München, 11. Aufl. 2019
Koch AktG	Koch, Aktiengesetz, München, 17. Aufl. 2023
Köhler BGB, Allgemeiner Teil	Köhler, BGB Allgemeiner Teil, München, 46. Aufl. 2022
Köhler/Bornkamm/*Bearbeiter*	Köhler/Bornkamm/Feddersen, Gesetz gegen den unlauteren Wettbewerb: UWG, München, 41. Aufl. 2023
Koller Transportrecht	Koller Transportrecht Kommentar zu Land-, Luft- und Binnengewässertransport von Gütern, Spedition und Lagergeschäft, München, 11. Aufl. 2023
Koller/Kindler/Roth/Drüen/*Bearbeiter*	Koller/Kindler/Roth/Drüen, Handelsgesetzbuch: HGB, München, 10. Aufl. 2023
KölnKomm-AktG/*Bearbeiter*	Zöllner/Noack (Hrsg.), Kölner Kommentar zum Aktiengesetz, Band 6, Köln, 3. Aufl. 2004
KölnKomm-RLR/*Bearbeiter*	Claussen/Scherrer (Hrsg.), Kölner Kommentar zum Rechnungslegungsrecht, 1. Aufl. 2010
KK-OWiG/*Bearbeiter*	Mitsch (Hrsg.), Karlsruher Kommentar zum Gesetz über Ordnungswidrigkeiten: OWiG, München, 5. Aufl. 2018
KPMG Insights into IFRS	KPMG (Hrsg.), Insights into IFRS, London, 9. Aufl. 2012/2013
Krafka /Bearbeiter RegisterR	Krafka/Kühn (Hrsg.), Registerrecht, München, 11. Aufl. 2019
Küstner/Thume/*Bearbeiter*	Küstner/Thume, Handelsvertreterverträge, Frankfurt am Main, 2. Aufl. 2011
Küstner/Thume I/*Bearbeiter*	Küstner, Thume (Hrsg.), Handbuch des gesamten Vertriebsrechts, Band 1: Das Recht des Handelsvertreters, Heidelberg, 5. Aufl. 2016
Küstner/Thume II/Bearbeiter	Küstner, Thume (Hrsg.), Handbuch des gesamten Vertriebsrechts, Band 2: Der Ausgleichsanspruch des Handelsvertreters (Warenvertreter, Versicherungs- und Bausparkassenvertreter), Heidelberg, 9. Aufl. 2014
Küstner/Thume III/*Bearbeiter*	Küstner/Thume (Hrsg.), Handbuch des gesamten Vertriebsrechts, Band 3: Besondere Vertriebsformen, Heidelberg, 4. Aufl. 2014
Küting/Weber/*Bearbeiter*	s. HdKR-*Bearbeiter*
Küting/Weber Konzernabschluss	Küting/Weber, Der Konzernabschluss, Praxis der Konzernrechnungslegung nach HGB und IFRS, Stuttgart, 14. Aufl. 2018
Lackhoff Single Supervisory Mechanism	Lackhoff, Single Supervisory Mechanism – A Practitioner's Guide, München/Oxford/Baden-Baden 2017
Lettl	Lettl, Handelsrecht, München, 5. Aufl. 2021
Loewenheim/Meessen/Riesenkampff/*Bearbeiter*	Loewenheim/Meessen/Riesenkampff/Kersting/Meyer-Lindemann (Hrsg.), Kartellrecht, München, 4. Aufl. 2020

Lohmüller/Beustien/Josten	Lohmüller u.a., Handels- und Versicherungsvertreterrecht, 2. Aufl. 1970/71, Loseblatt
Lüdenbach/Hoffmann/Freiberg	Lüdenbach/Hoffmann/Freiberg, Haufe IFRS-Kommentar, Freiburg, 20. Aufl. 2022
Lutter/*Bearbeiter* UmwG	Bayer/Vetter (Hrsg.), Umwandlungsgesetz, 2 Bd., Köln, 7. Aufl. 2023
Lutter/Hommelhoff/*Bearbeiter* GmbHG	Lutter/Hommelhoff u.a., GmbH-Gesetz, Köln, 21. Aufl. 2022
Luz/Neus/Schaber/Schneider/ Wagner/Weber KWG und CRR	Luz/Neus/Schaber/Schneider/Wagner/Weber (Hrsg.), KWG und CRR: Kommentar zu KWG, CRR, SolvV, WuSolvV, GroMiKV, LiqV und weiteren aufsichtsrechtlichen Vorschriften, 4. Aufl. 2022
Manigk	Manigk, Willenserklärung und Willensgeschäft, Berlin 1907
Martinek Franchising	Martinek, Franchising, Heidelberg 1987
Martinek/*Bearbeiter*	Martinek/Semmler/Flohr (Hrsg.), Handbuch des Vertriebsrechts, München, 4. Aufl. 2016
Medicus AT	Medicus, Allgemeiner Teil des BGB, Heidelberg, 11. Aufl. 2016
Meilicke/von Westphalen PartGG	Meilicke/Graf von Westphalen/Hoffmann/Lenz/Wolff, Kommentar, Partnerschaftsgesellschaftsgesetz: PartGG, Gesetz über Partnerschaftsgesellschaften Angehöriger Freier Berufe, München, 3. Aufl. 2015
Michalski/*Bearbeiter* GmbHG	Michalski/Heidinger/Leible/J. Schmidt (Hrsg.), Kommentar zum Gesetz betreffend die Gesellschaften mit beschränkter Haftung (GmbH-Gesetz), 2 Bd., München, 4. Aufl. 2023
MünchHdbGesR/*Bearbeiter*	Gummert/Weipert (Hrsg.), Münchener Handbuch des Gesellschaftsrechts, div. Bd., München, 5. Aufl. 2019 ff.; 4. Aufl. 2014 ff. hrsg. v. Beuthien/Gummert/Schöpflin,
MünchKommAktG/*Bearbeiter*	Goette/Habersack (Hrsg.), Münchener Kommentar zum Aktiengesetz, München, 4. Aufl. 2012 ff., 5. Aufl. 2019 ff.
MünchKommBGB/*Bearbeiter*	Säcker/Rixecker/Oetker/Limperg (Hrsg. der 8. Aufl.), Münchener Kommentar zum Bürgerlichen Gesetzbuch, München, 7. Aufl. 2015 ff., 8. Aufl. 2018 ff; 9. Aufl. 2021 ff
MünchKommBilR/*Bearbeiter*	Hennrichs/Kleindiek/Watrin (Hrsg.), Münchener Kommentar zum Bilanzrecht, Band 1 IFRS, München September 2014 (Loseblatt)
MünchKommHGB/*Bearbeiter*	Schmidt, Karsten (Hrsg.), Münchener Kommentar zum Handelsgesetzbuch: HGB, München, 4. Aufl. 2016 ff.
MünchKommInsO/*Bearbeiter*	Stürner/Eidenmüller/Schoppmeyer (Hrsg.), Münchener Kommentar zur Insolvenzordnung, 4 Bd., München, 4. Aufl. 2019 ff.
MünchKommZPO/*Bearbeiter*	Rauscher/Wax/Wenzel (Hrsg.), Münchener Kommentar zur Zivilprozessordnung, 4 Bd., München, 3. Aufl. 2007 ff
Musielak/Voit/*Bearbeiter* ZPO	Musielak/Voit (Hrsg.), Kommentar zur Zivilprozessordnung: ZPO, München, 19. Aufl. 2022
Noack/*Bearbeiter*	Noack (Hrsg.), Das neue Gesetz über elektronische Handels- und Unternehmensregister – EHUG, 2007
Noack/Servatius/Haas/*Bearbeiter* GmbHG	Gesetz betreffend die Gesellschaften mit beschränkter Haftung: GmbHG, München 23. Aufl. 2022; bis zur 22. Aufl. 2019 Baumbach/Hueck GmbHG
Oetker Handelsrecht	Oetker, Handelsrecht, Heidelberg, 8. Aufl. 2019
Oetker/*Bearbeiter*	Oetker, HGB, Kommentar, München, 7. Aufl. 2021
Oppenländer/*Bearbeiter*	Oppenländer/Trölitzsch (Hrsg.), Praxishandbuch der GmbH-Geschäftsführung, München, 3. Aufl. 2020
Prölss/Martin/*Bearbeiter* VVG	Prölss/Martin, Versicherungsvertragsgesetz: VVG, München, 31. Aufl. 2021
PwC IFRS Manual of Accounting 2011	PricewaterhouseCoopers (Hrsg.), IFRS Manual of Accounting 2011, London 2010
Prütting/Helms/*Bearbeiter* FamFG	Prütting/Helms (Hrsg.), FamFG, Köln, 6. Aufl. 2022
PWW/*Bearbeiter*	Prütting/Wegen/Weinreich (Hrsg.), BGB Kommentar, Köln, 17. Aufl. 2022
Raiser/Veil	Recht der Kapitalgesellschaften, München, 6. Aufl. 2015
Reithmann/Martiny/*Bearbeiter*	Reithmann/Martiny (Hrsg.), Internationales Vertragsrecht, Köln, 9. Aufl. 2021
RGRK-BGB/*Bearbeiter*	Das Bürgerliche Gesetzbuch mit besonderer Berücksichtigung der Rechtsprechung des Reichsgerichts und des Bundesgerichtshofes, Berlin, 12. Aufl. 1975–1999
RGRK-HGB/*Bearbeiter*	Kommentar zum Handelsgesetzbuch, Berlin, 1. Aufl. 1939 ff

Richardi Wertpapierrecht	Richardi, Wertpapierrecht, Heidelberg 1987
Ritter HGB	Ritter, Kommentar zum HGB, 2. Aufl. 1932
Röhricht/Graf von Westphalen/Haas/*Bearbeiter*	Röhricht/Graf von Westphalen/Haas (Hrsg.), Handelsgesetzbuch: HGB, Kommentar zu Handelsstand, Handelsgesellschaften, Handelsgeschäften und besonderen Handelsverträgen (ohne Bilanz-, Transport- und Seerecht), Köln, 5. Aufl. 2019
Rowedder/Pentz/*Bearbeiter* GmbHG	Rowedder/Pentz (Hrsg.), Gesetz betreffend die Gesellschaften mit beschränkter Haftung: GmbHG, München, 7. Aufl. 2022
Schlegelberger/*Bearbeiter*	Schlegelberger/Geßler, Handelsgesetzbuch Kommentar, München, 5. Aufl. 1973
K. Schmidt Gesellschaftsrecht	Schmidt, Gesellschaftsrecht, Köln, 4. Aufl. 2002
K. Schmidt Handelsrecht	Schmidt, Handelsrecht, Köln, 6. Aufl. 2014
K. Schmidt/Lutter AktG	Schmidt/Lutter, Kommentar zum Aktiengesetz, Köln, 4. Aufl. 2020
Scholz/*Bearbeiter* GmbHG	Scholz (Hrsg.), Kommentar zum GmbHG, 3 Bd., Köln, 11. Aufl. 2013 ff., 12. Aufl. 2017 ff.
Schönke/Schröder/*Bearbeiter* StGB	Schönke/Schröder (Hrsg.), Strafgesetzbuch: StGB, Kommentar, München, 30. Aufl. 2019
Schubert/Schmiedel/Krampe	Schubert/Schmiedel/Krampe (Hrsg.), Quellen zum Handelsgesetzbuch von 1897, Frankfurt am Main 1988
Schultze/Wauschkuhn/Spenner/Dau	Schultze/Wauschkuhn/Spenner/Dau/Kübler, Der Vertragshändlervertrag, Frankfurt am Main, 5. Aufl. 2015
Schwark/Zimmer/*Bearbeiter*	Schwark/Zimmer (Hrsg.), Kapitalmarktrechts-Kommentar, München, 5. Aufl. 2020
Soergel/*Bearbeiter*	Soergel/Siebert (Hrsg.), Bürgerliches Gesetzbuch mit Einführungsgesetz und Nebengesetzen, Stuttgart, 13. Aufl. 2001 ff
Spindler/Stilz/*Bearbeiter* AktG	Spindler/Stilz (Hrsg.), Aktiengesetz, Kommentar, 2 Bd., München, 5. Aufl. 2022
Staub ADHGB	Staub, Kommentar zum Allgemeinen Deutschen Handelsgesetzbuch, Berlin, 5. Aufl. 1897
Staub/*Bearbeiter*	Grundmann/Habersack/Schäfer (Hrsg.), Staub, Großkommentar zum Handelsgesetzbuch, HGB, Berlin, 5. Aufl. 2008 ff. Canaris/Habersack/Schäfer, 6. Aufl. 2021 ff
Staudinger/*Bearbeiter*	J. von Staudingers Kommentar zum Bürgerlichen Gesetzbuch mit Einführungsgesetz und Nebengesetzen, 13. Bearbeitung, Berlin 1993 ff
Sternal/*Bearbeiter* FamFG	FamFG, Kommentar, München, 21. Aufl. 2023; bis zur 20. Aufl. 2020 hrsg. v. Keidel
Stolterfoht	Stolterfoht, Handelsrecht, Berlin 1973
Straatmann/Ulmer	Straatmann/Ulmer, Handelsrechtliche Schiedsgerichts-Praxis (HSG), 1975 ff
Straube/*Bearbeiter*	Straube (Hrsg.), Kommentar zum Handelsgesetzbuch, Wien, 3. Aufl. 2003 ff
Ströbele/Hacker	Ströbele/Hacker/Thiering (Hrsg.), Markengesetz, Kommentar, Köln, 13. Aufl. 2020
Stumpf/Jaletzke/*Bearbeiter*	Stumpf/Jaletzke, Der Vertragshändlervertrag, Heidelberg, 3. Aufl. 1997
Stüsser	Stüsser, Die Anfechtung der Vollmacht nach Bürgerlichem Recht und Handelsrecht, Berlin 1986
Thiele Finanzaufsicht	Thiele, Finanzaufsicht – Der Staat und die Finanzmärkte, Tübingen 2014
Thiele/von Keitz/Brücks/*Bearbeiter*	Thiele/von Keitz/Brücks (Hrsg.), Internationales Bilanzrecht, Bonn/Berlin, 59. Ergänzungslieferung Januar 2023 (Loseblatt)
Thomas/Putzo/*Bearbeiter*	Thomas/Putzo, Zivilprozessordnung: ZPO, München, 43. Aufl. 2022
Uhlenbruck/*Bearbeiter*	Hirte/Vallender (Hrsg.), Uhlenbruck, Insolvenzordnung: InsO, Kommentar, München, 15 Aufl. 2019 f.
Ulmer/Brandner/Hensen/*Bearbeiter* AGB-Recht	Ulmer/Brandner/Hensen, AGB-Recht Kommentar, Köln, 13. Aufl. 2022
Ulmer/Habersack	Ulmer/Habersack, Verbraucherkreditgesetz, München, 2. Aufl. 1995
Ulmer/Schäfer	Ulmer/Schäfer, Gesellschaft bürgerlichen Rechts und Partnerschaftsgesellschaft: GbR PartG, München, 8. Aufl. 2021
Vater et al./*Bearbeiter* IFRS Änderungskommentar 2009	Vater/Ernst/Hayn/Knorr/Mißler (Hrsg.), IFRS Änderungskommentar 2009, Weinheim 2009
von Gierke/Sandrock Handels- und Wirtschaftsrecht	von Gierke/Sandrock, Handels- und Wirtschaftsrecht, Berlin, 9. Aufl. 1975
von Godin/Wilhelmi	von Godin/Wilhelmi, Aktiengesetz, Kommentar, Berlin, 4. Aufl. 1971

von Wysocki/Wohlgemuth/ Brösel KR	von Wysocki/Wohlgemuth/Brösel Konzernrechnungslegung, Konstanz, 5. Aufl. 2014
Vortmann Aufklärungspflichten	Vortmann, Aufklärungs- und Beratungspflichten der Banken, 13. Aufl. 2022
Wessel/Zwernemann/Kögel Firmengründung	Wessel/Zwernemann/Kögel, Firmengründung, Heidelberg, 7. Aufl. 2001
Wiedemann/Böcking/Gros/ *Bearbeiter* BilR	Wiedmann/Böcking/Gros (Hrsg.), Bilanzrecht §§ 238–342e HGB, §§ 135–138, 158–161 KAGB Kommentar, München, 4. Aufl. 2019
Zöller/*Bearbeiter*	Zöller, Zivilprozessordnung: ZPO, Kommentar, Köln, 34. Aufl. 2022
Zöllner Wertpapierrecht	Zöllner, Wertpapierrecht, München, 14. Aufl. 1987

DRITTES BUCH Handelsbücher

ZWEITER ABSCHNITT Ergänzende Vorschriften für Kapitalgesellschaften (Aktiengesellschaften, Kommanditgesellschaften auf Aktien und Gesellschaften mit beschränkter Haftung) sowie bestimmte Personenhandelsgesellschaften

DRITTER UNTERABSCHNITT* Prüfung

Vorbemerkungen vor § 316

Schrifttum für den gesamten Unterabschnitt

Adler/Düring/Schmaltz Rechnungslegung und Prüfung der Unternehmen, 8 Teilbände, 6. Aufl. (1995–2000); *Baetge/Kirsch/Thiele* Bilanzrecht, Loseblattwerk; Beck'scher Bilanz-Kommentar, 13. Aufl. 2022; *Baetge/Lutter* Abschlussprüfung und Corporate Governance (2003); *Biener/Berneke* Bilanzrichtlinien-Gesetz (1986); *Bitter/Grashoff* Anwendungsprobleme des Kapitalgesellschaften- und Co.-Richtlinie-Gesetzes, DB 2000, 833; *Boecker/Zwirner* Das APAReG wurde verabschiedet DStR 2016, 90; *Bormann/Böttger* Die Abschlussprüfung im Blick des FISG-RegE – Bilanzbetrug adé? NZG 2021, 330; *Busse von Colbe/Ordelheide/Gebhardt/Pellens* Konzernabschlüsse 9. Aufl. (2009); *Deubert/Förschle/Störk* Sonderbilanzen, 6. Aufl. (2021); *Dörner/Menold/Pfitzer* Reform des Aktienrechts, der Rechnungslegung und Prüfung (1999); *Erle* Der Bestätigungsvermerk des Abschlussprüfers (1990); *Geßler* Nichtigkeit und Anfechtung des GmbH-Jahresabschlusses nach dem Bilanzrichtlinien-Gesetz, FS Goerdeler (1987), S. 127; *Glade* Rechnungslegung und Prüfung nach dem Bilanzrichtlinien-Gesetz (1986); *Großfeld/Luttermann* Bilanzrecht, 4. Aufl. (2005); *Hartmann* Das neue Bilanzrecht und der Gesellschaftsvertrag der GmbH (1986); *Helmrich* Bilanzrichtlinien-Gesetz (1986); *Hense/Ulrich* WPO-Kommentar, 4. Aufl. (2022); *Hofbauer/Kupsch* Bonner Handbuch der Rechnungslegung, Loseblattwerk; *Hommelhoff* Die neue Position des Abschlußprüfers im Kraftfeld der aktienrechtlichen Organisationsverfassung, BB 1998, 2567 und 2625; *Hommelhoff/Mattheus* Corporate Governance nach dem KonTraG, AG 1998, 249; *Inwinkl/Kortebusch/Schneider* Die Abschlussprüferrichtlinie: Rechtliche Umsetzung in deutsches Recht, Der Konzern 2008, 215; *Kelm/Schneiß/Schmitz-Herkendell* Abschlussprüferaufsichtsreformgesetz. Neuordnung der Berufsaufsicht, WPg 2016, 60; *Chr. Koch* Die öffentlich-rechtliche Stellung des Wirtschaftsprüfers im internationalen Kontext (insbesondere EU), Der Konzern 2005, 723; *Küting/Pfitzer/Weber* Handbuch der Rechnungslegung, Loseblattwerk; *Lanfermann* Vorschlag der EU Kommission zur Modernisierung der EU-Prüferrichtlinie, DB 2004, 609; *ders.* Modernisierte EU-Richtlinie zur gesetzlichen Abschlussprüfung, DB 2005, 2645; *Leffson* Wirtschaftsprüfung, 4. Aufl. (1988); *Lenz* Ethische Grundlagen der Wirtschaftsprüfung, Konzern 2008, 494; *Liebscher/Rinker* Das Finanzmarktintegritätsstabilisierungsgesetz, BKR 2021, 466; *Mai* Rechtsverhältnis zwischen Abschlussprüfer und prüfungspflichtiger Kapitalgesellschaft (1993); *Mattheus* Die gewandelte Rolle des Wirtschaftsprüfers als Partner des Aufsichtsrats nach dem KonTraG, ZGR 1999, 682; *dies.* Die Rolle des Abschlussprüfers in der Corporate Governance, in: Hommelhoff/Hopt/v. Werder (Hrsg.), Handbuch Corporate Governance, 2. Aufl. (2009), S. 563; *Mößle* Abschlussprüfer und Corporate Governance (2003); *Naumann* Das Bilanzrechtsmodernisierungsgesetz aus Sicht der Abschlussprüfer, FS Küting (2009), S. 739; *Naumann* Prüfung im Wandel DStR-Beih 2016, 26; *Orth/Obst* Ausgestaltung von Kontrollen zur Qualitätssicherung offenzulegender ESEF-Unterlagen BB 2021, 2091; *Petersen/Zwirner/Boecker* Ausweitung der Ausschlussgründe für Wirtschaftsprüfer bei Vorliegen eines Netzwerks, WPg 2010, 464; *Reimann* Entscheidungen mit Ermessen und Beurteilungsspielräumen im Abschlussprüferrecht (2009); *Ring* Gesetzliche Neuregelungen zur Unabhängigkeit des Abschlussprüfers, WPg 2005, 197; *Schüppen* Prüfung und Beratung – ein Bilanzierungsproblem?, FS VMEBF (2016), S. 187; *Schüppen* Der Regierungsentwurf des Gesetzes zur Stärkung der Finanzmarktintegrität (FISG) – Hart, bissig, unausgegoren, DStR 2021, 246; *Schürnbrand* Organschaft im Recht der privaten Verbände (2007); *Velte* Die Zusammenarbeit zwischen Aufsichtsrat und Abschlussprüfer – Eine empirische Analyse für den Deutschen Prime Standard, AG 2009, 102; *Zimmer* Das Gesetz zur Kontrolle und Transparenz im Unternehmensbereich, NJW 1998, 3521; *Wiesner* In Brüssel werden die Grundlagen der Abschlussprüfung neu geordnet, ZIP 2003, 1186; *Zwirner/Boecker* Gesetz zur Stärkung der Finanzmarktintegrität (FISG) verabschiedet IRZ 2021, 309.

---

* Die Kommentierung des dritten Unterabschnitts ist dem Gedenken Jan Schürnbrands gewidmet, der am 23.10.2016 verstorben ist. Sie basiert auf der von Habersack und Schürnbrand verfassten fünften Auflage.

https://doi.org/10.1515/9783110565362-001

Historische Entwicklung des Rechts der Abschlussprüfung

Born Die Weltwirtschaftskrise als zeitgeschichtlicher Hintergrund der Einführung der gesetzlichen Pflichtprüfung, FS 75 Jahre Deutsche Treuhand-Gesellschaft (1965), S. 53; *Engelke/Maltschew* Weltwirtschaftskrise, Aktienskandale und Reaktionen des Gesetzgebers durch Notverordnungen im Jahr 1931, in: Bayer/Habersack, Aktienrecht im Wandel, Band I, 14. Kapitel (S. 570 ff); *Geßler* Der Bedeutungswandel der Rechnungslegung im Aktienrecht, FS 75 Jahre Deutsche Treuhand-Gesellschaft (1965), S. 129; *Habersack* Der Abschlussprüfer, in: Bayer/Habersack (Hrsg.), Aktienrecht im Wandel, 2007, Band II, 16. Kapitel (S. 681 ff); *Homburger* Aufsichtsrat und Bilanzprüfer im neuen Aktienrecht (1932); *Lehmann/Hirsch* Verordnung über Aktienrecht 2. Aufl. (1932); *Markus* Der Wirtschaftsprüfer – Entstehung und Entwicklung des Berufes im nationalen und internationalen Bereich (1996); *Neufeld* Die aktienrechtlichen Vorschriften der Verordnung vom 19. September 1931 (1932); *Pinner* Aktiennovelle und Bankenaufsicht, Verordnung vom 19. September 1931, 1931; *Schlegelberger/Quassowski/Herbig/Geßler/Hefermehl* Aktiengesetz (1937); *Schlegelberger/Quassowski/Schmölder* Verordnung über Aktienrecht (1932); *Staub* HGB, 14. Aufl., 2 Bd. bearb. v. Pinner (1933).

Übersicht

I. Funktionen der Abschlussprüfung

1 Der obligatorischen Prüfung des Jahresabschlusses und des Lageberichts wird zu Recht Kontroll-, Informations- und Beglaubigungsfunktion zugesprochen.[1] Was zunächst die **Kontrollfunktion** anbelangt, so erklärt sie sich aus der Informationsfunktion der Rechnungslegung: Sollen Jahresabschluss und Lagebericht – Entsprechendes gilt für die Konzernrechnungslegung – Gesellschafter, Arbeitnehmer und Dritte, die mit der Gesellschaft in Berührung kommen, hinreichend verlässlich über die Verhältnisse der Gesellschaft informieren, so setzt dies voraus, dass sie von einer unabhängigen und qualifizierten Person auf ihre Vereinbarkeit mit den einschlägigen gesetzlichen Vorschriften überprüft werden. Verfügt die Gesellschaft über einen Aufsichtsrat, so unterstützt der Abschlussprüfer diesen bei der ihm nach Maßgabe der § 171 AktG, § 52 Abs. 1 GmbHG, § 25 Abs. 1 Satz 1 Nr. 2 MitbestG, § 1 Abs. 1 Nr. 3 DrittelbG obliegenden Prüfung des Jahresabschlusses (Rn 2). Die Kontrollfunktion der Abschlussprüfung wird hierdurch freilich nicht berührt. Sie steht zudem in engem Zusammenhang mit der **Informationsfunktion** der Abschlussprüfung. Diese wird namentlich durch den Prüfungsbericht des Abschlussprüfers verwirklicht, der den Geschäftsleiter und, sofern vorhanden, den Aufsichtsrat sowie einen eingerichteten Prüfungsausschuss (§ 321 Abs. 5) über das Ergebnis der unabhängigen Prüfung und die hierbei gewonnenen Erkenntnisse des Prüfers informiert. Die **Beglaubigungsfunktion** schließlich manifestiert sich in dem Bestätigungsvermerk des Abschlussprüfers, der wiederum die Grundlage des Vertrauens des

1 MünchKommHGB/*Ebke* § 316 Rn 24 ff; KölnKomm/*Claussen*/*Korth* § 316 Rn 6; zu den ethischen Grundlagen der Abschluss- und Wirtschaftsprüfung s. *Lenz* Der Konzern 2008, 494 ff; rechtsvergleichend zur Wahrung öffentlicher Belange durch den Abschlussprüfer *Koch* Der Konzern 2005, 723 ff.

Rechtsverkehrs auf die Ordnungsmäßigkeit der Rechnungslegung bildet.[2] Alle drei Funktionen der Abschlussprüfung sind durch Reformen des AktG und des HGB nicht unwesentlich erweitert worden, nämlich durch erhöhte Anforderungen an Prüfungsbericht und Bestätigungsvermerk und durch kontinuierliche Erstreckung der Prüfungstätigkeit – und damit der Funktionen der Abschlussprüfung – auf Bereiche jenseits der eigentlichen Rechnungslegung (Rn 2 ff, 9).

Eine entscheidende **Weichenstellung** ist **durch das KonTraG** vom 27.4.1998 (Rn 9) erfolgt. Es zielt zwar allgemein auf eine Verbesserung der Corporate Governance, richtet sich aber vor allem an den Aufsichtsrat und den Abschlussprüfer. Mit den zahlreichen Änderungen, die die aktien- und handelsrechtlichen Vorschriften erfahren haben, hat das KonTraG eine Entwicklung eingeleitet und zu einem Gutteil schon selbst vollzogen. Es hat die Aufgaben des Abschlussprüfers, auch soweit die Kontrolle der Rechnungslegung im eigentlichen Sinne betroffen ist, erweitert. Damit ist die schon in der Notverordnung von 1931 (Rn 5) angelegte **Unterstützungsfunktion des Prüfers** neu ausgerichtet worden (Rn 9).[3] Zugleich hat das KonTraG die Haftung des Abschlussprüfers nicht unerheblich ausgeweitet (§ 323 Rn 3) und – nach dem Vorbild des § 313 AktG – über die historische Aufgabe der Rechnungslegungskontrolle deutlich hinausgehende Aufgaben geschaffen (Rn 9; § 317 Rn 3). Beide Entwicklungsstränge haben letztlich einen **Funktionswandel der Abschlussprüfung** herbeigeführt, der sich auch bei der nicht börsennotierten Gesellschaft im Sinne einer Abkehr von einem bloßen „financial audit" bemerkbar macht, der aber vor allem bei der börsennotierten Gesellschaft spürbar wird; bei ihr entwickelt sich der Prüfer zunehmend zum Wahrer von Anlegerinteressen und zu einem bedeutenden Akteur im Rahmen der Corporate Governance.[4] 2

Für die Ausrichtung der Prüfung gleichfalls bedeutsam sind **Verschiebungen von Inhalt und Zielrichtung** des Anhangs, des Lageberichts und weiterer vorgeschriebener Erklärungen.[5] Im Kontext der **Corporate Governance** zu sehen sind die Angaben im Anhang zur Vergütung des Abschlussprüfers (§§ 285 Nr. 17, 314 Nr. 9)[6] und der Organwalter der Gesellschaft (§§ 285 Nr. 9, 314 Nr. 6), wobei Letztere inzwischen zu einem Gutteil in dem gesondert zu veröffentlichenden Vergütungsbericht (§ 162 AktG) aufgegangen sind.[7] In den gleichen Zusammenhang gehören die Veröffentlichung übernahmerelevanter Informationen (§§ 289a, 315a) sowie die in den Lagebericht aufzunehmende oder darin in Bezug zu nehmende Erklärung zur Unternehmensführung (§ 289f).[8] Erstere dient dem Interesse des potenziellen Bieters und stärkt damit auch die Funktionsfähigkeit des Marktes für Unternehmensübernahmen.[9] Letztere berührt im Hinblick auf einige der verlangten Angaben (insb. § 289f Abs. 2 Nr. 4–6) zugleich die **gesellschaftspolitischen Anliegen** der Gleichstellung und der Diversität.[10] Fragen der **Corporate Social Responsibility (CSR)** werden schließlich, wiederum mit Bezug zu übergeordneten Gemeinwohlzielen, durch die Pflichten zur Angabe nichtfinanzieller Leistungsindikatoren im Lagebericht (§ 289 Abs. 3 HGB) und zur Erweiterung des Lageberichts um eine nichtfinanzielle Erklärung (§ 289b ff.) auf- 3

---

2 S. vorige Fn.

3 S. neben den Nachw. in Rn 9 namentlich *Mattheus* ZGR 1999, 682 (694 ff.).

4 *Mattheus* ZGR 1999, 682 (685 ff., 690 f.); Hopt/*Merkt*[42] Vor § 316 Rn 11; MünchKommHGB/*Ebke*[4] § 316 Rn 35; aus internationaler Sicht *Kraakman* et al., The Anatomy of Corporate Law, 3. Aufl. 2017, 35, 39, 42 f., 71. Näher zum Ausbau der Abschlussprüfung durch das KonTraG in Rn 9.

5 Dazu BeckOGK-HGB/*Kleindiek*, § 289 Rn 9 ff.

6 Vgl. BeckBilKomm/*Grottel*[13] § 285 Rn 500.

7 Zur durch das VorstOG v. 3.8.2005, BGBl. I, S. 2267, eingeführten individualisierten Angabe und ihren Hintergründen *Baums* ZHR 169 (2005), 299 ff; *Fleischer* DB 2005, 1611 ff; *Leuering/Simon* NZG 2005, 945 ff; *Spindler* NZG 2005, 689 ff; *Thüsing* ZIP 2005, 1389 ff; s. sodann Art. 3 des VorstAG v. 31.7.2009, BGBl. I S. 2509, dazu *Thüsing* AG 2009, 517 ff.; zur teilweisen Überführung in § 162 AktG durch das ARUG II (Gesetz vom 12.12.2019, BGBl. I S. 2637) RegE, BT-Drs. 19/9739, 110; Hüffer/Koch/*Koch*, AktG, 15. Aufl. 2021, § 162 Rn 1.

8 MünchKommHGB/*Kajüter* § 289f Rn 1.

9 Vgl. *Maul/Muffat-Jeandet* AG 2004, 306 (307 ff); MünchKommHGB/*Kajüter* § 289a Rn 1.

10 BeckOGK-HGB/*Kleindiek*, § 289f HGB Rn 5 ff., § 289 Rn 10 ff.; allgemein zur Indienstnahme privatwirtschaftlicher Gesellschaften für derartige Zwecksetzungen *Habersack/Kersten*, BB 2014, 2819.

gegriffen (Rn 16, 20).[11] Diese weitergehenden Zwecksetzungen färben mittelbar auch auf die Tätigkeit des Abschlussprüfers ab, wenngleich einschränkend hinzuzufügen ist, dass die betreffenden Vorschriften jeweils einen begrenzten Anwendungsbereich haben[12] und dass bzgl. des Vergütungsberichts, der Erklärung zur Unternehmensführung und der nichtfinanziellen Erklärung lediglich eine formelle Prüfung vorgesehen ist, die sich nicht mit der inhaltlichen Richtigkeit der abgegebenen Erklärungen befasst (§§ 162 Abs. 3 AktG, 317 Abs. 2 Satz 4, 6 HGB).[13] In D.9 DCGK (Rn 15) wird indes eine darüber hinausgehende Vereinbarung mit dem Abschlussprüfer bzgl. der gemäß § 289f Abs. 2 Nr. 1 in die Erklärung zur Unternehmensführung aufzunehmenden Entsprechenserklärung nach § 161 AktG empfohlen. Die diesbezügliche Entwicklung wird aufgegriffen und weitergeführt durch die **Nachhaltigkeitsberichterstattungsrichtlinie** (Rn 20), die sogar eine Regelung über die Abgabe eines Urteils über die Nachhaltigkeitsberichterstattung (wenngleich zunächst nur in Gestalt begrenzter Prüfungssicherheit) enthält (Art. 34 Abs. 1 UAbs. 2 lit. aa Jahresabschlussrichtlinie idF durch die Nachhaltigkeitsberichterstattungsrichtlinie, dazu Rn 20).

4 In der Summe lässt sich festhalten, dass der Abschlussprüfer einen Zuwachs an Aufgaben und Verantwortlichkeiten erfahren hat, die über die historische Aufgabe, den Jahresabschluss der Gesellschaft unter Einbeziehung der zugrunde liegenden Buchführung und des Geschäftsberichts zu prüfen, deutlich hinausgehen. Der Abschlussprüfer ist zu einem Garanten guter Unternehmensführung, zu einer **eigenständigen Säule der Corporate Governance** aufgewertet worden[14] und darüber hinaus in die Verfolgung anderweitiger staatlicher Steuerungsziele (Gleichstellung, CSR) eingebunden.[15] Nach wie vor Gültigkeit beansprucht allerdings die von *Lehmann/Hirsch* zur Notverordnung des Jahres 1931 getroffene Feststellung, dass keine Buchprüfung feststellen kann, „ob in der Geschäftsschublade des Generaldirektors Bürgschaftserklärungen und Schuldanerkenntnisse liegen, die den Ruin der Gesellschaft bedeuten"[16] – diese aus Sicht des Anlegers bestehende „Erwartungslücke"[17] lässt sich auch durch Reformgesetze nicht schließen.

II. Historische Entwicklung

1. Aktienrechtliche Wurzeln

5 In Deutschland besteht **seit 1931** eine **gesetzliche Prüfungspflicht** für Unternehmen. Dieser unterlagen zunächst Versicherungsgesellschaften gemäß dem Gesetz zur Änderung des VAG vom 31.3.1931 (RGBl. I, 102) sowie gemeinnützige Wohnungsunternehmen gemäß VO des Reichspräsidenten vom 1.12.1930 (RGBl. I, 517 u. 593). Branchenunabhängig wurden Unternehmen erstmals durch die **Notverordnung vom 19.9.1931** (RGBl. I, 493) zur Prüfung des Jahresabschlusses verpflichtet. Diese Prüfungspflicht galt zunächst nur für die AG sowie die KGaA, wobei infolge der geringen Zahl ausgebildeter Wirtschaftsprüfer die Einführung bis 1934 in einzelnen Etappen entsprechend den Größen der Gesellschaften erfolgte. Auslöser für die Einführung der Pflichtprüfung waren, nicht zuletzt vor dem Hintergrund der Weltwirtschaftskrise, Zusammenbrüche bedeutender deutscher Unternehmen sowie deren zunehmender Einfluss auf das Wirtschaftsleben und das

---

11 Eingefügt durch das CSR-Richtlinie-Umsetzungsgesetz v. 11.4.2017, BGBl. I, S. 802; dazu und zu § 289 Abs. 3 BeckBilKomm/*Störk/Schäfer/Schönberger*[13] § 289b Rn 1. Zum dahinterstehenden Regulierungsanliegen BeckOGK-HGB/*Kleindiek*, § 289 Rn 16.

12 § 289b Abs. 1–2; § 289f Abs. 1 (u.a.); §§ 162 Abs. 1, 3 Abs. 2 AktG; Hopt/*Merkt*[42], § 289b Rn 2, 289f Rn 2.

13 BeckOGK-HGB/*Kleindiek*, § 289 Rn 18, § 289f Rn 17; BeckOGK AktG/*Bayer/Scholz*, § 162 AktG Rn 164.

14 Hopt/*Merkt*[42], Vor § 316 Rn 11; vgl. auch BeckOGK-HGB/*Kleindiek*, § 289 Rn 10, 30; *Kraakman* et al., The Anatomy of Corporate Law, 3. Aufl. 2017, 35, 39, 42 f., 71.

15 Vgl. BeckOGK-HGB/*Kleindiek*, § 289 Rn 16 ff., 289b Rn 27, 53 f., § 289f. Rn 5, 8 ff.

16 *Lehmann/Hirsch* Verordnung zum Aktienrecht (1931) Vor § 262a (S. 118).

17 *Dörner* WPg 1995, 785 ff.

Gemeinwesen.[18] Die Abschlussprüfung war von 1931 bis 1936 in den §§ 262a–g HGB (1931) geregelt. Zu prüfen waren Jahresabschluss und Geschäftsbericht. Gem. §§ 262a Abs. 2, 262e erstreckte sich die Prüfung nicht nur auf die formelle Richtigkeit des Jahresabschlusses, sondern aufgrund entsprechender Verweisungen auch auf die Feststellung sämtlicher Geschäftsvorgänge nach Art, Umfang und Ergebnis, jedoch nicht auf die Zweckmäßigkeit der angewandten Geschäftsmethoden.[19]

Nach dem HGB von 1931 galt zwar, dass die Abschlussprüfung durchzuführen „ist" (§ 262a), doch musste sie gem. § 262b Abs. 4 nicht stattfinden, wenn Vorstand, Aufsichtsrat und alle Aktionäre mit ihrem Unterbleiben einverstanden waren.[20] Während für die Prüfungspflicht nach dem HGB (1931) der Schutz des Unternehmens vor unternehmensgefährdendem Einfluss des Vorstandes ausschlaggebend[21] und damit ein einverständlicher Verzicht auf die Prüfung möglich war, wurde mit dem **AktG von 1937** die *soziale Bedeutung* der Unternehmen vorrangig für die Prüfungsverpflichtung.[22] Nach § 135 AktG (1937) konnte der Jahresabschluss nur festgestellt werden, wenn zuvor eine Prüfung stattgefunden hatte; anderenfalls war der Feststellungsbeschluss nichtig. Eine Möglichkeit zur Vermeidung der Prüfung gab es daher von diesem Zeitpunkt an nicht mehr. Die Abschlussprüfung wurde zu einer echten Pflichtprüfung. 6

Durch das **AktG von 1965** wurde die Prüfungspflicht nicht angetastet. Mit der Orientierung der Rechnungslegung an den Interessen der Aktionäre korrespondierte allerdings auch deren stärkere Berücksichtigung im Rahmen der Abschlussprüfung.[23] Die Interessen der Allgemeinheit an der Abschlussprüfung blieben aber weiterhin dominierend,[24] was sich an der Ausweitung der Prüfungspflicht durch das **PublG von 1969** (BGBl. I 1189) auf Großunternehmen jeglicher Rechtsform zeigte. 7

2. Rechtsformneutraler Ansatz des BiRiLiG

Im Jahr 1985 hat sodann das BiRiLiG,[25] dem rechtsformunabhängigen Ansatz der Rechnungslegungsvorschriften und der gemeinschaftsrechtlich auch für die GmbH vorgegebenen Pflichtprüfung folgend, die bislang in §§ 162 ff AktG enthaltenen Vorschriften über die Abschlussprüfung in §§ 316 ff HGB überführt und im Sinne einer **rechtsformunabhängigen, aber größenspezifischen Regelung** umgestaltet.[26] Darüber hinaus hat es in § 28 Abs. 4 WPO aF die Beteiligung Berufsfremder an Wirtschaftsprüfungsgesellschaften grundsätzlich ausgeschlossen. Es hat des Weiteren die Ausschlusstatbestände des § 319 Abs. 2 und 3 HGB gegenüber § 164 Abs. 2 und 3 AktG 1965 substan- 8

18 Hierzu eingehend *Born* FS 75 Jahre Dt. Treuhand-Gesellschaft, S. 53 ff; *Habersack* in: Bayer/Habersack, Band II, 16. Kap. Rn 1 ff, dort auch zur vorangegangenen Reformdiskussion; zu Entstehung und Entwicklung des Berufs des Wirtschaftsprüfers s. *Markus* S. 23 ff.

19 *Staub/Pinner* HGB[14] § 262a Rn 11.

20 Seinerzeit hM zur Auslegung des § 262b Abs. 4 HGB (1931); vgl. *Staub/Pinner* HGB[14] § 262a Rn 16; *Homburger* Aufsichtsrat und Bilanzprüfer im neuen Aktienrecht, S. 85; *Lehmann/Hirsch* VO über Aktienrecht[2] § 262b Rn 5; **aA** schon damals *Schlegelberger/Quassowski/Schmölder* VO über Aktienrecht v. 19.9.1931, § 262a Rn 6; *Neufeld* § 262a Rn 6.

21 Vgl. auch *Neufeld* a.a.O. Rn 5.

22 Vgl. *Schlegelberger/Quassowski* AktG (1937) Übersicht vor § 135: „Im nationalsozialistischen Staat setzte sich die Erkenntnis durch, dass eine regelmäßige Prüfung der Rechnungslegung nicht nur im Interesse der Gesellschaft und ihrer Aktionäre, sondern vor allem im Interesse der Gläubiger und der *Allgemeinheit* liegt. (...) Das Aktiengesetz hat daher den Charakter der bisherigen Pflichtprüfungsvorschriften durch den grundlegenden Satz, daß *ein ohne vorherige Prüfung festgestellter Jahresabschluß nichtig ist, zu zwingenden öffentlich-rechtlichen Vorschriften erhoben* ..."; s. dazu auch *Habersack* in: Bayer/Habersack, Band II, 16. Kap. Rn 21 ff.

23 *Geßler* FS 75 Jahre Dt. Treuhand-Gesellschaft, S. 149 f; *Habersack* in: Bayer/Habersack, Band II, 16. Kap. Rn 23 ff.

24 Vgl. aber auch MünchKommHGB/*Ebke* § 316 Rn 36, 38 f, der zutr. darauf hinweist, dass sich aus der Wahrnehmung von gesellschaftsübergreifenden Funktionen keine unmittelbaren Rechtsfolgen herleiten lassen.

25 Gesetz vom 19.12.1985, BGBl. I, S. 2355; dazu *Biener* Bilanzrichtlinien-Gesetz (1986); *Markus* S. 143 ff.

26 Zu diesem Ansatz des BiRiLiG *Schön/Osterloh-Conrad* in: Bayer/Habersack Aktienrecht im Wandel, Band II, 20. Kap. Rn 89 ff.

tiell ausgeweitet,[27] zugleich aber in § 256 Abs. 1 Nr. 3 AktG bestimmt, dass die Prüfung des Abschlusses durch einen nach § 319 Abs. 2 und 3 HGB ausgeschlossenen Prüfer nicht mehr die Nichtigkeit des festgestellten Jahresabschlusses nach sich zieht.[28] Von größter Bedeutung ist schließlich die durch das BiRiLiG (und später durch das KapCoRiLiG, Rn 10) erfolgte **Neubestimmung des persönlichen Anwendungsbereichs** der Pflichtprüfung. Art. 51 der Richtlinie über den Einzelabschluss[29] sieht nämlich in seinem Abs. 1 die Pflichtprüfung für sämtliche Gesellschaften im Anwendungsbereich der Richtlinie und damit auch für die GmbH (sowie für die Kapitalgesellschaft & Co., vgl. § 264a) vor, erlaubt es indes in seinem Abs. 2 den Mitgliedstaaten, „kleine" Gesellschaften im Sinne des Art. 11 der Richtlinie von der Pflichtprüfung zu befreien.[30] Das BiRiLiG hat von dieser Befreiungsmöglichkeit in § 316 Abs. 1 Gebrauch gemacht und damit mit der kleinen AG und der kleinen KGaA Gesellschaften von der Pflichtprüfung befreit, die bis dahin prüfungspflichtig waren; zugleich hat es diese Gesellschaften mehr oder weniger unbemerkt von der Pflicht zur **Prüfung des Abhängigkeitsberichts** nach § 313 AktG befreit.[31] Im Zentrum der Reformdebatte stand indes die Frage, ob ungeachtet der Einbeziehung der – zahlenmäßig starken – mittelgroßen und großen GmbH in den Kreis der prüfungspflichtigen Gesellschaften an dem Grundsatz des § 164 Abs. 1 AktG 1965 festzuhalten sei, dass nur ein Wirtschaftsprüfer und eine Wirtschaftsprüfungsgesellschaft zum Abschlussprüfer bestellt werden können. Nicht zuletzt aus Gründen des Bestandsschutzes der steuer- und rechtsberatenden Berufsgruppen hat sich der Gesetzgeber dazu durchgerungen, die Prüfung mittelgroßer Gesellschaften mbH durch vereidigte Buchprüfer (§ 128 WPO) zuzulassen (§ 319 Abs. 1 Satz 2);[32] der Zugang zu diesem Beruf wurde zwischenzeitlich indes (erneut) geschlossen.[33]

3. Vom KonTraG bis zum BilMoG

9 Das **KonTraG vom 27.4.1998** (Gesetz zur Kontrolle und Transparenz im Unternehmensbereich, BGBl. I 786) hat das Recht der Abschlussprüfung ganz entscheidend umgestaltet, und zwar in dreierlei Hinsicht.[34] Erstens hat es die Aufgaben des Abschlussprüfers – und mit ihnen die Haftung gemäß § 323 – erweitert: § 317 Abs. 1 Satz 3 will auf eine stärker problemorientierte Prüfung hinwirken und dem Aufsichtsrat so eine verbesserte Kontrolle der Vorstandstätigkeit ermöglichen; nach § 317 Abs. 4 hat sich bei börsennotierten Gesellschaften die Pflichtprüfung auf das vom Vorstand nach § 91 Abs. 2 AktG einzurichtende Überwachungssystem zu erstrecken; §§ 321, 322 verlangen dem Abschlussprüfer eine Beurteilung der Lageberichterstattung des Vorstands ab und greifen damit den auf eine stärkere Problemorientierung der Prüfung gerichteten Grundtenor der Reform auf. Zweitens wurde der Katalog der Inhabilitätsgründe ausgeweitet (§ 319 Rn 3). Unter Corporate Governance-Aspekten bedeutsam ist drittens, dass für die weitgehende Unabhängigkeit des Abschlussprüfers vom Vorstand gesorgt und verdeutlicht werden sollte, dass der Prüfer den Aufsichtsrat bei der Wahrnehmung sei-

---

27 Näher *Biener* (Fn 14) S. 415 ff.

28 Vgl. *Biener* (Fn 14) S. 418 f; zur entsprechende Klarstellung durch das BilReG s. Rn 11; zur entsprechenden Diskussion im Rahmen des AktG 1937 und der Reform von 1965 vgl. *Habersack* in: Bayer/Habersack, Band II, 16. Kap. Rn 24. – Näher zum Ganzen § 319 Rn 99 f.

29 Vierte Richtlinie 78/660/EWG v. 25.7.1978, ABl. Nr. L 222/11.

30 Anders ist der Ansatz der Siebenten Richtlinie 83/349/EWG v. 13.6.1983 (ABl. Nr. L 193/1) betreffend den konsolidierten Abschluss, vgl. Art. 6 der Richtlinie und § 293, die größenabhängige Befreiungen von der Pflicht zur Aufstellung eines Konzernabschlusses vorsehen.

31 Näher *Kropff* ZGR 1988, 558 (560 ff); *Habersack* FS Peltzer (2001) S. 139 (142 ff).

32 Eingehend *Markus* S. 143 ff.

33 Wirtschaftsprüferexamens-Reformgesetz vom 1.12.2003, BGBl. I S. 2446; zur „Schließung des Zugangs" zum Beruf RegE BT-Drs. 15/1241, S. 25 ff.

34 S. bereits Rn 2; zusammenfassende Darstellung bei *Zimmer* NJW 1998, 3521 ff; *Hommelhoff/Mattheus* AG 1998, 249 (256 ff); speziell zur Frage einer Unterschlagungsprüfung (top management fraud) *dies.* S. 662 ff; § 317 Rn 14.

ner Überwachungsaufgabe zu unterstützen hat.[35] Die **Unterstützungsfunktion**, die dem Abschlussprüfer seit jeher im Verhältnis zum Aufsichtsrat zukommt (Rn 2), ist namentlich dadurch abgesichert worden, dass in § 111 Abs. 2 Satz 3 AktG die Zuständigkeit für die Erteilung des Prüfauftrags vom Vorstand auf den Aufsichtsrat verlagert worden ist.[36] Unberührt geblieben ist die Zuständigkeit des Vorstands für die Mandatierung im Bereich der Nichtprüfungsleistungen; insoweit sind jedoch die Inhabilitätsvorschriften der §§ 319, 319b und die später durch die Abschlussprüferverordnung (Rn 19) und das FISG (Rn 17) hinzugekommenen Grenzen zu beachten. Soweit nicht ohnehin der Zustimmungsvorbehalt zugunsten des Prüfungsausschusses nach Art. 5 Abs. 4 Abschlussprüferverordnung eingreift, bietet es sich an, die Erbringung solcher Leistungen durch den Abschlussprüfer an die Zustimmung des Aufsichtsrats zu binden (§ 111 Abs. 4 Satz 2 AktG).[37] Im Zusammenhang mit § 111 Abs. 2 Satz 3 AktG zu sehen ist im Übrigen, dass nach § 321 Abs. 5 Satz 2 der Prüfbericht dem Aufsichtsrat und, soweit vorhanden, inzwischen[38] auch dem Prüfungsausschuss direkt vorzulegen ist. Dem Vorstand ist zwar Gelegenheit zur Stellungnahme zu geben; doch bezieht sich diese Stellungnahme nicht auf den Entwurf, sondern auf den unterschriebenen Bericht (§ 321 Rn 56).[39] Inzwischen wird die Stellungnahme des Vorstands überdies erst nach Zuleitung des Berichts an den Aufsichtsrat (und ggf. den Prüfungsausschuss) eingeholt (§ 321 Abs. 5 Satz 3).[40] Dem Zusammenwirken von Abschlussprüfer und Aufsichtsrat dient es schließlich, dass § 171 Abs. 1 Satz 2 AktG die obligatorische Teilnahme des Abschlussprüfers an der Bilanzsitzung des Aufsichtsrats oder des Prüfungsausschusses vorsieht (§ 324 Rn 26).

Mit dem **KapCoRiLiG vom 24.2.2000** (Kapitalgesellschaften und Co-Richtlinie-Gesetz, BGBl. I 10
154)[41] ist die Prüfungspflicht auf atypische offene Handelsgesellschaften und Kommanditgesellschaften ausgedehnt worden (§ 316 Rn 5). Das **Wirtschaftsprüferordnungs-Änderungsgesetz vom 19.12.2000** (BGBl. I 1769; s. ferner 7. WPO-Novelle, BGBl. 2007 I 2178) hat eine Verpflichtung von Wirtschaftsprüfern und Wirtschaftsprüfungsgesellschaften eingeführt, sich regelmäßig einer Qualitätskontrolle (sog. peer review) zu unterziehen, wenn sie gesetzlich vorgeschriebene Abschlussprüfungen durchführen (§ 57a WPO). Wer als Wirtschaftsprüfer bzw. Wirtschaftsprüfungsgesellschaft nicht über eine Bescheinigung über die Teilnahme an der Qualitätskontrolle verfügte, „durfte" zunächst nicht Abschlussprüfer sein (§ 319 Abs. 2 Satz 2 Nr. 2 aF). In der Folge wurde der Nachweis der Qualitätskontrolle zur Bestellungsvoraussetzung erhoben, und zwar zunächst (durch das BilReG, Rn 11) in Gestalt der Bescheinigung und inzwischen – seit dem APAReG (Rn 13) – in Form eines Auszugs aus dem Berufsregister (§ 319 Rn 13). Das **4. Finanzmarktförderungsgesetz vom 21.6.2002** (BGBl. I 2010) konnte sich auf redaktionelle Anpassungen beschränken. Mit dem **TransPuG vom 19.7.2002** (Gesetz zur weiteren Reform des Aktien- und Bilanzrechts, zu Transparenz und Publizität, BGBl. I 2681) ist § 316 Abs. 2 um einen neuen Satz 2 ergänzt und in § 321 Abs. 1 Satz 3, Abs. 2 die Berichtspflicht verschärft worden. Zudem sind in § 161 AktG Vorstand und Aufsichtsrat einer börsennotierten Gesellschaft zur Abgabe einer Entsprechenserklärung in Bezug auf den Deutschen Corporate Governance Kodex verpflichtet worden; auch insoweit bestehen Bezüge zur Abschlussprüfung (Rn 3, 12, 22). Durch das **Wirtschaftsprüfungsexamens-Reformgesetz vom 1.12.2003** (BGBl. I 2446) ist § 323 Abs. 5 aufgehoben worden (§ 323 Rn 39).

---

35 Näher dazu *Hommelhoff* BB 1998, 2567 ff; *Mattheus* ZGR 1999, 682 ff; *Habersack* in: Bayer/Habersack, Band II, 16. Kap. Rn 30 ff; für eine empirische Analyse auf der Grundlage der Berichte gemäß § 171 Abs. 2 AktG s. *Velte* AG 2009, 102 (104 ff).

36 Vgl. Begr. RegE, BR-Drucks. 872/97, S. 41; Hüffer/Koch/*Koch* AktG[15] § 111 Rn 42; MünchKommAktG/*Habersack* § 111 Rn 90 ff.

37 Zu alldem MünchKommAktG/*Habersack*, § 111 Rn 92; Hüffer/Koch/*Koch* AktG[15] § 111 Rn 43 und schon *Habersack* ZSR 2005 II, 533 (548).

38 § 321 Abs. 5 Satz 2 idF durch das AReG (Rn 14 f).

39 Dies entsprach bereits der Konzeption der Notverordnung v. 19.9.1931, s. *Habersack* in: Bayer/Habersack, Band II, 16. Kap. Rn 15.

40 § 321 Abs. 5 Satz 3 idF durch das AReG (Rn 14 f).

41 Hierzu *Klein/Pötzsch* DB 1999, 1509; *Bitter/Grashoff* DB 2000, 833; *Zimmer/Eckhold* NJW 2000, 1361.

11 Für das Recht der Abschlussprüfung von herausragender Bedeutung ist sodann das **BilReG vom 4.12.2004** (Bilanzrechtsreformgesetz, BGBl. I 3166). Mit ihm sind – zu einem Gutteil im Vorgriff auf die Abschlussprüfer-Richtlinie (Rn 13) – das Ersetzungsverfahren des § 318 Abs. 3 und die Vorschriften über die Unabhängigkeit des Abschlussprüfers in § 319 und im damaligen § 319a neu gefasst,[42] die Vorschrift des § 321a betreffend die Offenlegung des Prüfungsberichts neu geschaffen, der Bestätigungsvermerk in § 322 umgestaltet und die Vorschrift des § 324a eingefügt worden. Zugleich ist (zunächst nur für Unternehmen, die einen organisierten Markt i.S.v. § 2 Abs. 5 WpHG aF[43] in Anspruch nehmen), der Katalog der Pflichtangaben in § 285 Nr. 17 auf die im Geschäftsjahr als Aufwand erfassten Honorarzahlungen an den Abschlussprüfer erstreckt worden. Aus dem Kreis der aktienrechtlichen Neuerungen hervorzuheben sind die Neuregelung in § 243 Abs. 3 Nr. 2 AktG aF (nun § 243 Abs. 3 Nr. 3 AktG), wonach die Befangenheit des Abschlussprüfers nur noch im Ersetzungsverfahren des § 318 Abs. 3, nicht dagegen durch Anfechtungsklage geltend gemacht werden kann,[44] und in § 256 Abs. 1 Nr. 3 AktG, dem zufolge die Befangenheit des Abschlussprüfers nicht zur Nichtigkeit des festgestellten Jahresabschlusses führt.[45] Das **BilKoG vom 15.12.2004** (Bilanzkontrollgesetz, BGBl. I 3408) hat zwar §§ 316 ff unberührt gelassen, die Abschlussprüfung indes durch das Enforcement-Verfahren ergänzt (Rn 21). Das **APAG vom 27.12.2004** (Abschlussprüferaufsichtsgesetz, BGBl. I 3846) hat mit der – inzwischen wiederum durch die APAS abgelösten (Rn 13, 26) – Abschlussprüferaufsichtskommission eine berufsstandsunabhängige Aufsicht eingeführt und hierdurch die Selbstregulierung des Berufsstandes substantiell eingeschränkt (Rn 26). Der Anpassung an die geänderte Systematik des Börsenrechts diente die Änderung, die § 323 Abs. 2 Satz 2 durch das **FRUG vom 16.7.2007** (Finanzmarktrichtlinie-Umsetzungsgesetz, BGBl. I 1330) erfahren hat (§ 323 Rn 46). Durch das **Berufsaufsichtsreformgesetz vom 3.9.2007** (BGBl. I S. 2178) wurde für Prüfer kapitalmarktorientierter Unternehmen neben der turnusmäßigen externen Qualitätskontrolle eine anlassunabhängige Sonderuntersuchung eingeführt (§ 62b WPO), an deren Stelle nunmehr die Inspektionen nach Art. 26 der Abschlussprüferverordnung getreten sind. Der Anpassung an die neue Systematik des FamFG dienten die Änderungen des § 318 durch Art. 69 Nr. 3 des **FGG-Reformgesetzes vom 17.12.2008** (BGBl. I 2586).

12 Nicht unwesentliche Änderungen haben §§ 316 ff schließlich durch das **BilMoG vom 28.5.2009**[46] erfahren. Mit ihm sind die Vorgaben der Abschlussprüfer-Richtlinie (Rn 13) umgesetzt worden. Zwar hatte sich ein Gutteil des Umsetzungsbedarfs bereits durch das BilReG (Rn 11) erledigt. Das BilMoG hat indes erneut die Inhabilitätstatbestände des früheren § 319a ausgeweitet und zudem wesentliche Ausschlussgründe dieser Vorschrift und des § 319 netzwerkweit ausgestaltet. Darüber hinaus sind die Antragsgründe des gerichtlichen Ersetzungsverfahrens in § 318 Abs. 3 Satz 1 auf den Netzwerktatbestand des § 319b erstreckt worden.[47] Ein neuer Abs. 8 des § 318 bestimmt, dass die Wirtschaftsprüferkammer von der Kündigung oder dem Widerruf des Prüfungsauftrags zu unterrichten ist. Neu sind darüber hinaus § 320 Abs. 4 betreffend die Berichtspflicht des bisherigen Abschlussprüfers gegenüber dem neuen Abschlussprüfer und § 321 Abs. 4a betreffend die Unabhängigkeitserklärung des Abschlussprüfers. Gänzlich neu gefasst worden ist der – seitdem allerdings wiederum mehrfach geänderte – § 324: An die Stelle des – ersatzlos entfallenen – Verfahrens zur Beilegung von Meinungsverschiedenheiten zwischen Abschlussprüfer und Gesellschaft ist der obligatorische Prüfungsausschuss kapitalmarktorientierter Gesellschaften getreten. Schließlich hat das BilMoG die Pflicht zur Offenlegung der Honorare auf sämtliche prüfungspflichtigen Gesellschaften ausgedehnt (§ 318 Rn 56) und die Pflicht zur Abgabe einer Entsprechenserklärung in § 161 Abs. 1 Satz 2 AktG auf Gesellschaften erstreckt, die andere Wertpapiere als Aktien zum Handel an einem organisierten Markt

42 *Hülsmann* DStR 2005, 166 ff; *Ring* Wpg 2005, 197 ff; *Veltins* DB 2004, 445 ff.
43 Vgl. nun § 2 Nr. 11 WpHG mit erheblichen Änderungen der Definition.
44 Anders noch BGHZ 153, 32 (44 ff) = NZG 2003, 216; dazu § 318 Rn 8, 72, dort auch zu § 249 Abs. 1 Satz 1 AktG.
45 Insoweit handelt es sich um eine Klarstellung der auch zuvor bestehenden Rechtslage, vgl. *Habersack* NZG 2003, 659 ff; dazu noch § 319 Rn 99.
46 Bilanzrechtsmodernisierungsgesetz, BGBl. I S. 1102.
47 *Petersen/Zwirner/Boecker* WPg 2010, 464.

i.S.d. § 2 Abs. 5 WpHG aF (nun § 2 Abs. 11 WpHG) ausgegeben haben oder deren ausgegebene Aktien auf eigene Veranlassung über ein multilaterales Handelssystem iSd. § 2 Abs. 3 Satz 1 Nr. 8 WpHG aF (nun § 2 Abs. 8 Satz 1 Nr. 8 WpHG) gehandelt werden.[48]

4. Weitere Entwicklung

Im Jahr 2015 hat das **BilRUG**[49] terminologische Anpassungen in § 317 Abs. 2 Satz 1 vorgenommen 13
und die Anforderungen an die Prüfung des Lageberichts und des Konzernlageberichts an die Vorgaben des Art. 34 der Jahresabschlussrichtlinie angepasst (§ 317 Abs. 2 Satz 3, 4).[50] Außerdem wurden in Umsetzung der Artt. 34 f. Jahresabschlussrichtlinie die formellen und materiellen Anforderungen an den Bestätigungsvermerk punktuell ausgeweitet (§ 322 Abs. 1 Satz 3, Abs. 6 Satz 1, Abs. 7 Satz 3–4; vgl. dazu auch § 32 WPO) und in § 324 Abs. 1 Satz 2 zwei Redaktionsversehen im Rahmen der Verweise auf das WpHG behoben.[51] Nach einer unbedeutenden redaktionellen Anpassung des § 317[52] haben sich sodann im Jahr 2016 Änderungen durch das **APAReG**[53] ergeben, das tiefgreifende Änderungen der Wirtschaftsprüferordnung mit sich gebracht und die **Abschlussprüferaufsichtsstelle (APAS)** beim Bundesamt für Wirtschaft und Ausfuhrkontrolle an die Stelle der früheren Abschlussprüferaufsichtskommission gesetzt hat (Rn 11, 26).[54] Von den hier kommentierten Vorschriften wurde demgegenüber nur § 319 Abs. 1 Satz 3 geringfügig angepasst. An die Stelle der Bescheinigung über die Teilnahme an der Qualitätskontrolle (Rn 10) als Bestellungsvoraussetzung ist ein Auszug aus dem Berufsregister mit dem – in flexiblerer Weise mit der Durchführung von Qualitätskontrollen verknüpften (§ 57a Abs. 6a Satz 2 WPO) – Eintrag nach § 38 Nr. 1 lit. h, Nr. 2 lit. f WPO getreten.[55]

Wesentlich weitergehende Änderungen haben sich – ebenfalls im Jahr 2016 – mit dem **AReG**[56] 14
ergeben, das die auf die Abschlussprüfung bezogenen Umsetzungsvorschriften zur Richtlinie 2014/56/EU (Rn 19) sowie Ausführungsbestimmungen zur unmittelbar anwendbaren Abschlussprüferverordnung (Rn 19) beinhaltet.[57] **§ 317** wurde um zwei neue Absätze ergänzt, die Klarstellungen zum Anwendungsvorrang der Abschlussprüferverordnung (Abs. 3a aF; vgl. nunmehr § 316a) und zum Prüfungsumfang im Rahmen der Abschlussprüfung treffen (Abs. 4a, § 317 Rn 38). Die in § 317 Abs. 5, 6 vorgenommenen – teils inhaltlichen, teils rein redaktionellen – Änderungen dienen der Anpassung des deutschen Rechts an die Vorgaben der Änderungsrichtlinie.[58] Der neu in **§ 318** eingefügte Abs. 1a verlängerte zunächst unter bestimmten Voraussetzungen die **Höchstlaufzeit des Prüfungsmandats** von zehn Jahren gem. Art. 17 Abs. 1 UAbs. 2 Abschlussprüferverordnung. Die Entscheidung, das Wahlrecht nach Art. 17 Abs. 4 Abschlussprüferverordnung in diesem Sinn auszuüben, ist inzwischen durch das FISG revidiert worden (Rn 17). Entsprechend der Vorgabe in Art. 37 Abs. 3 der Abschlussprüferrichtlinie – und in weitgehender Übereinstimmung mit dem für Unternehmen von öffentlichem Interesse unmittelbar geltenden Art. 16 Abs. 6 UAbs. 1 der Abschlussprüferverordnung – untersagt der ebenfalls neu geschaffene § 318 Abs. 1b aF (nunmehr Abs. 1a) die **vertragliche Festlegung** der Gesellschaft auf einen **bestimmten Kreis von Abschlussprüfern oder Prüfungsgesellschaften.**[59]

48 Voraufl. § 319 Rn 2 (*Habersack/Schürnbrand*).
49 Bilanzrichtlinie-Umsetzungsgesetz (BilRUG) vom 17.7.2015, BGBl. I, S. 1245.
50 RegE, BT-Drs. 18/4050, S. 76 f.
51 RegE, BT-Drs. 18/4050, S. 77.
52 Verordnung vom 31.8.2015 (BGBl. I S. 1474, Änderung der Bezeichnungen zweier Bundesministerien).
53 Abschlussprüferaufsichtsreformgesetz (APAReG) vom 31.3.2016, BGBl. I S. 518; dazu RegE, BT-Drs. 18/6282, 115.
54 *Boecker/Zwirner* DStR 2016, 90 ff.; *Kelm/Schneiß/Schmitz-Herkendell* WPg 2016, 60 ff.
55 *Boecker/Zwirner* DStR 2016, 90 (91 f.).
56 Abschlussprüferreformgesetz (AReG) vom 10.5.2016, BGBl. I, S. 1142.
57 RegE, BT-Drs. 18/7219, S. 29 f.
58 Zu den Modifikationen des § 317 RegE, BT-Drs. 18/7219, S. 38 f.
59 RegE, BT-Drs. 18/7219, S. 39 f.

15 Durch die Neufassung des § 318 Abs. 3 Satz 1 hat das AReG zudem den – an sich nur für Unternehmen von öffentlichem Interesse geltende – Art. 38 Abs. 3 Abschlussprüferrichtlinie überschießend umgesetzt (zur Zulässigkeit vgl. Rn 18).[60] Die Präzisierung des § 319 Abs. 2 im Hinblick auf den maßgeblichen Zeitraum für die Befangenheitsgründe trägt Art. 22 Abs. 1 UAbs. 2 der Abschlussprüferrichtlinie Rechnung.[61] Darüber hinaus hat das AReG mit Blick auf das Unionsrecht umfangreiche Anpassungen des § 319a vorgenommen,[62] die jedoch durch die Streichung der Norm durch das FISG obsolet geworden sind (Rn 17). Der zur Umsetzung von Art. 23 Abs. 5 UAbs. 1, 3 Abschlussprüferrichtlinie neu eingefügte § 320 Abs. 5 betrifft die Weitergabe von Unterlagen an den Abschlussprüfer eines Mutterunternehmens mit Sitz in einem Drittstaat.[63] Darüber hinaus hat das AReG die formellen Anforderungen an die **Unterzeichnung und die Vorlage des Prüfungsberichts** modifiziert (§ 321 Abs. 5) und den Wortlaut des § 321 Abs. 1 geringfügig geändert. Im Zusammenhang damit äußern sich die Materialien zur Anwendbarkeit der Norm auf die – an sich unmittelbar unionsrechtlich geregelte – Abschlussprüfung bei Unternehmen von öffentlichem Interesse. Für sie beansprucht § 321 – im Einklang mit der Öffnungsklausel des Art. 11 Abs. 2 UAbs. 2 Abschlussprüferverordnung – ebenfalls Geltung.[64] § 322 wurde durch das AReG um zwei neue Absätze ergänzt, die zum einen die Anwendung **internationaler Prüfungsstandards** (Abs. 1a) und zum anderen das sog. **joint audit** (Abs. 6a) betreffen; daneben wurden die Absätze 1, 4 und 7 des § 322 angepasst.[65] Das AReG hat überdies mit Blick auf die Vorgaben in Art. 39 Abs. 1, 3 und 6 der Abschlussprüferrichtlinie den personellen Anwendungsbereich der in § 324 Abs. 1 geregelten Pflicht bestimmter kapitalmarktorientierter Unterehmen, einen **Prüfungsausschuss** zu bestellen, modifiziert und die Anforderungen des § 324 Abs. 2 an die Arbeit des Prüfungsausschusses und die Unabhängigkeit und Fachkunde seiner Mitglieder geändert.[66] Der – ebenfalls durch das AReG eingefügte – § 324 Abs. 3 sieht vor, dass die **Abschlussprüferaufsichtsstelle** zur Erfüllung ihrer Aufgabe, die Tätigkeitsergebnisse der Prüfungsausschüsse zu bewerten (Art. 27 Abs. 1 lit. c Abschlussprüferverordnung), **Auskunftsersuchen** an bestimmte Unternehmen von öffentlichem Interesse richten kann, insoweit aber vorrangig auf öffentlich verfügbare Informationen zurückgreifen soll.[67]

16 Das **CSR-Richtlinie-Umsetzungsgesetz**[68] hat wichtige Neuerungen mit sich gebracht (Rn 3), den Normtext der hier kommentierten §§ 316–324a indes nur wenig geändert. In § 317 Abs. 2 Satz 4–6 ist – im Einklang mit Artt. 19a Abs. 5, 29a Abs. 5 Jahresabschlussrichtlinie (Rn 20) – festgeschrieben worden, dass die nichtfinanzielle Erklärung (§§ 289b Abs. 1) bzw. der nichtfinanzielle Bericht (§ 289b Abs. 3) keiner inhaltlichen Prüfung durch den Abschlussprüfer unterzogen werden muss (zur künftigen Rechtslage aufgrund der Nachhaltigkeitsberichterstattungsrichtlinie vgl. Rn 20). Entsprechendes galt schon vorher für die Erklärung zur Unternehmensführung (§ 289f, dazu Art. 20 Abs. 3 Jahresabschlussrichtlinie). Eine überobligatorische, vom Unternehmen freiwillig veranlasste Prüfung ist selbstverständlich möglich (Rn 3, auch zu D.9 DCGK).[69] Hinzukommen eine geringfügige Anpassung des § 320 Abs. 1 Satz 1 sowie verschiedene kleinere, vielfach redaktionelle Änderungen durch weitere Gesetze.[70] Im Zuge der Einführung des **einheitlichen elektronischen Formats für Jahresfinanz-**

60 RegE, BT-Drs. 18/7219, S. 40.

61 RegE, BT-Drs. 18/7219, S. 40 f.

62 RegE, BT-Drs. 18/7219, S. 41 f.

63 RegE, BT-Drs. 18/7219, S. 42.

64 BeckOGK-HGB/*Bormann* § 321 Rn 7; MünchKommHGB/*Ebke* § 321 Rn 17; Ebenroth/Boujong/Joost/Strohn/*Böcking*/*Gros*/*Rabenhorst* § 321 Rn 4 f.; BeckBilKomm/*Schmidt*/*Deicke*[13] § 321 Rn 3; aA Hopt/*Merkt*[42] § 321 Rn 1; unklar RegE, BT-Drs. 18/7219, S. 42 ff.

65 BeckOGK-HGB/*Bormann*, § 322 Rn 13; RegE, BT-Drs. 18/7219, S. 44 f.

66 RegE, BT-Drs. 18/7219, S. 46 ff.

67 RegE, BT-Drs. 18/7219, S. 47 f.

68 Gesetz vom 11.4.2017, BGBl. I, S. 802.

69 RegE, BT-Drs. 18/9982, S. 46, 58.

70 Änderung des § 324 Abs. 1 Satz 2 Nr. 2 (Folgeänderung, Anpassung eines Verweises auf das WpHG) durch das 2. FiMaNoG vom 23.6.2017, BGBl. I, 2017, 1693; Änderung des § 320 Abs. 5 Satz 2 durch Gesetz vom 17.7.2017, BGBl. I, S. 2541 (Verweis auf das Datenschutzrecht, insb. die DSGVO); Änderung des § 324 Abs. 1 Satz 2 Nr. 2 (Umstellung WpPG-Verweis auf

berichte[71] im Jahr 2020 sind die §§ 316–324a erneut geändert worden. So ist der Abschlussprüfer einer in den Anwendungsbereich der Vorschriften fallenden Kapitalgesellschaft u.a. gehalten zu prüfen, ob die zur Offenlegung bestimmten Dateien dem vorgesehenen elektronischen Berichtsformat entsprechen (§ 317 Abs. 3b aF, nun § 317 Abs. 3a, iVm § 328 Abs. 1 Satz 4).[72] Diese Norm wird durch weitere, sie ergänzende und absichernde Regelungen flankiert.[73]

Erhebliche Änderungen haben sich sodann durch das **Finanzmarktintegritätsstärkungsgesetz (FISG)**[74] ergeben, das vor dem Hintergrund des **Wirecard-Skandals** u.a. das Vertrauen der Anleger in die Richtigkeit publizierter Jahresabschlüsse und die Qualität der Abschlussprüfung zurückgewinnen will.[75] Konkret wurde der – vorher in § 317 Abs. 3a enthaltene – Hinweis auf den Anwendungsvorrang der Abschlussprüferverordnung im Hinblick auf Unternehmen von öffentlichem Interesse in den neu erlassenen § 316a überführt, der zusätzlich noch den Begriff „Unternehmen von öffentlichem Interesse" definiert.[76] Zugleich hat das FISG die Entscheidung des AReG-Gesetzgebers, die durch die Abschlussprüferverordnung und -richtlinie gelassenen Wahlrechte im Sinne einer möglichst liberalen Umsetzung zu nutzen (Rn 14 f.), zu erheblichen Teilen wieder rückgängig gemacht.[77] Dadurch erklärt sich Streichung des § 318 Abs. 1a (Verängerung der **Höchstlaufzeit des Prüfungsmandats** unter bestimmten Voraussetzungen) und die Aufhebung des § 319a (Regelungen zu nun nicht mehr zulässigen **Nichtprüfungsleistungen**).[78] Wesentlich ausgeweitet worden ist die in § 323 geregelte **Abschlussprüferhaftung** (§ 323 Rn 46). Die Regelung des § 324 zum **Prüfungsausschuss** nimmt nun u.a. den geänderten § 100 Abs. 5 AktG in Bezug (§ 324 Abs. 2 Satz 2 HS 2), so dass auch insoweit die durch das FISG verschärften Vorschriften – namentlich: die weitergehenden Anforderungen an den Sachverstand auf den Gebieten der Rechnungslegung sowie der Abschlussprüfung – gelten.[79] Weitere Vorschriften sind von kleineren inhaltlichen Modifikationen (§ 318 Abs. 3) bzw. Folgeänderungen und redaktionellen Änderungen (§§ 317, 318 Abs. 1b aF, 319b, 321 f.) betroffen.[80] Mit Blick auf die hier kommentierten Vorschriften mittelbar von Interesse ist zudem die Neukonzeption des **Enforcement-Verfahrens** in §§ 107 ff. WpHG unter Aufhebung der bisherigen §§ 342b ff (Rn 27). 17

III. Rechtsquellen

1. Unionsrechtliche Vorgaben

a) Abschlussprüferrichtlinie und -Verordnung. Die §§ 316 ff sind in weitem Umfang unionsrechtlich vorgeprägt und überlagert. Die frühere Prüferbefähigungsrichtlinie[81] beschränkte sich im Wesentlichen noch darauf, die Prüferbefähigung im eigentlichen, den Zugang zum Beruf des 18

ProspektVO) durch Gesetz vom 8.7.2019, BGBl. I, 2019, 1002; Änderung des § 324 Abs. 2 Satz 4 (Anpassung Verweis auf § 107 AktG) durch das ARUG II vom 12.12.2019 (BGBl. I, S. 2637).

71 Gesetz vom 12.8.2020, BGBl. I S. 1874.

72 Dazu *Orth/Obst* BB 2021, 2091.

73 Angepasst wurden § 316 Abs. 3 (nachträgliche Änderungen der Dateien), § 320 Abs. 1, 3 (Vorlage der Dateien an den Abschlussprüfer), 322 Abs. 1 (besonderer Abschnitt des Bestätigungsvermerks zur Einhaltung der Vorgaben für die Dateien); zu alldem RegE, BT-Drs. 19/17343, 16, 20 f.

74 Gesetz zur Stärkung der Finanzmarktintegrität vom 3.6.2021, BGBl. I, S. 1534.

75 RegE, BT-Drs. 19/26966, 1 ff., 55 ff.; *Bormann/Böttger*, NZG 2021, 330; *Liebscher/Rinker*, BKR 2021, 466 f.; *Zwirner/Boecker*, IRZ 2021, 309; vgl. auch *Schüppen*, DStR 2021, 246.

76 RegE, BT-Drs. 19/26966, 100.

77 RegE, BT-Drs. 19/26966, 101 f.; *Schüppen*, DStR 2021, 246 (249); *Liebscher/Rinker*, BKR 2021, 466 (470 f.).

78 RegE, BT-Drs. 19/26966, 101 f.; *Schüppen*, DStR 2021, 246 (249); *Liebscher/Rinker*, BKR 2021, 466 (470 f.).

79 *Zwirner/Boecker*, IRZ 2021, 309 (312); vgl. auch *Liebscher/Rinker*, BKR 2021, 466 (469).

80 RegE, BT-Drs. 19/26966, 101 f.

81 Achte Richtlinie 84/253/EWG v. 10.4.1984, ABl. Nr. L 126/20 (außer Kraft gesetzt durch Art. 50 der Abschlussprüferrichtlinie); dazu *Lück* DB 1979, 317 ff; *Schatzmann* RIW 1984, 614 ff; *v. Wysocki* DB 1979, 1472 ff.

Prüfers betreffenden Sinne zu regeln. Deutlich über diese Konzeption hinausgegangen ist sodann im Jahr 2006 die in der Folge mehrerer Bilanzskandale erlassene **Abschlussprüferrichtlinie (AP-RL),**[82] die dem Grundsatz der **Mindestharmonisierung** folgt und daher weitergehende nationale Vorschriften zulässt (Art. 52).[83] Zu ihren Regelungsanliegen gehören neben der Prüferbefähigung vor allem die Unabhängigkeit des Prüfers, die Präzisierung der Prüferpflichten und die Einrichtung einer Qualitätskontrolle. Darüber hinaus sind die Aufsicht über die Abschlussprüfer durch nationale Aufsichtsbehörden, die grenzüberschreitende Kooperation zwischen diesen Behörden und das Verfahren der Zulassung von Prüfern aus Drittstaaten vorgegeben. Zudem schafft die Richtlinie eine Grundlage für die Anerkennung der sodann verbindlichen International Standards on Auditing, die von einem privatrechtlich organisierten internationalen Standardsetzungsgremium entwickelt werden und unionsweit für einheitliche Prüfungsstandards sorgen sollen (317 Rn 39 ff). Im Übrigen enthielt die Richtlinie besondere Vorschriften über die Prüfung von Unternehmen von öffentlichem Interesse (Art. 2 Nr. 13 Abschlussprüferrichtlinie) – eine Entwicklung, die sich im deutschen Recht in §§ 317 Abs. 4, 319a, 323 Abs. 2 vorgezeichnet fand. Diese Sondervorschriften sind – mit Ausnahme des nunmehr in Art. 39 Abschlussprüferrichtlinie geregelten grundsätzlichen Erfordernisses, einen Prüfungsausschuss einzurichten (§ 324 Rn 3 f.), – inzwischen in der Abschlussprüferverordnung aufgegangen (Rn 19). Was die Umsetzung angeht, so hatte die Bundesrepublik bereits mit dem BilReG (Rn 11) und dem APAG (Rn 11) wesentliche Vorgaben der Richtlinie vorab erfüllt; die übrigen notwendigen Anpassungen sind durch das BilMoG erfolgt (Rn 12).

19 Vor dem Hintergrund der weltweiten Finanzkrise der Jahre 2007 und 2008 wurden die unionsrechtlichen Regeln zur Abschlussprüfung im Jahr 2014 erneut tiefgreifend reformiert.[84] Die Sonderregeln zur Abschlussprüfung bei **Unternehmen von öffentlichem Interesse** finden sich nunmehr, mit Ausnahme des Art. 39 der Abschlussprüferrichtlinie zur Einrichtung von Prüfungsausschüssen (§ 324 Rn 3 f.), in der **Abschlussprüferverordnung (APr-VO).**[85] Diese geht nicht nur rechtstechnisch im Hinblick auf ihre unmittelbare Geltung, sondern auch inhaltlich über den bisherigen Rechtsstand hinaus, was sich bspw. in den Regeln zum Verbot bestimmter Nichtprüfungsleistungen (Art. 5 Abschlussprüferverordnung) und zur internen und externen Rotation (Art. 17 Abschlussprüferverordnung) zeigt.[86] Darüber hinaus wurde die **Abschlussprüferrichtlinie** durch die Richtlinie 2014/56/EU erheblich **modifiziert**. Erwähnenswert sind insoweit etwa die Regeln zur kritischen Grundhaltung des Abschlussprüfers (Art. 21 Abs. 2 Abschlussprüferrichtlinie), zur Stärkung seiner Unabhängigkeit (Art. 22 bis 22b Abschlussprüferrichtlinie) sowie zu Fragen der internen Organisation und der Qualitätssicherung (Artt. 24a, 24b, 29 Abschlussprüferrichtlinie).[87]

20 **b) Weitere unionsrechtliche Rechtsquellen.** Erhebliche Bedeutung für die §§ 316 ff. kommt auch weiteren Rechtsakten des Unionsrechts zu. Dies gilt zunächst für die **Jahresabschlussrichtlinie,**[88] deren Art. 34 Abs. 1 namentlich den unionsrechtlichen Hintergrund der Prüfungspflicht nach § 316 Abs. 1 bildet und die Vorgaben zur **Erklärung zur Unternehmensführung** (Art. 20

---

82 Richtlinie 2006/43/EG (Fn 31); näher dazu *Lanfermann* DB 2005, 2645 ff; *Inwinkl/Kortebusch/Schneider* Der Konzern 2008, 215 ff.

83 Exemplarisch mit Verweis auf den Mindestharmonisierungsgrundsatz RegE AReG, BT-Drs. 18/7219, S. 40.

84 *Velte*, DStR 2014, 1688.

85 Verordnung (EU) Nr. 537/2014 vom 16.4.2014 über spezifische Anforderungen an die Abschlussprüfung bei Unternehmen von öffentlichem Interesse und zur Aufhebung des Beschlusses 2005/909/EG der Kommission, ABl. Nr. L 158/77, berichtigt ABl. Nr. L 170/66.

86 *Velte*, DStR 2014, 1688 (1689 ff.) mit den Begriffen der internen und externen Rotation.

87 Hopt/*Merkt*[42], Vor § 316 HGB Rn 7.

88 Richtlinie 2013/34/EU vom 26.6.2013 über den Jahresabschluss, den konsolidierten Abschluss u.a., ABl. Nr. L 182/19, berichtigt ABl. L 369/79.

Jahresabschlussrichtlinie, umgesetzt in § 289f) enthält. Durch die CSR-Richtlinie[89] wurde sie geändert und um die Vorgaben zur **nichtfinanziellen Erklärung** ergänzt. Diese Vorschriften wurden Ende 2022 wiederum durch die **Nachhaltigkeitsberichterstattungsrichtlinie** überarbeitet und massiv ausgeweitet.[90] Flankiert werden die genannten Rechtsakte durch die **Empfehlungen der Kommission** zu externen Qualitätskontrollen,[91] zur Unabhängigkeit des Abschlussprüfers (§ 319 Rn 4),[92] zu den Aufgaben nicht geschäftsführender Direktoren oder Aufsichtsratsmitgliedern (§ 324 Rn 5, 20 f.)[93] und zur Haftungsbegrenzung (§ 323 Rn 6).[94]

2. Die §§ 316 ff im Überblick

21 Das Recht der gesetzlichen Abschlussprüfung ist vorrangig in den §§ 316 ff geregelt. Dabei statuiert zunächst § 316 die Pflicht, bestimmte Abschlüsse vor ihrer Feststellung oder Billigung einer Prüfung zu unterziehen. Diese Regelung ist allerdings nicht abschließend, vielmehr finden sich an zahlreichen weiteren Stellen entsprechende gesetzliche Anordnungen (§ 316 Rn 5 f). Sodann hebt § 316a den Anwendungsvorrang der Abschlussprüferverordnung bei Unternehmen von öffentlichem Interesse hervor und definiert diesen Begriff. In § 317 legt das Gesetz den Gegenstand und den Umfang der durchzuführenden Prüfung fest, beschränkt diese im Grundsatz auf eine Prüfung der Rechnungslegung und schließt damit im Gegenzug eine umfassende Geschäftsführungs- oder Wirtschaftlichkeitsprüfung aus. Im Hinblick auf die nichtfinanzielle Erklärung bzw. den gesonderten nichtfinanziellen Bericht (§§ 289b ff., 315b f.) und die Erklärung zur Unternehmensführung (§ 289f) wird der Umfang der Pflichtprüfung auf formale Aspekte beschränkt (Rn 3; zur künftigen Rechtslage nach Umsetzung der Nachhaltigkeitsberichterstattungsrichtlinie vgl. Rn 3, 20). Die §§ 318 bis 319b betreffen sodann die Bestellung und Abberufung des Abschlussprüfers, wobei ein Schwerpunkt der gesetzlichen Regelung darin besteht, die Auswahl einer qualifizierten und unabhängigen Person zu gewährleisten. Im Weiteren räumt § 320 dem Abschlussprüfer die Informationsrechte ein, die er für eine sachgerechte Aufgabenerfüllung benötigt. Das Ergebnis seiner Prüfung hat er in ausführlicher Form gegenüber dem Unternehmen im Prüfungsbericht (§ 321) und in verknappter Form gegenüber der Allgemeinheit im Bestätigungsvermerk (§ 322) niederzulegen. In der Insolvenz des Unternehmens ist nach Maßgabe des § 321a indes auch der Prüfungsbericht offen zu legen. Die Verantwortlichkeit des Prüfers findet sich in § 323 näher ausgestaltet; von den Modifikationen gegenüber allgemeinen zivilrechtlichen Grundsätzen kommt dabei der Haftungsbeschränkung im Falle bloßer Fahrlässigkeit die größte praktische Bedeutung zu. In § 324 ist die Verpflichtung kapitalmarktorientierter Gesellschaften verankert, einen Prüfungsausschuss einzurichten, der auf Gesellschaftsebene für die Auswahl des

89 Richtlinie 2014/95/EU zur Änderung der Richtlinie 2013/34/EU im Hinblick auf die Angabe nichtfinanzieller und die Diversität betreffender Informationen durch bestimmte große Unternehmen und Gruppen, ABl. Nr. L 330/1, berichtigt ABl. L 369/79.

90 Richtlinie (EU) 2022/2464 vom 14.12.2022 zur Änderung der Verordnung (EU) Nr. 537/2014 und der Richtlinien 2004/109/EG, 2006/43/EG und 2013/34/EU hinsichtlich der Nachhaltigkeitsberichterstattung von Unternehmen, ABl Nr. L 332/15; Entwurf: COM(2021) 189 final; dazu *Lanfermann/Hebestreit*, IRZ 2021, 305.

91 Empfehlung der Kommission vom 6.5.2008 zur externen Qualitätssicherung bei Abschlussprüfern und Prüfungsgesellschaften, die Unternehmen von öffentlichem Interesse prüfen, ABl. L 120/20 vom 7.5.2008 (2008/362/EG); vgl. auch schon die Empfehlung der Kommission vom 15.11.2000 über Mindestanforderungen an Qualitätssicherungssysteme für die Abschlussprüfung in der EU, ABl. L 91/91 vom 31.3.2001 (2001/256/EG).

92 Empfehlung der Kommission vom 16.5.2002 – Unabhängigkeit des Abschlussprüfers in der EU – Grundprinzipien, ABl. L 191/22 vom 19.7.2002.

93 Empfehlung der Kommission vom 15.2.2005 zu den Aufgaben von nicht geschäftsführenden Direktoren/Aufsichtsratsmitgliedern börsennotierter Gesellschaften sowie zu den Ausschüssen des Verwaltungs-/Aufsichtsrats, ABl. L 52/51 vom 25.2.2005 (2005/162/EG).

94 Empfehlung der Kommission vom 5.6.2008 zur Beschränkung der zivilrechtlichen Haftung von Abschlussprüfern und Prüfungsgesellschaften, ABl. L 162/39 vom 21.6.2008 (2008/473/EG).

Prüfers, die Festlegung des Prüfungsauftrags und die Verarbeitung der von ihm übermittelten Prüfungsergebnisse verantwortlich ist. Die Vorschrift des § 324a schließlich erstreckt die Prüfungspflicht auf IFRS-Einzelabschlüsse, die statt des Jahresabschlusses nach HGB im Bundesanzeiger offen gelegt werden sollen.

3. Ergänzende Rechtsquellen

22 Auch jenseits der §§ 316 ff gibt es zahlreiche gesetzliche Vorschriften, die die Abschlussprüfung näher regeln. Zu nennen sind in diesem Zusammenhang etwa § 171 Abs. 1 Satz 2–3 AktG betreffend die Teilnahme des Abschlussprüfers an der Bilanzsitzung des Aufsichtsrats und § 173 Abs. 3 AktG betreffend die Feststellung eines von der Hauptversammlung geänderten Beschlusses. In nicht seltenen Fällen ist der Umfang der Prüfung aufgrund sondergesetzlicher Regelung erweitert, vgl. etwa §§ 53 HGrG, 313 AktG, 29 KWG sowie § 317 Rn 5. Eine Empfehlung zur Erweiterung des Prüfungsauftrags enthält für Gesellschaften, die in den Anwendungsbereich des § 161 AktG fallen, auch der **Deutsche Corporate Governance Kodex** (DCGK, s. Rn 3, 10) in D.9 (Rn 3; § 321 Rn 34). Vom Abschlussprüfer zu beachten sind die Anforderungen des **Berufsrechts**, die ihren Niederschlag in den Vorgaben der WPO und der auf ihrer Grundlage ergangenen Berufssatzung gefunden haben (Rn 18 ff); im Verhältnis zum geprüften Unternehmen kommt diesen allerdings keine unmittelbar bindende Wirkung zu (näher § 323 Rn 12). Nichts anderes gilt schließlich für die **Prüfungsstandards des IDW**, welche die Praxis der Wirtschaftsprüfung in erheblichem Umfang prägen. Denn aus rechtssystematischer Sicht handelt es sich dabei lediglich um Vereinsinnenrecht des privatrechtlichen Instituts der Wirtschaftsprüfer in Deutschland (IDW), s. dazu näher § 323 Rn 13.

IV. Rechtsstellung des Abschlussprüfers

23 In einem BGH-Urteil aus dem Jahr 1954 wurde der Abschlussprüfer als Organ der Gesellschaft eingestuft mit der Begründung, dass er in die Organisation der Gesellschaft eingegliedert sei und unabhängig von Vorstand, Aufsichtsrat und Hauptversammlung eine Arbeit leiste, die an sich der Aufsichtsrat leisten müsse.[95] Zurückhaltender wurde im Jahr 1980 von einer Stellung „wie ein Organ“ gesprochen.[96] Nach einer jüngeren BGH-Entscheidung ist der Abschlussprüfer ein „unparteiischer und unbeteiligter Dritter“.[97] Da die These von der Organstellung in der obergerichtlichen Judikatur[98] und im heutigen Schrifttum,[99] soweit ersichtlich, nicht mehr vertreten wird, kann auf eine vertiefte Auseinandersetzung mit ihr verzichtet und auf die Vorauflage verwiesen werden.[100] Der Abschlussprüfer ist im Verhältnis zur Gesellschaft als „Dritter“ anzusehen,[101] dem gegenüber die Verwaltungsorgane jenseits der Informationsrechte des § 320 Stillschweigen zu bewahren haben (§ 320 Rn 8). Da er ganz in das Regelungsgefüge des Gesellschaftsrechts eingebunden ist, scheidet umgekehrt auch eine öffent-

---

95 BGHZ 16, 17 (25); dem folgend etwa *Baumbach/Hueck* AktG[13] § 163 Rn 4.

96 BGHZ 76, 338 (342) = NJW 1980, 1689.

97 BGH NJW 2010, 1808 Rn 29.

98 BayOblG WM 1987, 1361 (1365); OLG Düsseldorf NZG 2006, 758 (759).

99 MünchKommHGB/*Ebke*[4] § 316 Rn 333 ff; Baumbach/Hueck/*Schulze-Osterloh* GmbHG[18] § 41 Rn 98; *Schulze-Osterloh* ZGR 1976, 411 (417 ff); GroßKommAktG/*Kort*[5] § 76 Rn 10; Hopt/*Merkt*[42] § 318 Rn 2; *Hopt* ZHR 141 (1977), 389 (401 f); *Merkt* Unternehmenspublizität (2001), S. 472 f; *Lutter* Information und Vertraulichkeit im Aufsichtsrat, 3. Aufl. (2006), Rn 323; MünchHdbAG/*Wentrup*[5] § 19 Rn 11; *Mai* S. 217; *Jacoby* Das private Amt (2007), S. 143 f; *Reimann* S. 321 ff; *Schürnbrand* S. 214 ff; *Simitis* FS Reinhardt (1972), S. 329 (332 ff); Wellhöfer/Peltzer/*Müller* Die Haftung von Vorstand, Aufsichtsrat, Wirtschaftsprüfer (2008), § 21 Rn 5 ff; MünchKommBGB/*Schäfer*[8] § 705 Rn 263 Fn 745.

100 5. Aufl. 2010 Rn 16 f. (*Habersack/Schürnbrand*).

101 BGH NJW 2010, 1808 Rn 29; MünchKommHGB/*Ebke*[4], § 316 Rn 32; Wellhöfer/Peltzer/*Müller* Die Haftung von Vorstand, Aufsichtsrat, Wirtschaftsprüfer (2008), § 21 Rn 5 ff.

lich-rechtliche Qualifikation aus.[102] Vielmehr ist der Abschlussprüfer als ein unabhängiger und eigenverantwortlicher Sachverständiger einzuordnen, der als **Inhaber eines privaten Amtes** seine Aufgabe zugleich im öffentlichen Interesse wahrnimmt.[103] Als solcher ist er der Gesellschaft zum einen durch den zivilrechtlichen Prüfungsauftrag und zum anderen durch ein im Zuge der Bestellung begründetes korporationsrechtliches Rechtsverhältnis verbunden (§ 318 Rn 1, 47).

V. Regulierung des Berufsstandes

Aufgrund der besonderen öffentlichen Bedeutung, die dem Rechtsinstitut der gesetzlichen Abschlussprüfung zukommt, ist ihre Durchführung seit jeher besonders qualifizierten Personen vorbehalten, nämlich Wirtschaftsprüfern und Wirtschaftsprüfergesellschaften sowie unter den Voraussetzungen des § 319 Abs. 1 Satz 2 auch vereidigten Buchprüfern und Buchprüfungsgesellschaften (§§ 128 ff WPO).[104] Diese unterliegen einer intensiven berufsrechtlichen Regulierung, welche einen hohen Qualitätsstandard ihrer Tätigkeit gewährleisten soll.[105] So werden nur praktisch erfahrene Kandidaten, die eine Zugangsprüfung bestanden haben, öffentlich zum Wirtschaftsprüfer bestellt (§§ 5 ff WPO); die Anerkennung einer juristischen Person als Wirtschaftsprüfungsgesellschaft wiederum ist an besondere Anforderungen hinsichtlich des Gesellschafterkreises und der gesetzlichen Vertreter gebunden (§ 28 WPO). Mit der Bestellung bzw. Anerkennung einher geht die Mitgliedschaft in der Wirtschaftsprüferkammer, einer Körperschaft des öffentlichen Rechts, die für die Selbstverwaltung des Berufsstands sorgt (§§ 57 ff WPO). Damit unterliegen alle Berufsangehörigen hinsichtlich der Einhaltung ihrer Berufspflichten der **Berufsaufsicht** (§§ 61a ff, 67 ff WPO). Neben der allgemeinen Berufspflicht zur unabhängigen, gewissenhaften, verschwiegenen und eigenverantwortlichen Tätigkeit (§ 43 Abs. 1 WPO) sind namentlich die Pflicht zum Abschluss einer Haftpflichtversicherung (§ 54 Abs. 1 Satz 1 WPO, dazu § 323 Rn 47) sowie zur Einrichtung eines Qualitätssicherungssystems (§ 55b WPO) hervorzuheben. 24

Zur Förderung der Vertrauensbildung in die Abschlussprüfung und zur Verbesserung der Corporate Governance hat der Gesetzgeber in jüngerer Zeit nicht nur die berufsrechtlichen Vorgaben konkretisiert, sondern vor allem auch das **aufsichtsrechtliche Instrumentarium deutlich verschärft**. Schon durch das Berufsaufsichtsreformgesetz[106] wurden im Jahr 2007 die Auskunftspflichten gegenüber der Wirtschaftsprüferkammer erweitert, das Sanktionsinstrumentarium ausgeweitet und anlasslose Sonderuntersuchungen bei Abschlussprüfern von Unternehmen von öffentlichem Interesse eingeführt (§ 62b WPO).[107] Weitere Verschärfungen ergaben sich 2014 durch das APAReG (Rn 13) und die Abschlussprüferverordnung (Rn 19). Ersteres hat die Zuständigkeiten in der Aufsicht geändert (Rn 13, 26), das **berufsaufsichtliche Instrumentarium** neu justiert (§§ 68 ff WPO), die Vorschriften zur Qualitätskontrolle indes flexibler gestaltet (Rn 10, 13).[108] Letztere hat behördliche **Inspektionen** für Abschlussprüfer von Unternehmen von öffentlichem Interesse eingeführt, die an die Stelle der anlasslosen Sonderuntersuchungen getreten sind (§ 63b WPO) und eine **Meldepflicht** für bestimmte bei der Prüfung zutage getretene Unregelmäßigkeiten eingeführt (Art. 7 Abschlussprüferverordnung).[109] Das FISG (Rn 17) hat sodann die **Abschlussprüfer-** 25

102 *ADS* § 319 Rn 11; *Mößle* S. 103 ff; *Reimann* S. 83 ff; *Koch* Der Konzern 2005, 723 (727 ff).
103 *Mai* S. 230 ff; Lutter/Hommelhoff/*Kleindiek* GmbHG[17] Anh. § 42 Rn 5.
104 Vgl. bereits Rn 8; eingehend zur Entwicklung der berufsrechtlichen Regulierung *Markus* S. 23 ff, 135 ff.
105 Umfassend dazu *Hense/Ulrich/Ziegler/Gelhausen* WPO-Kommentar, 4. Aufl. 2022.
106 Gesetz zur Stärkung der Berufsaufsicht und zur Reform berufsrechtlicher Regelungen in der Wirtschaftsprüferordnung v. 3.9.2007, BGBl. I S. 2178.
107 Näher dazu *Neumann/Hamannt* Wpg 2007, 901; *Heininger* Wpg 2008, 535 (537 ff).
108 *Boecker/Zwirner* DStR 2016, 90 (91 ff).
109 *Boecker/Zwirner* DStR 2016, 90 (91 f); zur (dort so bezeichneten) Meldepflicht bei Unregelmäßigkeiten *Zwirner/Boecker* IRZ 2021, 309 (311).

haftung (§ 323) strenger ausgestaltet, das berufsaufsichtliche Instrumentarium erneut geringfügig nachgeschärft und das Enforcement-Verfahren (Rn 27) neu geregelt.[110]

26 Die **Berufsaufsicht** liegt grundsätzlich in den Händen der **Wirtschaftsprüferkammer** (§§ 61a, 67 ff. WPO). Im Hinblick auf die Abschlussprüfung bei Unternehmen von öffentlichem Interesse ist indes die beim Bundesamt für Wirtschaft und Ausfuhrkontrolle (BAFA) eingerichtete Abschlussprüferaufsichtsstelle (**APAS**) zuständig (§ 66a Abs. 6 Satz 2 WPO). Sie führt zugleich nach Maßgabe des § 66a Abs. 1 WPO die Fachaufsicht über die Wirtschaftsprüferkammer, die ansonsten – ebenso wie ihrerseits die APAS – der Rechtsaufsicht durch das Bundesministerium für Wirtschaft und Energie untersteht (§ 66 Abs. 1 WPO). Die APAS ist im Jahr 2014 durch das APAReG (Rn 13) errichtet worden und an die Stelle der vorherigen Abschlussprüferaufsichtskommission (APAK) getreten.[111] Diese wiederum verdankte ihre Existenz dem Abschlussprüferaufsichtsgesetz,[112] mit dem im Jahr 2004 im Vorgriff auf unionsrechtliche Vorgaben[113] erstmals eine berufsstandsunabhängige Aufsicht nach dem Vorbild des US-amerikanischen Public Company Accounting Oversight Board (PCAOB) eingeführt wurde. Bereits darin lag eine substanzielle Einschränkung der Selbstregulierung des Berufsstandes.[114]

VI. Verhältnis zum Enforcement-Verfahren

27 Zur Stärkung des Vertrauens in die Richtigkeit zentraler Kapitalmarktinformationen wurde im Jahre 2004 mit dem Bilanzkontrollgesetz das sog. Enforcement-Verfahren eingeführt und in den damaligen §§ 342b ff und den §§ 37n ff WpHG verankert. In diesem werden u.a. der zuletzt festgestellte Jahresabschluss und der zugehörige Lagebericht oder der zuletzt gebilligte Konzernabschluss bestimmter Unternehmen, obschon sie bereits Gegenstand der gesetzlichen Abschlussprüfung waren, stichprobenartig sowie aus gegebenem Anlass nochmals auf ihre Gesetzmäßigkeit geprüft. Dafür wurde zunächst ein zweistufiger Prozess unter Beteiligung einer privaten Prüfstelle eingeführt. Im Nachgang des **Wirecard-Skandals** erfolgte mit dem FISG (Rn 17) ein **Systemwechsel** hin zu einem **einstufigen, von der BaFin durchgeführten Verfahren**. Die nun maßgeblichen §§ 106 ff WpHG gelten für Emittenten zugelassener Wertpapiere, deren Herkunftsstaat die Bundesrepublik Deutschland ist (§ 106 HS 1 WpHG). In diesem Zusammenhang wurde ein gesetzlicher Mechanismus zur Überleitung der bei der bisherigen Prüfstelle bestehenden Beschäftigungsverhältnisse auf die BaFin implementiert (§ 18b FinDAG).[115] Im Rahmen des von ihr geführten Verfahrens kann die BaFin auch Auskünfte von den Abschlussprüfern der Gesellschaft verlangen (§ 107 Abs. 5 Satz 5 WpHG).[116]

§ 316 Pflicht zur Prüfung

(1) [1]Der Jahresabschluß und der Lagebericht von Kapitalgesellschaften, die nicht kleine im Sinne des § 267 Abs. 1 sind, sind durch einen Abschlußprüfer zu prüfen. [2]Hat keine Prüfung stattgefunden, so kann der Jahresabschluß nicht festgestellt werden.

---

110 *Zwirner/Boecker* IRZ 2021, 309 (311 ff).

111 Zu alldem *Boecker/Zwirner* DStR 2016, 90 f.

112 Gesetz zur Fortentwicklung der Berufsaufsicht der Abschlussprüfer in der Wirtschaftsprüferordnung v. 27.12.2004 BGBl. I 3846.

113 Vgl. den heutigen Art. 32 Abs. 1 Abschlussprüferrichtlinie.

114 Näher dazu *Baetge/Lienau* DB 2004, 2277; *Marten/Köhler* Wpg 2005, 145.

115 Zu alldem Bericht Finanzausschuss, BT-Drs. 19/29879, S. 166; anders noch der Regierungsentwurf, der zunächst eine Weiterführung der privaten Prüfstelle vorsah, BT-Drs. 19/26966, S. 56, 79 ff.; aus dem Schrifttum *Haegler* BB 2021, 1838; *Zwirner/Boecker* IRZ 2021, 309 (311 f); zum RegE noch *Bormann/Böttger* NZG 2021, 330.

116 Vgl. zum früheren Rechtsstand (§ 37o Abs. 4 WpHG aF) *Bräutigam/Heyer* AG 2006, 188 (191 ff); *Gelhausen/Hönsch* AG 2005, 511 (521 f); zur rechtspolitischen Diskussion *Schürnbrand* ZHR 168 (2004), 434 f.

https://doi.org/10.1515/9783110565362-002

(2) [1]Der Konzernabschluß und der Konzernlagebericht von Kapitalgesellschaften sind durch einen Abschlußprüfer zu prüfen. [2]Hat keine Prüfung stattgefunden, so kann der Konzernabschluß nicht gebilligt werden.

(3) [1]Werden der Jahresabschluß, der Konzernabschluß, der Lagebericht oder der Konzernlagebericht nach Vorlage des Prüfungsberichts geändert, so hat der Abschlußprüfer diese Unterlagen erneut zu prüfen, soweit es die Änderung erfordert. [2]Über das Ergebnis der Prüfung ist zu berichten; der Bestätigungsvermerk ist entsprechend zu ergänzen. [3]Die Sätze 1 und 2 gelten entsprechend für diejenige Wiedergabe des Jahresabschlusses, des Lageberichts, des Konzernabschlusses und des Konzernlageberichts, welche eine Kapitalgesellschaft, die als Inlandsemittent (§ 2 Absatz 14 des Wertpapierhandelsgesetzes) Wertpapiere (§ 2 Absatz 1 des Wertpapierhandelsgesetzes) begibt und keine Kapitalgesellschaft im Sinne des § 327a ist, für Zwecke der Offenlegung erstellt hat.

Schrifttum

Vgl. die Angaben Vor § 316, ferner

Braun Freiwillige Abschlussprüfungen bei Einzelkaufleuten und Personenhandelsgesellschaften, BB 1989, 803; *Ebke* Unternehmensinsolvenz und Abschlussprüfung, FS Hopt, 2010, S. 559; *Erle* Der Bestätigungsvermerk des Abschlußprüfers, 1990; *Forster* Der nach Feststellung der Nichtigkeit neu aufgestellte Jahresabschluss und sein Prüfer, FS Welf Müller, 2001, S. 183; *Goerdeler* Die freiwillige Prüfung von Jahresabschlüssen, FS R. Fischer, 1979, S. 149; *Kersting* Die Haftung des Wirtschaftsprüfers für die Prüfung nach § 53 HGrG – keine Anwendbarkeit von § 323 Abs. 2 HGB, ZIP 2014, 2420; *ders.* Noch einmal: Die Haftung des Wirtschaftsprüfers für die Prüfung nach § 53 HGrG – keine Anwendbarkeit von § 323 Abs. 2 HGB! ZIP 2015, 817; *Kowalski* Der nichtige Jahresabschluss – was nun? AG 1993, 502; *Lenz* Nutzen und Kosten einer Abschlussprüfung bei privaten Kapitalgesellschaften, BB 2018, 2027; *Neuling* Die Teilnahmepflicht des Abschlussprüfers an den Bilanzsitzungen des Aufsichtsrats, BB 2003, 166; *T. Petersen* Jahresabschlussprüfung in der Insolvenz, 2018; *Schüppen* Die Haftung des Abschlussprüfers bei Prüfungserweiterungen gem. § 53 HGrG – keine Anwendbarkeit der §§ 316 ff. HGB?, ZIP 2015, 814; *Simons* Die Wahl des Abschlussprüfers durch die Hauptversammlung, WPg 2018, 713; *Simons/Kallweit* Quartalsberichte – Quartalsprüfung – Prüferbestellung: Praxishinweise zu den Neuerungen durch das TranspRLÄndRL-UG, BB 2016, 332; *Wasmann/Harzenetter* Die Bestellung des Prüfers für die prüferische Durchsicht von unterjährigen Finanzberichten, NZG 2016, 97.

Übersicht

I. Einführung

1. Inhalt und Zweck der Regelung

1 Die Vorschrift statuiert in Abs. 1 S. 1 und Abs. 2 S. 1 die gesetzliche Pflicht, den Einzel- bzw. Konzernabschluss prüfen zu lassen, und legt damit zugleich den Gegenstand der gesetzlichen Abschlussprüfung fest, der dann in § 317 näher konkretisiert wird. Die Umschreibung der **Prüfungspflicht** ist allerdings nicht abschließend, vielmehr finden sich an verschiedenen Stellen im HGB und anderen Gesetzen entsprechende Anordnungen oder Verweise auf die §§ 316 ff (Rn 5 f). Indem das Gesetz in Abs. 1 S. 2 und Abs. 2 S. 2 weiterhin anordnet, dass ohne vorherige Prüfung ein Einzelabschluss nicht festgestellt und ein Konzernabschluss nicht gebilligt werden darf, bringt es das öffentliche Interesse an der Abschlussprüfung zum Ausdruck und sorgt für eine effektive Sanktion von Verstößen gegen die Prüfungspflicht. Ihre Informations-, Kontroll- und Beglaubigungsfunktion kann die Abschlussprüfung aber nur dann erfüllen, wenn der geprüfte Abschluss auch tatsächlich der für die Gesellschaft maßgebliche ist. Daher schreibt Abs. 3 eine Nachtragsprüfung vor, wenn nach Vorlage des Prüfungsberichts Abschluss oder Lagebericht geändert werden. Auch jenseits der so umschriebenen Prüfungspflicht sind Abschlussprüfungen möglich und in der Praxis geläufig; die §§ 316 ff sind auf diese **freiwilligen Prüfungen** nicht unmittelbar anwendbar, fungieren aber immerhin teilweise als Leitbild (Rn 29 ff).

2. Entstehungsgeschichte und unionsrechtliche Vorgaben

2 Die Pflichtprüfung des Jahresabschlusses wurde im Jahre 1931 eingeführt (Vor § 316 Rn 5 ff). Unmittelbare Vorgängernormen waren § 135 AktG 1937 und § 162 AktG 1965. Ihre heutige Gestalt hat die Norm durch das Bilanzrichtliniengesetz aus dem Jahre 1985 erhalten.[1] Das TransPuG[2] hat die Vorschrift des Abs. 2 S. 2 angefügt, der zufolge ein nicht geprüfter Konzernabschluss nicht gebilligt werden darf. Durch Gesetz vom 12.8.2020[3] ist Abs. 3 S. 3 eingefügt und damit die entsprechende Geltung der Sätze 1 und 2 des Abs. 3 für die von Inlandsemittenten für die Zwecke der Offenlegung erstellte Wiedergabe der geprüften Dokumente angeordnet worden (Rn 28). Die unionsrechtliche Vorgabe zu § 316 Abs. 1 findet sich in **Art. 34 Abs. 1 UAbs. 1 Bilanzrichtlinie**[4] (Vor § 316 Rn 20), wonach die Mitgliedstaaten dafür zu sorgen haben, dass die Abschlüsse von Unternehmen von öffentlichem Interesse sowie von mittleren und großen Unternehmen von einem oder mehreren Abschlussprüfern oder einer oder mehreren Prüfungsgesellschaften geprüft werden, die von den Mitgliedstaaten zur Durchführung von Abschlussprüfungen auf der Grundlage der Richtlinie 2006/43/EG zugelassen worden sind. Nach Art. 34 Abs. 1 UAbs. 2 Bilanzrichtlinie hat/haben der/die Abschlussprüfer bzw. die Prüfungsgesellschaft(en) zudem (a) ein Urteil darüber abzugeben, (i) ob der Lagebericht mit dem Abschluss des betreffenden Geschäftsjahres in Einklang steht und (ii) ob der Lagebericht nach den geltenden rechtlichen Anforderungen aufgestellt wurde und (b) zu erklären, ob im Lichte der bei der Prüfung gewonnenen Erkenntnisse und des gewonnenen Verständnisses über das Unternehmen und sein Umfeld wesentliche fehlerhafte Angaben im Lagebericht festgestellt wurden, wobei auf die Art dieser fehlerhaften Angaben einzugehen ist. Art. 34 Abs. 2 schließlich sieht die sinngemäße Anwendung von Art. 34 Abs. 1 UAbs. 1 auf konsolidierte Abschlüsse und konsolidierte Lageberichte vor.

---

1 BiRiLiG v. 19.12.1985, BGBl. I 2355.

2 Transparenz- und Publizitätsgesetz v. 19.7.2002, BGBl. I 2681.

3 Gesetz zur weiteren Umsetzung der Transparenzrichtlinie-Änderungsrichtlinie im Hinblick auf ein einheitliches elektronisches Format für Jahresfinanzberichte v. 12.8.2020, BGBl. I 2020; dazu Vor § 316 Rn. 16.

4 Richtlinie 2013/34/EU v. 26.6.2013, ABl. Nr. L 182/19; dazu Vor § 316 Rn 20.

II. Prüfungspflicht hinsichtlich des Einzelabschlusses

1. Prüfungspflichtige Unternehmen

a) Kapitalgesellschaften. Prüfungspflichtig sind alle **Kapitalgesellschaften**, also AG, SE (Art. 10, 61 SE-VO), GmbH (einschließlich UG[5]) und KGaA, soweit sie **nicht kleine Gesellschaften** iSv § 267 Abs. 1 oder Kleinstgesellschaften iSv § 267a sind. Im Einklang mit Art. 34 Abs. 1 Bilanzrichtlinie (Rn 2) werden mit anderen Worten alle mittelgroßen und großen Gesellschaften erfasst. **Kapitalmarktorientierte Gesellschaften** iSv § 264d gelten gemäß § 267 Abs. 3 S. 2 (der der entsprechenden Vorgabe des Art. 40 Bilanzrichtlinie Rechnung trägt) stets als große Gesellschaft. Sie bilden nach § 316a S. 2 – ebenso wie CRR-Kreditinstitute und Versicherungsunternehmen – **Unternehmen von öffentlichem Interesse** (§ 316a Rn. 6 ff), die nach § 316a S. 1 in erster Linie den Regeln der APr-VO unterliegen (§ 316a Rn 4 f). Eine – im Einklang mit Art. 37 Bilanzrichtlinie (Rn 2) stehende – Ausnahme gilt nach § 264 Abs. 3 für **Tochterunternehmen**. Vorausgesetzt ist insbesondere, dass das Tochterunternehmen nicht seinereits kapitalmarktorientiert iSv § 264d (und damit Unternehmen von öffentlichem Interesse, § 316a S. 2) ist, dass das Mutterunternehmen nach § 290 zur Aufstellung eines Konzernabschlusses verpflichtet und die Tochtergesellschaft in diesen Abschluss einbezogen ist, dass sämtliche Gesellschafter des Tochterunternehmens der Befreiung zugestimmt haben und dass eine gesetzliche oder freiwillige Verpflichtung des Mutterunternehmens zur Übernahme allfälliger Verluste des Tochterunternehmens besteht. 3

Beim **Wechsel von Größenklassen** unterliegt das Unternehmen gem. § 267 Abs. 4 der Prüfungspflicht bereits beim zweiten Jahresabschluss, der vom Ergebnis her dem vorangegangenen bei der Größeneinstufung gleicht, also bereits ab dem Geschäftsjahr, in dem erstmalig zu Beginn und am Ende die Voraussetzungen der neuen Größenklasse erfüllt sind.[6] Prüfungsfrei ist mithin nur der Jahresabschluss des ersten Jahres, in dem die Gesellschaft nicht mehr als kleine Gesellschaft oder Kleinstgesellschaft, sondern als mittelgroße oder große zu qualifizieren ist. Im Gegenzug wird eine zuvor bestehende Prüfungspflicht durch ein einmaliges Unterschreiten nicht tangiert.[7] Da sowohl mittelgroße als auch große Kapitalgesellschaften der Prüfungspflicht unterliegen, hat ein Wechsel zwischen diesen Größenklassen im Rahmen des § 316 keine Relevanz. Kapitalmarktorientierte Gesellschaften gelten nach § 267 Abs. 3 S. 2 stets als große Gesellschaften (Rn 3), so dass bei ihnen ein Wechsel von Größenklassen erst bei Aufgabe der Kapitalmarktorientierung eintreten kann. 4

b) Atypische Personengesellschaften. Mit Einfügung des § 264a durch das Kapitalgesellschaften und Co-Richtlinie-Gesetz[8] sind offene Handelsgesellschaften und Kommanditgesellschaften, die nicht kleine Gesellschaften iSv § 267 Abs. 1 oder Kleinstgesellschaften iSv § 267a sind und bei denen **nicht wenigstens ein persönlich haftender Gesellschafter eine natürliche Person** oder – im Falle mehrstufiger Gesellschaftsverhältnisse – wiederum eine Personengesellschaft mit einer natürlichen Person als persönlich haftender Gesellschafter ist, in die Prüfungspflicht einbezogen worden.[9] Gemäß § 264b ist eine solche Personenhandelsgesellschaft, sofern sie nicht kapitalmarktorientiert iSv § 264a ist, unter bestimmten Voraussetzungen von den Pflichten zur Aufstellung von Jahresabschluss und Lagebericht, zur Prüfung und zur Offenlegung befreit. Zu diesen 5

5 Hachmeister/Kahle/Mock/Schüppen/*Mylich* Bilanzrecht[3] Rn 11.

6 *ADS* Rn 30; MünchKommHGB/*Ebke*[4] Rn 3; Heidel/Schall/*Schüppen* HGB[3] Rn 5; vgl. auch Bericht des Rechtsausschusses BT-Drucks. 10/4268, S. 104 zu § 267, wonach von § 236 Abs. 2 HGB-E, der dies explizit vorschrieb, nur in der Formulierung abgewichen wurde.

7 *ADS* Rn 30; MünchKommHGB/*Ebke*[4] Rn 3; Heidel/Schall/*Schüppen* HGB[3] Rn 5.

8 Gesetz v. 24.2.2000, BGBl. I 154.

9 Zur Publikums-KG s. BGH ZIP 2015, 778: Auch dann keine Verpflichtung zur Übersendung des Prüfungsberichts mit der Einladung zur Gesellschafterversammlung, die über die Feststellung des Jahresabschlusses zu beschließen hat, wenn nach dem Gesellschaftsvertrag allen Gesellschaftern mit der Einladung der Entwurf des Jahresabschlusses zu übersenden ist.

Voraussetzungen zählt namentlich, dass die Gesellschaft in den Konzernabschluss eines Unternehmens, das persönlich haftender Gesellschafter der Personenhandelsgesellschaft ist, oder in den Konzernabschluss eines anderen in- oder ausländischen Mutterunternehmens mit Sitz in einem EU- oder EWR-Staat einbezogen ist und der Konzernabschluss ordnungsgemäß aufgestellt, geprüft und offengelegt worden ist. – Vgl. zum Wechsel der Größenklasse Rn 4.

6 **c) Andere Gesellschaften.** Neben den mittelgroßen und großen Kapitalgesellschaften und den atypischen Personengesellschaften können weitere Jahresabschlüsse einer Prüfungspflicht unterliegen. Diese knüpft entweder an die **Größe**, die **Rechtsform** oder die **Branche** des betriebenen Unternehmens an.[10] Branchenabhängig prüfungspflichtig sind ohne Rücksicht auf Rechtsform und Größe nach § 340k Kreditinstitute.[11] In diesem Zusammenhang legen § 29 KWG und § 13 BausparkG besondere Pflichten bei der Prüfung des Jahresabschlusses fest. Seit der in Umsetzung der EG-Versicherungs-Bilanzrichtlinie[12] erfolgten Änderung des VAG durch das Gesetz vom 24.6.1994[13] sind zudem Versicherungsunternehmen unabhängig von ihrer Größe prüfungspflichtig (§ 341k);[14] §§ 35 ff. VAG präzisieren und ergänzen die allgemeinen Vorschriften der §§ 316 ff. Versicherungsunternehmen, die nicht unter die in § 330 Abs. 4 genannten EG-Richtlinien fallen, können gemäß § 330 Abs. 4 S. 1 von der Prüfungsverpflichtung ganz oder teilweise ausgenommen werden. Rechtsformunabhängig sind beispielsweise[15] Energieversorgungsunternehmen nach § 6b Abs. 1 EnWG, Verwertungsgesellschaften nach § 57 Abs. 1 VGG sowie Unternehmensbeteiligungsgesellschaften nach § 8 UBGG prüfungspflichtig. Der Prüfung unterliegen darüber hinaus nach dem Publizitätsgesetz publizitätspflichtige Unternehmen (§ 6 PublG) und Genossenschaften (§§ 53 ff GenG). Auch die Prüfung auf Verlangen der an einem privatrechtlich organisierten Unternehmen mehrheitlich beteiligten Gebietskörperschaft gemäß § 53 HGrG ist Pflichtprüfung und unterliegt als solche den §§ 316 ff.[16]

7 **d) Gesellschaften in Liquidation oder Insolvenz.** Für Gesellschaften in Liquidation oder Insolvenz besteht die Prüfungspflicht fort; für die Insolvenz folgt das aus § 155 Abs. 1 InsO.[17] Allerdings eröffnen § 270 Abs. 3 AktG und § 71 Abs. 3 GmbHG dem Gericht die Möglichkeit, von der Prüfung zu **befreien**, wenn die Gesellschaftsverhältnisse überschaubar sind, insbes. wenn keine nennenswerte Geschäftstätigkeit mehr erwartet wird und keine Zweifel an einer ordnungsgemäßen Abwicklung bestehen. Die genannten Vorschriften finden auf die atypische Personengesellschaft entsprechende Anwendung[18] und gelten auch im Stadium der Insolvenz fort.[19] Die Befreiungsmöglichkeit bezieht sich aber stets nur auf Jahresabschlüsse, die Zeiträume nach der Auflösung der Gesellschaft betreffen.[20]

---

10 *ADS* Rn 35; Ebenroth/Boujong/Joost/Strohn/*Böcking*/*Gros*/*Rabenhorst*[4] Rn 12; MünchKommHGB/*Ebke*[4] Rn 9; *Hachmeister*/*Kahle*/*Mock*/*Schüppen*/*Mylich Bilanzrecht*[3] Rn 15 ff.

11 Zum Anwendungsbereich s. im Einzelnen die Erläuterungen zu § 340k.

12 Richtlinie v. 19.12.1991, ABlEG v. 31.12.1991 Nr. L 374/7.

13 BGBl. I S. 1377.

14 Zum Anwendungsbereich s. im Einzelnen die Erläuterungen zu § 341k.

15 Auflistung weiterer Pflichtprüfungen in WP Handbuch[15] D Rn 267 ff.

16 Hopt/*Merkt*[41] Rn. 1; Hachmeister/Kahle/Mock/Schüppen/*Mylich* Bilanzrecht[3] Rn 20; *Schüppen* ZIP 2015, 814; **aA** *Kersting* ZIP 2015, 817.

17 Dazu noch § 318 Rn 7, 49, 75, 103.

18 OLG München DB 2008, 229 = BB 2008, 886 m. zust. Anm. *Schulze-Osterloh*.

19 OLG München DB 2008, 229 = BB 2008, 886 m. zust. Anm. *Schulze-Osterloh*; AG München ZIP 2004, 2110 (2111); LG Paderborn ZIP 2006, 2101 (2102); *Kind*/*Frank*/*Heinrich* NZI 2006, 205 (206 f); offengelassen von BGHZ 190, 110 Rn 27; **aA** noch OLG München ZIP 2005, 2068 (aufgegeben in DB 2008, 229).

20 OLG München ZIP 2005, 2068; MünchKommHGB/*Ebke*[4] Rn 2; *ders.* FS Hopt, 2010, S. 559, 572 f.

2. Abschlussprüfer

Die Abschlussprüfung erfolgt nach dem Wortlaut des Abs. 1 „durch einen Abschlussprüfer". Im Unterschied zu § 162 Abs. 1 AktG 1965 wird eine Prüfung durch **mehrere Abschlussprüfer** nicht erwähnt. Der Gesetzgeber ging aber von der Selbstverständlichkeit des Bestehens dieser Möglichkeit aus.[21] Werden mehrere Wirtschaftsprüfer zu Abschlussprüfern bestellt, so sind sie gemeinsam gesetzlicher Abschlussprüfer (s. zu den Konsequenzen § 318 Rn 30). Eine Wirtschaftsprüfungsgesellschaft ist als solche Gesamtheit Abschlussprüfer (§ 319 Abs. 1 S. 1). Für die Prüfung mittelgroßer GmbH und mittelgroßer atypischer Personengesellschaften können gem. § 319 Abs. 1 S. 2 auch vereidigte Buchprüfer und Buchprüfungsgesellschaften bestellt werden. 8

3. Prüfungsobjekt

Gegenstand der Abschlussprüfung nach Abs. 1 sind bei Einzelunternehmen der Jahresabschluss und der Lagebericht. Der Jahresabschluss umfasst dabei gem. § 264 Abs. 1 S. 1 i.V.m. § 242 Bilanz, Gewinn- und Verlustrechnung und Anhang. Der Prüfungspflicht unterliegen sämtliche Einzelabschlüsse, also auch die von **Rumpfgeschäftsjahren**.[22] Die Bestimmung des Prüfungsgegenstandes nach § 316 Abs. 1 ist indes nicht abschließend. Vielmehr ergeben sich aus § 317 weitere Prüfungsobjekte (vgl. § 317 Rn 6). Nach § 325 Abs. 2b Nr. 1 ist auch ein befreiender **IFRS-Einzelabschluss** iSv § 325 Abs. 2a Teil der Prüfung gem. §§ 316 ff. 9

4. Rechtsfolgen fehlender Prüfung

Abs. 1 S. 2 verbietet, einen nicht geprüften Jahresabschluss festzustellen. Diese **„Feststellungssperre"** bringt das öffentliche Interesse an der Einhaltung der Bestimmungen über die Abschlussprüfung zum Ausdruck.[23] Eine Ausnahme gilt nach § 339 Abs. 1 S. 3 in bestimmten Fällen für Genossenschaften. Ein gleichwohl festgestellter Jahresabschluss ist **nichtig**. Das folgt für AG, SE und KGaA aus § 256 Abs. 1 Nr. 2 AktG, für die nach dem PublG prüfungspflichtigen Unternehmen aus § 10 Abs. 1 Nr. 1 PublG. Obschon es insoweit an einer ausdrücklichen gesetzlichen Anordnung fehlt, gilt indes für die atypische Personengesellschaft (§ 264a)[24] und die GmbH[25] nichts anderes. Vielmehr findet § 256 Abs. 1 Nr. 2 AktG entsprechende Anwendung, weil angesichts der übereinstimmenden Prüfungspflicht auch die gleiche Sanktion des Gesetzesverstoßes geboten ist. Der Umstand, dass sowohl in § 203 des (gescheiterten) Regierungsentwurfs zum GmbHG von 1971[26] als auch im Regierungsentwurf zum BiRiLiG in § 42g GmbHG-E die Nichtigkeitsfolge explizit vorgesehen war, steht dem nicht entgegen. Denn der Gesetzgeber hat insoweit nur Zurückhaltung geübt, weil er die Bestimmung der Rechtsfolgen der Rechtsprechung überlassen wollte.[27] Gemäß § 173 Abs. 3 S. 2 AktG gilt die Nichtigkeitsfolge nicht für die ersten zwei Wochen nach der Feststellung eines durch die Hauptversammlung **geänderten Jahresabschlusses**. In dieser Zeit 10

---

21 Vgl. Ber. Rechtsausschuss, BT-Drucks. 10/4268, S. 117; s. daneben Hopt/*Merkt*[41] Rn 1; Koller/Kindler/Roth/Drüen/*Morck*/*Bach* HGB[9] Rn 2.

22 MünchKommHGB/*Ebke*[4] Rn 2; Hopt/*Merkt*[41] Rn 1.

23 Die Regelung geht auf § 135 Abs. 1 S. 2 AktG 1937 zurück, s. dazu *Habersack* in: Bayer/Habersack, Band II, 16. Kap. Rn 21.

24 Hopt/*Merkt* HGB Rn 2; MünchKommHGB/*Ebke*[4] Rn 10.

25 MünchKommHGB/*Ebke*[4] Rn 10; Hachmeister/Kahle/Mock/Schüppen/*Mylich* Bilanzrecht[3] Rn 29.

26 Vgl. Begr. RegE GmbHG 1971, BT-Drucks. VI/3088, S. 194; dazu *Geßler* FS Goerdeler, S. 127 (133); zu den Gründen des Scheiterns des Entwurfes ebd. S. 130.

27 Ber. Rechtsausschuss, BT-Drucks. 10/4268, S. 130 f.

ist der Feststellungsbeschluss der Hauptversammlung lediglich schwebend unwirksam und kann durch Nachholung der Prüfung noch wirksam werden.[28]

11 Die Abschlussprüfung soll den Organen, die den Jahresabschluss feststellen, Unterstützung bieten. Daher muss der Prüfungsbericht, in dem das Ergebnis der Prüfung für die unternehmensinternen Adressaten aufbereitet wird (vgl. § 321 und die Erl. dazu), den zuständigen Gesellschaftsorganen im Zeitpunkt ihrer Entscheidungsfindung zur Verfügung stehen.[29] Daraus wiederum folgt zweierlei. Zum einen ist die Prüfung erst dann im Rechtssinne **beendet**, wenn der Abschlussprüfer den Prüfungsbericht samt Bestätigungsvermerk oder dem Vermerk über seine Versagung vorgelegt hat.[30] Zum anderen kann auch nach Vorlage des Prüfungsberichtes nur derjenige Jahresabschluss festgestellt werden, der wirklich geprüft wurde. Entscheidend ist, dass **Identität** zwischen dem festzustellenden und dem geprüften Jahresabschluss besteht.[31] Sind unterdessen Änderungen am Jahresabschluss vorgenommen worden, hat daher eine Nachtragsprüfung zu erfolgen (Rn 22 ff). Unerheblich ist dagegen die Bewertung, zu der der Abschlussprüfer gelangt. Auch ein nur eingeschränkter Bestätigungsvermerk oder sogar ein Versagungsvermerk stehen der Feststellung des Jahresabschlusses daher grundsätzlich nicht entgegen (§ 322 Rn 3).

12 Unerheblich ist grundsätzlich weiterhin die **Qualität** der durchgeführten Prüfung. Jedoch steht eine fehlerhafte Prüfung einer gänzlich fehlenden Prüfung dann gleich, wenn nicht einmal bestimmte **Mindestanforderungen** gewahrt wurden und daher von einer unabhängigen und sachverständigen Prüfung nicht mehr gesprochen werden kann.[32] Im Interesse der Rechtssicherheit gilt insoweit freilich ein strenger Maßstab, lediglich ein objektiv evidenter Verstoß gegen grundlegende, die zwingende öffentlich-rechtliche Bedeutung der Pflichtprüfung berührende Bestimmungen führt zur Nichtigkeit nach § 256 Abs. 1 Nr. 2 AktG. Unverzichtbarer Bestandteil einer Abschlussprüfung sind die förmlichen Schlussdokumente, also ein jeweils unterzeichneter Bestätigungsvermerk und (wenngleich mangelbehafteter) Prüfungsbericht.[33] Liegt ein Prüfungsbericht zwar vor, fehlt ihm aber jeglicher substantieller Informationsgehalt, führt das ebenso zur Nichtigkeit des gleichwohl festgestellten Jahresabschlusses wie die Vornahme schlechthin unzureichender Prüfungshandlungen. Davon ist vor allem dann auszugehen, wenn ganze Bilanzposten wie Anlage- und Umlaufvermögen nicht geprüft wurden.[34] **Mängel des Bestellungsakts** beurteilen sich dagegen nach § 256 Abs. 1 Nr. 3 AktG (§ 319 Rn 98).

III. Prüfungspflicht hinsichtlich des Konzernabschlusses

13 Ist ein Mutterunternehmen zur Aufstellung eines Konzernabschlusses und eines Konzernlageberichts verpflichtet, so sind diese gemäß Abs. 2 S. 1 durch einen Abschlussprüfer zu prüfen. Dies gilt unabhängig davon, ob auch der Jahresabschluss des Mutterunternehmens der Prüfungspflicht unterliegt.[35] Einschlägig sind zunächst für Kapitalgesellschaften die §§ 290 ff, wobei namentlich die größenabhängigen Befreiungen des § 293 zu beachten sind. Daneben haben aber auch atypische Personengesellschaften iSv § 264a sowie – unabhängig von ihrer Rechtsform und Größe – Kreditinstitute, Versicherungsunternehmen sowie deren Holdinggesellschaften (§§ 340k, 340i Abs. 3, 341k, 341i Abs. 2) eine Konzernrechnungslegung zu erstellen. Prüfungspflichtig sind schließlich Konzerne, deren Mutterunternehmen zwar keine der in §§ 264 ff erfassten Rechtsformen aufwei-

28 MünchKommAktG/*Hennrichs/Pöschke*[5] § 173 Rn 53 mwN.
29 BGH ZIP 2015, 778 Rn 13.
30 *ADS* Rn 48; Hachmeister/Kahle/Mock/Schüppen/*Mylich* Bilanzrecht[3] Rn 30.
31 *ADS* Rn 66.
32 OLG Hamburg AG 2002, 460 (461); 4. Aufl. Rn 16 (*Zimmer*); Baetge/Kirsch/Thiele/*Ruhnke/Schmidt* Rn 35; *Habersack* NZG 2003, 659 (661 f).
33 OLG Stuttgart DB 2009, 1521 (1525); Hopt/*Merkt*[41] Rn 2; *Koch* AktG[16] § 256 Rn 11 f mwN.
34 *Koch* AktG[16] § 256 Rn 11; MünchKommHGB/*Ebke*[4] Rn 10.
35 Hopt/*Merkt*[41] Rn 3; BeckBilKomm/*Justenhoven/Küster/Bernhardt*[13] Rn 20.

sen, die jedoch die Größenkriterien des § 11 PublG erfüllen. Gem. § 14 S. 2 PublG gelten die §§ 316 ff dann sinngemäß. Ohne **gesetzliche Verpflichtung** aufgestellte Konzernabschlüsse müssen dagegen nicht geprüft werden.[36] Um befreiende Wirkung nach §§ 291, 292 oder § 11 Abs. 6 PublG entfalten zu können, ist aber auch in den Fällen eines freiwillig aufgestellten Konzernabschlusses eine Prüfung nach den Grundsätzen der §§ 316 ff erforderlich (vgl. §§ 291 Abs. 2 Nr. 2, 292 Abs. 2).[37]

Abschlussprüfer von Konzernabschlüssen und -lageberichten können nach § 319 Abs. 1 S. 1 nur **Wirtschaftsprüfer und Wirtschaftsprüfungsgesellschaften** sein (§ 319 Rn 7 ff). Prüfungsobjekte sind nach Abs. 2 der Konzernabschluss und der Konzernlagebericht; der Prüfungspflicht unterliegen sowohl nach HGB-Grundsätzen als auch nach IFRS erstellte Abschlüsse.[38] Ebenso wie beim Jahresabschluss (Rn 8) sind auch Abschlüsse für Rumpfgeschäftsjahre prüfungspflichtig.[39] **Gegenstand und Umfang** der Prüfungspflicht ergeben sich im Einzelnen aus § 317 (vgl. § 317 Rn 6 ff). 14

Nach der durch das TransPuG[40] eingefügten Regelung des Abs. 2 S. 2 darf ein **ungeprüfter Konzernabschluss nicht gebilligt** werden. Anders als der Jahresabschluss bedarf der Konzernabschluss nämlich nicht der förmlichen Feststellung, ist jedoch in der AG dem Aufsichtsrat (vgl. § 171 Abs. 2 S. 5 i.V.m. S. 4 AktG) und in der GmbH der Gesellschafterversammlung (§ 46 Nr. 1b GmbHG) zur Bekundung inhaltlichen Einverständnisses vorzulegen. Fehlt es an der Billigung, so zieht das insofern keine unmittelbaren Rechtsfolgen nach sich, als dem Konzernabschluss im Unterschied zum Einzelabschluss keine rechtsbegründende und -begrenzende Wirkung zukommt. Insbesondere bildet allein der Jahresabschluss die Grundlage der Gewinnverwendung. Jedoch liegt für die AG eine der Informationsfunktion der Konzernrechnungslegung adäquate Sanktion schon darin, dass der Bericht des Aufsichtsrats zusammen mit dem Konzernabschluss gemäß § 325 Abs. 3 offen zu legen ist. Dadurch wird die Meinungsverschiedenheit zwischen Vorstand und Aufsichtsrat der Öffentlichkeit bekannt.[41] Für die GmbH gilt dies indes nur dann, wenn ein Aufsichtsrat besteht, dessen Bericht nach § 42a Abs. 1 S. 3 GmbHG i.V.m. § 325 Abs. 3 S. 1 zu publizieren ist.[42] 15

IV. Nachtragsprüfung

Damit die Abschlussprüfung ihre Informations-, Kontroll- und Beglaubigungsfunktion erfüllen kann, müssen der festgestellte oder gebilligte Abschluss einerseits und die geprüfte Rechnungslegung andererseits identisch sein (Rn 11). Erfolgt nach bereits abgeschlossener Prüfung eine Änderung von Jahresabschluss, Lagebericht, Konzernabschluss oder -lagebericht, ist daher nach Abs. 3 S. 1 eine Nachtragsprüfung durchzuführen. Diese ist noch vom ursprünglichen Prüfungsauftrag erfasst und von dem für das betreffende Geschäftsjahr **bestellten Abschlussprüfer** vorzunehmen.[43] Nach Abs. 3 S. 2 ist über das Ergebnis der Prüfung zu berichten; der Bestätigungsvermerk, der sich auf den ursprünglichen Abschluss bezieht, muss ergänzt werden, da es sich bei dem geänderten Abschluss um eine neue, noch ungeprüfte Rechnungslegung handelt. Ohne Nachtragsprüfung darf der geänderte Abschluss entsprechend Abs. 1 S. 2, Abs. 2 S. 2 nicht festgestellt oder gebilligt werden (Rn 27). Der im Jahr 2020 (Rn 2) eingefügte Abs. 3 S. 3 sieht die entsprechende Anwendung des Abs. 3 S. 1, 2 auf die von Inlandsemittenten für die Zwecke der Offenlegung erstellte Wiedergabe der geprüften Dokumente vor (Rn 28). 16

---

36 MünchKommHGB/*Ebke*[4] Rn 14; **aA** *Schüppen* Abschlussprüfung[2] Rn. 17.

37 MünchKommHGB/*Ebke*[4] Rn 14; insoweit zutr. *Schüppen* Abschlussprüfung[2] Rn. 17.

38 MünchKommHGB/*Ebke*[4] Rn 14.

39 BeckBilKomm/*Justenhoven*/*Küster*/*Bernhardt*[13] Rn 16.

40 Gesetz zur weiteren Reform des Aktien- und Bilanzrechts, zur Transparenz und Publizität v. 19.7.2002, BGBl. I 2681.

41 Begr. RegE, BT-Drucks. 14/8769, S. 22; *Koch* AktG[16] § 171 Rn 25.

42 *Theile* GmbHR 2002, 231 (235); Baetge/Kirsch/Thiele/*Ruhnke*/*Schmidt* Rn 53.

43 *IDW* PS 400, Wpg 2005, 1382, Tz 105; Hopt/*Merkt*[41] Rn 4; MünchKommHGB/*Ebke*[4] Rn 17; vgl. zur freiwilligen Prüfung BGH ZIP 1991, 1427 (1428).

1. Erforderlichkeit

17 Eine die Nachprüfungspflicht auslösende **Änderung** kann sich sowohl auf die Form als auch auf den Inhalt des Jahresabschlusses, Konzernabschlusses oder der entsprechenden Lageberichte beziehen. In Betracht kommen vor allem Korrekturen im Zahlenwerk, namentlich eine Änderung der Bewertung von Aktiv- oder Passivposten.[44] Bei formellen Änderungen kommt es darauf an, ob Aussagen in Bezug auf den Prüfungsgegenstand des § 317 geändert werden. Dies ist immer dann anzunehmen, wenn Angaben in Bilanz, GuV, Anhang oder Lagebericht geändert, hinzugefügt, weggelassen bzw. Posten aufgegliedert oder zusammengefasst werden.[45] Änderungen in der Formulierung des Anhangs oder Lageberichts sind generell nachprüfungspflichtig.[46] Soweit sich die tatsächlichen Verhältnisse, die die voraussichtliche Entwicklung des Unternehmens berühren, geändert haben und deshalb eine Änderung des Lageberichts gem. § 289 Abs. 2 notwendig wird, ist dieser erneut zu prüfen.[47] Davon abzugrenzen sind die bloße **Berichtigung** eines **Schreib-** oder **Druckfehlers** sowie die Ausmerzung sonstiger offenbarer Unrichtigkeiten.[48] Als Orientierungspunkt kann insofern der Maßstab des § 319 Abs. 1 ZPO dienen.[49] Bei Zahlenverwechslungen entfällt die Nachprüfungspflicht jedoch nur dann, wenn sich die Verwechslungen nicht im weiteren Zahlenwerk ausgewirkt haben.

18 Unerheblich ist, aus welchem Anlass die Änderung erfolgt. Ob ihr also eine Beanstandung von außen (Abschlussprüfer, Enforcement-Verfahren) oder eigene Überlegungen der Gesellschaftsorgane zugrunde liegen, spielt mit anderen Worten keine Rolle. Unerheblich ist weiterhin, ob die Änderungen wesentlich für das Prüfungsobjekt sind, vielmehr erzwingt auch eine **geringfügige Änderung** eine Nachtragsprüfung.[50] Der „soweit"-Satz in § 316 Abs. 3 S. 1 bezieht sich nämlich allein auf den Umfang der durchzuführenden Prüfung, nicht hingegen auf ihren Anlass. Eine einschränkende Auslegung des Wortlauts scheidet schon deswegen aus, weil die Würdigung der Änderung und ihrer Auswirkungen ausschließlich Sache des Abschlussprüfers und nicht desjenigen Organs sein darf, das die Änderung vorgenommen hat. Aus demselben Grunde sind auch Änderungen des Lageberichts, die allgemeine, z.B. wirtschaftspolitische Fragen betreffen, nicht von der Prüfungspflicht ausgenommen.[51] Die Beurteilung der Frage, inwiefern sich daraus Auswirkungen auf die Rechnungslegung ergeben, bleibt mithin dem Abschlussprüfer vorbehalten.[52]

2. Zeitpunkt der Änderung

19 Dem Wortlaut des Abs. 3 S. 1 zufolge unterfallen der Nachtragsprüfung nur diejenigen Änderungen, die **nach der Vorlage** des Prüfungsberichts des Abschlussprüfers vorgenommen werden. Dabei kann von vornherein nur ein den Anforderungen des § 321 genügender Bericht, nicht dagegen ein sog. Vorwegbericht oder Entwurfsexemplare (§ 321 Rn 15, 22) gemeint sein.[53] Entgegen der unpräzisen Formulierung des Gesetzes kommt es nach der überzeugenden ganz herrschenden

---

44 Vgl. Hopt/*Merkt*[41] Rn 4.
45 Ähnlich *ADS* Rn 65.
46 *Erle* S. 232.
47 KölnKomm-AktG/*Claussen*/*Korth*[2] Rn 20.
48 Hopt/*Merkt*[41] Rn 4; *Erle* S. 232; weitergehend *ADS* Rn 65 und Ebenroth/Boujong/Joost/Strohn/*Böcking*/*Gros*/*Rabenhorst* Rn 18, die auch sprachliche Verdeutlichungen einbeziehen wollen.
49 *ADS* Rn 65.
50 *ADS* Rn 65; Hopt/*Merkt*[41] Rn 4; Baetge/Kirsch/Thiele/*Ruhnke*/*Schmidt* Rn 63; Lutter/Hommelhoff/*Kleindiek* GmbHG[20] Vor § 41 Rn 77; **aA** Heymann/*Herrmann* HGB[3] Rn 5.
51 *ADS* Rn 65; Baetge/Kirsch/Thiele/*Ruhnke*/*Schmidt* Rn 63; **aA** 4. Aufl. Rn 23 (*Zimmer*); KölnKomm-AktG/*Claussen*/*Korth*[2] Rn 20.
52 Hachmeister/Kahle/Mock/Schüppen/*Mylich* Bilanzrecht[3] Rn 41.
53 *ADS* Rn 66.

Meinung indessen entscheidend auf den Abschluss der Prüfungshandlungen an.[54] Um die Identität von geprüftem und festgestelltem Abschluss zu gewährleisten und den Sinn und Zweck der Abschlussprüfung nicht zu verfehlen, sind mithin auch diejenigen Änderungen zu berücksichtigen, die zwischen Beendigung der Prüfung und Ablieferung des Prüfungsberichts angebracht wurden. Das Erfordernis einer Nachtragsprüfung gilt darüber hinaus für jedwede Änderung nach Vorlage des Prüfungsberichts, folglich neben Änderungen durch die Hauptversammlung (§ 173 Abs. 3 S. 1 AktG) auch für solche, die nach der Feststellung des Jahresabschlusses vorgenommen werden. Für diese Nachprüfung gelten mithin die allgemeinen Regeln bzgl. der Nachprüfung gem. Abs. 3.[55]

Die Durchführung einer Nachtragsprüfung und nicht etwa eine völlig neue Prüfung ist auch 20
dann geboten, wenn der **Jahresabschluss** wegen inhaltlicher Mängel nach § 256 AktG für **nichtig** erklärt und deshalb geändert wurde.[56] In einem solchen Fall ist weder der ursprüngliche Prüfungsauftrag verbraucht noch lässt sich sagen, dass ausnahmslos eine vollständige Neuprüfung durch einen anderen Prüfer geboten ist. Vielmehr entspricht es dem Bestreben des Gesetzes, das in § 318 Abs. 3 und Abs. 6 S. 1 seinen Ausdruck gefunden hat, einen (willkürlichen) Austausch des einmal bestellten Abschlussprüfers zu verhindern. Freilich bleibt sorgfältig zu prüfen, ob der ursprüngliche und im Grundsatz weiterhin zuständige Prüfer im Hinblick auf seine Vorbefassung und dabei begangene Pflichtverletzungen als befangen anzusehen ist (§ 319 Rn 21 ff). Eine Nachprüfung ist dagegen nicht veranlasst, wenn die Nichtigkeit auf einem nicht ordnungsgemäßen Feststellungsverfahren (§§ 256 Abs. 2, 3 AktG) beruht, da allein dadurch der Inhalt des Jahresabschlusses und des Lageberichts nicht berührt wird.[57]

3. Umfang der Prüfung

Der Gegenstand der Nachtragsprüfung entspricht dem der Abschlussprüfung. Da aber die Nach- 21
tragsprüfung die nochmalige Kontrolle eines zumindest zum Teil bereits geprüften Jahres- oder Konzernabschlusses bedeutet, ist sie nur insoweit erforderlich, als die Änderungen sich auf den Abschluss oder Lagebericht **auswirken**. Der Abschlussprüfer muss zunächst die Änderung selbst auf ihre Zulässigkeit prüfen; sodann hat er festzustellen, ob alle notwendig gewordenen Folgeänderungen vorgenommen wurden.[58] Alle offensichtlich nicht von der Änderung betroffenen Teile des Abschlusses müssen hingegen nicht noch einmal geprüft werden.[59] Freilich ist und bleibt die Nachtragsprüfung eine erneute Prüfung. Demzufolge ist für die Beurteilung der Rechnungslegung, insbesondere auch des Lageberichts, auf die Kenntnis des Abschlussprüfers zum **Zeitpunkt der Nachtragsprüfung** abzustellen. Entdeckt der Abschlussprüfer bei der Nachtragsprüfung in der ersten Prüfung übersehene Mängel in einem von der Änderung nicht betroffenen Teil des Jahresabschlusses, so muss er, da sich der Bestätigungsvermerk aufgrund der Nachtragsprüfung auf den gesamten Jahresabschluss bezieht, diese Mängel berücksichtigen.[60] Eine Beschränkung des Prüfungsumfangs ist nicht möglich, da der Abschlussprüfer durch den Bestätigungsvermerk erklärt, dass der Jahresabschluss am Tag der Erteilung des Vermerks den gesetzlichen Vorschriften entspricht. Damit der Abschlussprüfer seiner Aufgabe effektiv nachkommen kann, stehen ihm die

---

54 MünchKommHGB/*Ebke*[4] Rn 17; Hopt/*Merkt*[41] Rn 4; *ADS* Rn 66; Lutter/Hommelhoff/*Kleindiek* GmbHG[20] Vor § 41 Rn 76; Heidel/Schall/*Schüppen* HGB[3] Rn. 13; **aA** *Erle* S. 229; 4. Aufl. Rn 28 (*Zimmer*): Wiedereintritt in die ursprüngliche Prüfung.

55 *ADS* Rn 77 f.

56 *ADS* Rn 79; Hachmeister/Kahle/Mock/Schüppen/*Mylich* Bilanzrecht[3] Rn 40; *Forster* FS W. Müller, S. 183 (187 ff); **aA** *Kowalski* AG 1993, 502 (506).

57 4. Aufl. Rn 29 (*Zimmer*); *ADS* Rn 79.

58 BeckBilKomm/*Justenhoven*/*Küster*/*Bernhardt*[13] Rn 32; Baetge/Kirsch/Thiele/*Ruhnke*/*Schmidt* Rn 64.

59 Ebenroth/Boujong/Joost/Strohn/*Böcking*/*Gros*/*Rabenhorst* Rn 19; MünchKommHGB/*Ebke*[4] Rn 18.

60 OLG Hamm GI 1999, 248; MünchKommHGB/*Ebke*[4] Rn 18; Hopt/*Merkt*[41] Rn 4; Hachmeister/Kahle/Mock/Schüppen/*Mylich* Bilanzrecht[3] Rn 44; **aA** BeckBilKomm/*Justenhoven*/*Küster*/*Bernhardt*[13] Rn 32; *Nonnenmacher* in: Marsch-Barner/Schäfer § 58 Rn 16; *ADS* Rn 67: erneute Prüfung nur für Fälle zwischenzeitlich eingetretener Aufhellung von Vorgängen.

Informationsrechte des § 320 zur Verfügung (§ 320 Rn 4). Nach dem Gesagten kann er auch die Vorlage bereits eingesehener Unterlagen verlangen.

4. Nachtragsprüfungsbericht

22 Nach Abs. 3 S. 1 Hs. 1 ist über das Ergebnis der Nachtragsprüfung zu berichten. Bei diesem Nachtragsprüfungsbericht handelt es sich um einen gesonderten Bericht über den zuletzt aufgestellten Abschluss, an den grundsätzlich die gleichen Anforderungen wie an den Hauptprüfungsbericht zu stellen sind. Aufgrund der Koppelung an die ursprüngliche Prüfung genügt aber eine **Ergänzung** des bisherigen Prüfungsberichts, die auf die vorgenommenen Änderungen eingeht und das Ergebnis gerade der Nachprüfung erläutert. Wenngleich beide Berichte somit inhaltlich eine Einheit bilden, ist äußerlich doch eine Trennung geboten; stets müssen die Ergebnisse der jeweiligen Prüfung und vor allem etwaige Unterschiede in der Bewertung der Rechnungslegung deutlich werden. Dieser Vorgabe trägt am besten ein eigenständiger Bericht Rechnung, der einen Hinweis enthält, dass der ursprüngliche Prüfungsbericht und der Nachtragsprüfungsbericht nur gemeinsam verwendet werden dürfen.[61] Zulässig ist es aber auch, alle Exemplare des ursprünglichen Prüfberichts zurückzunehmen und dort die gebotenen Änderungen einzuarbeiten, sofern nur der Inhalt des ursprünglichen Prüfungsberichts erkennbar bleibt.[62] Da der Nachtragsprüfungsbericht im Fall geringfügiger Auswirkungen der Änderungen kurz ausfallen kann, ist seine Erteilung auch in Briefform zulässig.[63]

23 Als zusammen mit dem Hauptprüfungsbericht vollwertiger Prüfungsbericht muss auch der Nachtragsprüfungsbericht vom Abschlussprüfer selbst entsprechend § 321 Abs. 1 S. 1 ausnahmslos **schriftlich** erstellt werden.[64] Es genügt daher nicht, wenn der bei der Billigung des Jahresabschlusses anwesende Abschlussprüfer mündlich zustimmt, sofern die Änderungen keine Auswirkungen auf den Prüfungsbericht haben.[65] Auch die Aufnahme der Äußerung in das Protokoll der Aufsichtsratssitzung genügt nicht den Anforderungen des Gesetzes, einerseits weil es nicht vom Abschlussprüfer erstellt wird, andererseits weil es nicht allen Berichtsadressaten zugänglich ist (vgl. § 321 Rn 2, § 321a Rn 3 ff). Die sich daraus für den gesellschaftlichen Willensbildungsprozess ergebenden zeitlichen Verzögerungen sind im Hinblick auf die besondere Bedeutung der gesetzlichen Abschlussprüfung hinzunehmen.

24 **Inhaltlich** bezieht sich der Nachtragsprüfungsbericht allein auf die vorgenommen Änderungen, weshalb das Gliederungsschema des § 321 nicht vollumfänglich einzuhalten ist. In dem Bericht ist festzustellen, ob die Änderungen den gesetzlichen Bestimmungen und den ergänzenden Vorschriften des Gesellschaftsvertrags entsprechen und ob der nunmehr zu beurteilende Abschluss ein den tatsächlichen Verhältnissen entsprechendes Bild der Vermögens-, Finanz- und Ertragslage vermittelt.[66] Wenn die Änderung des Jahresabschlusses keine Ergänzung des Prüfungsberichts notwendig macht, so ist zumindest durch Unterschrift mit dem neuen Datum festzustellen, dass es auch nach der Nachtragsprüfung bei der bisherigen Beurteilung bleibt. Die bisherigen Ausführungen müssen gewissermaßen auf das neue Datum bezogen werden. Mit der Aufnahme des Bestätigungsvermerks in den Prüfungsbericht (§ 322 Abs. 7 S. 2) ist über die Nachtragsprüfung ausreichend berichtet.[67]

---

61 *IDW* PS 450, Wpg 2006, 113, Tz 145; MünchKommHGB/*Ebke*[4] Rn 19.

62 Wie hier 4. Aufl. Rn 31 (*Zimmer*); *ADS* Rn. 69; **aA** – Verzicht auf das Erfordernis der Nachvollziehbarkeit der Änderung – *ADS* Rn 69; KölnKomm-AktG/*Claussen*/*Korth*[2] § 321 Rn 48.

63 Ebenroth/Boujong/Joost/Strohn/*Böcking*/*Gros*/*Rabenhorst* Rn 20.

64 MünchKommHGB/*Ebke*[4] Rn 19; BeckBilKomm/*Justenhoven*/*Küster*/*Bernhardt*[13] Rn 33; Hachmeister/Kahle/Mock/Schüppen/*Mylich* Bilanzrecht[3] Rn 45; s. auch *IDW* PS 450, Wpg 2006, 113, Tz 145.

65 So aber *ADS* Rn 70.

66 *IDW* PS 450, Wpg 2006, 113, Tz 148; MünchKommHGB/*Ebke*[4] Rn 19; Baetge/Kirsch/Thiele/*Pfitzer*/*Schäfer* § 321 Rn 154.

67 4. Aufl. Rn 31 (*Zimmer*).

5. Ergänzung des Bestätigungsvermerks

Der ursprünglich erteilte Bestätigungsvermerk bleibt im Fall der Nachtragsprüfung grundsätzlich **wirksam**;[68] er ist aber gemäß Abs. 3 S. 2 Hs. 2 entsprechend dem festgestellten Ergebnis zu ergänzen. Das geschieht durch Hinzufügung eines gesonderten Abschnitts, in dem zunächst der Gegenstand der Änderung näher bezeichnet und so der nunmehr maßgebliche Bezugspunkt des Prüfungsurteils deutlich gemacht wird. Sodann hat der Abschlussprüfer eindeutig zum Ausdruck zu bringen, inwiefern an dem ursprünglichen Schlussvermerk festzuhalten oder dieser zu revidieren ist. So ist in einem den ursprünglichen Bestätigungsvermerk ergänzenden Nachtrag zu vermerken, dass der Erstvermerk mit den aufgeführten Einwendungen erhalten bleibt, wenn trotz der im Jahresabschluss, im Konzernabschluss oder im Lagebericht vorgenommenen Änderungen bei der Erstprüfung bestehende Einwendungen nicht beseitigt wurden.[69] Sind dagegen durch die Änderung ursprüngliche Beanstandungen entfallen oder umgekehrt neue wesentliche Mängel begründet worden, muss das Prüfungsurteil entsprechend angepasst werden. Einschränkungen oder Versagungen des Vermerks aufgrund nachträglicher Änderungen sind dabei als solche zu bezeichnen;[70] inhaltlich gelten insoweit die gleichen Grundsätze wie bei der erstmaligen Erteilung des Abschlussvermerks (§ 322 Rn 18 ff, 25 ff). 25

Um den veränderten Gegenstand zu kennzeichnen, ist die Ergänzung des Prüfungsurteils um einen gesonderten Abschnitt grundsätzlich auch dann geboten, wenn ein uneingeschränkter Bestätigungsvermerk aufrecht erhalten werden kann. Nach Auffassung des Berufsstandes ist ein gesonderter Absatz zum Hinweis auf die Nachtragsprüfung jedoch dann entbehrlich, wenn der Abschluss der ursprünglichen Abschlussprüfung und der Nachtragsprüfung zeitlich dicht beieinander liegen und die Änderung spätestens bis zur Feststellung des Jahresabschlusses durchgeführt wurde.[71] In jedem Fall ist der Bestätigungsvermerk sowohl mit dem Datum der Beendigung der ursprünglichen Abschlussprüfung wie dem der Beendigung der Nachtragsprüfung zu unterzeichnen.[72] Durch ein solches **Doppeldatum** wird zum Ausdruck gebracht, dass beide Prüfungen eine Einheit bilden und sich das Urteil des Abschlussprüfers auf die modifizierte Rechnungslegung bezieht. 26

6. Fehlen der Nachtragsprüfung

Abs. 3 verweist nicht auf Abs. 1 S. 2, so dass die Rechtsfolge der Nichtigkeit der Feststellung des Jahresabschlusses bei nicht vorgenommener Nachtragsprüfung ausgeschlossen sein könnte. Damit würde allerdings der zwingende Charakter der Abschlussprüfung bzw. der Nachtragsprüfung leerlaufen, da mittels einer Änderung des Jahresabschlusses durch Eintritt in die Nachtragsprüfungspflicht Abs. 1 S. 2 umgangen werden könnte. Zudem wäre § 173 Abs. 3 AktG überflüssig, da die Feststellung bei fehlender Maßgeblichkeit des § 316 Abs. 1 S. 2 wirksam *wäre* und nicht erst wirksam *würde*.[73] Einer entsprechenden Anwendung von Abs. 1 S. 2, Abs. 2 S. 2 steht auch nicht entgegen, dass in der Vorgängernorm des § 162 Abs. 3 AktG 1965 das Nichtigkeitsverdikt noch explizit vorgesehen war. Denn mit der Neufassung sollte als einzige Abweichung gegenüber dem bisherigen Recht nur dafür Sorge getragen werden, dass der Bestätigungsvermerk nicht automatisch 27

68 MünchKommHGB/*Ebke*[4] HGB[4] Rn 20; Hopt/*Merkt*[41] Rn 4; *ADS* Rn 71.

69 MünchKommHGB/*Ebke*[4] HGB[4] Rn 20; BeckBilKomm/*Justenhoven*/*Küster*/*Bernhardt*[13] § 322 Rn 253.

70 *IDW* PS 400, Wpg 2005, 1382, Tz 109; MünchKommHGB/*Ebke*[4] Rn 21.

71 *IDW* PS 400, Wpg 2005, 1382, Tz 108.

72 *IDW* PS 400, Wpg 2005, 1382, Tz 110; MünchKommHGB/*Ebke*[4] Rn 21; BeckBilKomm/*Justenhoven*/*Küster*/*Bernhardt*[13] § 322 Rn 255; Baetge/Kirsch/Thiele/*Ruhnke*/*Schmidt* Rn 72.

73 Hachmeister/Kahle/Mock/Schüppen/*Mylich* Bilanzrecht[3] Rn 48; KölnKomm-AktG/*Claussen*/*Korth*[2] Rn 23; 4. Aufl. Rn 35 (*Zimmer*).

unwirksam, sondern lediglich ergänzungspflichtig wird.[74] Mithin können ohne erfolgte Nachtragsprüfung ein geänderter Jahresabschluss **nicht festgestellt** und ein geänderter Konzernabschluss **nicht gebilligt** werden.[75] Anderes gilt in den Fällen des Abs. 3 S. 3 (Rn 28).

7. In Jahresfinanzbericht wiedergebener Abschluss

28 Nach dem durch Gesetz vom 18.8.2020 (Rn 2) eingefügten Abs. 3 S. 3 finden Sätze 1 und 2 des Abs. 3 entsprechende Anwendung auf die Wiedergabe des Jahresabschlusses, des Lageberichts, des Konzernabschlusses und des Konzernlageberichts, welche eine Kapitalgesellschaft (Rn 3 f) oder eine atypische Personengesellschaft (§ 264a, s. Rn 5), die als Inlandsemittent iSv § 2 Abs. 14 WpHG Wertpapiere iSv § 2 Abs. 1 WpHG begibt und nicht unter das Privileg des § 327a fällt, für die Zwecke der Offenlegung erstellt hat. Die Vorschrift ist vor dem Hintergrund zu sehen, dass nach Art. 4 Abs. 7 der Transparenzrichtlinie[76] **Jahresfinanzberichte** (§ 114 WpHG) mit Wirkung zum 1.1.2020 in einem – **„ESEF"** (European Single Electronic Format) genannten – einheitlichen europäischen elektronischen Format erstellt werden müssen. Mit der Neuregelung soll „klargestellt werden, dass eine Nachtragsprüfung auch dann erforderlich ist, wenn die für Zwecke der Offenlegung erstellten elektronischen Wiedergaben der Abschlüsse und Lageberichte der betroffenen WpHG-Inlandsemittenten nach Vorlage des Prüfungsberichts geändert werden."[77] Auch insoweit kommt es allerdings nicht auf die Vorlage des Prüfungsberichts, sondern auf den Abschluss der Prüfungshandlungen an (Rn 19). Zu Recht weisen die Materialien darauf hin, dass in Fällen, in denen eine prüfungspflichtige Änderung nur die für Zwecke der Offenlegung erstellte Wiedergabe des Abschlusses und nicht zugleich auch den aufgestellten Abschluss selbst betrifft, die Feststellung oder Billigung des aufgestellten Abschlusses auch vor Abschluss der Nachtragsprüfung erfolgen kann.[78]

V. Abschlussprüfungen ohne gesetzliche Verpflichtung

1. Satzungsmäßige und freiwillige Prüfungen

29 Besteht keine gesetzliche Verpflichtung zur Prüfung, so kann der Jahresabschluss doch aufgrund einer entsprechenden gesellschaftsvertraglichen (satzungsmäßigen) Vorgabe oder aufgrund schuldvertraglicher Vereinbarungen zu prüfen sein. Solche Abreden finden sich in der Praxis insbesondere in Kreditverträgen oder zur Vorbereitung von Unternehmenstransaktionen.[79] Im Rahmen eines Börsengangs führen Wirtschaftsprüfer regelmäßig Untersuchungshandlungen durch, die sich insbesondere auf die Zeit nach Beendigung der letzten Abschlussprüfung beziehen, und berichten darüber an die emissionsbegleitenden Banken in einem sog. **Comfort Letter**.[80] Dieser dient dazu, eine grob fahrlässige Fehleinschätzung der Ertrags- und Vermögenslage des Emittenten auszuschließen und so das Prospekthaftungsrisiko der emissionsbegleitenden Banken zu begrenzen. Schließlich kann die Durchführung einer Abschlussprüfung von den Geschäftsführern, Gesellschaftern oder Einzelkauf-

---

74 Vgl. Ber. Rechtsausschuss, BT-Drucks. 10/4268, S. 117 f zu § 316 Abs. 3 i.V.m. der Begr. zum Gesetzentwurf der Bundesregierung, BT-Drucks. 10/317, S. 95 zu § 275 Abs. 3 HGB-E.

75 *ADS* Rn 75 f; Hopt/*Merkt*[41] Rn 4; MünchKommHGB/*Ebke*[4] Rn 22; Hachmeister/Kahle/Mock/Schüppen/*Mylich* Bilanzrecht[3] Rn 48; Ebenroth/Boujong/Joost/Strohn/*Böcking*/*Gros*/*Rabenhorst* Rn 20.

76 Richtlinie 2004/109/EG idF durch Richtlinie 2013/50/EU v. 22.10.2013, ABl. Nr. L 249/13.

77 Begr. RegE, BT-Drs. 19/17343 S. 20.

78 Begr. RegE, BT-Drs. 19/17343 S. 20.

79 Hopt/*Merkt*[41] Rn 5; MünchKommHGB/*Ebke*[4] Rn 12.

80 *IDW* PS 910, Wpg 2004, 342; *Meyer* WM 2003, 1745 ff; *Köhler*/*Weiser* DB 2003, 565 ff; *Kunold* in: Habersack/Mülbert/Schlitt, Unternehmensfinanzierung am Kapitalmarkt[4] (2019), § 34; *Krämer*/*Gillesen* in: Marsch/Barner-Schäfer[4] § 10 Rn 209 ff.

leuten auch ohne jede Rechtspflicht regelmäßig oder im Einzelfall veranlasst werden. In all diesen Fällen kann je nach Lage der Dinge die Informations-, Kontroll- oder Beglaubigungsfunktion der Abschlussprüfung zum Tragen kommen.[81] So sehen Konzernleitungen zuweilen Prüfungen von Jahresabschlüssen vor, um die Aufstellung des Konzernabschlusses zu erleichtern.[82]

Eine solche gesetzlich nicht vorgeschriebene Abschlussprüfung richtet sich zuvörderst nach den ihr zugrunde liegenden (gesellschafts-)vertraglichen Abreden; die ganz auf die Pflichtprüfung zugeschnittenen zwingenden Mechanismen der §§ 316 ff finden dagegen als solche keine Anwendung. Fehlt es an einer anderweitigen Vorgabe, kommen als Prüfer allerdings nur Wirtschaftsprüfer und vereidigte Buchprüfer in Betracht.[83] Auch für Art und Umfang der Prüfung sind im Zweifel die **Bestimmungen der gesetzlichen Pflichtprüfung** maßgeblich.[84] Dagegen richtet sich im Fall einer statutarischen Prüfungspflicht das Verfahren der Bestellung und Abberufung nicht nach § 318 (§ 318 Rn 5); vielmehr können die Gesellschafter im gegenseitigen Einvernehmen den Prüfer grundsätzlich jederzeit auswechseln. Fehlt es jedoch an einem sachlichen Grund hierfür, kann ein zugrunde liegender Mehrheitsbeschluss treuwidrig sein.[85] Bei der Durchführung der Prüfung kann der Prüfer die Informationsrechte des § 320 nur geltend machen, wenn diese vertraglich vereinbart wurden (§ 320 Rn 4). Da § 171 Abs. 1 S. 2 AktG nicht gilt, darf er nur auf Einladung des Aufsichtsrats an dessen Bilanzsitzung teilnehmen.[86] Über die Durchführung der Prüfungen dürfen Bescheinigungen ausgestellt werden. Die Erteilung eines am Vorbild des § 322 orientierten Bestätigungsvermerks setzt aber voraus, dass eine der gesetzlichen Pflichtprüfung in jeder Hinsicht entsprechende umfassende Untersuchung vorgenommen wurde.[87] Die Haftung richtet sich ausschließlich nach vertragsrechtlichen Grundsätzen, die Haftungsbeschränkungen und -erweiterungen des § 323 greifen nicht ein (§ 323 Rn 8; zur Dritthaftung § 323 Rn 72 ff). Ist eine satzungsmäßig oder vertraglich vorgeschriebene Prüfung gänzlich unterblieben oder nur eine den Anforderungen nicht genügende bloße Bescheinigung ausgestellt worden,[88] kann der Jahresabschluss gleichwohl festgestellt werden, die Vorschrift des § 316 Abs. 1 S. 2 findet mithin keine Anwendung.[89] Davon unberührt bleiben die Anfechtbarkeit oder Unwirksamkeit des gleichwohl getroffenen Beschlusses wegen des Satzungsverstoßes bzw. Schadensersatzforderungen im Falle eines Vertragsverstoßes. 30

Neben der Durchführung einer gesetzlich überhaupt nicht vorgeschriebenen Prüfung ist auch die **Erweiterung des Prüfungsumfangs der gesetzlichen Prüfung** möglich. Im Zuge einer solchen Zusatzprüfung lässt sich etwa nach dem Vorbild der § 53 HGrG, § 53 GenG auch die Ordnungsmäßigkeit der Geschäftsführung zum Gegenstand der Prüfung machen oder eine Unterschlagungsprüfung durchführen (§ 317 Rn 5, 14). Bei börsennotierten Gesellschaften soll nach **D.9 und D.10 DCGK** überdies eine Erweiterung der Berichtspflicht des Abschlussprüfers vereinbart werden (§ 321 Rn 34). Die §§ 318 ff finden insofern keine Anwendung;[90] der Abschlussprüfer kann sich daher ohne entsprechende Vereinbarung weder auf die Informationsrechte des § 320 noch auf die Haftungsbeschränkung des § 323 Abs. 2 berufen (§ 323 Rn 8). Der in seiner Bedeutung gesetzlich fixierte Bestätigungsvermerk bleibt von der Zusatzprüfung unberührt. Weder darf er eingeschränkt oder gar verweigert werden, wenn insoweit Einwendungen zu erheben sind, noch darf er dem größeren Prüfungsumfang entsprechend erweitert werden.[91] 31

---

81 *ADS* Rn 36; Kosten-Nutzen-Analyse bei *Lenz* BB 2018, 2027 (2028 ff).
82 BeckBilKomm/*Justenhoven*/*Küster*/*Bernhardt*[13] Rn 36.
83 *ADS* Rn 36.
84 BGH ZIP 1991, 1427; MünchKommHGB/*Ebke*[4] Rn 12; Hachmeister/Kahle/Mock/Schüppen/*Mylich* Bilanzrecht[3] Rn 49; *Goerdeler* FS R. Fischer, S. 149 (160 f); s. auch BGH NZG 2008, 309 Tz 5; BGH ZIP 2010, 433; allgemein *Braun* BB 1989, 803.
85 BGH ZIP 1991, 1427 f.
86 *Bischof*/*Oser* Wpg 1998, 539 (540); **aA** *Neuling* BB 2003, 166 (167).
87 Dazu § 322 Rn 7, ferner MünchKommHGB/*Ebke*[4] Rn 12.
88 Vgl. zu letzterem Fall OLG Düsseldorf WM 1995, 1840 (1841); OLG München BB 1996, 1824; MünchKommHGB/*Ebke*[4] Rn 12.
89 BeckBilKomm/*Justenhoven*/*Küster*/*Bernhardt*[13] Rn 37.
90 Lutter/Hommelhoff/*Kleindiek* GmbHG[20] Vor § 41 Rn 87.
91 Lutter/Hommelhoff/*Kleindiek* GmbHG[20] Vor § 41 Rn. 87.

2. Prüfung von Halbjahresfinanzberichten

32 Eine Sonderstellung nimmt die prüferische Durchsicht bzw. Prüfung von Halbjahresfinanzberichten ein. Einen solchen haben nach § 115 Abs. 1 WpHG Unternehmen, die als Inlandsemittent Aktien oder Schuldtitel begeben, für die ersten sechs Monate eines jeden Geschäftsjahres zu erstellen. Der in diesem Zusammenhang zu erstellende verkürzte Abschluss und der Zwischenlagebericht (§ 115 Abs. 2–4 WpHG) können nach § 115 Abs. 5 S. 1 WpHG optional einer prüferischen Durchsicht mit eingeschränktem Prüfungsumfang unterzogen werden.[92] Findet eine Vollprüfung entsprechend § 317 statt, so ist ein Bestätigungsvermerk nach § 322 zu erteilen oder zu versagen. Obwohl es sich um eine gesetzlich nicht zwingend vorgeschriebene Prüfung handelt, finden die Vorschriften betreffend die gesetzliche Abschlussprüfung entsprechende Anwendung. Es handelt sich mithin um eine optionale Prüfung mit dem zwingenden Inhalt einer Pflichtprüfung. Im Einzelnen erklärt § 115 Abs. 5 S. 2 WpHG die Vorschriften über die Bestellung des Abschlussprüfers für entsprechend anwendbar,[93] zum anderen gelten gemäß § 115 Abs. 5 S. 7 WpHG die § 320 und § 323 entsprechend.[94] Der nach Maßgabe des § 114 WpHG zu erstellende Jahresfinanzbericht (Rn 28) hat hingegen nach § 114 Abs. 2 Nr. 1, 2 WpHG den geprüften Jahresabschluss und den geprüften Lagebericht zu enthalten.[95]

§ 316a Abschlussprüfung bei Unternehmen von öffentlichem Interesse

[1]Auf die Abschlussprüfung bei Kapitalgesellschaften, die Unternehmen von öffentlichem Interesse sind, sind die Vorschriften dieses Unterabschnitts nur insoweit anzuwenden, als nicht die Verordnung (EU) Nr. 537/2014 des Europäischen Parlaments und des Rates vom 16. April 2014 über spezifische Anforderungen an die Abschlussprüfung bei Unternehmen von öffentlichem Interesse und zur Aufhebung des Beschlusses 2005/909/EG der Kommission (ABl. L 158 vom 27.5.2014, S. 77; L 170 vom 11.6.2014, S. 66) anzuwenden ist. [2]Unternehmen von öffentlichem Interesse sind Unternehmen, die

1. **kapitalmarktorientiert sind im Sinne des § 264d,**
2. **CRR-Kreditinstitute sind im Sinne des § 1 Absatz 3d Satz 1 des Kreditwesengesetzes, mit Ausnahme derjenigen Institute, die in § 2 Absatz 1 Nummer 1 und 2 des Kreditwesengesetzes und in Artikel 2 Absatz 5 Nummer 5 der Richtlinie 2013/36/EU des Europäischen Parlaments und des Rates vom 26. Juni 2013 über den Zugang zur Tätigkeit von Kreditinstituten und die Beaufsichtigung von Kreditinstituten und Wertpapierfirmen, zur Änderung der Richtlinie 2002/87/EG und zur Aufhebung der Richtlinien 2006/48/EG und 2006/49/EG (ABl. L 176 vom 27.6.2013, S. 338; L 208 vom 2.8.2013, S. 73; L 20 vom 25.1.2017, S. 1; L 203 vom 26.6.2020, S. 95), die zuletzt durch die Richtlinie (EU) 2019/2034 (ABl. L 314 vom 5.12.2019, S. 64) geändert worden ist, genannt sind, oder**
3. **Versicherungsunternehmen sind im Sinne des Artikels 2 Absatz 1 der Richtlinie 91/674 EWG.**

---

92 Zum rechtspolitischen Hintergrund *Hutter/Kaulamo* NJW 2007, 550 (552); *Wiederhold/Pukallus* Der Konzern 2007, 264 (272); zur prüferischen Durchsicht *IDW* PS 900, Wpg 2002, 1249; *Schindler* Wpg 2002, 1121.

93 Dazu OLG Karlsruhe NZG 2016, 64; näher KölnKommWpHG[2]/*Mock* § 37w Rn 116 ff.; Assmann/Schneider/Mülbert/*Hönsch* Wertpapierhandelsrecht[7] WpHG § 115 Rn 39 ff; *Simons* WPg 2018, 713 f; *Wasmann/Harzenetter* NZG 2016, 97 ff.

94 Vgl. dazu Begr. RegE, BT-Drucks. 16/2498, S. 42; KölnKommWpHG[2]/*Mock* § 37w Rn 130 f; Assmann/Schneider/Mülbert/*Hönsch* Wertpapierhandelsrecht[7] WpHG § 115 Rn 47.

95 Zur Quartalsberichterstattung nach § 37x Abs. 2 WpHG aF und der Börsenordnung der Frankfurter Wertpapierbörse s *Simons/Kallweit* BB 2016, 332 ff.

https://doi.org/10.1515/9783110565362-003

Schrifttum

Vgl. die Angaben Vor § 316.

Übersicht

I. Einführung

1. Inhalt und Zweck der Regelung

Satz 1 der Vorschrift bestätigt den **Vorrang der APr-VO**[1] und schränkt damit zugleich den Anwendungsbereich der §§ 316 ff. ein: Auf die Abschlussprüfung bei – in der englischen Sprachfassung **„Public Interest Entities“** und, hieran anknüpfend, verbreitet **„PIEs“** genannten – Unternehmen von öffentlichem Interesse finden §§ 316 ff. nur insoweit Anwendung, als nicht die APr-VO anzuwenden ist. Damit bestimmt die Vorschrift zugleich, dass §§ 316 ff. auf Unternehmen von öffentlichem Interesse im Übrigen und damit jenseits des Regelungsbereichs der Verordnung anwendbar bleiben.[2] **Satz 2** knüpft hieran an und enthält eine **Definition des Begriff „Unternehmen von öffentlichem Interesse“**. Die Materialien zu § 316a S. 2 weisen zu Recht darauf hin, dass durch eine solche Definitionsnorm dem besseren Verständnis gedient und, indem andernorts auf die Definition verwiesen werden kann, eine übersichtlichere Gestaltung von Rechtsvorschriften ermöglicht wird.[3] 1

2. Entstehungsgeschichte

Die Vorschrift ist durch das **FISG**[4] in das HGB eingefügt worden. S. 1 übernimmt den bislang in § 317 Abs. 3a für kapitalmarktorientierte Unternehmen angeordneten Anwendungsvorrang der APr-VO und erstreckt ihn auf alle Unternehmen von öffentlichem Interesse; für Kreditinstitute und Versicherungsunternehmen iSv. § 316a S. 2 Nr. 2, 3 finden sich nach wie vor Parallelregelungen in §§ 340k Abs. 1 S. 4, 341k Abs. 1 S. 4. Die Definitionsnorm des S. 2 hingegen ist ohne Regelungsvorbild. 2

3. Unionsrechtliche Vorgaben

Während der Anwendungsvorrang der APr-VO der in Art. 288 Abs. 2 AEUV vorgesehenen **unmittelbaren Geltung der** Verordnung Rechnung trägt, ist die Definitionsnorm des § 316a S. 2 vor 3

---

1 Verordnung (EU) Nr. 537/2014 vom 16.4.2014 über spezifische Anforderungen an die Abschlussprüfung bei Unternehmen von öffentlichem Interesse und zur Aufhebung des Beschlusses 2005/909/EG der Kommission, ABl. Nr. L 158/77, berichtigt ABl. Nr. L 170/66; dazu Vor § 316 Rn 19.

2 Zutr. Betonung dieses Regelungsgehalts des § 316a S. 1 bei *Schüppen* Abschlussprüfung[2] Rn 3.

3 Begr. RegE, BT-Drs. 19/26966 S. 100, dort auch Hinweis auf eine bereits im Rahmen des Abschlussprüfungsreformgesetzes (Vor § 316 Rn 14) ausgesprochene Empfehlung (BT-Drs. 18/7902, S. 52).

4 Gesetz zur Stärkung der Finanzmarktintegrität vom 3.6.2021, BGBl. I, S. 1534; dazu Vor § 316 Rn 17.

dem Hintergrund des **Art. 2 Nr. 13 S. 1 APr-RL** in der Fassung durch die Richtlinie 2014/56/EU[5] zu sehen. Unternehmen von öffentlichem Interesse sind danach Unternehmen, die unter das Recht eines Mitgliedstaats fallen und deren übertragbare Wertpapiere zum Handel auf einem geregelten Markt eines Mitgliedstaats im Sinne von Artikel 4 Absatz 1 Nummer 14 der Richtlinie 2004/39/EG zugelassen sind, ferner Kreditinstitute im Sinne von Artikel 1 Nummer 1 der Richtlinie 2000/12/EG des Europäischen Parlaments und des Rates vom 20. März 2000 über die Aufnahme und Ausübung der Tätigkeit der Kreditinstitute, schließlich Versicherungsunternehmen im Sinne von Artikel 2 Absatz 1 der Richtlinie 91/674/EWG. Art. 39 APr-RL erlaubt es, Unternehmen von öffentlichem Interesse, die einen geregelten Markt nicht in Anspruch nehmen, von einer oder mehreren Anforderungen der Vorschriften über Unternehmen von öffentlichem Interesse auszunehmen; in Bezug auf Kreditinstitute haben §§ 316a S. 2 Nr. 2, 340k hiervon partiell Gebrauch gemacht. Umgekehrt gestattet es Art. 2 Nr. 13 S. 2 APr-RL den Mitgliedstaaten, auch andere Unternehmen zu Unternehmen von öffentlichem Interesse zu bestimmen, weshalb es im Einklang mit der APr-RL steht, dass § 316a S. 2 Nr. 1 auf § 264d verweist und neben Unternehmen, deren übertragbare Wertpapiere zum Handel auf einem organisierten Markt bereits zugelassen sind, auch Unternehmen, die eine entsprechende Zulassung beantragt haben, zu kapitalmarktorientierten Unternehmen bestimmt.

II. Subsidiarität der §§ 316 ff (S. 1)

1. Grundsatz

4 Der in § 316a S. 1 ausdrücklich anerkannte **Anwendungsvorrang** der APr-VO erklärt die §§ 316 ff. auf die Abschlussprüfung bei Kapitalgesellschaften, die Unternehmen von öffentlichem Interesse iSv. S. 2 sind, nicht generell, sondern **nur partiell**, nämlich insoweit für unanwendbar, als die Verordnung spezielle Vorschriften enthält; im Übrigen, d.h. beim Fehlen spezieller Vorschriften und damit bei Unanwendbarkeit der APr-VO, finden die §§ 316 ff. auch auf Unternehmen von öffentlichem Interesse Anwendung. Ob und inwieweit der Anwendungsvorrang eingreift, ist für jede Vorschrift der §§ 316 ff. gesondert festzustellen; dem trägt die vorliegende Kommentierung Rechnung, indem sie im jeweiligen Sachzusammenhang auf spezielle Vorschriften der APr-VO hinweist und diese erläutert.

2. Reichweite

5 Der Anwendungsvorrang gilt für sämtliche Unternehmen von öffentlichem Interesse iSv. § 316a S. 2 (Rn 6 ff.), mithin auch insoweit, als diese Vorschrift von **mitgliedstaatlichen Gestaltungswahlrechten** Gebrauch gemacht und den Kreis der Unternehmen von öffentlichem Interesse gegenüber Art. 2 Nr. 13 S. 1 APr-RL eingeschränkt oder erweitert hat (Rn 3, 7 f.). **Atypische Personengesellschaften** (§ 316 Rn 5) stehen nach § 264a auch im Rahmen des § 316a den Kapitalgesellschaften (§ 316 Rn 3 f) gleich; soweit beispielsweise eine Kapitalgesellschaft & Co. KG einen organisierten Kapitalmarkt durch von ihr ausgegebene Schuldtitel in Anspruch nimmt, ist deshalb auch sie Unternehmen von öffentlichem Interesse iSv. § 316a S. 2 Nr. 1. Nach Maßgabe des Art. 2 Abs. 3, 4 APr-VO erfährt der Anwendungsvorrang schließlich Einschränkungen in Bezug auf **Sparkassen und Genossenschaften**, auch wenn diese, weil sie entweder kapitalmarktorientiert oder CRR-Kreditinstitut sind, an sich Unternehmen von öffentlichem Interesse sind; dem tragen die besonderen Vorschriften des § 340k Abs. 2–4 sowie §§ 53 ff. GenG Rechnung.

5 Richtlinie 2006/43/EG; dazu Vor § 316 Rn 18 f.

III. Unternehmen von öffentlichem Interesse (S. 2)

1. Allgemeines

§ 316a S. 2 enthält eine **abschließende** und im Einklang mit den Vorgaben des EU-Rechts stehende (Rn 3) Definition des Unternehmens von öffentlichem Interesse. In zeitlicher Hinsicht kommt es darauf an, dass die qualifizierenden Merkmale – Zulassung zum Handel bzw. Zulassungsantrag gem. § 316a S. 2 Nr. 1, Aufnahme bzw. Beendigung einer dem KWG bzw. VAG unterliegenden Tätigkeit[6] – in dem **zu prüfenden Geschäftsjahr** vorgelegen haben;[7] daran ist schon aus Gründen der Rechtssicherheit auch für den Fall festzuhalten, dass der Status als Unternehmen von öffentlichem Interesse kurze Zeit nach Ende des Geschäftsjahres erworben wird oder verloren geht.[8] 6

2. Kapitalmarktorientierung (Nr. 1)

Zu den Unternehmen von öffentlichem Interesse zählen nach § 316a S. 2 Nr. 1 alle kapitalmarktorientierten Unternehmen iSd. § 264d, mithin Kapitalgesellschaften und atypische Personengesellschaften (§ 264a, s. Rn 5), die einen **organisierten Kapitalmarkt** iSd. § 2 Abs. 11 WpHG in Anspruch nehmen oder zumindest einen entsprechenden Zulassungsantrag gestellt haben (Rn 3). Wegen der Einzelheiten kann auf die Kommentierung der §§ 264a, 264d verwiesen werden. 7

3. CRR-Kreditinstitute (Nr. 2)

Auch **nicht kapitalmarktorientierte Kreditinstitute** sind nach § 316a S. 2 Nr. 2 Unternehmen von öffentlichem Interesse, wenn sie „CRR-Kreditinstitut"[9] iSd. § 1 Abs. 3d S. 1 KWG sind. Ausgenommen sind die in § 2 Abs. 1 Nr. 1, 2 KWG genannten Institute (Zentralbanken, Kreditanstalt für Wiederaufbau), ferner die in Art. 2 Abs. 5 Nr. 5 CR-Richtline (2013/36/EU) in der Fassung durch die Richtlinie (EU) 2019/2034 genannten Förderbanken. Unberührt bleiben die Sonderregeln über Sparkassen und Genossenschaften (Rn 5). Ist ein Kreditinstitut kapitalmarktorientiert, ergibt sich der Status als Unternehmen von öffentlichem Interesse in jedem Fall aus § 316a S. 2 Nr. 1; dies wird in § 340k Abs. 1 S. 4 noch einmal explizit klargestellt.[10] 8

4. Versicherungsunternehmen (Nr. 3)

Auch nicht kapitalmarktorientierte Versicherungsunternehmen sind nach § 316a S. 2 Nr. 3 Unternehmen von öffentlichem Interesse, wenn sie unter Art. 2 Abs. 1 Richtlinie 91/674/EWG über den Jahresabschluss und den konsolidierten Abschluss von Versicherungsunternehmen fallen. Ist ein Versicherungsunternehmen kapitalmarktorientiert, ergibt sich der Status als Unternehmen von öffentlichem Interesse in jedem Fall aus § 316a S. 2 Nr. 1; dies wird in § 341k Abs. 1 S. 4 explizit klargestellt.[11] 9

---

6 Erteilung und Entzug der erforderlichen öffentlich-rechtlichen Erlaubnis haben nur indiziellen Charakter, s. *Schüppen* Abschlussprüfung[2] Rn 22.

7 Für § 264d s. § 264d Rn 3 (*Meyer*); ähnlich *Schüppen* Abschlussprüfung[2] Rn 22 (Bilanzstichtag).

8 Zumindest tendenziell **aA** BeckBilKomm/*Justenhoven*/*Roland*[13] § 264d Rn 2.

9 Die Bezeichnung „CR" rekurriert auf die unionsrechtlichen „Capital Requirement"-Regeln, neben der in § 316a S. 2 Nr. 2 in Bezug genommenen Richtlinie 2013/36/EU v. 26.6.2013 noch die in der Definitionsnorm des § 1 Abs. 3d S. 1 KWG in Bezug genommene „Capital Requirement"-Verordnung („Regulation") (EU) Nr. 575/2013 v. 26.6.2013.

10 Begr. RegE, BT-Drs. 19/26966, S. 108.

11 Begr. RegE, BT-Drs. 19/26966, S. 109.

§ 317 Gegenstand und Umfang der Prüfung

(1) [1]In die Prüfung des Jahresabschlusses ist die Buchführung einzubeziehen. [2]Die Prüfung des Jahresabschlusses und des Konzernabschlusses hat sich darauf zu erstrecken, ob die gesetzlichen Vorschriften und sie ergänzende Bestimmungen des Gesellschaftsvertrags oder der Satzung beachtet worden sind. [3]Die Prüfung ist so anzulegen, daß Unrichtigkeiten und Verstöße gegen die in Satz 2 aufgeführten Bestimmungen, die sich auf die Darstellung des sich nach § 264 Abs. 2 ergebenden Bildes der Vermögens-, Finanz- und Ertragslage der Kapitalgesellschaft wesentlich auswirken, bei gewissenhafter Berufsausübung erkannt werden.

(2) [1]Der Lagebericht und der Konzernlagebericht sind darauf zu prüfen, ob der Lagebericht mit dem Jahresabschluß, gegebenenfalls auch mit dem Einzelabschluss nach § 325a, und der Konzernlagebericht mit dem Konzernabschluß sowie mit den bei der Prüfung gewonnenen Erkenntnissen des Abschlußprüfers in Einklang stehen und ob der Lagebericht insgesamt ein zutreffendes Bild von der Lage der Kapitalgesellschaft und der Konzernlagebericht insgesamt ein zutreffendes Bild von der Lage des Konzerns vermittelt. [2]Dabei ist auch zu prüfen, ob die Chancen und Risiken der künftigen Entwicklung zutreffend dargestellt sind. [3]Die Prüfung des Lageberichts und des Konzernlageberichts hat sich auch darauf zu erstrecken, ob die gesetzlichen Vorschriften zur Aufstellung des Lage- oder Konzernlageberichts beachtet worden sind. [4]Im Hinblick auf die Vorgaben nach den §§ 289b bis 289e und den §§ 315b und 315c ist nur zu prüfen, ob die nichtfinanzielle Erklärung oder der gesonderte nichtfinanzielle Bericht, die nichtfinanzielle Konzernerklärung oder der gesonderte nichtfinanzielle Konzernbericht vorgelegt wurde. [5]Im Fall des § 289b Absatz 3 Satz 1 Nummer 2 Buchstabe b ist vier Monate nach dem Abschlussstichtag eine ergänzende Prüfung durch denselben Abschlussprüfer durchzuführen, ob der gesonderte nichtfinanzielle Bericht oder der gesonderte nichtfinanzielle Konzernbericht vorgelegt wurde; § 316 Absatz 3 Satz 2 gilt entsprechend mit der Maßgabe, dass der Bestätigungsvermerk nur dann zu ergänzen ist, wenn der gesonderte nichtfinanzielle Bericht oder der gesonderte nichtfinanzielle Konzernbericht nicht innerhalb von vier Monaten nach dem Abschlussstichtag vorgelegt worden ist. [6]Die Prüfung der Angaben nach § 289f Absatz 2 und 5 sowie § 315d ist darauf zu beschränken, ob die Angaben gemacht wurden.

(3) [1]Der Abschlußprüfer des Konzernabschlusses hat auch die im Konzernabschluß zusammengefaßten Jahresabschlüsse, insbesondere die konsolidierungsbedingten Anpassungen, in entsprechender Anwendung des Absatzes 1 zu prüfen. [2]Sind diese Jahresabschlüsse von einem anderen Abschlussprüfer geprüft worden, hat der Konzernabschlussprüfer dessen Arbeit zu überprüfen und dies zu dokumentieren.

(3a) [1]Bei einer Kapitalgesellschaft, die als Inlandsemittent (§ 2 Absatz 14 des Wertpapierhandelsgesetzes) Wertpapiere (§ 2 Absatz 1 des Wertpapierhandelsgesetzes) begibt und keine Kapitalgesellschaft im Sinne des § 327a ist, hat der Abschlussprüfer im Rahmen der Prüfung auch zu beurteilen, ob die für Zwecke der Offenlegung erstellte Wiedergabe des Jahresabschlusses und die für Zwecke der Offenlegung erstellte Wiedergabe des Lageberichts den Vorgaben des § 328 Absatz 1 entsprechen. [2]Bei einer Kapitalgesellschaft im Sinne des Satzes 1 hat der Abschlussprüfer des Konzernabschlusses im Rahmen der Prüfung auch zu beurteilen, ob die für Zwecke der Offenlegung erstellte Wiedergabe des Konzernabschlusses und die für Zwecke der Offenlegung erstellte Wiedergabe des Konzernlageberichts den Vorgaben des § 328 Absatz 1 entsprechen.

(4) Bei einer börsennotierten Aktiengesellschaft ist außerdem im Rahmen der Prüfung zu beurteilen, ob der Vorstand die ihm nach § 91 Abs. 2 des Aktiengesetzes obliegenden Maßnahmen in einer geeigneten Form getroffen hat und ob das danach einzurichtende Überwachungssystem seine Aufgaben erfüllen kann.

https://doi.org/10.1515/9783110565362-004

(4a) Soweit nichts anderes bestimmt ist, hat die Prüfung sich nicht darauf zu erstrecken, ob der Fortbestand der geprüften Kapitalgesellschaft oder die Wirksamkeit und Wirtschaftlichkeit der Geschäftsführung zugesichert werden kann.

(5) Bei der Durchführung einer Prüfung hat der Abschlussprüfer die internationalen Prüfungsstandards anzuwenden, die von der Europäischen Kommission in dem Verfahren nach Artikel 26 Absatz 3 der Richtlinie 2006/43/EG des Europäischen Parlaments und des Rates vom 17. Mai 2006 über Abschlussprüfungen von Jahresabschlüssen und konsolidierten Abschlüssen, zur Änderung der Richtlinien 78/660/EWG und 83/349/EWG des Rates und zur Aufhebung der Richtlinie 84/253/EWG des Rates (ABl. EG Nr. L 157 S. 87), die zuletzt durch die Richtlinie 2014/56/EU (ABl. L 158 vom 27.5.2014, S. 196) geändert worden ist, angenommen worden sind.

(6) Das Bundesministerium der Justiz und für Verbraucherschutz wird ermächtigt, im Einvernehmen mit dem Bundesministerium für Wirtschaft und Energie durch Rechtsverordnung, die nicht der Zustimmung des Bundesrates bedarf, zusätzlich zu den bei der Durchführung der Abschlussprüfung nach Absatz 5 anzuwendenden internationalen Prüfungsstandards weitere Abschlussprüfungsanforderungen vorzuschreiben, wenn dies durch den Umfang der Abschlussprüfung bedingt ist und den in Abs. 1 bis 4 genannten Prüfungszielen dient.

Schrifttum

Vgl. die Angaben Vor § 316, ferner

Baetge/Schulze Möglichkeiten der Objektivierung der Lageberichterstattung über „Risiken der künftigen Entwicklung", DB 1998, 937; *Baums* Stellungnahme zur Aktienrechtsreform 1997, AG-Sonderheft Aktienrechtsreform 1997, 26; *Berndt/Jeker* Fraud Detection im Rahmen der Abschlussprüfung, BB 2007, 2615; *Bihr/Kalinowsky* Risikofrüherkennungssystem bei nicht börsennotierten Aktiengesellschaften – Haftungsfalle für Vorstand, Aufsichtsrat und Wirtschaftsprüfer DStR 2008, 620; *Böcking/Orth* Offene Fragen und Systemwidrigkeiten bei den neuen Rechnungslegungs- und Prüfungsvorschriften des KonTraG und des KapAEG, DB 1998, 1873; *Brebeck/Herrmann* Zur Forderung des KonTraG-Entwurfs nach einem Frühwarnsystem und zu den Konsequenzen für die Jahres- und Konzernabschlußprüfung, WPg 1997, 381; *Bunting* Das Früherkennungssystem des § 91 Abs. 2 AktG in der Prüfungspraxis – eine kritische Betrachtung des IDW PS 340, ZIP 2012, 357; *Dörner* Ändert das KonTraG die Anforderungen an den Abschlußprüfer? DB 1998, 1; *Dörner/Oser* Erfüllen Aufsichtsrat und Wirtschaftsprüfer ihre Aufgaben? DB 1995, 1085; *Dörner/Schwegler* Anstehende Änderungen der externen Rechnungslegung sowie deren Prüfung durch den Wirtschaftsprüfer, DB 1997, 285; *Dreher* Die Vorstandsverantwortung im Geflecht von Risikomanagement, Compliance und interner Revision, FS Hüffer (2010), S. 161; *Dücker* Das Gesetz zur Kontrolle und Transparenz im Unternehmensbereich, NWB 1998, 1709; *Erchinger/Melcher* Anwendung, Entwicklung und Zukunft der International Standards on Auditing (ISA): Eine aktuelle Bestandsaufnahme im Kontext globaler und nationaler Entwicklungen, Wpg 2008, 959; *Farr* Die kritische Grundhaltung als Berufspflicht des Wirtschaftsprüfers (§ 43 Abs. 4 WPO), WPg 2018, 397; *Forster* Abschlußprüfung nach dem Regierungsentwurf des KonTraG, WPg 1998, 41; *Gelhausen* Reform der externen Rechnungslegung und ihrer Prüfung durch den Wirtschaftsprüfer, AG-Sonderheft Aktienrechtsreform 1997, 73; *Gewehr/Moser* Zur künftigen Anwendung der ISA in Deutschland, WPg 2018, 193; *Giese* Die Prüfung des Risikofrüherkennungssystems einer Unternehmung durch den Abschlußprüfer gemäß KonTraG, WPg 1998, 451; *Habersack* Staatliche und halbstaatliche Eingriffe in die Unternehmensführung, Gutachten E zum 69. Deutschen Juristentag, 2012; *Hauschka* Die Voraussetzungen für ein effektives Compliance System i.S. von § 317 Abs. 4 HGB, DB 2006, 1143; *Hennrichs* Die Grundkonzeption der CSR-Berichterstattung und ausgewählte Problemfelder, ZGR 2018, 206; *Hirte/v. Egloffstein* Der (legislative) Weg zur Implementierung des European Single Electronic Format (ESEF) in das deutsche Bilanzrecht, FS Grunewald, 2021, S. 379; *Hommelhoff* Prüferunabhängigkeit und Bilanzmanipulation nach Wirecard, FS Ebke (2021), S. 403; *Hommelhoff/Mattheus* Risikomanagement im Entwurf des BilMoG als Funktionselement der Corporate Governance, BB 2007, 2787; *Jacob* KonTraG und KapAEG – die neuen Entwürfe des Hauptfachausschusses zum Risikofrüherkennungssystem, zum Bestätigungsvermerk und zum Prüfungsbericht, WPg 1998, 1043; *Kämpfer/Schmidt* Die Auswirkungen der neueren Prüfungsstandards auf die Durchführung von Abschlussprüfungen, Wpg 2009, 47; *Knabe/Mika/Müller/Rätsch/Schruff* Zur Beurteilung des Fraud-Risikos im Rahmen der Abschlussprüfung, Wpg 2004, 1057; *Klar* Auswirkungen des Gesetzesvorhabens zur Kontrolle und Transparenz im Unternehmensbereich (KonTraG) auf die Prüfung von Nicht-Aktiengesellschaften, DB 1997, 685; *Koch/Woret* Die kritische Grundhaltung des Abschlussprüfers – Zur Notwendigkeit konkretisierender Anforderungen, DK 2013, 475; *Kohl* Die Prüfung des Jahresabschlusses unter Berücksichtigung von aktienrechtlichen Nachgründungstatbeständen,

BB 1995, 139; *Korth* Kompendium für das Examen zum vBP/WP, Band 1 Wirtschaftliches Prüfungswesen (1995); *Krommes* Zur Transformation internationaler Prüfungsstandards auf die deutsche Facharbeit, DB 2008, 713; *Kuhn/Stibi* Änderung der IDW Prüfungsstandards aufgrund des Bilanzrechtsmodernisierungsgesetzes (BilMoG), Wpg 2009, 1157; *Lanfermann* Prüfung der CSR-Berichterstattung durch den Aufsichtsrat, BB 2017, 747; *Langenbucher* Zur Architektur der Kontrolle von Aktiengesellschaften von öffentlichem Interesse – eine Überlegung zu Wirecard, FS Ebke (2021), S. 573; *Lilienbecker/Link/Rabenhorst* Beurteilung der Going-Concern-Prämisse durch den Abschlussprüfer bei Unternehmen in der Krise, BB 2009, 262; *Melcher/Mattheus* Zum Referentenentwurf des Bilanzrechtsmodernisierungsgesetzes (BilMoG): Lageberichterstattung, Risikomanagment-Bericht und Corporate Governance-Statement, DB 2008, Beil 1 zu Heft 7 S. 52; *Merkt* Compliance und Risikofrüherkennung in kleinen und mittleren Unternehmen, ZIP 2014, 1705; *ders.* Die Bedeutung der International Standards on Auditing (ISA) für die Abschlussprüfung in Europa und Deutschland, ZGR 2015, 215; *ders.* Abschlussprüfung nach Wirecard: Wieviel watchdog, wieviel Sparringspartner?, FS Ebke (2021), S. 663; *Moxter* Die Vorschriften zur Rechnungslegung und Abschlußprüfung im Referentenentwurf eines Gesetzes zur Kontrolle und Transparenz im Unternehmensbereich, BB 1997, 722; *Nonnenmacher* Zur Reform der Unternehmenskontrolle, DK 2021, 393; *Peemöller/Keller* Änderungen der Überwachung in Kapitalgesellschaften – Der Entwurf eines Gesetzes zur Kontrolle und Transparenz im Unternehmensbereich, DStR 1997, 1986; *Reiche* Prüfung von Forderungen aus Lieferungen und Leistungen, BB 1993, 1247; *Rürup* Möglichkeiten verbesserter Kontrolle und Beratung der Geschäftsführung durch den Aufsichtsrat mit Hilfe des Wirtschaftsprüfers, AG 1995, 219; *Ruhnke/Schmidt* Erstellung und Prüfung von ESEF-Jahresfinanzberichten, WPg 2021, 275 und 413; *Schindler/Gärtner* Verantwortung des Abschlussprüfers zur Berücksichtigung von Verstößen (fraud) im Rahmen der Abschlussprüfung, Wpg 2004, 1233; *R. Schmidt* ESEF – Endlich mehr Klarheit, DB 2020, 513; *Schruff* Zur Aufdeckung von Top-Management-Fraud durch den Wirtschaftsprüfer im Rahmen der Jahresabschlussprüfung, Wpg 2003, 904; *ders.* Neue Ansätze zur Aufdeckung von Gesetzesverstößen durch den Wirtschaftsprüfer im Rahmen der Jahresabschlussprüfung, Wpg 2005, 207; *Schüppen/Walz* „Mitbestimmungslücke" und mangelhafte Berichterstattung über die „Frauenquote", WPg 2015, 1155; *Seidler* Fehlende, unvollständige oder falsche Angaben eines Unternehmens zur Frauenquote: Pflichten des Abschlussprüfers?, BB 2016, 939; *Spindler* Risikomanagementpflichten nach § 91 Abs. 2 AktG und Prüfung durch den Abschlussprüfer, FS Ballwieser (2014), S. 849; *Wohlmannstetter* Risikomanagement nach dem BilMoG, ZGR 2010, 472; *Velte* Prüfung der nichtfinanziellen Erklärung und der Erklärung zur Unternehmensführung durch Aufsichtsrat und Abschlussprüfer – Eine Zwischenbilanz, AG 2018, 266; *Zimmer* Das Gesetz zur Kontrolle und Transparenz im Unternehmensbereich, NJW 1998, 3521.

Übersicht

I. Einführung

1. Überblick

1 Anknüpfend an § 316 regelt die Vorschrift Gegenstand und Umfang und damit zugleich die Ziele der gesetzlichen Abschlussprüfung.[1] Im Zentrum steht die Frage, ob Jahresabschluss und Lagebericht bzw. Konzernabschluss und Konzernlagebericht mit den gesetzlichen und satzungsmäßigen Vorgaben übereinstimmen und insgesamt eine zutreffende Vorstellung von der Lage des Unternehmens bzw. Konzerns vermitteln. Die Abschlussprüfung ist also **keine umfassende Rechts-, Geschäftsführungs- und Wirtschaftlichkeitsprüfung**, sondern im Ausgangspunkt nur eine Prüfung der Rechnungslegung.[2] Jedoch hat sie heute, insbesondere bei kapitalmarktorientierten Gesellschaften, Aufgaben zu erfüllen, die deutlich über die historische Bilanzprüfung hinausweisen und auf eine zukunfts- und risikoorientierte Beurteilung der Tätigkeit der Unternehmensführung abzielen.[3] Das schlägt sich unmittelbar in den Vorgaben nieder, (1) die Prüfung strikt problemorientiert anzulegen (Abs. 1 S. 3), (2) der Darstellung von Chancen und Risiken im Lagebericht besonderes Augenmerk zu widmen (Abs. 2 S. 2) und (3) die Pflichtprüfung auf das vom Vorstand nach § 91 Abs. 2 AktG zu errichtende Überwachungssystem zu erstrecken (Abs. 4). Überdies hat die Abschlussprüfung mittelbar dadurch einen **Funktionswandel** erfahren, dass der Inhalt von Anhang und Lagebericht beständig erweitert wurde und zunehmend als Medium für Informationen nichtfinanzieller und nichtbilanzieller Art fungiert. Diese Neuausrichtung der Abschlussprüfung geht einher mit einer Anlehnung an internationale Maßstäbe,[4] die ihre konsequente Fortsetzung in der in Abs. 5 verankerten Verpflichtung findet, bei der Durchführung der Prüfung die von der Europäischen Kommission angenommenen internationalen Prüfungsstandards anzuwenden.

2 Da § 317 nur die Prüfungsziele umschreibt, ist für die nähere Bestimmung des Prüfungsumfangs auf die übrigen Vorschriften des Unterabschnittes zurückzugreifen. Namentlich muss die Prüfung so ausgestaltet sein, dass der Abschlussprüfer alle im **Prüfungsbericht** (§ 321) und im **Bestätigungsvermerk** (§ 322) zu treffenden Aussagen aus seinen Prüfungshandlungen herleiten und dokumentieren kann.[5] Dabei ist nach § 323 Abs. 1 der Maßstab der Gewissenhaftigkeit und Unparteilichkeit anzulegen. Keine näheren Vorgaben lassen sich dem Gesetz demgegenüber hinsichtlich des zeitlichen Ablaufs der Prüfung, d.h. zum **Prüfungszeitraum** und zur **Prüfungsdauer**, entnehmen.[6] Bei der AG, SE und der KGaA ist jedoch der zur Verfügung stehende Zeitraum durch die gesetzlichen Bestimmungen zur Aufstellung des Jahresabschlusses und Einberufung der Hauptversammlung begrenzt. Auch über die Art und die Auswahl der vorzunehmenden Prüfungshandlungen, d.h. die zur Zielerreichung anzuwendende Prüfungstechnik, schweigt das Gesetz selbst. Der damit bestehende Ermessensspielraum des Prüfers wird jedoch durch die einschlägigen **internationalen Prüfungsstandards** (Rn 39 ff) sowie durch die **IDW Prüfungsstandards** (IDW PS), IDW Prüfungshinweise und IDW Standards (IDW S), die Gegenstand, Umfang und Durchführung der Abschlussprüfung festlegen, eingeschränkt.[7] Im Grundsatz sind die Prüfungshandlungen danach vom Abschlussprüfer so zu bestimmen, dass unter Beachtung der Grundsätze der Wesent-

1 Vgl. Koller/Kindler/Roth/Drüen/*Morck*/*Bach* HGB[9] Rn 2; *Schüppen* Abschlussprüpfung[2] Rn 1; andere Akzentuierung bei Baetge/Kirsch/Thiele/*Marten*/*Köhler*/*Neubeck* Rn 21 f.

2 BGH AG 2006, 197 (199); LG Leipzig ZIP 2008, 1733 (1735); MünchKommHGB/*Ebke*[4] Rn 50 ff; Hopt/*Merkt*[41] Rn 5.

3 *Habersack* in: Bayer/Habersack, Band II, 16. Kap. Rn 32 f.

4 Begr. RegE, BT-Drucks. 13/9712, S. 26 f.

5 *IDW* PS 350, Wpg 2006, 1293, Tz 5; MünchKommHGB/*Ebke*[4] Rn 1; *ADS* Rn 1; s. noch Rn 15.

6 BeckBilKomm/*Justenhoven*/*Küster*/*Bernhardt*[13] Rn 24; Koller/Kinder/Roth/Drüen/*Morck*/*Bach* HGB[9] Rn 2.

7 Auflistung bei MünchKommHGB/*Ebke*[4] Rn 25 ff; Hopt/*Merkt*[41] Rn 1.

lichkeit und der Wirtschaftlichkeit der Abschlussprüfung die gesetzlich geforderte Beurteilung der Prüfungsobjekte mit hinreichender Sicherheit möglich ist.[8]

2. Entstehungsgeschichte

3 Während die mit dem BiRiLiG 1985 in das HGB aufgenommene Fassung konzeptionell an § 162 Abs. 2 AktG 1965 anknüpfte, erfolgte durch das **KonTraG**[9] eine inhaltliche Neubeschreibung der Prüfungstätigkeit. Die Änderungen waren auf eine stärkere Risiko- und Problemorientierung der Prüfung gerichtet und sollen dem Aufsichtsrat durch eine Verbesserung der Qualität der Abschlussprüfung und durch eine stärkere Ausrichtung an seinen Bedürfnissen eine effektivere Kontrolle der Tätigkeit des Vorstands ermöglichen.[10] Damit sollte nicht nur das Vertrauen in die Rechnungslegung der Unternehmen gestärkt, sondern vor allem die im deutschen Recht seit jeher angelegte Unterstützungsfunktion des Prüfers zugunsten des Aufsichtsrats neu akzentuiert werden. Im Einzelnen gehen die Vorschriften des Abs. 1 S. 2, dem zufolge die Prüfung so auszurichten ist, dass wesentliche Gesetzesverstöße erkannt werden, und des Abs. 2 S. 2, dem zufolge die Prüfung des Lageberichts auf Entwicklungsrisiken zu erstrecken ist, auf das KonTraG zurück. Zugleich wurde die Pflicht zur Prüfung des nach § 91 Abs. 2 AktG einzurichtenden Überwachungssystems begründet und im Zuge des **TransPuG**[11] auf alle börsennotierten Gesellschaften ausgedehnt. Mit dem **BilReG**[12] wurde Abs. 2 S. 2 dahingehend ergänzt, dass im Hinblick auf den Lagebericht nicht nur die zutreffende Darstellung der Risiken, sondern auch der Chancen der künftigen Entwicklung zu überprüfen ist.[13] Insgesamt war es das Ziel des Gesetzgebers, mit einer stärkeren Ausrichtung des § 317 auf die Bedürfnisse der internationalen Kapitalmärkte die Wettbewerbsfähigkeit der deutschen Unternehmen zu stärken.[14]

4 Das **BilMoG**[15] hat sodann in Umsetzung der Abschlussprüferrichtlinie (Vor § 316 Rn 18 f) in drei Punkten Änderungen mit sich gebracht. Erstens bildet nach Abs. 2 S. 3 aF die Erklärung zur Unternehmensführung (§ 289f) auch dann keinen Gegenstand der Abschlussprüfung, wenn sie in den Lagebericht aufgenommen wird.[16] Zweitens darf der Konzernabschlussprüfer die Arbeiten eines Prüfers eines Einzelabschlusses unter keinen Umständen mehr schlicht übernehmen, sondern hat nach Abs. 3 S. 2 dessen Arbeit zu prüfen und dies zu dokumentieren. Drittens wurden die Abs. 5 und 6 betreffend die Anwendung der internationalen Prüfungsstandards angefügt. Das **BilRUG**[17] hat insbesondere Abs. 2 um Sätze 3 und 4 ergänzt; Abs. 2 S. 4 betreffend die Erklärung zur Unternehmensführung ist im weiteren Verlauf zu Abs. 2 S. 6 geworden. Durch das **AReG**[18] ist § 317 um den neuen Abs. 4a ergänzt worden. Zudem ist in einem neuen Abs. 3a – der sodann durch das **FISG**[19] in den neuen § 316a überführt worden ist (§ 316a Rn 2) – explizit der Vorrang der APr-VO geregelt worden. Abs. 5 und 6 sind an die Vorgaben des Art. 26 APr-RL (in der Fassung durch die Änderungsrichtlinie 2014/56/EU) angepasst worden. Im weiteren Verlauf haben das **CSR-**

---

8 *IDW* PS 200, Wpg 2000, 706, Tz 9.
9 Gesetz zur Kontrolle und Transparenz im Unternehmensbereich v. 27.4.1998, BGBl. I 786.
10 Begr. RegE, BTDrucks. 13/9712, S. 26.
11 Transparenz- und Publizitätsgesetz v. 19.7.2002, BGBl. I 2681.
12 Bilanzrechtsreformgesetz v. 4.12.2004, BGBl. I 3166.
13 Vgl. zur Einordnung MünchKommHGB/*Ebke*[4] Rn 81 (Erweiterung) einerseits und Koller/Kindler/Roth/Drüen/*Morck/Bach* HGB[9] Rn 3 (klarstellender Charakter) andererseits.
14 Begr. RegE, BT-Drucks. 13/9712, S. 12; *Kaiser* WPg 2005, 405.
15 Bilanzrechtsmodernisierungsgesetz v. 25.5.2009, BGBl. I 1102.
16 S. jetzt § 317 Abs. 2 S. 6 und dazu Rn 24.
17 Bilanzrichlinie-Umsetzungsgesetz vom 17.7.2015, BGBl. I 1245.
18 Abschlussprüferreformgesetz (AReG) vom 10.5.2016, BGBl. I, S. 1142.
19 Gesetz zur Stärkung der Finanzmarktintegrität vom 3.6.2021, BGBl. I, S. 1534; dazu Vor § 316 Rn 17; ferner Begr. RegE, BT-Drs. 19/26966, S. 104 f.

Richtlinie-Umsetzungsgesetz[20] den durch das BilRuG eingefügten § 317 Abs. 2 S. 4 aF durch die heutigen Sätze 4–6 des § 317 Abs. 2 ersetzt und das **ESEF-Umsetzungsgesetz**[21] einen neuen Abs. 3b eingefügt, der wiederum durch das **FISG** zu Abs. 3a geworden ist. Neben der Aufhebung von § 317 Abs. 3a aF und der Überführung des Abs. 3b aF in den jetzigen Abs. 3a hat das FISG überdies in Abs. 1 S. 3, Abs. 2 S. 1 und Abs. 4a terminologische Anpassungen – „Kapitalgesellschaft" anstelle von „Unternehmen" – vorgenommen.

3. Anwendungsbereich; Erweiterung der Prüfung

Der Prüfungsmaßstab des § 317 gilt im Grundsatz für alle **Pflichtprüfungen** (§ 316 Rn 3 ff); für gesetzlich nicht vorgeschriebene Prüfungen ist er dann einzuhalten, wenn ein Bestätigungsvermerk erteilt werden soll (§ 316 Rn 30; § 322 Rn 7). In bestimmten Fällen ist der Prüfungsgegenstand kraft spezialgesetzlicher Anordnung erweitert. Das betrifft namentlich Genossenschaften (§ 53 GenG) und Unternehmen im Mehrheitsbesitz einer Gebietskörperschaft (§ 53 HGrG), bei denen die Prüfung auch die Ordnungsmäßigkeit der Geschäftsführung umfasst.[22] Bei Kreditinstituten (§ 29 Abs. 1 KWG) hat der Prüfer auch die wirtschaftlichen Verhältnisse zu prüfen.[23] Eine entsprechende Erweiterung des Prüfungsumfangs durch Vertrag ist auch bei anderen Pflichtprüfungen zulässig (§ 316 Rn 30). Für Pflichtprüfungen sind die Vorschriften über den Prüfungsumfang jeweils zwingender Natur; der Abschlussprüfer darf weder aus eigenem Antrieb noch in Absprache mit dem betroffenen Unternehmen eine Einschränkung vornehmen.[24] Zulässig ist es jedoch, **Prüfungsschwerpunkte** zu setzen (Rn 13). Sofern der Aufsichtsrat den Prüfungsauftrag erteilt, ist dies zuvörderst seine Aufgabe und ermöglicht es ihm, die Abschlussprüfung als möglichst effektives Unterstützungsinstrument bei der Überwachung der Geschäftsführung einzusetzen.[25] Andernfalls kann und sollte der Prüfer selbst eigene Prüfungsschwerpunkte setzen.[26] Dabei ist darauf zu achten, dass einerseits bei jeder einzelnen Prüfung ein Mindestumfang an Prüfungshandlungen nicht unterschritten wird und andererseits im Rahmen einer mehrjährigen Prüfungsplanung für eine umfassende Durchdringung der gesamten Rechnungslegung gesorgt ist. 5

II. Prüfung des Jahresabschlusses und des Lageberichts (Abs. 1, 2)

1. Gegenstand der Prüfung

Gegenstand der Abschlussprüfung sind der Jahresabschluss und der Lagebericht. Der Jahresabschluss seinerseits besteht aus der Gewinn- und Verlustrechnung, der Bilanz sowie dem Anhang. Dabei unterliegen auch sämtliche freiwillige Angaben im selben Ausmaß der Prüfung wie Pflichtbestandteile.[27] In die Prüfung des Jahresabschlusses ist nach Abs. 1 S. 1 die **Buchführung** einzubeziehen. Diese umfasst die für die Rechnungslegung maßgebende Finanzbuchführung einschließlich vorhandener Nebenbuchführungen wie z.B. die Lohnbuchführung. Ist die Rechnungslegung teilwei- 6

---

20 Corporate Social Responsibility-Richtlinie-Umsetzungsgesetz v. 11.4.2017, BGBl. I 802.

21 Gesetz zur weiteren Umsetzung der Transparenzrichtlinie-Änderungsrichtlinie im Hinblick auf ein einheitliches elektronisches Format für Jahresfinanzberichte v. 12.8.2020, BGBl. I 2020.

22 Näher dazu *ADS* Rn 84 ff; MünchKommAktG/*Schockenhoff*[5] Vor § 394 Rn 68 ff.

23 *IDW* PS 520, Wpg 2007 Supplement 1.

24 *ADS* Rn 22; BeckBilKomm/*Justenhoven*/*Küster*/*Bernhardt*[13] Rn 14; Ebenroth/Boujong/Joost/Strohn/*Böcking*/*Gros*/*Rabenhorst*[4] Rn 13.

25 Vgl. Begr. RegE, BT-Drucks. 13/9712 S. 16; *Koch* AktG[16] § 111 Rn. 47; *Hommelhoff* BB 1998, 2567 (2569); Baetge/Kirsch/Thiele/*Marten*/*Köhler*/*Neubeck* Rn 28.

26 *IDW* PS 240, Wpg 2006, 218, Tz 23; Baetge/Kirsch/Thiele/*Marten*/*Köhler*/*Neubeck* Rn 29; MünchKommHGB/*Ebke*[2] Rn 47.

27 KölnKomm-AktG/*Claussen*/*Korth*[2] Rn 19; einschränkend Baetge/Kirsch/Thiele/*Marten*/*Köhler*/*Neubeck* Rn 24.

se auf ein Dienstleistungsunternehmen ausgelagert, so sind Prüfungshandlungen ggf. auch dort vorzunehmen.[28] Die Kostenrechnung ist insoweit einzubeziehen, als sie Grundlage für die Bewertung einzelner Bilanzposten ist.[29] Die Prüfung der Buchführung erstreckt sich auch auf das Inventar, da es die für die Bestandsermittlung maßgebenden Daten enthält.[30] Elektronische Rechnungslegungssysteme sind einer umfassenden Systemprüfung zu unterziehen.[31] Zentrale Bedeutung kommt schließlich dem (von dem in Abs. 4 geregelten Überwachungssystem zu unterscheidenden) rechnungslegungsbezogenen Internen Kontrollsystem zu, da dessen Bewertung Voraussetzung für die Einschätzung des Kontrollrisikos ist.[32] Dass sich die Prüfung damit auch auf Fragen der internen Revision zu erstrecken hat, bestätigt § 319 Abs. 3 Nr. 3 lit. b), der als Ausprägung des Selbstprüfungsverbots einen Prüfer dann von der Abschlussprüfung ausschließt, wenn er bei der Durchführung der internen Revision in verantwortlicher Position mitgewirkt hat (§ 319 Rn 62).

7 Demgegenüber ist die Abschlussprüfung **keine umfassende Rechts-, Geschäftsführungs- und Wirtschaftlichkeitsprüfung** (Rn 1; zu Ausnahmen Rn 5). Der Abschlussprüfer ist daher nicht berechtigt, Entscheidungen der Geschäftsleitung auf ihre Wirtschaftlichkeit oder Zweckmäßigkeit hin zu begutachten. Auch sind weder der Entlastungsvorschlag des Aufsichtsrats für die gesetzlichen Vertreter (§ 124 Abs. 3 i.V.m. § 119 Abs. 1 Nr. 4 AktG), sofern dieser von Ergebnissen der Prüfung beeinflusst wurde, noch der Gewinnverwendungsvorschlag (§ 170 Abs. 2 S. 1 AktG) Gegenstand der Prüfung.[33] Gleiches gilt für die Frage eines ausreichenden Versicherungsschutzes.[34] Zum Abhängigkeitsbericht, zum Vergütungsbericht und zum Bericht gem. § 21 EntgTranspG s. § 316 Rn 9.

2. Prüfungsumfang

a) Jahresabschluss

8 **aa) Übereinstimmung mit Gesetz und Gesellschaftsvertrag.** Nach Abs. 1 S. 2 hat sich die Prüfung darauf zu erstrecken, ob die gesetzlichen Vorschriften und die sie ergänzenden Vorschriften des Gesellschaftsvertrags oder der Satzung beachtet worden sind. Schon aus Abs. 1 S. 2, jedenfalls aber aus Abs. 1 S. 3 ergibt sich, dass damit unmittelbar **nur Bestimmungen zur Rechnungslegung** gemeint sind.[35] Neben den Vorschriften des HGB sowie einschlägiger Spezialgesetze[36] gehören dazu auch die Einhaltung der Grundsätze ordnungsmäßiger Buchführung (GoB), da nach § 243 Abs. 1 der Jahresabschluss unter ihrer Berücksichtigung aufzustellen ist.[37] Bestimmungen des Gesellschaftsvertrags oder der Satzung sind Ergänzungen der gesetzlichen Vorgaben zur Rechnungslegung. Ihre Anwendung ist nur zulässig, soweit sie nicht gegen zwingende gesetzliche Regelungen verstoßen. In Betracht kommen beispielsweise Bestimmungen über die Dotierung oder Verwendung von Gewinnrücklagen (hierzu § 58 Abs. 1 S. 1 AktG) oder die Festlegung von gewinnabhängigen Bezügen.[38] Im Einzelnen ist neben dem formellen Aufbau der Bilanz namentlich zu

28 *IDW* PS 331, Wpg 2003, 999; Baetge/Kirsch/Thiele/*Marten/Köhler/Neubeck* Rn 30.1.

29 *ADS* Rn 16; MünchKommHGB/*Ebke*[4] Rn 12; BeckBilKomm/*Justenhoven/Küster/Bernhardt*[13] Rn 5.

30 Hopt/*Merkt*[41] Rn 2; Ebenroth/Boujong/Joost/Strohn/ *Böcking/Gros/Rabenhorst* HGB[4] Rn 5; MünchKommHGB/*Ebke*[4] Rn 12.

31 *IDW* PS 330, WPg 2002, 1167.

32 *ADS* Rn 16; BeckBilKomm/*Justenhoven/Küster/Koch*[13] Rn 181 ff; Ebenroth/Boujong/Joost/Strohn/*Böcking/Gros/Rabenhorst*[4] Rn 8; *Scheffler* Wpg 2005, 477, 481; eingehend *IDW* PS 261, WPg 2006, 1433; WPg 2012, Supplement 2, WPg 2013, Supplement 3 Rn 35 ff.

33 LG Frankfurt/M., Urteil v. 15.12.2016 – 3–5 O 154/16; KölnKomm-AktG/*Claussen/Korth*[2] Rn 22.

34 *ADS* Rn 120; BeckBilKomm/*Justenhoven/Küster/Bernhardt*[13] Rn 8; Ebenroth/Boujong/Joost/Strohn/*Böcking/Gros/Rabenhorst*[4] Rn 7.

35 MünchKommHGB/*Ebke*[4] Rn 70; Koller/Kindler/Roth/Drüen/*Morck/Bach* Rn 2; *Scheffler* Wpg 2005, 477 (480).

36 Eine Auflistung findet sich bei *ADS* Rn 24 ff; BeckBilKomm/*Justenhoven/Küster/Bernhardt*[13] Rn 15.

37 Begr. RegE, BT-Drucks. 13/9712, S. 27; MünchKommHGB/*Ebke*[4] Rn 70; Hopt/*Merkt*[41] Rn 2.

38 BeckBilKomm/*Justenhoven/Küster/Bernhardt*[13] Rn 15; Baetge/Kirsch/Thiele/*Marten/Köhler/Neubeck* Rn 60 ff.

prüfen, ob Vermögensgegenstände und Verbindlichkeiten vollständig erfasst sind, Ansatzwahlrechte in zulässigem Umfang ausgeübt und die Einzelposten nachvollziehbar bewertet wurden. Soweit der Wahrheitsgrundsatz beachtet ist, darf der Abschlussprüfer aber nicht sein Ermessen an die Stelle des Aufstellers setzen. Besondere Aufmerksamkeit ist bei einer Krise des Unternehmens der Frage zu widmen, ob die **Fortführungsprognose** (going concern) noch realistisch ist (§ 252 Abs. 1 Nr. 2).[39]

Die Prüfung der Einhaltung **anderer gesetzlicher Vorschriften** obliegt dem Abschlussprüfer 9
im Grundsatz nicht. Es ist mit anderen Worten nicht seine Aufgabe, festzustellen, ob sämtliche Vorschriften des Steuer-, Sozialversicherungs-, Umwelt- oder Arbeitsrechts etc. beachtet wurden. Sofern sich jedoch aus diesen Gesetzen Auswirkungen auf den Jahresabschluss oder aus ihrer Nichtbeachtung Risiken ergeben, denen im Jahresabschluss Rechnung zu tragen ist, sind sie **mittelbar** zu berücksichtigen.[40] Auch die Einhaltung der gesetzlichen Bestimmungen bei Verlust, Überschuldung und Zahlungsunfähigkeit (§§ 15a, 15b InsO, § 92 AktG, § 49 Abs. 3 GmbHG) sind für die Abschlussprüfung nur im Hinblick auf die Fortführungsprognose von Interesse.[41] Weiterhin sind Satzungsbestimmungen, die sich nicht auf die Rechnungslegung beziehen, nicht Gegenstand der Abschlussprüfung.[42] Von alldem unberührt bleibt die Pflicht des Abschlussprüfers, über bei der Durchführung der Prüfung festgestellte schwerwiegende Verstöße gegen Gesetz oder Satzung zu berichten (§ 321 Rn 30 ff).

Die Darstellungen und Angaben im **Anhang** sind in vollem Umfang auf Richtigkeit und Voll- 10
ständigkeit zu prüfen. Was die Verpflichtung börsennotierter Unternehmen zur Abgabe einer **Entsprechungserklärung** im Sinne von § 161 AktG angeht, so ist jedoch zu beachten, dass gemäß § 285 Nr. 16 nur anzugeben ist, dass die Erklärung abgegeben wurde und wo sie öffentlich zugänglich gemacht worden ist. Es ist daher nur in formeller Hinsicht zu prüfen, ob sowohl eine vergangenheitsbezogene als auch eine zukunftsbezogene Aussage zur Einhaltung der Empfehlungen des DCGK vorliegt und Abweichungen von den Empfehlungen im Einzelnen dargestellt und begründet sind.[43] Unerheblich ist demgegenüber, ob die Entsprechenserklärung inhaltlich zutreffend ist.[44] Stellt der Prüfer jedoch fest, dass ohne entsprechenden Hinweis von Kodexempfehlungen abgewichen wurde, so hat er einen Hinweis in den Prüfungsbericht aufzunehmen (§ 321 Rn 31, 34). – Vgl. zur Prüfung der Erklärung zur Unternehmensführung (§ 289a) noch Rn 20.

bb) Risikoorientierte Prüfung. Seit dem KonTraG (Rn 3) formuliert Abs. 1 S. 3 den gesetzlichen 11
Maßstab für die Durchführung der Prüfung. Sie ist demnach so anzulegen, dass Unrichtigkeiten und Gesetzesverstöße, die sich auf die Darstellung der Vermögens-, Finanz- und Ertragslage des Unternehmens wesentlich auswirken, bei gewissenhafter Berufsausübung erkannt werden.[45] Das bedeutet gegenüber früheren Gesetzesfassungen keine grundlegende materielle Änderung der Prüfungspraxis, wohl aber eine stärkere Akzentuierung des anzustrebenden problem- und risikoorientierten Prüfungsansatzes.[46] Unabhängig von positiven Erfahrungen in der Vergangenheit hat der Prüfer mithin – schon in Erfüllung seiner in **§ 43 Abs. 4 WPO** normierten Berufspflicht[47] – eine **kritische Grundhaltung** anzunehmen und bereits die **Planung** seiner Prüfungshandlungen

39 Eingehend dazu *Lilienbecker/Link/Rabenhorst* BB 2009, 262 ff; Baetge/Kirsch/Thiele/*Marten/Köhler/Neubeck* Rn 48 ff.
40 Koller/Kindler/Roth/Drüen/*Morck/Bach* Rn 2; Ebenroth/Boujong/Joost/Strohn/*Böcking/Gros/Rabenhorst*[4] Rn 16.
41 Hopt/*Merkt*[41] Rn 5.
42 *ADS* Rn 111; BeckBilKomm/*Justenhoven/Küster/Bernhardt*[13] Rn 15.
43 IDW PS 345 Rn 24; *Koch* AktG[16] § 161 Rn 35; rechtspolitische Kritik bei *Habersack* Gutachten E zum 69. DJT, S. E 61 ff; *Nonnenmacher* DK 2021, 393 (395 f); zur Auswirkung auf den Bestätigungsvermerk § 322 Rn 19.
44 Baetge/Kirsch/Thiele/*Marten/Köhler/Neubeck* Rn 50.1; *Ruhnke* AG 2003, 371 (374).
45 Referierend BGH AG 2006, 197 (199).
46 Wie hier in der Bewertung MünchKommHGB/*Ebke*[4] Rn 73; demgegenüber den bloß klarstellenden Charakter betonend *Moxter* BB 1997, 722 (724); *Dörner/Schwegler* DB 1997, 285 (286); *Klar* DB 1997, 685 (686); *Forster* WPg 1998, 41 (45); *Schindler/Rabenhorst* BB 1998, 1886 (1890); Koller/Kindler/Roth/Drüen/*Morck/Bach* Rn 2.
47 Zur Änderung durch das FISG s. Beschlussempfehlung Finanzausschuss, BT-Drucks. 19/29879, S. 158 f.

so vorzunehmen, dass auch versteckte Unregelmäßigkeiten aktiv und systematisch aufgedeckt werden können.[48] Es genügt mithin nicht, gelegentlich der Prüfung auf Mängel zu stoßen.[49] Die bei der Planung vorläufige Risikoeinschätzung ist den während der Prüfung gewonnenen Erkenntnissen laufend anzupassen. Bestehen Anhaltspunkte für erhöhte Risiken, ist diesen nachzugehen. Das ist insbesondere dann geboten, wenn das Unternehmen über kein effektives internes Kontrollsystem verfügt. Stößt der Prüfer auf Unregelmäßigkeiten, hat er grundsätzlich davon auszugehen, dass es sich nicht um einen einmaligen Vorgang handelt.[50] Dem Gebot der Gewissenhaftigkeit genügt der Abschlussprüfer bei alledem nur, wenn er sich nicht allein auf die Angaben des Unternehmens oder von Dritten stammenden Aussagen verlässt, sondern – dem **Grundsatz der Unmittelbarkeit** folgend – selbst in dem nach seinem pflichtgemäßen Ermessen erforderlichen Umfang Prüfungshandlungen vornimmt.[51] Die Einholung einer Vollständigkeitserklärung (§ 320 Rn 14) ist daher zwar sinnvoll, befreit jedoch nicht von eigenen Nachforschungspflichten.

12 Aufzudecken hat der Prüfer Unrichtigkeiten und Verstöße. Damit sind alle Handlungen und Unterlassungen gemeint, die im Widerspruch zu Bestimmungen des Gesetzes oder der Satzung stehen. Erfasst werden sowohl vorsätzliche Täuschungen als auch unbeabsichtigte Fehler; auf eine rechtswidrige Vermögensschädigung kommt es nicht an.[52] Maßgeblicher Orientierungspunkt ist dabei, ob die Bilanz noch ein den **tatsächlichen Verhältnissen** entsprechendes Bild der Vermögens-, Finanz- und Ertragslage des Unternehmens vermittelt. Hierdurch wird der Prüfungsumfang nicht erweitert, vielmehr handelt es sich um das Postulat der besonderen Beachtung der Generalnorm des § 264 Abs. 2.[53] Diese Vorgabe steht weiterhin unter dem Vorbehalt, dass im Rahmen einer gewissenhaften Berufsausübung nur Unrichtigkeiten und Verstöße mit **wesentlichen Auswirkungen** erkannt werden müssen. Nach dem Grundsatz der Wesentlichkeit hat der Prüfer allein solche Vorgänge und Einzelposten näher zu begutachten, die aufgrund ihrer quantitativen oder qualitativen Bedeutung für die Richtigkeit des Jahresabschlusses insgesamt von Bedeutung sind; er ermöglicht mit anderen Worten eine Konzentration auf entscheidungserhebliche Sachverhalte.[54] Maßstab ist dabei das Informationsbedürfnis eines durchschnittlichen Adressaten der Bilanz. Zur Ermittlung handhabbarer quantitativer Wesentlichkeitsgrenzen werden in der Prüfungspraxis verschiedene Verfahren verwendet.[55]

13 Der Abschlussprüfer hat seine Prüfungsplanung nicht nur auf die Aufdeckung lediglich wesentlicher Mängel auszurichten, sondern dabei überdies den ungeschriebenen **Grundsatz der Wirtschaftlichkeit** zu beachten, also dafür zu sorgen, dass die Prüfung in überschaubarer Zeit mit angemessenem Aufwand durchgeführt wird.[56] Zulässig ist es daher einerseits, über einen mehrjährigen Zeitraum wechselnde Prüfungsschwerpunkte zu setzen (Rn 5); andererseits bestehen gegen eine auf Stichproben beschränkte Prüfung keine Einwände, sofern nur die Auswahl nach sachgerechten Kriterien erfolgt.[57] Als maßgebliche Orientierungspunkte sind frühere Erfahrungen mit dem Unternehmen, das allgemeine Fehlerrisiko und die Bedeutung des Prüffeldes für die Aussagekraft des Jahresabschlusses insgesamt in die Planungsentscheidung einzubeziehen. Infolgedessen lässt sich eine im Ergebnis lückenlose Prüfung weder praktisch noch auch nur theoretisch gewährleisten. Die gesetzliche Abschlussprüfung vermittelt mit anderen Worten nur

48 Näher dazu *IDW* PS 210, Wpg 2006, 1422; BeckBilKomm/*Justenhoven/Küster/Bernhardt*[13] Rn 20; BeckBilKomm/*Justenhoven/Küster/Koch*[13] Rn 135 ff; Baetge/Kirsch/Thiele/*Marten/Köhler/Neubeck* Rn 72 ff; *Plendl* in: Ballwieser/Grewe, Wirtschaftsprüfung im Wandel (2008), S. 327 (338 ff); *Farr* WPg 2018, 397 ff; *Koch/Worret* DK 2013, 475 ff.

49 *Hommelhoff/Mattheus* AG 1998, 249 (256).

50 *IDW* PS 210, Wpg 2006, 1422, Tz 34 ff; Baetge/Kirsch/Thiele/*Marten/Köhler/Neubeck* Rn 80.

51 Näher dazu MünchKommHGB/*Ebke*[4] Rn 55 ff.

52 Hopt/*Merkt*[41] Rn 3; *Peemöller/Keller* DStR 1997, 1986 (1989).

53 *ADS* Rn 30; BeckBilKomm/*Justenhoven/Küster/Bernhardt*[13] Rn 18.

54 *IDW* PS 250, WPg 2013 Supplement 1; MünchKommHGB/*Ebke*[4] Rn 73 f.

55 BeckBilKomm/*Justenhoven/Küster/Koch*[13] Rn 140; Baetge/Kirsch/Thiele/*Marten/Köhler/Neubeck* Rn 66.

56 BeckBilKomm/*Justenhoven/Küster/Koch*[13] Rn 143.

57 OLG Düsseldorf BB 1996, 2614 (2615); LG Frankfurt/M. AG 1998, 144 (146); LG München I ZIP 2008, 1123 (1124); MünchKommHGB/*Ebke*[4] Rn 49 ff.

eine hinreichende, dagegen **keine umfassende Sicherheit** oder Garantie für die Ordnungsmäßigkeit des Jahresabschlusses.[58] Freilich besteht gerade in der Öffentlichkeit nicht selten eine in diese Richtung gehende Fehlvorstellung; diese **Erwartungslücke** hat der Gesetzgeber mit der Neuformulierung des über das Ergebnis der Prüfung zu erteilenden Bestätigungsvermerks sowie mit der Klarstellung in Abs. 4a zu schließen versucht (Rn 38; § 322 Rn 5 f).

cc) Kriminelle Handlungen. Aufgrund der ihr immanenten Beschränkungen gerät die gesetzliche Abschlussprüfung insbesondere dann an ihre funktionellen Grenzen, wenn die Unrichtigkeit der Rechnungslegung auf einer Manipulation durch Führungskräfte beruht. Rechtssystematisch ist die Aufdeckung betrügerischer oder sonst strafbarer Manipulationen zuvörderst Sache der Unternehmensleitung und des Aufsichtsrats.[59] Dem Abschlussprüfer obliegt insofern zwar eine **positive Suchverantwortung**; er hat im Rahmen seiner kritischen Grundhaltung die Vertrauenswürdigkeit der Führungskräfte einzuschätzen und stets mit Manipulationen sowie der Ausschaltung interner Kontrollmechanismen zu rechnen.[60] Er hat dabei zu berücksichtigen, dass mit betrügerischen Handlungen erfahrungsgemäß insbesondere dann zu rechnen ist, wenn ein entsprechender äußerer Anreiz vorliegt, sich eine entsprechende Gelegenheit bietet und für eine gewisse innere Rechtfertigung gesorgt ist (sog. Fraud-Triangle).[61] Jedoch umfasst die Abschlussprüfung **keine systematischen kriminalistischen Ermittlungen**, weshalb ein unvermeidbares Risiko von falschen Angaben bleibt.[62] De lege lata[63] beinhaltet die gesetzliche Abschlussprüfung mit anderen Worten auch unter Berücksichtigung des in § 317 Abs. 1 S. 3 verankerten Auftrags einer problem- und risikoorientierten Herangehensweise keine umfassende Unterschlagungsprüfung;[64] eine solche muss vielmehr, falls gewünscht, vertraglich gesondert vereinbart werden (§ 316 Rn 30). 14

b) Lagebericht

aa) Überblick. Der Lagebericht bleibt in seiner Bedeutung nicht hinter dem Jahresabschluss zurück und ist daher mit der gleichen Sorgfalt zu prüfen wie dieser.[65] Die Prüfungsziele ergeben sich aus einer Zusammenschau des § 317 Abs. 2 und des § 321 Abs. 1 S. 2, Abs. 2 S. 1. Demnach hat die Prüfung zum Gegenstand, ob (1) alle Pflichtangaben des § 289 im Lagebericht enthalten sind, (2) die gesetzlichen Vorschriften und die ergänzenden Bestimmungen des Gesellschaftsvertrags zur Berichterstattung beachtet wurden, (3) die Aussagen im Lagebericht im Einklang mit dem Jahresabschluss und den bei der Prüfung gewonnenen Erkenntnissen stehen und (4) nach Auffassung des Abschlussprüfers eine zutreffende Vorstellung von der Lage des Unternehmens vermitteln.[66] Dabei ist der Prüfung, ob die Chancen und Risiken der künftigen Entwicklung zutreffend dargestellt sind, besonderes Augenmerk zu widmen (Abs. 2 S. 2). Nicht einzubeziehen sind nach Abs. 2 S. 4–6 lediglich die nichtfinanziellen Erklärungen und Berichte (289b ff, §§ 315b, 315c) und 15

58 *ADS* Rn 149; Hopt/*Merkt*[41] Rn 3.
59 *Schindler*/*Gärtner* Wpg 2004, 1233 (1237).
60 S. dazu im Zusammenhang mit § 43 Abs. 4 WPO Beschlussempfehlung Finanzausschuss, BT-Drucks. 19/29879, S. 158 f.; ferner *Mattheus* Handbuch Corporate Governance[2], S. 563, 592 ff; *Langenbucher* FS Ebke, S. 573 (577); *Merkt* FS Ebke, S. 663 (671); zur Entwicklung der Prüfungspraxis *Berndt*/*Jeker* BB 2007, 2615 (2616 f).
61 *Berndt*/*Jeker* BB 2007, 2615 f; *Knabe u.a.* WPg 2004, 1057 (1058 ff); *Schruff* Wpg 2005, 207 (208).
62 MünchKommHGB/*Ebke*[4] Rn 72; *Schüppen* Abschlussprüfung[2] Rn 8; *Hommelhoff* FS Ebke, S. 403 (410 ff); *IDW* PS 210, Wpg 2006, 1422, Tz 19.
63 De lege ferenda sollten die internen Kontrollmechanismen in § 317 Abs. 4 aufgenommen werden.
64 Ebenroth/Boujong/Joost/Strohn/*Böcking*/*Gros*/*Rabenhorst*[4] Rn 13; MünchKommHGB/*Ebke*[4] Rn 66; Baetge/Kirsch/Thiele/*Marten*/*Köhler*/*Neubeck* Rn 77 ff; *Schruff* Wpg 2003, 904; *Orth*/*Schmidt* DK 2009, 608; kritisch *Lenz*/*Ostrowski* BB 1997, 1523 (1526 f).
65 *ADS* Rn 163; MünchKommHGB/*Ebke*[4] Rn 80.
66 BeckBilKomm/*Justenhoven*/*Küster*/*Bernhardt*[13] Rn 56; Baetge/Kirsch/Thiele/*Marten*/*Köhler*/*Neubeck* Rn 92.

die Erklärung zur Unternehmensführung (§ 289f). Jedoch ist im Rahmen der Beurteilung der Vollständigkeit des Lageberichts festzustellen, das diese Erklärungen und Berichte abgegeben wurden (Rn 23 f). Mängel des Lageberichts haben, da der Lagebericht nicht Teil des Jahresabschlusses ist, keine Auswirkungen auf die Wirksamkeit des Jahresabschlusses.[67]

16 **bb) Prüfungsziele (Abs. 2 S. 1).** Im Rahmen der **Einklangsprüfung** muss der Abschlussprüfer die Konsistenz des Lageberichts mit dem Jahresabschluss sowie seinen bei der Prüfung gewonnenen Erkenntnissen untersuchen. Die im Lagebericht getroffenen Aussagen dürfen mit anderen Worten zu den Angaben im Jahresabschluss nicht in Widerspruch stehen. So müssen sich etwa die Erwartungen über die voraussichtliche Entwicklung in den Rückstellungen oder den Wertberichtigungen auf Forderungen widerspiegeln. Soweit der Lagebericht sich auf die Vergangenheit bezieht, sind die zugrunde liegenden Tatsachen zu hinterfragen. Es ist darauf zu achten, ob bei der Verwendung und Darstellung von Kennzahlen und Indikatoren der Stetigkeitsgrundsatz gewahrt wurde.[68] Zukunftsorientierte Aussagen müssen vor dem Hintergrund der Angaben im Jahresabschluss vollständig sein und in ihren Schlussfolgerungen plausibel erscheinen.[69] Die Übereinstimmung mit den bei der Prüfung gewonnenen Ergebnissen bezieht sich nicht nur auf die aktuell durch Prüfungshandlungen gewonnenen Einsichten, sondern schließt auch aus früheren Prüfungen oder anderweitig erlangtes Wissen ein.[70] Die Prüfung des Einklangs mit den bei der Prüfung gewonnenen Erkenntnissen bezieht sich vorrangig auf solche Angaben im Lagebericht, die sich nicht im Jahresabschluss niederschlagen, und damit namentlich auf die Darstellung der zukünftigen Entwicklung.[71]

17 Die Frage, ob der Lagebericht eine **zutreffende Vorstellung von der Lage** des Unternehmens vermittelt, ist mit Blick auf die Erwartungen der Öffentlichkeit an dieses Informationsinstrument zu beantworten.[72] Mit der Lage ist die gesamte wirtschaftliche Situation des Unternehmens gemeint. Diesbezüglich muss der Bericht eine zweckentsprechende, d.h. vollständige, richtige, verständliche und auf die wesentlichen Gesichtspunkte abzielende Informationsvermittlung gewährleisten; mit anderen Worten müssen die Grundsätze ordnungsgemäßer Lageberichterstattung gewahrt sein. Maßgeblich ist der Gesamteindruck des Prüfers; Einschätzungsdivergenzen hinsichtlich unbedeutender Einzelheiten sind hingegen ohne Belang.[73] Der Abschlussprüfer hat sich überdies bei wertenden Aussagen über den Geschäftsverlauf davon zu überzeugen, dass nicht trotz je für sich genommen sachlich zutreffender Einzelangaben durch die Form der Darstellung ein falscher Gesamteindruck vermittelt wird.

18 In die Prüfung einzubeziehen sind auch die **besonderen Angaben nach § 289 Abs. 2 bis 4**. Durch die beständige Ausweitung der in den Lagebericht aufzunehmenden Informationen und die Erstreckung auf bestimmte Aspekte der Corporate Governance ist die gesetzliche Abschlussprüfung nicht nur umfangreicher geworden, sondern hat auch einen Funktionswandel erfahren (Rn 1). Dies gilt für die großen Kapitalgesellschaften abverlangte Einbeziehung **nichtfinanzieller Leistungsindikatoren,**[74] vor allem aber für die bei kapitalmarktorientierten Unternehmen in den Lagebericht aufzunehmende Beschreibung der wesentlichen Merkmale des **internen Kontroll- und des Risikomanagementsystems** im Hinblick auf den Rechnungslegungsprozess (§ 289 Abs. 4).[75] Da nur über

---

67 Hachmeister/Kahle/Mock/Schüppen/*Mock* Bilanzrecht[3] § 289a Rn 53; speziell zur CSR-Berichterstattung *Hennrichs* ZGR 2018, 206 (225).

68 MünchKommHGB/*Ebke*[4] Rn 79.

69 MünchKommHGB/*Ebke*[4] Rn 79.

70 Hopt/*Merkt*[41] Rn 7; s. noch § 321 Rn 24 und § 323 Rn 27.

71 Ebenroth/Boujong/Joost/Strohn/*Böcking*/*Gros*/*Rabenhorst*[4] Rn 22.

72 *Forster* WPg 1998, 41 (46); bis zum KonTraG war zu prüfen, ob der Bericht keine falsche Vorstellung vermittelt, s. zum Wechsel der Perspektive Begr. RegE, BT-Drucks. 13/9712, S. 27; *ADS* Rn 172; Koller/Kindler/Roth/Drüen/*Morck*/*Bach* HGB[9] Rn 3.

73 Beck BilKomm[13]/*Justenhoven*/*Küster*/*Bernhardt* Rn 56; MünchKommHGB/*Ebke*[4] Rn 79; *ADS* Rn 171.

74 Dazu § 289 Rn 153 f (*Hommelhoff*).

75 Dazu § 289 Rn 155 ff (*Hommelhoff*).

ein vorhandenes Risikomanagementsystem zu berichten ist,[76] entfällt freilich eine nähere Prüfung, wenn der Lagebericht lediglich die Mitteilung enthält, dass die Gesellschaft über ein solches nicht verfügt; mit Blick auf die – durch das FISG eingefügte – Vorschrift des § 91 Abs. 3 AktG, die börsennotierten Gesellschaften die Einrichtung entsprechender Systeme vorschreibt (Rn 33, dort auch zum Compliance-Managementsystem), kommt dem freilich keine gesteigerte Bedeutung zu. Ansonsten ist im Rahmen der Prüfung festzustellen, ob die Beschreibung richtig ist und ein zutreffendes Bild von der Lage des Unternehmens vermittelt. Anders als hinsichtlich des nach § 91 Abs. 2 AktG einzurichtenden und nach § 317 Abs. 4 zu prüfenden Risikofrüherkennungssystems (Rn 32 ff) schließt das Testat eine Funktionsfähigkeitsprüfung nicht ein.[77] Jedoch hat der Abschlussprüfer zum einen gemäß § 171 Abs. 1 S. 2 AktG dem Aufsichtsrat über wesentliche Schwächen des internen Kontroll- und des Risikomanagementsystems hinsichtlich des Rechnungslegungsprozesses zu berichten. Zum anderen unterliegen etwaige freiwillige Angaben der gesetzlichen Vertreter über die Wirksamkeit des Systems nach allgemeinen Grundsätzen (Rn 6) der Prüfung, wenn sie in den Lagebericht einbezogen werden.[78]

Der in § 289 Abs. 2 Nr. 1 aF geforderte Nachtragsbericht, also die Berichterstattung über beson- 19
dere Vorgänge nach Abschluss des Geschäftsjahrs, ist durch das BilRUG zu einem Bestandteil des Anhangs (§ 285 Nr. 33) und damit Teil der Jahresabschlussprüfung nach Abs. 1 geworden (Rn 6); nach wie vor gilt, dass es insoweit bei einer kursorischen Prüfung bewenden muss, eine detaillierte Prüfung des Geschäftsverlaufs also weder möglich noch im Hinblick auf die ausstehende Wahl des Abschlussprüfers für dieses Geschäftsjahr zulässig ist.[79]

cc) Chancen und Risiken (Abs. 2 S. 2). Dass sich die Prüfung auf die Darstellung der Chancen[80] 20
und Risiken zu erstrecken hat, ergibt sich eigentlich bereits daraus, dass diese zum Pflichtinhalt des Lageberichts gehört.[81] Um die **besondere Bedeutung** gerade dieses Prüfungsaspekts zu unterstreichen, hebt ihn einerseits § 317 Abs. 2 S. 2 noch einmal hervor und verlangt andererseits § 321 Abs. 1 S. 2 eine gesonderte Stellungnahme des Abschlussprüfers zur Lagebeurteilung durch die gesetzlichen Vertreter im Prüfungsbericht. Gemeint sind nicht die allgemeinen Chancen und Risiken, die mit jeder unternehmerischen Tätigkeit verbunden sind, sondern die spezifischen Entwicklungsperspektiven gerade der geprüften Gesellschaft, die für diese von wesentlicher Bedeutung und bilanziell noch nicht erfasst sind.[82] Die einzelnen Chancen und Risken sind gesondert je für sich herauszustellen; eine Saldierung in dem Sinne, dass die Angabe von Risiken unterbleiben kann, wenn diese voraussichtlich durch die Entwicklungschancen kompensiert werden, ist unzulässig.[83] Bei wirtschaftlichen Schwierigkeiten sind prognostische und wertende Angaben besonders kritisch zu prüfen.[84]

Es ist Sache des Abschlussprüfers, die Einschätzung der gesetzlichen Vertreter im Rahmen 21
einer eigenen gewissenhaften betriebswirtschaftlichen Analyse zu überprüfen und zu bewerten. Er hat sich im Rahmen einer eigenständigen Meinungsbildung ein Bild darüber zu machen, ob die zugrunde gelegten Annahmen realistisch und in sich widerspruchsfrei sind sowie die verwen-

76 Begr. RegE, BT-Drucks. 16/10067, S. 76; kritisch *Hommelhoff/Mattheus* BB 2007, 2787 (2788).
77 *Melcher/Mattheus* DB 2008, Beil. 1 zu Heft 7 S. 52 (54); s. auch *Withus* Wpg 2009, 858 (861); *Wohlmannstetter* ZGR 2010, 472 (486).
78 Vgl. *Bischof/Selch* Wpg 2008, 1021 (1026); *Hauptmann/Nowak* DK 2008, 426 (428); *Eibelshäuser/Stein* DK 2008, 486 (491); **aA** *Melcher/Mattheus* DB 2008, Beil. 1 zu Heft 7 S. 52 (54).
79 BeckBilKomm/*Justenhoven/Küster/Bernhardt*[13] Rn 55; zu § 289 Abs. 2 Nr. 1 aF s. Voraufl. Rn 18; *ADS* Rn 167.
80 Die Einbeziehung auch der Chancen geht auf das BilReG zurück, s. Rn 5.
81 Ähnlich *Gelhausen* AG-Sonderheft 1997, 73 (81); *Lenz/Ostrowski* BB 1997, 1523 (1527); *Peemöller/Keller* DStR 1997, 1986 (1989); **aA** *Forster* WPg 1998, 41 (46), der eine Erweiterung des Aufgabengebiets des Prüfers annimmt.
82 BeckBilKomm/*Justenhoven/Küster/Bernhardt*[13] Rn 60; MünchKommHGB/*Ebke*[4] Rn 82 f.
83 Ebenroth/Boujong/Joost/Strohn/*Böcking/Gros/Rabenhorst*[4] Rn 23; BeckBilKomm/*Justenhoven/Küster/Bernhardt*[13] Rn 60.
84 Hopt/*Merkt*[41] Rn 7; MünchKommHGB/*Ebke*[4] Rn 84.

deten Prognoseverfahren richtig gehandhabt wurden. Er darf dagegen **keine eigene Prognoseentscheidung** treffen und diese an die Stelle derjenigen der gesetzlichen Vertreter des Unternehmens setzen.[85] Er muss vielmehr die Darstellung und Bewertung durch die gesetzlichen Vertreter im Rahmen einer **Plausibilitätsprüfung** auf Ermessensfehler untersuchen. In diesem Sinne ist es zu verstehen, wenn in der Begründung zum KonTraG zum einen davon die Rede ist, dass „der Prüfer nur die Beurteilung des Vorstandes überprüfen kann und soll", andererseits aber „eine selbständige Beurteilung durch den Abschlussprüfer" verlangt wird (vgl. zu den Konsequenzen für die Berichterstattung § 321 Rn 21).[86]

22 **dd) Einhaltung gesetzlicher Vorschriften (Abs. 2 S. 3).** Nach dem auf das BilRUG (Rn 4) zurückgehenden Abs. 2 S. 3 hat sich die Prüfung auch darauf zu erstrecken, ob die gesetzlichen Vorschriften zur Aufstellung des Lage- oder Konzernlageberichts und damit die Vorgaben der §§ 289 f, 315 f beachtet worden sind. In der Folge hat § 322 Abs. 6 S. 1 auch der Bestätigungsvermerk eine entsprechende Erklärung zu enthalten (§ 322 Rn 8). Eine sachliche Erweiterung des Prüfungsumfangs ist mit § 317 Abs. 2 S. 3 freilich nicht verbunden, muss doch der Prüfungsbericht nach § 321 Abs. 2 ohnehin eine entsprechende Feststellung enthalten, was wiederum eine vorherige Prüfung der Gesetzmäßigkeit voraussetzt.[87] Einschränkungen des Prüfungsumfangs ergeben sich aus Abs. 2 S. 4–6 (Rn 25 f).

23 **ee) Nichtfinanzielle Erklärung (Abs. 2 S. 4, 5).** Nach dem durch das CSR-Richtlinie-Umsetzungsgesetz (Rn 4) eingefügten Abs. 2 S. 3 ist im Hinblick auf die Vorschriften der §§ 289b–289e und §§ 315b, 315c nur zu prüfen, ob die **nichtfinanzielle Erklärung** oder der gesonderte nichtfinanzielle Bericht, die nichtfinanzielle Konzernerklärung oder der gesonderte nichtfinanzielle Konzernbericht vorgelegt wurde.[88] Die Prüfung ist mit anderen Worten rein formeller Art und kann sich auf **Existenz** und **Vollständigkeit**[89] der Erklärung bzw. des Berichts beschränken; eine inhaltliche Überprüfung des Erklärungs- oder Berichtsinhalts ist nicht geboten.[90] Auch für die Erklärung bzw. den Bericht gilt allerdings das Gebot kritischen Lesens, so dass insbesondere auf erkennbare Unstimmigkeiten und Widersprüche aufmerksam zu machen ist.[91] Im Fall des § 289 Abs. 3 S. 1 Nr. 2 lit. b, d.h. bei Befreiung von dem Erfordernis der Erweiterung des Lageberichts um eine nichtfinanzielle Erklärung infolge der Erstellung eines **gesonderten nichtfinanziellen Berichts** und Veröffentlichung desselben auf der Internetseite der zu prüfenden Gesellschaft, ist nach Abs. 2 S. 4 Halbs. 1 vier Monate nach dem Abschlussstichtag zu prüfen, ob der gesonderte nichtfinanzielle Bericht bzw. der gesonderte nichtfinanzielle Konzernlagebericht tatsächlich vorgelegt wurde. Nach Abs. 2 S. 4 Halbs. 2 ist zwar in jedem Fall über das Ergebnis der **Nachtragsprüfung** zu berichten, der Bestätigungsvermerk indes nur zu ergänzen, wenn die fristgerechte Vorlage des nichtfinanziellen Berichts unterblieben ist. Auf den ursprünglichen Bestätigungsvermerk sind Nachtragsprüfung und Ergänzung des Bestätigungsvermerks ohne Einfluss (§ 316 Rn 25).[92] Von § 317 Abs. 2 S. 4, 5 unberührt bleibt die Möglichkeit der **freiwilligen inhaltlichen Prüfung** der

85 OLG Hamburg WM 2006, 2137 (2138); MünchKommHGB/*Ebke*[4] Rn 81; Ebenroth/Boujong/Joost/Strohn/ *Böcking*/*Gros*/ *Rabenhorst* HGB[4] Rn 24; Baetge/Kirsch/Thiele/*Marten*/*Köhler*/*Neubeck* Rn 112.1; Koller/Kindler/Roth/Drüen/*Morck*/*Bach* HGB[9] Rn 3; *Gelhausen* AG-Sonderheft 1997, 73 (81); *Scheffler* Wpg 2005, 477 (482); mit weitergehender Tendenz *Hommelhoff* BB 1998, 2567 (2571f); *Mattheus* Handbuch Corporate Governance[2], S. 563 (587).

86 Begr. RegE, BT-Drucks. 13/9712, S. 27 f.

87 Hachmeister/Kahle/Mock/Schüppen/*Mylich* Bilanzrecht[3] Rn 9, 86; Hopt/*Merkt*[41] Rn 7; MünchKommHGB/*Ebke*[4] Rn 85.

88 Näher *Hennrichs* ZGR 2018, 206 (219 ff.); *Velte* AG 2018, 266 ff.

89 Zutr. Hachmeister/Kahle/Mock/Schüppen/*Mylich* Bilanzrecht[3] Rn 91.

90 Hopt/*Merkt*[41] Rn 7; MünchKommHGB/*Ebke*[4] Rn 86; Hachmeister/Kahle/Mock/Schüppen/*Mylich* Bilanzrecht[3] Rn 91.

91 Hachmeister/Kahle/Mock/Schüppen/*Mylich* Bilanzrecht[3] Rn 91; *Velte* AG 2018, 266 (268).

92 Begr. RegE, BT-Drucks. 18/9982, S. 58.

nichtfinanziellen Erklärung bzw. des nichtfinanziellen Berichts (§ 316 Rn 28 ff); nach § 111 Abs. 2 S. 4 AktG wird auch dieser Prüfungsauftrag durch den Aufsichtsrat der als AG verfassten Gesellschaft erteilt. Mängel der CSR-Berichterstattung haben keine Auswirkungen auf die Wirksamkeit des Jahresabschlusses (Rn 15).

ff) Erklärung zur Unternehmensführung (Abs. 2 S. 6). Gemäß Abs. 2 S. 6 ist die Prüfung der Angaben nach § 289f Abs. 2, 5, § 315d darauf zu beschränken, ob die Angaben gemacht wurden, ob also die **Erklärung zur Unternehmensführung** (§ 289f) und die Konzernerklärung zur Unternehmensführung (§ 315d) abgeben wurden.[93] Mit dieser Einschränkung trägt das Gesetz der Vorgabe von Art. 20 Abs. 3 Bilanzrichtlinie (Richtlinie 2013/34/EU) Rechnung, welche eine entsprechende Ausnahme von der Prüfungspflicht vorsieht.[94] Hinsichtlich der nach § 289b Abs. 2 Nr. 1 in die Erklärung zur Unternehmensführung aufzunehmenden **Entsprechenserklärung** gem. § 161 AktG bewendet es demnach de lege lata[95] bei der Prüfung der formellen Angabe nach § 285 Nr. 16; eine materielle Prüfung findet nicht statt (Rn 10). Entsprechendes gilt für die sonstigen Bestandteile der Erklärung zur Unternehmensführung, darunter auch die Angaben zu den Zielgrößenvorgaben der §§ 76 Abs. 4, 111 Abs. 5 AktG (§ 289f Abs. 2 Nr. 4) und zu den Geschlechterquoten gemäß § 96 Abs. 2, 3 AktG (§ 289f Abs. 2 Nr. 5),[96] ferner die Erklärung nach § 289f Abs. 5.[97] Die Pflichten aus §§ 321 Abs. 1 S. 3, 322 Abs. 3 S. 2 bleiben ebenso unberührt[98] wie die Möglichkeit einer freiwilligen inhaltlichen Prüfung (§ 316 Rn 28 ff). 24

III. Besonderheiten der Konzernabschlussprüfung (Abs. 3)

1. Prüfungsobjekte

Die Konzernabschlussprüfung vollzieht sich im Grundsatz nach denselben Regeln wie die Prüfung des Jahresabschlusses; die betreffenden Ausführungen (Rn 6 ff) gelten daher – soweit nicht abweichende Bestimmungen eingreifen – sinngemäß. Gegenstand der Prüfung sind der Konzernabschluss, der Konzernlagebericht sowie die im Konzernabschluss zusammengefassten Jahresabschlüsse. Eine Wahl zum Abschlussprüfer der Tochterunternehmen ist dafür nicht erforderlich. Daneben stellt Abs. 3 S. 1 klar, dass die Konzernabschlussprüfung auch die **konsolidierungsbedingten Anpassungen** umfasst. Hierunter fallen sowohl die Maßnahmen der Konsolidierung als auch diejenigen Änderungen, die in der Handelsbilanz II wegen der Einheitlichkeit von Gliederung, Bilanzansatz, Bewertung und Währungsumrechnung im Konzernabschluss vorgenommen wurden.[99] Mit anderen Worten ist die Prüfung der Handelsbilanz II Sache des Konzernprüfers;[100] Ergebnisse einer von einem Dritten (namentlich dem Prüfer des Einzelabschlusses) durchgeführten Prüfung darf er nur nach Maßgabe des Abs. 3 S. 2 verwerten. Die Lageberichte der einzelnen Unternehmen als solche sind nicht zu prüfen. 25

93 Kritisch dazu *Bischof/Selch* Wpg 2008, 1021 (1030): Vergrößerung der Erwartungslücke; *Melcher/Mattheus* DB 2008, Beil. 1 zu Heft 7 S. 52 (55); rechtfertigend dagegen *Eibelshäser/Stein* DK 2008, 486 (493).

94 Begr. RegE, BT-Drucks. 16/10067, S. 86; näher *Kuhn/Stibi* Wpg 2009, 1157 (1165).

95 Rechtspolitische Kritik bei *Habersack* Gutachten E zum 69. DJT, S. E 61 ff; *Nonnenmacher* DK 2021, 393 (395 f).

96 MünchKommHGB/*Ebke*[4] Rn 89; Hopt/*Merkt*[41] Rn 7; *Schüppen* Abschlussprüfung[2] Rn 23.

97 MünchKommHGB/*Ebke*[4] Rn 89.

98 Dazu § 321 Rn 22 ff, § 322 Rn 17; *Schüppen/Walz* WPg 2015, 1155 ff; *Seidler* BB 2016, 939 ff.

99 Begr. RegE, BT-Drucks. 13/9712, S. 27; Hachmeister/Kahle/Mock/Schüppen/*Mylich* Bilanzrecht[3] Rn 20; Hopt/*Merkt*[41] Rn 8.

100 MünchKommHGB/*Ebke*[4] Rn 90; Baetge/Kirsch/Thiele/*Marten*/*Köhler*/*Neubeck* Rn 133.

2. Prüfung der Einzelabschlüsse

26 Die Jahresabschlüsse der im Konzernabschluss zusammengefassten Unternehmen unterliegen grundsätzlich einer **Vollprüfung**, deren Umfang der Abschlussprüfung eines Einzelunternehmens entspricht.[101] Davon betroffen sind alle Konzernunternehmen unabhängig davon, ob sie als Einzelunternehmen der Prüfungspflicht unterliegen würden (§ 316 Rn 3). Die Ausrichtung der Prüfung auf den Konzern bedingt allerdings, dass für das Erkennen von Unrichtigkeiten und Verlusten die **Konzernsicht** maßgeblich ist.[102] Auch ist hinsichtlich der Einzelabschlüsse die Ausfertigung eines Prüfungsberichts und eines Bestätigungsvermerks entbehrlich. Die Einzelabschlüsse sind im Rahmen der Konzernprüfung daraufhin zu untersuchen, ob sie den Rechnungslegungsgrundsätzen der Muttergesellschaft entsprechen. Die im Hinblick auf die Einheitlichkeit der Rechnungslegung in der Handelsbilanz II ggf. vorzunehmenden Anpassungen sowie die sich daraus ergebenden erfolgswirksamen Differenzen, die eine Modifikation des Erfolgsausweises in der Handelsbilanz I zur Folge haben, unterliegen einer gesonderten Prüfungspflicht.[103]

27 Sind einzelne oder alle betroffenen Jahresabschlüsse bereits von einem anderen Abschlussprüfer geprüft worden, so hat der Konzernabschlussprüfer gemäß Abs. 3 S. 2 dessen Arbeit zu überprüfen und zu dokumentieren. Damit wird den Vorgaben von Art. 27 Abs. 1 Unterabs. lit. a), b) und c) APr-RL Rechnung getragen, denen zufolge der Konzernabschlussprüfer die volle Verantwortung für den Bestätigungsvermerk zu den konsolidierten Abschlüssen trägt, die von Prüfern aus einem Drittstaat für die Zwecke der Konzernabschlussprüfung ausgeführten Prüfungsarbeiten bewertet und dokumentiert sowie eine Prüfung durchführt und Unterlagen aufbewahrt, die seine Überprüfungstätigkeit dokumentieren. Im Gegensatz zu der bis zum BilMoG (Rn 4) geltenden Rechtslage kommt mithin eine schlichte **Übernahme der Ergebnisse anderer Prüfer** nicht mehr in Betracht. Nach früherem Recht hingegen war der Konzernabschlussprüfer von der Prüfung der Einzelabschlüsse befreit, sofern diese kraft Gesetzes oder freiwillig nach den Vorgaben der §§ 316 ff oder, sofern das Unternehmen ausländischem Recht unterlag, von einem in Übereinstimmung mit der Prüferbefähigungsrichtlinie zugelassenem Abschlussprüfer geprüft worden waren. Indessen war abweichend vom Wortlaut des Gesetzes schon nach bisheriger Berufsauffassung eine unbesehene Übernahme der Ergebnisse eines anderen Prüfers nicht zulässig; vielmehr hatte sich der Konzernabschlussprüfer der Vertrauenswürdigkeit der Prüfungstätigkeit zu versichern.[104] Die Novellierung zwingt die Praxis daher nicht zu einer grundsätzlichen Neuorientierung.[105]

28 Obsolet ist aber die Unterscheidung zwischen der echten Übernahme und der bloßen Verwertung von Arbeitsergebnissen eines anderen externen Prüfers. Stattdessen hat der Konzernabschlussprüfer die Arbeit des Prüfers des Einzelabschlusses zunächst stets zu überprüfen. Umfang und Intensität der gebotenen **Kontrolle** hängen zum einen von der Bedeutung der geprüften Teileinheit für das Gesamturteil des Abschlussprüfers und zum anderen von der fachlichen Kompetenz sowie der beruflichen Qualifikation des Prüfers ab.[106] Gänzlich entbehrlich sind Prüfungshandlungen aber selbst bei untergeordneten Tochterunternehmen nicht. Von der erforderlichen Befähigung wiederum ist bei Prüfern, die dem Regime der APr-RL unterstehen, ohne weiteres auszugehen. Sofern dagegen bei Prüfern aus **Drittstaaten** weder eine Eintragung nach § 134 Abs. 1 WPO noch eine Feststellung der Gleichwertigkeit nach § 134 Abs. 4 WPO vorliegt, hat der Konzern-

---

101 *ADS* Rn 173; Baetge/Kirsch/Thiele/*Marten/Köhler/Neubeck* Rn 131; Koller/Kindler/Roth/Drüen/*Morck/Bach* HGB[9] Rn 4.

102 BeckBilKomm/*Justenhoven/Küster/Bernhardt*[13] Rn 37.

103 KölnKomm-AktG/*Claussen/Korth*[2] Rn 54.

104 *IDW* PS 320, Wpg 2004, 593, Tz 27 ff.

105 Begr. RegE, BT-Drucks. 16/10067, S. 87; *Oser/Wader/Roß/Drögemüller* Wpg 2008, 105 (110); *Erchinger/Melcher* DB 2008, Beil. 1 zu Heft 7 S. 56 (57); *Petersen/Zwirner* Wpg 2008, 967 (968); mit abweichender Tendenz *Inwinkl/Kortebusch/Schneider* DK 2008, 215 (218); *Kuhn/Stibi* Wpg 2009, 1157 (1161).

106 Begr. RegE, BT-Drucks. 16/10067, S. 87; *Oser/Wader/Roß/Drögemüller* Wpg 2008, 105 (110); *Hauptmann/Nowak* DK 2008, 426 (431).

abschlussprüfer die Unabhängigkeit und Befähigung des Prüfers selbst zu beurteilen.[107] Neben der Prüfung der Arbeit des Abschlussprüfers hat der Konzernabschlussprüfer auch für eine hinreichende **Dokumentation** seiner Kontrolltätigkeit zu sorgen.

3. Umfang der Prüfung

Die Prüfung des Konzernabschlusses unterliegt den gleichen Vorschriften wie die Prüfung der einbezogenen Jahresabschlüsse. Der Abschlussprüfer hat festzustellen, ob der Konzernabschluss den für diesen geltenden gesetzlichen Vorschriften und den ergänzenden Bestimmungen des Gesellschaftsvertrags oder der Satzung entspricht. Dazu gehören insbesondere die Regelungen des HGB und der IFRS über Inhalt und Form des Konzernabschlusses und -lageberichts, die Konsolidierung, die Bewertung sowie den Wertansatz für Beteiligungen an assoziierten Unternehmen. Zu prüfen ist auch, ob der Konzernabschluss ein den tatsächlichen Verhältnissen entsprechendes Bild der Vermögens-, Finanz- und Ertragslage vermittelt. Im Rahmen der **Konsolidierungsprüfung** sind der Konsolidierungskreis sowie die einzelnen Konsolidierungsbuchungen hinsichtlich ihrer Richtigkeit und Vollständigkeit prüfungspflichtig. Da für die Konzernabschlussprüfung selbst die Vorschriften des Abs. 1 gelten, ist die Prüfung so anzulegen, dass Unrichtigkeiten und Verstöße bei gewissenhafter Berufsausübung erkannt werden.[108] 29

Zur Prüfung des **Konzernlageberichts** können als Informationsmaterial Lage- und Prüfungsberichte der Tochterunternehmen herangezogen werden, mit denen der Konzernlagebericht abzustimmen ist. Sofern ein Tochterunternehmen keinen oder einen nicht umfassenden Lagebericht erstellt, sind die zur Beurteilung des Konzernlageberichts erforderlichen Informationen durch den Prüfer einzuholen. Werden der Konzernlagebericht und der Lagebericht des Mutterunternehmens zusammengefasst (§ 315 Abs. 5 i.V.m. § 298 Abs. 2), hat der Prüfer darauf zu achten, dass der Lagebericht sämtliche notwendigen Informationen zur Abbildung sowohl der Lage des Mutterunternehmens als auch der Konzernlage enthält.[109] 30

IV. Prüfung der ESEF-Konformität (Abs. 3a)

Die mit § 317 Abs. 3a – durch das ESEF-Umsetzungsgesetz zunächst als neuer Abs. 3b eingefügt (Rn 4)[110] – verbundene Erweiterung der Prüfungspflicht ist vor dem Hintergrund zu sehen, dass § 328 Abs. 1 S. 4 eine Kapitalgesellschaft, die als Inlandsemitten im Sinne von § 2 Abs. 14 WpHG Wertpapiere im Sinne des § 2 Abs. 1 WpHG begibt und nicht Kleinemittentin im Sinne von § 327a ist, verpflichtet, ihren Jahres- und Konzernabschluss sowie ihren Lage- und Konzernlagebericht in dem **einheitlichen elektronischen Berichtsformat** nach Maßgabe der Delegierten Verordnung (EU) 2019/815 offenzulegen. Der Abschlussprüfer des Jahresabschlusses (§ 317 Abs. 3a S. 1) bzw. Konzernabschlusses (§ 317 Abs. 3a S. 2) hat deshalb im Rahmen der Prüfung auch zu beurteilen, ob die für die Zwecke der Offenlegung erstellte Wiedergabe der genannten Abschlüsse und Berichte den Vorgaben des § 328 Abs. 1 entsprechen, mithin ESEF-konform erstellt worden sind.[111] Dies verlangt neben der Prüfung, ob die offenzulegenden Dokumente den **Formatvorgaben des** 31

---

107 Hachmeister/Kahle/Mock/Schüppen/*Mylich* Bilanzrecht[3] Rn 22; Hopt/*Merkt*[41] Rn 10.

108 MünchKommHGB/*Ebke*[4] Rn 91; *Forster* WPg 1998, 41 (47).

109 *IDW* PS 350, Wpg 2006, 1293, Tz 37; Baetge/Kirsch/Thiele/*Marten*/*Köhler*/*Neubeck* Rn 123.

110 Näher zu den unionsrechtlichen Vorgaben der Transparenzrichtlinie und zur Konzeption der deutschen Umsetzung *Hirte*/*v. Egloffstein* FS Grunewald (2021), S. 379 ff.

111 Eingehend *Ruhnke*/*Schmidt* WPg 2021, 275 ff, 413 ff.

§ 328 Abs. 1 entsprechen,[112] auch die Prüfung, ob die offenzulegenden Dokumente mit den Dokumenten, die zum Zwecke der Prüfung nach Abs. 1, 2 aufgestellt worden sind, übereinstimmen.[113]

V. Prüfung des Risikofrüherkennungssystems (Abs. 4)

1. Prüfungsgegenstand

32 Nach § 91 Abs. 2 AktG hat der Vorstand einer jeden AG geeignete Maßnahmen zu treffen, insbesondere ein Überwachungssystem einzurichten, damit den Fortbestand der Gesellschaft gefährdende Entwicklungen früh erkannt werden. Der Prüfung unterliegt dieses Risikofrüherkennungssystem gemäß § 317 Abs. 4 allerdings ausschließlich bei **börsennotierten Aktiengesellschaften** (sowie KGaA und SE, vgl. Art. 10 SE-VO). Die geltende Rechtslage geht auf das TransPuG zurück; bis dahin waren sogar nur Aktiengesellschaften mit amtlicher Notierung erfasst (Rn 3).[114] Maßgeblich für die Einordnung ist die Legaldefinition des § 3 Abs. 2 AktG; außen vor bleiben damit alle Aktiengesellschaften, deren Aktien überhaupt nicht an der Börse oder lediglich im Freiverkehr gehandelt werden. Gleiches gilt angesichts der bewusst engen Konzeption des Gesetzes für die GmbH,[115] und zwar unabhängig davon, ob auf der Grundlage einer Analogie zu § 91 Abs. 2 AktG oder aufgrund einer „Ausstrahlungswirkung" dieser Vorschrift mit Teilen des Schrifttums unter bestimmten Voraussetzungen auch bei dieser Rechtsform eine Pflicht zur Einrichtung eines Risikofrüherkennungssystems anzunehmen ist.[116] Selbstverständlich bleibt es den Gesellschaften in all diesen Fällen unbenommen, ein kraft gesetzlicher Anordnung oder freiwillig eingerichtetes Risikofrüherkennungssystem mittels besonderer vertraglicher Vereinbarung in den Prüfungsauftrag einzubeziehen (§ 316 Rn 28 ff).

33 Im Einzelnen lässt sich aus § 91 Abs. 2 AktG das Erfordernis eines **zweistufigen Systems** ableiten.[117] In einem ersten Schritt hat der Vorstand durch entsprechende organisatorische Maßnahmen die Früherkennung bestandsgefährdender Entwicklungen sowie deren Kommunikation an die zuständigen Entscheidungsträger zu gewährleisten. Eine Beschränkung auf den Rechnungslegungsprozess besteht dabei nicht. Vielmehr sind alle unternehmerischen Risiken zu erfassen, die ein Insolvenzrisiko begründen oder erheblich steigern.[118] Dies hat so rechtzeitig zu geschehen, dass nachteiligen Entwicklungen noch mit Aussicht auf Erfolg entgegengewirkt werden kann. Hinsichtlich der organisatorischen Ausgestaltung verbleibt dem Vorstand ein unternehmerischer Ermessensspielraum; eine Rechtspflicht zur Einführung eines bestimmten betriebswirtschaftlichen Modells besteht nicht.[119] In einem zweiten Schritt hat der Vorstand sodann ein Überwachungssystem zu etablieren, welches auf die Einhaltung der eingeleiteten Maßnahmen gerichtet ist. Unverzichtbar ist in diesem Zusammenhang eine sorgfältige Dokumentation der gesamten Risikoüberwachung.[120] Nicht aus § 91 Abs. 2 AktG, wohl aber aus **§ 91 Abs. 3 AktG** idF. durch das FISG (Rn 4, 18) – allerdings beschränkt auf **börsennotierte Gesellschaften** – folgt eine Rechts-

---

112 S. dazu die Erläuterungen zu § 328, ferner *Schüppen* Abschlussprüfung[2] Rn. 33.

113 Hopt/*Merkt*[41] Rn 12; näher *R. Schmidt* DB 2020, 513 ff.

114 De lege ferenda für Erstreckung auf alle kapitalmarktorientierten Gesellschaften (§ 264d) *Hommelhoff/Mattheus* BB 2007, 2787 (2789); speziell zu kleinen und mittleren Unternehmen *Merkt* ZIP 2014, 1705 ff.

115 Hopt/*Merkt*[41] Rn 13; MünchKommHGB/*Ebke*[4] Rn 93; BeckBilKomm/*Justenhoven/Küster/Deicke*[13] Rn 111.

116 Vgl. Begr. RegE, BT-Drucks. 13/9712, S. 15; *Drygala/Drygala* ZIP 2000, 297 (300); *Hommelhoff* FS Sandrock (2000), S. 373 ff.; krit. zur Gesamtregelung zu Risikomanagement und Risikoberichterstattung *Wohlmannstetter* ZGR 2010, 472 ff.

117 LG Berlin AG 2002, 692 (683); VG Frankfurt WM 2004, 2157 (2160 f); *Koch* AktG[16] § 91 Rn 6 ff.; Spindler/Stilz/*Fleischer* AktG[4] § 91 Rn 36; näher *Bunting* ZIP 2012, 357 ff.

118 Wie hier *Spindler* FS Ballwieser, S. 849 (852 ff); MünchKommAktG[5]/*Spindler* § 91 Rn 21; Spindler/Stilz/*Fleischer* AktG[4] § 91 Rn 32; *Koch* AktG[16] § 91 Rn 7 ff.

119 MünchKommAktG[5]/*Spindler* § 91 Rn 16 f; *Spindler* FS Ballwieser, S. 849 (855 f); GroßKommAktG/*Kort*[5] § 91 Rn 47; *Huth* BB 2007, 2167.

120 LG München I BB 2007, 2169 (2172); *Bihr/Kalinowsky* DStR 2008, 620 (623); *Hauschka* DB 2006, 1143 (1146).

pflicht zur Einführung eines allgemeinen **Risikomanagementsystems,** eines **internen Kontrollsystems** nebst eines **Compliance-Managementsystems.**[121] Deren Überwachung obliegt selbstverständlich dem Aufsichtsrat (§ 107 Abs. 3 S. 2 AktG); von einer entsprechenden Erweiterung der Prüfungspflicht des Abschlussprüfers hat das FISG hingegen abgesehen. Jenseits des § 91 Abs. 2, 3 AktG sowie aufsichtsrechtlicher Vorgaben beurteilt sich die Verantwortlichkeit des Vorstands für die Einführung von Compliance-, Kontroll- und Überwachungssystemen[122] ausschließlich nach §§ 76, 93 AktG[123] Unberührt bleiben die Berichtspflichten aus § 289 Abs. 4 HGB (Rn 18) sowie die Möglichkeit einer freiwilligen Systemprüfung (Rn 32).

2. Prüfungsumfang

Nach § 317 Abs. 4 hat der Prüfer zu beurteilen, ob der Vorstand die ihm nach § 91 Abs. 2 AktG obliegenden Maßnahmen in einer geeigneten Form ergriffen hat und ob das danach einzurichtende Überwachungssystem seine Aufgaben erfüllen kann. Über das Ergebnis der Prüfung hat er gemäß § 321 Abs. 4 in einem besonderen Abschnitt des Prüfungsberichts zu berichten und dabei auch darauf einzugehen, ob Maßnahmen erforderlich sind, um das interne Überwachungssystem zu verbessern (§ 321 Rn 52 f). Nach den Vorstellungen der Gesetzesverfasser ist festzustellen, ob die erforderlichen Maßnahmen getroffen und zweckentsprechend sind, ob sie wirksam ausgeführt wurden und das Überwachungssystem während des gesamten Zeitraums bestanden hat.[124] Dabei hat der Abschlussprüfer den dem Vorstand eingeräumten Ermessensspielraum zu respektieren; unerheblich ist daher, ob der Vorstand die aus Sicht des Prüfers bestmögliche Organisationsform gewählt hat.[125] Im Weiteren handelt es sich um eine **Systemprüfung** und nicht um eine Geschäftsführungsprüfung.[126] Zu beurteilen sind daher nur die organisatorischen Fragen der Einrichtung und Eignung des Systems zur Aufdeckung bestandsgefährdender Entwicklungen. Geht das Überwachungssystem über den Bestandsschutz hinaus, bleibt die Prüfung gleichwohl auf den gesetzlich vorgeschriebenen Umfang begrenzt.[127] Da sich die Einrichtungspflicht auf die Risikoerkennung beschränkt und die Risikobewältigung nicht umfasst (Rn 33), unterliegt die Frage, ob die von den Entscheidungsträgern in Reaktion auf die erlangten Kenntnisse getroffenen Maßnahmen angemessen und ökonomisch vertretbar sind, ebenfalls nicht der Prüfungspflicht.[128] 34

Die Prüfung hat sich in drei Schritten zu vollziehen. Zunächst hat der Abschlussprüfer die von der Gesellschaft **getroffenen Maßnahmen festzustellen**. Das dürfte ohne eine hinreichende Dokumentation unmöglich sein;[129] eine Aufnahme durch den Prüfer selbst wiederum dürfte kaum je genügen. In einem nächsten Schritt sind die getroffenen Maßnahmen auf ihre **Eignung** zu beurteilen. Der Prüfer muss sich einen Eindruck davon verschaffen, ob alle relevanten Risikobe- 35

121 Zum Erfordernis auch eines Compliance-Managementsystems s. Begr. RegE, BT-Drs. 19/26966, S. 115.

122 Zu Maßnahmen zur Bewältigung aufgedeckter Risiken s. OLG Celle AG 2008, 711 (712); Spindler/Stilz/*Fleischer* AktG[4] § 91 Rn 34 f, jew. mit Nachw. auch zu Gegenpositionen.

123 Hopt/*Merkt*[41] Rn 14a; KölnKommAktG[3]/*Mertens*/*Cahn* § 91 Rn 34; *Fleischer* BB 2008, 1070 (1072); *Veil* WM 2008, 1093 (1095 f); am Beispiel kleiner und mittlerer Unternehmen *Merkt* ZIP 2014, 1705 ff (1713 f, dort auch zum einschlägigen IDW-Prüfungsstandard betreffend die – freiwillige – Prüfung des Compliance-Systems); **aA** *Spindler* WM 2008, 905 (908); *Dreher* FS Hüffer, S. 161 (168 ff).

124 Begr. RegE, BT-Drucks. 13/9712, S. 27.

125 K. Schmidt/Lutter/*Sailer* AktG[4] § 91 Rn 18; ganz ähnlich – keine Überprüfung unternehmerischer Zweckmäßigkeit – Hopt/*Merkt*[41] Rn 14; GroßKommAktG/*Kort*[5] § 91 Rn 24.

126 *IDW* PS 340, Wpg 1999, 658, Tz 19; Hopt/*Merkt*[41] Rn 14; MünchKommHGB/*Ebke*[4] Rn 96.

127 GKHGB[8]/*Marsch-Barner* Rn 20.

128 *IDW* PS 340, Wpg 1999, 658, Tz 19; *ADS* Rn 224; MünchKommHGB/*Ebke*[4] Rn 96; Ebenroth/Boujong/Joost/Strohn/*Böcking*/*Gros*/*Rabenhorst*[4] Rn 29; MünchKommAktG[5]/*Spindler* § 91 Rn 29.

129 BeckBilKomm/*Justenhoven*/*Küster*/*Deicke*[13] Rn 119 f; Baetge/Kirsch/Thiele/*Marten*/*Köhler*/*Neubeck* Rn 167; s. auch LG München I BB 2007, 2169 (2172).

reiche abgedeckt sind. Das wird vielfach nur unter Einbeziehung der Bewertungen anderer Sachverständiger möglich sein. Außerdem hat der Prüfer die Erkenntnisse heranzuziehen, die er im Verlaufe der Jahresabschlussprüfung über die spezifische Situation des Unternehmens gewonnen hat. Der Prüfer hat jeden Bereich des unternehmerischen Handelns einzubeziehen und sich ein Urteil darüber zu bilden, ob die Maßnahmen ausreichend sind, um das Bewusstsein der Mitarbeiter für die Bedeutung der Risikofrüherkennung zu stärken, eine zügige Informationsweitergabe zu gewährleisten und so eine rechtzeitige Reaktion auf erkannte Risiken zu ermöglichen.[130] Verantwortlichkeiten müssen eindeutig zugeordnet sein. Die Regeln zur Überwachung sind einer Wirksamkeitsprüfung zu unterziehen. Stößt der Prüfer auf Indizien für eine unzureichende Eignung hat er den Umfang der Einzelfallprüfung auszuweiten.[131] All das geht deutlich über eine Prüfung des primär auf das Rechnungswesen ausgerichteten Internen Kontrollsystems hinaus.[132]

36 In einem letzten Schritt ist das Risikofrüherkennungssystem auf seine **Funktionsfähigkeit** hin zu untersuchen. Dabei hat der Abschlussprüfer festzustellen, ob der tatsächliche Ablauf im gesamten geprüften Geschäftsjahr dem dokumentierten System der Informationserhebung und -verarbeitung entspricht. Zur Beurteilung bereits abgeschlossener Vorgänge bedarf es einer genügenden Zahl sachgerecht ausgewählter Stichproben, die sich auf typische Risikofelder (etwa Fremdwährungs-, Produkthaftungs- oder Bonitätsrisiken) beziehen.[133] Daneben bietet es sich an, weitere Befragungen und Beobachtungen durchzuführen sowie Prüfungsprogramme und Arbeitspapiere der Internen Revision heranzuziehen.[134]

3. Besonderheiten der Prüfung bei Konzernunternehmen

37 Ob und inwieweit ein konzernweites Früherkennungssystem einzurichten ist, ist noch nicht abschließend geklärt.[135] Richtigerweise hat der Vorstand der Muttergesellschaft im Rahmen des gesellschaftsrechtlich Zulässigen lediglich dafür Sorge zu tragen, dass für die Gesellschaft bestandsgefährdende Entwicklungen auch dann identifiziert und weitergegeben werden, wenn sie von Tochtergesellschaften herrühren.[136] Zwischen konsolidierten und nicht konsolidierten Beteiligungen ist dabei nicht zu unterscheiden.[137] Die darauf bezogene Prüfung wiederum ist als **Erweiterung der Einzelabschlussprüfung** und nicht der Konzernabschlussprüfung zu qualifizieren.[138] Von alldem unberührt bleibt die Verpflichtung, ggf. auf Ebene der einzelnen Konzerngesellschaften nach Maßgabe des § 91 Abs. 2 AktG ein Risikofrüherkennungssystem einzurichten und zu prüfen, das auch solche Entwicklungen aufzudecken hat, die lediglich für das Tochterunternehmen bestandsgefährdend sind.

---

130 Hopt/*Merkt*[41] Rn 14.

131 Baetge/Kirsch/Thiele/*Marten*/*Köhler*/*Neubeck* Rn 168.

132 Ebenroth/Boujong/Joost/Strohn/*Böcking*/*Gros*/*Rabenhorst*[4] Rn 34.

133 Näher *IDW* PS 340, Wpg 1999, 658, Tz 31; Ebenroth/Boujong/Joost/Strohn/*Böcking*/*Gros*/*Rabenhorst*[4] Rn 36.

134 Hopt/*Merkt* HGB[40] Rn 14.

135 Vgl. Begr. RegE, BT-Drucks. 13/9712, S. 15; zum Stand der Diskussion GroßKommAktG/*Kort*[5] § 91 Rn 40 ff; MünchKommAktG[5]/*Spindler* § 91 Rn 79 ff.

136 K. Schmidt/Lutter/*Sailer-Coceani* AktG[4] § 91 Rn 10; weitergehend dagegen *Koch* AktG[16] § 91 Rn 6: Veränderungen, die unter Fiktion eines einheitlichen Unternehmens im Rahmen des § 264 Abs. 2 Bedeutung erlangen; s. auch *IDW* PS 240, Wpg 1999, 658, Tz 36, wonach offenbar auch isolierte Bestandsgefährdungen von Tochterunternehmen zu erfassen sind.

137 *IDW* PS 340, Wpg 1999, 658, Tz 36.

138 AA 4. Aufl. Rn 37 (*Zimmer*); Koller/Kindler/Roth/Drüen/*Morck*/*Bach* HGB[9] Rn 5; wie hier dagegen *ADS* Rn 228; differenzierend Baetge/Kirsch/Thiele/*Marten*/*Köhler*/*Neubeck* Rn 155.

VI. Keine Zusicherung des Fortbestands der Gesellschaft (Abs. 4a)

Der durch das AReG (Rn 4) eingefügte und auf Art. 25a Apr-RL zurückgehende Abs. 4a stellt klar, 38 dass sich die Abschlussprüfung grundsätzlich nicht darauf zu erstrecken hat, ob der Fortbestand der geprüften Kapitalgesellschaft oder die Wirksamkeit und Wirtschaftlichkeit der Geschäftsführung zugesichert werden kann. Ausweislich der Materialien soll hierdurch der Verantwortungsbereich des Abschlussprüfers von demjenigen der Geschäftsführung des geprüften Unternehmens abgegrenzt werden.[139] Der Sache nach geht es darum, einer die Anforderungen der Abschlussprüfung betreffenden **Erwartungslücke** der Öffentlichkeit entgegenzuwirken.[140] § 317 Abs. 4a steht freilich unter doppeltem Vorbehalt. Zum einen bleiben **anderweitige Bestimmungen** unberührt, was namentlich für § 53 HGrG (§ 316 Rn 6), § 53 Abs. 1 GenG bedeutsam ist.[141] Zum anderen entbindet § 317 Abs. 4a nicht von der Pflicht, die **Angemessenheit der Fortführungsprognose** (§ 252 Abs. 1 Nr. 2, s. Rn 8) durch die Geschäftsleiter des geprüften Unternehmens und die Risikoberichterstattung im Lagebericht zu würdigen.[142] Auch wenn die Erteilung eines uneingeschränkten Bestätigungsvermerks – naturgemäß – keine Zusicherung des Fortbestands des Unternehmens bedeutet, attestiert der Abschlussprüfer damit doch, dass die Geschäftsleiter begründet von der Fortführung des Unternehmens ausgehen konnten und allfällige Risiken in Jahresabschluss und Lagebericht zutreffend wiedergegeben sind.[143]

VII. Internationale Prüfungsstandards (Abs. 5, 6)

1. Überblick

Nach § 317 Abs. 5 hat der Abschlussprüfer bei der Durchführung einer Prüfung die internationalen 39 Prüfungsstandards anzuwenden, die von der Europäischen Kommission nach Maßgabe des Art. 26 Abs. 3 APr-RL angenommen worden sind. Zu einem solchen **Endorsement** internationaler Prüfungsstandards ist es bislang allerdings noch nicht gekommen, so dass Abs. 5 einstweilen gegenstandslos ist.[144] Es spielt deshalb einstweilen auch keine Rolle, dass die zunächst in § 317 Abs. 6 eröffnete Möglichkeit, durch Verordnung die Nichtanwendung von Teilen der internationalen Prüfungsstandards vorzuschreiben, durch das AReG (Rn 4) mit Blick auf Art. 26 Abs. 4 APr-RL beseitigt worden ist.[145] Sollte es zu einem Endorsement kommen, würden die internationalen Prüfungsstandards zwar durch den **doppelten Transformationsakt** (Endorsement gemäß Art. 26 Abs. 3 APr-RL und Verbindlicherklärung durch § 317 Abs. 5) verbindliche Wirkung für das Verhältnis zwischen dem Prüfer und dem geprüften Unternehmen erlangen (§ 323 Rn 14). Dieser durch das BilMoG eingeführte Regelungsmechanismus hätte für die Praxis in inhaltlicher Hinsicht allerdings keine grundlegende Neuorientierung zur Folge. Diese hat nämlich schon bislang die vom Institut der Wirtschaftsprüfer in Deutschland (IDW) aufgestellten Prüfungshinweise und Prüfungsstandards zugrunde gelegt (Rn 2), welche sich wiederum in weitem Umfang an den internationalen Prüfungsstandards orientieren und von diesen nur abweichen, soweit die Besonderheiten des

---

139 Begr. RegE, BT-Drucks. 18/7219, S. 38.

140 S. Erwägungsgrund 11 der Änderungsrichtlinie 2014 (Richtlinie 2014/56/EU); ferner Ebenroth/Boujong/Joost/Strohn/*Böcking/Gros/Rabenhorst*[4] Rn 37; *Schüppen* Abschlussprüfung[2] Rn 38.

141 Zu § 53 HGrG MünchKommHGB/*Ebke*[4] Rn 98; *Schüppen* Abschlussprüfung[2] Rn 39; zu § 53 Abs. 1 GenG *Paschke* WPg 2019, 446.

142 LG Düsseldorf NZI 2018, 332 (334); MünchKommHGB/*Ebke*[4] Rn 98; Ebenroth/Boujong/Joost/Strohn/*Böcking/Gros/Rabenhorst*[4] Rn 38; *Schüppen* Abschlussprüfung[2] Rn 40.

143 MünchKommHGB/*Ebke*[4] Rn 98; Ebenroth/Boujong/Joost/Strohn/*Böcking/Gros/Rabenhorst*[4] Rn 38; *Schüppen* Abschlussprüfung[2] Rn 40.

144 S. noch Rn 42, ferner *Schüppen* Abschlussprüfung[2] Rn 41; Ebenroth/Boujong/Joost/Strohn/*Böcking/Gros/Rabenhorst*[4] Rn 40.

145 S. Begr. RegE, BT-Drucks. 18/7219, S. 39; zu Stand und Perspektiven *Merkt* ZGR 2015, 215 ff.

nationalen Rechts dies erfordern;[146] seit 2017 werden seitens des IDW die ISA in deutsche Sprache übersetzt (und nationale Besonderheiten durch „D-Textziffern" zum Ausdruck gebracht).[147] Indes würden die Prüfungsgrundsätze eine neue Rechtsqualität. Denn das IDW ist ein privat-rechtlicher Verein, dem die allermeisten Berufsträger angehören[148] und der es sich zur satzungsmäßigen Aufgabe gesetzt hat, für einheitliche Grundsätze der unabhängigen und gewissenhaften Berufsausübung einzutreten. Als ohne staatliche Rechtssetzungsbefugnis erlassenes privatrechtliches Vereinsinnenrecht haben aber die von ihm propagierten Prüfungsgrundsätze weder den Status von Rechtsnormen noch können sie sonst eine verbindliche Wirkung entfalten (§ 323 Rn 13). Die durch die Kommission angenommenen Prüfungsstandards hingegen würden durch die Transformationsnorm des § 317 Abs. 5 mittelbar Gesetzeskraft erlangen.

2. International Standards on Auditing (ISA)

40 Art. 26 Abs. 3 APr-RL in der Fassung durch die Änderungsrichtlinie 2014/56/EU erlaubt der Kommission über die Anwendbarkeit internationaler Prüfungsstandards innerhalb der Gemeinschaft zu entscheiden. Damit sind nach Art. 26 Abs. 2 APr-RL die International Standards on Auditing (ISA), der International Standard on Quality Control 1 und andere damit zusammenhängende Standards gemeint, soweit sie für die Abschlussprüfung relevant sind. Diese wiederum werden vom **International Auditing and Assurance Standards Board (IAASB)** herausgegeben. Dabei handelt es sich um eine Einrichtung der International Federation of Accountants (IFAC), der weltweiten Organisation der berufsständigen Organisationen.[149] Deutsche Mitglieder sind das IDW und die Wirtschaftsprüferkammer. Selbstgesetztes Ziel der IFAC ist es vor allem, qualitativ hochwertige und international anerkannte Prüfungsstandards zu entwickeln. Der Verabschiedung einzelner ISA geht jeweils eine umfassende Diskussion in der Fachöffentlichkeit voraus. Überdies wird das IAASB als Standardsetter von dem Public Interest Oversight Board (PIOB) beaufsichtigt, dessen Mitglieder unter anderem von der Europäischen Kommission, der Weltbank und der IOSCO (International Organization of Securities Commissions) bestellt werden. Dadurch soll das Vertrauen der interessierten Verkehrskreise in die im öffentlichen Interesse liegenden Tätigkeiten der IFAC gestärkt werden.

3. Übernahme in europäisches Recht

41 Ausweislich des Erwägungsgrunds 13 APr-RL soll die Übernahme dieser internationalen Prüfungsstandards in das europäische Recht eine gleich bleibend hohe Qualität der Abschlussprüfungen innerhalb der gesamten Gemeinschaft gewährleisten. In der Tat dürften jedenfalls langfristig die Vorteile der Rechtsvereinheitlichung die mit der Umstellung verbundenen Kosten und Schwierigkeiten überwiegen.[150] Stets verbleiben wird allerdings die Gefahr, dass die Übersetzung in verschiedene Sprachen zu national differenzierten Auslegungen führt.[151] Nach Art. 26 Abs. 3 APr-RL setzt eine Annahme durch die Kommission in materieller Hinsicht voraus, dass die Prüfungsstandards (1) in einem einwandfreien Verfahren mit angemessener öffentlicher Aufsicht und Transparenz erstellt wurden und allgemein anerkannt sind, (2) zu einem hohen Maß an Glaubwürdigkeit und Qualität der Rechnungslegung beitragen, (3) dem europäischen Gemeinwohl dienen und keine

146 Zur Praxis s. *Erchinger/Melcher* Wpg 2008, 959 (965).
147 MünchKommHGB/*Ebke*[4] Rn 100; *Schüppen* Abschlussprüfung[2] Rn 44; *Gewehr/Moser* WPg 2018, 193 ff.
148 *Baetge/Lienau* DB 2004, 2277 (2281).
149 Näher zum Ganzen *Erchinger/Melcher* Wpg 2008, 959 (960 ff).
150 Näher *Köhler/Böhm* Wpg 2009, 997; *Inwinkl/Kortebusch/Schneider* DK 2008, 215 (217); vgl. zu den Schwierigkeiten der Transformation *Krommes* DB 2008, 713 ff.
151 *Erchinger/Melcher* Wpg 2008, 959 (966).

Änderungen oder Ergänzungen der Anforderungen der Richtlinie (mit Ausnahme der in Kapitel IV und in Art. 27, 28 festgelegten Anforderungen) enthalten. Die Verabschiedung selbst erfolgt im sog. **Komitologieverfahren** (Ausschussverfahren in Form des Regelungsverfahrens).[152] Dazu wurde entsprechend Art. 48 Abs. 1 APr-RL ein Regelungsausschuss Abschlussprüfung (AuRC) im Sinne der Verordnung (EU) Nr. 182/2011 eingesetzt, der sich aus Vertretern der Mitgliedstaaten zusammensetzt und in dem der Vertreter der Kommission den Vorsitz führt. In seine Arbeit ist überdies auch das System der öffentlichen Aufsichtsgremien der Mitgliedstaaten eingebunden (Erwägungsgrund 13). Im Einzelnen richtet sich das Regelungsverfahren nach Art. 5 und 7 des Beschlusses 1999/468/EG.[153] Die mit diesem Mechanismus kooperativer Standardsetzung verbundene maßgebliche Beteiligung privater Stellen am Gesetzgebungsverfahren wirft noch nicht abschließend geklärte Fragen nach der hinreichenden **Legitimation** der Standards auf.[154]

Bislang ist eine Übernahme der ISA in europäisches Recht **noch nicht erfolgt**. Solange steht 42
es den Mitgliedstaaten gemäß Art. 26 Abs. 1 Unterabs. 2 APr-RL frei, ihre nationalen Prüfungsstandards anzuwenden. Mangels gesetzlich niedergelegter nationaler Prüfungsstandards ergab sich in Deutschland aus dieser Selbstverständlichkeit kein besonderer gesetzgeberischer Handlungsbedarf.[155] Nach erfolgter Übernahme hingegen haben die Mitgliedstaaten die Prüfungsstandards nach Art. 26 Abs. 1 Unterabs. 2 APr-RL für gesetzliche Abschlussprüfungen verpflichtend vorzuschreiben. Das gilt freilich nicht uneingeschränkt. Art. 26 Abs. 4 APr-RL erlaubt es den Mitgliedstaaten nämlich, zusätzlich zu den internationalen Prüfungsstandards immerhin dann Prüfungsverfahren oder Prüfungsanforderungen vorzuschreiben, wenn diese sich aus speziellen, durch den Umfang der Abschlussprüfungen bedingten Anforderungen des nationalen Rechts ergeben oder erforderlich sind, um die Glaubwürdigkeit und Qualität von Abschlüssen zu erhöhen. Solche Abweichungen haben die Mitgliedstaaten der Kommission mitzuteilen.

4. Umsetzung im deutschen Recht

In Umsetzung der Vorgabe aus Art. 26 Abs. 1 APr-RL schreibt § 317 Abs. 5 die Anwendung der von 43
der Kommission angenommenen internationalen Prüfungsstandards zwingend vor. Systematisch ist die Verortung in dieser den Gegenstand und den Umfang der Prüfung regelnden Norm überzeugender als die noch im Referentenentwurf vorgesehene Verankerung im Rahmen des § 316. Abweichungen können nach der Ermächtigungsnorm des § 317 Abs. 6 durch **Rechtsverordnung** bestimmt werden, die das Bundesministerium der Justiz und für Verbraucherschutz im Einvernehmen mit dem Bundesministerium für Wirtschaft und Energie ohne Beteiligung des Bundesrats erlässt.[156] Damit wird von der Öffnungsklausel des Art. 26 Abs. 4 APr-RL Gebrauch gemacht. Nach der Neufassung des Art. 26 Abs. 4 kann zwar nicht mehr die Nichtanwendung von Teilen der internationalen Prüfungsstandards vorgeschrieben werden; wohl aber können nach wie vor zusätzliche Prüfverfahren und Prüfungsanforderungen aufgestellt werden. Anders als noch im Referentenentwurf vorgesehen gestattet es § 317 Abs. 6 allerdings nur, zusätzliche Prüfungsanforderungen vorzuschreiben. Abschlussprüfungsverfahren sind hingegen nicht von der Verordnungsermächtigung erfasst;[157] auf entsprechende Kritik hin[158] hat der Gesetzgeber entschieden, die bisherige Rechtstradition fortzuführen und eine Regelung dem Berufsstand selbst zu überlassen.

152 Allgemein dazu *Fuhrmann* DÖV 2007, 464 ff; *Schmolke* EuR 2006, 432 ff.

153 ABl. 1999 Nr. L 184/23.

154 Näher *Merkt* ZGR 2015, 215 (222 ff); *Hommelhoff/Schwab* FS Kruse (2001), S. 693 ff; *Hohl* Private Standardsetzung im Gesellschafts- und Bilanzrecht (2007).

155 Begr. RegE, BT-Drucks. 16/10067, S. 87.

156 Zweifel an der Rechtswirksamkeit der Verordnungsermächtigung äußert der *Handelsrechtsausschuss des DAV* NZG 2008, 612, (618, Tz 60); krit. auch *Erchinger/Melcher* DB 2009, Beil. 5 zu Heft 23, S. 91 (92).

157 Begr. RegE, BT-Drucks. 16/10067, S. 88.

158 Vgl. *Neumann* Wpg 2008, Heft 2, S. I; *Oser/Roß/Wader/Drögemüller* Wpg 2008, 1005 (1009).

§ 318 Bestellung und Abberufung des Abschlußprüfers

(1) [1]Der Abschlußprüfer des Jahresabschlusses wird von den Gesellschaftern gewählt; den Abschlußprüfer des Konzernabschlusses wählen die Gesellschafter des Mutterunternehmens. [2]Bei Gesellschaften mit beschränkter Haftung und bei offenen Handelsgesellschaften und Kommanditgesellschaften im Sinne des § 264a Abs. 1 kann der Gesellschaftsvertrag etwas anderes bestimmen. [3]Der Abschlußprüfer soll jeweils vor Ablauf des Geschäftsjahrs gewählt werden, auf das sich seine Prüfungstätigkeit erstreckt. [4]Die gesetzlichen Vertreter, bei Zuständigkeit des Aufsichtsrats dieser, haben unverzüglich nach der Wahl den Prüfungsauftrag zu erteilen. [5]Der Prüfungsauftrag kann nur widerrufen werden, wenn nach Absatz 3 ein anderer Prüfer bestellt worden ist.

(1a) Eine Vereinbarung, die die Wahlmöglichkeiten nach Absatz 1 auf bestimmte Kategorien oder Listen von Prüfern oder Prüfungsgesellschaften beschränkt, ist nichtig.

(2) [1]Als Abschlußprüfer des Konzernabschlusses gilt, wenn kein anderer Prüfer bestellt wird, der Prüfer als bestellt, der für die Prüfung des in den Konzernabschluß einbezogenen Jahresabschlusses des Mutterunternehmens bestellt worden ist. [2]Erfolgt die Einbeziehung auf Grund eines Zwischenabschlusses, so gilt, wenn kein anderer Prüfer bestellt wird, der Prüfer als bestellt, der für die Prüfung des letzten vor dem Konzernabschlußstichtag aufgestellten Jahresabschlusses des Mutterunternehmens bestellt worden ist.

(3) [1]Auf Antrag der gesetzlichen Vertreter, des Aufsichtsrats oder von Gesellschaftern, deren Anteile bei Antragstellung zusammen den zwanzigsten Teil der Stimmrechte oder des gezeichneten Kapitals oder einen Börsenwert von 500000 Euro erreichen, hat das Gericht nach Anhörung der Beteiligten und des gewählten Prüfers einen anderen Abschlussprüfer zu bestellen, wenn

1. dies aus einem in der Person des gewählten Prüfers liegenden Grund geboten erscheint, insbesondere wenn ein Ausschlussgrund nach § 319 Absatz 2 bis 5 oder nach § 319b besteht oder ein Verstoß gegen Artikel 5 Absatz 4 Unterabsatz 1 Satz 1 oder Absatz 5 Unterabsatz 2 Satz 2 der Verordnung (EU) Nr. 537/2014 vorliegt, oder
2. die Vorschriften zur Bestellung des Prüfers nach Artikel 16 der Verordnung (EU) Nr. 537/2014 oder die Vorschriften zur Laufzeit des Prüfungsmandats nach Artikel 17 der Verordnung (EU) Nr. 527/2014 nicht eingehalten worden sind.

[2]Der Antrag ist binnen zwei Wochen nach dem Tag der Wahl des Abschlussprüfers zu stellen; Aktionäre können den Antrag nur stellen, wenn sie gegen die Wahl des Abschlussprüfers bei der Beschlussfassung Widerspruch erklärt haben. [3]Wird ein Grund zur Bestellung eines anderen Abschlussprüfers als des gewählten Prüfers erst nach dessen Wahl bekannt oder tritt ein solcher Grund erst nach dessen Wahl ein, ist der Antrag binnen zwei Wochen nach dem Tag zu stellen, an dem der Antragsberechtigte Kenntnis von den antragsbegründenden Umständen erlangt hat oder ohne grobe Fahrlässigkeit hätte erlangen müssen. [4]Stellen Aktionäre den Antrag, so haben sie glaubhaft zu machen, dass sie seit mindestens drei Monaten vor dem Tag der Wahl des Abschlussprüfers Inhaber der Aktien sind. [5]Zur Glaubhaftmachung genügt eine eidesstattliche Versicherung vor einem Notar. [6]Unterliegt die Gesellschaft einer staatlichen Aufsicht, so kann auch die Aufsichtsbehörde den Antrag stellen. [7]Der Antrag kann nach Erteilung des Bestätigungsvermerks, im Fall einer Nachtragsprüfung nach § 316 Abs. 3 nach Ergänzung des Bestätigungsvermerks nicht mehr gestellt werden. [8]Gegen die Entscheidung ist die Beschwerde zulässig.

(4) [1]Ist der Abschlußprüfer bis zum Ablauf des Geschäftsjahrs nicht gewählt worden, so hat das Gericht auf Antrag der gesetzlichen Vertreter, des Aufsichtsrats oder eines Gesellschafters den Abschlußprüfer zu bestellen. [2]Gleiches gilt, wenn ein gewählter Abschlußprüfer die Annahme des Prüfungsauftrags abgelehnt hat, weggefallen ist oder am rechtzeitigen Abschluß der Prüfung verhindert ist und ein anderer Abschlußprüfer nicht gewählt worden ist. [3]Die gesetzlichen Vertreter sind verpflichtet, den Antrag zu

https://doi.org/10.1515/9783110565362-005

stellen. [4]Gegen die Entscheidung des Gerichts findet die Beschwerde statt; die Bestellung des Abschlußprüfers ist unanfechtbar.

(5) [1]Der vom Gericht bestellte Abschlußprüfer hat Anspruch auf Ersatz angemessener barer Auslagen und auf Vergütung für seine Tätigkeit. [2]Die Auslagen und die Vergütung setzt das Gericht fest. [3]Gegen die Entscheidung findet die Beschwerde statt; die Rechtsbeschwerde ist ausgeschlossen. [4]Aus der rechtskräftigen Entscheidung findet die Zwangsvollstreckung nach der Zivilprozeßordnung statt.

(6) [1]Ein von dem Abschlußprüfer angenommener Prüfungsauftrag kann von dem Abschlußprüfer nur aus wichtigem Grund gekündigt werden. [2]Als wichtiger Grund ist es nicht anzusehen, wenn Meinungsverschiedenheiten über den Inhalt des Bestätigungsvermerks, seine Einschränkung oder Versagung bestehen. [3]Die Kündigung ist schriftlich zu begründen. [4]Der Abschlußprüfer hat über das Ergebnis seiner bisherigen Prüfung zu berichten; § 321 ist entsprechend anzuwenden.

(7) [1]Kündigt der Abschlußprüfer den Prüfungsauftrag nach Absatz 6, so haben die gesetzlichen Vertreter die Kündigung dem Aufsichtsrat, der nächsten Hauptversammlung oder bei Gesellschaften mit beschränkter Haftung den Gesellschaftern mitzuteilen. [2]Den Bericht des bisherigen Abschlußprüfers haben die gesetzlichen Vertreter unverzüglich dem Aufsichtsrat vorzulegen. [3]Jedes Aufsichtsratsmitglied hat das Recht, von dem Bericht Kenntnis zu nehmen. [4]Der Bericht ist auch jedem Aufsichtsratsmitglied oder, soweit der Aufsichtsrat dies beschlossen hat, den Mitgliedern eines Ausschusses auszuhändigen. [5]Ist der Prüfungsauftrag vom Aufsichtsrat erteilt worden, obliegen die Pflichten der gesetzlichen Vertreter dem Aufsichtsrat einschließlich der Unterrichtung der gesetzlichen Vertreter.

(8) Die Wirtschaftsprüferkammer ist unverzüglich und schriftlich begründet durch den Abschlussprüfer und die gesetzlichen Vertreter der geprüften Gesellschaft von der Kündigung oder dem Widerruf des Prüfungsauftrages zu unterrichten.

Art. 16 APr-VO Bestellung von Abschlussprüfern oder Prüfungsgesellschaften

(1) [1]Für die Zwecke der Anwendung von Artikel 37 Absatz 1 der Richtlinie 2006/43/EG gelten für die Bestellung von Abschlussprüfern oder Prüfungsgesellschaften durch Unternehmen von öffentlichem Interesse die in den Absätzen 2 bis 5 beschriebenen Bedingungen, gegebenenfalls unter Anwendung von Absatz 7. [2]Gilt Artikel 37 Absatz 2 der Richtlinie 2006/43/EG, so unterrichtet das Unternehmen von öffentlichem Interesse die zuständige Behörde über die Verwendung der dort genannten alternativen Systeme oder Modalitäten. In diesem Fall finden die Absätze 2 bis 5 des vorliegenden Artikels keine Anwendung.

(2) [1]Der Prüfungsausschuss legt dem Verwaltungs- oder Aufsichtsorgan des geprüften Unternehmens eine Empfehlung für die Bestellung von Abschlussprüfern oder Prüfungsgesellschaften vor. [2]Abgesehen vom Fall der Erneuerung eines Prüfungsmandats gemäß Artikel 17 Absätze 1 und 2 muss die Empfehlung begründet werden und mindestens zwei Vorschläge für das Prüfungsmandat enthalten, und der Prüfungsausschuss teilt unter Angabe der Gründe seine Präferenz für einen der beiden Vorschläge mit. [3]Der Prüfungsausschuss erklärt in seiner Empfehlung, dass diese frei von ungebührlicher Einflussnahme durch Dritte ist und ihm keine Klausel der in Absatz 6 genannten Art auferlegt wurde.

(3) [1]Außer im Fall der Erneuerung eines Prüfungsmandats gemäß Artikel 17 Absätze 1 und 2 wird die in Absatz 2 des vorliegenden Artikels genannte Empfehlung des Prüfungsausschusses im Anschluss an ein Auswahlverfahren erstellt, das das geprüfte Unternehmen unter Berücksichtigung folgender Kriterien durchführt: [2]Dem geprüften Unternehmen steht es frei, beliebige Abschlussprüfer oder Prüfungsgesellschaften zur Unterbreitung von Vorschlägen für die Erbringung von Abschlussprüfungsleistungen aufzufordern, sofern die Bedingungen des Artikels 17 Absatz 3 erfüllt sind und die Teilnahme von Unternehmen, die im vorausgegangenen Kalenderjahr in dem betreffenden Mitgliedstaat weniger als 15 % der von Unternehmen von öffentlichem Interesse gezahlten Gesamthonorare erhalten haben, an dem Ausschreibungsverfahren in keiner Weise ausgeschlossen wird. [3]Das geprüfte Unternehmen erstellt für den aufgeforderten Abschlussprüfer bzw. die Prüfungsgesellschaften Ausschreibungsunterlagen. Diese Ausschreibungsunterlagen müssen es ermöglichen, die Geschäftstätigkeit des geprüften Unternehmens und die Art der durchzuführenden Abschlussprüfung zu erfassen. Die Ausschreibungsunterlagen enthalten transparente, diskriminierungsfreie Auswahlkriterien für die Bewertung der Vorschläge der Abschlussprüfer oder Prüfungsgesellschaften durch das geprüfte Unternehmen. [4]Das geprüfte Unternehmen kann das Auswahlverfahren frei gestalten und im

Laufe des Verfahrens direkte Verhandlungen mit interessierten Bietern führen. [5]Falls die in Artikel 20 genannten zuständigen Behörden im Einklang mit Unionsrecht oder nationalem Recht von den Abschlussprüfern und Prüfungsgesellschaften die Erfüllung bestimmter Qualitätsstandards verlangen, so sind diese Standards in die Ausschreibungsunterlagen aufzunehmen. [6]Das geprüfte Unternehmen beurteilt die Vorschläge der Abschlussprüfer oder Prüfungsgesellschaften anhand der in den Ausschreibungsunterlagen festgelegten Auswahlkriterien. [7]Das geprüfte Unternehmen erstellt einen Bericht über die im Auswahlverfahren gezogenen Schlussfolgerungen, der vom Prüfungsausschuss validiert wird. [8]Das geprüfte Unternehmen und der Prüfungsausschuss berücksichtigen alle Erkenntnisse oder Schlussfolgerungen der in Artikel 26 Absatz 8 genannten und von der zuständigen Behörde gemäß Artikel 28 Buchstabe d veröffentlichten Kontrollberichte über bietende Abschlussprüfer oder Prüfungsgesellschaften. [9]Das geprüfte Unternehmen muss auf Verlangen in der Lage sein, gegenüber der in Artikel 20 genannten zuständigen Behörde darzulegen, dass das Auswahlverfahren auf faire Weise durchgeführt wurde. [10]Für das in Unterabsatz 1 genannte Auswahlverfahren ist der Prüfungsausschuss zuständig. [11]Die in Artikel 20 Absatz 1 genannte zuständige Behörde veröffentlicht für die Zwecke von Unterabsatz 1 Buchstabe a eine jährlich zu aktualisierende Liste der betreffenden Abschlussprüfer und Prüfungsgesellschaften. [12]Die zuständige Behörde nutzt bei den einschlägigen Berechnungen die gemäß Artikel 14 gemachten Angaben der Abschlussprüfer und Prüfungsgesellschaften.

(4) Unternehmen von öffentlichem Interesse, die die Kriterien nach Artikel 2 Absatz 1 Buchstaben f und t der Richtlinie 2003/71/EG[1] erfüllen, sind nicht zur Durchführung des in Absatz 3 genannten Auswahlverfahrens verpflichtet.

(5) [1]Der an die Gesellschafterversammlung oder Aktionärshauptversammlung des geprüften Unternehmens gerichtete Vorschlag für die Bestellung von Abschlussprüfern oder Prüfungsgesellschaften enthält die Empfehlung und Präferenz gemäß Absatz 2, die der Prüfungsausschuss oder das Gremium mit vergleichbarer Funktion ausgesprochen bzw. angegeben hat. [2]Falls der Vorschlag von der Präferenz des Prüfungsausschusses abweicht, sind im Vorschlag die Gründe zu nennen, weshalb der Empfehlung nicht gefolgt wird. [3]Der oder die vom Verwaltungs- oder Aufsichtsorgan empfohlenen Prüfer oder Prüfungsgesellschaften müssen jedoch an dem in Absatz 3 beschriebenen Auswahlverfahren teilgenommen haben. [4]Dieser Unterabsatz findet keine Anwendung, wenn das Verwaltungs- oder Aufsichtsorgan die Funktionen des Prüfungsausschusses wahrnimmt.

(6) [1]Jede Klausel in einem zwischen einem Unternehmen von öffentlichem Interesse und Dritten geschlossenen Vertrag, die die Auswahlmöglichkeiten der Gesellschafterversammlung oder Aktionärshauptversammlung des betreffenden Unternehmens gemäß Artikel 37 der Richtlinie 2006/43/EG im Hinblick auf die Auswahl eines bestimmten Abschlussprüfers oder einer bestimmten Prüfungsgesellschaft für die Durchführung der Abschlussprüfung bei diesem Unternehmen auf bestimmte Kategorien oder Listen von Abschlussprüfern oder Prüfungsgesellschaften beschränkt, ist nichtig. [2]Das Unternehmen von öffentlichem Interesse unterrichtet die in Artikel 20 genannten zuständigen Behörden unmittelbar und unverzüglich über jeden Versuch von Dritten, eine solche Vertragsklausel durchzusetzen oder die Entscheidung der Gesellschafterversammlung oder Aktionärshauptversammlung über die Bestellung eines Abschlussprüfers oder einer Prüfungsgesellschaft anderweitig ungebührlich zu beeinflussen.

(7) [1]Die Mitgliedstaaten können beschließen, dass Unternehmen von öffentlichem Interesse unter bestimmten Umständen eine bestimmte Mindestanzahl von Abschlussprüfern oder Prüfungsgesellschaften bestellen, und die Modalitäten für die Beziehungen zwischen den bestellten Abschlussprüfern und Prüfungsgesellschaften festlegen. [2]Wenn ein Mitgliedstaat eine solche Verpflichtung festlegt, teilt er dies der Kommission und der einschlägigen Europäischen Aufsichtsbehörde mit.

(8) Hat das geprüfte Unternehmen einen Nominierungsausschuss, in dem die Gesellschafter oder Aktionäre über erheblichen Einfluss verfügen und dessen Aufgabe es ist, Empfehlungen für die Auswahl von Prüfern abzugeben, so kann ein Mitgliedstaat gestatten, dass der Nominierungsausschuss die in diesem Artikel festgelegten Funktionen des Prüfungsausschusses wahrnimmt, und ihn verpflichten, der Gesellschafterversammlung oder der Aktionärshauptversammlung die in Absatz 2 genannte Empfehlung zu unterbreiten.

Art. 17 APr-VO Laufzeit des Prüfungsmandats

(1) [1]Unternehmen von öffentlichem Interesse bestellen einen Abschlussprüfer oder eine Prüfungsgesellschaft für ein erstes Mandat, dessen Laufzeit mindestens ein Jahr beträgt. [2]Das Mandat kann verlängert werden. [3]Weder

---

1 Richtlinie 2003/71/EG des Europäischen Parlaments und des Rates vom 4. November 2003 betreffend den Prospekt, der beim öffentlichen Angebot von Wertpapieren oder bei deren Zulassung zum Handel zu veröffentlichen ist, und zur Änderung der Richtlinie 2001/34/EG (ABl. L 345 vom 31.12.2003, S. 64).

das erste Mandat eines bestimmten Abschlussprüfers oder einer bestimmten Prüfungsgesellschaft noch dieses Mandat in Kombination mit erneuerten Mandaten darf die Höchstlaufzeit von zehn Jahren überschreiten.
(2) Abweichend von Absatz 1 können die Mitgliedstaaten verlangen, dass das in Absatz 1 genannte erste Mandat eine Laufzeit von mehr als einem Jahr hat, eine Höchstlaufzeit von weniger als zehn Jahren für die Mandate gemäß Absatz 1 Unterabsatz 2 vorsehen.
(3) Weder der Abschlussprüfer oder die Prüfungsgesellschaft noch gegebenenfalls Mitglieder seiner bzw. ihrer Netzwerke innerhalb der Union führen nach Ablauf der Höchstlaufzeiten der Mandate gemäß Absatz 1 Unterabsatz 2 oder Absatz 2 Buchstabe b oder nach Ablauf der Höchstlaufzeiten der gemäß Absatz 4 oder Absatz 6 verlängerten Mandate innerhalb des folgenden Vierjahreszeitraums die Abschlussprüfung bei demselben Unternehmenvon öffentlichem Interesse durch.
(4) Abweichend von Absatz 1 und Absatz 2 Buchstabe b können die Mitgliedstaaten vorsehen, dass die in Absatz 1 Unterabsatz 2 und in Absatz 2 Buchstabe b genannten Höchstlaufzeiten auf die folgenden Höchstlaufzeiten verlängert werden können:
– auf 20 Jahre, wenn ein öffentliches Ausschreibungsverfahren für die Abschlussprüfung im Einklang mit Artikel 16 Absätze 2 bis 5 durchgeführt wird und nach Ablauf der in Absatz 1 Unterabsatz 2 und in Absatz 2 Buchstabe b genannten Höchstlaufzeiten wirksam wird, oder
– auf 24 Jahre, wenn nach Ablauf der in Absatz 1 Unterabsatz 2 und in Absatz 2 Buchstabe b genannten Höchstlaufzeiten, bei dem die einschlägige Höchstlaufzeit erreicht worden ist, mehr als ein Abschlussprüfer oder eine Prüfungsgesellschaft gleichzeitig beauftragt wurden, sofern die Abschlussprüfung zur Vorlage des gemeinsamen Bestätigungsvermerks gemäß Artikel 28 der Richtlinie 2006/43/EG führt.
(5) Die jeweilige Höchstlaufzeit gemäß Absatz 1 Unterabsatz 2 und gemäß Absatz 2 Buchstabe b wird nur verlängert, wenn das Verwaltungs- oder das Aufsichtsorgan auf Empfehlung des Prüfungsausschusses der Gesellschafterversammlung oder Aktionärshauptversammlung im Einklang mit dem nationalen Recht vorschlägt, das Mandat zu verlängern, und wenn dieser Vorschlag angenommen wird.
(6) [1]Nach Ablauf der Höchstlaufzeit gemäß Absatz 1 Unterabsatz 2 bzw. Absatz 2 Buchstabe b oder Absatz 4 kann das Unternehmen von öffentlichem Interesse in Ausnahmefällen beantragen, dass die in Artikel 20 Absatz 1 genannte zuständige Behörde eine Verlängerung dahingehend gewährt, dass der Abschlussprüfer bzw. die Prüfungsgesellschaft für ein weiteres Mandat bestellt wird, sofern die Voraussetzungen in Absatz 4 Buchstabe a oder b erfüllt sind. [2]Die Dauer dieses zusätzlichen Mandats darf zwei Jahre nicht überschreiten.
(7) [1]Die für die Durchführung einer Abschlussprüfung verantwortlichen Prüfungspartner beenden ihre Teilnahme an der Abschlussprüfung des geprüften Unternehmens spätestens sieben Jahre nach dem Datum ihrer Bestellung. [2]Sie können frühestens drei Jahre nach dieser Beendigung ihrer Teilnahme wieder an der Abschlussprüfung des geprüften Unternehmens mitwirken. [3]Abweichend davon können die Mitgliedstaaten vorschreiben, dass die für die Durchführung einer Abschlussprüfung verantwortlichen Prüfungspartner ihre Teilnahme an der Abschlussprüfung des geprüften Unternehmens früher als sieben Jahre nach dem Datum ihrer Bestellung beenden. [4]Der Abschlussprüfer oder die Prüfungsgesellschaft führt ein angemessenes graduelles Rotationssystem für das an der Abschlussprüfung beteiligte Führungspersonal ein, das zumindest die als Abschlussprüfer geführten Personen erfasst. [5]Diese graduelle Rotation erfolgt gestaffelt und betrifft einzelne Personen und nicht das gesamte Prüfungsteam. [6]Sie steht in einem angemessenen Verhältnis zu Umfang und Komplexität der Tätigkeiten des Abschlussprüfers bzw. der Prüfungsgesellschaft. [7]Der Abschlussprüfer bzw. die Prüfungsgesellschaft muss in der Lage sein, der zuständigen Behörde gegenüber darzulegen, dass dieses System wirksam angewandt wird und dem Umfang und der Komplexität seiner bzw. ihrer Tätigkeiten angemessen ist.
(8) [1]Für die Zwecke dieses Artikels wird die Dauer des Prüfungsmandats vom ersten Geschäftsjahr an berechnet, das in dem Auftragsschreiben erfasst ist, in dem der Abschlussprüfer oder die Prüfungsgesellschaft erstmals für die Durchführung von aufeinanderfolgenden Abschlussprüfungen bei demselben Unternehmen von öffentlichem Interesse bestellt wurde. [2]Für die Zwecke dieses Artikels umfasst die Prüfungsgesellschaft andere Gesellschaften, die von ihr erworben wurden oder sich mit ihr zusammengeschlossen haben. [3]Wenn hinsichtlich des Zeitpunkts, von dem an der Abschlussprüfer oder die Prüfungsgesellschaft mit der Durchführung von aufeinanderfolgenden Abschlussprüfungen bei dem Unternehmen von öffentlichem Interesse begonnen hat, Ungewissheiten beispielsweise aufgrund des Zusammenschlusses oder des Erwerbs von Gesellschaften oder von Änderungen in der Eigentümerstruktur bestehen, meldet der Abschlussprüfer bzw. die Prüfungsgesellschaft diese Ungewissheiten sofort an die zuständige Behörde, die letztlich den relevanten Zeitpunkt für die Zwecke von Unterabsatz 1 bestimmen wird.

Art. 19 APr-VO Abberufung und Rücktritt von Abschlussprüfern oder Prüfungsgesellschaften
Unbeschadet des Artikels 38 Absatz 1 der Richtlinie 2006/43/EG leiten von einem Mitgliedstaat gemäß Artikel 20 Absatz 2 der vorliegenden Verordnung benannte zuständige Behörden die Informationen über die Abberufung

oder den Rücktritt des Abschlussprüfers oder der Prüfungsgesellschaft während der Laufzeit des Mandats sowie eine angemessene Begründung hierfür an die in Artikel 20 Absatz 1 genannte zuständige Behörde weiter.

Schrifttum

Vgl. die Angaben Vor § 316, ferner

Altmeppen Der Prüfungsausschuss – Arbeitsteilung im Aufsichtsrat, ZGR 2004, 390; *Arbeitskreis Bilanzrecht Hochschullehrer Rechtswissenschaft (AKBR)* Für eine mehrjährige Bestellperiode des Abschlussprüfers, BB 2015, 555; *Aschoff* Gesellschaftsrechtliche Rechtsfolgen von Vergabefehlern bezüglich der Abschlussprüfungsleistung, DZWiR 2008, 309; *Baumann/Ratzinger-Sakel* Erforderliche Prüferwechsel und Ausschreibungen bei Unternehmen von öffentlichem Interesse (PIE), WPg 2019, 254; *Bode* Verfahren zur Auswahl des Abschlussprüfers nach Art. 16 EU-VO – ausgewählte Fragen, BB 2016, 1707; *Buhleier/Niehues/Splinter* Praktische Herausforderungen bei der Umsetzung der neuen Anforderungen an den Prüfungsausschuss des Aufsichtsrats, DB 2016, 1885; *Chekushina/Loth* Die kritische Grundhaltung bei der Abschlussprüfung, NZG 2014, 85; *Deckers/Hermann* Die kritische Grundhaltung des Abschlussprüfers (professional scepticism), DB 2013, 2315; *Dißars* Kündigung des Auftrags zur gesetzlichen Abschlussprüfung aus wichtigem Grund, BB 2005, 2231; *Ebke/Jurisch* Der unerwünschte Abschlußprüfer: Ersetzungsverfahren (§ 318 Abs. 3 HGB) versus Anfechtungsklage (§ 243 Abs. 1 AktG), AG 2000, 208; *v. Falkenhausen/Kocher* Erneute Bestellung desselben Abschlussprüfers durch das Registergericht – Was tun, wenn die Prüferbestellung durch die Hauptversammlung angefochten wurde?, ZIP 2005, 602; *Farr* Der verantwortliche Prüfungspartner – das unbekannte Wesen, WPg 2017, 115; *Fölsing* Der Widerruf der Bestellung des Wirtschaftsprüfers wegen nicht geordneter Verhältnisse, DStR 2006, 1427; *ders.* Wirtschaftsprüferhonorare: Wann sind sie insolvenzfest?, ZIP 2007, 1449; *Forster* Zur Bestellung und Abberufung des Abschlußprüfers, FS Semler (1993), S. 819; *Fortun* „Ersetzung" bereits gewählter Abschlussprüfer, BB 2002, 2012; *Gelhausen* Die Prüfung der kleinen AG nach Inkrafttreten des BiRiLiG, AG 1986, 67; *ders./Heinz* Der befangene Abschlussprüfer, seine Ersetzung und sein Honoraranspruch, WPg 2005, 693; *Gundel/Hommelhoff/Lanfermann* Der einheitliche Abschlussprüfer in konzernierten Unternehmen von öffentlichem Interesse, DB 2017, 171; *dies.* Abschlussprüferwahl im PIE-Konzern: ihre rechtspraktische Durchführung, DB 2017, 2338; *Hartmann* Das neue Bilanzrecht und der Gesellschaftsvertrag der GmbH (1986); *Hennrichs* Gerichtliche Bestellung des Abschlussprüfers bei anhängiger Anfechtungsklage, WPg 2017, 482; *ders.* Finanzmarktintegritätsstärkungsgesetz (FISG) – die „richtigen Antworten auf Wirecard"?, DB 2021, 268; *Hönle* Die Unabhängigkeit des aktienrechtlichen Abschlussprüfers (1978); *Homburger* Organe, Publizität und Pflichtprüfung, JW 1931, 2935; *Hommelhoff/Lanfermann* Für eine mehrjährige Bestellperiode des Abschlussprüfers, FS Haarmann (2015), S. 73; *Hommelhoff/Priester* BiRiLiG und GmbH-Satzung, ZGR 1986, 463; *Hoppe* Hauptversammlungssaison 2017: Rechte und Pflichten des Versammlungsleiters bei Wahlentscheidungen der Hauptversammlung, NZG 2017, 361; *Hüffer* Bestellung, Mandatierung und Ersetzung von Abschlussprüfern, FS Hommelhoff (2012), S. 483; *Irblich/Jacob/Cebulla-Voges* Erfahrungen eines weltweit tätigen Multi-PIE-Konzerns mit dem Ausschreibungsverfahren gemäß EU-Abschlussprüferverordnung, WPg 2019, 1054; *Kaiser* Bestellung des Abschlussprüfers während des Insolvenzverfahrens, WPg 2018, 1331; *Kaiser/Berbuer* Die Ersetzung des Abschlussprüfers in der Insolvenz der Berichtsfirma, ZIP 2017, 161; *Kaspar* Erfahrungen mit der Ausschreibung der Abschlussprüfung nach der EU-Regulierung, WPg 2019, 1019; *Kerth* Bestellung und Abberufung von Abschlußprüfern, StB 1987, 337; *Kilian* Das künftige Erfolgshonorar für Rechtsanwälte, Steuerberater und Wirtschaftsprüfer – Für und Wider der gesetzgeberischen Gestaltungsalternativen, BB 2007, 1061; *ders.* Das künftige Erfolgshonorar für Rechtsanwälte, Steuerberater und Wirtschaftsprüfer – Detailprobleme der bevorstehenden Neufassungen, BB 2007, 1905; *Kirsch/Ewelt-Knauer/Gallasch* Stärkung der wahrgenommenen Unabhängigkeit des Abschlussprüfers durch Angaben zu den Honoraren im Konzernanhang?, ZGR 2013, 647; *Klerx* Ersetzung des bestellten Abschlussprüfers durch den Insolvenzverwalter, NZG 2003, 943; *Kniebes* Die Bestellung und Abberufung des Abschlussprüfers nach Insolvenzeröffnung, ZInsO 2015, 383; *Lanfermann* Handlungsrahmen des Aufsichtsrats bei der Initiierung eines Abschlussprüfer-Ersetzungsverfahrens nach § 318 Abs. 3 HGB, BB 2017, 2989; *Lanfermann/Maul* Gründe für die Nichtigkeit des Jahresabschlusses nach § 256 AktG im Licht der EU-Abschlussprüferreform, BB 2015, 1003; *dies.* Sanktionierung von Verstößen gegen prüfungsbezogene Aufsichtsratspflichten nach dem AReG-RegE, BB 2016, 363; *Lenz/Bauer* Prüfungs- und Beratungshonorar von Abschlussprüfern deutscher börsennotierter Aktiengesellschaften, WPg 2004, 985; *Lenz/Möller/Höhn* Offenlegung der Honorare für Abschlussprüferleistungen im Geschäftsjahr 2005 bei DAX-Unternehmen, BB 2006, 1787; *Lutter* Der doppelte Wirtschaftsprüfer, FS Semler (1993), S. 835; *Mai* Rechtsverhältnis zwischen Abschlußprüfer und prüfungspflichtiger Kapitalgesellschaft (1993); *Marsch-Barner* Zur Anfechtung der Wahl des Abschlussprüfers wegen Verletzung von Informationsrechten, FS Hommelhoff (2012), S. 691; *Marten* Der Wechsel des Abschlussprüfers, 1994; *ders.* Bestellung und Abberufung des Abschlussprüfers in Deutschland und Europa und den USA, RIW 1994, 794; *Mathews* Der berufliche Wirkungskreis des Wirtschaftsprüfers nach dem Inkrafttreten des BiRiLiG, BB 1987, 2265; *Merkt* Abschlussprüfung bei öffentlichen Unternehmen, FS Priester (2007), S. 467; *Merkt/Osbahr* Einsichts- und Herausgabeansprüche des Mandanten gegen den Wirtschaftsprüfer, FS Grunewald (2021), S. 749; *H.-P. Müller/Gelhausen* Zur handelsrechtlichen Rechnungslegungs- und Prüfungspflicht nach § 155 InsO bei Kapitalgesellschaften, FS Claussen (1997), S. 687; *W. Müller* Der befangene Abschlussprüfer im Unternehmensverbund, NZG 2004, 1037; *ders.* Mehrjährige Wahl des Abschlussprüfers bei Unternehmen von öffentlichem Interesse?, FS Marsch-Barner (2018), S. 375; *Niehus* Qualität der Jahresabschlußprüfung durch externe Kontrolle, FS Semler (1993), S. 865; *Nonnenmacher* Neue gesellschaftsrechtliche Vorgaben für den Prüfungsausschuss, FS Haarmann (2015), S. 143; *Pfizer/Oser/Orth* Offene Fragen und Systemwidrigkeiten des Bilanzrechtsreformgesetzes (BilReG), DB 2004, 2593; *Proebsting* Zur Bestellung des Abschlussprüfers, WPg 1968, 542; *Quick/Schmidt/Simons* Sind Joint Audits sinnvoll?, WPg 2016, 11; *dies.* Wo liegen die Schwachstellen der Joint-Audit-Forschung?, WPg 2016, 195; *Rieckers* Nachlese zur Hauptversammlungssaison 2018 und Ausblick auf 2019, DB 2019, 107; *Rittner* Der Widerruf des Abschlußprüfers (§ 318 Abs. 3 HGB) bei mittelständischen Gemeinschaftsunternehmen, FS Rowedder (1994), S. 411; *Röhl/Hidding* Die Handakte des Wirtschaftsprüfers, WM 2021, 1729; *Röhricht* Zur Frage der Abhängigkeit des Abschlußprüfers bei gleichzeitiger Prüfung von Darlehensgeber und Darlehensnehmer, DB 1984, 253; *Schilha* Neues Anforderungsprofil, mehr Aufgaben und erweiterte Haftung für den Aufsichtsrat nach Inkrafttreten der Abschlussprüfungsreform, ZIP 2016, 1317; *Schockenhoff/Culmann* Anfechtung der Wahl des Abschlussprüfers und gerichtliche Bestellung analog § 318 Abs. 4 HGB, AG 2016, 23; *Schüppen* Die europäische Abschlussprüfungsreform und ihre Implementierung in Deutschland – vom Löwen zum Bettvorleger?, NZG 2016, 247; *ders.* Die Bestellung des Abschlussprüfers für mehrere Geschäftsjahre, FS E. Vetter (2019), S. 737; *ders.* Der Regierungsentwurf des Gesetzes zur Stärkung der Finanzmarktintegrität (FISG) – Hart, bissig, unausgegoren, DStR 2021, 246; *Schürnbrand* Rechtsfolgen von Verstößen gegen die EU-Verordnung zur Abschlussprüfung, AG 2016, 70; *Simons* Die Wahl des Abschlussprüfers durch die Hauptversammlung, WPg 2018, 713, 771 und 962; *Singhof* Zum Vorziehen der Wahl des Abschlussprüfers beim Prüferwechsel, FS Marsch-Barner (2018), S. 539; *Theisen* Vergabe und Konkretisierung des WP-Prüfungsauftrags durch den Aufsichtsrat, DB 1999, 341; *Ulmer* Begründung von Rechten für Dritte in der Satzung einer GmbH?, FS W. Werner (1984), S. 911; *ders.* Nochmals: Begründung von Rechten für Dritte in der Satzung einer GmbH?, FS Wiedemann (2002), S. 1297; *Wasmann/Harzenetter* Die Bestellung des Prüfers für die prüferische Durchsicht von unterjährigen Finanzberichten, NZG 2016, 97; *Ziemons* Erteilung des Prüfungsauftrags an den Abschlussprüfer durch einen Aufsichtsratsausschuss?, DB 2000, 77; *Zimmermann* Gestaltungsspielräume bei Veröffentlichung von Abschlussprüferhonoraren im Rahmen des BilReG, KoR 2006, 273.

Übersicht

I. Einführung

1. Inhalt und Zweck der Regelung

1 § 318 regelt zum einen die **Bestellung und Ersetzung des Abschlussprüfers** und des Konzernabschlussprüfers der prüfungspflichtigen Gesellschaft, zum anderen die **Niederlegung des Amtes** durch den Abschlussprüfer. Was zunächst die Bestellung des Abschlussprüfers betrifft, so unterscheidet die Vorschrift zwischen der Wahl des Abschlussprüfers durch die Gesellschafter, der Erteilung des Prüfungsauftrags durch die gesetzlichen Vertreter oder – im Falle der AG und der mitbestimmten GmbH – den Aufsichtsrat und der Annahme des Auftrags durch den Prüfer; an die Stelle der Wahl und der Erteilung des Prüfungsauftrags durch die Gesellschaft kann – nach Maßgabe der Abs. 3 bis 5 – die gerichtliche Bestellung des Abschlussprüfers treten. Der gesetzlichen Regelung liegt ersichtlich die Vorstellung zugrunde, dass der Abschlussprüfer als Inhaber eines privaten Amtes, das mit gesetzlichen Rechten und Pflichten versehen ist, durch das **korporationsrechtliche Bestellungsgeschäft** berufen wird (Vor § 316 Rn 23). Von der korporationsrechtlichen Bestellung ist der **schuldrechtliche Prüfungsauftrag** zu unterscheiden, der zwar als solcher die Stellung eines Abschlussprüfers nicht zu begründen vermag, indes mit dieser eng verwoben ist.[2] So erfolgt die Erklärung der Wahl zum Abschlussprüfer im Allgemeinen durch „Erteilung" – genauer: durch Erklärung des Angebots auf Abschluss – des Prüfungsvertrags (Rn 44); die Annahme des Amtes wiederum erfolgt im Allgemeinen mit der Annahme des Angebots auf Abschluss des Prüfungsvertrags (Rn 47). Bei gerichtlicher Bestellung des Abschlussprüfers treten die gerichtliche Entscheidung an die Stelle des Wahlbeschlusses und der in Abs. 5 geregelte Vergütungsanspruch an die Stelle des Prüfungsvertrags zwischen gewähltem Abschlussprüfer und Gesellschaft; auch in diesem Fall bedarf es indes der Annahme des Amtes durch den gerichtlich bestellten Abschlussprüfer. Die Trennung zwischen korporationsrechtlichem Bestellungsgeschäft und schuldrechtlichem Prüfungsauftrag hat namentlich zur Folge, dass – vom Fall der Fehleridentität abgesehen – die Wirksamkeit des einen durch Mängel des anderen nicht berührt wird; insbesondere lässt die Nichtigkeit des schuldrechtlichen Prüfungsvertrags gem. § 134 BGB i.Vm. §§ 319 Abs. 2–4, 319b (§ 319 Rn 99) die Wirksamkeit des Bestellungsgeschäfts unberührt. Mit Blick auf das öffentliche Interesse an der Durchführung der Abschlussprüfung (Vor § 316 Rn 1 ff) besteht ein zentrales Anliegen der Vorschrift darin, die Bestellung des Abschlussprüfers und damit die Durchführung der **Prüfung zu garantieren** und die Bindung des Abschlussprüfers an die Gesellschaft – und damit zugleich seine **Unabhängigkeit** und seine Stellung gegenüber dieser – **zu stärken**. Dem

2 Vgl. bereits Vor § 316 Rn 23; wie hier namentlich Lutter/Hommelhoff/*Kleindiek* GmbHG[20] Vor § 41 Rn 65; s. ferner *ADS* Rn 13 ff; MünchKommHGB/*Ebke*[4] Rn 1.

zuletzt genannten Anliegen dient zum einen die Vorschrift des Abs. 1 S. 5, die die Gesellschaft auf das Ersetzungsverfahren des Abs. 3 verweist und damit eine ersatzlose Beendigung des Mandats auf Initiative der Gesellschaft ausschließt, zum anderen die Beschränkung des Kündigungsrechts des Abschlussprüfers in Abs. 6; Gesellschaft und Abschlussprüfer sollen danach insbesondere auch dann zur weiteren Zusammenarbeit verpflichtet bleiben, wenn zwischen beiden Seiten inhaltliche Meinungsverschiedenheiten bestehen.[3]

2. Entstehungsgeschichte und unionsrechtlicher Hintergrund

Die Vorschrift geht auf § 262b HGB 1931, § 136 AktG 1937 und § 163 AktG 1965 zurück. Sie hat zwar 2
nicht wenige textliche Änderungen erfahren, entspricht jedoch in wesentlichen Teilen nach wie vor der ursprünglichen Fassung.[4] Im Zuge der durch das **BiRiLiG** vom 19.12.1985 (BGBl. I 2355) ist dem rechtsformneutralen Ansatz der §§ 316 ff (Vor § 316 Rn 8) auch im Rahmen des § 318 Rechnung getragen worden; zudem ist Abs. 2 betreffend den Konzernabschluss aufgenommen worden. Das **KonTraG** vom 27.4.1998 (BGBl. I 786; dazu Vor § 316 Rn 9) hat in § 111 Abs. 2 S. 3 AktG die Zuständigkeit für den Abschluss des Prüfungsauftrags auf den Aufsichtsrat der AG übertragen und in der Folge Abs. 1 S. 4, Abs. 7 S. 4 und 5 geändert bzw. neu eingefügt. Das **BilReG** vom 4.12.2004 (BGBl. I 3166; dazu Vor § 316 Rn 11) hat das Ersetzungsverfahren des § 318 Abs. 3 neu gefasst und zugleich in § 243 Abs. 3 Nr. 2 AktG (jetzt: § 243 Abs. 3 Nr. 3 AktG) bestimmt, dass ein die Wählbarkeit des Abschlussprüfers ausschließender Grund und damit insbesondere die Befangenheit des Abschlussprüfers nur noch im Ersetzungsverfahren des § 318 Abs. 3, nicht dagegen durch Anfechtungsklage geltend gemacht werden kann.[5] Zudem hat es in § 249 Abs. 1 S. 1 AktG einen Verweis auf § 243 Abs. 3 Nr. 2 AktG (jetzt: § 243 Abs. 3 Nr. 3 AktG) vorgesehen und hierdurch klargestellt, dass auch die Nichtigkeitsklage durch das Ersetzungsverfahren verdrängt wird. Das **UMAG**[6] hat sodann im Zuge der Umgestaltung des § 249 Abs. 1 S. 1 AktG den Verweis auf § 243 Abs. 3 Nr. 2 AktG wieder beseitigt (Rn 72). Durch Art. 69 Nr. 3 des **FGG-Reformgesetzes** vom 17.12.2008 (BGBl. I 2586) sind Abs. 3 und 4 an die neue Systematik des FamFG angepasst worden. Das **BilMoG** vom 28.5.2009 (BGBl. I 1102; dazu Vor § 316 Rn 12) hat sodann in Abs. 3 S. 1 die Verweisung auf die neue Vorschrift des § 319b erstreckt und in Umsetzung von Art. 38 Abs. 2 APr-RL (Rn 3) die Benachrichtigungspflicht des Abs. 8 statuiert. Durch das **AReG** vom 10.5.2016 (BGBl. I 1142; dazu Vor § 316 Rn 13) ist – in Umsetzung der allerdings nur Unternehmen von öffentlichem Interesse betreffenden Vorgaben des Art. 38 Abs. 3 APr-RL in der Fassung durch die Änderungsrichtlinie 2014/56/EU (Rn 3) – § 318 Abs. 3 neu gefast und der sachliche Anwendungsbereich des Ersatzungsverfahrens ausgeweitet worden; außerdem ist – in Umsetzung der Vorgaben des Art. 37 Abs. 3 der Änderungsrichtlinie 2014/56/EU (Rn 3) – ein neuer Abs. 1b (jetzt: Abs. 1a) eingefügt worden. Darüber hinaus hat das AReG in Ausübung des in Art. 17 Abs. 4 APr-VO vorgesehenen Mitgliedstaatenwahlrechts betreffend die Ausdehnung der Rotationsfristen einen neuen Abs. 1a eingefügt. Dieser ist allerdings sodann durch das **FISG** vom 3.6.2021 (BGBl. I 1534; dazu Vor § 316 Rn 17) wieder aufgehoben worden, so dass es nun bei der Höchstlaufzeit des Art. 17 Abs. 1 Unterabs. 2 APr-VO sowie bei der Verlängerungsoption nach Art. 17 Abs. 6 APr-VO bewendet. Außerdem hat das FISG nicht nur den bisherigen Abs. 1b in Abs. 1a eingestellt, sondern in § 318 Abs. 3 S. 1 und S. 3 klarstellende Änderungen vorgenommen. Insbesondere hat es den Begriff „Grundkapital" durch den des „gezeichneten Kapitals" ersetzt und damit dem rechtsformübergreifenden Anwendungsbereich des Ersetzungsverfahrens Rechnung getragen; die dagegen noch im RegE[7] vorgese-

3 *Forster* FS Semler, S. 819.
4 Vgl. *Biener/Berneke* 407 ff; *Schönwandt* Neues und altes Aktienrecht, XV, 82 f; allg. zur Entwicklung der §§ 316 ff Vor § 316 Rn 5 ff.
5 Anders noch BGHZ 153, 32 (44 ff) = NZG 2003, 216.
6 Gesetz zur Unternehmensintegrität und Modernisierung des Anfechtungsrechts (UMAG) v. 22.9.2005, BGBl. I 2802.
7 BT-Drucks. 19/26966, S. 102.

hene Einbeziehung des Art. 5 Abs. 1 APr-VO in den Katalog des § 318 Abs. 3 S. 1 Nr. 1 ist auf Empfehlung des Finanzausschusses unterblieben.[8]

3 § 318 dient in wesentlichen Teilen der Umsetzung der Vorgaben der **Art. 37, 38 APr-RL** (Vor § 316 Rn. 18). So bestimmt Art. 37 Abs. 1, 2 Abschlussprüferrichtlnie, dass der Abschlussprüfer von der Mitglieder- oder Gesellschafterversammlung des geprüften Unternehmens bestellt wird, die Mitgliedstaaten aber alternative Systeme oder Modalitäten für die Bestellung vorsehen können, sofern diese darauf ausgerichtet sind, die Unabhängigkeit des Abschlussprüfers von den Geschäftsleitern zu gewährleisten. Ein förmlicher Umsetzungsakt hat sich insoweit zwar mit Blick auf § 318 Abs. 1 S. 1, 2 erübrigt; namentlich die die GmbH und die atypische Personengesellschaft betreffende Vorschrift des § 318 Abs. 1 S. 2 ist nun allerdings im Lichte des Art. 37 Abs. 2 APr-RL auszulegen. Art. 37 Abs. 3 APr-RL in der Fassung durch die Änderungsrichtlinie 2014/56/EU (Vor § 316 Rn 18) verpflichtet dazu, jegliche Vertragsklausel, die die Auswahlmöglichkeiten der Gesellschafterversammlung oder der Aktionärshauptversammlung des geprüften Unternehmens auf bestimmte Kategorien oder Listen von Abschlussprüfern beschränkt, zu untersagen und jede bestehende Klausel dieser Art für nichtig zu erklären; dieser Vorgabe ist durch den auf das AReG zurückgehenden (Rn 2) neuen Abs. 1a Rechnung getragen worden. Nach Art. 38 Abs. 1, 2 APr-RL haben die Mitgliedstaaten sicherzustellen, dass Abschlussprüfer nur bei Vorliegen triftiger Gründe abberufen werden können, Meinungsverschiedenheiten über Bilanzierungsmethoden oder Prüfverfahren keinen triftigen Grund für eine Abberufung darstellen und das geprüfte Unternehmen und der Abschlussprüfer die für die öffentliche Aufsicht zuständigen Stellen über die Abberufung oder den Rücktritt des Abschlussprüfers während der Laufzeit des Auftrages in Kenntnis setzen und eine ausreichende Begründung liefern; Art. 38 Abs. 3 APr-RL in der Fassung durch die Änderungsrichtlinie 2014/56/EU verpflichtet die Mitgliedstaaten insbesondere dazu, Anteilseignern eines Unternehmens von öffentlichem Interesse, die mindestens 5 % der Stimmrechte oder des Grundkapitals halten, es zu ermöglichen, bei Vorliegen triftiger Gründe vor einem nationalen Gericht die Abberufung des Abschlussprüfers zu beantragen. Der Umsetzung dieser Vorgaben dienen § 318 Abs. 1 S. 5, Abs. 3 sowie der durch das BilmoG (Rn 2) eingefügte Abs. 8.

4 Für **Unternehmen von öffentlichem Interesse** im Sinne des § 316a S. 2 (§ 316a Rn 6 ff) sind im Regelungskontext des § 318 einige der – nach § 316a S. 1 explizit mit Vorrang ausgestatten (§ 316a Rn 4 f) – Vorschriften der **Abschlussprüferverordnung** zu berücksichtigen. So sieht Art. 16 APr-VO für die Anwendung von Art. 37 Abs. 1 APr-RL (Rn 3) betreffend die Bestellung des Abschlussprüfers durch die Anteilseigner besondere Verfahrensregeln vor, insbesondere die Einbindung des (nach Art. 39 APr-RL in der Fassung durch die Änderungsrichtlinie 2014 zu bildenden, s. § 324 Rn 3 f) Prüfungsausschusses (Rn 9 ff). Art. 17 regelt die Laufzeit des Prüfungsmandats und die Rotation der für die Durchführung der Abschlussprüfung verantwortlichen Prüfungspartner (Rn 34 ff). Zu Abberufung und Rücktritt des Abschlussprüfers sieht Art. 19 APr-VO vor, dass unbeschadet des Art. 38 Abs. 1 APr-RL (Rn 3) die von einem Mitgliedstaat gemäß Art. 20 Abs. 2 APr-VO benannte Behörde die Informationen über die Abberufung oder den Rücktritt des Abschlussprüfers an die in Art. 20 Abs. 1 APr-VO genannte Behörde weiterleitet (Rn 119). Art. 18 APr-VO regelt insbesondere die Pflicht des ersetzten Abschlussprüfers, dem neuen Abschlussprüfer Zugang zu den in Art. 11 APr-VO genannten zusätzlichen Berichten hinsichtlich früherer Jahre sowie zu jeglicher Information, die den zuständigen Behörden gemäß Art. 12, 13 APr-VO übermittelt werden, zu gewähren (Rn 115; § 320 Rn 37 f).

3. Anwendungsbereich

5 Die Vorschrift findet in Fällen der gesetzlich angeordneten **Pflichtprüfung** (§ 316 Rn 1, 3 ff) Anwendung. Bei freiwilligen, auf Gesellschaftsvertrag beruhenden Abschlussprüfungen sind die Verfahrensregeln zur gesetzlichen Abschlussprüfung, also auch § 318, grundsätzlich nicht anwend-

8 BT-Drucks. 19/29879, S. 154 f.

bar.[9] Ob die Gesellschafter die Verfahrensbestimmungen des HGB durch Vereinbarung in Bezug nehmen wollten, ist eine Frage der Auslegung (vgl. § 316 Rn 28 ff). Aufgrund von **Verweisungen** kommen § 318 bzw. einzelne Absätze der Vorschrift auch außerhalb der §§ 316 ff zur Anwendung. Hervorzuheben sind:

- für die Bestellung des Abschlussprüfers im Insolvenzverfahren gem. § 155 Abs. 3 S. 1 InsO,[10]
- für Kreditinstitute gem. § 340k Abs. 1 S. 1,
- für Versicherungsunternehmen gem. § 341k Abs. 1 S. 1,
- für Unternehmensbeteiligungsgesellschaften gem. § 8 Abs. 1 S. 1 UBGG,
- für Verwertungsgesellschaften gem. § 57 Abs. 1 VGG,
- für Energieversorgungsunternehmen gem. § 6b Abs. 1 S. 1 EnWG,
- für die prüferische Durchsicht von Halbjahresfinanzberichten gem. § 115 Abs. 5 S. 2 WpHG,
- für die Ermittlung des maßgeblichen Umsatzes nach § 3 Abs. 2 Nr. 1 MontanMitbestErgG (§ 4 Abs. 1 S. 2 MontanMitbestErgG),
- Abs. 1 bis 1b (jetzt: 1a) und Abs. 3 bis 8 gem. § 6 Abs. 1 S. 2 PublG für nach dem PublG prüfungspflichtige Unternehmen und § 318 im Ganzen gem. § 14 Abs. 1 S. 2 PublG für nach dem PublG prüfungspflichtige Konzerne,
- Abs. 1 S. 2 für die Erhöhung des Stammkapitals der GmbH aus Gesellschaftsmitteln (§ 57 f Abs. 3 S. 2 GmbHG),
- Abs. 1 S. 3 und 4 gem. § 209 Abs. 4 S. 2 AktG für den Bestellungszeitpunkt und die Beauftragung der Prüfer der zugrunde gelegten Bilanz bei Kapitalerhöhungen aus Gesellschaftsmitteln;[11]
- Abs. 5 für gerichtlich bestellte Vertragsprüfer bei von einer AG als verpflichteter Vertragspartei geschlossenen Unternehmensverträgen (§ 293c Abs. 1 S. 5 AktG),[12]
- Abs. 5 für Auslagen und Vergütung der vom Gericht bestellten Verschmelzungs- und Spaltungsprüfer gem. §§ 10 Abs. 1 S. 3, 60 Abs. 3 S. 3, 125 S. 1 UmwG,
- Abs. 5 für die Bestellung des Abschlussprüfers durch ein Gericht auf Antrag der BaFin (§ 28 Abs. 2 S. 3 KWG).

II. Bestellung des Abschlussprüfers (Abs. 1; Art. 16 f APr-VO)

1. Zuständigkeit

a) Grundsätzliches. Während der Abschluss des Prüfungsvertrags Sache des gesetzlichen Vertreters oder, bei Existenz eines Pflichtaufsichtsrats, des Aufsichtsrats der Gesellschaft ist (Rn 44 ff), findet die Bestellung und damit die **Verleihung des privaten Amtes** als **korporationsrechtlicher Akt** (Rn 1) ihre rechtsgeschäftliche Grundlage in dem Wahlbeschluss der Gesellschafter. Für alle prüfungspflichtigen Gesellschaften gilt nämlich der in Abs. 1 S. 1 niedergelegte Grundsatz, dass der Abschlussprüfer von den Gesellschaftern gewählt wird. Hierdurch wird das Recht der Anteilseigner auf Teilhabe am Ergebnis und korrekte Information durch die Rechenschaftslegung gewährleistet.[13] Entscheidend ist insoweit allerdings nicht die Bedeutung der Abschlussprüfung als Aufgabe von allgemeinem Interesse, der im Übrigen eine prinzipielle Einsetzung des Abschlussprüfers durch das Ge- 6

9 BGH BB 1991, 2342 = DB 1991, 2429; MünchKommHGB/*Ebke*[4] Rn 1.

10 S. dazu noch Rn 7, 49, 75, 103; § 316 Rn 7.

11 Klarstellung durch das BilMoG (Rn 2); zur damit übereinstimmenden Rechtslage vor Inkrafttreten des FISG s. Voraufl. Rn 3; Begr. RegE BiRiLiG BT-Drucks. 10/317, S. 106.

12 Zur Frage der analogen Anwendung der §§ 293a ff AktG auf die GmbH als verpflichtete Vertragspartei s. Emmerich/Habersack/*Emmerich*[9] § 293a Rn 10 ff.

13 KölnKomm-AktG/*Claussen*/*Korth*[2] Rn 6 mit Hinweisen zu – zu Recht vereinzelt gebliebenen – Alternativvorschlägen; zum Einfluss des Vergaberechts, insbes. zur Unwirksamkeit des Prüfungsvertrags und der Bestellung bei Missachtung des Vergaberechts s. *Aschoff* DZWiR 2008, 309 ff.

richt eher entsprechen würde.[14] Vielmehr liegt in der Wahl des Abschlussprüfers häufig die einzige Möglichkeit der Gesellschafter, auf die Rechenschaftslegung der Vertretungsorgane der Gesellschaft Einfluss zu nehmen.[15] Demzufolge steht das **Wahlrecht allen Gesellschaftern** unabhängig von ihrem Haftungsstatus zu;[16] eine Besonderheit gilt für die KGaA, bei der die Komplementäre nicht stimmberechtigt sind (§ 285 Abs. 1 S. 2 Nr. 6 AktG; vgl. Rn 21). Der Wahlbeschluss hat allerdings noch nicht die Bestellung des Abschlussprüfers zur Folge. Abweichend von dem Wortlaut des § 119 Abs. 1 Nr. 5 AktG ist der Abschlussprüfer vielmehr erst dann bestellt, wenn ihm der Abschluss des Prüfungsvertrags angetragen und dieser Antrag sodann von ihm angenommen worden ist.[17] Hieraus wiederum folgt, dass die Gesellschafter einen **Wahlbeschluss aufheben** und durch einen neuen Beschluss ersetzen können, ohne dass der zunächst gewählte Prüfer aus dem Wahlbeschluss Rechte herleiten könnte;[18] erst die Erteilung des Prüfungsauftrags (§§ 145 ff BGB)[19] – erst Recht natürlich die Annahme desselben – bindet die Gesellschaft. Unberührt bleibt allerdings die Pflicht, den Prüfungsauftrag unverzüglich nach der Wahl zu erteilen (Rn 44).

7 Besonderheiten galten zunächst für **Versicherungsunternehmen**: Nach § 341k Abs. 2 S. 1 aF war § 318 Abs. 1 S. 1 mit der Maßgabe anzuwenden, dass der Abschlussprüfer des Jahres- und des Konzernabschlusses vom Aufsichtsrat bestimmt wird. Das FISG (Rn 2) hat diese Vorschrift aufgehoben, so dass es nun auch für Versicherungsunternehmen bei dem Grundsatz des § 318 Abs. 1 S. 1 bewendet (§ 341k Rn 2, dort auch zu § 36 VAG). Für **Kreditinstitute** gilt seit jeher das Bestellungsrecht der Gesellschafter. Nach § 28 Abs. 1 KWG hat allerdings das Institut der BaFin und der Deutschen Bundesbank den bestellten Prüfer unverzüglich nach der Wahl anzuzeigen; die BaFin kann sodann innerhalb eines Monats nach Zugang der Anzeige die Bestellung eines anderen Prüfers verlangen, wenn dies zur Erreichung des Prüfungszwecks geboten ist. § 28 Abs. 2 KWG sieht zudem bei Nichtbefolgung der sich aus § 28 Abs. 1 KWG ergebenden Pflichten und bei Wegfall des gewählten Prüfers die gerichtliche Bestellung des Prüfers auf Antrag der BaFin vor. In der **Insolvenz** der zu prüfenden Gesellschaft findet § 318 nach § 155 Abs. 3 S. 1 InsO mit der Maßgabe Anwendung, dass die Bestellung ausschließlich durch das Registergericht auf Antrag des Insolvenzverwalters (bei Eigenverwaltung: auf Antrag der insolventen Gesellschaft, s. §§ 281 Abs. 3 S. 1, 270 Abs. 1 InsO[20]) erfolgt;[21] der Abschluss des Prüfungsvertrags und Dispostionen über diesen – darunter auch die Entbindung des Abschlussprüfers von der Schweigepflicht[22] – sind sodann Sache des Insolvenzverwalters.[23] Die vor Insolvenzeröffnung erfolgte Bestellung eines Abschlussprüfers wird nach § 155 Abs. 3 S. 2 InsO in ihrer Wirksamkeit durch die Insolvenzeröffnung nicht berührt, und zwar weder für das Geschäftsjahr vor Insolvenzeröffnung (also für das nach § 155 Abs. 2 S. 1 InsO bis zur Insolvenzeröffnung laufende Rumpfgeschäftsjahr) noch für davor liegende Geschäftsjahre.[24] Auch ein vor Insolvenzeröffnung geschlossener Prüfungsvertrag besteht entspre-

---

14 Dafür denn auch *M. Richter* Die Stellung des Abschlussprüfers im Entscheidungs- und Kontrollprozess der AG, Diss. Saarbrücken (1977), S. 272; ähnlich *Hönle* S. 196 ff (200).

15 HdR-EA/*Baetge/Thiele*[5] Rn 3.

16 BGHZ 76, 338 (340) = NJW 1980, 1689.

17 MünchKommHGB/*Ebke*[4] Rn 1, 25; *Schüppen* Abschlussprüfung[2] Rn 3.

18 MünchKommHGB/*Ebke*[4] Rn 25; *Fortun* BB 2002, 2012 f.

19 Die Bindungswirkung des Antrags wird nicht berücksichtigt von *Fortun* BB 2002, 2012 (2013); MünchKommHGB/*Ebke*[4] Rn 20.

20 BGH ZIP 2018, 1358 Rn 7.

21 Vgl. dazu neben den Kommentaren zur InsO OLG Zweibrücken ZIP 2006, 2100; OLG Dresden ZIP 2009, 2458; LG Paderborn ZIP 2006, 2101; *H.-P. Müller/Gelhausen* FS Claussen, S. 687 ff; *Kaiser* WPg 2018, 1331 ff; *Klerx* NZG 2003, 943 ff; *Kniebes* ZInsO 2015, 383 ff; s. ferner Rn 49, 75.

22 BGH ZIP 2021, 475 Rn. 25 mwN.

23 BGHZ 190, 291 Rn 13 = ZIP 2011, 1862.

24 BGH ZIP 2018, 1358 Rn 10 ff mwN; ferner BGH ZIP 2022, 1337 Rn 10 ff = NZG 2022, 1691; OLG Karlsruhe ZIP 2017, 1431 f; OLG Frankfurt/M. ZIP 2004, 1114 (1115); näher *Kaiser* WPg 2018, 1331 ff; **aA** für Geschäftsjahre vor dem vor Insolenzeröffnung liegenden Geschäftsjahr OLG Dresden ZIP 2009, 2458; unentschieden noch BGHZ 190, 291 Rn 13 = ZIP 2011, 1862.

chend § 155 Abs. 3 S. 2 InsO fort (Rn 49); ist für das bis zur Insolvenzeröffnung laufende Rumpfgeschäftsjahr noch kein Prüfungsvertrag geschlossen, ist dessen Abschluss nun Sache des Insolvenzverwalters.[25]

b) AG

aa) Allgemeines. Vorbehaltlich der besonderen Vorschriften der § 30 Abs. 1 S. 1 AktG betreffend das erste Voll- oder Rumpfgeschäftsjahr ist bei der AG – Entsprechendes gilt für die **SE** (§ 316 Rn 3) – der Beschluss zwingend durch die **Hauptversammlung** zu fassen (§§ 119 Abs. 1 Nr. 5, 23 Abs. 5 AktG).[26] Dies kann auch im Rahmen einer außerordentlichen Hauptversammlung erfolgen.[27] Die Hauptversammlung ist in ihrer Wahl autonom. Sie ist weder an Vorschläge des Aufsichtsrats gebunden, noch kann ihre Entscheidung von der Zustimmung anderer Organe abhängig gemacht werden.[28] § 318 Abs. 1a erklärt denn auch Vereinbarungen, die die Wahlmöglichkeiten der Hauptversammlung auf bestimmte Kategorien oder Listen von Prüfern beschränkt, für nichtig (Rn 60 f). Die formalen Voraussetzungen der ordnungsgemäßen Wahl bestimmen sich nach den §§ 121 ff AktG. Eine Wahl kann deshalb nur erfolgen, sofern ein entsprechender Tagesordnungspunkt mit dem **Wahlvorschlag (nur) des Aufsichtsrats**[29] in die Einladung zur Hauptversammlung aufgenommen wurde (§ 124 Abs. 3, 4 AktG). Die Hauptversammlung kann zwar auch einen Abschlussprüfer wählen, der bislang nicht vorgeschlagen war.[30] Allerdings hat der Aufsichtsrat **mindestens einen Wahlvorschlag** zu machen, der den Voraussetzungen des § 124 Abs. 3 S. 4 AktG und der §§ 319, 319b sowie – bei Unternehmen von öffentlichem Interesse – den Vorgaben der Art. 4 f, 17 APr-VO (Rn 34 ff) genügt; andernfalls ist die Wahl des Abschlussprüfers nicht ordnungsgemäß angekündigt und somit nach §§ 124 Abs. 4, 243 Abs. 1 AktG anfechtbar.[31] Aktionäre können nach Maßgabe der §§ 126, 127 AktG Wahlvorschläge unterbreiten; selbstverständlich ist die Hauptversammlung auch hieran nicht gebunden.[32] **Vorstandsmitglieder** hingegen können selbst dann keine Wahlvorschläge unterbreiten, wenn sie Aktionäre sind.[33] Zwar steht ihnen in dieser Eigenschaft ein Stimmrecht bei der Wahl des Abschlussprüfers zu (anders bei der Wahl eines Sonderprüfers, § 142 Abs. 1 S. 2, 3 AktG); doch bestünde, wollte man dem Vorstandsmitglied in seiner Eigenschaft als Aktionär das Recht des § 127 AktG zubilligen, die Möglichkeit, § 124 Abs. 3 S. 1 AktG durch Erwerb nur einer Aktie zu umgehen. Zur Wahl des Abschlussprüfers ist die einfache Mehrheit ausreichend (§ 133 Abs. 1 AktG), sofern nicht die Satzung der AG eine andere Bestimmung getroffen hat (§ 133 Abs. 2 AktG). Im Falle des Nichterreichens der gesetzlichen oder satzungsmäßigen Mehrheit erfolgt die Bestellung des Abschlussprüfers durch das Gericht (Rn 99). Der Wahlbeschluss der Hauptversammlung unterliegt im Übrigen grundsätzlich den §§ 241 ff AktG. Nach § 243 Abs. 3 Nr. 3 AktG kann die Anfechtbarkeit allerdings nicht auf Gründe gestützt werden, die das 8

25 Zumindest tendenziell BGHZ 190, 291 Rn 13 = ZIP 2011, 1862.

26 Eingehend zum Beschlussverfahren *Simons* WPg 2018, 962 ff.

27 MünchKommHGB/*Ebke*[4] Rn 5.

28 Vgl. MünchKommHGB/*Ebke*[5] Rn 5; BeckBilKomm/*Justenhoven*/*Heinz*[13] Rn 12.

29 Zur Anfechtbarkeit des auf Vorschlag von Vorstand und Aufsichtsrat erfolgten Wahlbeschlusses sowie zur – zu verneinenden – Frage, ob der Bekanntmachungsfehler dadurch geheilt werden kann, dass der Vorstand vor Beginn der Abstimmung erklärt, der Wahlvorschlag werde nur vom Aufsichtsrat unterbreitet, und der Versammlungsleiter sodann nur über den Vorschlag des Aufsichtsrats abstimmen lässt, s. BGHZ 153, 32 (35 ff) – HVB; anders noch OLG München AG 2001, 193 (196); LG München I AG 2000, 235 (236); allg. zur Anfechtbarkeit des vom Vorstand unterbreiteten Wahlvorschlags s. noch OLG Hamm AG 1986, 260 (261); OLG München AG 2003, 645; zur Frage der Anwendbarkeit des § 243 Abs. 3 Nr. 3 AktG s. sogleich im Text.

30 MünchKommHGB/*Ebke*[5] Rn 5; Ebenroth/Boujong/Joost/Strohn/*Böcking*/*Gros*/*Rabenhorst*[4] Rn 5.

31 *ADS* Rn 108; s. ferner BGHZ 153, 32 (35 ff) und dazu bereits Fn 29; **aA** noch Geßler/Hefermehl/*Kropff* AktG § 163 Rn 8.

32 Vgl. auch OLG Düsseldorf DB 1967, 2156.

33 So auch Hachmeister/Kahle/Mock/Schüppen/*Mylich* Bilanzrecht[3] Rn 6.

Ersetzungsverfahren des § 318 Abs. 3 rechtfertigen. Die Inhabilität gemäß §§ 319 Abs. 2 bis 5, 319b und ein Verstoß gegen Art. 16, 17 APr-VO können somit nur nach § 318 Abs. 3 geltend gemacht werden (Rn 72 ff); bei Missachtung des § 124 Abs. 3 S. 1, Abs. 4 AktG bewendet es hingegen bei der Anfechtbarkeit.[34]

9 **bb) Unternehmen von öffentlichem Interesse.** Für Unternehmen von öffentlichem Interesse (§ 316a Rn 6 ff) bestimmt § 124 Abs. 3 S. 2 AktG, dass der Wahlvorschlag des Aufsichtsrats auf die Empfehlung des Prüfungsausschusses zu stützen ist.[35] Dies ist vor dem Hintergrund des Art. 16 APr-VO zu sehen, der Vorgaben zur Auswahl des Abschlussprüfers und zum Zustandekommen der Empfehlung des Prüfungsausschusses und des darauf basierenden Wahlvorschlags des Aufsichtsrats enthält.[36] Ausweislich des 18. Erwägungsgrundes zur APr-VO geht es darum, die Rolle des Prüfungsausschusses bei der Auswahl eines neuen Abschlussprüfers zu stärken, damit die Hauptversammlung eine fundiertere Entscheidung treffen kann und über eine echte Wahlmöglichkeit verfügt. Hieraus erklärt sich zum einen die (für die AG freilich nicht relevante[37]) Ausnahme des Art. 16 Abs. 1 Unterabs. 2 APr-VO (Rn 19), zum anderen die Unterscheidung zwischen der bloßen **Wiederbestellung** des Prüfers innerhalb der in Art. 17 Abs. 1, 2 APr-VO vorgesehenen Höchstlaufzeiten des Mandats (Rn 34 ff) einerseits und dem **Erstbestellung eines Prüfers** (d.h. dem Wechsel des Prüfers) andererseits. Die besonderen Anforderungen des Art. 16 Abs. 2 Unterabs. 2 APr-VO an die Empfehlung des Prüfungsausschusses (Rn 11 f) und das nach Maßgabe des Art. 16 Abs. 3 APr-VO vom Prüfungsausschuss vor Abgabe seiner Empfehlung durchzuführende Auswahlverfahren (Rn 13 ff) finden nämlich nach Art. 16 Abs. 2 Unterabs. 2, Abs. 3 APr-VO im Fall der Erneuerung des Prüfungsmandats gemäß Art. 17 Abs. 1, 2 APr-VO keine Anwendung. In der Folge ist im Falle der Wiederbestellung des Prüfers auch kein Raum für die auf die Präferenz des Prüfungsausses bezogenen Pflichten des Aufsichtsrats im Rahmen des Wahlvorschlags; denn nach Art. 16 Abs. 2 Unterabs. 2 APr-VO hat die an den Aufsichtsrat gerichtete Empfehlung des Prüfungsausschusses nur beim Wechsel des Prüfers mindestens zwei Vorschläge und eine Präferenz zu enthalten, während sich im Falle der Wiederbestellung die Empfehlung auf eben diese Wiederbestellung beschränken kann. Allerdings setzt das Eingreifen der Erleichterungen für die bloße Wiederbestellung voraus, dass die **Erstbestellung** des Abschlussprüfers unter Einhaltung der Pflichten aus Art. 16 Abs. 2 Unterabs. 2, Abs. 3 APr-VO erfolgt war.[38] Daran fehlt es jedenfalls, wenn der zur Wiederwahl anstehende Abschlussprüfer gerichtlich bestellt oder, ohne am Auswahlverfahren nach Art. 16 Abs. 3 APr-VO beteiligt gewesen zu sein, auf Aktionärsvorschlag gewählt worden war.[39] Entsprechend liegt der Fall, dass die zu prüfende Gesellschaft bei Erstbestellung des Prüfers noch nicht Unternehmen von öffentlichem Interesse war und deshalb die Vorgaben der APr-VO nicht zu beachten brauchte; anderes gilt allein dann, wenn bei Berechnung der Mandatshöchstlaufzeit nach Art. 17 APr-VO Geschäftsjahre, in denen die zu prüfende Gesellschaft noch nicht Unternehmen von öffentlichem Interesse war, entgegen zu Recht herrschender Ansicht (Rn 37) zu berücksichtigen wären.[40]

---

34 So auch Hachmeister/Kahle/Mock/Schüppen/*Mylich* Bilanzrecht[3] Rn 6; vor Inkrafttreten des § 243 Abs. 3 Nr. 3 AktG BGHZ 153, 32 (35 ff) – HVB; dazu Fn 29.

35 Näher neben den Kommentaren zu § 124 Abs. 3 S. 2 AktG *Simons* WPg 2018, 771 ff; krit. *Habersack* AG 2008, 98 (99 Fn 6); ferner *Kropff* FS K. Schmidt, S. 1023 (1030).

36 Näher zu den Pflichten von Aufsichtsrat und Prüfungsausschuss *Buhleier/Niehues/Splinter* DB 2016, 1885 ff; *Lanfermann* BB 2017, 2989 ff.; *Nonnenmacher* FS Haarmann, S. 143 ff; zu den Sanktionen bei Pflichtverletzungen s. Rn 17, ferner *Lanfermann/Maul* BB 2016, 363 ff; *Schürnbrand* AG 2016, 70 ff.

37 Zum als AG verfassten Versicherungsunternehmen s. noch § 341k Rn 2.

38 *Schüppen* Abschlussprüfung[2] Anh. § 318 Rn 12.

39 *Schüppen* Abschlussprüfung[2] Anh. § 318 Rn 12, 14.

40 *Schüppen* Abschlussprüfung[2] Anh. § 318 Rn 13.

Kleine und mittlere Unternehmen (im Sinne von Art. 2 Abs. 1 lit. f und t Richtlinie 2003/71/EG – Prospektrichtlinie) sind nach Art. 16 Abs. 4 APr-VO von dem Auswahlverfahren des Art. 16 Abs. 3 APr-VO, nicht dagegen von den Vorgaben des Art. 16 Abs. 2 und 5 APr-VO befreit. Zur Sicherung der Autonomie der Hauptversammlung erklärt Art. 16 Abs. 6 Unterabs. 1 APr-VO die Auswahlfreiheit **beschränkende Abreden** für nichtig (Rn 61); zudem statuiert Art. 16 Abs. 2 Unterabs. 3, Abs. 6 Unterabs. 2 APr-VO Erklärungs- und Informationspflichten, die auch den Versuch der informellen Einflussnahme auf die Auswahlentscheidung erfassen (Rn 61). Von der Option des Art. 16 Abs. 7 APr-VO, Unternehmen von öffentlichem Interesse unter bestimmten Umständen die Bestellung einer bestimmten Mindestzahl von Abschlussprüfern und damit ein **Joint Audit** vorzuschreiben, hat der deutsche Gesetzgeber ebensowenig Gebrauch gemacht (Rn 30) wie von der Option des Art. 16 Abs. 8 APr-VO, die Aufgaben des Prüfungsausschusses durch einen **Nominierungsausschuss** wahrnehmen zu lassen. 10

Was die **Empfehlung des Prüfungsausschusses** anbelangt, so hat sie im Fall der Erstbestellung eines Prüfers auf dem in Art. 16 Abs. 3 APr-VO näher geregelten Auswahlverfahren (Rn 13 ff) zu beruhen und muss in diesem Fall nach Art. 16 Abs. 2 Unterabs. 2 APr-VO begründet werden und ausnahmslos mindestens zwei Vorschläge für das Prüfungsmandat enthalten; außerdem muss der Prüfungsausschuss unter Angabe der Gründe seine **Präferenz** für einen der beiden Vorschläge mitteilen. Im Fall der Wiederbestellung kann sich die Empfehlung auf die Verlängererung des Mandats beschränken und bedarf nach Art. 16 Abs. 2 Unterabs. 1, 2 APr-VO weder der Begründung noch der Angabe eines alternativen Vorschlags; damit erübrigt sich auch die Angabe einer Präferenz.[41] In beiden Fällen, also sowohl bei der Erst- als auch bei der Wiederbestellung, hat der Prüfungsausschuss die Erklärung nach Art. 16 Abs. 2 Unterabs. 3 APr-VO (Rn 61) abzugeben.[42] 11

Auf Grundlage der Empfehlung des Prüfungsausschusses hat der Aufsichtsrat sodann nach Art. 16 Abs. 5 APr-VO der **Hauptversammlung** einen Wahlvorschlag zu unterbreiten.[43] Der Aufsichtsrat ist nicht an die Empfehlung oder Präferenz des Prüfungsausschusses gebunden. Folgt der Aufsichtsrat der Empfehlung des Prüfungsausschusses, genügt es nach Art. 16 Abs. 5 Unterabs. 1 APr-VO, dass der Wahlvorschlag die Empfehlung und (im Falle der Erstbestellung) die Präferenz des Prüfungsausschusses enthält; der Name des oder der weiteren Abschlussprüfer, die der Prüfungsausschuss nach Art. 16 Abs. 2 Unterabs. 2 enthält, aber nicht präferiert, muss im Wahlvorschlag des Aufsichtsrats nicht enthalten sein, kann aber Gegenstand eines Auskunftsverlangens nach § 131 AktG sein.[44] Nur für den Fall, dass der Vorschlag des Aufsichtsrats von der Präferenz des Prüfungsausschusses abweicht (was allein bei der Erstbestellung denkbar ist, s. Art. 16 Abs. 2 Unterabs. 2 APr-VO), hat der Wahlvorschlag nach Art. 16 Abs. 5 Unterabs. 2 S. 1 APr-VO die Gründe zu nennen, weshalb der Empfehlung des Ausschusses nicht gefolgt wird. Nach Art. 16 Abs. 5 Unterabs. 2 S. 2 APr-VO muss in diesem Fall der von der vom Aufsichtsrat der Empfehlung des Prüfungsausschusses zuwider vorgeschlagene Abschlussprüfer an dem Auswahlverfahren nach Art. 16 Abs. 3 APr-VO (Rn 13 ff) teilgenommen haben. Nicht explizit geregelt ist der Fall, dass der Prüfungsausschuss die Wiederbestellung des bisherigen Abschlussprüers vorschlägt, der Aufsichtsrat indes der Hauptversammlung die Wahl eines neuen Prüfers vorschlagen möchte; in diesem Fall bedarf es der „Rückverweisung" der Angelegenheit an den Prüfungsausschuss, damit dieser das Auswahlverfahren nach Art. 16 Abs. 3 APr-VO nachholen kann. Soweit § 124 Abs. 3 S. 2 AktG bestimmt, dass der Wahlvorschlag des Aufsichtsrats auf die Empfehlung des Prüfungsausschusses zu stützen ist, ist dies im Lichte und unter Beachtung der besonderen Vorgaben des Art. 16 Abs. 5 APr-VO zu lesen.[45] 12

---

41 *Simons* WPg 2018, 771 (776).

42 *Simons* WPg 2018, 771 (776 f).

43 Näher dazu sowie zum Vorschlag eines Prüfers für den Halbjahresfinanzbericht *Simons* WPg 2018, 771 (772 ff).

44 *Simons* WPg 2018, 771 (777 f), dort auch zur Entbehrlichkeit der Aufnahme der Erklärung nach Art. 16 Abs. 2 Unterabs. 3 APr-VO in den Wahlvorschlag des Aufsichtsrats.

45 Näher *Koch* AktG[16] § 124 Rn 30.

13 Das (nur bei Wechsel des Prüfers gebotene, s. Rn 9) **Auswahlverfahren**[46] liegt nach Art. 16 Abs. 3 Unterabs. 2 APr-VO in der **Zuständigkeit des Prüfungsausschusses**. Soweit Art. 16 Abs. 3 Unterabs. 1 APr-VO das „geprüfte Unternehmen" adressiert, lässt dies die Erwartung erkennen, dass sich der Prüfungsausschuss der Ressourcen des geprüften Unternehmens bedienen kann.[47] Die Zuständigkeit und Verantwortlichkeit des Prüfungsausschusses bleibt davon unberührt. Soweit der Prüfungsausschuss Unternehmensmitarbeiter oder extererne Berater hinzuzieht,[48] unterliegt es deshalb nicht nur seiner Verantwortung, ob er sich deren Arbeitsergebnisse zu eigen macht. Vielmehr muss auch das Direktions- und Weisungsrecht gegenüber den hinzugezogenen Mitarbeitern beim Prüfungsausschuss liegen; Art. 16 Abs. 3 APr-VO geht damit § 76 Abs. 1 AktG vor.[49]

14 Das Auswahlverfahren hat auf Grundlage von **Ausschreibungsunterlagen** zu erfolgen, die vom „geprüften Unternehmen" (Rn 13) zu erstellen sind und den in nach Art. 16 Abs. 3 Unterabs. 1 lit. b) APr-VO im Einzelnen genannten Anforderungen genügen müssen. Ein „öffentliches Ausschreibungsverfahren" und damit eine Veröffentlichung der Ausschreibungsunterlagen ist nur im Fall des Art. 17 Abs. 4 lit. a APr-VO (Verlängerung Höchstlaufzeit) erforderlich.[50] Im Übrigen ist eine Veröffentlichung zwar nicht geboten.[51] Ihre faktische Notwendigkeit kann sich aber nicht nur aus Art. 16 Abs. 3 Unterabs. 1 lit f APr-VO (Rn 15), sondern auch aus Art. 16 Abs. 3 Unterabs. 1 lit. a APr-VO ergeben, wonach es dem geprüften Unternehmen frei steht, „beliebige Abschlussprüfer oder Prüfungsgesellschaften zur Unterbreitung von Vorschlägen" aufzufordern, sofern Abschlussprüfer (und Netzwerkmitglieder), die nach Art. 17 Abs. 3 APr-VO (cooling off) ausgeschlossen sind, nicht angesprochen werden und umgekehrt die Teilnahme von Anbietern, die im vorausgegangenen Kalenderjahr in Deutschland weniger als 15 % der von allen Unternehmen von öffentlichem Interesse gezahlten Gesamthonoraren erhalten haben,[52] „an dem Ausschreibungsverfahren in keiner Weise ausgeschlossen wird". Das letztgenannte Erfordernis soll die Dominanz der „Big Four" aufbrechen und verlangt, dass sich sämtliche Abschlussprüfer und Prüfungsgesellschaften mit einem unter 15 % des Gesamthonorars aller Unternehmen von öffentlichem Interesse an dem Auswahlverfahren beteiligen können[53] und damit der Sache nach eine öffentliche Aufforderung zur Einreichung von Angeboten. Zu den **diskriminierungsfreien Auswahlkritierien** im Sinne von Art. 16 Abs. 3 Unterabs. 1 lit. b S. 3 APr-VO gehören freilich auch solche, die kapazitäts- oder branchenbezogen sind.[54]

15 Der Prüfungsausschuss kann nach Art. 16 Abs. 3 Unterabs. 1 lit. c APr-VO das Auswahlverfahren frei gestalten und insbesondere im Lauf des Verfahrens direkte Verhandlungen mit Bietern führen. Besondere Qualitätsstandards seitens der APAS, die nach Art. 16 Abs. 3 Unterabs. 1 lit. d in die Ausschreibungsunterlagen aufzunehmen wären, existieren derzeit nicht und ergeben sich auch nicht aus § 28 KWG, § 58 VAG (Rn 82).[55] Nach Art. 16 Abs. 3 Unterabs. 1 lit. e APr-VO beurteilt das geprüfte Unternehmen Angebote anhand der in den Ausschreibungsunterlagen festgelegten Auswahlkriterien und unter Berücksichtigung der von der APAS veröffentlichten Kontrollberichte und erstellt einen Bericht über die im Auswahlverfahren gezogenen Schlussfolgerungen, der vom

46 Näher zu ihm Hachmeister/Kahle/Mock/Schüppen/*Mylich* Bilanzrecht[3] Rn 13 ff.; ferner die Erfahrungsberichte von *Irblich/Jacob/Cebulla-Voges* WPg 2019, 1054 ff (aus Sicht der VW AG); *Kaspar* WPg 2019, 1019 ff (aus Sicht eines Abschlussprüfers).

47 Hachmeister/Kahle/Mock/Schüppen/*Mylich* Bilanzrecht[3] Rn 12.

48 Zur Möglichkeit der Hinzuziehung von Mitarbeitern und Beratern s. *Bode* BB 2016, 1707 (1708).

49 Hachmeister/Kahle/Mock/Schüppen/*Mylich* Bilanzrecht[3] Rn 12; zur vergleichbaren Problematik der Direktkontakte des Aufsichtsrats zu Mitarbeitern s. § 107 Abs. 4 S. 4 AktG, ferner MünchKommAktG/*Habersack*[5] § 109 Rn 19, § 111 Rn. 80.

50 Auch hierbei handelt es sich nicht um eine Ausschreibung im Sinne des Vergaberechts, s. *Bode* BB 2016, 1707 (1708).

51 *Bode* BB 2016, 1707 (1708).

52 Nach Art. 16 Abs. 3 Unterabs. 3 APr-VO veröffentlicht die APAS eine jährzlich zu aktualisierende Liste der betreffenden Abschlussprüfer und Prüfungsgesellschaften.

53 S. Erwägungsgrund 18 APr-VO, ferner Hachmeister/Kahle/Mock/Schüppen/*Mylich* Bilanzrecht[3] Rn 13.

54 Hachmeister/Kahle/Mock/Schüppen/*Mylich* Bilanzrecht[3] Rn 14.

55 Hachmeister/Kahle/Mock/Schüppen/*Mylich* Bilanzrecht[3] Rn 16.

Prüfungsausschuss „validiert“ wird; mit der „Validierung“ übernimmt der Prüfungsausschuss die Verantwortung für den Bericht (Rn 13). Nach Art. 16 Abs. 3 Unterabs. 1 lit. f APr-VO und unabhängig von § 324 Abs. 3 (§ 324 Rn 29 f) muss schließlich das geprüfte Unternehmen auf Verlangen in der Lage sein, gegenüber der APAS darzulegen, dass das Auswahlverfahren auf „faire Weise“ – und damit im Einklang mit den Vorgaben der APr-VO[56] – durchgeführt wurde. Auch aus diesem Grund kann sich die Bekanntmachung der Ausschreibung im Bundesanzeiger oder auf der homepage des geprüften Unternehmens empfehlen;[57] in jedem Fall ratsam ist es, vorsorglich das Bestellungsverfahren in einem Bericht zu dokumentieren.[58]

Auslegungsprobleme bereitet der in § 107 Abs. 4 S. 2 AktG geregelte Fall, dass der **Aufsichtsrat nur** aus **drei Mitgliedern** besteht und deshalb zugleich Prüfungsausschuss ist und damit dessen Aufgaben wahrnimmt (§ 324 Rn 3). Der Aufsichtsrat – in seiner Rolle als Prüfungsausschuss – kann dann zwar das Auswahlverfahren des Art. 16 Abs. 3 APr-VO betreiben. Die Vorlage einer Empfehlung des Prüfungsausschusses gemäß Art. 16 Abs. 2 APr-VO, auf die sodann nach § 124 Abs. 3 S. 2 AktG der Wahlvorschlag des Aufsichtsrats zu stützen ist, kommt hingegen bei Identität von Prüfungsausschuss und Aufsichtsrat nicht in Betracht. In diesem Fall muss Art. 16 Abs. 5 Unterabs. 1 APr-VO im Falle des Wechsels des Prüfers mit der Maßgabe zur Anwendung gebracht werden, dass der Aufsichtsrat der Hauptversammlung zwar einen bestimmten Abschlussprüfer vorzuschlagen hat, er jedoch darzulegen hat, welcher weitere Abschlussprüfer Gegenstand der Auswahlentscheidung war.[59] Eine Begründung der Auswahlentscheidung ist nach Art. 16 Abs. 5 Unterabs. 2 APr-VO ohnehin nur für den Fall vorgesehen, dass der Aufsichtsrat von der Empfehlung des Prüfungsausschuss abweicht, und deshalb bei Identität von Aufsichtsrat und Prüfungsausschuss gegenstandslos; Art. 16 Abs. 5 Unterabs. 2 S. 3 APr-VO bestimmt denn auch ausdrücklich, dass Sätze 1 und 2 des Art. 16 Abs. 5 Unterabs. 2 APr VO bei Identität von Prüfungsausschuss und Aufsichtsrat nicht anwendbar sind. 16

Ein Verstoß gegen die Pflichten aus Art. 16 Abs. 2 Unterabs. 2, 3, Abs. 3 Unterabs. 1, Abs. 5 Unterabs. 1 APr-VO ist nach Maßgabe der § 334 Abs. 2a Nr. 2, 3, § 340n Abs. 2a Nr. 1 lit. a, b, § 341n Abs. 2a Nr. 2, 3, § 20 Abs. 2a Nr. 2, Abs. 2b PublG, § 405 Abs. 3b Nr. 2, Abs. 3c AktG, § 87 Abs. 1 Nr. 2, Abs. 2 GmbHG, § 332 Abs. 4a Nr. 2, Abs. 4b VAG **bußgeldbewehrt**.[60] Ein jeder Verstoß gegen Art. 16 APr-VO ermöglicht nach § 318 Abs. 3 S. 1 Nr. 2 die Ersetzung des Abschlussprüfers (Rn 89). 17

c) GmbH. Vorbehaltlich einer abweichenden Bestimmung des Gesellschaftsvertrags (Rn 19) gilt auch für die GmbH der in § 318 Abs. 1 S. 1 geregelte Grundsatz der Wahl des Abschlussprüfers durch die Gesellschafter. Grundsätzlich beschließt die **Gesellschafterversammlung** mit einfacher Mehrheit (§§ 48 Abs. 1, 47 Abs. 1 GmbHG). Soweit der Geschäftsführer selbst Gesellschafter ist, ist auch er nach der gesetzlichen Regelung zur Mitwahl berechtigt. Ein Ausschluss des Stimmrechts nach § 47 Abs. 4 GmbHG kommt nicht in Betracht;[61] dies gilt auch dann, wenn der Mehrheitsgesellschafter zugleich Geschäftsführer der GmbH ist.[62] Aus Art. 37 Abs. 2 APr-RL (Rn 3) lässt sich schon deshalb nichts Gegenteiliges herleiten, weil diese Vorschrift nur Anwendung findet, wenn die Bestellung nicht durch die Gesellschafterversammlung, sondern auf andere Weise erfolgt. 18

---

56 So auch Hachmeister/Kahle/Mock/Schüppen/*Mylich* Bilanzrecht³ Rn 18.

57 *Buhleier/Niehues/Splinter* DB 2016, 1885 (1889).

58 *Buhleier/Niehues/Splinter* DB 2016, 1885 (1889).

59 *Koch* AktG¹⁶ § 124 Rn 30; *Schüppen* Abschlussprüfung² Anh. § 318 Rn 21; *Rieckers* DB 2019, 107 (109); *Simons* WPG 2018, 771 778; **aA** *Schilha* ZIP 2016, 1317 (1327); *Hoppe* NZG 2017, 361 (366 f); zumindest tendenziell auch *Schüppen* NZG 2016, 246 (251 f).

60 Zu weiteren Sanktionen *Lanfermann/Maul* BB 2016, 363 ff; *Schürnbrand* AG 2016, 70 ff.

61 Ganz hM, vgl. MünchKommHGB/*Ebke*⁴ Rn 9; BeckBilKomm/*Justenhoven/Heinz*¹³ Rn 18; Ebenroth/Boujong/Joost/Strohn/*Böcking/Gros/Rabenhorst*⁴ Rn 7; Baetge/Kirsch/Thiele/*Chekushina* Rn 32; *ADS* Rn 118; Lutter/Hommelhoff/*Kleindiek* GmbHG²⁰ Vor § 41 Rn 65; s. ferner BGH BB 1980, 695.

62 Vgl. OLG Hamburg BB 1992, 1533; *Hommelhoff/Priester* ZGR 1986, 463 (485) mwN.

19 Von der gesetzlichen Regelung kann nach Abs. 1 S. 2 durch die Satzung abgewichen werden. Es kann sowohl die erforderliche Mehrheit geändert[63] als auch die Zuständigkeit auf ein **anderes Organ der Gesellschaft**, insbesondere auf einen Aufsichtsrat, Beirat oder Gesellschafterausschuss, übertragen werden. In Betracht kommt ferner die Übertragung auf einen Gesellschafter[64] oder, wenn man satzungsmäßige Benennungsrechte Dritter als zulässig erachtet,[65] auf einen außenstehenden Dritten.[66] Die Übertragung kann nach dem eindeutigen Wortlaut **nur durch den Gesellschaftsvertrag** erfolgen. Damit ist zugleich gewährleistet, dass die Gesellschafter das Bestellungsrecht durch Änderung des Gesellschaftsvertrags wieder an sich ziehen können, so dass ihr Einfluss auf die Wahl bestehen bleibt. Mit Blick auf Art. 37 Abs. 2 APr-RL (Rn 3) gilt ganz allgemein, dass den Geschäftsführern auch nicht mittelbar bestimmender Einfluss auf die Wahl eingeräumt werden darf. Bei einer **GmbH von öffentlichem Interesse** hat das Vorliegen dieser Voraussetzung in § 37 Abs. 2 APr-RL geregelten Voraussetzung nach Art. 16 Abs. 1 Unterabs. 2 APr-VO zur Folge, dass Art. 16 Abs. 2 bis 5 APr-VO nicht zur Anwendung gelangen, sofern die Gesellschaft die zuständige Behörde über die Verwendung in Art. 37 Abs. 2 APr-RL genannten „alternativen Systeme oder Modalitäten" für die Bestellung unterrichtet. Zuständige Behörde ist (wohl) die APAS (vgl. Rn 82).[67] Unklar sind die Rechtsfolgen, wenn die Unterrichtung unterbleibt. Da Art. 16 Abs. 2 bis 5 APr-VO auf die Bestellungskompetenz der Gesellschafter zugeschnitten sind, es aber einer solchen fehlt, lassen sich diese Vorschriften bei Lichte betrachtet nicht sinnhaft anwenden;[68] es hat deshalb bei den allgemeinen Sanktionen bei Nichteinhaltung der Vorgaben der APr-VO zu bewenden.

20 Nach wie vor umstritten ist die Möglichkeit der Übertragung des Wahlrechts auf **Geschäftsführer** im Allgemeinen und auf geschäftsführende Mehrheitsgesellschafter im Besonderen. Gegen eine irgendwie geartete Beschränkung der Dispositionsfreiheit des Gesellschaftsvertrages spricht zwar – neben dem Wortlaut – die Entstehungsgeschichte des Gesetzes. Der RegE zu § 42a Abs. 2 GmbHG sah nämlich als einzige Möglichkeit, eine von der Geschäftsführung unabhängige Prüfung zu gewährleisten, die zwingende Wahl der Abschlussprüfer durch die Gesellschafter vor.[69] Dieser Entwurf wurde aber nicht Gesetz. Grund hierfür war, dass andernfalls stets eine Wahl des Abschlussprüfers durch den Mehrheitsgesellschafter(-geschäftsführer) zu erwarten gewesen und dadurch die Möglichkeit einer von der Geschäftsführung unabhängigen Wahl unterbunden worden wäre.[70] Die sodann Gesetz gewordene Fassung des § 318 Abs. 1 S. 2 beruht maßgeblich auf dem Vorschlag der Centrale für GmbH, den GmbH-Gesellschaftern weitgehende Gestaltungsmöglichkeiten zu lassen.[71] Dabei wurde der Vorschlag, das Wahlorgan grundsätzlich *satzungsfrei* bestimmen zu lassen und nur die Geschäftsführer auszuschließen, nicht übernommen. Diese Erwägungen müssen jedoch hinter den seit 1998 (Vor § 316 Rn 2 f, 9 ff) verstärkt einsetzenden Bemühungen des Gesetzgebers um eine Stärkung der Unabhängigkeit des Abschlussprüfers zurücktreten. Dies gilt gewiss in Fällen, in denen die GmbH mitbestimmt ist und deshalb der Aufsichtsrat nach § 111 Abs. 2 S. 3 AktG für die Erteilung des Prüfungsauftrags zuständig ist (Rn 44); diese Zuständigkeitsregelung soll den Abschlussprüfer der Einflussnahme durch die Geschäftsführung entziehen und schließt es erst Recht aus, der Geschäftsführung das Recht zur Auswahl des Prüfers zuzugestehen. Aber auch für die mitbestimmungsfreie GmbH ist mit der heute hM davon auszugehen, dass die Übertragung des Bestellungsrechts auf Geschäftsführer mit der Funktion der Abschlussprüfung,

---

63 Und zwar auch im Sinne eines Einstimmigkeitserfordernisses, s. Lutter/Hommelhoff/*Kleindiek* GmbHG[20] Vor § 41 Rn 66 mwN.

64 *ADS* Rn 122; Baetge/Kirsch/Thiele/*Chekushina* Rn 34; **aA** für Mehrheitsgesellschafter MünchKommHGB/*Ebke*[4] Rn 6.

65 Näher dazu und jew. mwN *Ulmer* FS Werner (1984), S. 911 ff; *ders.* FS Wiedemann (2002), S. 1297 ff; *Schürnbrand* S. 150 ff.

66 Enger wohl Lutter/Hommelhoff/*Kleindiek* GmbHG[20] Vor § 41 Rn 66. – Zur Lehre vom Kreationsorgan s. Nachw. in voriger Fn.

67 *Schüppen* Abschlussprüfung[2] Anh. § 318 Rn 4 empfiehlt, APAS und BaFin zu informieren.

68 Für Eingreifen des Art. 16 Abs. 2–5 APr-VO hingegen *Schüppen* Abschlussprüfung[2] Anh. § 318 Rn 4.

69 BT-Drucks. 10/317, S. 110.

70 *Mai* S. 27; *Kerth* StB 1987, 337 (342 f).

71 *Centrale für GmbH* GmbHR 1985, 317 (318); s. ferner *Mai* S. 27.

eine **unabhängige Überprüfung** der von der Geschäftsführung zu verantwortenden Rechnungslegung zu gewährleisten, kollidiert und deshalb ausgeschlossen ist.[72] Hierfür spricht nicht zuletzt auch Art. 37 Abs. 2 APr-RL, der die Delegation des Bestellungsrechts auf ein anderes Organ nur mit der Maßgabe zulässt, dass die Unabhängigkeit des Prüfers von den Geschäftsführern gewährleistet ist; die Übertragung des Bestellungsrechts auf die Geschäftsführer würde dieser Vorgabe ersichtlich zuwiderlaufen. Kommt somit ein Bestellungsrecht der Geschäftsführer nicht in Betracht, so hat das auch für den Fall zu gelten, dass der Geschäftsführer zugleich Mehrheitsgesellschafter ist und deshalb in der Gesellschafterversammlung bestimmenden Einfluss auf die Wahl nehmen kann; denn der Mehrheitsgesellschafter soll sich zumindest dem Abstimmungsprozess stellen und in der Versammlung seine Wahl begründen müssen.[73]

d) KGaA. Für die Wahl des Abschlussprüfers bei der KGaA ist keine Ausnahme vom allgemeinen Grundsatz der Wahl durch die **Hauptversammlung** vorgesehen. Das Stimmrecht der Komplementäre ist jedoch ausgeschlossen (§ 285 Abs. 1 S. 2 Nr. 6 AktG) und kann insoweit auch nicht durch Dritte ausgeübt werden (§ 285 Abs. 1 S. 3 AktG). Der Stimmrechtsausschluss trägt der Vorstandsfunktion der Komplementäre und der sich hieraus ergebenden Interessenkollision Rechnung; er ist zwingend.[74] Entsprechendes gilt für den Stimmrechtsausschluss bei Wahl von Sonderprüfern (§ 285 Abs. 1 S. 2 Nr. 3 AktG). Im Einklang mit allgemeinen Grundsätzen sind die Komplementäre dennoch stimmberechtigt, wenn sie zugleich **alle Aktien der Gesellschaft** halten.[75] Der Gesetzgeber hat bis heute darauf verzichtet, für diesen Fall die obligatorische Einsetzung des Prüfers durch das Gericht anzuordnen. In Ermangelung eines neutralen Vertreters des Allgemeininteresses an der Abschlussprüfung[76] werden diese Belange ausschließlich durch das Vertrauen in die – nach Maßgabe der § 43 Abs. 1 WPO und §§ 319 ff gewährleistete – Neutralität des Abschlussprüfers geschützt. Für als KGaA verfasste Unternehmen von öffentlichem Interesse gilt Art. 16 APr-VO (Rn 9 ff). 21

Durch § 285 AktG werden nur das Wahlrecht und die nach Abs. 2 S. 1 erforderliche Zustimmung der **Komplementäre** zu Beschlüssen der Hauptversammlung ausgeschlossen. Von § 285 Abs. 1 Nr. 6 AktG unberührt bleibt das Recht, gegen die Wahl des Abschlussprüfers Widerspruch zu erheben und die Bestellung des Prüfers im Wege des § 318 Abs. 3 zu betreiben[77] bzw. nach §§ 241 oder 243 AktG vorzugehen. Dadurch kann einem Missbrauch des Wahlrechts der Minderheitskommanditaktionäre begegnet werden. 22

e) Gesellschaften anderer Rechtsform. Bei Gesellschaften anderer Rechtsform, die dem **PublG** unterliegen, richtet sich die Wahl des Abschlussprüfers nach § 6 Abs. 3 S. 1 PublG. Danach erfolgt die Wahl durch die Gesellschafter, sofern nicht der Gesellschaftsvertrag etwas anderes bestimmt. Entsprechendes ist nach § 318 Abs. 1 S. 2 für diejenigen Personenhandelsgesellschaften anzunehmen, die nach **§ 264a Abs. 1** der Prüfungspflicht unterliegen (§ 316 Rn 6). Belässt es der Gesellschaftsvertrag bei dem Wahlrecht der Gesellschafter, so sind bei der KG, obgleich es sich bei der Wahl nicht um ein „Grundlagengeschäft" handelt, nicht nur die persönlich haftenden 23

72 Gegen die Übertragung des Bestellungsrechts auf die Geschäftsführer *Mai* S. 27 f; *Hommelhoff/Priester* ZGR 1986, 463 (485); Lutter/Hommelhoff/*Kleindiek* GmbHG[20] Vor § 41 Rn 66; MünchKommHGB/*Ebke*[4] Rn 9; Hopt/*Merkt*[41] Rn 1a; **aA** 4. Aufl. Rn 8 (*Zimmer*); *ADS* Rn 125 f; Rowedder/Schmidt-Leithoff/*Tiedchen* GmbHG[6] § 42a Rn 26; unentschieden Ebenroth/Boujong/Joost/Strohn/*Böcking/Gros/Rabenhorst*[4] Rn 7.

73 Zutr. *Homelhoff/Priester* ZGR 1986, 463 (485).

74 Vgl. *Koch* AktG[16] § 285 Rn 1; *ADS* Rn 112.

75 KölnKomm-AktG/*Claussen/Korth*[2] Rn 8; allg. BGH AG 2011, 702 (703); *Koch* AktG[16] § 136 Rn 5 mwN.

76 Vgl. Vor § 316 Rn 1, 16 f.

77 MünchKommHGB/*Ebke*[4] Rn 8.

Gesellschafter, sondern auch die Kommanditisten wahlberechtigt.[78] Für Gesellschaften von öffentlichem Interesse sind die Vorgaben des Art. 16 APr-VO (Rn 9 ff, 19, dort zu Art. 16 Abs. 2 APr-VO) zu beachten. Die **SE** steht nach Art. 10 SE-VO der AG gleich (§ 316 Rn 3).

2. Wahlbeschluss

24 **a) Wählbare Abschlussprüfer.** Zum Abschlussprüfer können nur Personen gewählt werden, die die **Voraussetzungen** des **§ 319 Abs. 1** erfüllen (§ 319 Rn 7 ff). Für freiwillige Abschlussprüfungen gelten diese Einschränkungen nicht. Allerdings muss bei einer Veröffentlichung des Prüfungsergebnisses ggf. erkennbar sein, dass der Prüfer die Anforderungen des § 319 Abs. 1 nicht erfüllt hat. Bestimmt in den Fällen der Pflichtprüfung (§ 316 Rn 3 ff, 13 ff) das Wahlorgan einen Prüfer, der die Voraussetzungen des § 319 Abs. 1 nicht erfüllt, so ist der Wahlbeschluss nach § 241 Nr. 3 AktG bzw. § 134 BGB nichtig.[79] Das Ersetzungsverfahren des § 318 Abs. 3 ist in diesem Fall nicht eröffnet; der Abschlussprüfer ist vielmehr nach § 318 Abs. 4 S. 1 durch das Gericht zu bestellen (Rn 70).[80] Entsprechendes gilt, wenn der gewählte Abschlussprüfer den Auftrag nicht angenommen hat (Rn 70).

25 Vorbehaltlich des **Verbots des Abs. 1a** (Rn 60 f) kann die Satzung oder der **Gesellschaftsvertrag** an den Abschlussprüfer Anforderungen stellen, die über diejenigen des Gesetzes hinausgehen.[81] Auch der aktienrechtliche Grundsatz der Satzungsstrenge steht dem nicht entgegen.[82] In jedem Fall unzulässig ist allerdings eine Verdichtung der geforderten Merkmale, die dem Verweis auf einen bestimmten Abschlussprüfer gleichbedeutend wäre.[83] Zu verlangen ist vielmehr, dass eine echte Auswahl zwischen mehreren in Betracht kommenden Abschlussprüfern möglich bleibt.[84] Daran fehlt es insbesondere dann, wenn die Satzungsregelung zur Folge hat, dass es einem Aktionär, der einen eigenen Wahlvorschlag einbringen möchte (§ 127 S. 1 AktG), unmöglich gemacht würde, einen Abschlussprüfer zu finden, der den Anforderungen der Satzung genügt. Vorbehaltlich solcher Gestaltungen kann aber die Satzung oder der Gesellschaftsvertrag etwa verlangen, dass der Abschlussprüfer über Erfahrungen mit internationalen Rechnungslegungsgrundsätzen verfügt.[85] Der Gesellschaftsvertrag einer mittelgroßen GmbH oder Personengesellschaft kann vorsehen, dass abweichend von § 319 Abs. 1 S. 2 nur ein Wirtschaftsprüfer oder eine Wirtschaftsprüfungsgesellschaft als Abschlussprüfer zugelassen ist.[86]

26 **b) Zeitpunkt der Wahl.** Die Wahl des Abschlussprüfers soll nach Abs. 1 S. 3 **vor Ablauf des zu prüfenden Geschäftsjahres** erfolgen. Ist bis zum Ende des Geschäftsjahres kein Abschlussprüfer gewählt worden, so sind die gesetzlichen Vertreter verpflichtet, bei Gericht die Einsetzung eines

78 BGHZ 76, 338 (342) = NJW 1980, 1689; LG Köln BB 1992, 181; zum Nichtvorliegen eines Grundlagengeschäfts s. BGH ZIP 2007, 1942 – „Otto" (betr. die Feststellung des Jahresabschlusses); näher dazu § 119 Rn 36 ff.

79 BGH WM 1992, 1148 (1149); OLG Düsseldorf AG 1991, 321; MünchKommHGB/*Ebke*[4] Rn 19; *Claussen* AG 1991, 323; s. dazu noch § 319 Rn 97, dort auch zur analogen Anwendung des § 241 Nr. 3 AktG auf die GmbH sowie zu den Folgen für den Bestätigungsvermerk, den festgestellten Jahresabschluss und den Prüfungsvertrag.

80 Heute ganz hM, s. Hachmeister/Kahle/Mock/Schüppen/*Mylich* Bilanzrecht[3] Rn 136; *ADS* Rn 398; KölnKomm-AktG/*Claussen*/*Korth*[2] Rn 12; Baetge/Kirsch/Thiele/*Chekushina* Rn 182; **aA** noch Geßler/Hefermehl/*Kropff* AktG § 163 Rn 38.

81 *ADS* Rn 52; MünchKommHGB/*Ebke*[4] Rn 62; BeckBilKomm/*Justenhoven*/*Heinz*[13] Rn 33; *Hartmann* 102.

82 Zu Recht für analoge Anwendung des § 100 Abs. 4 AktG Hopt/*Merkt*[41] Rn 1a.

83 MünchKommHGB/*Ebke*[4] Rn 62; Hopt/*Merkt*[41] Rn 1a.

84 Vgl. die Nachw. in voriger Fn, ferner BeckBilKomm/*Justenhoven*/*Heinz*[13] Rn 33; KölnKomm-AktG/*Claussen*/*Korth*[2] Rn 5.

85 MünchKommHGB/*Ebke*[4] Rn 62.

86 MünchKommHGB/*Ebke*[4] Rn 62.

Abschlussprüfers zu beantragen (Abs. 4 S. 3).[87] Nachdem das Gericht einen Prüfer festgelegt hat, ist die Wahl durch die Gesellschaft ausgeschlossen.[88] Demzufolge ist Wahlzeitraum zunächst das laufende Geschäftsjahr. Jedoch ist auch die Wahl nach Antragstellung, aber vor einer gerichtlichen Entscheidung in dem folgenden Geschäftsjahr möglich. Gleiches gilt, wenn der Antrag entgegen der gesetzlichen Pflicht nicht gestellt wurde (vgl. Rn 97 f). Die Wahl des Abschlussprüfers erfolgt zur Prüfung des letztendlich festzustellenden Jahresabschlusses. Demzufolge erstreckt sie sich auch auf die Prüfung infolge eines Nachtrags (§ 316 Rn 16 ff) sowie auf den neu aufgestellten oder nach der Feststellung geänderten Jahresabschluss. Eine Neuwahl ist nur im Rahmen der allgemeinen Regeln möglich, also bei Wegfall, Verhinderung (Rn 99) oder Kündigung aus wichtigem Grund i.S.d. Abs. 6 (Rn 108 ff).

De lege lata[89] kann der Abschlussprüfer nach § 318 Abs. 1 S. 3 – anderes gilt für die prüferi- 27
sche Durchsicht von Halbjahresfinanzberichten nach § 115 Abs. 5 S. 1, 2 WpHG[90] – nur für („jeweils") **ein Geschäftsjahr** im Voraus gewählt werden.[91] Dies gilt auch für Unternehmen von öffentlichem Interesse; der deutsche Gesetzgeber hat von dem Mitgliedstaatenwahlrecht des Art. 17 Abs. 2 lit. a. APr-VO (Rn 35) keinen Gebrauch gemacht, so dass es nach § 316a S. 1 auch für diese Unternehmen bei § 318 Abs. 1 S. 3 bewendet.[92] Grundsätzlich ausgeschlossen ist auch die Wahl für noch nicht angebrochene Geschäftsjahre und damit die vorzeitige Wahl des Abschlussprüfers, da andernfalls die Möglichkeit der Wahl für eine längere Periode bestünde.[93] Dies ist vor dem Hintergrund zu sehen, dass das Wahlorgan die Gelegenheit zur Berücksichtigung vorangegangener Prüfungen des Abschlussprüfers haben muss.[94] Vor diesem Hintergrund sprechen gute Gründe dafür, die Wahl eines neuen, nicht mit dem bisherigen Prüfer identischen Abschlussprüfers jedenfalls dann vorzuziehen, wenn hierdurch ein durch Art. 17 APr-VO gebotener Prüferwechsel in die Wege geleitet werden soll.[95] Im Übrigen aber ist Anknüpfungspunkt ausschließlich das Geschäftsjahr. Deshalb scheidet auch im Fall eines Rumpfgeschäftsjahres eine Wahl für dieses und ein weiteres Geschäftsjahr aus.[96] Unter Beachtung des Ausschlusses der Vorauswahl für mehr als ein Geschäftsjahr ist die **Wiederwahl** von Abschlussprüfern grundsätzlich unbeschränkt möglich;[97] für Unternehmen von öffentlichem Interesse ergeben sich gesetzliche Schranken aus Art. 17 APr-VO (Rn 34 ff).

Die gesetzlichen Regelungen sind **Mindestvoraussetzungen**. Daher kann die Satzung oder 28
der Gesellschaftsvertrag engere Grenzen hinsichtlich des Zeitpunkts der Wahl und der Möglichkeit der Wiederwahl vorschreiben; auch eine nicht kapitalmarktorientierte Gesellschaft kann also qua Gesellschaftsvertrag oder Satzung eine dem Art. 17 APr-VO vergleichbare Regelung einführen.[98]

---

87 Vgl. auch OLG Naumburg OLGR 2003, 275: Missachtung des Abs. 1 S. 3 hat nicht Unwirksamkeit der verspätet erfolgten Wahl zur Folge.

88 MünchKommHGB/*Ebke*[4] Rn 15.

89 De lege ferenda mit guten Gründen für die Zulassung mehrjähriger Bestellungszeiträume *Arbeitskreis Bilanzrecht Hochschullehrer Rechtswissenschaft* BB 2015, 555; *Hommelhoff/Lanfermann* FS Haarmann, S 73 (77 ff); *Schüppen* FS E. Vetter, S. 737 (741 ff) mwN, auch zur historischen Entwicklung der rechtspolitischen Debatte.

90 Näher dazu *Simons/Kallweit* BB 2016, 332 (334 ff); *Schüppen* FS E. Vetter, S. 737 (742 f); *Wasmann/Harzenetter* NZG 2016, 97 ff.

91 MünchKommHGB/*Ebke*[4] Rn 16; Hachmeister/Kahle/Mock/Schüppen/*Mylich* Bilanzrecht[3] Rn 35; Lutter/Hommelhoff/*Kleindiek* GmbHG[20] Vor § 41 Rn 65; **aA** *Schüppen* Abschlussprüfung[2] Rn 7; *Schüppen* FS E. Vetter, S. 737 (744 ff).

92 *Schüppen* FS E. Vetter, S. 737 (740 f); **aA** Hachmeister/Kahle/Mock/Schüppen/*Mylich/Müller* Bilanzrecht[2] Rn 38; *Müller* FS Marsch-Barner, S. 375 (382 ff).

93 MünchKommHGB/*Ebke*[4] Rn 16; Hachmeister/Kahle/Mock/Schüppen/*Mylich* Bilanzrecht[3] Rn 35; Lutter/Hommelhoff/*Kleindiek* GmbHG[20] Vor § 41 Rn 65; **aA** *Schüppen* Abschlussprüfung[2] Rn 7; *Schüppen* FS E. Vetter, S. 737 (744 ff).

94 *ADS* Rn 138.

95 Überzeugend *Singhof* FS Marsch-Barner, S. 539 (542 ff).

96 MünchKommHGB/*Ebke*[4] Rn 16; **aA** *ADS* Rn 55, 138, 138; Hachmeister/Kahle/Mock/Schüppen/*Mylich* Bilanzrecht[3] Rn 35; KölnKomm-AktG/*Claussen/Korth*[2] Rn 9; *Schüppen* FS E. Vetter, S. 737 (742).

97 MünchKommHGB/*Ebke*[4] Rn 16; Hopt/*Merkt*[41] Rn 1a.

98 Für die GmbH Lutter/Hommelhoff/*Kleindiek* GmbHG[18] Anh. § 42 Rn 19.

Die der GmbH und der Personengesellschaft durch Abs. 1 S. 2 eröffnete Gestaltungsfreiheit bezieht sich allerdings nur auf Abs. 1 S. 1, so dass die in Rn 26 f genannten Bedingungen auch bei diesen Gesellschaften erfüllt sein müssen.[99] Auch unabängig von Abs. 1a (Rn 60 f) ist eine Beschränkung der Wiederwahl nicht zulässig, wenn sie im Zusammenspiel mit erhöhten Qualifikationsmerkmalen die Auswahl der Prüfer unzulässig einschränkt (vgl. Rn 25).

29 **c) Bezeichnung im Wahlbeschluss.** Der gewählte Abschlussprüfer ist so **eindeutig** zu bezeichnen, dass der gesetzliche Vertreter bzw. der Aufsichtsrat in die Lage versetzt wird, auf der Grundlage des Wahlbeschlusses den Prüfungsauftrag unverzüglich zu erteilen (Rn 44). Werden mehrere Abschlussprüfer gewählt, so muss deutlich gemacht werden, ob sie gemeinsam oder z.T. als Ersatzprüfer fungieren sollen (Rn 30). Eine Wahl mehrerer Prüfer mit der Maßgabe, dass einer von ihnen durch die gesetzlichen Vertreter zum Abschlussprüfer bestimmt wird, ist unzulässig. Auf der Grundlage der hier vertretenen Ansicht, dass das Wahlrecht auch bei der GmbH nicht auf die Geschäftsführer übertragen werden kann (Rn 20), ist auch für die GmbH keine Ausnahme veranlasst.[100]

30 **d) Mehrere Abschlussprüfer.** Die Wahl mehrerer Abschlussprüfer war in § 318 Abs. 1a S. 2 in der Fassung durch das AReG (Rn 35) und ist nach wie vor in § 322 Abs. 6a (§ 322 Rn 30) vorausgesetzt und im Grundsatz zulässig;[101] für Unternehmen von öffentlichem Interesse sieht Art. 16 Abs. 7 APr-VO ein (vom deutschen Gesetzgeber nicht wahrgenommenes[102]) Mitgliedstaatenwahlrecht vor, ein „Joint Audit" vorzuschreiben, an das Art. 17 Abs. 4 lit. b) APr-VO anknüpft und längere Höchstlaufzeiten vorsieht (Rn 35). Die Gewählten sind **gemeinschaftlich** Abschlussprüfer, weshalb in jeder Person die gesetzlichen Voraussetzungen vollständig erfüllt sein müssen. Auch der Charakter der Abschlussprüfung wird durch die Wahl mehrerer Prüfer nicht verändert. Es werden weiterhin nur ein Prüfungsbericht und ein Bestätigungsvermerk erteilt. Ein Unterschied zum Normalfall der Prüfung durch nur einen Prüfer darf sich nicht ergeben.[103] Dies scheint in der Praxis nicht immer so praktiziert worden zu sein; bisweilen war offensichtlich die Bestellung eines zweiten Abschlussprüfers zum Zweck einer „selbständigen und zusätzlichen Prüfung" gefordert und beschlossen worden.[104] Nach dem Gesagten erscheint es mit dem Gesetz zudem nicht vereinbar, dass das Testat nur von einem Prüfer unterzeichnet wird, während andere es verweigern bzw. bezüglich seines Inhalts abweichende Formulierungen gebrauchen (vgl. noch § 321 Rn 55; § 322 Rn 32).[105] Die gegenteilige Auffassung verkennt, dass es sich trotz mehrerer prüfender Personen um *eine* gesetzliche Abschlussprüfung handelt und deren Ergebnis nur *ein* Prüfungsbericht und *ein* Bestätigungsvermerk sein kann. Die Prüfung ist gesetzlich angeordnet, damit der Allgemeinheit ein abschließendes Urteil zugänglich gemacht wird. Das Vertrauen in die Abschlussprüfung beruht auf der Erwartung, jeder Abschlussprüfer würde bei der Prüfung zu demselben Ergebnis gelangen.[106] Zwar begegnet eine Arbeitsteilung während der Prüfung keinen Bedenken, jedoch

---

99 Vgl. Lutter/Hommelhoff/*Kleindiek* GmbHG[20] Vor § 41 Rn 64; Beck BilKomm[6]/*Winkeljohann*/*Hellwege* Rn 6 ff.

100 **AA** konsequenterweise 4. Aufl. Rn 17 (*Zimmer*).

101 Begr. BT-Drucks. 10/4268, S. 117; MünchKommHGB/*Ebke*[4] Rn 21; Hopt/*Merkt*[41] Rn 1a, § 317 Rn 6; Hachmeister/Kahle/Mock/Schüppen/*Mylich* Bilanzrecht[3] Rn 59; *Lutter* FS Semler, S. 835 f (850) mwN; näher IDW PS 208 Stand 2010.

102 Zur rechtspolitischen Debatte und zu den Vor- und Nachteilen eines Joint Audit s. *Merkt* FS Priester, S. 467 (470 ff); *Hennrichs* DB 2021, 268 (275 f); *Quick*/*Schmidt*/*Simons* WPg 2016, 11 ff; *dies.* WPg 2016, 195 ff.; *Schüppen* DStR 2021, 246 (249).

103 KölnKomm-AktG/*Claussen*/*Korth*[2] Rn 16.

104 Vgl. z.B. „Wie die KPMG im Sog der Holzmann-Krise ihr Mandat verlor", FAZ v. 15.8.2000, S. 24.

105 Hachmeister/Kahle/Mock/Schüppen/*Mylich* Bilanzrecht[3] Rn 59; KölnKomm-AktG/*Claussen*/*Korth*[2] Rn 16; MünchKommHGB/*Ebke*[4] Rn 22; wohl auch BeckBilKomm/*Justenhoven*/*Heinz*[13] Rn 31; **aA** *ADS* Rn 69.

106 Ähnlich *Mai* S. 41.

trägt **jeder Abschlussprüfer die volle Verantwortung** für die gesamte Prüfungstätigkeit.[107] Die Gesamtverantwortung bedingt, dass die Gesellschafter den Abschlussprüfern eine Arbeitsteilung nicht vorgeben können. Die Abschlussprüfer sind in jeder Beurteilung als Einheit zu sehen. Der Wegfall eines Prüfers hat deshalb die Wirkung eines Wegfalls des einzigen Prüfers, denn die Gesellschafterversammlung hat mit der Wahl mehrerer Abschlussprüfer deutlich gemacht, dass sie deren gemeinschaftliches Tätigwerden wünscht.[108] Soweit die (unzulässige) Wahl einer Sozietät zum Abschlussprüfer in die Wahl von deren Mitgliedern umgedeutet werden kann (vgl. auch § 319 Rn 10), sind diese ebenfalls gemeinsam Abschlussprüfer.

Aus der Unzulässigkeit divergierender Voten bei der gemeinsamen Prüfung ergibt sich auch 31 die Unzulässigkeit von mehreren unabhängig voneinander – nebeneinander – erfolgenden Abschlussprüfungen.[109] **Freiwillige Prüfungen** hingegen sind neben der gesetzlich angeordneten Prüfung möglich. Die gesetzliche Auskunfts- und Vorlagepflicht nach § 320 besteht für erstere jedoch nicht. Außerdem dürfen die Ergebnisse der freiwilligen Prüfungen nicht im Zusammenhang mit denen der gesetzlichen Abschlussprüfung publiziert werden, da anderenfalls die Eindeutigkeit der Information in Frage gestellt wäre.[110]

e) Ersatzprüfer. Bei der Wahl eines Ersatzprüfers handelt es sich nicht um den Fall einer Bestel- 32 lung mehrerer Prüfer, denn der Ersatzprüfer wird **nur bei Wegfall des primär gewählten Prüfers Abschlussprüfer**.[111] Durch die Wahl des primären Abschlussprüfers und eines Ersatzprüfers auf der gleichen Hauptversammlung erübrigt sich im Falle des Wegfalls des gewählten Abschlussprüfers die erneute Einberufung einer Hauptversammlung. Die Wahl des Ersatzprüfers geht in diesem Fall der Einsetzungsbefugnis des Gerichts nach **Abs. 4** vor (Rn 100).[112] Die Erteilung des Prüfungsauftrags erfolgt erst nach dem Wegfall des gewählten Prüfers. Da die Gesellschaft bis dahin einen Abschlussprüfer hat, liegt kein Verstoß des Vorstandes gegen Abs. 1 S. 4 vor.[113] Umstritten ist die Position des Ersatzprüfers im Fall eines Antrages nach **Abs. 3**. Teile des Schrifttums nehmen hier wie in den Fällen des Abs. 4 S. 2 (Rn 100) eine Bindung des Gerichts an die Wahl des Ersatzprüfers an.[114] Dem ist zu folgen, da das Gericht dem im Wahlbeschluss zum Ausdruck gebrachten Interesse der Gesellschaft folgen und selbst nur subsidiär tätig werden soll. Die Wahl mehrerer Ersatzprüfer ist zulässig, sofern die Eintrittsreihenfolge genau festgelegt ist. Die Wahl eines einzelnen Ersatzprüfers ist auch für mehrere gemeinsam agierende Abschlussprüfer möglich. Ebenso kann der Ersatzprüfer auch nur für einen von mehreren Prüfern, mehrere Ersatzprüfer für einen einzelnen bzw. einen von mehreren gemeinsamen Abschlussprüfern gewählt sein, da auch mehrere Abschlussprüfer immer als der eine gesetzliche Abschlussprüfer anzusehen sind (Rn 30). Die neu entstehende Zusammensetzung ist deshalb als vollständig neu eingetretener Ersatzprüfer anzusehen.

Abs. 3 ist **vor Wegfall** des primär gewählten Prüfers nicht auf den Ersatzprüfer anwendbar. 33 Das Gericht soll im Wege von Abs. 3 nur sicherstellen, dass ein den gesetzlichen Anforderungen entsprechender Abschlussprüfer tätig wird. Es ist nicht Aufgabe des Gerichts, Eventualitäten vorzubeugen. Die nach Abs. 3 maßgebliche Frist beginnt deshalb erst mit dem Wegfall des Abschluss-

---

107 Vgl. MünchKommHGB/*Ebke*[4] Rn 22; KölnKomm-AktG/*Claussen/Korth*[2] Rn 16; *Kerth* StB 1987, 337 (344).

108 Vgl. *ADS* Rn 72, wonach das Wahlorgan auch etwas anderes bestimmen können soll; nach hier vertretener Auffassung wäre dies unzulässig (vgl. Rn 31).

109 KölnKomm-AktG/*Claussen/Korth*[2] Rn 17; MünchKommHGB/*Ebke*[4] Rn 22; *Mai* S. 41; Hopt/*Merkt*[41] § 317 Rn 6; *Kerth* StB 1987, 337 (344); Baetge/Kirsch/Thiele/*Chekushina* Rn 52; wohl auch BeckBilKomm/*Justenhoven/Heinz*[13] Rn 31; **aA** *ADS* Rn 83 ff; *Lutter* FS Semler, S. 835 (850) mwN aus der älteren Literatur.

110 Ähnlich *Mai* S. 41.

111 Näher Hachmeister/Kahle/Mock/Schüppen/*Mylich* Bilanzrecht[3] Rn 67 f.

112 KölnKomm-AktG/*Claussen/Korth*[2] Rn 18 mwN.

113 *ADS* Rn 94.

114 *Hartmann* 106; *Hommelhoff/Priester* ZGR 1986, 463 (488); Baetge/Kirsch/Thiele/*Chekushina* Rn 156; **aA** Geßler/Hefermehl/*Kropff* AktG § 163 Rn 33; zweifelnd *ADS* Rn 95.

prüfers. Hierfür spricht, dass für die Bestimmung des in der Person des Ersatzprüfers liegenden Grundes auf den Zeitpunkt abgestellt wird, in dem er Abschlussprüfer wird.[115] Unberührt bleibt allerdings die Möglichkeit, im Falle der Anfechtung des Wahlbeschlusses nach § 318 Abs. 4 (analog) vorzugehen (Rn 100).

f) Unternehmen von öffentlichem Interesse

34 **aa) Überblick.** Für Unternehmen von öffentlichem Interesse (§ 316a Rn 6 ff) begrenzt Art. 17 Abs. 1–6 APr-VO die „Laufzeit des Prüfungsmandats" und begründet damit der Sache nach eine Pflicht zur **externen Rotation**, mithin zu einem Austausch des Abschlussprüfers nach Ablauf der Höchstlaufzeit eines Prüfungsmandats (Rn 37 ff).[116] Diese Höchstlaufzeit beläuft sich nach Art. 17 Abs. 1 Unterabs. 2 APr-VO auf zehn Jahre; Art. 17 Abs. 2, 4 bis 6 sieht jedoch Möglichkeiten der Verkürzung oder Verlängerung vor (Rn 35). An den Ablauf der Höchstlaufzeit schließt sich nach Art. 17 Abs. 3 APr-VO ein vierjähriges **Cooling-off** an, innerhalb dessen der Abschlussprüfer oder ein in der EU ansässiger Netzwerkpartner nicht bestellt werden darf. Vor dem Hintergrund, dass nach § 318 Abs. 1 S. 3 der Abschlussprüfer stets nur für ein Geschäftsjahr gewählt werden kann,[117] hat Art. 17 APr-VO aus Sicht des deutschen Rechts zur Folge, dass die Zahl der jährlichen Bestellung des Abschlussprüfers auf die sich aus den Höchstlaufzeiten des Art. 17 APr-VO ergebende Zahl der Geschäftsjahre (deren Berechnung Art. 17 Abs. 8 APr-VO regelt) begrenzt ist (Rn 37). Die Pflicht zur externen Rotation findet ihre Ergänzung in der in Art. 17 Abs. 7 APr-VO vorgesehenen **internen Rotation** des verantwortlichen Prüfungspartners (nebst einem Cooling-off von drei Jahren, Art. 17 Abs. 1 Unterabs. 1 S. 2) sowie in den ergänzenden Bestimmungen des **§ 43 Abs. 3, 6 WPO**, darunter den auf die Beendigung der Prüfungstätigkeit folgenden Tätigkeitsverboten des § 43 Abs. 3 S. 1, 2 WPO (Rn 43) sowie in der in § 43 Abs. 6 S. 2 WPO geregelten Verkürzung der für die interne Rotation vorgesehenen Maximalfrist des Art. 17 Abs. 7 Unterabs. 1 APr-VO von sieben auf fünf Jahre (Rn 42).

35 Ausweislich des 21. Erwägungsgrundes der APr-VO sollen durch die Pflicht zur externen und internen Rotation der Gefahr der zu großen Vertrautheit des Prüfers mit dem Unternehmen begegnet und die Unabhängigkeit und **kritische Grundhaltung** des Prüfers[118] gestärkt werden. Art. 17 APr-VO enthält allerdings zahlreiche **Mitgliedstaatenwahlrechte**, darunter die Möglichkeit, den Abschlussprüfer nicht nur für ein Geschäftsjahr, sondern für eine mehrjährige Periode zu bestellen (Abs. 2 lit. a, dazu Rn 27), eine unter der Regel-Höchstlaufzeit von zehn Jahren liegende Höchstlaufzeit einzuführen (Abs. 2 lit. b) oder – jeweils auf Empfehlung des Prüfungsausschusses (Abs. 5) – die Höchstlaufzeit entweder (nach Durchführung eines öffentlichen Ausschreibungsverfahrens) auf 20 Jahre (Abs. 4 lit. a) oder (bei Beauftragung eines Joint Audit nach Ablauf der Regel-Höchstlaufzeit, Rn 30) auf 24 Jahre (Abs. 4 lit. b) zu verlängern. § 318 Abs. 1a in der Fassung durch das **AReG** (Rn 2) hatte noch von den Wahlrechten des Art. 17 Abs. 4 APr-VO Gebrauch gemacht und Höchstlaufzeiten von 20 bzw. 24 Jahre ermöglicht.[119] Das **FISG** (Rn 2) hat § 318 Abs. 1a aufgehoben, so dass es seitdem hierzulande bei Art. 17 Abs. 1 und 3 APr-VO und damit bei der ausnahmslosen Geltung der Regel-Höchstlaufzeit von zehn Jahren sowie dem vierjährigen Cooling-off bewendet. Für die interne Rotation hingegen hat § 43 Abs. 6 S. 2 WPO von der in Art. 17 Abs. 7 Unterabs. 2 APr-VO vorgesehen Möglichkeit einer Verkürzung der Maximalfrist Gebrauch gemacht (Rn 34, 42).

36 Unberührt bleibt die in **Art. 17 Abs. 6 APr-VO** vorgesehene Möglichkeit des Unternehmens von öffentlichem Interesse, nach Ablauf der jeweils maßgebenden Mandats-Höchstlaufzeit (hierzulande also nach Ablauf von zehn Jahren) in **Ausnahmefällen** zu beantragen, dass die in Art. 20

115 AA *ADS* Rn 97: Zeitpunkt der Wahl des Ersatzprüfers.

116 Instruktiv dazu die empirische Untersuchung von *Baumann/Ratzinger-Sakel* WPg 2019, 254 ff.

117 Dazu sowie zur Konformität mit Art. 17 APr-VO s. Rn 27.

118 Zu ihr *Deckers/Hermann* DB 2013, 2315 ff; *Chekushina/Loth* NZG 2014, 85 ff.

119 Näher MünchKommHGB/*Ebke*[4] Rn 50 ff.

Abs. 1 APr-VO genannten zuständige Behörde (APAS) die erneute Bestellung desselben Abschlussprüfers für einen Zeitraum von bis zu zwei Jahren gestattet, sofern die Voraussetzungen des Art. 17 Abs. 4 lit. a (öffentliche Ausschreibung) oder lit. b (Joint Audit) erfüllt sind; im Einklang mit dem Wortlaut des Art. 17 Abs. 6 APr-VO besteht diese Möglichkeit auch dann, wenn es das nationale Recht bei der Maximalfrist des Art. 17 Abs. 1 Unterabs. 2 APr-VO belässt.

bb) Externe Rotation. Nach Art. 17 Abs. 1 Unterabs. 2 APr-VO beläuft sich die – nach Inkrafttreten des FISG für inländische Unternehmen von öffentlichem Interesse allein maßgebend (Rn 35) – Höchstlaufzeit auf **zehn Jahre**. Die Berechnung ist in Art. 17 Abs. 8 Unterabs. 1 APr-VO geregelt; danach wird die Dauer des Prüfungsmandats – aus Sicht des deutschen Rechts: die Zahl der Bestellungen (Rn 34) – vom ersten Geschäftsjahr an berechnet, das in dem Auftragsschreiben erfasst ist, in dem der Abschlussprüfer erstmals für die Durchführung von aufeinanderfolgenden Abschlussprüfungen bei demselben Unternehmen von öffentlichem Interesse bestellt wurde. Maßgebend sind allerdings nur Geschäftsjahre, in denen die zu prüfende Gesellschaft über den Status eines Unternehmens von öffentlichem Interesse verfügt. Nach der laufzeitbezogenen Konzeption des Art. 17 Abs. 1 Unterabs. 2 APr-VO hat dies zur Folge, dass vor Erlangung dieses Status liegende Geschäftsjahre nicht mitzählen und die Höchstlaufzeit nach Verlust und Wiedererlangung des Status erneut zu laufen beginnt.[120] Auch beginnt die Höchstlaufzeit von vorne zu laufen, wenn es zu einem Wechsel des Abschlussprüfers gekommen ist.[121] Rumpfgeschäftsjahre sind hingegen mitzuzählen.[122] 37

Art. 17 Abs. 8 Unterabs. 1 APr-VO stellt explizit auf Prüfungen bei **demselben Unternehmen** ab. Dass es sich hierbei nicht um ein Redaktionsversehen handelt, ergibt sich aus Art. 17 Abs. 8 Unterabs. 2 APr-VO, der auf Seiten der Prüfungsgesellschaft Erwerbs- und Zusammenschlusstatbestände erfasst (Rn 39); es erscheint unwahrscheinlich, dass der Verordnungsgeber Konzernkonstellationen auf Seiten des geprüften Unternehmens übersehen hat. In der Folge lassen sich Prüfungen, die bei einem konzernverbundenen Unternehmen von öffentlichem Interesse durchgeführt werden, nicht auf die Höchstlaufzeit anrechnen.[123] Davon unberührt bleibt, wie sich Art. 1 APr-VO entnehmen lässt, die Geltung des Art. 17 APr-VO auch für die **Konzernabschlussprüfung** (Rn 69); auch für diese gilt also insbesondere die Höchstlaufzeit von zehn Jahren.[124] Da Art. 1 APr-VO zwischen der Prüfung des Einzelabschlusses und der Prüfung des Konzernabschlusses unterscheidet, muss die Höchstlaufzeit jeweils gesondert für beide zur Anwendung gebracht werden; hat also der Abschlussprüfer bislang nur den Einzelabschluss eines Unternehmens von öffentlichem Interesse geprüft, kann er grundsätzlich für zehn Geschäftsjahre zum Konzernabschlussprüfer bestellt werden.[125] Allerdings gilt nach § 43 Abs. 3 S. 4 WPO als verantwortlicher Prüfungspartner auf Konzernebene auch, wer als auf der Ebene bedeutender Tochterunternehmen als für die Durchführung von deren Abschlussprüfung vorrangig verantwortlich bestimmt worden ist; nach Maßgabe dieser Zurechnungsvorschrift kann die Mitwirkung an Tochter-Einzelabschlussprüfungen zur Inhabilität hinsichtlich des Konzernabschlusses und wohl auch des Mutter-Einzelabschlusses führen.[126] 38

Nach Art. 17 Abs. 8 Unterabs. 2 APr-VO muss sich eine Prüfungsgesellschaft Prüfungen zurechnen lassen, die von ihr **erworbene oder** mit ihr **zusammengeschlossene Prüfungsgesellschaften** vorgenommen haben. Der Erwerbstatbestand umfasst sowohl den Erwerb einer Prüfungsge- 39

120 Hachmeister/Kahle/Mock/Schüppen/*Mylich/Müller* Bilanzrecht² Rn 51; **aA** *Schüppen* Abschlussprüfung² Anh. § 318 Rn 26, 42 f.

121 **AA** *Schüppen* Abschlussprüfung² Anh. § 318 Rn 28.

122 *Schüppen* Abschlussprüfung² Anh. § 318 Rn 44.

123 Hachmeister/Kahle/Mock/Schüppen/*Mylich/Müller* Bilanzrecht² Rn 51.

124 *Schüppen* Abschlussprüfung² Anh. § 318 Rn 28.

125 **AA** *Schüppen* Abschlussprüfung² Anh. § 318 Rn 29.

126 Weitergehend – für umgekehrte (down-stream) Zurechnung *Schüppen* Abschlussprüfung² Anh. § 318 Rn 46.

sellschaft im Wege des Share Deals als auch den im Wege eines Asset Deals.[127] Der Tatbestand des Zusammenschlusses umfasst neben eine (partielle) Gesamtrechtsnachfolge auslösenden Vorgängen (insbesondere Verschmelzung) auch die Bildung eines Netzwerks oder die Aufnahme einer Prüfungsgesellschaft in ein bestehendes Netzwerk.[128] Ist der Erwerbs- oder Zusammenschlusstatbestand erfüllt, kommt es im Rahmen der Berechnung der Höchstlaufzeit zur wechselseitigen Zurechnung von Prüfungsleistungen, sei es „upstream", „downstream" oder „sidestream".

40 Nach Ablauf der Höchstlaufzeit dürfen nach Art. 17 Abs. 3 APr-VO der Abschlussprüfer, die Prüfungsgesellschaft und ein innerhalb der EU anässiges Mitglied des Netzwerks für vier Jahre nicht zum Abschlussprüfer desselben (Rn 38) Unternehmens von öffentlichem Interesse bestellt werden. Auch die Berechnung der **Cooling-off-Periode** richtet sich nach Art. 17 Abs. 8 Unterabs. 1 APr-VO (Rn 37). Ist eine Prüfungsgesellschaft zum Abschlussprüfer bestellt, finden bei einem Wechsel des verantwortlichen Prüfungspartner zu einer anderen Prüfungsgesellschaft die Grundsätze über die interne Rotation (Rn 42) Anwendung.[129] Ausgeschlossen ist nach Art. 17 Abs. 3 APr-VO allein die Bestellung zum (Einzel- oder Konzern-)Abschlussprüfer (Rn 38), nicht dagegen die Prüfung nach § 115 WpHG.[130]

41 Ein Verstoß gegen die Regeln über die externe Rotation bildet nach § 318 Abs. 3 S. 1 Nr. 2 einen **Ersetzungsgrund** (Rn 90), was wiederum nach § 243 Abs. 3 S. 3 AktG mit der Unanfechtbarkeit des Wahlbeschlusses einhergeht (Rn 72 ff). Der **Prüfungsvertrag** ist nach § 134 BGB nichtig; dem Abschlussprüfer steht weder aus § 670 BGB noch aus § 812 Abs. 1 S. 1 BGB ein Vergütungsanspruch zu.[131]

42 **cc) Interne Rotation.** Die für die Durchführung einer Abschlussprüfung **verantwortlichen Prüfungspartner**[132] haben nach Art. 17 Abs. 7 Unterabs. 1 APr-VO spätestens sieben Jahre nach dem Datum ihrer Bestellung ihre Teilnahme an der Abschlussprüfung des geprüften Unternehmens zu beenden (S. 1) und können frühestens drei Jahre nach dieser Beendigung ihrer Teilnahme wieder an der Abschlussprüfung desselben Unternehmens mitwirken. Das FISG (Rn 2) hat in § 43 Abs. 6 S. 2 WPO von dem Mitgliedstaatenwahlrecht aus Art. 17 Abs. 7 Unterabs. 2 APr-VO Gebrauch gemacht und die die interne Rotation auslösende Frist von sieben auf **fünf Jahre** verkürzt. Die Berechnung der Frist erfolgt nach Art. 17 Abs. 8 Unterabs. 1, 2 APr-VO (Rn 37 f). Hinsichtlich des **Cooling-off** nach Art. 17 Abs. 7 Unterabs. 1 S. 2 APr-VO gilt, dass eine Unterbrechung der Mitwirkung an der Prüfungstätigkeit von weniger als drei Jahren irrelevant ist, mithin im Rahmen der Fünfjahresfrist des § 43 Abs. 6 S. 2 WPO mitzählt; hat also der verantwortliche Prüfungspartner für zwei Geschäftsjahre an der Prüfung mitgewirkt und stellt er sodann die Mitwirkung für zwei Geschäftsjahre ein, ist ihm zwar die Mitwirkung im fünften Geschäftsjahr gestattet, hingegen nicht mehr die Mitwirkung in den drei darauffolgenden Geschäftsjahren.[133] Wie im Rahmen des Art. 17 Abs. 1 Unterabs. 2 APr-VO (Rn 37) sind Geschäftsjahre, in denen das geprüfte Unternehmen nicht über den Status eines Unternehmens von öffentlichem Interesse verfügt hat, nicht mitzurechnen.[134] In Ergänzung der auf den verantwortlichen Prüfungspartner bezogenen internen Rotation verpflichtet Art. 17 Abs. 7 Unterabs. 3 APr-VO den Abschlussprüfer zur Einführung eines „angemessenen graduellen Rotationssystems" für das an der Abschlussprüfung beteiligte **Führungsperso-**

---

127 *Schüppen* Abschlussprüfung² Anh. § 318 Rn 27.

128 Hachmeister/Kahle/Mock/Schüppen/*Mylich*/*Müller* Bilanzrecht² Rn 48.

129 **AA** wohl *Schüppen* Abschlussprüfung² Anh. § 318 Rn 33.

130 MünchKommHGB/*Ebke*⁴ Rn 59; Hachmeister/Kahle/Mock/Schüppen/*Mylich*/*Müller* Bilanzrecht² Rn 51.

131 *Schürnbrand* AG 2016, 70 (72); § 319 Rn 99.

132 S. dazu die (wohl EU-konforme) Legaldefinition in § 43 Abs. 3 S. 3 WPO; näher zum verantwortlichen Prüfungspartner *Farr* WPg 2017, 115 ff.

133 *Schüppen* Abschlussprüfung² Anh. § 318 Rn 37.

134 **AA** *Schüppen* Abschlussprüfung² Anh. § 318 Rn 37.

nal.[135] Auch ein Verstoß gegen Art. 17 Abs. 7 APr-VO bildet einen Ersetzungsgrund und hat, wenn der verantwortliche Prüfungspartner im Prüfungsvertrag benannt wird, dessen Unwirksamkeit zur Folge (Rn 41).

Die Regeln über die interne Rotation (Rn 42) finden ihre Ergänzung in den **Tätigkeitsverboten des § 43 Abs. 3 S. 1, 2 WPO**. Diese dienen der Umsetzung von Art. 22a Abs. 1 APr-RL und sollen verhindern, dass den Normadressaten Führungspositionen innerhalb der geprüften Gesellschaft in Aussicht gestellt werden und hierdurch die Unabhängigkeit gefährdet wird.[136] Während § 43 Abs. 3 S. 1 WPO dem Abschlussprüfer und dem verantwortlichen Prüfungspartner eine Karenzzeit von zwei Jahren auferlegt, begnügt sich § 43 Abs. 3 S. 2 WPO hinsichtlich des von ihm erfassten Prüfungspersonals mit einer Karenzzeit von einem Jahr. Die Frist beginnt nicht erst mit der Aufnahme der Führungstätigkeit, sondern jedenfalls[137] mit dem Abschluss des Anstellungsvertrags.[138] 43

3. Prüfungsauftrag

a) Zuständigkeit. Nach der Wahl ist dem gewählten Abschlussprüfer nach Abs. 1 S. 4 unverzüglich der „Prüfungsauftrag zu erteilen“. Gemeint ist damit, dass dem Abschlussprüfer der Abschluss eines **Prüfungsvertrags anzutragen** ist; in der Erklärung des Antrags liegt im Allgemeinen zugleich die **Bekanntgabe der Wahl** des Prüfers durch die Gesellschafter (oder das statt dessen für die Wahl zuständige Organ, Rn 6 ff) und damit ein Bestandteil des korporationsrechtlichen Bestellungsaktes (Rn 1). Bei AG, KGaA und dualistisch verfasster SE ist nach § 111 Abs. 2 S. 3 AktG der **Aufsichtsrat** zur Erteilung des Prüfungsauftrages[139] berufen. Gleiches gilt nach § 25 Abs. 1 S. 1 Nr. 2 MitbestG, § 1 Abs. 1 Nr. 3 DrittelbG, § 3 Abs. 2 Montan-MitbestG, § 3 Abs. 1 S. 2 MitbestErgG für die mitbestimmte GmbH, nach § 18 Abs. 2 S. 1 KAGB für die als GmbH verfasste externe Kapitalverwaltungsgesellschaft und nach § 52 Abs. 1 GmbHG – insoweit allerdings unter dem Vorbehalt einer abweichenden Satzungsregelung – für die GmbH mit fakultativem Aufsichtsrat, schließlich nach Maßgabe der §§ 22 f, 24 Abs. 2 MgVG für die aus einer grenzüberschreitenden Verschmelzung hervorgegangene mitbestimmte GmbH. Die monistisch verfasste SE wird nach § 22 Abs. 4 S. 3 SEAG gegenüber dem Abschlussprüfer durch ihren **Verwaltungsrat** vertreten, die aufsichtsratslose Gesellschaft durch ihre **Geschäftsführer**.[140] 44

Verantwortlich für die Erteilung ist das zuständige Organ in seiner Gesamtheit. Unverzüglich bedeutet auch im Rahmen des § 318 Abs. 1 S. 4 „ohne schuldhaftes Zögern“ (§ 121 Abs. 1 S. 1 BGB). Die Verletzung der Pflicht zur unverzüglichen Auftragserteilung war zunächst mit Zwangsgeld bewehrt (§ 335 S. 1 Nr. 3 a.F.); im Zuge der Umgestaltung des § 335 durch das EHUG vom 10.11.2006 (BGBl. I 2553) ist diese Sanktion ersatzlos entfallen. Für die Wirksamkeit der Auftragserteilung ist die Mitwirkung der für die Vertretung erforderlichen Anzahl von Organmitgliedern ausreichend. Die Mitglieder des zuständigen Organs können auch eines von ihnen – etwa den Vorsitzenden des Aufsichtsrats – zur Abgabe und Entgegennahme der Willenserklärungen ermächtigen.[141] Die Bevollmächtigung einer nicht dem zuständigen Organ angehörenden Person hingegen kommt 45

---

135 Näher dazu *Schüppen* Abschlussprüfung[2] Anh. § 318 Rn 38 f.

136 *Schüppen* Abschlussprüfung[2] Anh. § 318 Rn 48.

137 EuGH NZG 2021, 601 Rn 44 f, 54 stellt in den Entscheidungsgründen, nicht dagegen in der Beantwortung der Vorlagefrage dem Vertragsschluss die Aufnahme von Vertragsverhandlungen gleich.

138 EuGH NZG 2021, 601 Rn 44 ff (54).

139 Zur Zuständigkeit des Vorstands für die Beauftragung von Nichtprüfungsleistungen s. für Unternehmen von öffentlichem Interesse Art. 5 Abs. 4 APr-VO und dazu Rn 86; im Übrigen MünchKommAktG/*Habersack*[5] § 111 Rn 92 mwN, auch zu Vorschlägen de lege ferenda; dazu auch *Hennrichs* DB 2021, 268 (278).

140 MünchKommHGB/*Ebke*[4] Rn 30 f.; Lutter/Hommelhoff/*Kleindiek* GmbHG[20] Vor § 41 Rn 67.

141 S. noch Rn 56 sowie allg. MünchKommAktG/*Habersack*[5] § 107 Rn 59 f.

jedenfalls im Anwendungsbereich des § 111 Abs. 2 S. 3 AktG nicht in Betracht;[142] ausgeschlossen ist insbesondere, dass der Aufsichtsrat ein Vorstandsmitglied bevollmächtigt. Der Aufsichtsrat kann die ihm nach § 111 Abs. 2 S. 3 AktG obliegende Beschlussfassung über die Erteilung des Prüfungsauftrags vollständig auf einen **Ausschuss** delegieren.[143]

46 **b) Zustandekommen.** Die Auftragserteilung besteht darin, dass der gesetzliche Vertreter bzw. der Aufsichtsrat (Rn 44) dem gewählten Abschlussprüfer ein **Angebot** auf Abschluss des Prüfungsvertrages unterbreitet. Das Angebot darf nicht in solcher Weise nachteilig gestaltet werden, dass die Bereitschaft des Abschlussprüfers zur Übernahme des Mandats beeinträchtigt und hierdurch der Wahlbeschluss unterlaufen wird.[144] Zulässig ist die Erteilung des Prüfungsauftrages unter der auflösenden Bedingung, dass innerhalb der Zwei-Wochen-Frist des Abs. 3 S. 2 ein Antrag bei Gericht eingeht bzw. dass es im Rahmen eines laufenden Ersetzungsverfahrens zur Bestellung eines Prüfers durch das Gericht kommt. Die unverzügliche Erteilung des Auftrags ist u.U. nur durch Zulassung dieser Bedingung ohne Nachteil möglich, da die Gesellschaft sich anderenfalls gegenüber dem beauftragten Prüfer schadensersatzpflichtig machen könnte.[145]

47 Der Abschlussprüfer ist nicht verpflichtet, das Mandat anzunehmen. Er muss jedoch unverzüglich mitteilen, ob er den Auftrag annimmt; anderenfalls hat er einen aus der Verzögerung entstehenden Schaden zu ersetzen (§ 51 WPO).[146] Mit **Annahme** kommt der schuldrechtliche **Prüfungsvertrag** zustande; zugleich wird das private Amt angenommen und damit der korporationsrechtliche Akt der **Bestellung vollendet** (Rn 1). Die Wirksamkeit des korporationsrechtlichen Bestellungsgeschäfts wird – vom Fall der Fehleridentität abgesehen – durch die Unwirksamkeit des Prüfungsvertrags nicht berührt (s. noch § 319 Rn 99 f). Durch Schweigen auf das Angebot kommt der Geschäftsbesorgungsvertrag nur unter den Voraussetzungen des § 362 zustande.[147] Bei Ablehnung ist eine Begründung nicht notwendig.[148] Dies gilt auch dann, wenn die Ablehnung erfolgt, weil der Prüfer davon ausgeht, die Voraussetzungen des § 319 Abs. 1 nicht zu erfüllen,[149] nach §§ 319 Abs. 2 bis 5, 319b von der Prüfung ausgeschlossen zu sein oder aus seiner Sicht den Auftrag nicht ordnungsgemäß durchführen zu können.[150] Eine Ausnahme wird man anerkennen müssen, wenn der Prüfer ablehnt, weil die zeitlichen Rahmenbedingungen zu eng sind, insbesondere die gesetzlichen Vertreter den Prüfungsauftrag zu spät erteilt haben.[151] Da in diesem Fall die Gefahr besteht, dass das für die Erteilung des Prüfungsauftrags zuständige Organ einem missliebigen Abschlussprüfer gezielt die Annahme des Mandates erschwert (vgl. Rn 46), ist hier ausnahmsweise die Ablehnung gegenüber der Gesellschaft zu begründen.

---

142 *ADS* Rn 142; **aA** 4. Aufl Rn 22 (*Zimmer*).

143 Näher MünchKommAktG/*Habersack*[5] § 111 Rn 98; Spindler/Stilz/*Spindler* AktG[4] § 111 Rn 54; *Koch* AktG[16] § 111 Rn 27; *Altmeppen* ZGR 2004, 390 (405 f); *Schiessl* AG 2002, 593 (600); **aA** *Forster* WPg 1998, 41 (42); *Hommelhoff* BB 1998, 2567 (2570); *Mattheus* ZGR 1999, 682 (708); *Theisen* DB 1999, 341 (345); *Ziemons* DB 2000, 77 (81).

144 MünchKommAktG/*Habersack*[5] § 111 Rn 94; GroßKommAktG/*Hopt*/*Roth*[5] § 111 Rn 442, 457; KölnKomm-AktG/*Claussen*/*Korth*[2] Rn 19; zur Unwirksamkeit des unter Verstoß gegen Vergaberecht geschlossenen Prüfungsvertrags sowie zur Frage der Unwirksamkeit auch der Prüferbestellung s. *Aschoff* DZWiR 2008, 309 ff.

145 Vgl. auch KölnKomm-AktG/*Claussen*/*Korth*[2] Rn 19; teilweise **aA** *ADS* Rn 185 f; *Hartmann* 96; *Kerth* StB 1987, 337 (346), wonach die gesetzlichen Vertreter zunächst die Zwei-Wochen-Frist verstreichen lassen bzw. den Ausgang des Verfahrens abwarten können.

146 Der Anspruch folgt direkt aus § 51 S. 2 WPO, so auch MünchKommHGB/*Ebke*[4] Rn 38; **aA** KölnKomm-AktG/*Claussen*/*Korth*[2] Rn 20, die den Anspruch nur i.V.m. culpa in contrahendo gewähren.

147 Baetge/Kirsch/Thiele/*Chekushina* Rn 78.

148 MünchKommHGB/*Ebke*[4] Rn 38; Hopt/*Merkt*[41] Rn 1a.

149 Zum nachträglichen Eintritt der Voraussetzungen vgl. Rn 51.

150 *ADS* Rn 197; BeckBilKomm/*Justenhoven*/*Heinz*[13] Rn 45; *Kerth* StB 1987, 337 (347); **aA** – Prüfer müsse Gründe mitteilen – LG Köln DB 1992, 265.

151 *Kerth* StB 1987, 337 (347).

Infolge der **Ablehnung** des Mandats lebt das Wahlrecht der Gesellschafter wieder auf, sofern nicht ein Ersatzprüfer (Rn 32) gewählt worden ist. Entsprechendes gilt, wenn ein Prüfungsauftrag noch nicht erteilt worden ist; die Gesellschafter können dann den Wahlbeschluss aufheben und durch einen neuen Beschluss ersetzen (Rn 6). Eine Erteilung des Auftrages **ohne vorherige Wahl**, die nur zu einer schuldrechtlichen Bindung führen würde, ist ohne rechtliche Wirkung.[152] Die im älteren Schrifttum vertretene Gegenauffassung[153] verkennt, dass die freie Wahl durch die mit dem Vertrag begründeten finanziellen Verpflichtungen eingeschränkt würde.[154] Das Gesetz spricht deshalb auch ausdrücklich von der Bestellung nach der Wahl. Auch eine **Heilung** durch nachträgliche Wahl ist nach dem Gesagten nicht möglich;[155] auch in diesem Fall wären die Gesellschafter ihrer Auswahlfreiheit faktisch beraubt. 48

c) Rechtsnatur. Die Rechtsnatur des schuldrechtlichen Vertrages zwischen Abschlussprüfer und Gesellschaft ist seit Einführung der Pflichtprüfung umstritten.[156] Einigkeit besteht lediglich dahingehend, dass eine Geschäftsbesorgung nach § 675 BGB Gegenstand des Vertrages ist.[157] Umstritten ist die Natur des zugrundeliegenden Vertrages. Nach einer insbesondere im älteren Schrifttum anzutreffenden Ansicht handelt es sich um einen Dienstvertrag.[158] Danach soll der Schwerpunkt der Prüfungstätigkeit bei der Erbringung der Prüfungsleistung und erst in zweiter Linie bei der Ausfertigung von Prüfungsbericht und Bestätigungsvermerk liegen.[159] Dem stand seit jeher entgegen, dass das Erlangen eines Gesamturteils über die Rechnungslegung des Unternehmens Ziel der Abschlussprüfung ist; dieser Gesichtspunkt hat durch die mit dem KonTraG erfolgte nähere Ausgestaltung von Prüfungsbericht und Bestätigungsvermerk noch an Bedeutung gewonnen. Die Abschlussprüfung ist um dieses Ergebnisses willen Pflichtprüfung. Die Herbeiführung eines bestimmten Arbeitsergebnisses bzw. Erfolges ist das Kennzeichen des Werkvertrages. Der Prüfungsauftrag ist folglich ein **Werkvertrag**, der eine Geschäftsbesorgung zum Inhalt hat.[160] Angesichts der gesetzlichen Typisierung der vom Abschlussprüfer geschuldeten Leistung (Rn 50) kommt der Frage freilich keine große praktische Bedeutung zu, zumal in der **Insolvenz** §§ 115 f. InsO durch § 155 Abs. 3 S. 2 InsO (analog) verdrängt werden (Rn 7) und in der Folge der vor Insolvenzeröffnung geschlossene Prüfungsvertrag (auch für vor dem bis zur Eröffnung des Insolvenzverfahrens laufenden Rumpfgeschäftsjahr liegende Geschäftsjahre) fortbesteht[161] und sich die **Auskunfts-, Rechenschafts- und Herausgabepflichten** des Abschlussprüfers ganz unabhängig von der dienst- oder werkvertraglichen Einordnung des Vertrags nach §§ 675, 666, 667 BGB richten (Rn 59). 49

---

152 Vgl. LG Berlin WPK-Mitt. 1995, 180; ferner BeckBilKomm/*Justenhoven*/*Heinz*[13] Rn 38; im Grundsatz auch *ADS* Rn 189, die zu Recht auf die Möglichkeit hinweisen, eine freiwillige Prüfung in Auftrag zu geben.

153 Geßler/Hefermehl/*Kropff* AktG § 163 Rn 17.

154 *Kerth* StB 1987, 337 (346 f); *Hartmann* S. 96; *Forster* FS Semler, S. 819 f, der allerdings in Ausnahmesituationen den Beginn der Prüfung schon gestatten will, aber Ausfertigung von Prüfungsbericht und Bestätigungsvermerk in jedem Fall ablehnt.

155 LG Köln DB 1992, 265 (266); *Forster* a.a.O., 820 f; **aA** Geßler/Hefermehl/*Kropff* AktG § 163 Rn 15.

156 Näher *Mai* S. 244.

157 *ADS* Rn 191; Hopt/*Merkt*[41] Rn 3; Hachmeister/Kahle/Mock/Schüppen/*Mylich* Bilanzrecht[3] Rn 89.

158 *Homburger* JW 1931, 2935 (2938); *Hartmann* S. 96 Fn 161.

159 *Hartmann* a.a.O.

160 BGH NJW 2000, 1107; vgl. auch schon BGHZ 124, 27 (30) = NJW 1994, 323: das Gewährleistungsrecht des Werkvertrages sei „zumindest entsprechend“ anwendbar; MünchKommHGB/*Ebke*[4] Rn 28; KölnKomm-AktG/*Claussen*/*Korth*[2] Rn 21 f; Hopt/*Merkt*[41] Rn 3; Hachmeister/Kahle/Mock/Schüppen/*Mylich* Bilanzrecht[3] Rn 89.

161 BGH ZIP 2022, 1337 Rn. 10 ff = NZG 2022, 1691 mwN, dort auch zur Einordnung (nur) des auf nach Insolvenzeröffnung erbrachte Prüfungsleistungen bezogenen Vergütungsanspruchs als Masseverbindlichkeit; so auch OLG Frankfurt/M. AG 2021, 796; s. dazu noch Rn. 59, ferner BGH ZIP 2018, 1358 Rn 9 ff; MünchKommHGB/*Ebke*[4] Rn 28; näher *Kaiser* WPg 2018, 1331 ff; **aA** – für Eingreifen des § 116 InsO auf vor dem (bis zur Insolvenzeröffnung laufenden) Rumpfgeschäftsjahr liegende Geschäftsjahre – *Kaiser*/*Berbuer* ZIP 2017, 161 (163 ff).

50 **d) Inhalt.** Der **Mindestinhalt** des Prüfungsauftrags bestimmt sich nach den handelsrechtlichen und ggf. spezialgesetzlichen Vorschriften sowie der WPO. Die §§ 631 ff, 675 BGB gelten nur subsidiär[162] und treten insbesondere hinter den Schutz der Unabhängigkeit des Abschlussprüfers zurück. Durch Individualabreden kann der **Prüfungsauftrag erweitert** werden.[163] Die Einschränkung des gesetzlichen Prüfungsinhalts ist dagegen nicht möglich. Dem Prüfungsauftrag liegen im Regelfall die **Allgemeinen Auftragsbedingungen** (AAB) für Wirtschaftsprüfer und Wirtschaftsprüfungsgesellschaften (Stand: 1.1.2017) zugrunde.[164] Einbeziehung und Inhaltskontrolle der AAB folgen den allgemeinen Grundsätzen der §§ 305 ff BGB.[165]

51 Der gewählte Abschlussprüfer muss die Prüfung **selbst** durchführen. Die Übertragung des Mandats auf einen anderen – nicht gewählten – Prüfer ist ausgeschlossen.[166] Davon zu unterscheiden ist die Hinzuziehung von Gehilfen; sie ist, wie auch § 323 Abs. 1 S. 1 entnommen werden kann (§ 323 Rn 10), statthaft. Wurden mehrere Prüfer gewählt, so genügt es, dass die Unterzeichnung von Prüfungsbericht und Bestätigungsvermerk gemeinschaftlich erfolgt; im Übrigen ist Arbeitsteilung zulässig (Rn 30). Im Rahmen der gesetzlichen Prüfungsaufgaben handelt der Abschlussprüfer **weisungsfrei**. Festlegungen hinsichtlich Prüfungszeit und -objekt, die den Gang der Prüfung betreffen, sind zulässig, soweit damit nicht auf den Inhalt der Prüfung eingewirkt wird.[167] Lediglich im Rahmen der zulässigen Erweiterungen des Prüfungsauftrags sind Weisungen möglich, sofern sie nicht mit dem Grundsatz der Eigenverantwortlichkeit des Prüfers konfligieren. Die Ergebnisse solcher Prüfungserweiterungen können nicht in den Prüfungsbericht aufgenommen werden, es sei denn, sie wirken sich auf den Gegenstand der Pflichtprüfung aus.[168]

52 Die zu prüfende **Gesellschaft** ist nach Maßgabe des § 320 zur **Mitwirkung** an der Prüfung verpflichtet. Dazu gehören auch das rechtzeitige Bereitstellen der erforderlichen Prüfungsobjekte und das Gewähren angemessener Arbeitsbedingungen. Die Zwangsgeldandrohung des § 335 S. 1 Nr. 5 a.F. ist allerdings mit Inkrafttreten des EHUG entfallen (Rn 44). Nach wie vor kann dem Abschlussprüfer bei unterlassener Mitwirkung ein Entschädigungsanspruch aus § 642 BGB zustehen.[169]

53 In Ermangelung einer gesetzlichen Gebührenordnung kann die **Vergütung** von den Vertragsparteien **frei vereinbart** werden. Bei fehlender Vereinbarung gilt § 632 BGB (bzw. – bei Einordnung als Dienstvertrag – § 612 BGB, vgl. Rn 49).[170] Bisweilen wird auf das System der GebO für Pflichtprüfungen zurückgegriffen,[171] die durch Erlass des Reichswirtschaftsministers vom 11.4.1939 eingeführt wurde.[172] Danach setzt die Vergütung sich zusammen aus dem Werthonorar, das sich an der Bilanzsumme des zu prüfenden Unternehmens orientiert, und dem Zeithonorar, das sich an der benötigten Stundenanzahl orientiert.[173] Bei börsennotierten Gesellschaften findet sich überwiegend die Vereinbarung eines Pauschalhonorars (Rn 54), die freilich eine Öffnungsklausel für

---

162 KölnKomm-AktG/*Claussen*/*Korth*² Rn 21 f; MünchKommHGB/*Ebke*⁴ Rn 28; zum Einfluss des Vergaberechts s. Fn 13, 50, 144.

163 Vgl. § 323 Rn 8 sowie näher MünchKommHGB/*Ebke*⁴ Rn 47.

164 Näher zu den AAB Staudinger/*Weber* BGB (2019), Anh. §§ 305–310 Rn G 183 ff mwN; ferner MünchKommHGB/*Ebke*⁴ Rn 29 f mwN.

165 Speziell zu Nr. 9 AAB § 323 Rn 71; Staudinger/*Weber* BGB (2019), Anh. §§ 305–310 Rn G 210 ff.

166 KölnKomm-AktG/*Claussen*/*Korth*² Rn 23.

167 Vgl. *ADS* Rn 215.

168 KölnKomm-AktG/*Claussen*/*Korth*² Rn 23.

169 Vgl. auch KölnKomm-AktG/*Claussen*/*Korth*² Rn 24; *ADS* Rn 218.

170 Zu Vorschlägen de lege ferenda, insbesondere zum Vorschlag einer umlagefinanzierten Honorierung *Hennrichs* DB 2021, 268 (271).

171 Abgedr. noch in WP-Handbuch 1985/86, S. 137.

172 KölnKomm-AktG/*Claussen*/*Korth*² Rn 26.

173 Näher *Forster* WPg 1998, 41 ff; *ADS* Rn 224 ff; MünchKommHGB/*Ebke*⁴ Rn 40 ff; Staudinger/*Weber* BGB (2019), Anh. §§ 305–310 Rn G 195 ff, dort auch zur AGB-Kontrolle; zur Vergütungspraxis im Zusammenhang mit der Prüfung börsennotierter Gesellschaften *Lenz*/*Bauer* WPg 2004, 985 ff; zur Frage der Insolvenzfestigkeit des Honorars, insbesondere zu den Voraussetzungen eines Bargeschäfts i.S.d. § 142 InsO s. BGH ZIP 2006, 2222; *Fölsing* ZIP 2007, 1449 ff.

einen auf nicht vorhersehbare Umstände zurückzuführenden erhöhten Prüfungsaufwand enthalten muss.[174] Ist ein Stundenhonorar vereinbart (Rn 54), so ist der Einwand des geprüften Unternehmens beachtlich, es seien entweder mehr Stunden als geleistet abgerechnet worden oder die Prüfung sei, da zu aufwendig angelegt, mangelhaft durchgeführt worden.[175]

Die freie Vereinbarung des Honorars findet dort ihre Grenze, wo nicht mehr der tatsächliche Prüfungsaufwand als Bestimmungsgröße ausschlaggebend ist und deshalb die Gefahr besteht, dass die Prüfungsqualität infolge eines Interesses des Abschlussprüfers an der Minimierung des Prüfungsaufwandes sinkt. Daher sind **Erfolgshonorare** grundsätzlich unzulässig.[176] Für Unternehmen von öffentlichem Interesse statuiert Art. 4 Abs. 1 APr-VO explizit ein solches Verbot.[177] Im Übrigen hält § 55 Abs. 1 S. 1 WPO in der Fassung durch das Gesetz zur Neuregelung des Verbots von Erfolgshonoraren vom 12.6.2008 (BGBl. I 1000) allgemein für den Bereich der Abschlussprüfung (§ 2 Abs. 1 WPO) an dem berufsrechtlichen Verbot von Erfolgshonoraren fest.[178] Dies wiederum steht im Einklang mit Art. 25 lit. b) APr-RL, der die Mitgliedstaaten verpflichtet, auf angemessene Weise zu gewährleisten, dass Honorare für Abschlussprüfungen an keinerlei Bedingungen geknüpft werden. Was dagegen die Vereinbarung eines **Pauschalhonorars** betrifft, so ist sie nicht generell unzulässig.[179] Im Einklang mit § 43 Abs. 2 der Berufssatzung der Wirtschaftsprüferkammer ist vielmehr von der Zulässigkeit des Pauschalhonorars auszugehen, wenn das Honorar angemessen ist und ergänzend vereinbart wird, dass bei Eintritt von für den Prüfer nicht vorhersehbaren Umständen im Bereich des Auftraggebers, die zu einer erheblichen Erhöhung des Prüfungsaufwands führen, das Honorar entsprechend zu erhöhen ist.[180] Hierdurch ist die gewissenhafte und unparteiische Prüfung auch bei Auftreten besonderer Prüfungserschwernisse – und damit zugleich die Vereinbarkeit mit Art. 25 APr-RL[181] – gewährleistet.[182] Unbedenklich ist die Vereinbarung von **Stundensätzen**.[183] 54

Die Vergütungsvereinbarung ist nur für das zu prüfende Geschäftsjahr zulässig,[184] da nur insoweit eine Grundlage in dem Wahlbeschluss der Gesellschafter existiert und die Wahlfreiheit der Gesellschafter für Folgejahre nicht beeinträchtigt werden darf. Neben dem Honorar kann der Abschlussprüfer, sofern keine besondere Vereinbarung getroffen wurde, einen Vorschuss (§ 669 BGB) sowie Ersatz seiner **Aufwendungen** verlangen (§ 670 BGB). Im Zweifel ist anzunehmen, dass die Aufwendungen bereits in den Gebühren berücksichtigt worden sind.[185] Die **Abtretung** der Vergütungsforderung oder die Übertragung ihrer Einbeziehung ist zulässig, wenn sie entweder an einen kraft Gesetzes zur Verschwiegenheit verpflichteten Freiberufler erfolgt oder die Forderung rechtskräftig festgestellt ist oder der Auftraggeber zustimmt (§ 55a Abs. 3 WPO). 55

Auch die Vereinbarung der Vergütung des Abschlussprüfers ist im Anwendungsbereich des § 111 Abs. 2 S. 3 AktG (Rn 44) Teil der dem Aufsichtsrat zugewiesenen Aufgabe.[186] Es empfiehlt sich, ein Aufsichtsratsmitglied mit den entsprechenden Verhandlungen zu beauftragen; sofern nicht ein anderes beschlossen wird, kann von einer stillschweigenden **Ermächtigung des Aufsichts-** 56

174 Vgl. § 43 Abs. 2 BS WP/vBP und dazu MünchKommHGB/*Ebke*[4] Rn 40; ferner *Lenz/Bauer* WPg 2004, 985 ff.
175 BGH NJW 2000, 1107.
176 LG Berlin WPK-Mitt. 2000, 203; Hachmeister/Kahle/Mock/Schüppen/*Mylich* Bilanzrecht[3] Rn 95 f; MünchKommHGB/*Ebke*[4] Rn 41; *ADS* Rn 229.
177 Näher zu Art. 4 Abschlussprüferverordnung Hachmeister/Kahle/Mock/Schüppen/*Mylich* Bilanzrecht[3] Rn 96; ferner MünchKommHGB/*Ebke*[4] Rn 41.
178 Zum Hintergrund der Neuregelung in §§ 55, 55a WPO s. BVerfG NJW 2007, 979; näher zum Ganzen *Kilian* BB 2007, 1061 ff, 1905 ff, dort auch zu § 55a Abs. 2 WPO.
179 So aber noch 4. Aufl. Rn 32 (*Zimmer*).
180 *ADS* Rn 227, MünchKommHGB/*Ebke*[4] Rn 40, Staudinger/*Weber* BGB (2019), Anh. §§ 305–310 Rn G 204, jew. mwN.
181 Staudinger/*Weber* BGB (2019), Anh. §§ 305–310 Rn G 199 mwN.
182 *ADS* Rn 227.
183 MünchKommHGB/*Ebke*[4] Rn 40; *Mai* S. 96; s. ferner BGH NJW 2000, 1107.
184 KölnKomm-AktG/*Claussen/Korth*[2] Rn 26.
185 Geßler/Hefermehl/*Kropff* AktG § 163 Rn 20; differenzierend *ADS* Rn 231.
186 Begr. RegE, BT-Drucks. 13/9712, S. 16; MünchKommAktG/*Habersack*[5] § 111 Rn 95.

rats- oder Ausschussvorsitzenden (Rn 44) ausgegangen werden.[187] Keinesfalls darf der Aufsichtsrat das Zustandekommen eines Prüfungsvertrags dadurch torpedieren, dass er dem von der Hauptversammlung gewählten Abschlussprüfer für diesen inakzeptable Konditionen anbietet (Rn 46). Bedenken gegen die Person des Gewählten sind vielmehr nach § 318 Abs. 3 geltend zu machen (Rn 70 ff). Umso ratsamer ist es, den Vertrag bereits vor der Bestellung durch die Hauptversammlung (und vorbehaltlich derselben) zu schließen.[188] Außerhalb des Anwendungsbereichs des § 111 Abs. 2 S. 3 AktG gilt Entsprechendes für das zuständige Leitungsorgan (Rn 44). Nach §§ 285 S. 1 Nr. 17, 314 Abs. 1 Nr. 9 haben alle prüfungspflichtigen Gesellschaften im (Konzern-)Anhang das vom Abschlussprüfer für im Geschäftsjahr erbrachte Leistungen berechnete **Gesamthonorar offenzulegen**.[189]

4. Widerruf

57 Nach § 318 Abs. 1 S. 5 kann der „Prüfungsauftrag" nur widerrufen werden, wenn nach Abs. 3 ein anderer Prüfer bestellt worden ist. Im Übrigen ist der „Widerruf des Prüfungsauftrags" durch die Gesellschaft ausgeschlossen; im Interesse einer Stärkung der Stellung des Abschlussprüfers gegenüber der Gesellschaft soll diese vielmehr einen Wechsel des Abschlussprüfers nur im Verfahren des Abs. 3 herbeiführen können (Rn 70 ff).[190] Der Abschlussprüfer hingegen kann zwar „kündigen", nach Abs. 6 allerdings nur aus wichtigem Grund (Rn 108). Insbesondere dem Zusammenspiel des Abs. 1 S. 5 mit Abs. 3 lässt sich klar entnehmen, dass Gegenstand des Widerrufs zunächst die Bestellung als solche ist.[191] Ist hiernach der Widerruf nichts anderes als Teil der **Abberufung** des – gewählten oder gerichtlich bestellten – Abschlussprüfers, so findet er seine Grundlage in der gerichtlichen Entscheidung, die den actus contrarius zum Wahlbeschluss der Gesellschafter bildet und des Vollzuges durch Erklärung gegenüber dem zunächst gewählten Abschlussprüfer bedarf;[192] in der Abberufungserklärung liegt im Allgemeinen zugleich die Kündigung des schuldrechtlichen Geschäftsbesorgungsverhältnisses (vgl. Rn 1, 44). Eine Besonderheit ergibt sich, wenn sich nach Bestellung des Abschlussprüfers herausstellt, dass die Gesellschaft **nicht prüfungspflichtig** ist, weil sie die Größenmerkmale des § 267 Abs. 1 unterschreitet (§ 316 Rn 3 ff) oder liquidations- oder insolvenzbedingt von der Prüfung befreit ist (§ 316 Rn 7). Grundsätzlich bestimmt sich die Prüfungspflicht erst zum Abschlussstichtag des zu prüfenden Geschäftsjahres. Dabei reicht es für das Entfallen der Prüfungspflicht nicht aus, wenn die Gesellschaft nur an einem von zwei aufeinanderfolgenden Geschäftsjahren die Voraussetzungen des § 267 Abs. 1 nicht erreicht (§ 267 Abs. 4). Demzufolge kann nach der Wahl des Abschlussprüfers, die während des zweiten möglicherweise nicht prüfungspflichtigen Geschäftsjahres erfolgt, das Entfallen der Prüfungspflicht erkennbar werden. Ein Festhalten am Widerrufsverbot führte dann zu einer Pflichtprüfung, an der kein Interesse besteht. Entsprechendes gilt in den Fällen der §§ 270 Abs. 3 AktG, 71 Abs. 3 GmbHG, mithin bei Befreiung der aufgelösten Gesellschaft von der Prüfungspflicht (§ 316 Rn 7). In beiden Fällen muss deshalb, sobald als sicher anzusehen ist, dass die Prüfungspflicht

---

187 MünchKommAktG/*Habersack*[5] § 111 Rn 95; *Koch* AktG[16] § 111 Rn 44, § 112 Rn 19; im Ergebnis auch MünchKommHGB/*Ebke*[4] Rn 40 (Zuständigkeit kraft Amtes).

188 MünchKommAktG/*Habersack*[5] § 111 Rn 94.

189 Näher dazu *Bischof* WPg 2006, 705 ff; *Kirsch/Ewelt-Knauer/Gallasch* ZGR 2013, 647 ff; *Klein/Klaas* WPg 2006, 885 (891 f); *Lenz/Möller/Höhn* BB 2006, 1787 (1788 f); *Zimmermann* KoR 2006, 273 ff.

190 Begr. RegE BiRiLiG, BT-Drucks. 10/317, S. 104; zu den Konsequenzen bei Übernahme der prüfungspflichtigen Gesellschaft s. *Fortun* BB 2002, 2012 ff.

191 Wie hier Hopt/*Merkt*[41] Rn 4; Baetge/Kirsch/Thiele/*Chekushina* Rn 72 f, 150; **aA** MünchKommHGB/*Ebke*[4] Rn 46; Hachmeister/Kahle/Mock/Schüppen/*Mylich* Bilanzrecht[3] Rn 98; *Schüppen* Abschlussprüfung[2] Rn 20; vgl. ferner OLG Düsseldorf ZIP 1996, 1040 (1041).

192 Vgl. noch Rn 92; zutr. Baetge/Kirsch/Thiele/*Chekushina* Rn 150; **aA** – für Wegfall der Amtsstellung des bisherigen Prüfers mit gerichtlicher Bestellung des neuen Prüfers – 4. Aufl. Rn 66 (*Zimmer*); *ADS* Rn 378; s. ferner die in der vorigen Fn genannten Gegenstimmen.

entfällt, der Widerruf des Prüfungsauftrags möglich sein.[193] Da die §§ 316 ff nicht mehr anwendbar sind, ist auch das Wahlorgan an der Entscheidung nicht zu beteiligen.[194] Die gesetzlichen Vertreter haben allerdings bei ihrer Entscheidung den mutmaßlichen Willen des Wahlorgans zu berücksichtigen. In den beiden „ungeschriebenen" Fällen des Widerrufs ist die Gesellschaft grundsätzlich verpflichtet, dem Abschlussprüfer das **Prüferhonorar** gleichwohl zu zahlen; davon abzuziehen ist nach § 648 S. 2 BGB der Betrag, den der Prüfer infolge des Widerrufs erspart.[195] Im Regelfall des § 318 Abs. 1 S. 5 sowie bei Nichtigkeit der Wahl erhält der Abschlussprüfer hingegen nur dann eine Vergütung im Rahmen des § 648 BGB, wenn der Ausschlussgrund oder die Nichtigkeit für ihn nicht feststellbar war; anderenfalls ist er nicht schutzwürdig.[196] Der Prüfer muss über seine bisherige Tätigkeit berichten sowie alles herausgeben, was er zur Ausführung des Auftrags erlangt hat (§§ 675, 666, 667 BGB; s. dazu Rn 59).

5. Abschluss der Prüfung; Mängel

Mit Abschluss der Prüfung und Vorlage des Prüfungsberichts ist der Auftrag erledigt. Der Abschlussprüfer hat nach § 321 Abs. 5 den gesetzlichen Vertretern oder – in den Fällen des § 111 Abs. 2 S. 3 AktG – dem Aufsichtsrat den Bericht vorzulegen. Diese sind zur Abnahme verpflichtet (§ 640 BGB). Ist der Prüfungsbericht mangelhaft, so besteht ein Anspruch auf **Nacherfüllung** (§ 635 Abs. 1 S. 1 BGB). Die nach allgemeinem Werkvertragsrecht (§ 634 Nr. 3 BGB) bestehende Möglichkeit des **Rücktritts** ist jedoch mit Blick auf den nach Abs. 1 S. 5 bestehenden Vorrang des Ersetzungsverfahrens (Rn 57) ausgeschlossen.[197] Die **Minderung** wird zwar allgemein als zulässig angesehen.[198] Hiergegen spricht jedoch, dass mit der Vorlage eines die Voraussetzungen des § 321 nicht erfüllenden Prüfungsberichts die Pflichtprüfung als nicht erfolgt angesehen werden muss. Das Ziel der Prüfung – die vereinbarte oder zu erwartende Beschaffenheit i.S.d. § 633 Abs. 2 BGB, die in der objektiven Beurteilung der Rechnungslegung des Unternehmens besteht – ist verfehlt. Da ein mangelhafter Prüfungsbericht schwerlich als gesetzlich gewolltes Ergebnis einer Pflichtprüfung angesehen werden kann, ist der Prüfungsauftrag nicht erfüllt. Solange Mängel der Prüfungsleistung nicht behoben sind, steht deshalb der Gesellschaft die Einrede des nicht erfüllten Vertrages (§ 320 BGB) zu.[199] Die Zulassung der Minderung würde demgegenüber dazu führen, dass eine mangelhafte Prüfung von den gesetzlichen Vertretern bzw. vom Aufsichtsrat akzeptiert werden kann, obwohl das Ziel der Prüfung in einer von den Interessen der Vertreter unabhängigen Beurteilung des Unternehmens besteht. Dies wiederum wäre mit dem überindividuellen Schutzzweck der Pflichtprüfung unvereinbar; der Rechtsverkehr muss sich vielmehr darauf verlassen können, dass eine den gesetzlichen Anforderungen genügende Prüfung stattgefunden hat. Demzufolge hat der Abschlussprüfer so lange nachzubessern, bis die Prüfung und der Prüfungsbericht den gesetzlichen Bestimmungen entsprechen. Erfolgt keine mangelfreie Prüfung, so ist der Abschlussprüfer als zur Prüfung nicht imstande anzusehen, so dass nach Abs. 4 S. 2 vorzugehen ist. Ein allfälliger Anspruch auf **Schadensersatz** wird hierdurch nicht berührt. Soweit die AAB (Rn 50) in Nr. 7 Abs. 1 die Minderung zulassen, kann dies nach dem hier eingenommenen Standpunkt nur für freiwillige Prüfungen gelten. 58

Der Abschlussprüfer ist nach Maßgabe der §§ 675 Abs. 1, 666 BGB zu **Auskunft und Rechenschaft** verpflichtet und unterliegt der Pflicht zur **Herausgabe** nach §§ 675 Abs. 1, 667 BGB, hat 59

193 *Gelhausen* AG 1986, 67 (73).
194 KölnKomm-AktG/*Claussen*/*Korth*[2] Rn 27; **aA** *Gelhausen* AG 1986, 67 (73 f).
195 Vgl. Lutter/Hommelhoff/*Kleindiek* GmbHG[18] Anh § 42 Rn 24; **aA** *ADS* Rn 239; KölnKomm-AktG/*Claussen*/*Korth*[2] Rn 29: Abwicklung nach § 628 BGB.
196 Für Anwendung des § 628 Abs. 1 S. 2 BGB *ADS* Rn 238.
197 *ADS* Rn 248.
198 Geßler/Hefermehl/*Kropff* § 163 Rn 23; *ADS* Rn 248; *Mai* S. 256.
199 BGHZ 124, 27 (30) = NJW 1994, 323; vgl. auch schon BGHZ 26, 337.

also alles, was er zur Ausführung des Auftrags erlangt hat, herauszugeben;[200] insoweit gelangen die höchstrichterlich entwickelten Grundsätze über die Pflicht des Rechtsanwalts und Steuerberaters zur Herausgabe von Handakten[201] zur Anwendung. Dem Abschlussprüfer steht insoweit hinsichtlich seiner Honorar- und Aufwendungsersatzansprüche grundsätzlich ein **Zurückbehaltungsrecht** zu (§ 273 BGB). Dieses erstreckt sich insbesondere auf seine Arbeitsergebnisse[202] sowie auf die zur Prüfung erhaltenen Unterlagen.[203] Ausgeschlossen ist das Zurückbehaltungsrecht, wenn seine Ausübung unverhältnismäßig oder rechtsmissbräuchlich wäre. Da das Verhältnis von Gesellschaft und Abschlussprüfer aufgrund der jährlich erfolgenden Wahl des Abschlussprüfers kein Dauerschuldverhältnis ist, ergeben sich auch dann keine Besonderheiten, wenn der Abschlussprüfer in mehreren aufeinanderfolgenden Jahren tätig wird; das Zurückbehaltungsrecht bezieht sich daher nur auf die Unterlagen der Prüfung, aus der ein Vergütungsanspruch geltend gemacht wird. Im **Insolvenzverfahren** über das Vermögen der zu prüfenden Gesellschaft (Rn 7, 49, 75, 103) entfaltet das Zurückbehaltungsrecht keine Wirkung mehr.[204]

6. Unzulässige Wahlbeschränkungen; ungebührliche Einflussnahme

60 Der durch das AReG in Umsetzung von Art. 37 Abs. 3 APr-RL (zunächst als Abs. 1b) eingefügte Abs. 1a (Rn 2) erklärt jede Vereinbarung, die die Wahlmöglichkeiten nach § 318 Abs. 1 auf bestimmte Kategorien oder Listen von Prüfern oder Prüfungsgesellschaften beschränkt, für nichtig und will hierdurch die Wahlfreiheit der Gesellschafterversammlung bzw. des Aufsichtsrats der zu prüfenden Gesellschaft sichern. Anders als Art. 16 Abs. 6 APr-VO (Rn 61) erfasst § 318 Abs. 1a – im Hinblick auf die Nichtigkeitssanktion konsequent – nur Vereinbarungen (nicht dagegen die informelle Einflussnahme[205]), diese aber seinem klaren Wortlaut nach ganz unabhängig davon, wer an ihnen beteiligt ist. Nichtig sind deshalb nicht nur Vereinbarungen unter Beteiligung der zu prüfenden Gesellschaft,[206] sondern auch Vereinbarungen zwischen einem Gesellschafter und einem Dritten sowie Vereinbarungen zwischen Gesellschaftern, etwa **Stimmbindungsvereinbarungen**;[207] dass die Materialien nur Vertragsklauseln ansprechen, die „ein Dritter mit dem geprüften Unternehmen vereinbart“,[208] ist schon mit Blick auf die Vorgabe des Art. 37 Abs. 3 APr-RL und den klaren Wortlaut der Vorschrift unmaßgebend.[209] Auch Satzungsklauseln werden erfasst, mag es sich bei ihnen auch nicht um „Vereinbarungen“ im eigentlichen Sinne handeln. Der Sache nach geht es vor allem um Abreden, denen zufolge der Abschlussprüfer dem Kreis der „Big Four“

---

200 OlLG Hamburg BeckRS 2014, 126012 Rn 30 ff; OLG Stuttgart v. 8.10.2019 – 12 U 19/19; MünchKommHGB/*Ebke*[4] § 317 Rn 104; Hachmeister/Kahle/Mock/Schüppen/*Mylich* Bilanzrecht[3] Rn 89; *Dohle/Peitscher* DStR 2000, 1265 (1271); *Röhl/Hidding* WM 2021, 1729 ff.; **aA** – für Beschränkung der Auskunfts- und Herausgabepflicht auf Kostenteil der Handakte – *Merkt/Osbahr* FS Grunewald, S. 749 (750 ff), die die dem Abschlussprüfer abverlangte Unparteilichkeit und Unabhängigkeit anführen, indes verkennen, dass diese die uneingeschränkte Anwendung der §§ 666, 667 BGB nachgerade gebieten.

201 BGHZ 109, 260 ff; BGH DStR 2004, 1397 (1398; BGH NJW 2018, 2319; eingehend zu den Dokumentationspflichten des Abschlussprüfers MünchKommHGB/*Ebke*[4] § 317 Rn 102 ff.

202 BGH ZIP 1988, 442 (444) für einen Steuerberater.

203 Insofern str., vgl. BGH ZIP 1988, 442 (444) – offengelassen –; ferner *ADS* Rn 254.

204 OLG Hamm ZIP 1987, 1330 für einen Steuerberater; vgl. für eine auf der Grundlage von § 369 in Betracht kommende abweichende Beurteilung *ADS* Rn 255; zu den Folgen der Insolvenzeröffnung für den Prüfungsvertrag s. im Übrigen Rn 49.

205 Instruktiv *Hüffer* FS Hommelhoff, S. 483.

206 Zu ihnen noch Rn 61.

207 MünchKommHGB/*Ebke*[4] Rn 64; Hachmeister/Kahle/Mock/Schüppen/*Mylich* Bilanzrecht[3] Rn 31; *Schüppen* Abschlussprüfung[2] Rn 14.

208 Begr. RegE, BT-Drs. 18/7219, S. 39.

209 Hachmeister/Kahle/Mock/Schüppen/*Mylich* Bilanzrecht[3] Rn 31.

angehören muss[210] Hingegen ist es nicht als Beschränkung im Sinne von Abs. 1a anzusehen, wenn über § 319 Abs. 1 hinausgehende Anforderungen insbesondere an die Qualifikation des Abschlussprüfers festgelegt werden, solange nur eine echte Auswahlfreiheit der Gesellschafter erhalten bleibt.[211]

Für **Unternehmen von öffentlichem Interesse** enthält **Art. 16 Abs. 2 Unterabs. 3, Abs. 6 APr-VO** ein vergleichbares – und nach § 316a S. 1 vorrangiges – Verbot mit daran anknüpfenden Verhaltenspflichten des zu prüfenden Unternehmens und seines Prüfungsausschusses. Der Anwendungsbereich des Art. 16 Abs. 6 APr-VO ist teils weiter, teils enger als der des § 318 Abs. 1a. So erfasst Art. 16 Abs. 6 Unterabs. 1 APr-VO nur Verträge zwischen dem Unternehmen von öffentlichem Interesse und Dritten und damit insbesondere nicht Stimmbindungsvereinbarungen zwischen Gesellschaftern.[212] Umgekehrt erfasst die Abschlussprüferverordnung auch die **informelle Einflussnahme** Dritter, indem sie in ihrem Art. 16 Abs. 6 Unterabs. 2 APr-VO das Unternehmen von öffentlichem Interesse verpflichtet, die nach Art. 20 APr-VO zuständige Behörde über jeden Versuch eines Dritten, eine solche Vertragsklausel durchzusetzen oder auf die Entscheidung der Gesellschafterversammlung anderweitig ungebührlich Einfluss zu nehmen, unmittelbar und unverzüglich zu unterrichten, und in ihrem Art. 16 Abs. 2 Unterabs. 3 dem Prüfungsausschuss die Erklärung abverlangt, dass seine Wahlempfehlung frei von ungebührlicher Einflussnahme durch Dritte ist und ihm keine Klausel im Sinne von Art. 16 Abs. 6 auferlegt wurde. Diese Unterschiede zwischen § 318 Abs. 1a und Art. 16 APr-VO sind gewollt und erklären sich aus der vor allem in Art. 16 Abs. 2 Unterabs. 3 APr-VO zum Ausdruck kommenden Fokussierung der Verordnung auf die Wahlempfehlung des **Prüfungsausschusses.**[213] Was zunächst die in Art. 16 Abs. 6 Unterabs. 1 APr-VO angesprochenen Vereinbarungen zwischen dem Unternehmen und einem Dritten anbelangt, so geht es in erster Linie um Covenants in Finanzierungsverträgen oder Abreden in Business Combination Agreements, die eine Festlegung auf bestimmte Kategorien oder Listen von Abschlussprüfern vorsehen und damit die Auswahlfreiheit der Gesellschafter beschränken;[214] auch insoweit kann die Abgrenzung zu Klauseln, die bestimmte Qualifikationsanforderungen statuieren (Rn 25, 60), Probleme bereiten. „Dritter" und damit Partei einer nichtigen Vereinbarung kann im Übrigen auch ein Gesellschafter sein.[215] Auch beim Fehlen einer nach Art. 16 Abs. 6 Unterabs. 1 APr-VO nichtigen Vereinbarung bleibt es bei den Unterrichtungs- und Erklärungspflichten aus Art. 16 Abs. 2 Unterabs. 3, Art. 16 Abs. 6 Unterabs. 2 APr-VO, sofern eine „ungebührliche Einflussnahme" bzw. der einer solchen und damit ein sich nicht in einer Vereinbarung manifestierendes Hinwirken auf die Wahlentscheidung gegeben ist. Dabei wird man im Rahmen des Erfordernisses einer „ungebührlichen" Einflussnahme eine Gesamtabwägung anzustellen und hierbei insbesondere Anlass, Zweck und Intenstität der Einflussnahme zu berücksichtigen haben; auch insoweit dürfte das Bestreben, auf hinreichende Qualifikation des Abschlussprüfers hinzuwirken, nicht zu beanstanden sein. Die Einflussnahme der Muttergesellschaft auf die Prüferbestellung auf Ebene der Tochtergesellschaft wird, soweit sie sich durch die Repräsentanz im Prüfungsausschuss oder durch Ausübung von Stimmrechten vollzieht, durch Art. 16 Abs. 2, Abs. 6 APr-VO nicht beeinträchtigt;[216] das beherrschungsvertragliche Weisungrecht besteht nach § 308 Abs. 1 S. 1 AktG ohnehin nur gegenüber dem Geschäftsleiter, nicht dagegen gegenüber dem Prüfungsausschuss der abhängigen Gesellschaft. 61

210 *Schüppen* Abschlussprüfung[2] Rn 14.
211 S. bereits Rn 13, ferner MünchKommHGB/*Ebke*[4] Rn 62; *Schüppen* Abschlussprüfung[2] Rn 14.
212 S. bereits Rn 60, ferner MünchKommHGB/*Ebke*[4] Rn 64; Hachmeister/Kahle/Mock/Schüppen/*Mylich* Bilanzrecht[3] Rn 21; *Schüppen* Abschlussprüfung[2] Rn 14.
213 *Schüppen* Abschlussprüfung[2] Rn 14; s. ferner MünchKommHGB/*Ebke*[4] Rn 64 f; Hachmeister/Kahle/Mock/Schüppen/*Mylich* Bilanzrecht[3] Rn 21, 31.
214 Hachmeister/Kahle/Mock/Schüppen/*Mylich* Bilanzrecht[3] Rn 21.
215 Hachmeister/Kahle/Mock/Schüppen/*Mylich* Bilanzrecht[3] Rn 21.
216 So im Ergebnis auch Hachmeister/Kahle/Mock/Schüppen/*Mylich* Bilanzrecht[3] Rn 21.

III. Bestellung des Konzernabschlussprüfers (Abs. 1 S. 1, Abs. 2)

1. Allgemeines

62 Der Konzernabschlussprüfer wird nach **Abs. 1 S. 1 2. Halbsatz** von den Gesellschaftern des Mutterunternehmens **gewählt** (Abs. 1 S. 1 2. Halbsatz). Das Bestellungsverfahren entspricht demjenigen bei der Einzelabschlussprüfung. Die durch Abs. 1 S. 2 eröffnete Gestaltungsmöglichkeit (Rn 18 ff, 23) gilt auch hinsichtlich des Konzernabschlusses der GmbH und der Personengesellschaft, und dies auch dann, wenn die Gesellschaft über Tochtergesellschaften in der Rechtsform der AG verfügt. Wird von der Konzernmutter kein Konzernabschlussprüfer gewählt, so bestimmt **Abs. 2 S. 1**, dass der Prüfer des Einzelabschlusses der Mutter als Konzernabschlussprüfer gilt. Diese **Fiktion** greift jedoch nur ein, wenn der Prüfer des Einzelabschlusses der Mutter die Voraussetzungen des § 319 Abs. 1 S. 1 erfüllt. Soweit § 319 Abs. 1 S. 2 die Prüfung durch vereidigte Buchprüfer und Buchprüfungsgesellschaften erlaubt, gilt dies nur für den Jahresabschluss und den Lagebericht der mittelgroßen GmbH und Personengesellschaft, nicht dagegen für den Konzernabschluss und den Konzernlagebericht (§ 319 Rn 12). Macht also das Wahlorgan der Muttergesellschaft in Bezug auf den Einzelabschluss von der Möglichkeit des § 319 Abs. 1 S. 2 Gebrauch, so treten die Rechtsfolgen des Abs. 2 nicht ein; die Bestellung des Einzelabschlussprüfers wird hierdurch allerdings nicht berührt.[217] Im Übrigen finden die Vorschriften der §§ 319, 319b auch auf den Konzernabschlussprüfer Anwendung. Wird der Einzelabschlussprüfer vom Gericht bestimmt, so gilt die Fiktion des Abs. 2 nicht (Rn 66, 80). Für **Unternehmen von öffentlichem Interesse** sind die Vorgaben der Art. 16, 17 APr-VO zu beachten (Rn 69).

2. Konzernabschlussprüfer kraft Wahl

63 Die Wahl eines Abschlussprüfers für den Konzernabschluss schließt die Fiktion des Abs. 2 S. 1 aus. Kann der gewählte Prüfer nicht tätig werden, so rückt ggf. zunächst ein gesondert gewählter **Ersatzprüfer** nach. Dies kann auch der Einzelabschlussprüfer sein, sofern er in diese weitere Funktion gewählt wurde. Wurde kein Ersatzprüfer gewählt, kommt Abs. 4 S. 2 zur Anwendung. Da die Wahl stets nur für ein Geschäftsjahr erfolgt (Rn 27), kann die Fiktion im darauffolgenden Jahr wieder eingreifen. Konzernabschlussprüfer wird dann der Prüfer des Einzelabschlusses der Mutter und nicht der des letzten Konzernabschlusses, selbst wenn das Wahlorgan erkennbar einen entgegenstehenden Willen hatte.

64 Umstritten ist, wie lange die Wahlmöglichkeit vor dem Eingreifen der **Fiktion** besteht. Nach einer Ansicht ist nach der Wahl des Einzelabschlussprüfers keine Wahl des Konzernabschlussprüfers mehr möglich.[218] Mit der Wahl des Einzelprüfers bringe das Wahlorgan zum Ausdruck, dass es auf eine besondere Wahl desselben Prüfers als Konzernabschlussprüfer verzichte. Die besseren Gründe sprechen für die Gegenansicht. Der Wortlaut des Abs. 2 verlangt das Eingreifen der Fiktion nur dann, wenn kein anderer Prüfer „bestellt wird". Danach besteht durchaus die Möglichkeit, einen Konzernabschlussprüfer auch nach der Wahl des Einzelabschlussprüfers zu wählen.[219] Die Fiktion entfaltet demgemäß erst Wirkung, wenn bis zum Ende des Konzerngeschäftsjahres keine Wahl erfolgt ist. Bis zu diesem Zeitpunkt kann das Wahlorgan jederzeit noch einen Konzernabschlussprüfer bestimmen. Demzufolge erhält der gewählte Einzelabschlussprüfer zunächst nur den Prüfungsauftrag für den Abschluss des Mutterunternehmens. Zur Vermeidung dieses Schwebezustandes wird teilweise vertreten, dass die Wahl zwar noch nach der Wahl des Einzelab-

217 So auch *ADS* Rn 299 f.

218 Hachmeister/Kahle/Mock/Schüppen/*Mylich* Bilanzrecht[3] Rn 69; *Kerth* StB 1987, 337 (348).

219 KölnKomm-AktG/*Claussen*/*Korth*[2] Rn 60; *Schüppen* Abschlussprüfung[2] Rn 18.

schlussprüfers erfolgen könne, jedoch nur auf der gleichen Sitzung des Wahlorgans.[220] Eine solche Einschränkung ist dem Gesetz jedoch nicht zu entnehmen.

3. Konzernabschlussprüfer kraft Fiktion

Die Wahl des Einzelabschlussprüfers zum Konzernabschlussprüfer wird durch Abs. 2 S. 1 fingiert, wenn bis zum Ende des Konzerngeschäftsjahres (Rn 64) **kein anderer Prüfer gewählt** wurde. Die Fiktion ist ausgeschlossen, wenn bei der Wahl des Einzelabschlussprüfers ausdrücklich festgestellt wird, dass der Gewählte nicht als Konzernabschlussprüfer fungieren soll.[221] Da die Fiktion die Wahlhandlung ersetzen soll, tritt sie auch nicht ein, wenn bei der GmbH oder Personengesellschaft die Wahl von Einzel- und Konzernabschlussprüfer verschiedenen Organen zugewiesen ist.[222] Aus dem gleichen Grunde beeinflusst die Nichtigkeit der Wahl zum Einzelabschlussprüfer die Stellung als Konzernabschlussprüfer kraft Fiktion nicht, sofern die Gründe für die Nichtigkeit nur den Einzelabschluss betreffen.[223] Die Bindung an den fingierten Prüfer tritt erst mit Ablauf des Konzerngeschäftsjahres ein. Während allerdings der Einzelprüfer bis zur Entscheidung des Gerichts auch noch nach Ablauf des Geschäftsjahres bestellt werden kann (Rn 26), ist diese Möglichkeit in den Fällen des Abs. 2 S. 1 versperrt, da kraft der Fiktion mit dem Stichtag ein Konzernabschlussprüfer vorhanden ist. 65

Die Fiktion des Abs. 2 S. 1 greift auch bei **gerichtlicher Bestellung** des Einzelabschlussprüfers ein, so dass der gerichtlich bestellte Einzelabschlussprüfer auch als Konzernabschlussprüfer gilt.[224] Eines speziellen Antrags auf Bestellung des Konzernabschlussprüfers bedarf es mithin nicht. Unberührt bleibt die Möglichkeit, einen Antrag auf gerichtliche Bestellung (nur) des Konzernabschlussprüfers zu stellen.[225] In diesem Fall kann das Gericht im Rahmen des Verfahrens nach § 318 Abs. 3 nicht den bereits gewählten Einzelabschlussprüfer ersetzen (Rn 90). 66

Nach Abs. 2 S. 2 soll, wenn die Einbeziehung auf Grund eines **Zwischenabschlusses** erfolgt, der Prüfer als bestellt gelten, der für die Prüfung des letzten vor dem Konzernabschlussstichtag aufgestellten Jahresabschlusses des Mutterunternehmens bestellt worden ist. Die Vorschrift ist gegenstandslos, nachdem § 299 Abs. 1 in der Fassung durch das TransPuG (Vor § 316 Rn 10) bestimmt, dass der Konzernabschluss auf den Stichtag des Jahresabschlusses des Mutterunternehmens aufzustellen ist.[226] 67

4. Erteilung des Auftrags

Nach Abs. 1 S. 4 haben die gesetzlichen Vertreter oder – im Anwendungsbereich des § 111 Abs. 2 S. 3 AktG[227] – der Aufsichtsrat des Mutterunternehmens dem Konzernabschlussprüfer den Prüfungsauftrag zu erteilen. Hiervon betroffen ist zunächst der in Abs. 1 S. 1 2. Halbs. geregelte Fall, dass der Einzelabschlussprüfer durch besonderen Wahlakt zum Konzernabschlussprüfer bestellt wurde. Dem Prüfer ist es in diesem Fall nicht möglich, nur einen der beiden Aufträge anzunehmen, wenn der Wille des Wahlorgans auf Identität der Prüfer angelegt war. Fehlt es an einem 68

220 *ADS* Rn 287.
221 Hachmeister/Kahle/Mock/Schüppen/*Mylich* Bilanzrecht³ Rn 75; KölnKomm-AktG/*Claussen*/*Korth*² Rn 60.
222 HdR-EA/*Baetge*/*Fröhlich*⁵ Rn 75.
223 Vgl. *ADS* Rn 299 f; weitergehend wohl Hachmeister/Kahle/Mock/Schüppen/*Mylich* Bilanzrecht³ Rn 75.
224 *ADS* Rn 291; MünchKommHGB/*Ebke*⁴ Rn 66; Hachmeister/Kahle/Mock/Schüppen/*Mylich* Bilanzrecht³ Rn 76; KölnKomm-AktG/*Claussen*/*Korth*² Rn 62; Baetge/Kirsch/Thiele/*Chekushina* Rn 101; **aA** 4. Aufl. Rn 41 (*Zimmer*).
225 MünchKommHGB/*Ebke*⁴ Rn 66; Hachmeister/Kahle/Mock/Schüppen/*Mylich* Bilanzrecht³ Rn 76.
226 Zur Rechtslage vor Inkrafttreten des TransPuG s. *ADS* Rn 293 ff.
227 Dazu Rn 22; zur Anwendbarkeit des § 111 Abs. 2 S. 3 AktG auf den Konzernabschluss s. MünchKommAktG/*Habersack*⁵ § 111 Rn 90, 92.

entsprechenden Willen des Wahlorgans – etwa weil das Wahlorgan verschiedene Ersatzprüfer gewählt hat oder anders zum Ausdruck gebracht hat, dass es ihm nicht auf die Identität ankommt –, so ist die Annahme nur eines Auftrages möglich. Der Auftragserteilung durch den gesetzlichen Vertreter oder den Aufsichtsrat bedarf es **auch in den Fällen des Abs. 2**. Sie ersetzt mit anderen Worten nur den Wahlakt; auch bei Eingreifen der Fiktion sind also die Erteilung eines entsprechenden Prüfungsauftrags und die Annahme desselben erforderlich.[228]

5. Unternehmen von öffentlichem Interesse

69 Die APr-VO findet nach ihrem Art. 1 gleichermaßen auf die Prüfung des konsolidierten Abschlusses Anwendung, so dass Unternehmen von öffentlichem Interesse (§ 316a Rn 6 ff) auch insoweit insbesondere die Vorgaben der Art. 16, 17 APr-VO (Rn 9 ff, 34 ff) zu beachten haben. Die **Fiktion des § 318 Abs. 2 S. 1** bleibt freilich unberührt (Rn 65 ff); bestellt also das Unternehmen von öffentlichem Interesse keinen Konzernabschlussprüfer, so gilt der Einzelabschlussabprüfer auch insoweit als bestellt. Im Übrigen haben auch sämtliche in den Konzernabschluss einbezogene Unternehmen von öffentlichem Interesse bei Bestellung ihres Einzelabschlussprüfers die Vorgaben der Art. 16, 17 APr-VO zu beachten;[229] von der in Art. 39 Abs. 3 lit. a) APr-RL eröffneten Möglichkeit, eine Ausnahme für Tochterunternehmen vorzusehen, hat der deutsche Gesetzgeber keinen Gebrauch gemacht (§ 324 Rn 15). Die Bestellung eines einheitlichen Abschlussprüfers für sämtliche Einzelabschlüsse und für den Konzernabschluss ist weder ausgeschlossen noch rechtlich geboten.[230] Doch muss auf Ebene aller Konzernglieder ein eigenständiges und frei von über die Repräsentanz im Prüfungsausschuss hinausgehender Einflussnahme durch die Konzernmutter erfolgendes Auswahlverfahren durchgeführt werden; diese Vorgabe setzt auch der – im Grundsatz nicht ausgeschlossenen – Koordinierung des Bestellungsverfahrens Grenzen.[231] Die in Art. 16 Abs. 4 APr-VO für **kleine und mittlere Unternehmen** von öffentlichem Interesse vorgesehene Befreiung von dem Auswahlverfahren des Art. 16 Abs. 3 APr-VO (Rn 10) gilt sowohl für den Konzernabschluss des herrschenden Unternehmens als auch für den Einzelabschluss des herrschenden oder eines konsolidierten Unternehmens.

IV. Ersetzung des Abschlussprüfers (Abs. 3)

1. Allgemeine Voraussetzungen

70 In Umsetzung von Art. 38 APr-RL (Rn 3) regelt § 318 Abs. 3 die Abberufung des **gewählten Abschlussprüfers** und seine gerichtliche Ersetzung durch einen anderen Prüfer. Indem die Vorschrift die Ersetzung dem Gericht vorbehält und vom Vorliegen eines der in S. 1 abschließend aufgezählten Ersetzungsgrundes abhängig macht, stärkt sie die Unabhängigkeit des gewählten Abschlussprüfers (Rn 1); dieser kann gegen seinen Willen nur nach Maßgabe des Abs. 3 ersetzt werden. Im Unterschied zum Verfahren nach Abs. 4 (Rn 97 ff) muss also für das Ersetzungsverfahren des Abs. 3 ein (gewählter) Abschlussprüfer vorhanden sein. Der Wortlaut des Abs. 3 S. 1 ist freilich unpräzise: Maßgebend ist nicht die Vornahme des Wahlbeschlusses, sondern die **Vollendung des Bestellungsgeschäfts**, so dass ein gewählter Abschlussprüfer bis zur Annahme des Prüfungsauftrags (Rn 1, 47) dadurch ersetzt werden kann, dass das nach Abs. 1 S. 1, 2 zuständige

228 MünchKommHGB/*Ebke*[4] Rn 66; Hachmeister/Kahle/Mock/Schüppen/*Mylich* Bilanzrecht[3] Rn 75; näher *ADS* Rn 303 f.
229 Statt aller *Bode* BB 2016, 1707 (1708 f).
230 *Bode* BB 2016, 1707 (1709).
231 Dazu namentlich *Bode* BB 2016, 1707 (1708 f); *Gundel/Hommelhoff/Lanfermann* DB 2017, 171 ff, 2338 ff.; ferner Hachmeister/Kahle/Mock/Schüppen/*Mylich/Müller* Bilanzrecht[2] Rn 41.

Wahlorgan seinen ersten Wahlbeschluss aufhebt und einen anderen Abschlussprüfer wählt;[232] das Verfahren nach § 318 Abs. 3 ist dann nicht eröffnet (Rn 24). Ein Antrag nach Abs. 3 kann sich sowohl gegen den Einzelabschluss- als auch gegen den Konzernabschlussprüfer richten (Rn 90, 93; s. ferner Rn 66). Die Ersetzung des Ersatzprüfers hingegen kann nicht vor Wegfall des primär gewählten Prüfers betrieben werden (Rn 33). Durch die Ersetzung und den anschließenden Widerruf verliert der bisherige Prüfer seine Stellung als gesetzlicher Abschlussprüfer (Rn 57, 92). Da Abs. 3 einen zunächst bestellten Abschlussprüfer voraussetzt, darf der **Wahlbeschluss nicht nichtig** sein. In der Folge steht bei einem Verstoß gegen § 319 Abs. 1 S. 1 nur das Verfahren nach Abs. 4 zur Verfügung (Rn 24); § 243 Abs. 3 Nr. 2 AktG findet keine Anwendung (Rn 72 f).

Sind **mehrere Prüfer** gemeinsam Abschlussprüfer (Rn 30), so erfordert die Berücksichtigung 71
des Willens des Wahlorgans, dass das Ersetzungsverfahren als Verfahren gegen alle Prüfer betrachtet wird. Insofern kann sich kein Unterschied zu dem Fall ergeben, dass nur ein Mitglied einer Wirtschaftsprüfungsgesellschaft befangen erscheint und damit der Befangenheitstatbestand dieser insgesamt zugerechnet wird.[233] Das Gericht kann den Abschlussprüfer nur ersetzen, indem es allen bisherigen Prüfern das gemeinsame Mandat entzieht und in dem Unternehmen, das nunmehr keinen Prüfer mehr hat, einen neuen Abschlussprüfer einsetzt; es kann hierbei die Prüfer, bei denen kein Ersetzungsgrund besteht, als „neue" Prüfer einsetzen.[234] Der Antrag ist also auf Ersetzung aller Prüfer gerichtet, wobei sich aus seiner Begründung (Rn 85) ergeben muss, bei welchem Prüfer der Ersetzungsgrund vorliegt.

2. Verhältnis zu §§ 241 ff AktG

Vor Inkrafttreten des **BilReG** (Vor § 316 Rn 11) galt, dass der Wahlbeschluss der Hauptversamm- 72
lung der AG oder KGaA – Entsprechendes galt für GmbH und Personengesellschaft (Rn 74) – auch aus Gründen, die das Ersetzungsverfahren des § 318 Abs. 3 rechtfertigen, angefochten werden oder nichtig sein konnte, §§ 241 ff AktG also mit § 318 Abs. 3 konkurrieren konnten.[235] Das BilReG hat sodann in (§ 243 Abs. 3 Nr. 2 AktG aF =) **§ 243 Abs. 3 Nr. 3 AktG** bestimmt, dass die Anfechtung des Wahlbeschlusses nicht auf Gründe gestützt werden kann, die das Ersetzungsverfahren des § 318 Abs. 3 rechtfertigen;[236] auch hat es § 243 Abs. 3 Nr. 3 AktG in den Katalog des § 249 Abs. 1 S. 1 AktG aufgenommen und damit klargestellt, dass auch die Nichtigkeitsklage durch das Ersetzungsverfahren ersetzt werden sollte. Diese aktienrechtlichen Regelungen sind vor dem Hintergrund zu sehen, dass das BilReG zugleich die Ausschlussgründe der §§ 319, 319a aF erheblich ausgeweitet hatte (§ 319 Rn 3) und deshalb bei fortbestehender Anwendbarkeit der §§ 241 ff AktG die breitflächige Erhebung von Anfechtungs- und Nichtigkeitsklagen zu erwarten gewesen wäre. Mit § 243 Abs. 3 Nr. 3 AktG sollte demgegenüber sichergestellt werden, dass stets ein wirksam bestellter Abschlussprüfer vorhanden ist, und der Gefahr eines Missbrauchs der Beschlussmängelklage begegnet werden.[237] Das **UMAG** (Rn 2) hat sodann § 243 Abs. 3 Nr. 3 AktG aus dem Katalog des § 249 Abs. 1 S. 1 AktG gestrichen. Eine Begründung hierfür findet sich in den Materialien nicht.[238] Überwiegend wird deshalb in der erneuten Änderung des § 249 Abs. 1 S. 1 AktG ein Redaktionsversehen

232 Überzeugend *Hüffer* FS Hommelhoff, S. 483 (486 ff); zust. auch *Schüppen* Abschlussprüfung² Rn 34.

233 Vgl. BayObLG WM 1987, 1361 (1365).

234 Vgl. Rn 91; **aA** *ADS* Rn 348, 379: Ersetzung einzelner Prüfer möglich.

235 BGHZ 153, 32 (44 ff) = NZG 2003, 216; OLG München DB 2001, 258; LG München I AG 2005, 623 (626); 4. Aufl Rn 44a (*Zimmer*); **aA** LG Köln AG 1997, 431; LG München I DB 2000, 35 und BB 2008, 481; *Ebke/Jurisch* AG 2000, 208 (213 ff). – Eingehend zur historischen Entwicklung MünchKommHGB/*Ebke*⁴ Rn 69 ff.

236 S. dazu noch Rn 100; eingehend zu verbleibenden Anfechtungsmöglichkeiten sowie zu den Folgen der erfolgreichen Anfechtung *Marsch-Barner* FS Hommelhoff, S. 691 (695 ff).

237 Begr. RegE, BT-Drucks. 15/3419, S 55; dazu *Frings* WPg 2006, 821 (829); *Gelhausen/Heinz* WPg 2005, 693 (697); *W. Müller* NZG 2004, 1037 (1039); s. ferner Stellungnahme *IDW* WPg 2004, 143 (147).

238 Vgl. RegE, BT-Drucks. 15/5092; s. ferner Stellungnahme Bundesrat und Gegenäußerung Bundesregierung, BR-Drucks. 454/05.

erblickt und dafür plädiert, die Vorschrift berichtigend – nämlich im Sinne einer Einbeziehung auch des § 243 Abs. 3 Nr. 3 AktG in den Kreis der entsprechend anzuwendenden Vorschriften – auszulegen.[239]

73 Dem kann nur im Ergebnis gefolgt werden. Die Streichung des § 243 Abs. 3 Nr. 3 AktG aus dem Katalog des § 249 Abs. 1 S. 1 AktG ist vor dem Hintergrund zu sehen, dass das Ersetzungsverfahren einen wirksam (allenfalls anfechtbar) gewählten Abschlussprüfer voraussetzt, woran es bei Nichtigkeit des Wahlbeschlusses fehlt (Rn 70). So gesehen war das BilReG konzeptionell verfehlt, soweit es den Vorrang des § 318 Abs. 3 auch auf die Nichtigkeitsklage erstreckt hat. Allerdings kann nicht ignoriert werden, dass das BilReG neben dem allgemeinen Ausschlussgrund des § 319 Abs. 2 ausdrücklich auch die besonderen Ausschlussgründe der **§§ 319 Abs. 3 und 4, 319a (aF), 319b** in den Anwendungsbereich des § 318 Abs. 3 einbezogen hat (Rn 85). Damit aber hat der Gesetzgeber zum Ausdruck gebracht, dass in diesen Fällen der Wahlbeschluss nicht nichtig, sondern (an sich, d.h. vorbehaltlich des § 243 Abs. 3 Nr. 3 AktG) nur anfechtbar ist.[240] Dann aber greift auch insoweit der Anfechtungsausschluss des § 243 Abs. 3 Nr. 3 AktG. Dieser muss zudem auf die Geltendmachung von **Informationsmängeln** im Zusammenhang mit einem das Ersetzungsverfahren rechtfertigenden Grund und damit insbesondere auf die Person des Abschlussprüfers betreffende Informationsmängel zur Anwendung gebracht werden.[241] Eine erhebliche Ausweitung hat der Anfechtungsausschluss durch das AReG (Rn 2) erfahren, das in § 318 Abs. 3 S. 1 Nr. 2 das Ersetzungsverfahren auf sämtliche Verstöße gegen **Art. 16, 17 APr-VO** erstreckt hat (Rn 89). Allerdings bezieht sich § 243 Abs. 3 Nr. 3 AktG nur auf den Wahlbeschluss. Unberührt bleibt deshalb die Möglichkeit, den Beschluss über die Entlastung der Organwalter anzufechten, etwa wegen einer unrichtigen Entsprechungserklärung gem. § 161 AktG;[242] insoweit kommt namentlich den Empfehlungen in D.9 und D.10 DCGK Bedeutung zu (§ 319 Rn 2).

74 Auf die **GmbH** finden §§ 241 ff AktG – und damit auch § 243 Abs. 3 Nr. 2 AktG – entsprechende Anwendung.[243] Was die **Personengesellschaften** betrifft, so sehen §§ 110 ff, 161 Abs. 2 HGB in der Fassung durch das MoPeG[244] für OHG und KG ein an §§ 241 ff AktG angelehntes Beschlussmängelrecht vor, das insbesondere durch die Unterscheidung zwischen per se nichtigen und nur anfechtbaren Gesellschafterbeschlüssen gekennzeichnet ist. Für das alte, noch bis Ende 2023 forgtgeltende Recht spricht sich die hM hingegen gegen die analoge Anwendung der §§ 241 ff AktG und damit im Grundsatz für die Nichtigkeit gesetzeswidriger Beschlüsse aus;[245] vorbehaltlich gesellschaftsvertraglich statuierter „Anfechtungsfristen" und des Einwands der Verwirkung kann der Beschlussmangel auch nach Ablauf der Monatsfrist des § 246 Abs. 1 AktG im Wege der Feststellungsklage geltend gemacht werden.[246] In die Systematik des § 318 Abs. 3, 4 vermag sich diese Besonderheit des Personengesellschaftsrechts nicht einzufügen. Denn an sich setzt das Ersetzungsverfahren die wirksame (und allenfalls anfechtbare) Wahl des Abschlussprüfers voraus, woran es bei Verstoß des Wahlbeschlusses der Personengesellschafter gegen §§ 319, 319b fehlt. Auch schon vor Inkrafttreten der §§ 110 ff HGB – und damit für das alte Recht – wird man deshalb davon ausgehen müssen, dass § 318 Abs. 3, nachdem sein Anwendungsbereich durch das KapCoRiLiG auf atypische Personengesellschaften erstreckt worden ist (Vor § 316 Rn 10), ungeachtet der Nichtigkeit des Wahlbeschlusses der Personengesell-

239 MünchKommHGB/*Ebke*[4] Rn 80; Hachmeister/Kahle/Mock/Schüppen/*Mylich* Bilanzrecht[3] Rn 123; *Koch* AktG[16] § 249 Rn 12a; *Marsch-Barner* FS Hommelhoff, S. 691 (696); **aA** *Heidel* Aktienrecht und Kapitalmarktrecht[5] § 249 Rn 3a.

240 So auch Hachmeister/Kahle/Mock/Schüppen/*Mylich* Bilanzrecht[3] Rn 123.

241 OLG München AG 2009, 121 (124); *Marsch-Barner* FS Hommelhoff, S. 691 (699 ff); **aA** OLG Karlsruhe BeckRS 2018, 49021 Rn 43; *Koch* AktG[16] § 243 Rn 44b.

242 *Marsch-Barner* FS Hommelhoff, S. 691 (701 ff); allg. dazu BGHZ 180, 9 = NJW 2009, 2207; BGHZ 220, 36 = NZG 2019, 262.

243 BGHZ 51, 210; BGHZ 101, 113; BGHZ 137, 278 (286); Lutter/Hommelhoff/*Bayer* GmbHG[20] Anh. § 47 Rn 1 ff, 38 ff.

244 Gesetz zur Modernisierung des Personengesellschaftsrechts vom 10.8.2021, BGBl. I S. 3436.

245 Näher MünchKommBGB/*Schäfer*[8] § 709 Rn 110 ff mwN, auch zu Gegenstimmen.

246 Näher MünchKommBGB/*Schäfer*[8] § 709 Rn 110 ff, 118.

schaft insoweit zur Anwendung gelangt, als der vergleichbare Wahlbeschluss bei einer Kapitalgesellschaft nur anfechtbar ist, mithin insbesondere bei Missachtung der §§ 319 Abs. 2 bis 5, 319b.

3. Antragsberechtigung

a) Im Allgemeinen. Das Gericht wird nur auf Antrag tätig und entscheidet über diesen im Verfahren nach dem FamFG (Rn 91 ff). Der Kreis der Antragsberechtigten ist in Abs. 3 S. 1 und 6 festgelegt; Besonderheiten für Aktionäre finden sich in § 318 Abs. 3 S. 2 und 4 (Rn 79 ff). Da die Abschlussprüfung den Schutz des Rechtsverkehrs bezweckt (Vor § 316 Rn 1) und es der Unabhängigkeit des Abschlussprüfers dient, wenn ein möglichst weiter Personenkreis überprüfen lassen kann, ob der Prüfer den Anforderungen einem Ausschlussgrund unterliegt, sind **satzungsmäßige Einschränkungen** des Antragsrechts **ausgeschlossen**.[247] Umgekehrt ist allerdings auch eine Erweiterung des Personenkreises ausgeschlossen.[248] Dies gilt auch dann, wenn der Gesellschaftsvertrag der GmbH oder Personengesellschaft das Bestellungsrecht auf ein anderes Organ überträgt; anderes gilt nur, wenn das Bestellungsorgan die Funktion eines Aufsichtsrats übernimmt (Rn 77). Das Antragsrecht ist nicht übertragbar. Es geht allerdings im Insolvenzverfahren über das Vermögen der Gesellschaft auf den **Insolvenzverwalter** über.[249] Dies folgt aus dem in § 155 Abs. 3 S. 1 InsO angeordneten Übergang des Bestellungsrechts auf den Insolvenzverwalter (Rn 7). Der Vorschrift des § 155 Abs. 3 S. 2 InsO lässt sich nichts Gegenteiliges entnehmen; sie stellt allein sicher, dass die Eröffnung des Insolvenzverfahrens als solche noch nicht zum Wegfall des zuvor bestellten Prüfers führt (Rn 7). Der Abschlussprüfer selbst ist nicht antragsberechtigt;[250] er kann allerdings den Vorstand oder den Aufsichtsrat anregen, Antrag auf Ersetzung zu stellen. Das Antragsrecht unterliegt den allgemeinen Schranken, darunter insbesondere dem Verbot des individuellen oder institutionellen Rechtsmissbrauchs; auf die zur Beschlussanfechtung entwickelten Grundsätze kann zurückgegriffen werden.[251] 75

Was zunächst das Antragsrecht des **gesetzlichen Vertreters** und damit des Vorstands der AG, der persönlich haftenden Gesellschafter der KGaA, der Geschäftsführer der GmbH und der nach § 125 zur organschaftlichen Vertretung befugten Gesellschafter der Personenhandelsgesellschaft betrifft, so trägt es dessen Pflicht zur Aufstellung des Jahresabschlusses und des Lageberichts Rechnung; es kann sich deshalb bei greifbaren Anhaltspunkten für das Vorliegen eines Ausschlussgrundes zu einer **Antragspflicht** verdichten, deren Verletzung der Gesellschaft gegenüber zu Schadensersatz verpflichtet.[252] Das Antragsrecht steht dem Vertretungsorgan als solchem, nicht hingegen den einzelnen Organmitgliedern zu. Als Geschäftsführungsakt bedarf die Antragstellung zwar eines Beschlusses des Vorstands.[253] Im Außenverhältnis – und damit für die eigentliche Antragstellung – genügt es indes, dass der Antrag von einer vertretungsberechtigten Anzahl 76

---

247 Hachmeister/Kahle/Mock/Schüppen/*Mylich* Bilanzrecht[3] Rn 124; Baetge/Kirsch/Thiele/*Chekushina* Rn 119; **aA** *Hommelhoff/Priester* ZGR 1986, 463 (488): Möglichkeit des satzungsmäßigen Ausschlusses des Antragsrechts eines Gesellschafters im Fall seiner Zustimmung.

248 Hachmeister/Kahle/Mock/Schüppen/*Mylich* Bilanzrecht[3] Rn 124; **aA** *Hartmann* 103.

249 Hopt/*Merkt*[41] Rn 13; Baetge/Kirsch/Thiele/*Chekushina* Rn 119; näher *Klerx* NZG 2003, 943 ff; *Kaiser/Berbuer* ZIP 2017, 161 (165); wohl auch Hachmeister/Kahle/Mock/Schüppen/*Mylich* Bilanzrecht[3] Rn 122; s. ferner OLG Dresden NZI 2009, 858; für jedenfalls subsidiäre Antragsberechtigung des Insolvenzverwalters MünchKommHGB/*Ebke*[4] Rn 110; **aA** LG Hamburg ZIP 1985, 805 ff (allerdings noch zur KO); *Schüppen* Abschlussprüfung[2] Rn 36; unentschieden OLG Frankfurt/M. ZIP 2004, 1114 (1115).

250 Wohl allgM, s. MünchKommHGB/*Ebke*[4] Rn 108.

251 MünchKommHGB/*Ebke*[4] Rn 114. – Zum Missbrauch des Anfechtungsrechts s. *Koch* AktG[16] § 245 Rn 22 ff; s. ferner *Trölitzsch/Gunßer* AG 2008, 833 ff, *Habersack* FS 25 Jahre WpHG (2019), S. 217 (224 f), jew. betr. § 142 Abs. 2 AktG.

252 MünchKommHGB/*Ebke*[4] Rn 107; Baetge/Kirsch/Thiele/*Chekushina* Rn 120; *Gelhausen/Heinz* WPg 2005, 693 (698); *Frings* WPg 2006, 821 (829); **aA** wohl Hachmeister/Kahle/Mock/Schüppen/*Mylich* Bilanzrecht[3] Rn 123 a.E.

253 Wohl unstreitig, s. Hachmeister/Kahle/Mock/Schüppen/*Mylich* Bilanzrecht[3] Rn 125; *ADS* Rn 324.

von Geschäftsleitern gestellt wird;[254] das Gericht kann einen Nachweis des Vorstandsbeschlusses verlangen.[255]

77 Das Antragsrecht des **Aufsichtsrats** ist Konsequenz der Überwachungspflicht im Allgemeinen sowie der in § 171 AktG geregelten Pflicht zur Prüfung des Jahresabschlusses und der dem Abschlussprüfer hierbei zukommenden Unterstützungsfunktion (Vor § 316 Rn 1 f) im Besonderen.[256] Auch insoweit gilt, dass das Antragsrecht nur dem Organ als solchem, nicht dagegen dem einzelnen Aufsichtsratsmitglied zusteht (Rn 76), ferner, dass sich das Antragsrecht zu einer Antragspflicht verdichten kann (Rn 76). Antragsberechtigt ist bei der AG, der KGaA und der mitbestimmten GmbH nur der Pflichtaufsichtsrat. Bei der mitbestimmungsfreien GmbH und der Personenhandelsgesellschaft kommt es darauf an, dass das gesellschaftsvertraglich vorgesehene Organ die wesentlichen Rechte und Pflichten eines Pflichtaufsichtsrats zumindest der KGaA innehat; hierzu gehören namentlich die erwähnten Überwachungs- und Prüfungspflichten.[257] Eine Ausdehnung auf Gremien mit reiner Beratungsfunktion kommt hingegen nicht in Betracht. Unerheblich ist die Bezeichnung als Aufsichtsrat; sie ist weder notwendige noch hinreichende Voraussetzung.[258]

78 **b) Anteilseigner.** Nach § 318 Abs. 3 S. 1 a.F. war grundsätzlich jeder Anteilseigner antragsberechtigt und galten Anforderungen an die Beteiligungshöhe (Rn 79 ff) nur für (Kommandit-)Aktionäre. Das AReG (Rn 2) hat indes das **Quorum** des Abs. 3 S. 1 auf **sämtliche Rechtsformen** erstreckt. Nach wie vor steht das Antragsrecht zwar im Zusammenhang mit der Bestellungskompetenz der Gesellschafter. Es besteht freilich auch dann, wenn der Gesellschaftsvertrag das Recht zur Prüferbestellung auf ein anderes Organ übertragen hat (Rn 18 ff), und entfaltet zumal in diesen Fällen die Funktion eines Instruments zum Schutz der Minderheit.[259] Nicht erforderlich ist, dass der Gesellschafter über mitgliedschaftliches Stimmrecht verfügt; antragsberechtigt ist vielmehr auch der Inhaber eines (hinreichend großen, Rn 79) stimmrechtslosen Gesellschaftsanteils.[260] Bei der KGaA verfügt auch der Komplementär über das Antragsrecht, seit Inkrafttreten des AReG aber nur noch nach Maßgabe der für sämtliche Gesellschafter und Aktionäre geltenden Beschränkungen des Antragsrechts (Rn 79 ff).[261] Das für Aktionäre bestehende Erfordernis eines Widerspruchs (Rn 80) lässt sich auf GmbH-Gesellschafter nicht erstrecken.[262] Der Wortlaut des Abs. 3 S. 2 2. Halbsatz ist abschließend („Aktionäre"). Dem als Begründung für eine Ausdehnung des Widerspruchserfordernisses angeführten Bericht des Rechtsausschusses[263] lässt sich nichts Gegenteiliges entnehmen. Entscheidend ist zudem, dass die Gefahr des Missbrauchs des Antragsrechtes aufgrund der engeren Beziehung der GmbH-Gesellschafter zu ihrer Gesellschaft und der meist geringeren Streuung des Anteilsbesitzes weniger ausgeprägt ist. Das Erfordernis eines Widerspruchs kann auch nicht durch Gesellschaftsvertrag eingeführt werden; es handelte sich hierbei um eine unzulässige Einschränkung des Antragsrechts (Rn 75).

---

254 Baetge/Kirsch/Thiele/*Chekushina* Rn 118; Lutter/Hommelhoff/*Kleindiek* GmbHG[18] Anh. § 42 Rn 26; s. ferner für § 98 Abs. 2 S. 1 Nr. 1 AktG MünchKommAktG/*Habersack*[5] § 98 Rn 13 mwN; **aA** 4. Aufl Rn 47 (*Zimmer*); *ADS* Rn 324; wohl auch Hachmeister/Kahle/Mock/Schüppen/*Mylich* Bilanzrecht[3] Rn 125.

255 Vgl. für § 98 Abs. 2 S. 1 Nr. 1 AktG MünchKommAktG/*Habersack*[5] § 98 Rn 13.

256 Näher zu den Handlungsmöglichkeiten und -pflichten des Aufsichtsrats *Lanfermann* BB 2017, 2989 ff; zu den Sanktionen bei Pflichtverletzungen *Lanfermann/Maul* BB 2016, 363 ff; *Schürnbrand* AG 2016, 70 ff.

257 Baetge/Kirsch/Thiele/*Chekushina* Rn 120; *Lutter/Hommelhoff/Kleindiek* GmbHG[18] Anh § 42 Rn 26; *Hartmann* S. 103.

258 Vgl. *ADS* Rn 323.

259 Baetge/Kirsch/Thiele/*Chekushina* Rn 121; **aA** *Hartmann* S. 103.

260 Baetge/Kirsch/Thiele/*Chekushina* Rn 121; Hachmeister/Kahle/Mock/Schüppen/*Mylich* Bilanzrecht[3] Rn 128; **aA** Köln-Komm-AktG/*Claussen/Korth*[2] Rn 36.

261 Zum alten Recht s. hingegen *Kerth* StB 1987, 337 (382).

262 Hachmeister/Kahle/Mock/Schüppen/*Mylich* Bilanzrecht[3] Rn 133; Baetge/Kirsch/Thiele/*Chekushina* Rn 123; **aA** offenbar *Hartmann* S. 104 f.

263 BT-Drucks. 10/4268, S. 118.

Das Antragsrecht der Gesellschafter oder Aktionäre besteht nach § 318 Abs. 3 S. 1 nur, wenn die Anteile der Antragsteller bei Antragstellung zusammen den zwanzigsten Teil der Stimmrechte oder des gezeichneten Kapitals oder einen Börsenwert von 500.000 Euro erreichen. Dieses **Quorum** soll verhindern, dass geringfügig oder gar atomistisch beteiligte Anteilseigner den ordnungsgemäßen Ablauf der Einsetzung des Prüfers durch Einleitung des Ersetzungsverfahrens behindern. Inhaber stimmrechtsloser Anteile sind, wenn sie das kapitalbezogene Quorum erfüllen, zur Antragstellung befugt (Rn 78). Mehrere Anteilseigner können zur Erreichung des Schwellenswertes gemeinschaftlich den Antrag stellen.[264] § 127a AktG findet entsprechende Anwendung. Was die Ermittlung des – nur für Gesellschaften in der Rechtsform einer AG, KGAaA oder SE, deren Aktien an der Börse (nicht notwendigerweise im regulierten Markt) gehandelt werden, relevanten – Börsenwertes anbelangt, so sind §§ 5, 6 WpÜG-AngebotsVO entsprechend anzuwenden.[265] 79

Im konzeptionellen Einklang mit § 245 Nr. 1 AktG bestimmt § 318 Abs. 3 S. 2, 2. Halbs., dass **(Kommandit-)Aktionäre** nur antragsbefugt sind, wenn sie nicht nur das Quorum des Abs. 3 S. 1 erfüllen, sondern zudem bei der Beschlussfassung **Widerspruch** gegen die Wahl erklärt haben. Wie das Antragsrecht steht das Widerspruchsrecht auch den Inhabern stimmrechtsloser Vorzugsaktien zu.[266] Ausweislich des Wortlauts des Gesetzes muss der Widerspruch zwar bei der Beschlussfassung erklärt werden. Wie im Falle des § 245 Nr. 1 AktG genügt indes Widerspruch bis zum Ende der Hauptversammlung;[267] umgekehrt steht es dem Antragsrecht nicht entgegen, dass der Widerspruch bereits vor der Beschlussfassung erklärt worden ist.[268] Diese weite Auslegung erscheint nicht zuletzt mit Blick auf das Quorum des Abs. 3 S. 1 geboten; zudem würde andernfalls für die Prüferwahl eine deutlich kürzere Widerspruchsfrist gelten als nach allgemeinem Aktienrecht, was aus Sicht der Aktionäre kaum nachvollziehbar wäre. Zustimmung zum Wahlbeschluss steht der Erklärung des Widerspruchs nicht entgegen; das Interesse an der Unbefangenheit des Abschlussprüfers ist höher zu bewerten als das Verbot widersprüchlichen Verhaltens.[269] Der Widerspruch muss ausdrücklich erklärt werden, ist aber formlos möglich;[270] eine Erklärung zur Niederschrift ist – abweichend von § 245 Nr. 1 AktG – nicht erforderlich. Allein die Ablehnung des Beschlussvorschlags genügt hingegen nicht. Dagegen ist eine Begründung des Widerspruchs nicht erforderlich. Erst der Antrag vor Gericht erfordert eine Begründung. Unter den Voraussetzungen des § 245 Nr. 2 AktG muss das Erfordernis des Widerspruchs auch im Rahmen des § 318 Abs. 3 entfallen. 80

(Kommandit-)Aktionäre haben schließlich nach § 318 Abs. 3 S. 4 glaubhaft zu machen, dass sie **seit mindestens drei Monaten** vor dem Tag der Wahl des Abschlussprüfers **Inhaber der Aktien** sind. Zur Glaubhaftmachung genügt nach § 318 Abs. 3 S. 5 eine eidesstattliche Versicherung vor einem Notar; in Betracht kommt aber auch die Vorlage einer Depotbescheinigung.[271] Das Erfordernis der Mindestbesitzzeit gilt für sämtliche Aktien, die in die Ermittlung des erforderlichen Anteilsquorums einfließen. Demzufolge reicht im Falle der Antragstellung mehrerer Aktionäre die längere Inhaberschaft nur eines Teils dieser Aktionäre nicht aus. 81

c) Staatlich beaufsichtigte Gesellschaften. Nach § 318 Abs. 3 S. 6 kann der Antrag, wenn die Gesellschaft einer staatlichen Aufsicht unterliegt, auch von der Aufsichtsbehörde gestellt werden. 82

---

264 Hachmeister/Kahle/Mock/Schüppen/*Mylich* Bilanzrecht[3] Rn 128; Hopt/*Merkt*[41] Rn 13.

265 Hopt/*Merkt*[41] Rn 13.

266 4. Aufl Rn 49 (*Zimmer*); Hachmeister/Kahle/Mock/Schüppen/*Mylich* Bilanzrecht[3] Rn 131.

267 Baetge/Kirsch/Thiele/*Chekushina* Rn 123; KölnKomm-AktG/*Claussen*/*Korth*[2] Rn 34; *ADS* Rn 337; zur Rechtslage nach § 245 Nr. 1 AktG s. *Koch* AktG[16] § 245 Rn 14.

268 Vgl. für § 245 Nr. 1 AktG BGH AG 2007, 863.

269 Hachmeister/Kahle/Mock/Schüppen/*Mylich* Bilanzrecht[3] Rn 128; KölnKomm-AktG/*Claussen*/*Korth*[2] Rn 34; Baetge/Kirsch/Thiele/*Chekushina* Rn 123; **aA** *ADS* Rn 337.

270 Hachmeister/Kahle/Mock/Schüppen/*Mylich* Bilanzrecht[3] Rn 128; Baetge/Kirsch/Thiele/*Chekushina* Rn 123.

271 Hachmeister/Kahle/Mock/Schüppen/*Mylich* Bilanzrecht[3] Rn 132.

Angesprochen sind insoweit vor allem Kreditinstitute und Versicherungsunternehmen; das Antragsrecht tritt in diesen Fällen **neben die Befugnisse aus § 28 KWG, § 58 VAG.**[272] Ein Antragsrecht der in Art. 32 APr-RL genannten bzw. nach Art. 20 Abs. 1 APr-VO benannten Behörde (APAS, s. Vor § 316 Rn 26), wie es in Art. 38 Abs. 3 lit. c APr-RL vorgeschrieben ist, hat der deutsche Gesetzgeber bislang nicht eingeführt.[273] Zum Antragsrecht des Insolvenzverwalters s. Rn 75.

4. Antragsfrist; Erlöschen des Antragsrechts

83 **a) Zweiwochenfrist.** Der Antrag kann nach § 318 Abs. 3 S. 2 nur innerhalb einer Frist von **zwei Wochen nach dem Tag der Wahl** des Abschlussprüfers gestellt werden. Es handelt sich um eine materiell-rechtliche **Ausschlussfrist,**[274] deren Kürze bezweckt, in der Frage des Ausschlusses des Prüfers alsbald Gewissheit zu erlangen, und bei deren Versäumnis der Antrag als unbegründet abzuweisen ist. Für die Berechnung gelten § 16 FamFG, §§ 222, 224 Abs. 2 und 3, 225 ZPO, §§ 187 Abs. 1, 188 Abs. 2 BGB. Für den Fall, dass ein Befangenheitsgrund **erst nach der Wahl** (Rn 70) **bekannt wird oder eintritt**, bestimmt § 318 Abs. 3 S. 3, dass die Zweiwochenfrist erst mit dem Tag beginnt, an dem der Antragsberechtigte Kenntnis von den die Befangenheit begründenden Umständen erlangt hat oder ohne grobe Fahrlässigkeit hätte erlangen müssen. Mit dieser Neuregelung hat das BilReG (Vor § 316 Rn 11) die Zweiwochenfrist – im Einklang mit der bereits zum alten Recht herrschenden Ansicht[275] – nicht unerheblich gelockert und sichergestellt, dass Umstände, die zum Bestellungszeitpunkt bereits vorlagen, dem Antragsteller aber nicht bekannt waren, ebenso vorgebracht werden können wie Umstände, die erst nach der Bestellung eingetreten sind.[276] Unberührt bleibt die Pflicht des Abschlussprüfers aus § 49 WPO, seine Tätigkeit zu versagen. Auch auf der Grundlage der Neufassung des § 318 Abs. 3 durch das BilReG hat es freilich dabei zu bewenden, dass selbst klare Ersetzungsgründe nicht mehr im Wege des Ersetzungsverfahrens geltend gemacht werden können, wenn die Zweiwochenfrist des S. 2, 3 abgelaufen ist.[277] Allzu große praktische Bedeutung dürfte dem angesichts der Pflicht des Abschlussprüfers aus § 49 WPO und der Pflicht der Organwalter, das Ersetzungsverfahren zu betreiben (Rn 76 f), nicht zukommen.[278]

84 **b) Erlöschen des Antragsrechts.** Nach § 318 Abs. 3 S. 7 kann der Ersetzungsantrag nach **Erteilung des Bestätigungsvermerks** – im Fall einer Nachtragsprüfung nach § 316 Abs. 3: nach Ergänzung des Bestätigungsvermerks – nicht mehr gestellt werden. Da die Tätigkeit des Abschlussprüfers mit Erteilung oder Ergänzung des Bestätigungsvermerks abgeschlossen ist, käme die Ersetzung zu spät.[279] Für das Ersetzungsverfahren ist deshalb nur Raum, wenn eine (weitere) Nachtragsprüfung ansteht. Der festgestellte Jahresabschluss wird nach § 256 Abs. 1 Nr. 3 AktG in seiner Wirksamkeit durch das Vorliegen eines Ausschlussgrundes i.S.d. §§ 319 Abs. 2 bis 4, 319b nicht berührt (§ 319 Rn 99 f). Hieraus folgt, dass sich ein laufendes Ersetzungsverfahren **erledigt**, wenn der gewählte Abschlussprüfer den Bestätigungsvermerk erteilt.[280]

---

272 Hopt/*Merkt*[41] Rn 13; **aA** Hachmeister/Kahle/Mock/Schüppen/*Mylich* Bilanzrecht[3] Rn 134 und MünchKommHGB/*Ebke*[4] Rn 109, denen zufolge von Abs. 3 S. 6 nur nach § 6 Abs. 1 S. 2 PublG prüfungspflichtige Unternehmen in der Rechtsform der Stiftung oder des wirtschaftlichen Vereins erfasst werden.

273 Die Richtlinienkonformität des § 318 Abs. 3 S. 6 bezweifelnd auch Hachmeister/Kahle/Mock/Schüppen/*Mylich* Bilanzrecht[3] Rn 134.

274 Hachmeister/Kahle/Mock/Schüppen/*Mylich* Bilanzrecht[3] Rn 135; MünchKommHGB/*Ebke*[4] Rn 111.

275 Näher 4. Aufl. Rn 51 f (*Zimmer*) mwN; s. aber auch OLG Frankfurt/M. ZIP 2004, 1114 (1115).

276 Vgl. Begr. RegE, BT-Drucks. 15/3419, S. 36; ferner Stellungnahme *IDW* WPg 2004, 143 (147).

277 MünchKommHGB/*Ebke*[4] Rn 111 f; *Gelhausen*/*Heinz* WPg 2005, 693 (698).

278 Vgl. die Nachw. in voriger Fn.

279 MünchKommHGB/*Ebke*[4] Rn 115; *Gelhausen*/*Heinz* WPg 2005, 693 (698).

280 BayObLG NZG 2003, 291; anders noch BayObLGZ 1987, 297; s. noch Rn 93.

5. Ersetzungsgründe

Der Antrag muss die Gründe für die Abberufung nennen. Der Antragsteller braucht allerdings lediglich darzulegen, weshalb die Ersetzung notwendig erscheint. Dagegen ist er nicht gehalten, das Vorliegen des Ersetzungsgrundes nachzuweisen; es gilt vielmehr der Amtsermittlungsgrundsatz (Rn 91). 85

a) In der Person des Prüfers liegender Grund. Nach § 318 Abs. 3 S. 1 Nr. 1 werden nur solche Gründe berücksichtigt, die „in der **Person des Abschlussprüfers**" liegen. Ausgeschlossen ist die Ersetzung eines Abschlussprüfers wegen der vermeintlich besseren Eignung eines anderen Prüfers.[281] Schon gar nicht dient das Ersetzungsverfahren der Beilegung von Meinungsverschiedenheiten zwischen Gesellschaft und Abschlussprüfer.[282] Mit dem Vorliegen eines **Ausschlussgrundes nach §§ 319 Abs. 2 bis 5, 319b** und einem **Verstoß gegen Art. 5 Abs. 4 Unterabs. 1 S. 1** (Erbringung von an sich zulässigen Nichtprüfungsleistungen ohne Zustimmung des Prüfungsausschusses) oder **Abs. 5 Unterabs. 2 S. 2 APr-VO** (Erbringung von Nichtprüfungsleistungen durch ein Mitglied des Netzwerks gegenüber einem in einem Drittland ansässigen Tochterunternehmen des geprüften Unternehmens) nennt das Gesetz selbst die wohl praktisch bedeutsamsten Gründe für eine Ersetzung des Prüfers; insoweit ist auf die Erläuterungen zu diesen Vorschriften zu verweisen. Nicht in den Katalog des Abs. 3 S. 1 Nr. 1 aufgenommen hat der Gesetzgeber den Verstoß gegen ein Tätigkeitsverbot des **Art. 5 Abs. 1 APr-VO**; auch das FISG (Rn 2) hat auf Empfehlung des Finanzausschusses[283] von einer entsprechenden Klarstellung unter Hinweis darauf abgesehen, dass sich die Frage, in welchen Fällen ein Verstoß gegen Art. 5 Abs. 1 APr-VO einen Ersetzungsgrund darstellt, anhand der (ohnehin in Abs. 3 S. 1 Nr. 1 adressierten) §§ 319 Abs. 2 bis 5, 319b beantworte.[284] Mit Art. 38 Abs. 3 APr-RL dürfte dieses Verständnis im Einklang stehen, stellt doch die Vorschrift allgemein auf das Vorliegen „triftiger Gründe" ab. 86

Der Katalog des Abs. 3 S. 1 Nr. 1 ist zwar, was die in der Person des Abschlussprüfers liegenden Gründe anbelangt, nicht abschließend.[285] Mangelnde **fachliche Qualifikation** ist allerdings als Ersetzungsgrund grundsätzlich ausgeschlossen, da mit der Bestellung zum Wirtschaftsprüfer bzw. vereidigten Buchprüfer die Berufsqualifikation nachgewiesen wurde.[286] Anderes gilt, wenn der Prüfer nicht über darüber hinausgehende, für die Prüfung erforderliche Spezialkenntnisse wie namentlich Branchen-, EDV-, Gesetzes- oder Sprachkenntnisse verfügt.[287] Die vom Gesetz vorgeschriebene Qualifikation reicht nicht in allen Fällen aus, um eine fachkundige Prüfung zu gewährleisten. Fehlen dem Prüfer die für seine Beurteilung erforderlichen Kenntnisse, so würde der Bestätigungsvermerk – in Abweichung von dem der Vorschrift des § 322 zugrundeliegenden Gedanken – nur die Vornahme von Prüfungshandlungen und keine Prüfung im eigentlichen Begriffssinn testieren. Werden besondere Anforderungen an die Befähigung des Prüfers in der Satzung oder im **Gesellschaftsvertrag** statuiert (Rn 25), so ergibt sich hieraus eine weitere Möglichkeit des Vorgehens gegen einen nicht entsprechend qualifizierten Prüfer. 87

---

281 Vgl. KölnKomm-AktG/*Claussen*/*Korth*[2] Rn 37.

282 Vgl. Abs. 6 S. 2 und dazu Rn 82, ferner AG Frankfurt/M. ZIP 2009, 471 – „Kirch/Deutsche Bank".

283 Demgegenüber hatte der Regierungsentwurf noch eine entsprechende Klarstellung vorgesehen, s. BT-Drs. 19/26966 S. 102.

284 Begr. Beschlussempfehlung Finanzausschuss, BT-Drs. 19/29879, S. 154; dazu *Schüppen* DStR 2021, 246 (249 f); s ferner *Lanfermann*/*Maul* BB 2015, 1003 (1006 f); *Lanfermann* BB 2017, 2989 (2992 f).

285 S. statt aller MünchKommHGB/*Ebke*[4] Rn 87 ff mit eingehender Darstellung sonstiger in Betracht kommender Gründe.

286 MünchKommHGB/*Ebke*[4] Rn 103; Baetge/Kirsch/Thiele/*Chekushina* Rn 138; *ADS* Rn 371.

287 Vgl. neben den Nachw. in voriger Fn noch Hachmeister/Kahle/Mock/Schüppen/*Mylich* Bilanzrecht[3] Rn 142; Köln-Komm-AktG/*Claussen*/*Korth*[2] Rn 42; Lutter/Hommelhoff/*Kleindiek* GmbHG[18] Anh. § 42 Rn 17; *Kerth* StB 1987, 337 (385).

88 Ausnahmsweise können auch Mängel in der **sachlichen oder personellen Ausstattung** zur Ersetzung des Prüfers führen.[288] Eine Ersetzung kommt in Betracht, wenn der Prüfer trotz entsprechender Notwendigkeit keine weiteren Personen oder Sachmittel heranzieht.[289] In diesem Fall kann den Antragsberechtigten nicht zugemutet werden, eine Verzögerung der Prüfung hinzunehmen. Davon zu unterscheiden ist der Fall einer Verhinderung des Prüfers an einem rechtzeitigen Prüfungsabschluss, bei dem die Verhinderungsgründe nicht vom Abschlussprüfer zu beeinflussen sind; hier gilt Abs. 4 S. 2 (Rn 101).[290] **Unzuverlässigkeit und Pflichtverstöße** bei anderen Prüfungen können nur ausnahmsweise ein Grund zur Ersetzung eines Prüfers sein. Die bloße Einleitung berufsgerichtlicher Verfahren (§ 68 WPO) kann nicht Ersetzungsgrund sein, wenn allenfalls eine Bestrafung zu erwarten ist, die nicht zum Berufsausschluss führen würde, da anderenfalls die Gefahr einer missbräuchlichen Verfahrenseinleitung bestünde.[291] Dagegen kann die erfolgte Verurteilung im Zusammenhang mit der objektiv begründeten Besorgnis einer Wiederholung Ersetzungsgrund sein.[292] Gleiches gilt, wenn der Anlass für ein entsprechendes Verfahren in der laufenden Prüfung durch den Abschlussprüfer gesetzt wurde, z.B. durch Verletzung der Verschwiegenheitspflicht.[293]

89 **b) Verstoß gegen Art. 16, 17 APr-VO.** Nach § 318 Abs. 3 S. 1 Nr. 2 ist dem Ersetzungsantrag stattzugeben, wenn die Vorschriften zur **Bestellung des Prüfers** nach Art. 16 APr-VO (Rn 9 ff) oder die Vorschriften zur **Laufzeit des Prüfungsmandats** nach Art. 17 APr-VO (Rn 34 ff) nicht eingehalten worden sind.[294] Nach dem unmissverständlichen Wortlaut der Vorschrift soll jeder Verstoß gegen Art. 16, 17 APr-VO die Ersetzung des Prüfers zur Folge haben; ein Ermessensspielraum des Gerichts ist ebensowenig vorgesehen wie ein de minimis-Vorbehalt.[295] Damit hat das AReG den Anwendungsbereich des Ersetzungsverfahrens – und damit zugleich den Anwendungsbereich des Anfechtungsausschlusses gemäß § 243 Abs. 3 Nr. 3 AktG (Rn 72 ff) – erheblich ausgeweitet.[296] Eine nach Maßgabe des Art. 17 Abs. 6 APr-VO bewilligte Verlängerung ist auch im Rahmen des § 318 Abs. 3 S. 1 Nr. 2 zu berücksichtigen; da das Verfahren nach Art. 17 Abs. 6 APr-VO vor der Wahl des Abschlussprüfers abgeschlossen sein muss, ist eine Überschneidung mit dem Ersetzungsverfahren ausgeschlossen.[297]

6. Konzernabschlussprüfer

90 Das Ersetzungsverfahren kommt auch hinsichtlich des Konzernabschlussprüfers in Betracht. Richtet sich der Antrag sowohl gegen die Stellung als Einzelabschlussprüfer als auch gegen diejenige als Konzernabschlussprüfer, so ergeben sich außer der jeweils gesonderten Begründung, die auch durch eine Verweisung erfolgen kann, keine Besonderheiten. Problematisch ist lediglich der Fall eines Ersetzungsantrages hinsichtlich der Einzelabschlussprüfung, wenn der Konzernabschlussprüfer aufgrund der **Fiktion** des Abs. 2 S. 1 bestellt wurde. Diese Fiktion ersetzt nur den Bestellungsakt (Rn 65). Da das Gericht nur auf Antrag tätig wird, kann es den Prüfer nur so weit ersetzen, wie der Antrag reicht; die Stellung als Konzernabschlussprüfer bleibt, wenn insoweit kein

288 MünchKommHGB/*Ebke*[4] Rn 103; Baetge/Kirsch/Thiele/*Chekushina* Rn 139; *Kerth* StB 1987, 337 (385).
289 Vgl. BeckBilKomm/*Justenhoven*/*Heinz*[13] Rn 99; KölnKomm-AktG/*Claussen*/*Korth*[2] Rn 42; *ADS* Rn 374.
290 Ähnlich *ADS* Rn 412; **aA** – auch in diesem Fall für Abs. 3 – KölnKomm-AktG/*Claussen*/*Korth*[2] Rn 43.
291 Baetge/Kirsch/Thiele/*Chekushina* Rn 140; *ADS* Rn 373.
292 Baetge/Kirsch/Thiele/*Chekushina* Rn 140; *ADS* Rn 373; KölnKomm-AktG/*Claussen*/*Korth*[2] Rn 43.
293 *ADS* Rn 373.
294 Näher dazu sowie zur Rechtslage vor Inkrafttreten des AReG (Rn 2) *Lanfermann* BB 2017, 2989 (2990 ff); *Schürnbrand* AG 2016, 70 (72 ff).
295 Hachmeister/Kahle/Mock/Schüppen/*Mylich* Bilanzrecht[3] Rn 145.
296 Näher zu dieser Konsequenz *Schürnbrand* AG 2016, 70 (77 f), dort auch die berechtigte Forderung, für Gesellschaften, die nicht Unternehmen von öffentlichem Interesse sind, eine entsprechenden Anfechtungsausschluss einzuführen.
297 Hachmeister/Kahle/Mock/Schüppen/*Mylich* Bilanzrecht[3] Rn 145.

Ersetzungsantrag gestellt ist, von der Ersetzung als Einzelabschlussprüfer unberührt.[298] Ob ein auf den Einzelabschlussprüfer bezogener Ersetzungsantrag sich auch auf die Stellung als Konzernabschlussprüfer bezieht, ist durch **Auslegung** zu ermitteln. Richtet sich ein begründeter Antrag sowohl gegen den Einzel- als auch gegen den Konzernabschlussprüfer, kann das Gericht für Einzel- und Konzernabschluss verschiedene Prüfer bestellen.

7. Verfahren und Inhalt der Entscheidung

Das Ersetzungsverfahren richtet sich nach dem **FamFG**. Über den Ersetzungsantrag entscheidet nach § 23 Abs. 2 GVG, §§ 376 Abs. 1, 377 Abs. 1 FamFG das **Amtsgericht am Sitz des Landgerichts**. Es gilt der Grundsatz der Amtsermittlung (§ 26 FamFG). Das Gericht hat nach Abs. 3 S. 1 alle **Beteiligten zu hören**. Verfahrensbeteiligte sind für die Gesellschaft der gesetzliche Vertreter, der Abschlussprüfer, auch wenn er den Auftrag noch nicht erhalten hat,[299] sowie der Antragsteller, soweit dieser nicht schon als gesetzlicher Vertreter der Gesellschaft Beteiligter ist; die Aufsichtsbehörde ist im Fall ihrer Antragstellung nach Abs. 3 S. 6 verfahrensbeteiligt. Der vom Gericht eingesetzte neue Prüfer hingegen ist nicht Verfahrensbeteiligter. Sofern sich der Antrag nur auf Ersetzung eines von **mehreren Prüfern** richtet, sind alle Prüfer am Verfahren beteiligt, da sie nur gemeinsam Abschlussprüfer sein können (str., vgl. Rn 30, 71). Allerdings ist das Gericht berechtigt, Prüfer, in deren Person kein Ersetzungsgrund besteht, als neue Prüfer einzusetzen; hierbei handelt es sich um einen „neuen" Abschlussprüfer (Rn 71). 91

Hält das Gericht den Antrag für zulässig und den Ersetzungsgrund für gegeben, so hat es dem Antrag in der Weise stattzugeben, dass es **einen anderen Prüfer bestellt**. Ein Widerruf der Bestellung des gewählten Prüfers durch das Gericht ist nicht erforderlich; nach Abs. 1 S. 5 obliegt der Widerruf vielmehr der Gesellschaft.[300] Dem Gericht steht zwar kein Entscheidungs-, wohl aber ein **Auswahlermessen** zu.[301] An Vorschläge des Antragstellers ist das Gericht nicht gebunden. Es kann bei einem gegen den Konzernabschlussprüfer gerichteten Ersetzungsantrag auch den von den Gesellschaftern gewählten Einzelabschlussprüfer bestellen.[302] Vom Gericht zu beachten sind allerdings die Vorgaben der §§ 319, 319b und der APr-VO; die Missachtung des § 319 Abs. 1 macht die gerichtliche Entscheidung nichtig,[303] die Missachtung der §§ 319 Abs. 2 bis 5, 319b und des Art. 17 APr-VO hingegen (nur) fehlerhaft.[304] Das Gericht ist zudem an satzungsmäßige Qualifikationserfordernisse gebunden. Es ist nicht befugt, mehr Prüfer einzusetzen, als zuvor gewählt wurden, und hierdurch der Gesellschaft von ihr nicht gewollte Kosten aufzubürden. Zulässig ist demgegenüber die Ersetzung eines einzelnen Wirtschaftsprüfers durch eine Prüfungsgesellschaft. 92

Bei einem Antrag auf Ersetzung des **Konzernabschlussprüfers** ist nach der Art der Bestellung zu differenzieren. Richtet sich der Antrag gegen einen Konzernabschlussprüfer, der **nicht auch Einzelabschlussprüfer** ist, so gelten die allgemeinen Regeln (Rn 90) uneingeschränkt. Allerdings lebt die Fiktion des Abs. 2 S. 1 nicht wieder auf, denn das Gericht kann einen gewählten Prüfer nur durch Bestellung eines Prüfers ersetzen.[305] Durch das Gericht kann auch der gewählte Einzelabschlussprüfer als Konzernabschlussprüfer bestellt werden. Besteht **Identität**, so berührt ein Ersetzungsantrag, der 93

298 Baetge/Kirsch/Thiele/*Chekushina* Rn 154; **aA** *ADS* Rn 305; wohl auch Hachmeister/Kahle/Mock/Schüppen/*Mylich* Bilanzrecht[3] Rn 151.

299 KölnKomm-AktG/*Claussen*/*Korth*[2] Rn 36; Baetge/Kirsch/Thiele/*Chekushina* Rn 146.

300 Vgl. Rn 57, ferner OLG Düsseldorf ZIP 1996, 1040; Baetge/Kirsch/Thiele/*Chekushina* Rn 147. – Zur Rechtsstellung des ersetzten und des gerichtlich bestellten Abschlussprüfers s. Rn 96.

301 Baetge/Kirsch/Thiele/*Chekushina* Rn 149; *Hartmann* S. 106; im Zusammenhang mit § 318 Abs. 4 AG Berlin-Charlottenburg NZG 2023, 370.

302 Baetge/Kirsch/Thiele/*Chekushina* Rn 149.

303 Ganz hM, s. Baetge/Kirsch/Thiele/*Chekushina*; *ADS* Rn 419, 421.

304 Zutr. (zu § 319 Abs. 2–5, § 319b) Baetge/Kirsch/Thiele/*Chekushina* Rn 149; GroßkommAktG[3]/*Brönner* § 164 Rn 11; **aA** 4. Aufl Rn 76 (*Zimmer* betr. § 318 Abs. 4); *ADS* Rn 419, 421.

305 Vgl. bereits Rn 66, 90, ferner Baetge/Kirsch/Thiele/*Chekushina* Rn 154.

sich nur auf die Stellung als Konzernabschlussprüfer bezieht, nicht die Stellung als Einzelabschlussprüfer.[306] Gleiches gilt für den Fall, dass aufgrund der Fiktion des Abs. 2 S. 1 Personenidentität besteht und sich der Ersetzungsantrag nur auf die Stellung als Einzelabschlussprüfer bezieht, denn ohne einen auf die genaue Stellung des Prüfers bezogenen Antrag kann das Gericht keine Ersetzung vornehmen (Rn 90).[307] Richtet sich der Antrag gegen den Prüfer in beiden Funktionen, so kann das Gericht bei der Bestellung der neuen Prüfer den auf Personenidentität gerichteten Willen des Wahlorgans berücksichtigen, muss dies indes nicht.[308] Bei der Wahl von **Ersatzprüfern** ist das Gericht in seiner Entscheidung gebunden; es hat den Ersatzprüfer einzusetzen (Rn 32).

94 Die Entscheidung des Gerichts wird mit der **Bekanntgabe an die Beteiligten** (Rn 91) wirksam (§ 40 FamFG). Demzufolge ist die Bekanntgabe gegenüber dem neu eingesetzten Prüfer für die Wirksamkeit nicht vonnöten. Die Entscheidung unterliegt der **Beschwerde**, über die das OLG zu entscheiden hat (Abs. 3 S. 8; § 119 Abs. 1 Nr. 2 GVG); die Beschwerde ist binnen einer Frist von einem Monat einzulegen (§ 63 Abs. 1 FamFG). Da die Beschwerde, sofern keine Anordnung nach § 64 Abs. 3 FamFG getroffen wird, keine aufschiebende Wirkung hat, ist sie entsprechend § 47 FamFG unzulässig, wenn der neu eingesetzte Prüfer die Abschlussprüfung bereits beendet und das Testat erteilt hat, sofern nicht eine Entscheidung trotz Erledigung nach § 62 FamFG zulässig ist.[309] Eine bereits eingelegte Beschwerde bleibt allerdings zulässig, soweit der Antragsteller die Beschwerde auf die Kosten beschränkt.[310] Beschwerdeberechtigt ist jeder, dessen Recht durch die Entscheidung beeinträchtigt wurde (§ 59 Abs. 1 FamFG). Davon ausgenommen ist der neu eingesetzte Prüfer, da er sich durch einfache Ablehnung des Mandats der Prüfung entziehen kann (Rn 106). Die Beschwerde kann sich auch gegen die Person des neuen Prüfers richten. Zwar tritt der neue Prüfer vollständig in die Stellung als Abschlussprüfer ein, so dass ein erneuter Antrag nach Abs. 3 erforderlich erscheinen könnte. Jedoch ergibt sich aus Abs. 3 S. 8, dass die Ersetzungsentscheidung des Gerichts, die auf der Einsetzung des neuen Prüfers basiert, der Beschwerde unterliegt; eine Einschränkung nach Art derjenigen des Abs. 4 S. 4 2. Halbsatz fehlt. Gegen die Entscheidung des OLG ist die Rechtsbeschwerde zum BGH nach Maßgabe der §§ 70 ff FamFG zulässig.

95 Hinsichtlich der **Kosten** des Verfahrens gilt § 81 FamFG. In der Regel sind sie bei einer ablehnenden Entscheidung dem Antragsteller aufzuerlegen,[311] auch wenn dies die Aufsichtsbehörde ist. Die Kosten eines Antrags eines Gesellschaftsorgans trägt die Gesellschaft als primär Verpflichtete, sofern – wie regelmäßig – in ihrem Namen gehandelt wurde.[312] Die Kosten eines stattgebenden Verfahrens trägt die Gesellschaft.[313]

8. Folgen

96 Mit Rechtskraft der dem Ersetzungsantrag stattgebenden gerichtlichen Entscheidung ist die Grundlage für die Bestellung des **gerichtlich benannten Abschlussprüfers** geschaffen. Die Rechtskraft der dem Antrag stattgebenden Entscheidung ersetzt allerdings nur den Wahlbeschluss der Gesellschafter und dessen Bekanntgabe, nicht hingegen die Annahme des Amtes. Die Rechtsstellung als gesetzlicher Abschlussprüfer wird vielmehr erst durch Annahme der gerichtlichen Bestellung erlangt, zu deren Erklärung der gerichtlich bestellte Prüfer grundsätzlich **nicht ver-**

306 *ADS* Rn 380.

307 Ähnlich Baetge/Kirsch/Thiele/*Chekushina* Rn 154; **aA** *ADS* Rn 380; *Kerth* StB 1987, 337 (385).

308 Hachmeister/Kahle/Mock/Schüppen/*Mylich* Bilanzrecht³ Rn 151.

309 OLG Düsseldorf ZIP 1996, 1040 f; **aA** LG Hamburg AG 1986, 54. – Zur Erledigung der Ersetzungsverfahrens infolge Erteilung des Bestätigungsvermerks s. bereits Rn 84.

310 Vgl. BayObLG NZG 2003, 291 mwN.

311 *ADS* Rn 384; s. ferner BayObLG NZG 2003, 291 (292); **aA** – maßgebend ist, in wessen Interesse der Antrag gestellt wurde – KölnKomm-AktG/*Claussen*/*Korth*² Rn 47; Baetge/Kirsch/Thiele/*Chekushina* Rn 157.

312 KölnKomm-AktG/*Claussen*/*Korth*² Rn 47; Baetge/Kirsch/Thiele/*Chekushina* Rn 157; *Kerth* StB 1987, 337 (385).

313 Baetge/Kirsch/Thiele/*Chekushina* Rn 157.

pflichtet ist.[314] Mit Annahme der Bestellung kommt zwischen Gesellschaft und Abschlussprüfer zudem – als Ersatz für das bei gewöhnlicher Bestellung zu begründende Geschäftsbesorgungsverhältnis (Rn 44 ff) – ein Schuldverhältnis nach Maßgabe des Abs. 5 zustande (Rn 78 f). Was den **bisherigen Abschlussprüfer** betrifft, so bringt die gerichtliche Entscheidung zunächst nur den Wahlbeschluss der Gesellschafter in Wegfall. Es bedarf deshalb noch der Abberufungserklärung gemäß Abs. 1 S. 5 und der Kündigung des schuldrechtlichen Prüfungsvertrags (Rn 57). Das für die Erteilung des Prüfungsauftrags zuständige Organ (d.h. der gesetzliche Vertreter oder der Aufsichtsrat, Rn 44) ist im Verhältnis zur Gesellschaft regelmäßig verpflichtet, die Abberufung und die Kündigung zu erklären.[315] Anders als im Falle des § 318 Abs. 6 S. 4 (dazu Rn 115) trifft den Abschlussprüfer keine Pflicht zur Berichterstattung über die bisherige Prüfung.[316]

V. Gerichtliche Bestellung des Abschlussprüfers (Abs. 4)

1. Antragsvoraussetzungen

Mit Blick auf das öffentliche Interesse an der Pflichtprüfung (Rn 5; Vor § 316 Rn 1 ff, 17) ermöglicht Abs. 4 die gerichtliche Bestellung des Einzel- oder Konzernabschlussprüfers in Fällen, in denen die Wahl eines Prüfers nicht (S. 1) oder nicht mit dem gewünschten Erfolg (S. 2) stattfindet.[317] Die gerichtliche Bestellung ist allerdings gegenüber der Wahl des Prüfers **subsidiär**, so dass selbst nach der Antragstellung ein Prüfer gewählt werden kann, solange eine Bestellung durch das Gericht noch nicht erfolgt ist.[318] Mit der gerichtlichen Bestellung erlischt zwar das Wahlrecht. Eine gleichwohl einberufene Gesellschafterversammlung kann allerdings einen **Ersatzprüfer** für den gerichtlich bestellten Prüfer wählen.[319] Die Möglichkeit gerichtlicher Bestellung ist im Übrigen auch dann eröffnet, wenn ein zuvor vom Gericht eingesetzter Prüfer wegfällt oder verhindert ist. 97

Aufgrund der Subsidiarität des gerichtlichen Bestellungsverfahrens (Rn 97) kann der Antrag nach hM erst nach **Ablauf des Geschäftsjahres** gestellt werden.[320] Dies soll selbst dann gelten, wenn absehbar ist, dass der Wahlbeschluss vor Geschäftsjahresende nicht zustande kommt.[321] Gleiches soll zudem nach Abs. 4 S. 2 bei Ablehnung des Mandats (1. Fall) und bei Wegfall des gewählten Prüfers (2. Fall) gelten, da auch in diesen Fällen das Wahlorgan bis zum Ende des Geschäftsjahres einen neuen Prüfer wählen könne.[322] Allein in den Fällen der absehbaren Verhinderung am rechtzeitigen Abschluss der Prüfung (3. Fall des Abs. 4 S. 2) sei der Antrag schon vor Geschäftsjahresende zulässig,[323] da hier eine erneute Wahl nicht in Betracht komme; das Rechtsverhältnis zu dem bisherigen Prüfer könne nur durch die gerichtliche Entscheidung gelöst werden (vgl. auch Rn 101 f). Zu überzeugen 98

314 Wohl unstreitig, s. MünchKommHGB/*Ebke*[4] Rn 117; Baetge/Kirsch/Thiele/*Chekushina* Rn 148; s. auch Rn 46 f., 106.

315 Baetge/Kirsch/Thiele/*Chekushina* Rn 151; für Pflicht der Gesellschaft zur Kündigung MünchKommHGB/*Ebke*[4] Rn 117.

316 *ADS* Rn 378.

317 MünchKommHGB/*Ebke*[4] Rn 123; *Hartmann* 106; zur Frage der analogen Anwendung des § 318 Abs. 4 S. 2 bei Nichtannahme des Mandats durch den nach § 142 Abs. 2 AktG bestellten Sonderprüfer s. BVerfG ZIP 2023, 247 Rn. 54 ff. mwN.

318 Das gerichtliche Verfahren erledigt sich mit der Wahl, s. Baetge/Kirsch/Thiele/*Chekushina* Rn 173; *ADS* Rn 403.

319 *ADS* Rn 405; Hachmeister/Kahle/Mock/Schüppen/*Mylich* Bilanzrecht[3] Rn 157, dort auch zur Rechtslage bei gerichtlicher Bestellung eines Prüfers in Unkenntnis der zuvor erfolgten Wahl eines (anderen) Prüfers; vgl. dazu noch Rn 100.

320 Vgl. 4. Aufl Rn 68 (*Zimmer*); KölnKomm-AktG/*Claussen*/*Korth*[2] Rn 49; *ADS* Rn 401; BeckBilKomm/*Justenhoven*/*Heinz*[13] Rn 111; MünchKommHGB/*Ebke*[4] Rn 125; **aA** /Kahle/Mock/Schüppen/*Mylich* Bilanzrecht[3] Rn 156; *v. Falkenhausen*/*Kocher* ZIP 2005, 602 (604); *Hennrichs* WPg 2018, 482 f; *Schockenhoff*/*Culmann* AG 2016, 23 (25 ff).

321 Vgl. die Nachw. in voriger Fn.

322 4. Aufl Rn 68 (*Zimmer*); MünchKommHGB/*Ebke*[4] Rn 125; ähnlich *von Godin*/*Wilhelmi* § 163 Rn 6; aA *ADS* Rn 416; *Mai* S. 85; für die Prüferbestellung bei Anfechtung der Prüferwahl (Rn 72) auch OLG Karlsruhe NZG 2016, 64 Rn 37.

323 4. Aufl Rn 68 (*Zimmer*).

vermag diese hM nicht. Die gerichtliche Bestellung nach Abs. 4 ist zwar in der Tat subsidiär gegenüber der Regelbestellung durch die Gesellschafter. Dies schließt es indes nur aus, dass die Bestellung als solche vor Geschäftsjahresende erfolgt.[324] Demgegenüber steht es der Autonomie der Gesellschafter nicht entgegen, dass schon vor Geschäftsjahresende die gerichtliche Bestellung beantragt wird; der Antrag erledigt sich durch die rechtzeitige Wahl des Prüfers.[325]

2. Antragsgründe

99 **a) Fehlende Wahl.** Das gerichtliche Bestellungsverfahren ist nach § 318 Abs. 4 S. 1 eröffnet, wenn der Abschlussprüfer bis zum Ablauf des Geschäftsjahres nicht gewählt ist. Hiervon betroffen ist zunächst der Fall, dass ein Wahlbeschluss im laufenden Geschäftsjahr nicht zustande gekommen ist. Eine Rechtspflicht, auf die Herbeiführung eines solchen Wahlbeschlusses noch hinzuwirken, ist nicht anzuerkennen; insbesondere bedarf es nicht der kostenträchtigen Einberufung einer außerordentlichen Gesellschafterversammlung.[326] Ist ein Einzelabschlussprüfer gewählt, so ist damit aufgrund der Fiktion des Abs. 2 S. 1 zugleich die Bestellung des Konzernabschlussprüfers gewährleistet (Rn 62 ff); das Verfahren des Abs. 4 S. 1 ist insoweit nicht eröffnet. Von § 318 Abs. 4 S. 1 erfasst ist auch der Fall, dass zwar ein Wahlbeschluss erfolgt ist, dieser indes **nichtig** ist.[327] Nach Inkrafttreten des BilReG hat allerdings ein Verstoß gegen §§ 319 Abs. 2 bis 5, 319b nicht mehr die Nichtigkeit des Wahlbeschlusses zur Folge (Rn 73, 85, § 319 Rn 99 f, § 319b Rn 5), so dass für das Verfahren des § 318 Abs. 4 S. 1 – von dem gänzlichen Unterbleiben eines Wahlbeschlusses abgesehen – im Wesentlichen die Verletzung des § 319 Abs. 1 bliebe (§ 319 Rn 97 f).

100 Nach zu Recht hM findet allerdings § 319 Abs. 4 S. 1 bei **Anfechtung** des Wahlbeschlusses[328] entsprechende Anwendung, so dass die Gesellschaft für den Fall, dass die Anfechtungsklage Erfolg hat, nicht auf die Wahl eines zweiten Abschlussprüfers angewiesen ist.[329] Das gerichtliche Bestellungsverfahren hat insoweit den Charakter einer vorbeugenden Maßnahme. In Fällen, in denen die Anfechtung nicht auf in der Person des gewählten Prüfers liegende Gründe gestützt wird, kommt sogar die gerichtliche Bestellung des bereits gewählten Abschlussprüfers in Betracht.[330] Der Gefahr, dass das Gericht einen anderen Prüfer bestellt und sich die Anfechtungsklage sodann als unbegründet erweist, die Gesellschaft also, da die gerichtliche Entscheidung unanfechtbar ist (Rn 105), nunmehr über zwei Abschlussprüfer verfügt, obgleich eine gemeinschaftliche Prüfung nicht gewollt ist (vgl. Rn 30, ferner Rn 97),[331] kann sowohl durch außerordentliche Kündigung

---

324 Überzeugend *v. Falkenhausen/Kocher* ZIP 2005, 602 (604); ihnen folgend auch Hachmeister/Kahle/Mock/Schüppen/*Mylich* Bilanzrecht[3] Rn 156; *Hennrichs* WPg 2018, 482 f; *Schockenhoff/Culmann* AG 2016, 23 (25 ff); Baetge/Kirsch/Thiele/*Chekushina* Rn 180; für die Prüferbestellung bei Anfechtung der Prüferwahl (Rn 100) auch OLG Karlsruhe NZG 2016, 64 Rn 37.

325 Für Notwendigkeit der Rücknahme des Antrags *v. Falkenhausen/Kocher* ZIP 2005, 602 (604).

326 OLG Frankfurt/M. ZIP 2004, 1114 (1116 f); *ADS* Rn 402; KölnKomm-AktG/*Claussen/Korth*[2] Rn 49; Baetge/Kirsch/Thiele/*Chekushina* Rn 174.

327 MünchKommHGB/*Ebke*[4] Rn 128; Hopt/*Merkt*[41] Rn 16.

328 Zu § 243 Abs. 3 Nr. 3 AktG s bereits Rn 72 ff; eingehend zu verbleibenden Anfechtungsmöglichkeiten sowie zu den Folgen der erfolgreichen Anfechtung *Marsch-Barner* FS Hommelhoff, S. 691 (695 ff).

329 OLG Karlsruhe NZG 2016, 64 Rn 9 ff; AG Wolfsburg AG 1992, 205 f; MünchKommHGB/*Ebke*[4] Rn 128 ff; Hopt/*Merkt*[41] Rn 16; Hachmeister/Kahle/Mock/Schüppen/*Mylich* Bilanzrecht[3] Rn 162; *Lutter* FS Semler, S. 835 ff; *Hennrichs* WPg 2017, 482 (484 ff); *Schockenhoff/Culmann* AG 2016, 23 (24 f); *Schürnbrand* AG 2016, 70 (77); **aA** 4. Aufl. Rn 70 (*Zimmer*); krit. *Schüppen* Abschlussprüfung[2] Rn 33.

330 MünchKommHGB/*Ebke*[4] Rn 128; Hopt/*Merkt*[41] Rn 16; *v. Falkenhausen/Kocher* ZIP 2005, 602 f; s. ferner *Kocher* NZG 2007, 372 (373 f).

331 Vgl. für den Fall, dass die Bestellung durch das Gericht erfolgt, obgleich die Gesellschafter zwischenzeitlich einen Prüfer gewählt haben, *ADS* Rn 406; KölnKomm-AktG/*Claussen/Korth*[2] Rn 51; *Kerth* StB 1987, 337 (386); s. ferner Hachmeister/Kahle/Mock/Schüppen/*Mylich* Bilanzrecht[3] Rn 163 mit dem Vorschlag der Bestellung eines weiteren Prüfers mit der Maßgabe, dass bei Wegfall des gewählten Prüfers der gerichtlich bestellte Prüfer die Abschlussprüfung alleine durchführen kann.

durch den gerichtlich bestellten Abschlussprüfer[332] als auch durch Widerruf der Bestellung des gewählten Prüfers durch die Gesellschaft[333] begegnet werden; zudem empfiehlt es sich, den mit dem gewählten Prüfer zu schließenden Prüfungsauftrag unter den Vorbehalt der gerichtlichen Bestellung eines anderen Prüfers zu stellen.

b) Weitere Antragsgründe. Das Gericht bestellt auch dann einen Abschlussprüfer, wenn der gewählte Prüfer keine Prüfung vornimmt. Dies kann bereits zu Beginn der Prüfung feststehen, wenn der Prüfer die **Annahme des Mandats abgelehnt** hat (Abs. 4 S. 2 1. Fall). Voraussetzung dafür ist, dass die gesetzlichen Vertreter des Unternehmens ihm den Prüfungsauftrag erteilt haben. Zu einem **Wegfall des Prüfers** (Abs. 4 S. 2 2. Fall) kann es dagegen vor und nach Annahme des Prüfungsauftrages kommen. Wegfall ist die dauernde Hinderung an der Ausübung des Mandats. Dazu zählen die Kündigung nach Abs. 6, die erfolgreiche Anfechtung der Wahl,[334] der Verlust der nach § 319 Abs. 1 S. 1 und 2 erforderlichen Berufsqualifikation,[335] das Erlöschen und im Zweifel auch schon die Auflösung der Wirtschaftsprüfungsgesellschaft sowie Geschäftsunfähigkeit oder Tod des Prüfers. Soweit der Prüfer schon bei seiner Wahl oder während der Prüfung einen Ausschlussgrund nach § 319 Abs. 2 bis 5, § 319b erfüllt, ist hingegen das Ersetzungsverfahren des § 318 Abs. 3 eröffnet. Der Wegfall eines von mehreren Prüfern bewirkt den Wegfall aller Prüfer.[336] Schließlich kann sich während der Prüfung ergeben, dass der gewählte Abschlussprüfer nicht in der Lage sein wird, die **Prüfung rechtzeitig abzuschließen** (Abs. 4 S. 2 3. Fall). Der Prüfer muss durch nicht von ihm behebbare Tatsachen an der Durchführung gehindert werden, z.B. Krankheit oder Ausfall von Mitarbeitern. Könnte der Prüfer durch Einstellung von (ggf.: weiteren) Gehilfen oder Ablehnung anderer Aufträge die rechtzeitige Durchführung gewährleisten und unterlässt er dies, so kann er nur nach Abs. 3 ersetzt werden (Rn 88). 101

Auch in den Fällen des Abs. 4 S. 2 ist die gerichtliche Bestellung grundsätzlich ausgeschlossen, wenn das Unternehmen vor oder nach Eintreten der Antragsgründe einen **Ersatzprüfer gewählt** hat (Abs. 4 S. 2 letzter Halbsatz). Ein anderes gilt, wenn das Rechtsverhältnis mit dem gewählten Abschlussprüfer noch besteht, d.h. bei seiner (bloßen) Verhinderung an einem rechtzeitigen Abschluss der Prüfung (Abs. 4 S. 2 3. Fall). In einem solchen Fall kann nur aufgrund einer gerichtlichen Entscheidung das Rechtsverhältnis mit dem bisherigen Prüfer gelöst und eine Bestellung eines anderen Prüfers erreicht werden.[337] Bei der insoweit nach Abs. 4 S. 2 erforderlichen Bestellung ist eine **Bindung** des Gerichts an die Entscheidung des Wahlorgans für einen bestimmten Ersatzprüfer anzunehmen;[338] das Gericht hat diesen als Prüfer zu bestellen.[339] 102

3. Antragsteller

Der Kreis der Antragsteller ist in Abs. 4 S. 1 zwingend und abschließend bestimmt. Die Gesellschafter sind unabhängig von der Höhe ihrer Beteiligung und ihrer Stimmberechtigung antragsberechtigt; die Beschränkungen des Abs. 3 S. 1 (Rn 79 ff) finden im Verfahren nach Abs. 4 keine Anwen- 103

332 KölnKomm-AktG/*Claussen*/*Korth*² Rn 51; *Kerth* StB 1987, 337 (386 f); ähnlich Hachmeister/Kahle/Mock/Schüppen/*Mylich* Bilanzrecht³ Rn 163; MünchKommHGB/*Ebke*⁴ Rn 131.

333 Für analoge Anwendung des § 318 Abs. 1 S. 5 auch ADS Rn 407; s. ferner KölnKommAktG/Claussen/Korth² Rn 51.

334 Dazu Rn 72 ff; zur Möglichkeit, schon während des Anfechtungsverfahrens Antrag gem. Abs. 4 S. 1 zu stellen, s. Rn 100.

335 Nichtigkeit des Wahlbeschlusses liegt in diesem Fall nicht vor, s. Baetge/Kirsch/Thiele/*Chekushina* Rn 186; s. ferner § 319 Rn 97 zur Nichtigkeit des Wahlbeschlusses bei anfänglichem Fehlen der nach § 319 Abs. 1 erforderlichen Qualifikation.

336 Vgl. Rn 71, ferner Teichmann/*Koehler* AktG³ § 136 Rn 2c.

337 Baetge/Kirsch/Thiele/*Chekushina* Rn 189.

338 Ebenso *Mai* S. 85.

339 Vgl. zum Ganzen *ADS* Rn 414.

dung.[340] Umgekehrt fehlt es im Rahmen des Abs. 4 an einer Regelung nach Art des § 318 Abs. 3 S. 6 (Rn 82), so dass die staatliche Aufsichtsbehörde keinen Antrag stellen kann; unberührt bleiben die spezialgesetzliche Befugnisse, insbesondere diejenigen nach §§ 28 KWG, 58 VAG. Gleichermaßen vom Antragsrecht ausgeschlossen sind an der Vornahme der Pflichtprüfung interessierte Personen wie namentlich Gläubiger, Genussrechtsinhaber und stille Gesellschafter.[341] Was den gesetzlichen Vertreter und den Aufsichtsrat betrifft, so bewendet es bei den Grundsätzen zu Abs. 3 (Rn 76 f). § 318 Abs. 4 S. 3 bestimmt jedoch, dass der gesetzliche Vertreter – wiederum als Organ (Rn 76) – zur Antragstellung verpflichtet ist. Hiervon unberührt bleibt die sich gegebenenfalls aus dem Innenverhältnis zur Gesellschaft ergebende Pflicht zur Antragstellung; sie kann insbesondere auch dem Aufsichtsrat obliegen (Rn 77). Wie im Falle des § 318 Abs. 3 geht auch im Fall des § 318 Abs. 4 das Antragsrecht auf den Insolvenzverwalter über.[342] – Den Antrag auf Bestellung des Konzernabschlussprüfers können nur Organe, Gesellschafter und Insolvenzverwalter des Mutterunternehmens stellen.[343]

4. Verfahren und gerichtliche Entscheidung

104 Das gerichtliche Verfahren setzt den Eingang eines entsprechenden **Antrags** (Rn 97 f) eines Antragsberechtigten (Rn 103) voraus. Aus diesem muss sich ergeben, ob ein Einzel- oder ein Konzernabschlussprüfer zu bestellen ist. Sind mehrere Prüfer gemeinsam zu Abschlussprüfern gewählt worden, so muss deutlich gemacht werden, bei welchem Prüfer einer der Tatbestände des Abs. 4 S. 2 eingetreten ist. Hat die Gesellschafterversammlung separate Prüfer für **Einzel- und Konzernabschluss** gewählt, so lebt auch beim Wegfall des Konzernabschlussprüfers die Fiktion des Abs. 2 S. 1 nicht auf (vgl. Rn 90, 93). Es muss daher erneut ein Prüfer gewählt oder ein Antrag gestellt werden. Das Gericht ist bei seiner Entscheidung nicht an Vorschläge des Antragstellers gebunden; es kann daher den Einzelabschlussprüfer auch gegen den Willen des Antragstellers zum Konzernabschlussprüfer bestellen.

105 Für das Verfahren und die gerichtliche Entscheidung gelten die zu Abs. 3 getroffenen Ausführungen (Rn 91 ff).[344] Gegen die einen Antrag nach Abs. 4 **ablehnende Entscheidung** des Gerichts findet nach § 318 Abs. 4 S. 4 1. Halbs. die Beschwerde statt, gegen diejenige des Beschwerdegerichts (OLG) die Rechtsbeschwerde zum BGH (§§ 70 ff FamFG).[345] Die **Bestellung** zum Abschlussprüfer dagegen ist nach § 318 Abs. 4 S. 4 2. Halbs. unanfechtbar, mögen auch die Voraussetzungen des Abs. 4 S. 1 2 nicht vorgelegen haben. Da die Bestellung erst nach Ablauf des Geschäftsjahres erfolgen kann (Rn 98), soll der Abschlussprüfer sofort mit seiner Bestellung mit der Prüfung beginnen können.[346] Das Gericht ist bei seiner Auswahlentscheidung an die Vorgaben der §§ 319, 319 b sowie der APr-VO gebunden; (nur) bei Verstoß gegen § 319 Abs. 1 ist die gerichtliche Entscheidung nichtig (Rn 92).

---

340 Hachmeister/Kahle/Mock/Schüppen/*Mylich* Bilanzrecht[3] Rn 154; Hopt/*Merkt*[41] Rn 16; Baetge/Kirsch/Thiele/*Chekushina* Rn 175.

341 Hachmeister/Kahle/Mock/Schüppen/*Mylich* Bilanzrecht[3] Rn 155; KölnKomm-AktG/*Claussen*/*Korth*[2] Rn 48.

342 Dazu Rn 7, 49, 75, ferner OLG Frankfurt/M. ZIP 2012, 1617, dort auch zu den Anforderungen an die Änderung des mit Insolvenzeröffnung beginnenden „Insolvenzgeschäftsjahres".

343 *ADS* Rn 391; Baetge/Kirsch/Thiele/*Chekushina* Rn 179; zweifelnd *Kerth* StB 1987, 337 (386 Fn 133).

344 Zum Auswahlermessen des Gerichts s. AG Berlin-Charlottenburg NZG 2023, 370; *Schüppen* NZG 2023, 371 f.

345 Vgl. auch OLG Köln NJW-RR 2000, 844 (845): Statthaftigkeit der weiteren Beschwerde nach § 27 Abs. 1 FGG (jetzt: Rechtsbeschwerde zum BGH § 70 Abs. 1 FamFG), wenn nicht die – nicht beschwerdefähige – Bestellung des Abschlussprüfers durch das Amtsgericht, sondern die die Bestellung aufhebende Entscheidung des OLG angefochten wird.

346 Vgl. OLG Düsseldorf WM 1998, 2021; Hopt/*Merkt*[41] Rn 16; s. aber auch OLG Köln NJW-RR 2000, 844 (845) (dazu bereits vorige Fn).

VI. Rechtsstellung des gerichtlich bestellten Prüfers (Abs. 5)

Mit der gerichtlichen Bestellung nach Abs. 3 oder 4 wird der vom Gericht Benannte **Abschlussprüfer** des Unternehmens. Sowohl Wahl als auch Auftragserteilung werden durch die gerichtliche Bestellungsentscheidung ersetzt.[347] Die Bestellung des Prüfers steht allerdings unter dem Vorbehalt, dass dieser sich mit der Übernahme des Mandats einverstanden erklärt; zur – auch formfrei möglichen – Annahme ist der Prüfer grundsätzlich **nicht verpflichtet**.[348] Im Übrigen entspricht die Rechtsstellung des gerichtlich bestellten Prüfers grundsätzlich derjenigen eines gewählten Prüfers. Dementsprechend kann auch der vom Gericht bestellte Prüfer nach Abs. 3 oder Abs. 4 S. 2 ersetzt werden.[349] 106

Nach § 318 Abs. 5 S. 1 hat der vom Gericht bestellte Abschlussprüfer Anspruch auf Ersatz angemessener barer **Auslagen** und auf **Vergütung** für seine Tätigkeit. Die Vorschrift tritt funktional an die Stelle des § 632 BGB (bzw. § 612 BGB, s. Rn 53). Die Vorschriften der Abs. 5 S. 2 bis 4 erleichtern dem Abschlussprüfer die Vollstreckung seines Anspruchs; Schuldner ist auch in den Fällen des § 318 Abs. 3, 4 allein die Gesellschaft.[350] Auslagen und Vergütung setzt das Gericht auf Antrag fest (S. 2), wobei es sich hinsichtlich der Höhe von den allgemeinen Grundsätzen (Rn 53 ff) leiten lässt. Gegen die Entscheidung ist zwar die Beschwerde gemäß § 58 FamFG gegeben (S. 3 Halbs. 1); die Rechtsbeschwerde ist hingegen ausgeschlossen (S. 3 Halbs. 2). Die rechtskräftige Entscheidung ist sodann Vollstreckungstitel iSd. § 794 ZPO (S. 4). § 318 Abs. 5 steht allerdings einer vertraglichen **Vereinbarung** zwischen Abschlussprüfer und Unternehmen nicht entgegen.[351] Liegt eine solche Vereinbarung vor, so kann der Abschlussprüfer nicht mehr den Weg über Abs. 5 S. 1 beschreiten.[352] 107

VII. Kündigung durch den Abschlussprüfer (Abs. 6–8)

1. Grundlagen

Mit Blick auf das öffentliche Interesse an Durchführung der Abschlussprüfung (Vor § 316 Rn 1 ff, 23) schränkt das Gesetz die Möglichkeit zur vorzeitigen Beendigung des Mandats ein.[353] Die Gesellschaft kann den gewählten oder gerichtlich bestellten Abschlussprüfer nach Abs. 1 S. 5 nur nach Maßgabe des Abs. 3 ersetzen; ihr ist es danach also verwehrt, das Mandat ersatzlos zu beenden oder den Prüfer ohne hinreichenden Grund auszuwechseln. Der Abschlussprüfer wiederum kann den „Prüfungsauftrag" nach Abs. 6 S. 1 nicht beliebig, sondern nur aus wichtigem Grund kündigen. Hierdurch soll nicht nur allgemein die Durchführung der Prüfung garantiert, sondern zugleich verhindert werden, dass der Abschlussprüfer unter Umgehung einer gerichtlichen Entscheidung nach Abs. 3 oder Abs. 4 S. 2 3. Fall zum Schutz seiner Reputation von sich aus kündigt.[354] Gegenstand der Kündigung ist allerdings nicht der schuldrechtliche Prüfungsvertrag; andernfalls müsste man Abs. 6 S. 1 im Falle gerichtlicher Bestellung auf das durch Annahme der Bestellung begründete schuldrechtliche Verhältnis zwischen Abschlussprüfer und Gesellschaft beziehen, was ersicht- 108

347 Baetge/Kirsch/Thiele/*Chekushina* Rn 192.

348 S. bereits Rn. 46 f., 96; zur Frage eines Kontrahierungszwangs s. – am Beispiel des Adler Real Estate AG – *Schüppen* Börsen-Zeitung 236/2022 v. 7.12.2022, S. 10; dazu auch AG Berlin-Charlottenburg NZG 2023, 370; Börsen-Zeitung 9/2023 v. 13.1.2023, S. 9.

349 MünchKommHGB/*Ebke*[4] Rn 133; *Mai* S. 86; *ADS* Rn 425.

350 *Schüppen* NZG 2023, 371 (372).

351 MünchKommHGB/*Ebke*[4] Rn 133; Baetge/Kirsch/Thiele/*Chekushina* Rn 201; *ADS* Rn 430; *Kerth* StB 1986, 337 (387); *Schüppen* NZG 2023, 371 (372).

352 AA *ADS* Rn 431.

353 Vgl. dazu bereits Rn 57, ferner Baetge/Kirsch/Thiele/*Chekushina* Rn 211.

354 Begr. RegE BiRiLiG, BT-Drucks. 10/317, S. 95.

lich keinen Sinn machte. Gegenstand der Kündigung ist vielmehr die **Stellung als Abschlussprüfer als solche** und damit das private Amt (Rn 1); der Sache nach handeln Abs. 6 und 7 somit von der **Niederlegung des Amtes** durch den Abschlussprüfer.[355] Die Vorschriften der Abs. 1 S. 5, Abs. 6 sind **abschließend**. Eine einvernehmliche Beendigung des Mandates ist auch bei Vorliegen der Voraussetzungen einer Kündigung nicht möglich; das Gesetz schließt – von Abs. 1 S. 5 abgesehen – jegliche Disposition der Gesellschaft über das Mandat des bestellten Prüfers aus.[356]

2. Wichtiger Grund

109 Auch im Rahmen des § 318 Abs. 6 ist davon auszugehen, dass ein wichtiger Grund nur gegeben ist, wenn es dem Kündigenden unter Berücksichtigung aller Umstände nicht zugemutet werden kann, das Rechtsverhältnis fortzusetzen. Dieser Grundsatz des § 314 Abs. 1 S. 2 BGB ist freilich im Lichte des öffentlichen Interesses an der Durchführung der Abschlussprüfung, welches auch in § 318 Abs. 6 S. 2 seinen Ausdruck gefunden hat (Rn 110; s ferner Vor § 316 Rn 1 ff, 23), zu konkretisieren. An das Vorliegen eines die Amtsniederlegung rechtfertigenden wichtigen Grundes sind deshalb **strenge Anforderungen** zu stellen.[357]

110 Keinesfalls zur Amtsniederlegung berechtigten **sachliche Differenzen** zwischen der Gesellschaft und dem Abschlussprüfer. Zwar schließt Abs. 6 S. 2 die Kündigung nur für Meinungsverschiedenheiten bzgl. des Bestätigungsvermerks aus, doch wird aus der Fassung des § 324 Abs. 1 a.F.[358] deutlich, dass damit nicht nur den Bestätigungsvermerk unmittelbar betreffende Meinungsverschiedenheiten gemeint sind.[359] Der Prüfer soll sich nicht durch die Kündigung eventuell auftretenden Schwierigkeiten bei der Durchführung des Auftrags entziehen können und hierdurch zur Verschleierung von Problemen im Zusammenhang mit der Rechnungslegung beitragen. Der Wegfall des besonderen Streitbeilegungsverfahrens des § 324 a.F. (§ 324 Rn 1) hat hieran nichts geändert. Nach wie vor gilt, dass Streitigkeiten, die auf dem Prüfungsgegenstand fußen, grundsätzlich nicht zur Kündigung berechtigen. Hiervon betroffen ist auch die Vorenthaltung von zur ordnungsgemäßen Prüfung erforderlichen Unterlagen sowie ganz allgemein die **Verweigerung der erforderlichen Aufklärungen und Nachweise** gem. § 320 Abs. 2 (vgl. auch § 320 Rn 35); der Prüfer ist insoweit auf einen entsprechenden Hinweis im Prüfungsbericht gem. § 321 Abs. 2 S. 6 (§ 321 Rn 35, 49) sowie gegebenenfalls auf die Verweigerung des Testats gem. § 322 Abs. 2 S. 1 Nr. 4, Abs. 5 (§ 322 Rn 25) verwiesen.[360] Auch Streitigkeiten über das **Prüferhonorar** berechtigen nicht zur Amtsniederlegung.[361] Ist der Abschlussprüfer mit dem ihm angebotenen Honorar nicht einverstanden, kann er die Annahme der Prüferbestellung und des schuldrechtlichen Geschäftsbesorgungsvertrags ablehnen (Rn 47, 96); lässt er sich auf Amt und Vertrag ein, so hat er seine vertraglichen Rechte auf dem Rechtswege zu verfolgen. Davon zu unterscheiden ist der Fall, dass dem Prüfer bei Durchführung der Prüfung erkennbar wird, dass das Unternehmen nicht in der Lage sein

---

355 Baetge/Kirsch/Thiele/*Chekushina* Rn 211; Lutter/Hommelhoff/*Kleindiek* GmbHG[18] Anh. § 42 Rn 20; **aA** 4. Aufl Rn 89 (*Zimmer*); *ADS* Rn 446. – Zum Prüfungsvertrag s. noch Rn 114; zur Rechtslage bei Insolvenz der zu prüfenden Gesellschaft s Rn 7, 49, 75, 103; § 316 Rn 7.

356 Beck BilKomm[13]*Justenhoven/Heinz* Rn 130; Baetge/Kirsch/Thiele/*Chekushina* Rn 211; für Abs. 6 auch Hachmeister/Kahle/Mock/Schüppen/*Mylich* Bilanzrecht[3] Rn 102; **aA** *ADS* Rn 434; MünchKommHGB/*Ebke*[4] Rn 144; Hopt/*Merkt*[41] Rn 18.

357 Baetge/Kirsch/Thiele/*Chekushina* Rn 212; MünchKommHGB/*Ebke*[4] Rn 139; Hachmeister/Kahle/Mock/Schüppen/*Mylich* Bilanzrecht[3] Rn 104; KölnKomm-AktG/*Claussen*/*Korth*[2] Rn 28; *Dißars* BB 2005, 2231 (2232); vgl. auch AG Wolfsburg AG 1992, 205.

358 Dazu 4. Aufl. Rn 3 ff (*Zimmer*).

359 Wohl unstreitig, s. *ADS* Rn 438; Baetge/Kirsch/Thiele/*Chekushina* Rn 213; Hachmeister/Kahle/Mock/Schüppen/*Mylich* Bilanzrecht[3] Rn 104; MünchKommHGB/*Ebke*[4] Rn 140.

360 Baetge/Kirsch/Thiele/*Chekushina* Rn 214; MünchKommHGB/*Ebke*[4] Rn 141; Hachmeister/Kahle/Mock/Schüppen/*Mylich* Bilanzrecht[3] Rn 104.

361 Baetge/Kirsch/Thiele/*Chekushina* Rn 215; MünchKommHGB/*Ebke*[4] Rn 140; Hachmeister/Kahle/Mock/Schüppen/*Mylich* Bilanzrecht[3] Rn 105.

wird, seine Leistung zu vergüten. Da der Abschlussprüfer nicht verpflichtet ist, die Leistung unentgeltlich zu erbringen, ist er bei Feststellung der **Zahlungsunfähigkeit** des Unternehmens zur Kündigung berechtigt.

Auch bei Bestehen **persönlicher Differenzen** ist grundsätzlich keine Kündigung möglich.[362] 111
Anderenfalls wäre die Möglichkeit eröffnet, eine Kündigung zu provozieren. Haben die Differenzen allerdings zur Folge, dass der Abschlussprüfer nicht mehr unbefangen ist, so rechtfertigt dies die außerordentliche Kündigung. Es ginge allerdings zu weit, die Kündigungsmöglichkeit auf ein Selbstablehnungsrecht des Abschlussprüfers bei Vorliegen von Gründen, die nach Abs. 3 zur **Ersetzung** Anlass geben würden (dazu noch Rn 112), zu begrenzen.[363] Anderenfalls hätte es nahegelegen, dem Abschlussprüfer zum Zwecke der Selbstablehnung ein eigenes Antragsrecht für das Verfahren nach Abs. 3 zu geben.[364] Neben der Zahlungsunfähigkeit der Gesellschaft (Rn 111) berechtigt deshalb namentlich auch der Umstand, dass dem Abschlussprüfer die Durchführung der Abschlussprüfung unmöglich wird (etwa infolge Erkrankung, s. Rn 101), zur Amtsniederlegung.[365] Entsprechendes gilt bei begründeten Zweifeln an der Vertrauenswürdigkeit der zu prüfenden Gesellschaft, etwa beim Vorkommen krimineller Machenschaften.[366]

Der Abschlussprüfer ist bei Vorliegen von Gründen, die nach Abs. 3 S. 1 Nr. 1 i.V.m. **§§ 319** 112
Abs. 2 bis 5, 319b die Ersetzung rechtfertigen, sowie bei Vorliegen eines Ausschlussgrundes nach **Art. 5 APr-VO** zur Kündigung berechtigt.[367] Kann der Ausschlussgrund umgehend und in dem Abschlussprüfer zumutbarer Art und Weise beseitigt werden,[368] z.B. durch die Veräußerung von Aktien oder den Abzug eines Mitarbeiters, in dessen Person die Ausschlussgründe vorliegen, so ist die Kündigung ausgeschlossen. Andernfalls ist der Abschlussprüfer nicht nur berechtigt, sondern sogar verpflichtet, das Amt niederzulegen.[369] Mit dem Verlust der nach § 319 Abs. 1 erforderlichen **Qualifikation** verliert der Prüfer die Stellung als gesetzlicher Abschlussprüfer (Rn 101). Eine förmliche Niederlegung hat in diesem Fall zwar nur deklaratorischen Charakter, ist aber aus berufsrechtlichen Gründen geboten.[370]

3. Kündigungserklärung

Die Kündigungserklärung bedarf als solche keiner Form und ist deshalb auch dann wirksam, 113
wenn sie mündlich erfolgt.[371] Die Erklärung hat gegenüber der Gesellschaft, diese vertreten durch das Organ, das den Prüfungsauftrag erteilt hat (Rn 44), zu erfolgen. Abs. 6 S. 3 verschafft der Gesellschaft einen unverzichtbaren schuldrechtlichen Anspruch auf eine schriftliche **Begründung**,[372] dessen Nichterfüllung zu Schadensersatz verpflichten kann.[373] Aus der Begründung muss hervorgehen, aus welchem Grund gekündigt wird.

---

362 Baetge/Kirsch/Thiele/*Chekushina* Rn 216; Hachmeister/Kahle/Mock/Schüppen/*Mylich* Bilanzrecht[3] Rn 105; MünchKommHGB/*Ebke*[4] Rn 142; *Hartmann* S. 109; **aA** – für Kündbarkeit bei „schwerwiegenden" persönlichen Differenzen – *ADS* Rn 437; Hopt/*Merkt*[41] Rn 18; *Kerth* StB 1987, 337 (389).

363 So aber *Hartmann* S. 109.

364 *ADS* Rn 436; Baetge/Kirsch/Thiele/*Chekushina* Rn 216.

365 HdR[5]-*Baetge*/*Thiele* Rn 147.

366 MünchKommHGB/*Ebke*[4] Rn 142; Hachmeister/Kahle/Mock/Schüppen/*Mylich* Bilanzrecht[3] Rn 105; *Dißars* BB 2005, 2231 (2232).

367 *ADS* Rn 441; MünchKommHGB/*Ebke*[4] Rn 143; Hachmeister/Kahle/Mock/Schüppen/*Mylich* Bilanzrecht[3] Rn 105; Baetge/Kirsch/Thiele/*Chekushina* Rn 218; *Hartmann* S. 109.

368 Baetge/Kirsch/Thiele/*Chekushina* Rn 218; MünchKommHGB/*Ebke*[4] Rn 143; *ADS* Rn 442.

369 MünchKommHGB/*Ebke*[4] Rn 143; Hachmeister/Kahle/Mock/Schüppen/*Mylich* Bilanzrecht[3] Rn 105.

370 Baetge/Kirsch/Thiele/*Chekushina* Rn 217; im Ergebnis auch *ADS* Rn 443.

371 *ADS* Rn 445; Baetge/Kirsch/Thiele/*Chekushina* Rn 219; MünchKommHGB/*Ebke*[4] Rn 145; **aA** KölnKomm-AktG/*Claussen*/*Korth*[2] Rn 57.

372 *Hartmann* S. 110.

373 *ADS* Rn 445.

4. Kündigungsfolgen

114 Mit wirksamer Kündigung ist die Stellung als gesetzlicher Abschlussprüfer erloschen; der Abschlussprüfer ist weggefallen i.S.d. Abs. 4 S. 2 (Rn 101). Eine weitere Handlung des Wahlorgans oder des Gerichts ist hierfür nicht erforderlich.[374] Sofern nicht ein Ersatzprüfer zur Verfügung steht (Rn 32 f), hat die Gesellschaft das Bestellungsverfahren des Abs. 4 einzuleiten; unberührt bleibt das Recht, einen neuen Abschlussprüfer zu wählen. Die Niederlegung des Amtes enthält im Zweifel auch die Kündigung des schuldrechtlichen Prüfungsvertrags. Dem kündigenden Prüfer steht nach dem Rechtsgedanken des § 628 Abs. 1 BGB[375] ein Anspruch auf angemessene **Vergütung** für die bisher geleistete Arbeit zu; dabei ist zu berücksichtigen, inwieweit der neue Abschlussprüfer auf den geleisteten Arbeiten aufbauen kann.[376]

115 Der Abschlussprüfer ist verpflichtet, alle erhaltenen Unterlagen zurückzugeben (vgl. Rn 59). Abs. 6 S. 4 begründet zudem die Pflicht des Prüfers, über seine bisherige Tätigkeit einen **Prüfungsbericht** vorzulegen. Für diesen Bericht gilt, soweit entsprechende Angaben nach den ausgeführten Prüfungsarbeiten möglich sind, die Vorschrift des § 321. Berichtsempfänger ist der gesetzliche Vertreter (§ 321 Abs. 5 S. 1) oder – bei Zuständigkeit des Aufsichtsrats für die Erteilung des Prüfungsauftrags (Rn 44) – der Aufsichtsrat (§ 321 Abs. 5 S. 2). Die Ausführungen haben sich auf den Stand der letzten Prüfungshandlung zu beziehen. Eine Auskunftspflicht des kündigenden Abschlussprüfers gegenüber dem neuen Abschlussprüfer folgt nunmehr aus § 320 Abs. 4 bzw. Art. 18 Abs. 2 APr-VO (§ 320 Rn 26 f). Prüfungsbericht und schriftliche Begründung der Kündigung sind dem neuen Abschlussprüfer allerdings nach wie vor durch die Gesellschaft vorzulegen.[377]

5. Mitteilungs- und Vorlagepflichten

116 Nach Abs. 7 S. 1 hat der gesetzliche Vertreter der Gesellschaft die **Kündigung** dem Aufsichtsrat und der nächsten Hauptversammlung oder – bei Gesellschaften mit beschränkter Haftung und atypischen Personengesellschaften – den Gesellschaftern mitzuteilen. Ist der Prüfungsauftrag vom Aufsichtsrat erteilt worden (Rn 44), bestimmt Abs. 7 S. 5, dass ihm als Adressaten der Kündigung (Rn 113) die Pflicht zur Unterrichtung der Hauptversammlung oder der Gesellschafter sowie des gesetzlichen Vertreters obliegt. Was die Mitteilung gegenüber Hauptversammlung und Gesellschaftern betrifft, so kann diese in der nächsten Haupt- oder Gesellschafterversammlung erfolgen. Der Einberufung einer außerordentlichen Versammlung bedarf es nicht.[378] Die Pflicht zur Einleitung des gerichtlichen Bestellungsverfahrens bleibt allerdings unberührt. Nach dem Wortlaut des Abs. 7 S. 1 und 5 ist nur die Kündigung als solche mitzuteilen.[379] Die besseren Gründe sprechen indes für die Annahme, dass auch über die Begründung der Kündigung zu informieren ist, und zwar auch gegenüber der Haupt- oder Gesellschafterversammlung als dem für die Wahl zuständigen Organ.[380] Wollte man dem nicht folgen, so blieben allerdings die gesellschaftsrechtlich begründeten Informationsrechte der Aktionäre, Gesellschafter und Organwalter unberührt.

117 Den **Bericht des bisherigen Abschlussprüfers** (Rn 115) haben die gesetzlichen Vertreter nach Abs. 7 S. 2 unverzüglich dem Aufsichtsrat vorzulegen; bei Zuständigkeit des Aufsichtsrats für die Erteilung des Prüfungsauftrags (Rn 44) obliegt diese Pflicht dem Aufsichtsrat als dem Kündigungsadressaten und Berichtsempfänger (Abs. 7 S. 5). Nach der durch das KonTraG (Vor § 316 Rn 9) erfolgten Neufassung des Abs. 7 S. 4 ist der Bericht jedem Aufsichtsratsmitglied oder, soweit

---

374 Baetge/Kirsch/Thiele/*Chekushina* Rn 220.

375 Zur Rechtsnatur des Prüfungsvertrags s. Rn 49.

376 Baetge/Kirsch/Thiele/*Chekushina* Rn 226; s. ferner MünchKommHGB/*Ebke*[4] Rn 148.

377 KölnKomm-AktG/*Claussen*/*Korth*[2] Rn 59; Baetge/Kirsch/Thiele/*Chekushina* Rn 221.

378 MünchKommHGB/*Ebke*[4] Rn 150.

379 So denn auch 4. Aufl. Rn 91 (*Zimmer*).

380 Für entsprechende Pflicht gegenüber dem Aufsichtsrat Baetge/Kirsch/Thiele/*Chekushina* Rn 222; *ADS* Rn 457.

der Aufsichtsrat dies beschlossen hat, den Mitgliedern eines Ausschusses auszuhändigen. Auch im Fall der Aushändigung (nur) an die Mitglieder eines Ausschusses hat nach Abs. 7 S. 3 jedes Mitglied des Aufsichtsrates das Recht, von dem Bericht Kenntnis zu nehmen. Verbreitet wird eine Vorlagepflicht über den Wortlaut hinaus auch gegenüber den Gesellschaftern einer **prüfungspflichtigen GmbH** ohne Aufsichtsrat[381] angenommen.[382] Danach soll deren Nichterwähnung auf einem Redaktionsversehen des Gesetzgebers beruhen.[383] Für diese Deutung spricht, dass bei der Vorlage des ordentlichen Prüfungsberichts Aufsichtsrat und GmbH-Gesellschafter gleichgestellt sind (§ 170 Abs. 1 AktG; § 42a Abs. 1 S. 2 GmbHG). Diese Gleichstellung ist erst durch das BiRiLiG (Vor § 316 Rn 8) erfolgt, und zwar mit dem Ziel, für die GmbH dem Aktienrecht entsprechende Regelungen zu schaffen.[384] Da mithin vom Vorliegen einer planwidrigen Regelungslücke auszugehen ist und die Interessenlage in der prüfungspflichtigen GmbH derjenigen in der prüfungspflichtigen AG entspricht, erscheint die analoge Anwendung des Abs. 7 S. 3, 4 in der Tat geboten. Dementsprechend sind auch den Gesellschaftern einer prüfungspflichtigen GmbH ohne Aufsichtsrat das Recht auf Kenntnisnahme und Aushändigung des Berichts zuzugestehen.

6. Benachrichtigungspflicht

Nach § 318 Abs. 8 haben der Abschlussprüfer und die gesetzlichen Vertreter der geprüften Gesellschaft die Wirtschaftsprüferkammer[385] unverzüglich und schriftlich begründet von der Kündigung oder dem Widerruf des Prüfungsauftrags zu unterrichten. Die Vorschrift ist durch Art. 1 Nr. 54 BilMoG (Vor § 316 Rn 12) eingefügt worden und dient der Umsetzung des **Art. 38 Abs. 2 APr-RL**, wonach die Mitgliedstaaten sicherzustellen haben, dass das geprüfte Unternehmen und der Abschlussprüfer die für die öffentliche Aufsicht zuständigen Stellen von der Abberufung oder dem Rücktritt des Abschlussprüfers während der Laufzeit des Auftrages in Kenntnis setzen und eine ausreichende Begründung liefern. Dieser Vorgabe genügt § 318 Abs. 8.[386] Die Vorschrift ist im unmittelbaren Zusammenhang mit Abs. 1 S. 5 und Abs. 6 zu sehen. Sie soll die Einhaltung der in Abs. 1 S. 5, Abs. 6 geregelten Schranken einer vorzeitigen Beendigung des Prüfungsmandats – die wiederum dem **öffentlichen Interesse an der Durchführung der Pflichtprüfung** Rechnung tragen (Rn 1, 57, 108; Vor § 316 Rn 1 ff, 23) – gewährleisten oder, anders formuliert, einer einvernehmlichen vorzeitigen Mandatsbeendigung entgegenwirken. Demgemäß muss die der Mitteilung beizufügende Begründung so ausgestaltet sein, dass der Wirtschaftsprüferkammer die Prüfung der Rechtmäßigkeit des Widerrufs oder der Kündigung ermöglicht wird.[387] Anzugeben und zu erläutern sind deshalb namentlich die Gründe, auf denen die Beendigung beruht. Der Umstand, dass die Unterrichtung sowohl dem Abschlussprüfer als auch dem gesetzlichen Vertreter der geprüften Gesellschaft obliegt, soll gewährleisten, dass die Kammer bei ihrer Prüfung die Sicht beider Seiten 118

381 Zur Rechtslage bei der GmbH mit Aufsichtsrat s § 42a Abs. 1 S. 3 und dazu Lutter/Hommelhoff/*Kleindiek* GmbHG[20] § 42a Rn 2; zur Publikums-KG s. BGH ZIP 2015, 778: Auch dann keine Verpflichtung zur Übersendung des Prüfungsberichts mit der Einladung zur Gesellschafterversammlung, die über die Feststellung des Jahresabschlusses zu beschließen hat, wenn nach dem Gesellschaftsvertrag allen Gesellschaftern mit der Einladung der Entwurf des Jahresabschlusses zu übersenden ist.

382 *ADS* Rn 461; Baetge/Kirsch/Thiele/*Chekushina* Rn 224; Hachmeister/Kahle/Mock/Schüppen/*Mylich* Bilanzrecht[3] Rn 117; *Hartmann* S. 110; vgl. auch Lutter/Hommelhoff/*Kleindiek* GmbHG[18] Anh § 42 Rn 22; **aA** Bonner HdR-EA/*Grewe* Rn 43.

383 *ADS* Rn 461; Baetge/Kirsch/Thiele/*Chekushina* Rn 224; Hachmeister/Kahle/Mock/Schüppen/*Mylich* Bilanzrecht[3] Rn 117; *Hartmann* S. 110 Fn 216.

384 Begr. RegE, BiRiLiG BT-Drucks. 10/317, S. 110.

385 Zu Stellung und Aufgaben der Wirtschaftsprüferkammer s. Vor § 316 Rn 24 ff.

386 MünchKommHGB/*Ebke*[4] Rn 152 mit zutr. Hinweis, dass sich die Unterrichtung auch nicht dadurch erübrigt, dass die Rechtmäßigkeit des Widerrufs im Rahmen des Ersetzungsverfahrens nach Abs. 3 überprüft wird.

387 Begr. RegE BilMoG, BT-Drucks. 16/10067 S. 88.

berücksichtigen kann.[388] Dies schließt eine gemeinsame Mitteilung von Abschlussprüfer und gesetzlichem Vertreter nicht aus, sofern sich beide die Begründung zu eigen machen oder voneinander abweichende Begründungen dem jeweiligen Urheber zugeordnet werden können.[389] Nach dem Wortlaut des Abs. 8 ist auf Seiten der Gesellschaft der gesetzliche Vertreter auch dann zuständig, wenn die Erteilung des Prüfungsauftrags dem Aufsichtsrat obliegt. Mit der Systematik des § 318 und dem Umstand, dass der Aufsichtsrat Adressat der Kündigung ist (Rn 113), lässt sich dies kaum in Einklang bringen. Dies spricht für die **analoge Anwendung des Abs. 7 S. 5**.

119 Für **Unternehmen von öffentlichem Interesse** (§ 316a Rn 6 ff) bestimmt Art. 19 APr-VO, dass die Wirtschaftsprüferkammer die Informationen über die Abberufung oder den Rücktritt des Abschlussprüfers an die in Art. 20 Abs. 1 APr-VO genannte Behörde und damit an die APAS weiterleitet.

§ 319 Auswahl der Abschlussprüfer und Ausschlussgründe

(1) [1]Abschlussprüfer können Wirtschaftsprüfer und Wirtschaftsprüfungsgesellschaften sein. [2]Abschlussprüfer von Jahresabschlüssen und Lageberichten mittelgroßer Gesellschaften mit beschränkter Haftung (§ 267 Abs. 2) oder von mittelgroßen Personenhandelsgesellschaften im Sinne des § 264a Abs. 1 können auch vereidigte Buchprüfer und Buchprüfungsgesellschaften sein. [3]Die Abschlussprüfer nach den Sätzen 1 und 2 müssen über einen Auszug aus dem Berufsregister verfügen, aus dem sich ergibt, dass die Eintragung nach § 38 Nummer 1 Buchstabe h oder Nummer 2 Buchstabe f der Wirtschaftsprüferordnung vorgenommen worden ist; Abschlussprüfer, die erstmalig eine gesetzlich vorgeschriebene Abschlussprüfung nach § 316 des Handelsgesetzbuchs durchführen, müssen spätestens sechs Wochen nach Annahme eines Prüfungsauftrages über den Auszug aus dem Berufsregister verfügen. [4]Die Abschlussprüfer sind während einer laufenden Abschlussprüfung verpflichtet, eine Löschung der Eintragung unverzüglich gegenüber der Gesellschaft anzuzeigen.

(2) Ein Wirtschaftsprüfer oder vereidigter Buchprüfer ist als Abschlussprüfer ausgeschlossen, wenn während des Geschäftsjahres, für dessen Schluss der zu prüfende Jahresabschluss aufgestellt wird, oder während der Abschlussprüfung Gründe, insbesondere Beziehungen geschäftlicher, finanzieller oder persönlicher Art, vorliegen, nach denen die Besorgnis der Befangenheit besteht.

(3) [1]Ein Wirtschaftsprüfer oder vereidigter Buchprüfer ist insbesondere von der Abschlussprüfung ausgeschlossen, wenn er oder eine Person, mit der er seinen Beruf gemeinsam ausübt,

1. **Anteile oder andere nicht nur unwesentliche finanzielle Interessen an der zu prüfenden Kapitalgesellschaft oder eine Beteiligung an einem Unternehmen besitzt, das mit der zu prüfenden Kapitalgesellschaft verbunden ist oder von dieser mehr als zwanzig vom Hundert der Anteile besitzt;**
2. **gesetzlicher Vertreter, Mitglied des Aufsichtsrats oder Arbeitnehmer der zu prüfenden Kapitalgesellschaft oder eines Unternehmens ist, das mit der zu prüfenden Kapitalgesellschaft verbunden ist oder von dieser mehr als zwanzig vom Hundert der Anteile besitzt;**
3. **über die Prüfungstätigkeit hinaus bei der zu prüfenden oder für die zu prüfende Kapitalgesellschaft in dem zu prüfenden Geschäftsjahr oder bis zur Erteilung des Bestätigungsvermerks**
   a) **bei der Führung der Bücher oder der Aufstellung des zu prüfenden Jahresabschlusses mitgewirkt hat,**

---

388 Hachmeister/Kahle/Mock/Schüppen/*Mylich* Bilanzrecht[3] Rn 119.

389 Hachmeister/Kahle/Mock/Schüppen/*Mylich* Bilanzrecht[3] Rn 119; MünchKommHGB/*Ebke*[4] Rn 152.

https://doi.org/10.1515/9783110565362-006

b) bei der Durchführung der internen Revision in verantwortlicher Position mitgewirkt hat,
c) Unternehmensleitungs- oder Finanzdienstleistungen erbracht hat oder
d) eigenständige versicherungsmathematische oder Bewertungsleistungen erbracht hat, die sich auf den zu prüfenden Jahresabschluss nicht nur unwesentlich auswirken,

sofern diese Tätigkeiten nicht von untergeordneter Bedeutung sind; dies gilt auch, wenn eine dieser Tätigkeiten von einem Unternehmen für die zu prüfende Kapitalgesellschaft ausgeübt wird, bei dem der Wirtschaftsprüfer oder vereidigte Buchprüfer gesetzlicher Vertreter, Arbeitnehmer, Mitglied des Aufsichtsrats oder Gesellschafter, der mehr als zwanzig vom Hundert der den Gesellschaftern zustehenden Stimmrechte besitzt, ist;

4. bei der Prüfung eine Person beschäftigt, die nach den Nummern 1 bis 3 nicht Abschlussprüfer sein darf;
5. in den letzten fünf Jahren jeweils mehr als dreißig vom Hundert der Gesamteinnahmen aus seiner beruflichen Tätigkeit von der zu prüfenden Kapitalgesellschaft und von Unternehmen, an denen die zu prüfende Kapitalgesellschaft mehr als zwanzig vom Hundert der Anteile besitzt, bezogen hat und dies auch im laufenden Geschäftsjahr zu erwarten ist; zur Vermeidung von Härtefällen kann die Wirtschaftsprüferkammer befristete Ausnahmegenehmigungen erteilen.

[2]Dies gilt auch, wenn der Ehegatte oder der Lebenspartner einen Ausschlussgrund nach Satz 1 Nr. 1, 2 oder 3 erfüllt.

(4) [1]Wirtschaftsprüfungsgesellschaften und Buchprüfungsgesellschaften sind von der Abschlussprüfung ausgeschlossen, wenn sie selbst, einer ihrer gesetzlichen Vertreter, ein Gesellschafter, der mehr als zwanzig vom Hundert der den Gesellschaftern zustehenden Stimmrechte besitzt, ein verbundenes Unternehmen, ein bei der Prüfung in verantwortlicher Position beschäftigter Gesellschafter oder eine andere von ihr beschäftigte Person, die das Ergebnis der Prüfung beeinflussen kann, nach Absatz 2 oder Absatz 3 ausgeschlossen sind. [2]Satz 1 gilt auch, wenn ein Mitglied des Aufsichtsrats nach Absatz 3 Satz 1 Nr. 2 ausgeschlossen ist oder wenn mehrere Gesellschafter, die zusammen mehr als zwanzig vom Hundert der den Gesellschaftern zustehenden Stimmrechte besitzen, jeweils einzeln oder zusammen nach Absatz 2 oder Absatz 3 ausgeschlossen sind.

(5) Absatz 1 Satz 3 sowie die Absätze 2 bis 4 sind auf den Abschlussprüfer des Konzernabschlusses entsprechend anzuwenden.

Artikel 4 Verordnung (EU) Nr. 537/2014 (auszugsweise)
Prüfungshonorare

(1) [1]Honorare für die Durchführung von Abschlussprüfungen bei Unternehmen von öffentlichem Interesse dürfen nicht ergebnisabhängig sein. [2]Unbeschadet des Artikels 25 der Richtlinie 2006/43/EG ist für die Zwecke des Unterabsatzes 1 ein Honorar für ein Prüfungsmandat ergebnisabhängig, wenn es im Hinblick auf den Ausgang oder das Ergebnis einer Transaktion oder das Ergebnis der ausgeführten Arbeiten auf einer vorab festgelegten Basis berechnet wird. [3]Honorare, die von einem Gericht oder einer zuständigen Behörde festgesetzt werden, sind nicht als ergebnisabhängig zu betrachten.

(2) [1]Wenn ein Abschlussprüfer oder eine Prüfungsgesellschaft für einen Zeitraum von drei oder mehr aufeinanderfolgenden Geschäftsjahren für ein geprüftes Unternehmen, dessen Muttergesellschaft oder die von diesem beherrschten Unternehmen andere als die in Artikel 5 Absatz 1 dieser Verordnung genannten Nichtprüfungsleistungen erbringt, werden die Gesamthonorare für diese Leistungen auf maximal 70 % des Durchschnitts der in den letzten drei aufeinanderfolgenden Geschäftsjahren für die Abschlussprüfung(en) des geprüften Unternehmens und gegebenenfalls seines Mutterunternehmens, der von ihm beherrschten Unternehmen und der konsolidierten Abschlüsse der betreffenden Unternehmensgruppe durchschnittlich gezahlten Honorare begrenzt. [2]*Bestätigungen der Nachhaltigkeitsberichterstattung und andere als die in Artikel 5 Absatz 1 genannten Nichtprüfungsleistungen, die nach Unionsrecht oder nationalem Recht erforderlich sind, sind für die Zwecke der in Unterabsatz 1 des vorliegenden*

Absatzes genannten Beschränkungen ausgenommen.[1] [3]Die Mitgliedstaaten können vorsehen, dass eine zuständige Behörde auf Ersuchen des Abschlussprüfers oder der Prüfungsgesellschaft ausnahmsweise gestatten darf, dass der Abschlussprüfer oder die Prüfungsgesellschaft in Bezug auf ein geprüftes Unternehmen für einen Zeitraum von höchstens zwei Geschäftsjahren von den Anforderungen nach Unterabsatz 1 ausgenommen wird.
(3) [1]Wenn die von einem Unternehmen von öffentlichem Interesse insgesamt gezahlten Honorare in jedem der letzten drei aufeinanderfolgenden Geschäftsjahre über 15 % der von dem Abschlussprüfer oder der Prüfungsgesellschaft oder gegebenenfalls dem Konzernabschlussprüfer, der bzw. die die Abschlussprüfung in jedem dieser Geschäftsjahre durchgeführt hat, insgesamt vereinnahmten Honorare hinausgehen, setzt der betreffende Abschlussprüfer bzw. die betreffende Prüfungsgesellschaft bzw. gegebenenfalls der Konzernabschlussprüfer den Prüfungsausschuss darüber in Kenntnis und berät mit ihm über die Gefahren für seine bzw. ihre Unabhängigkeit wie auch über die zur Verminderung dieser Gefahren eingeleiteten Schutzmaßnahmen. [2]Der Prüfungsausschuss erwägt, ob das Prüfungsmandat vor Erteilung des Bestätigungsvermerks einer auftragsbegleitenden Qualitätssicherungsprüfung durch einen anderen Abschlussprüfer oder eine andere Prüfungsgesellschaft unterzogen werden sollte. [3]Wenn die von einem solchen Unternehmen von öffentlichem Interesse gezahlten Honorare weiterhin über 15 % der insgesamt von dem Abschlussprüfer oder der Prüfungsgesellschaft oder gegebenenfalls dem Konzernabschlussprüfer vereinnahmten Honorare hinausgehen, entscheidet der Prüfungsausschuss anhand objektiver Gründe darüber, ob der der Abschlussprüfer, die Prüfungsgesellschaft oder der Konzernabschlussprüfer bei diesem Unternehmen oder dieser Unternehmensgruppe die Abschlussprüfung für einen weiteren Zeitraum, der in jedem Fall zwei Jahre nicht überschreiten darf, durchführen darf.
(4) Die Mitgliedstaaten können strengere Anforderungen als die in diesem Artikel vorgesehenen anwenden.

Artikel 5 Verbot der Erbringung von Nichtprüfungsleistungen
(1) [1]Der Abschlussprüfer oder die Prüfungsgesellschaft eines Unternehmens von öffentlichem Interesse und jedes Mitglied eines Netzwerks, dem der Abschlussprüfer bzw. die Prüfungsgesellschaft angehört, darf weder direkt noch indirekt für das geprüfte Unternehmen, dessen Mutterunternehmen oder die von ihm beherrschten Unternehmen in der Union verbotene Nichtprüfungsleistungen innerhalb folgender Zeiträume erbringen:
a) innerhalb des Zeitraums zwischen dem Beginn des Prüfungszeitraums und der Abgabe des Bestätigungsvermerks und
b) innerhalb des Geschäftsjahrs, das dem in Buchstabe a genannten Zeitraum unmittelbar vorausgeht, in Bezug auf die in Unterabsatz 2 Buchstabe e genannten Leistungen.

[2]Für die Zwecke dieses Artikels bezeichnet der Ausdruck „verbotene Nichtprüfungsleistungen“:
a) die Erbringung von Steuerberatungsleistungen im Zusammenhang mit Folgendem:
    i) Erstellung von Steuererklärungen;
    ii) Lohnsteuer;
    iii) Zöllen;
    iv) Ermittlung von staatlichen Beihilfen und steuerlichen Anreizen, es sei denn, die Unterstützung durch den Abschlussprüfer oder die Prüfungsgesellschaft bei solchen Leistungen ist gesetzlich vorgeschrieben;
    v) Unterstützung hinsichtlich Steuerprüfungen durch die Steuerbehörden, es sei denn, die Unterstützung durch den Abschlussprüfer oder die Prüfungsgesellschaft bei diesen Prüfungen ist gesetzlich vorgeschrieben;
    vi) Berechnung der direkten und indirekten Steuern sowie latenter Steuern;
    vii) Erbringung von Steuerberatungsleistungen;
b) Leistungen, mit denen eine Teilnahme an der Führung oder an Entscheidungen des geprüften Unternehmens verbunden ist;
c) Buchhaltung und Erstellung von Unterlagen der Rechnungslegung und von Abschlüssen *sowie Erstellung von Nachhaltigkeitsberichterstattung;*[2]
d) Lohn und Gehaltsabrechnung;

---

1 Diese Fassung des Art. 4 Abs. 2 UAbs. 2 APr-VO gilt ab 1.1.2024 für am oder nach diesem Datum beginnende Geschäftsjahre, Art. 7 Nachhaltigkeitsberichterstattungsrichtlinie (Vor § 316 Rn 20). Bis dahin lautet dieser Unterabsatz: „Für die Zwecke der in Unterabsatz 1 genannten Beschränkungen werden andere als die in Artikel 5 Absatz 1 genannten Nichtprüfungsleistungen, die nach Unionsrecht oder nationalem Recht erforderlich sind, ausgenommen“.
2 Der Zusatz „sowie Erstellung von Nachhaltigkeitsberichterstattung“ gilt erst ab 1.1.2024 für am oder nach diesem Datum beginnende Geschäftsjahre, Art. 7 Nachhaltigkeitsberichterstattungsrichtlinie (Vor § 316 Rn 20).

e) Gestaltung und Umsetzung interner Kontroll- oder Risikomanagementverfahren, die bei der Erstellung und/oder Kontrolle von Finanzinformationen oder Finanzinformationstechnologiesystemen zum Einsatz kommen;
f) Bewertungsleistungen, einschließlich Bewertungsleistungen in Zusammenhang mit Leistungen im Bereich der Versicherungsmathematik und der Unterstützung bei Rechtsstreitigkeiten;
g) juristische Leistungen im Zusammenhang mit
 i) allgemeiner Beratung,
 ii) Verhandlungen im Namen des geprüften Unternehmens und
 iii) Vermittlungstätigkeiten in Bezug auf die Beilegung von Rechtsstreitigkeiten;
h) Leistungen im Zusammenhang mit der internen Revision des geprüften Unternehmens;
i) Leistungen im Zusammenhang mit der Finanzierung, der Kapitalstruktur und -ausstattung sowie der Anlagestrategie des geprüften Unternehmens, ausgenommen die Erbringung von Bestätigungsleistungen im Zusammenhang mit Abschlüssen, einschließlich der Ausstellung von Prüfbescheinigungen (Comfort Letters) im Zusammenhang mit vom geprüften Unternehmen herausgegebenen Prospekten;
j) Werbung für, Handel mit oder Zeichnung von Aktien des geprüften Unternehmens;
k) Personaldienstleistungen in Bezug auf
 i) Mitglieder der Unternehmensleitung, die in der Position sind, erheblichen Einfluss auf die Vorbereitung der Rechnungslegungsunterlagen oder der Abschlüsse, die Gegenstand der Abschlussprüfung sind, auszuüben, wenn zu diesen Dienstleistungen Folgendes gehört:
  – Suche nach oder Auswahl von Kandidaten für solche Positionen oder
  – Überprüfung der Referenzen von Kandidaten für diese Positionen;
 ii) Aufbau der Organisationsstruktur und
 iii) Kostenkontrolle.

(2) Die Mitgliedstaaten können andere als die in Absatz 1 aufgeführten Leistungen verbieten, wenn diese ihrer Ansicht nach eine Gefährdung der Unabhängigkeit darstellen könnten. Die Mitgliedstaaten teilen der Kommission alle Ergänzungen der Liste nach Absatz 1 mit.

(3) Abweichend von Absatz 1 Unterabsatz 2 können die Mitgliedstaaten die Erbringung der unter Buchstabe a Ziffern i und iv bis vii und Buchstabe f genannten Leistungen zulassen, sofern die folgenden Anforderungen erfüllt werden:
a) die Leistungen haben allein oder kumuliert keine direkten oder haben nur unwesentliche Auswirkungen auf die geprüften Abschlüsse;
b) die Einschätzung der Auswirkung auf die geprüften Abschlüsse ist in dem zusätzlichen Bericht an den Prüfungsausschuss gemäß Artikel 11 umfassend dokumentiert und erläutert; und
c) der Abschlussprüfer oder die Prüfungsgesellschaft erfüllt die Grundsätze der Unabhängigkeit gemäß der Richtlinie 2006/43/EG.

(4) [1]Ein Abschlussprüfer oder eine Prüfungsgesellschaft, der bzw. die eine Abschlussprüfung bei einem Unternehmen von öffentlichem Interesse durchführt, und – sofern der Abschlussprüfer bzw. die Prüfungsgesellschaft einem Netzwerk angehört – jedes Mitglied dieses Netzwerks darf für das geprüfte Unternehmen, dessen Muttergesellschaft oder die von diesem beherrschten Unternehmen andere als die verbotenen Nichtprüfungsleistungen nach den Absätzen 1 und 2 erbringen, wenn der Prüfungsausschuss dies nach gebührender Beurteilung der Gefährdung der Unabhängigkeit und der angewendeten Schutzmaßnahmen gemäß Artikel 22b der Richtlinie 2006/43/EG billigt. [2]Der Prüfungsausschuss erstellt gegebenenfalls Leitlinien in Bezug auf die in Absatz 3 genannten Leistungen. [3]*Die Billigung des Prüfungsausschusses nach Unterabsatz 1 ist für die Durchführung von Bestätigungen der Nachhaltigkeitsberichterstattung nicht erforderlich.*[3] [4]Die Mitgliedstaaten können strengere Vorschriften für die Voraussetzungen festlegen, unter denen ein Abschlussprüfer, eine Prüfungsgesellschaft oder ein Mitglied eines Netzwerks, dem der Abschlussprüfer oder die Prüfungsgesellschaft angehört, für das geprüfte Unternehmen, dessen Muttergesellschaft oder die von diesem beherrschten Unternehmen andere als die verbotenen prüfungsfremden Leistungen nach Absatz 1 erbringen darf.

(5) [1]Wenn ein Mitglied des Netzwerks, dem der Abschlussprüfer bzw. die Prüfungsgesellschaft, der bzw. die die Abschlussprüfung bei einem Unternehmen von öffentlichem Interesse durchführt, angehört, für ein Unternehmen mit Sitz in einem Drittland, das von dem geprüften Unternehmen von öffentlichem Interesse beherrscht wird, Nichtprüfungsleistungen nach den Absätzen 1 und 2 erbringt, beurteilt der Abschlussprüfer bzw. die Prüfungsgesellschaft, ob dies seine bzw. ihre Unabhängigkeit beeinträchtigt. [2]Wird seine bzw. ihre Unabhängigkeit

3 Dieser Unterabsatz tritt zum 1.1.2024 in Kraft und gilt für an oder nach diesem Datum beginnende Geschäftsjahre, Art. 7 Nachhaltigkeitsberichterstattungsrichtlinie (Vor § 316 Rn 20).

beeinträchtigt, so wendet der Abschlussprüfer bzw. die Prüfungsgesellschaft gegebenenfalls Schutzmaßnahmen zur Verminderung der durch diese Leistungserbringung in einem Drittland hervorgerufenen Gefahren an. [3]Der Abschlussprüfer bzw. die Prüfungsgesellschaft darf die Abschlussprüfung bei dem Unternehmen von öffentlichem Interesse nur dann fortsetzen, wenn er/sie gemäß Artikel 6 der vorliegenden Verordnung und Artikel 22b der Richtlinie 2006/43/EG begründen kann, dass die Erbringung dieser Leistungen weder seine/ihre fachliche Einschätzung noch den Bestätigungsvermerk beeinträchtigt. [4]Für die Zwecke dieses Absatzes wird

a) eine Teilnahme an den Entscheidungsprozessen des geprüften Unternehmens und die Erbringung der in Absatz 1 Unterabsatz 2 Buchstaben b, c und e genannten Leistungen auf jeden Fall als Gefährdung der Unabhängigkeit angesehen und die nicht durch Schutzmaßnahmen vermindert werden kann,
b) bei Erbringung der in Absatz 1 Unterabsatz 2 unter den anderen Buchstaben als den Buchstaben b, c und e genannten Leistungen eine Gefährdung der Unabhängigkeit und deshalb die Notwendigkeit von Schutzmaßnahmen zur Verminderung der dadurch hervorgerufenen Gefahren angenommen.

Artikel 6 Vorbereitung auf die Abschlussprüfung und Beurteilung der Gefährdungen für die Unabhängigkeit
(1) Bevor ein Abschlussprüfer oder eine Prüfungsgesellschaft ein Mandat zur Prüfung des Abschlusses eines Unternehmens von öffentlichem Interesse annimmt oder fortsetzt, beurteilt und dokumentiert er bzw. sie zusätzlich zu den Bestimmungen des Artikels 22b der Richtlinie 2006/43/EG Folgendes:

a) ob er bzw. sie die Anforderungen der Artikel 4 und 5 dieser Verordnung erfüllt;
b) ob die in Artikel 17 der vorliegenden Verordnung festgelegten Bedingungen erfüllt sind;
c) unbeschadet der Richtlinie 2005/60/EG die Integrität der Mitglieder der Aufsichts-, Verwaltungs- und Unternehmensleitungsorgane des Unternehmens von öffentlichem Interesse.

(2) Ein Abschlussprüfer oder eine Prüfungsgesellschaft

a) erklärt gegenüber dem Prüfungsausschuss jährlich schriftlich, dass der Abschlussprüfer bzw. die Prüfungsgesellschaft, Prüfungspartner und Mitglieder der höheren Führungsebene und das Leitungspersonal, die die Abschlussprüfung durchführen, unabhängig vom geprüften Unternehmen sind,
b) erörtert mit dem Prüfungsausschuss die Gefahren für seine bzw. ihre Unabhängigkeit sowie die von ihm bzw. ihr gemäß Absatz 1 dokumentierten zur Verminderung dieser Gefahren angewendeten Schutzmaßnahmen.

Schrifttum

Vgl. die Angaben Vor § 316, ferner

Baetge/Brötzmann Neue Regelungen des Regierungsentwurfs zum Bilanzrechtsreformgesetz zur Stärkung der Unabhängigkeit des Abschlussprüfers, Der Konzern 2004, 724; *Bode* Überwachung und Billigung von Nichtprüfungsleistungen im PIE-Konzern BB 2017, 491; *Boecker/Zwirner* Das APAReG wurde verabschiedet, DStR 2016, 90; *Bormann* Auswirkungen auf den schuldrechtlichen Prüfungsvertrag bei Verstößen gegen § 319 HGB, DStR 2010, 1386 (Teil I), 1430 (Teil II); *Bose/Lilienbecker* Praktische Auslegungsfragen zur Begrenzung von Nichtprüfungsleistungen BB 2019, 746; *Demme* Die Unabhängigkeit des Abschlussprüfers nach deutschem, US-amerikanischem und internationalem Recht (2003); *Dörner* Ändert das KonTraG die Anforderungen an den Abschlußprüfer? DB 1998, 1; *Dreher* Abschlussprüferhonorare und Unabhängigkeit: Rechtsfragen der Anwendung von Art. 4 Abs. 3 PIE-VO, DB 2019, 1250; *Ebke* Einmal befangen, immer befangen? Bemerkungen zur Auslegung und Anwendung des § 318 Abs. 3 Satz 1 HGB, FS Immenga (2004), S. 517; *ders.* Die Besorgnis der Befangenheit des Abschlussprüfers und ihre Auswirkungen auf die Abschlussprüfung und den testierten Jahresabschluss, FS Röhricht (2005), S. 833; *Ebke/Paal* Die Unabhängigkeit des gesetzlichen Abschlussprüfers: Absolute Ausschlussgründe und ihre Auswirkungen auf den Prüfungsvertrag, ZGR 2005, 895; *Eble* Abschlussprüfer, Unabhängigkeit und Netzwerke, Diss. Heidelberg 2015; *Erle* Steuerberatung durch den Abschlussprüfer, FS Röhricht (2005), S. 859; *Ernst/Seidler* Die Kernpunkte des Referentenentwurfs eines Gesetzes zur Modernisierung des Bilanzrechts im Überblick, Der Konzern 2007, 822; *Eylmann* Bewegung im Berufsrecht der Notare, NJW 1998, 2929; *Fleischer* Das Doppelmandat des Abschlussprüfers – Grenzen der Vereinbarkeit von Abschlussprüfung und Steuerberatung, DStR 1996, 758; *Forster* MG, Schneider, Balsam und die Folgen – was können Aufsichtsräte und Abschlußprüfer gemeinsam tun? AG 1995, 1; *Gelhausen/Heinz* Der befangene Abschlussprüfer, seine Ersetzung und sein Honoraranspruch, WPg 2005, 693; *Gelhausen/Kuss* Vereinbarkeit von Abschlussprüfung und Beratungsleistungen durch den Abschlussprüfer, NZG 2003, 424; *Götz* Die Überwachung der Aktiengesellschaft im Lichte jüngerer Unternehmenskrisen, AG 1995, 337; *Habersack* Die Auswirkungen der Nichtigkeit des Beschlusses über die Bestellung des Abschlussprüfers auf den festgestellten Jahresabschluss, NZG 2003, 659; *ders.* Rechtsfragen des Emittenten-Ratings, ZHR 169 (2005), 185; *Harder* Die Steuerberatung durch den Abschlußprüfer, DB 1996, 717; *Hellwig* Beratungsverträge des Abschlussprüfers – Genehmigungspflicht analog § 125 Abs. 1 Satz 3 AktG, ZIP 1999, 2117; *Hennrichs/Bode* Zweifelsfragen zur Bedeutung und Reichweite des Verbots bestimmter Nichtprüfungsleistungen durch den Abschlussprüfer gem. Art. 5 AP-VO, NZG 2016,

1281; *Henssler* M & A Beratung und Unabhängigkeit des Wirtschaftsprüfers – Der Begriff der Unternehmensleitungs- und Finanzdienstleistungen in § 319 Abs. 3 HGB, ZHR 171 (2007), 10; *ders/Deckenbrock* Das Rätsel Anwaltskooperation – Rechtsfragen der kooperativen Zusammenarbeit von Rechtsanwälten, Steuerberatern und Wirtschaftsprüfern, DB 2007, 447; *Hommelhoff* Abschlußprüfung und Abschlußberatung, ZGR 1997, 550; *ders.*, Prüferunabhängigkeit und Bilanzmanipulation nach Wirecard FS Ebke, 2021, 403; *Hopt* Interessenwahrung und Interessenkonflikte im Aktien-, Bank- und Berufsrecht, ZGR 2004, 1; *Hülsmann* Stärkung der Abschlussprüfung durch das Bilanzrechtsreformgesetz, DStR 2005, 166; *Kelm/Schneiß/Schmitz-Herkendell* Abschlussprüferaufsichtsreformgesetz, WPg 2016, 60; *Knorr* Fehlleistungen des Abschlussprüfers als Befangenheitsgrund, FS Röhricht (2005), S. 935; *Kropff* Wie lange noch: Verbundene Unternehmen im Bilanzrecht?, FS Ulmer (2003), S. 847; *G. Lanfermann* Einfluss französischer Unabhängigkeitsregeln auf deutsche Abschlussprüfer und Unternehmen, DB 2006, 737; *ders.* Billigungspflicht für Nicht-Prüfungsleistungen bei Unternehmen von öffentlichem Interesse, BB 2016, 1834; *I. Lanfermann/J. Lanfermann* Besorgnis der Befangenheit des Abschlussprüfers, DStR 2003, 900; *Lenz* Honorare für Abschlussprüfungs- und Nichtprüfungsleistungen bei Unternehmen von öffentlichem Interesse, DB 2016, 2555; *Leyens* Unabhängigkeit der Informationsintermediäre zwischen Vertrag und Markt, in: Baum/Fleckner/Hellgardt/Roth (Hrsg.), Perspektiven des Wirtschaftsrechts (2008), S. 423; *Lutter* Der doppelte Wirtschaftsprüfer, FS Semler (1993), S. 843; *Marx* Unabhängige Abschlussprüfung und Beratung (2002); *dies* Beratungsleistungen des Abschlussprüfers erneut auf dem Prüfstand – Anmerkungen zum Urteil des BGH vom 25.11.2002 – II ZR 49/01 (HypoVereinsbank), DB 2003, 431; *Meister* Der Ausschluss des Abschlussprüfers im Konzern, Diss. HU Berlin 2019; *Moxter* Zur Abgrenzung von unzulässiger Mitwirkung und gebotener Einwirkung des Abschlußprüfers bei der Abschlußerstellung, BB 1996, 683; *W. Müller* Allweiler redivivus? – Zur Unabhängigkeit des Abschlussprüfers und zu einigen Quisquilien in der Hauptversammlung, WPg 2003, 741; *ders.* Der befangene Abschlussprüfer im Unternehmensverbund, NZG 2004, 1037; *Niehus* Auswirkungen einer externen Pflichtrotation des Abschlussprüfers – Kritische Anmerkungen zu zwei Untersuchungen in den USA, DB 2004, 885; *Paal* Rechtsfolgen und Rechtsbehelfe bei Inhabilität des Abschlussprüfers, DStR 2007, 1210; *Peemöller/Oehler* Referentenentwurf eines Bilanzrechtsreformgesetzes: Neue Regelung zur Unabhängigkeit des Abschlussprüfers, BB 2004, 539; *dies.* Regierungsentwurf des BilReG: Änderungen gegenüber dem Referentenentwurf, BB 2004, 1158; *Petersen/Zwirner* Abschlussprüfung nach dem Regierungsentwurf zum BilMoG, WPg 2008, 967; *dies.* Besondere Ausschlussgründe für Wirtschaftsprüfer bei Unternehmen von öffentlichem Interesse, WPg 2009, 769; *Petersen/Zwirner/Boecker* Das AReG wurde verabschiedet, DStR 2016, 984; *Pfitzer/Oser/Orth* Offene Fragen und Systemwidrigkeiten des Bilanzrechtsreformgesetzes (BilReG), DB 2004, 2593; *Pfitzer/Orth/Hettich* Stärkung der Unabhängigkeit des Abschlussprüfers? DStR 2004, 328; *Polt/Winter* Der Honoraranspruch des Abschlussprüfers – zugleich eine Besprechung des Urteils des BGH vom 3.6.2004, WPg 2004, 1127; *Ring* Trennung von gleichzeitiger Prüfung und Beratung – Ein geeigneter Weg zur Überwindung der aktuellen Vertrauenskrise? WPg 2002, 1345; *ders.* Gesetzliche Neuregelungen der Unabhängigkeit des Abschlussprüfers, WPg 2005, 197; *ders.* Entwicklung einheitlicher Unabhängigkeitsregeln in Europa – Beitrag des europäischen Berufsstandes der Wirtschaftsprüfer, FS Röhricht (2005), S. 1055; *Röhricht* Beratung und Abschlußprüfung, WPg 1998, 153; *Schüppen* Von Allweiler zu HVB: Beifall, Pfiffe und ein Trauerspiel, WPg 2003, 750; *ders.* Prüfung und Beratung – ein Bilanzierungsproblem? FS VMEBF (2016) 187; *ders.* Die europäische Abschlussprüfungsreform und ihre Implementierung in Deutschland – Vom Löwen zum Bettvorleger? NZG 2016, 247; *ders* Die Frau des Anderen – Überlegungen zur Auslegung von § 319 Abs. 3 S. 2 HGB FS Heidel, 2021, 395; *ders.*, Schadensersatzforderungen des Prüfungsmandanten und Unabhängigkeit des Abschlussprüfers FS Ebke, 2021, 881; *Schürnbrand* Rechtsfolgen von Verstößen gegen die EU-Verordnung zur Abschlussprüfung, AG 2016, 70; *Schwandtner* Die Unabhängigkeit des Abschlussprüfers – Europäische und internationale Ansätze im Vergleich, DStR 2002, 323; *Seibert* Kontrolle und Transparenz im Unternehmensbereich (KonTraG), WM 1997, 1; *Simitis* Zur Unabhängigkeit der Abschlußprüfer, FS Reinhardt (1972), S. 329; *Ulmer* Begriffsvielfalt im Recht der verbundenen Unternehmen als Folge des Bilanzrichtlinien-Gesetzes, FS Goerdeler (1987), S. 623; *Velte* Reform der Abschlussprüfung nach der Richtlinie 2014/56/EU und der Verordnung (EU Nr. 537/2014, DStR 2014, 1688; *Volhard/Weber* Abschlussprüfung und Interessenkonflikte – Ein Plädoyer, FS Ulmer (2003), S. 865; *Weiland* Zur Vereinbarkeit von Abschlußprüfung und Beratung, BB 1996, 1211; *Wirtschaftsprüferkammer* Verlautbarung des Vorstands der Wirtschaftsprüferkammer zur Abgrenzung von Prüfung und Erstellung, DB 1996, 1434; *dies.* Berufsaufsicht: Zurechnung von Befangenheitstatbeständen, WPK-Magazin 3/2017, 35.

Übersicht

I. Grundlagen

1. Inhalt und Zweck der Vorschrift

1 § 319 hat eine **Doppelfunktion**: Die Anforderungen in Absatz 1 dienen zunächst der Sicherung der **objektiven Qualität** der Abschlussprüfung. Angesprochen sind insoweit die in der WPO geregelten Voraussetzungen für die Bestellung als Wirtschaftsprüfer oder vereidigter Buchprüfer (Vor § 316 Rn 24). Bei Nichtvorliegen dieser Voraussetzungen ist der Prüfer generell und unabhängig von den Umständen des konkreten Falles von der Vornahme gesetzlicher Abschlussprüfungen ausgeschlossen. Die Absätze 2 und 3 haben hingegen die **subjektive Eignung** für die konkrete einzelne Prüfung zum Gegenstand und regeln diese durch Statuierung konkreter Ausschlusstatbestände. Absatz 4 erstreckt die Ausschlussgründe der Absätze 2 und 3 auf Wirtschaftsprüfungs- und Buchführungsgesellschaften; Absatz 5 erklärt sie – ebenso wie die Vorschrift des Absatzes 1 Satz 3 – auf den Konzernabschlussprüfer für entsprechend anwendbar. **§ 319b** erstreckt wesentliche Ausschlussgründe des § 319 auf Mitglieder eines **Netzwerks**. Der Katalog des § 319 Abs. 3 ist zwar abschließend;[4] stets bleibt indes der Rückgriff auf den in § 319 Abs. 2 geregelten Grundtatbestand eröffnet. Die Regelungen in §§ 319, 319b sind **zwingendes Recht**; insbesondere unterliegen sie nicht der Disposition der Gesellschafter. Die Satzung kann im Grundsatz höhere Anforderungen stellen (zu den Grenzen § 318 Rn 19).[5]

2 Die Regelungsdichte ist Ausdruck des über das Unternehmen hinausgehenden Interesses an der **Qualität der Abschlussprüfung und der – auch berufsrechtlich verankerten (§§ 43, 49 WPO)[6] – Unabhängigkeit und Unbefangenheit** des Prüfers.[7] Der kontinuierlichen Ausweitung der Ausschlussgründe (Rn 3) trägt das Gesetz seit Inkrafttreten des BiRiLiG freilich dadurch Rechnung, dass es die Missachtung eines Ausschlussgrundes zwar auf den Prüfungsvertrag (Rn 99), nicht aber auf den gleichwohl geprüften und festgestellten Jahresabschluss durchschlagen lässt (Rn 99 f). Die Überwachung der Voraussetzungen der Absätze 2 und 3 obliegt damit in erster Linie dem Prüfer bzw. der Prüfungsgesellschaft auf der einen Seite und dem für die Erteilung des Prüfungsauftrags zuständigen Organ der zu prüfenden Gesellschaft (§ 318 Rn 6 ff.) auf der anderen Seite. Dem dient zum einen die Pflicht zur Selbstvergewisserung und Dokumentation der eigenen Unabhängigkeit (§ 51b Abs. 5 Satz 2 Nr. 1 WPO, vgl. auch Art. 6 Abs. 1 APr-VO). Zum anderen ist der Abschlussprüfer eines Unternehmens von öffentlichem Interesse (§ 316a Satz 2) gehalten, etwaige Gefahren bzgl. seiner Unabhängigkeit einschließlich insoweit ergriffener Schutzmaßnahmen mit dem Prüfungsausschuss zu erörtern und diesem gegenüber jährlich eine schriftliche Erklärung der Unabhängigkeit abzugeben (Art. 6 Abs. 2 APr-VO). Hinzukommen für alle Unternehmen die Unabhängigkeitserklärung im Prüfungsbericht (§ 321 Abs. 4a) sowie die **Informationspflicht gem. § 171 Abs. 1 Satz 3 AktG** (i.V.m. § 324 Abs. 2 Satz 4, s. § 324 Rn 26). Die früher in Ziff. 7.2.1 DCGK enthaltene Empfehlung zur Einholung einer Unabhängigkeitserklärung ist durch den Ausbau der Vorgaben auf nationaler und Unionsebene überholt und deshalb gestrichen worden.[8] Nach wie vor im Kodex enthalten ist die Empfehlung, mit dem Abschlussprüfer zu vereinbaren, dass der Aufsichtsrat oder der Prüfungsausschuss unverzüglich über alle bei der Prüfung zutage tretenden, „für seine Aufgaben wesentlichen Feststel-

4 OLG Karlsruhe WM 1996, 481 (482); LG Köln WM 1997, 920; zur analogen Anwendung s. aber Rn 28.

5 BeckOGK-HGB/*Bormann*, 15.11.2020, § 318 Rn 81.

6 Dazu BGHZ 159, 234 (241 ff) = NZG 2004, 770; *Ebke/Paal* ZGR 2005, 894 (897 f).

7 Näher zur Debatte über die Unabhängigkeit des Abschlussprüfers und anderer Informationsmittler, insbes. Rating-Agenturen, *Ebke* FS Immenga, S. 517 ff; MünchKommHGB/*Ebke*[4] Rn 3; *Habersack* in: Bayer/Habersack, Band II, 16. Kap. Rn 30 ff, *ders.* ZHR 169 (2005), 185 (190 ff); *Mattheus* in: Hommelhoff/Hopt/v. Werder S. 563 (579 ff); *Hopt* ZGR 2004, 1 ff; *Leyens* S. 423 ff; *Ring* FS Röhricht, S. 1055 ff; *Schwandtner* DStR 2002, 323 ff; *Volhard/Weber* FS Ulmer, S. 865 ff; *Demme* passim, insbes S. 35 ff; *Marx* passim, insbes.S. 65 ff; aus der höchstrichterlichen Rechtsprechung s. BGHZ 118, 142 (148) = NJW 1992, 2021; BGHZ 135, 260 (262 ff) = NJW 1997, 2178; BGHZ 153, 32 (37 ff) = NJW 2003, 970; BGHZ 159, 234 (240 ff) = NZG 2004, 770; zum Aufsichtsrat bzw. Prüfungsausschuss s. § 324 Rn 19 ff.

8 BeckOGK-HGB/*Bormann*, 15.11.2020, Rn 68 f.

lungen und Vorkommnisse" unterrichtet wird (D.9 DCGK, entspricht weitgehend Ziff. 7.2.3 Abs. 1 DCGK a.F.).[9]

2. Entstehung

3 Die Beschränkung der Prüfungstätigkeit auf **Wirtschaftsprüfer** besteht bereits seit Einführung der Pflichtprüfung im Jahr 1931 und fand sich zunächst in § 262c HGB 1931. Die Zulassung **vereidigter Buchprüfer** zur Pflichtprüfung durch das BiRiLiG hat in der größer werdenden Anzahl von prüfungspflichtigen Unternehmen und in dem Bestandsschutz bestimmter Berufsgruppen (Steuerberater, Rechtsanwälte) ihre Gründe (Vor § 316 Rn 8). Was die **Ausschlusstatbestände** betrifft, so fanden sich erste Ansätze bereits in § 262c HGB 1931. Eine erhebliche Ausweitung ist zunächst durch das BiRiLiG (Vor § 316 Rn 8) und sodann durch das KonTraG (Vor § 316 Rn 9) erfolgt; Letzteres hat erstmals die – später in § 319a Abs. 1 Satz 1 Nr. 4, Satz 4 und nunmehr in Art. 17 Abs. 7 APr-VO geregelte – „interne Rotation" eingeführt (5. Aufl. 2010 § 319a Rn 20 ff). Das KapCoRiLiG, das EuroBilG und das 4. FinanzmarktförderungsG (Vor § 316 Rn 10) haben sich auf redaktionelle Anpassungen und Ergänzungen beschränkt. Das **BilReG** (Vor § 316 Rn 11) hingegen hat – im Vorgriff auf die AP-RL (Rn 4) – § 319 ganz erheblich umgestaltet. Es hat die Eignungsvoraussetzung des Absatzes 1 Satz 3 eingeführt (Rn 13), den allgemeinen Ausschlusstatbestand der Befangenheit, der zuvor nur im Rahmen des Ersetzungsverfahrens des § 318 Abs. 3 geregelt war, in Absatz 2 als allgemeinen Ausschlusstatbestand gestaltet (Rn 16 ff) und in Absatz 3 die (zuvor in Absatz 2 geregelten) besonderen Ausschlussgründe neu geordnet und erweitert;[10] die Absätze 4 und 5 entsprechen hingegen weitgehend den Absätzen 3 und 4 a.F. Der Systematik der AP-RL folgend, hat das BilReG zudem in den – zwischenzeitlich durch das FISG (Vor § 316 Rn 17) wieder aufgehobenen – § 319a zusätzliche Ausschlussgründe für Unternehmen von öffentlichem Interesse eingefügt. In der Folge hat das **APAReG** die Anforderungen an den Nachweis der Qualitätskontrolle flexibilisiert (Absatz 1 Satz 3, Vor § 316 Rn 13) und ergänzt (Absatz 1 Satz 4).[11] Zuletzt hat das AReG (Vor § 316 Rn 14) Absatz 2 in zeitlicher Hinsicht präzisiert und an Art. 22 Abs. 1 UAbs. 2 AP-RL angepasst.[12]

3. Unionsrecht

4 Die §§ 319, 319b sind in hohem Maße durch die **Abschlussprüferrichtlinie** (AP-RL, Vor § 316 Rn 18) vorgegeben und auch insoweit richtlinienkonform auszulegen, als sie schon vor Verabschiedung und Umsetzung der Richtlinie existierten.[13] Zulassung und Qualifikation der Abschlussprüfer sind in Art. 3 ff AP-RL geregelt. Vorgaben zur Unabhängigkeit finden sich in Art. 22 AP-RL. Nach Art. 22 Abs. 1 AP-RL haben die Mitgliedstaaten sicherzustellen, dass Abschlussprüfer und Prüfungsgesellschaften bei der Durchführung der Abschlussprüfung vom geprüften Unternehmen unabhängig und nicht in das Treffen von dessen Entscheidungen eingebunden sind. Hervorzuheben ist darüber hinaus Art. 22 Abs. 1 UAbs. 4, nach dem Abschlussprüfer oder Prüfungsgesellschaften die Abschlussprüfung nicht durchführen dürfen, wenn aufgrund bestimmter Beziehungen „eine Gefahr der Selbstüberprüfung, des Eigeninteresses, der Interessenvertretung, der Vertrautheit oder der Einschüchterung" besteht, so dass aus Sicht eines verständigen Dritten eine Gefährdung

9 BeckOGK-HGB/*Bormann*, 15.11.2020, Rn 68 f.

10 Zur Entwicklung s. *Peemöller/Oehler* BB 2004, 538 ff (RefE), 1158 ff (RegE).

11 RegE, BT-Drs. 18/6282, 115; *Boecker/Zwirner* DStR 2016, 90, 91.

12 RegE, BT-Drs. 18/7219, 40 f.

13 Allg. zur Methode der richtlinienkonformen Auslegung und zu ihrer sachlichen und zeitlichen Reichweite Riesenhuber/*Roth/Jopen* Europäische Methodenlehre (4. Aufl., 2021) § 13; speziell zur „überschießenden" Umsetzung *Habersack/Mayer* ebenda § 14.

der Unabhängigkeit vorliegt. Im Zuge der Überarbeitung der AP-RL (Vor § 316 Rn 19) eingefügt wurden sodann Art. 22a AP-RL (Ausschluss des Wechsels in ein Organ- oder Beschäftigungsverhältnis beim Mandanten für bestimmte Zeiträume) und die vorbereitende und weitere Prüfung der Unabhängigkeit und weiterer Voraussetzungenen vor Annahme und Fortsetzung von Prüfungsaufträgen gemäß Art. 22b AP-RL. Nach Art. 24 AP-RL schließlich haben die Mitgliedstaaten sicherzustellen, dass weder die Eigentümer noch die Anteilseigner einer Prüfungsgesellschaft noch die Mitglieder der Verwaltungs-, Leitungs- und Aufsichtsorgane dieser oder einer verbundenen Gesellschaft in einer Weise in eine Abschlussprüfung eingreifen, die die Unabhängigkeit und Unparteilichkeit des Abschlussprüfers, der die Abschlussprüfung für die Prüfungsgesellschaft durchführt, gefährdet. Der Umsetzung dieser Vorgaben dienen namentlich die §§ 319 Abs. 2 und 3, 319b und § 321 Abs. 4a sowie im Berufsrecht der § 44 Abs. 1 WPO. Bereits vor Verabschiedung der AP-RL hat die Kommission die **Empfehlung** 2002/590/EG zur „Unabhängigkeit des Abschlussprüfers in der EU – Grundprinzipien" erlassen (Vor § 316 Rn 20).[14]

Unmittelbar geltende Sondervorschriften zur Abschlussprüfung bei **Unternehmen von öffentlichem Interesse** (§ 316a) finden sich in der **Abschlussprüferverordnung** (APr-VO, Vor § 316 Rn 19). Im vorliegenden Zusammenhang bedeutsam sind insb. die oben im Anschluss an den Normtext abgedruckten, auf die Unabhängigkeit des Abschlussprüfers zielenden Artt. 4–6 APr-VO. Was zunächst **Art. 4 APr-VO** angeht, so verbietet er in seinem ersten Absatz die – in Deutschland mit einer hier nicht relevanten Ausnahme (§ 55a WPO) ohnehin durch § 55 WPO untersagten – Erfolgshonorare für die Abschlussprüfung bei Unternehmen von öffentlichem Interesse (Rn 87).[15] Darüber hinaus begrenzt Art. 4 Abs. 2 APr-VO das **Honorarvolumen für zulässige Nichtprüfungsleistungen** auf 70 % des Durchschnitts der in den letzten drei Geschäftsjahren vom Prüfungsmandanten (einschließlich bestimmter konzernangehöriger Gesellschaften) für Abschlussprüfungen an den Prüfer gezahlten Honorare (Rn 88 ff).[16] Seit Inkrafttreten des FISG (Vor § 316 Rn 17) kann die APAS (Vor § 316 Rn 26) insoweit keine Ausnahme mehr bewilligen.[17] Zudem statuiert Art. 4 Abs. 3 APr-VO über § 319 Abs. 3 Satz 1 Nr. 5 (Rn 71 ff) hinausgehende Vorschriften zur Vermeidung einer **Umsatzabhängigkeit** des Prüfers vom geprüften Unternehmen (Rn 91).[18] Art. 5 APr-VO befasst sich mit **Nichtprüfungsleistungen**. Im ersten Absatz findet sich ein Katalog verbotener Nichtprüfungsleistungen (Art. 5 Abs. 1 UAbs. 2 APr-VO, Rn 93 ff), den die Mitgliedstaaten erweitern können (Art. 5 Abs. 2 APr-VO), nebst einer Präzisierung der Reichweite des Verbots (Art. 5 Abs. 1 UAbs. 1 APr-VO, Rn 92). Die in § 319a a.F. zum Ausdruck gekommene frühere gesetzgeberische Entscheidung, gemäß Art. 5 Abs. 3 APr-VO bestimmte an sich verbotene Nichtprüfungsleistungen doch zuzulassen, wurde durch das FISG revidiert; seitdem gilt der Verbotskatalog des Art. 5 Abs. 1 UAbs. 2 APr-VO in Deutschland vollumfänglich (Vor § 316 Rn 17).[19] Selbst die grds. gestatteten Nichtprüfungsleistungen bedürfen nach Art. 5 Abs. 4 APr-VO der Billigung durch den Prüfungsausschuss (Rn 94).[20] Sondervorschriften für die Erbringung von Nichtprüfungsleistungen an vom Prüfungsmandanten beherrschte Unternehmen in Drittstaaten finden sich in Art. 5 Abs. 5 APr-VO (Rn 95). Die materiellen Vorkehrungen der Artt. 4 f. APr-VO werden durch Art. 6 APr-VO um **formale Anforderungen** an die Prüfung und Dokumentation der Unabhängigkeit durch den Abschlussprüfer und die diesbezügliche Kommunikation mit dem Prüfungsausschuss ergänzt (Rn 96). 5

14 ABl.EG Nr. L 191/22 v. 19.7.2002; dazu *Niehus* WPg 2002, 616 (618); instruktiv zur Entwicklung sowie zu den Vorarbeiten des europäischen Berufsstandes *Ring* FS Röhricht, S. 1055 ff – Allg. zum Instrument der Empfehlung EuGH Slg. 1989, 4407 Tz. 18; *Habersack* Europäisches Gesellschaftsrecht[5] Rn 70; zur Empfehlung zu Qualitätskontrollen s. Vor § 316 Rn 20.

15 *Schüppen*[2] Anh § 319 Rn 1.

16 *Schüppen*[2] Anh § 319 Rn 1, 6 ff.

17 S. Art. 11 Nr. 6 FISG (Streichung des § 319a Abs. 1a a.F.), dazu RegE FISG, BT-Drs. 19/26966, S. 102.

18 *Schüppen*[2] Anh § 319 Rn 1.

19 RegE FISG, BT-Drs. 19/26966, S. 102; *Liebscher*/*Rinker* BKR 2021, 466 (470 f).

20 MünchKommAktG/*Habersack*[5] § 111 Rn 92.

4. Anwendungsbereich

6 Die Vorschriften der §§ 319, 319b finden auf sämtliche gesetzlich vorgeschriebenen Abschlussprüfungen Anwendung, mithin auch auf die Abschlussprüfung bei Unternehmen von öffentlichem Interesse (§ 316a), wobei insoweit der Anwendungsvorrang der unmittelbar geltenden Vorschriften der APr-VO zu beachten ist (Rn 5).[21] Die die Prüfung der GmbH und der atypischen Personenhandelsgesellschaft i.S.v. § 264a betreffenden **Erleichterungen des Absatzes 1 Satz 2** gelten nicht für Kreditinstitute (§ 340k Abs. 1 Satz 1 HS 2) und für Versicherungsunternehmen (§ 341k Abs. 1 Satz 2). Kreditinstitute in der Rechtsform einer **Genossenschaft** oder eines rechtsfähigen wirtschaftlichen Vereins werden nach § 340k Abs. 2 zwar grundsätzlich von dem Prüfungsverband geprüft, dem sie angehören; nach § 340k Abs. 2a darf der gesetzlich vorgeschriebene Bestätigungsvermerk aber nur von Wirtschaftsprüfern unterzeichnet werden, die zudem ihre Prüfungstätigkeit unabhängig, gewissenhaft, verschwiegen und eigenverantwortlich auszuüben haben. Bei (anderen) **Genossenschaften** erfolgt die Prüfung ebenfalls abweichend von Absatz 1 durch den Verband (§ 55 GenG). Von Genossenschaften beherrschte Gesellschaften sowie bestimmte gemeinnützige Wohnungsunternehmen dürfen sich ebenfalls von dem Prüfungsverband, dem sie angehören, prüfen lassen; § 319 auch insoweit entsprechend (Art. 25 Abs. 1 EGHGB). **Sparkassen** dürfen sich nach Maßgabe des § 340k Abs. 3, 4 und der dort in Bezug genommenen Vorschriften durch die Prüfungsstelle eines Sparkassen- und Giroverbands prüfen lassen. Auf Prüfungen, die keine Abschlussprüfungen sind, finden §§ 319 ff nach Maßgabe spezieller Vorschriften (vgl. namentlich §§ 33 Abs. 5 Satz 1, 143 Abs. 2, 183 Abs. 3, 205 Abs. 5 Satz 1, 209 Abs. 4 Satz 2, 258 Abs. 4 Satz 2, 293d, 320 Abs. 3 Satz 3 AktG, §§ 11 Abs. 1 Satz 1, 125 Satz 1 UmwG) ganz oder in Teilen entsprechende Anwendung. Zu freiwilligen Prüfungen s. § 316 Rn 29, § 322 Rn 7.

II. Abschlussprüferbefähigung (Absatz 1)

1. Zugelassene Personen

7 **a) Wirtschaftsprüfer.** Die Qualifikation als Wirtschaftsprüfer berechtigt zur **Prüfung von Unternehmen jeglicher Rechtsform und Größe**. Der Wirtschaftsprüfer wird nach § 1 Abs. 1 Satz 1 WPO öffentlich bestellt.[22] Voraussetzung ist nach § 1 Abs. 1 Satz 2 WPO der Nachweis der fachlichen und persönlichen Eignung im Zulassungs- und staatlichen Prüfungsverfahren. Die Zulassung zum Wirtschaftsprüferexamen erfordert grundsätzlich den Abschluss eines Hochschulstudiums nach näherer Maßgabe der §§ 8 Abs. 1, 8a WPO; unter den in § 8 Abs. 2 WPO genannten Voraussetzungen reicht eine gleichwertige andere Qualifikation aus. Neben dieser akademischen Vorbildung muss der Bewerber nach § 9 WPO eine praktische Prüfungstätigkeit vorweisen können. Einzelheiten der Zusammensetzung des Prüfungsausschusses und des Inhalts und Verfahrens der Prüfung sind in der Wirtschaftsprüferprüfungsverordnung geregelt.[23] Nach bestandener Prüfung wird der Bewerber auf Antrag durch Aushändigung einer von der obersten Landesbehörde ausgestellten Urkunde als Wirtschaftsprüfer bestellt (§ 15 Satz 1 WPO). In **anderen Mitgliedstaaten** der EU, des EWR oder der Schweiz[24] als Abschlussprüfer zugelassene Personen sind Wirtschaftsprüfern nicht automatisch gleichgestellt, sondern bedürfen zunächst ebenfalls der Bestellung zum Wirtschaftsprüfer. Sie können diese aber auf vereinfachtem Weg nach einer Eignungsprüfung erlangen (§§ 131g ff WPO).[25]

21 BeckBilKomm/*Justenhoven*/*Nagel*[13] Rn 3.
22 Eingehend zu Entstehung und Entwicklung des Berufs des Wirtschaftsprüfers *Markus* passim, insbes.S. 135 ff.
23 Verordnung vom 20.7.2004, BGBl I, 1707, zuletzt geändert durch Gesetz vom 25.6.2021, BGBl I, 2154.
24 Zu Abschlussprüfern aus Drittstaaten s. § 134 WPO; dazu Rn 11.
25 MünchKommHGB/*Ebke*[4] Rn 11.

Der Abschlussprüfer muss zu **jedem Zeitpunkt der Prüfung** – beginnend mit der Wahl und endend mit der Erteilung des Bestätigungsvermerks – Wirtschaftsprüfer sein.[26] Fehlt oder entfällt während dieses Zeitraums die Qualifikation, so ist der geprüfte Jahresabschluss nach § 256 Abs. 1 Nr. 3 AktG nichtig, sofern nicht nach § 256 Abs. 6 AktG Heilung eingetreten ist.[27] Dies gilt auch dann, wenn der Prüfer zwar nach Vornahme der Wahl, aber vor Vornahme der ersten tatsächlichen Prüfungshandlung zum Wirtschaftsprüfer bestellt wird; denn nach Absatz 1 Satz 1 wählbar ist nur ein Wirtschaftsprüfer oder eine Wirtschaftsprüfungsgesellschaft.[28] 8

b) Wirtschaftsprüfungsgesellschaften. Eine Gesellschaft kann nach Absatz 1 Satz 1 Alt. 2 als solche zum Abschlussprüfer bestellt werden, wenn sie **rechtsfähig**[29] und von der Wirtschaftsprüferkammer (§ 29 Abs. 1 WPO) nach §§ 27 ff. WPO als Wirtschaftsprüfungsgesellschaft anerkannt worden ist. Die **Anerkennung** setzt unter anderem voraus, dass die Mehrheit der zur organschaftlichen Vertretung berufenen Personen Berufsangehörige oder EU-/EWR-Abschlussprüfer sind und weitere Restriktionen, namentlich im Hinblick auf den Gesellschafterkreis, beachtet werden (§ 28 Abs. 4 WPO). Im Hinblick auf die Rechtsform bestehen seit Inkrafttreten des APAReG (Vor § 316 Rn 13) kaum noch relevante Einschränkungen.[30] Anerkennungsfähig sind Gesellschaften des Unionsrechts und des Rechts der Mitgliedstaaten der EU sowie des EWR (§ 27 Abs. 1 WPO). Erfasst sind damit neben der **SE** insbesondere Kapitalgesellschaften und Personengesellschaften nach deutschem Recht, namentlich die **AG**, die **GmbH**, die **KGaA**, die **OHG**, die **KG** und die **PartG**.[31] Die Einschränkung des § 27 Abs. 2 WPO, dass eine OHG oder KG wegen ihrer Treuhandtätigkeit als Handelsgesellschaft in das Handelsregister eingetragen sein muss, entfällt mit Wirkung ab dem 1.8.2022.[32] Auch eine **Gesellschaft bürgerlichen Rechts** kann als Wirtschaftsprüfungsgesellschaft anerkannt werden, weil die Eintragung der Gesellschaft und ihrer Mitglieder in das Berufsregister (§ 38 Nr. 2 WPO) ein hinreichendes Maß an Transparenz sicherstellt[33] und wegen der öffentlichen Zugänglichkeit des Registers nach § 37 Abs. 1 Satz 3 HS 2 WPO überdies Publizität gewährleistet. Daher wird auch nach Inkrafttreten des MoPeG[34] keine Eintragung in das Gesellschaftsregister zu verlangen sein (§§ 707 ff BGB künftiger Fassung). Erforderlich ist aber die Rechtsfähigkeit der Gesellschaft, bei der es sich somit um eine Außengesellschaft (nach Inkrafttreten des MoPeG: rechtsfähige Gesellschaft nach § 705 Abs. 2 Alt. 1 BGB künftiger Fassung) handeln muss.[35] Auf die gesellschaftsrechtliche Zulässigkeit des Betriebs einer Wirtschaftsprüfungsgesellschaft in der betreffenden Rechtsform, die namentlich bei der **EWIV** und der **SCE** mit Blick auf Art. 3 EWIV-VO, Art. 1 Abs. 3 SCE-VO fraglich ist,[36] kommt es im Rahmen des § 319 Abs. 1 nicht an. Sofern die Anerkennung als Wirtschaftsprüfungsgesellschaft nach § 27 Abs. 1 WPO erfolgt, steht § 319 Abs. 1 ihrer Bestellung zum Abschlussprüfer mithin nicht entgegen.[37] Auch darüber hinaus kommt es im Rahmen des § 319 Abs. 1 nur darauf an, ob die Gesellschaft rechtsfähig ist und die Anerkennung durch die Wirtschaftsprüferkammer erfolgt und nicht wieder 9

26 BeckOGK-HGB/*Bormann*, 15.11.2020, Rn 21; BeckBilKomm/*Justenhoven*/*Nagel*[13] Rn 10.

27 BeckOGK-HGB/*Bormann*, 15.11.2020, Rn 23 ff.

28 Vgl. *ADS* Rn 28.

29 Vgl. 5. Aufl. 2010 Rn 8 ff, 13 f.

30 RegE APAReG, BT-Drs. 18/6282, 70.

31 Hachmeister/Kahle/Mock/Schüppen/*Mylich*/*Müller* Rn 15.

32 Art. 31 des Gesetzes vom 7.7.2021, BGBl. I, 2363.

33 RegE APAReG, BT-Drs. 18/6282, 70; BeckBilKomm/*Justenhoven*/*Nagel*[13] Rn 11; BeckOGK-HGB/*Bormann*, 15.11.2020, Rn 14; aA Baetge/Kirsch/Thiele/*Chekushina* Rn 28.

34 PersonengesellschaftsrechtsmodernisierungsG vom 10.8.2021, BGBl. I, 3436.

35 Hachmeister/Kahle/Mock/Schüppen/*Mylich*/*Müller* Rn 20; zur Rechtsfähigkeit der BGB-Außengesellschaft BGHZ 146, 341 (344 ff) = NJW 2001, 1056; näher MünchKommBGB/*Schäfer*[8] § 705 Rn 311 ff.

36 Ablehnend Hachmeister/Kahle/Mock/Schüppen/*Mylich*/*Müller* Rn 21; Baetge/Kirsch/Thiele/*Chekushina* Rn 29.

37 So wohl auch Hachmeister/Kahle/Mock/Schüppen/*Mylich*/*Müller* Rn 17, 21; nicht eindeutig Baetge/Kirsch/Thiele/*Chekushina* Rn 29; gegen Anerkennung nach § 27 WPO BeckBilKomm/*Justenhoven*/*Nagel*[13] Rn 13.

aufgehoben worden ist, nicht aber darauf, ob die Voraussetzungenn der §§ 27 ff. WPO wirklich vorliegen; dies ergibt sich aus der sog. **Tatbestandswirkung des Verwaltungsakts.**[38]

10 Gesellschaften, die nicht rechtsfähig und/oder nicht nach §§ 27 ff. WPO als Wirtschaftsprüfungsgesellschaft anerkannt worden sind (und bei denen es sich auch nicht um EU-/EWR-Abschlussprüfungsgesellschaften oder Buchprüfungsgesellschaften handelt), können als solche nicht zum Abschlussprüfer bestellt werden (Rn 9). So verhält es sich etwa bei nicht als Wirtschaftsprüfungsgesellschaft anerkannten **Sozietäten**, Bürogemeinschaften und anderen Zusammenschlüssen und Kooperationen.[39] Die Zulässigkeit derartiger Formen des Zusammenwirkens richtet sich nach dem Berufsrecht der Wirtschaftsprüfer (namentlich § 44b WPO) und der weiteren freien Berufe; sie bedarf hier keiner Würdigung. Kann eine Gesellschaft als solche nicht zum Abschlussprüfer bestellt werden, so bleibt die Möglichkeit, eines oder mehrere ihrer Mitglieder persönlich zum Abschlussprüfer zu bestellen, wenn die Voraussetzungen dafür vorliegen.[40]

11 **c) EU-/EWR-Abschlussprüfungsgesellschaften.** Die in § 9 Abs. 3 Nr. 8 WPO definierten EU-/EWR-Abschlussprüfungsgesellschaften sind nach §§ 131 ff WPO ebenfalls befugt, Abschlussprüfungen nach §§ 316 ff vorzunehmen; dafür muss der verantwortliche Prüfungspartner jedoch in der Bundesrepublik zugelassen sein. Solche Gesellschaften unterliegen insoweit einem Registrierungserfordernis (§§ 131 Satz 3, 131a WPO), der Anzeigeflicht nach §§ 131 Satz 3 HS 2, 57a Abs. 1 Satz 2 WPO und der Berufsaufsicht und -gerichtsbarkeit (§ 131b WPO).[41] Für Abschlussprüfungsgesellschaften aus **Drittstaaten** finden sich Sondervorschriften in § 134 WPO und Art. 44 ff. AP-RL.[42]

12 **d) Vereidigte Buchprüfer und Buchprüfungsgesellschaften.** Zu den Aufgaben der nach früherem Recht bestellten[43] vereidigten Buchprüfer gehört nach § 129 Abs. 1 Satz 4 WPO die Prüfung des Jahresabschlusses von **mittelgroßen Gesellschaften mit beschränkter Haftung und Personenhandelsgesellschaften** i.S.v. § 264a. Dementsprechend sind vereidigte Buchprüfer nach § 319 Abs. 1 Satz 2 (nur) zur Prüfung des Jahresabschlusses und Lageberichts solcher Gesellschaften berechtigt.[44] Die früher in § 340k Abs. 4 geregelte Befugnis zur Prüfung bestimmter Finanzdienstleistungsunternehmen ist durch das AReG (Vor § 316 Rn 14) gestrichen worden. § 319 Abs. 1 Satz 2 ist abschließend. Der Konzernabschluss und der Konzernlagebericht einer mittelgroßen GmbH oder Personengesellschaft sind daher, wie aus der klaren sprachlichen Unterscheidung zwischen Jahres- und Konzernabschluss gefolgert werden kann (vgl. einerseits § 316 Abs. 1, andererseits § 316 Abs. 2), von der Prüfungsberechtigung nicht umfasst.[45] Maßgebend für die Einordnung der zu prüfenden Gesellschaft als mittelgroß i.S.d. § 267 Abs. 2 ist der Stichtag des zu prüfenden Jahresabschlusses;[46] ist die Gesellschaft an diesem Tag nicht nur mittelgroß, sondern groß, so liegt darin der Wegfall des zuvor gewählten Abschlussprüfers, und es bedarf der Wahl oder der gerichtlichen Bestellung eines Wirtschaftsprüfers oder einer Wirtschaftsprüfungsgesellschaft.[47]

---

38 Hachmeister/Kahle/Mock/Schüppen/*Mylich*/*Müller* Rn 16 f.; *Baßler* AG 2006, 487 (488 f.) für eine andere Konstellation; allgemein BeckOK VwVfG, 1.10.2021, § 35 Rn 65 ff.

39 Baetge/Kirsch/Thiele/*Chekushina* Rn 33; zu den Begrifflichkeiten *Henssler*/*Deckenbrock* DB 2007, 447 ff.

40 Baetge/Kirsch/Thiele/*Chekushina* Rn 33.

41 MünchKommHGB/*Ebke*[4] Rn 12.

42 Die Liste der i.S.v. Art. 45 f. AP-RL als gleichwertig angesehenen Drittstaaten findet sich im Beschluss 2011/30/EU der EU-Kommission. Zu alldem *Deubert*/*Lewe* BB 2016, 1260, 1261; vgl. ferner § 292 Abs. 3 HGB, den RegE zum APAReG, BT-Drs. 18/6282, 107 f sowie MünchKommHGB/*Ebke*[4] Rn 13.

43 Der Zugang zu diesem Beruf ist nicht mehr eröffnet, Vor § 316 Rn 8.

44 Zum entstehungsgeschichtlichen Hintergrund des § 319 Abs. 1 Satz 2 s. Vor § 316 Rn 8; eingehend *Markus* S. 143 ff.

45 Heymann/*Nägel* Rn 2; Baetge/Kirsch/Thiele/*Chekushina* Rn 21.

46 *ADS* Rn 36.

47 Baetge/Kirsch/Thiele/*Chekushina* Rn 26.

Buchprüfungsgesellschaften i.S.v. § 128 Abs. 1 Satz 2 HS 1 WPO stehen im Rahmen des § 319 Abs. 1 Satz 2 vereidigten Buchprüfern gleich.

2. Berufsregisterauszug, Qualitätskontrolle

Wirtschaftsprüfer und Wirtschaftsprüfungsgesellschaften, die Abschlussprüfungen nach § 316 durchführen, müssen sich auf Entscheidung der Kommission für Qualitätskontrolle (§ 57a Abs. 2 Satz 6 WPO), mindestens aber alle sechs Jahre, einer Qualitätskontrolle unterziehen (§§ 57a Abs. 1 Satz 1, Abs. 2 Satz 4 WPO, sog. Peer Review).[48] Nach erstmaliger Aufnahme einer gesetzlichen Abschlussprüfung hat die Qualitätskontrolle spätestens nach drei Jahren stattzufinden (§ 57a Abs. 1 Satz 5 WPO). Die Qualitätskontrolle ist über das Berufsregister mit § 319 Abs. 1 verknüpft: Die Aufnahme gesetzlicher Abschlussprüfungen[49] ist der Wirtschaftsprüferkammer anzuzeigen (§ 57a Abs. 1 Satz 2–4 WPO), die einen dahingehenden Eintrag in das Berufsregister aufnimmt (§ 38 Nr. 1 lit. h, Nr. 2 lit. f WPO). Als Nachweis stellt die Wirtschaftsprüferkammer auf Antrag einen dahingehenden **Registerauszug** aus (§ 40 Abs. 3 WPO). Das Vorliegen eines solchen Auszugs (richtig: der Eintrag im Berufsregister, Rn 14) ist nach § 319 Abs. 1 Satz 3 HS 1 HGB grundsätzlich Voraussetzung für die Bestellung zum Abschlussprüfer; bei erstmaliger Durchführung einer Pflichtprüfung genügt es, wenn der Registerauszug innerhalb von sechs Wochen nach Annahme des Prüfungsauftrags vorliegt (§ 319 Abs. 1 Satz 3 HS 2 HGB). Allerdings wird der Registereintrag (u.a.) **gelöscht**, wenn die Qualitätskontrolle nicht rechtzeitig stattfindet oder wesentliche Mängel zutage fördert (§ 57a Abs. 6a Satz 2 WPO); die Löschung muss der Gesellschaft während einer laufenden Abschlussprüfung unverzüglich angezeigt werden (§ 319 Abs. 1 Satz 4 HGB). Neben die Qualitätskontrolle treten bei Abschlussprüfern von Unternehmen von öffentlichem Interesse (§ 316a) die **Inspektionen** nach Art. 26 APr-VO. Sie werden von der APAS (Vor § 316 Rn 13) auf der Grundlage einer Risikoanalyse innerhalb bestimmter Zeiträume durchgeführt und bedürfen keines besonderen Anlasses (Art. 26 Abs. 2 UAbs. 2 APr-VO, §§ 62b, 66a Abs. 6 Satz 1 Nr. 1 WPO; zur Abgrenzung von und Verzahnung mit der Qualitätskontrolle §§ 57a Abs. 5a, 62b Abs. 3 WPO).[50] 13

Voraussetzung für die Bestellung zum Abschlussprüfer ist nach Abs. 1 Satz 3 entgegen dem Wortlaut der Bestimmung **nicht das Vorliegen des Registerauszugs** nach § 40 Abs. 3 WPO, sondern nur und ausschließlich der **Eintrag im Berufsregister** (§ 38 Nr. 1 lit. h, Nr. 2 lit. f WPO).[51] Dafür spricht neben der Entstehungsgeschichte[52] der Norm auch die Gesetzessystematik, nach der bei nicht rechtzeitiger Durchführung der Qualitätskontrolle die Eintragung im Register zu löschen (§ 57a Abs. 6a Satz 2 Nr. 1 WPO) und diese Löschung der Gesellschaft mitzuteilen ist (Absatz 1 Satz 4), während das Gesetz insoweit nicht auf den Registereintrag Bezug nimmt.[53] Der Registerauszug ist somit lediglich ein Nachweismittel, das über das Forbestehen des Registereintrags indes keinen verlässlichen Aufschluss gibt[54] und dessen es wegen der öffentlichen Zugänglichkeit des 14

48 Begr. RegE BilReG, BT-Drucks. 15/3419, S. 38; *Boecker/Zwirner* DStR 2016, 90, 91.

49 Gleiches gilt für wesentliche Änderungen der Prüfungstätigkeit, § 57a Abs. 1 Satz 4 WPO. Anzuzeigen ist die Aufnahme der Prüfungstätigkeit als solcher, nicht jeder einzelne Prüfungsauftrag, *Boecker/Zwirner* DStR 2016, 90, 91.

50 *Boecker/Zwirner* DStR 2016, 90, 91 f.; MünchKommHGB/*Ebke*[4] Rn 22; *Kelm/Schneiß/Schmitz-Herkendell* WPg 2016, 60, 63 ff.

51 BeckOGK-HGB/*Bormann*, 15.11.2020, Rn 18; MünchKommHGB/*Ebke*[4], Rn 29; BeckOK HGB/*Poll*, 15.10.2021, Rn 5; BeckBilKomm/*Justenhoven/Nagel*[13] Rn 15.

52 RegE AReG, BT-Drs. 18/6282, 81 („Durch eine Änderung des § 319 Absatz 1 Satz 3 HGB wird sichergestellt, dass ohne diese Anzeige und Eintragung keine gesetzlichen Abschlussprüfungen durchgeführt werden dürfen" [...].); dazu MünchKommHGB/*Ebke*[4], Rn 31; BeckBilKomm/*Justenhoven/Nagel*[13] Rn 15.

53 BeckOGK-HGB/*Bormann*, 15.11.2020, Rn 18; MünchKommHGB/*Ebke*[4], Rn 31; BeckBilKomm/*Justenhoven/Nagel*[13] Rn 15.

54 Für jährliche Neuanforderung des Auszugs daher Hachmeister/Kahle/Mock/Schüppen/*Mylich/Müller* Rn 22.

Berufsregisters[55] (§ 37 Abs. 1 Satz 3 HS 2 WPO) zudem an sich gar nicht bedarf.[56] Aus Vorsichtsgründen ist es ungeachtet dessen ratsam, einen Registerauszug nach § 38 Nr. 1 lit. h, Nr. 2 lit. f WPO vorzuhalten.

15 Der Registereintrag nach § 38 Nr. 1 lit. h, Nr. 2 lit. f WPO (nicht: der Auszug aus dem Berufsregister, Rn 14) muss grundsätzlich schon im **Zeitpunkt der Wahl** des Abschlussprüfers gegeben sein; ansonsten ist der Wahlbeschluss nichtig nach § 241 Nr. 3 Alt. 3 AktG (Rn 97).[57] Eine Ausnahme ist für die **erstmalige** Durchführung einer gesetzlichen Abschlussprüfung anzuerkennen, weil es nach Absatz 1 Satz 3 HS 2 dann genügt, wenn dieses formale Erfordernis spätestens sechs Wochen nach Annahme des Prüfungsauftrags erfüllt ist.[58] Fraglich ist indes, ob und ggf. welche Auswirkungen dies auf die Gültigkeit des Wahbeschlusses hat: Richtigerweise ist davon auszugehen, dass ein vorher gefasster Wahlbeschluss kraft Gesetzes unter der **auflösenden Rechtsbedingung** steht, dass der Registereintrag innerhalb der sechs-Wochen-Frist erfolgt. Geschieht dies nicht, so liegt darin ein Wegfall des Abschlussprüfers nach § 318 Abs. 4 Satz 2.[59] Eine weitergehende Ausnahme aufgrund des § 57a Abs. 1 Satz 2 WPO ist nicht anzuerkennen.[60] Nach dieser Vorschrift muss die Anzeige der Durchführung gesetzlicher Abschlussprüfungen an die Wirtschaftsprüferkammer spätestens zwei Wochen nach Annahme des Prüfungsauftrags erfolgen. Sie ist vor dem Hintergrund zu sehen, dass die sechs-Wochen-Frist nach Absatz 1 Satz 3 HS 2 nur gewahrt werden kann, wenn die Wirtschaftsprüferkammer rechtzeitig informiert wird. Es handelt sich folglich um eine rein berufsrechtliche Verfahrensvorschrift mit dienender Funktion, die nicht den Schluss rechtfertigt, dass die Voraussetzungen des Absatzes 1 Satz 3 auch außerhalb des Sonderfalls des HS 2 erst zwei Wochen nach Annahme des Prüfungsauftrags erfüllt sein müssten.[61] Erst recht geht es nicht an, HS 2 zu verallgemeinern und eine generelle sechs-Wochen-Frist für die Erfüllung der Voraussetzungen des Absatzes 1 Satz 3 zu postulieren.[62]

III. Der allgemeine Ausschlussgrund des Absatzes 2

1. Grundlagen

16 § 319 Abs. 2 statuiert den – unionsrechtlich namentlich in Art. 22 Abs. 1 AP-RL verankerten – **zentralen Grundsatz der Unabhängigkeit** des Abschlussprüfers.[63] Danach ist ein Wirtschaftsprüfer oder vereidigter Buchprüfer als Abschlussprüfer ausgeschlossen, wenn während des zu prüfenden Geschäftsjahres oder während der Abschlussprüfung Gründe, insbesondere Beziehungen geschäftlicher, finanzieller oder persönlicher Art, vorliegen, nach denen die Besorgnis der Befangenheit besteht. Eine effektive Kontrolle, so die tragende Erwägung, setzt nicht nur fachliche Qualifikation (Rn 7 ff), sondern zugleich Unabhängigkeit des Prüfers voraus. Fehlt es an einer der beiden Voraussetzungen, werden die Funktionen der Abschlussprüfung (Vor § 316 Rn 1) verfehlt; das Testat des Abschlussprüfers nimmt dann Vertrauen in Anspruch, obgleich es solches Vertrauen nicht verdient, und ist damit nicht nur funktionslos, sondern gar zur Irreführung geeignet.[64]

---

55 https://www.wpk.de/berufsregister, zuletzt abgerufen 15.12.2021; zur Öffentlichkeit des Registers auch Hachmeister/Kahle/Mock/Schüppen/*Mylich*/*Müller* Rn 22.

56 Insoweit anders BeckBilKomm/*Justenhoven*/*Nagel*[13] Rn 15 („erhöhte Nachweisfunktion").

57 MünchKommHGB/*Ebke*[4] Rn 29, 33; im Ausgangspunkt ebenso, bzgl. der Rechtsfolge aber aA BeckOGK-HGB/*Bormann*, 15.11.2020, Rn 19, 23.

58 BeckOGK-HGB/*Bormann*, 15.11.2020, Rn 19; MünchKommHGB/*Ebke*[4], Rn 31; aA BeckOK HGB/*Poll*, 15.10.2021, Rn 6.

59 So wohl MünchKommHGB/*Ebke*[4] Rn 31; vgl. auch Hachmeister/Kahle/Mock/Schüppen/*Mylich*/*Müller* Rn 22 (rechtsgeschäftlich bedingte Wahl ausnahmsweise zulässig).

60 MünchKommHGB/*Ebke*[4] Rn 31; aA BeckBilKomm/*Justenhoven*/*Nagel*[13] Rn 15.

61 MünchKommHGB/*Ebke*[4] Rn 31; aA BeckBilKomm/*Justenhoven*/*Nagel*[13] Rn 15.

62 MünchKommHGB/*Ebke*[4] Rn 31; aA BeckOGK-HGB/*Bormann*, 15.11.2020, Rn 19.

63 Vgl. dazu die Nachw. in Fn 4; zur unionsrechtlichen Fundierung etwa Baetge/Kirsch/Thiele/*Chekushina* Rn 42.

64 Hopt/*Merkt*[42] Rn 4.

Die Vorschrift des Absatzes 2 ist durch das **BilReG**[65] als Reaktion vor allem auf die „HypoVereinsbank"-Entscheidung des BGH vom 25.11.2002[66] eingefügt worden, in der der II. Zivilsenat ausgesprochen hatte, dass der Beschluss über die Bestellung des Abschlussprüfers auch insoweit angefochten werden könne, als zwar nicht ein besonderer Ausschlusstatbestand des § 319 Abs. 2, 3 a.F. (= § 319 Abs. 3, 4), wohl aber die – seinerzeit nur in den berufsrechtlichen Vorschriften der §§ 43, 49 WPO aF (Rn 2) und in § 318 Abs. 3 aF im Zusammenhang mit dem gerichtlichen Ersetzungsverfahren geregelte – Besorgnis der Befangenheit in Frage stand. Das BilReG hat sodann nicht nur das Ersetzungsverfahren des § 318 Abs. 3 neu geregelt und diesem Vorrang gegenüber der Beschlussmängelklage eingeräumt (§ 318 Rn 72 ff), sondern zugleich die Ausschlusstatbestände gänzlich neu geordnet (vgl. bereits Rn 3).[67] Seitdem finden sich in § 319 Abs. 2 und 3 für sämtliche Abschlussprüfungen geltende Ausschlussgründe, neben dem allgemeinen Ausschlussgrund des Absatzes 2 die besonderen Ausschlussgründe des Absatzes 3. Im Jahr 2016 hat sodann das **AReG** (Vor § 316 Rn 14 f) den Tatbestand des Absatzes 2 in zeitlicher Hinsicht präzisiert und damit die Vorgabe des Art. 22 Abs. 1 UAbs. 2 AP-RL umgesetzt.[68] Besorgnis der Befangenheit führt danach zum Ausschluss, wenn sie während des zu prüfenden Geschäftsjahres oder während der Abschlussprüfung besteht (Rn 22).[69] Der durch das **BilMoG** (Vor § 316 Rn 12) eingefügte § 319b dehnt wesentliche Ausschlussgründe – darunter auch den allgemeinen Tatbestand des Absatzes 2 – auf Mitglieder des Netzwerkes des Abschlussprüfers aus.[70] § 319 Abs. 4 Satz 1 erstreckt die Ausschlussgründe der Absätze 2 und 3 auf **Wirtschaftsprüfungsgesellschaften** und Buchprüfungsgesellschaften und schließt diese auch dann von der Abschlussprüfung aus, wenn der Befangenheitstatbestand durch eine der Gesellschaft nahestehende Person verwirklicht wird (Rn 77 ff). Nach § 319 Abs. 5 findet § 319 Abs. 2 bis 4 zudem auf den **Konzernabschlussprüfer** entsprechende Anwendung (Rn 81 ff). 17

Besorgnis der Befangenheit kann nach Absatz 2 insbesondere, aber nicht nur durch Beziehungen geschäftlicher, finanzieller oder persönlicher Art begründet werden. Diese Beziehungen werden sodann in Absatz 3 konkretisiert. Gesetzestechnisch verstehen sich die Ausschlussgründe des Absatzes 3 als besondere Ausprägungen des in Absatz 2 geregelten **Grundtatbestandes**; bei ihrem Vorliegen ist Besorgnis der Befangenheit **unwiderleglich zu vermuten**.[71] Hieraus folgt nicht nur, dass bei Prüfung der Ausschlusstatbestände mit den besonderen Vorschriften des Absatzes 3 zu beginnen ist.[72] Dem Charakter des § 319 Abs. 2 als Grundtatbestand entspricht es vielmehr auch, dass der Rückgriff auf die **Generalklausel** durch die speziellen Ausschlussgründe **nicht gesperrt** wird.[73] Dies gilt unzweifelhaft, soweit die Besorgnis der Befangenheit auf Gründen beruht, die in Absatz 3 überhaupt nicht geregelt sind, denn schon der Wortlaut des Absatzes 3 Satz 1 („insbesondere") bringt klar zum Ausdruck, dass der Katalog nicht abschließend ist. Der Rückgriff auf Absatz 2 ist indes auch in den in Absatz 3 geregelten Sachverhalten möglich. Auch bei Nichtvorliegen etwa des Schwellenwertes des Absatzes 3 Satz 1 Nr. 1, 2 oder 5 ist also ein Umkehrschluss, dass 18

65 Dazu Vor § 316 Rn 11; speziell zur Neuregelung der Ausschlussgründe durch das BilReG s. *Hülsmann* DStR 2005, 166; *Ring* WPg 2005, 197; *Baetge/Brötzmann* Der Konzern 2004, 724 (RegE) und *Peemöller/Oehler* BB 2004, 1158, jew. zum RegE; *Veltins* DB 2004, 445, *Peemöller/Oehler* BB 2004, 539 und *Pfitzer/Orth/Hettich* DStR 2004, 328, jew. zum RefE; zum vorangegangenen Maßnahmenkatalog der Bundesregierung s. *Schmidt* BB 2003, 779; *Knorr/Hülsmann* NZG 2003, 567; *Nonnenmacher* Der Konzern 2003, 476.

66 BGHZ 153, 32 (37 ff) = NJW 2003, 970.

67 BeckOGK-HGB/*Bormann*, 15.11.2020, Rn 9.

68 *Schüppen*[2], Rn 23 f.

69 BeckOGK-HGB/*Bormann*, 15.11.2020, Rn 11.

70 MünchKommHGB/*Ebke*[4] Rn 45.

71 Begr. RegE BilReG, BT-Drucks. 15/3419, S. 38; Hachmeister/Kahle/Mock/Schüppen/*Mylich*/*Müller*, Rn 25. So mit dem Gewicht einer *persuasive authority* (Rn 21) auch § 31 Abs. 2 Satz 1 BS WP/vBP.

72 Hopt/*Merkt*[42] Rn 6.

73 MünchKommHGB/*Ebke*[4] Rn 35; Hopt/*Merkt*[42] Rn 6; verbal aA, in der Sache aber wohl nicht weit entfernt von der hier vertretenen Position, weil bei Vorliegen weiterer Umstände den Rückgriff auf Abs. 2 nicht ausschließend, BeckOK HGB/*Poll*, 15.10.2021, Rn 9; BeckBilKomm/*Justenhoven*/*Nagel*[13] Rn 2.

Besorgnis der Befangenheit keinesfalls gegeben sei, nicht statthaft.[74] Allerdings bedarf es in diesem Fall des Vorliegens **zusätzlicher Umstände**, soll der Abschlussprüfer nach Absatz 2 von der Prüfung ausgeschlossen sein;[75] diese können sich indes auch aus dem Unionsrecht ergeben (Rn 20, 101 ff). Bei Nichtvorliegen der Voraussetzungen der besonderen Ausschlussgründe streitet m.a.W. eine Vermutung für die Unbefangenheit des Abschlussprüfers. Zwischen diesen beiden Konstellationen angesiedelt ist der Fall, dass die Anwendung des Absatzes 3 Satz 1, wiewohl thematisch einschlägig, nicht an der Verfehlung eines Schwellenwertes, wohl aber an einem anderen Tatbestandsmerkmal scheitert, etwa an demjenigen der Ehe oder der Lebenspartnerschaft i.S.d. Absatzes 3 Satz 2; dann ist auf die Umstände des Einzelfalls abzustellen (vgl. Rn 37 f).

19 Nach Inkrafttreten des BilReG sind Unterschiede zwischen dem Grundtatbestand des Absatzes 2 und den speziellen Tatbeständen des Absatzes 3 weder hinsichtlich der Geltendmachung noch hinsichtlich der Rechtsfolgen zu verzeichnen, weshalb nicht länger von „relativen" oder „absoluten" Ausschlussgründen gesprochen werden sollte.[76] Die Geltendmachung eines Ausschlussgrundes in der Person des bestellten Abschlussprüfers erfolgt, abgesehen von der ordnungswidrigkeitenrechtlichen Verantwortlichkeit (§ 334 Abs. 2), im Rahmen des **Ersetzungsverfahrens des § 318 Abs. 3** (Rn 99 f; § 318 Rn 91 ff). Der Wahlbeschluss ist ebenso wenig nichtig wie der Beschluss über die Feststellung des von einem ausgeschlossenen Prüfer geprüften Jahresabschlusses (Rn 99 f; § 318 Rn 84); anderes gilt dagegen für den Prüfungsvertrag, sofern der Ausschlusstatbestand bereits bei Vertragsschluss vorlag (Rn 99 f). Sowohl für Absatz 2 als auch für Absatz 3 gilt, dass der Abschlussprüfer auch unabhängig von § 171 Abs. 1 Satz 3 AktG, Art. 6 Abs. 2 APr-VO, § 321 Abs. 4a (Rn 2) und berufsrechtlichen Geboten verpflichtet ist, das Nichtvorliegen von Bestellungshindernissen kontinuierlich zu überwachen und das anfängliche Vorliegen oder spätere Auftreten eines Ausschlussgrundes von sich aus **offenzulegen**.[77] Dies ergibt sich jedenfalls auch aus dem Prüfungsvertrag (bzw. im Fall der Nichtigkeit aus § 311 Abs. 2 BGB).[78]

2. Einfluss des Unionsrechts

20 Die eingangs abgedruckten Artt. 4–6 APr-VO (Rn 86 ff, 92 ff, 96; Vor § 316 Rn 19) enthalten Sondervorschriften zum Prüfungshonorar (Art. 4 APr-VO, Rn 86 ff), zu Nichtprüfungsleistungen (Art. 5 APr-VO, Rn 92 ff) sowie zur Vorbereitung der Abschlussprüfung und zur Beurteilung von Gefährdungen der Unabhängigkeit des Abschlussprüfers (Art. 6 APr-VO, Rn 96). Diese gelten, wie die APr-VO insgesamt, ausschließlich für Unternehmen von öffentlichem Interesse i.S.v. Art. 2 Nr. 13 AP-RL und § 316a Satz 2 (§ 316a Rn 6 ff.). Die Artt. 4–6 APr-VO statuieren dem Wortlaut nach keine Ausschlussgründe, sondern Tätigkeitsgebote und -verbote und Honorarbestimmungen für den bereits bestellten Abschlussprüfer. Gleichwohl führen Verstöße gegen diese Normen im Regelfall zum Ausschluss nach Absatz 2 (Rn 101 ff). Auch darüber hinaus sind bei der Anwendung des § 319 Abs. 2 **unionsrechtliche Wertungen und Vorgaben** zu berücksichtigen, soweit ihnen nicht im Rahmen des Absatzes 3 Rechnung getragen werden kann.[79] So geht das Verbot, **Finanzinstrumente** am geprüften Unternehmen zu halten (Art. 22 Abs. 2 AP-RL), im Hinblick auf den erfassten Personenkreis weit über § 319 Abs. 3

74 Vgl. die Nachw. in voriger Fn, ferner OLG Hamburg BB 1992, 1533.

75 MünchKommHGB/*Ebke*[4] Rn 41; BeckBilKomm/*Justenhoven*/*Nagel*[13] Rn 2; weitergehend wohl BeckOK HGB/*Poll*, 15.10.2021, Rn 9 (zusätzliche Umstände müssten „nicht unbedenkliche Gefährdung der Unabhängigkeit begründen"); *ADS* Rn 355 (Besorgnis der Befangenheit nur bei „Verbindung mit anderen Sachverhalten"); **aA** wohl noch 4. Aufl. § 318 Rn 55 (*Zimmer*).

76 MünchKommHGB/*Ebke*[4] Rn 4 f.; anders aber etwa noch Hachmeister/Kahle/Mock/Schüppen/*Mylich*/*Müller* Rn 25.

77 Hopt/*Merkt*[42] Rn 12; zu § 319 Abs. 2, 3 a.F. s. LG Köln DB 1992, 265.

78 Hopt/*Merkt*[42] Rn 12.

79 APAS, Verlautbarung Nr. 8 vom 13.12.2019, abrufbar unter https://www.apasbafa.bund.de/APAS/DE/Publikationen/Verlautbarungen/verlautbarungen_node.html, abgerufen 24.2.2022, S. 2; Baetge/Kirsch/Thiele/*Chekushina* Rn 47; *Schüppen*[2] Rn 40; *ders* FS Ebke, 2021, 881 (883 f).

Satz 1 Nr. 1, Satz 2 hinaus und schließt auch unterhaltsberechtigte Kinder und bestimmte weitere im Haushalt des Wirtschaftsprüfers lebende Familienangehörige mit ein.[80] In diesen Fällen muss die Besorgnis der Befangenheit i.S.d. Absatzes 2 schon aufgrund der unionsrechtlichen Vorgaben angenommen werden.[81] Zu berücksichtigen ist bei Unternehmen von öffentlichem Interesse ferner die Wertung des Art. 4 Abs. 3 APr-VO, nach der bei Unternehmen von öffentlichem Interesse schon ab einem Umsatzanteil von 15 % (mithin schon deutlich unterhalb der Schwelle des § 319 Abs. 3 Nr. 5) die Anwendung des § 319 Abs. 2, abhängig vom Einzelfall und den getroffenen Schutzmaßnahmen (Rn 25), ernsthaft in Erwägung zu ziehen ist (vgl. auch Rn 91).[82] Entsprechend verhält es sich mit den Wertungen des Art. 5 Abs. 5 UAbs. 2 lit. b APr-VO (i.F.d. lit. a ist ohnehin der Ausschluss gegeben, Rn 102 f) betreffend die Erbringung an sich verbotener **Nichtprüfungsleistungen** an Tochtergesellschaften in Drittstaaten (Rn 95). Relevante Wertungen lassen sich überdies der **Empfehlung der EU-Kommission** zur Unabhängigkeit des Abschlussprüfers (Rn 4) entnehmen.[83]

3. Besorgnis der Befangenheit

Die Auslegung des generalklauselartigen Merkmals der Besorgnis der Befangenheit hat sich zum einen von dem gesetzgeberischen Ziel, eine funktionsfähige Abschlussprüfung zu gewährleisten (Rn 16), und zum anderen von den in Absatz 3 zum Ausdruck kommenden Wertungen des Gesetzgebers, die über Absatz 2 nicht in ihr Gegenteil verkehrt werden dürfen, leiten zu lassen. Befangenheit ist der Verlust der Objektivität aufgrund der Einwirkung von externen Einflüssen, Bindungen, Rücksichten, eigenen Interessen oder Gefühlen. Für den Ausschlusstatbestand des Absatzes 2 kommt es freilich weder darauf an, dass der Abschlussprüfer tatsächlich befangen ist, noch darauf, dass er sich für befangen hält. „Besorgnis“ der Befangenheit ist vielmehr gegeben, wenn aus der **Sicht eines vernünftigen und verständigen Dritten** genügend **objektive Gründe** vorliegen, an der Unvoreingenommenheit des Prüfers ernsthaft zu zweifeln,[84] diese vielmehr den Verdacht nahelegen, der Abschlussprüfer werde nicht in der Lage sein, seine Aufgabe unbefangen, unparteiisch und unbeeinflusst durch eigene Interessen wahrzunehmen.[85] Absatz 2 ist aus sich heraus auszulegen; eine Übernahme der zur **Richterablehnung** nach § 42 ZPO entwickelten Grundsätze kommt nicht in Betracht.[86] Parallelwertungen können im Einzelfall jedoch naheliegen, etwa im Hinblick auf den Begriff der Besorgnis.[87] Näher liegt eine Orientierung am Berufsrecht der Wirtschaftsprüfer (insbesondere an den §§ 29 ff. BS WP/vBP),[88] dem bei der Auslegung des § 319 indes nur die Stellung einer *persuasive authority* zukommt.[89] 21

Allgemein kann sich Besorgnis der Befangenheit insbesondere ergeben aufgrund eines **Eigeninteresses** des Abschlussprüfers an dem zu prüfenden Unternehmen oder am Ergebnis der Prüfung, aufgrund wirtschaftlicher oder sonstiger **Abhängigkeit** vom zu prüfenden Unternehmen, aufgrund der Tätigkeit als **Interessenvertreter** für oder gegen die zu prüfende Gesellschaft, aufgrund eines zu engen und die gebotene kritische Objektivität beeinträchtigenden **Vertrauensver-** 22

80 *Schüppen* FS Heidel, 2021, 395 (399 ff., 405); *Schüppen*2 Rn 40.
81 *Schüppen* FS Heidel, 2021, 395 (399 ff., 405); *Schüppen*2 Rn 40.
82 BeckOGK-HGB/*Bormann*, 15.11.2021, Rn 41 f; so wohl auch Baetge/Kirsch/Thiele/*Chekushina* Rn 50; vgl. auch MünchKommHGB/*Ebke*[4] Rn 41 (dazu vorige Fn.).
83 *Schüppen*[2] Rn 41.
84 Begr. RegE BilReG, BT-Drucks. 15/3419, S. 38; *Ring* WPg 2005, 197 (199); *Gelhausen/Heinz* WPg 2005, 693 (697); MünchKommHGB/*Ebke*[4] Rn 37 ff; Hopt/*Merkt*[42] Rn 7.
85 So BGHZ 153, 32 (43) = NJW 2003, 970.
86 Vgl. *ADS* Rn 354 mwN.
87 Vgl. Hachmeister/Kahle/Mock/Schüppen/*Mylich/Müller* Rn 31; die dort erwogene „vorsichtige Analogie“ ginge jedoch zu weit.
88 Berufssatzung für Wirtschaftsprüfer/vereidigte Buchprüfer vom 21.6.2016, BAnz AT 22.7.2016 B1.
89 Baetge/Kirsch/Thiele/*Chekushina* Rn 47; vgl. auch (ohne diese Einschränkung) Hachmeister/Kahle/Mock/Schüppen/*Mylich/Müller* Rn 28.

hältnisses zwischen dem Abschlussprüfer und der Gesellschaft oder deren Repräsentanten sowie aufgrund der Gefahr der **Selbstprüfung** (insbesondere bei Einbeziehung der Ergebnisse früherer Beratungstätigkeit in den Prüfungsgegenstand).[90] Just diese Erwägungen liegen indes ganz überwiegend auch den besonderen Ausschlussgründen des Absatzes 3 zugrunde, bei deren Vorliegen Besorgnis der Befangenheit zwar unwiderleglich zu vermuten ist, bei deren Nichtvorliegen es indes zusätzlicher Anhaltspunkte bedarf, soll der Abschlussprüfer nach Absatz 2 von der Abschlussprüfung ausgeschlossen sein (Rn 18). Darüber hinaus findet sich in Art. 22 Abs. 1 UAbs. 4 AP-RL und § 36 BS WP/vBP[91] noch der Fall der Einschüchterung.[92] In **zeitlicher Hinsicht** führt die Besorgnis der Befangenheit nach dem Wortlaut des § 319 Abs. 2 und dem zugrunde liegenden Art. 22 Abs. 1 UAbs. 2 AP-RL zum Ausschluss des Abschlussprüfers, wenn sie während des zu prüfenden Geschäftsjahres oder während der Abschlussprüfung gegeben ist (Rn 22).[93]

23 Vor diesem Hintergrund bleiben für den allgemeinen Ausschlussgrund nach Absatz 2 namentlich folgende **Anwendungsfälle**:
- Persönliche oder verwandtschaftliche Beziehungen zu gesetzlichen Vertretern oder nicht unbedeutende Loyalitäten (§§ 29, 35 BS WP/vBP,[94] dazu Rn 28).[95]
- Nichtübliche geschäftliche Beziehungen zu der zu prüfenden Gesellschaft oder einem ihrer gesetzlichen Vertreter oder maßgeblich beteiligten Gesellschafter, insbesondere solche, die über die typische berufliche Sphäre hinausgehen und einem Drittvergleich nicht standhalten.[96]
- Besondere Verbindung zu Konkurrenzunternehmen oder nicht unerheblicher Anteilsbesitz an diesen.[97]
- Fehlende Vergewisserung des Prüfers über eine ordnungsgemäße Wahl.[98]
- Verwirklichung eines der vorstehend genannten Tatbestände in der Person eines nahen Familienangehörigen des Abschussprüfers.[99]
- Wechsel eines Partners oder sonstigen an der Prüfung beteiligten leitenden Mitarbeiters einer Prüfungsgesellschaft in eine leitende Stellung beim zu prüfenden Unternehmen.[100]
- Verstoß gegen Art. 4 f APr-VO, insb. Erbringung unzulässiger Nichtprüfungsleistungen (Rn 86 ff, 92 ff, 101 ff).
- Gerichtliche Vertretung der zu prüfenden Gesellschaft in Rechts- und Steuerangelegenheiten während des Geschäftsjahres oder bis zur Erteilung des Bestätigungsvermerks;[101] die außergerichtliche Vertretung wird bei Verstoß gegen Art. 5 Abs. 1 UAbs. 2 lit. a, g APr-VO ebenfalls erfasst (Rn 93).

---

90 Ähnlich Begr. RegE BilReG, BT-Drucks. 15/3419, S. 38; Kommissionsempfehlung 2002/590/EG (Rn 4); vgl. auch Art. 22 Abs. 1 UAbs. 4 AP-RL („Gefahr der Selbstüberprüfung, des Eigeninteresses, der Interessenvertretung, der Vertrautheit oder der Einschüchterung"); zur Interessenvertretung für und gegen das zu prüfende Unternehmen *Schüppen* FS Ebke, 2021, 881 (885).

91 Berufssatzung für Wirtschaftsprüfer/vereidigte Buchprüfer vom 21.6.2016, BAnz AT 22.7.2016 B1.

92 Dazu (in der Tendenz zu restriktiv) BeckBilKomm/*Justenhoven*/*Nagel*[13] Rn 28.

93 BeckOGK-HGB/*Bormann*, 15.11.2020, Rn 11.

94 Berufssatzung für Wirtschaftsprüfer/vereidigte Buchprüfer vom 21.6.2016, BAnz AT 22.7.2016 B1.

95 Dazu Hachmeister/Kahle/Mock/Schüppen/*Mylich*/*Müller* Rn 39.

96 Für entsprechende Beziehungen zur Gesellschaft oder ihrem gesetzlichen Vertreter Begr. RegE BilReG, BT-Drucks. 15/3419, S. 38; Hopt/*Merkt*[42] Rn 9; eingehend *ADS* Rn 357 ff.

97 Vgl. HdR-EA/*Baetge*/*Thiele*[5] Rn 99.

98 Vgl. auch LG Köln DB 1992, 265, 266 (noch auf der Grundlage der früheren Standesrichtlinien).

99 Begr. RegE BilReG, BT-Drucks. 15/3419, S. 40.

100 Begr. RegE BilReG, BT-Drucks. 15/3419, S. 40 mit Hinweis auf die Kommissionsempfehlung (Rn 4); Hopt/*Merkt*[42] Rn 9.

101 Nach dem Entwurf des § 319a Abs. 1 S. 1 Nr. 4 i.d.F. des RegE BilReG (BT-Drucks. 15/3419) sollte in diesem Fall ein besonderer Ausschlussgrund i.S.d. § 319a vorliegen; noch weitergehend – Erstreckung des Ausschlussgrundes auf die gesamte rechtliche Interessenvertretung – Stellungnahme Bundesrat, BT-Drucks. 15/3419, S. 60; s. sodann aber Beschlussempfehlung des Rechtsausschusses, BT-Drucks. 15/4054, S. 39.

- Von § 319 Abs. 3 Satz 1 Nr. 2 nicht erfasste organschaftliche Funktionen in der zu prüfenden Gesellschaft nahestehenden Unternehmen.[102]
- „Natürliche Selbstrechtfertigungstendenz" und „verständliches Bemühen um Ansehenswahrung" bei im Raume stehender (Mit-)Verantwortlichkeit des zuvor als Bewertungsgutachter tätigen Abschlussprüfers für Berichtigungsbedarf, der auf nicht erkannten Risiken der Gesellschaft beruht, oder für sonstige Mängel der Rechnungslegung.[103]
- Geltendmachung von Schadensersatzansprüchen in erheblicher Höhe gegen den Prüfer oder Androhung sonst bedeutsamer gerichtlicher oder behördlicher Verfahren nach Maßgabe weiterer Überlegungen.[104]

In der Regel begründen **keine Befangenheit**: 24
- vorbehaltlich des Art. 17 APr-VO die Prüfung früherer Jahresabschlüsse.
- Die vorangegangene Tätigkeit als Verschmelzungs- oder Vertragsprüfer.[105]
- Erbringung nach Art. 5 APr-VO zulässiger Nichtprüfungsleistungen unter Beachtung des § 5 Abs. 4 APr-VO (Rn 94).[106]
- Prüfung von Konkurrenzunternehmen und Unternehmen, die in dauernder Geschäftsbeziehung zueinander stehen; nach der Erweiterung der Pflicht zur Prüfung des Lageberichts durch das KonTraG kann es mit Blick auf die Ziele des Gesetzes sogar vorteilhaft erscheinen, wenn der Prüfer weiterreichende Kenntnisse hat als die zu prüfende Gesellschaft;[107] die – strafrechtlich bewehrte – Pflicht zur Verschwiegenheit sichert die notwendige Geheimhaltung (§§ 323, 333).

4. Schutzmaßnahmen

Das Unionsrecht (Art. 4 Abs. 3, Art. 5 Abs. 4, Abs. 5 UAbs. 2, 3, Art. 6 Abs. 2 APr-VO, Art. 22 Abs. 1 UAbs. 4, Abs. 6, Art. 22b AP-RL) und das Berufsrecht (§ 51b Abs. 5 WPO, z.B. auch § 29 Abs. 2 Satz 3, Abs. 5 Satz 3, Abs. 6 Satz 1–2 BS-WP/vBP, § 30 BS WP/vBP[108]) sprechen in vielen Normen Schutzmaßnahmen (sog. Safeguards[109]) gegen mögliche Gefährdungen der Unabhängigkeit des Abschlussprüfers an. Eine beispielhafte Aufzählung findet sich in § 30 Abs. 1 Satz 2 BS WP/vBP. Sie umfasst neben der Erörterung möglicher Gefährdungen der Unabhängigkeit mit Aufsichtsgremien des Auftraggebers (Nr. 1) oder externen Aufsichtsstellen (Nr. 2) etwa auch verstärkte Transparenz (Nr. 3) oder die Abschottung der für die Abschlussprüfung verantwortlichen Personen von etwaigen befangenheitsrelevanten Informationen durch personelle und organisatorische Vorkehrungen 25

102 BGHZ 159, 234 (241 ff) = NZG 2004, 770.

103 BGHZ 153, 32 (40 ff) = NJW 2003, 970 – „HypoVereinsbank" (vorangegangene Tätigkeit als Verschmelzungsprüfer); s. dazu auch BGH WM 2009, 459 (467) – „Kirch/Deutsche Bank": keine Befangenheit, wenn Jahresabschluss des Vorjahres auf der Grundlage eines vertretbaren Wahrscheinlichkeitsurteils keine Rückstellungen wegen möglicher Schadensersatzansprüche enthält; zuvor bereits OLG Frankfurt/M. ZIP 2007, 1463 (1465); s. ferner OLG Frankfurt/M. AG 2006, 762, 767 (vergleichsweise Erledigung möglicher Schadensersatzansprüche lässt Besorgnis der Befangenheit für Zukunft entfallen); näher zu Fehlleistungen des Abschlussprüfers als Befangenheitsgrund *Knorr* FS Röhricht, S. 935 ff.

104 Eingehend *Schüppen* FS Ebke, 2021, 881 (884 ff).

105 BGHZ 153, 32 (38 ff) = NJW 2003, 970 – „HypoVereinsbank"; zur damit verwandten Frage, ob der Abschlussprüfer gem. § 293d Abs. 1 S. 1 AktG als Vertragsprüfer bestellt werden kann, s. OLG Stuttgart AG 2004, 105 (107); OLG Düsseldorf WM 2006, 2137 (2138); OLG München AG 2007, 287.

106 Die auf § 319a abstellende frühere hM (Begr. RegE, BT-Drucks. 10/4268, S. 118; BayObLG WM 1987, 1361 (1366); vgl. auch BGHZ 135, 260 = NJW 1997, 2178; BGHZ 153, 32 (38 ff) = NJW 2003, 970) lässt sich nach Streichung der Norm durch das FISG, das die vorherige Deregulierung in diesem Bereich rückgängig gemacht hat (Vor § 316 Rn 17), nicht mehr aufrecht erhalten.

107 Ähnlich *ADS* Rn 369; **aA** *Röhricht* DB 1984, 253.

108 Berufssatzung für Wirtschaftsprüfer/vereidigte Buchprüfer vom 21.6.2016, BAnz AT 22.7.2016 B1.

109 *Hennrichs/Bode* NZG 2016, 1281 (1285).

(sog. Firewalls, Nr. 6).[110] Solche Schutzmaßnahmen ändern am Ausschluss des Abschlussprüfers nichts, wenn ein Fall des **§ 319 Abs. 3** vorliegt (so auch § 31 Abs. 2 Satz 2 BS WP/vBP).[111] Zu berücksichtigen sind sie demgegenüber im Rahmen des **§ 319 Abs. 2**, wobei es eine Frage des Einzelfalls ist, ob sie die Besorgnis der Befangenheit auszuschließen vermögen oder nicht.[112] Zu beurteilen ist dies aus Sicht eines verständigen Dritten (vgl. Art. 22 Abs. 1 UAbs. 4 AP-RL).[113] Schutzvorkehrungen können bestenfalls Umstände, die die Unabhängigkeit des Abschlussprüfers infrage stellen, relativieren und dem damit verbundenen bösen Schein der Befangenheit entgegenwirken; an einer gleichwohl gegebenen tatsächlichen Befangenheit und dem daraus resultierenden Ausschluss nach Absatz 2 ändern sie nichts.[114] Das **Unionsrecht** enthält z.T. Wertungen, die die Entscheidung, ob Schutzmaßnahmen erforderlich und hinreichend sind, überlagern (Rn 91, 94 f).[115] Deutlich zum Ausdruck kommt das etwa in Art. 5 Abs. 5 UAbs. 3 APr-VO (Rn 95).[116] Die Pflicht, ergriffene Schutzmaßnahmen zu **dokumentieren** (Art. 22 Abs. 3 AP-RL), ist in Deutschland im Berufsrecht umgesetzt worden (s. namentlich §§ 51b Abs. 5 Satz 2 Nr. 1 WPO, 30 Abs. 2 BS WP/vBP).[117]

IV. Die besonderen Ausschlussgründe des Absatzes 3

1. Grundlagen

26 Die Vorschrift des § 319 Abs. 3 enthält eine Konkretisierung des im zweiten Absatz verankerten allgemeinen Ausschlussgrundes; sie benennt situationsspezifische und an äußere Gegebenheiten anknüpfende Abhängigkeitstatbestände und knüpft an die Verwirklichung eines dieser Tatbestände die **unwiderlegliche Vermutung der Befangenheit** und damit die Rechtsfolge des Ausschlusses des Wirtschaftsprüfers oder vereidigten Buchprüfers von der Abschlussprüfung (Rn 18).[118] Unerheblich ist, ob der Prüfer tatsächlich befangen ist; auch kommt es nicht darauf an, ob er die Verwirklichung des Tatbestands kannte oder kennen musste. Entscheidend ist vielmehr allein die Verwirklichung des Tatbestands als solche:[119] Sie schafft eine Gefährdungslage, die es im Interesse eines vertrauenswürdigen Urteils über die Rechnungslegung rechtfertigt, die Befangenheit – und mit ihr den Ausschluss – des Prüfers zu vermuten, ohne diesem die Möglichkeit einzuräumen, seine tatsächliche Unvoreingenommenheit darzulegen und gegebenenfalls zu beweisen oder den Verdacht durch Ergreifen von Schutzmaßnahmen (Rn 25) zu relativieren oder gar zu entkräften. In **zeitlicher Hinsicht** gilt das zu Absatz 2 Gesagte (Rn 22). Es kommt mithin zum Ausschluss, wenn wenn einer der Tatbestände des Absatzes 3 während des Geschäftsjahres, auf das sich der zu prüfende Abschluss bezieht, oder während der Prüfung verwirklicht wird.[120] Durch den **Gesellschaftsvertrag** oder die Satzung können weitere Ausschlussgründe festgelegt werden (vgl. § 318 Rn 19).

27 Der **Anwendungsbereich** des § 319 Abs. 3 umfasst sämtliche prüfungspflichtigen Gesellschaften (Rn 6). § 319b dehnt einzelne der darin geregelten Tatbestände auf Mitglieder des Netzwerkes des Abschlussprüfers aus. Im Umkehrschluss aus Absatz 4 ergibt sich, dass Absatz 3 nur die Bestellung einer **natürlichen Person** (sei sie Wirtschaftsprüfer oder vereidigter Buchprüfer) zum Ab-

110 Dazu BeckOGK-HGB/*Bormann*, 15.11.2020, Rn 62 ff.

111 Begr. RegE BilReG, BT-Drucks. 15/3419, S. 38; MünchKommHGB/*Ebke*[4] Rn 4.

112 Begr. RegE BilReG, BT-Drucks. 15/3419, S. 38; Baetge/Kirsch/Thiele/*Chekushina* Rn 49; Hachmeister/Kahle/Mock/Schüppen/*Mylich*/*Müller* Rn 33.

113 Vgl. Hachmeister/Kahle/Mock/Schüppen/*Mylich*/*Müller* Rn 30.

114 Hachmeister/Kahle/Mock/Schüppen/*Mylich*/*Müller* Rn 33.

115 Vgl. BeckOGK-HGB/*Bormann*, 15.11.2020, Rn 41 f.

116 Zu dieser Vorschrift Hachmeister/Kahle/Mock/Schüppen/*Mylich*/*Müller* Rn 33.

117 Baetge/Kirsch/Thiele/*Chekushina* Rn 33.

118 Hopt/*Merkt*[42] Rn 14.

119 Statt anderer Baetge/Kirsch/Thiele/*Chekushina* Rn 61.

120 Baetge/Kirsch/Thiele/*Chekushina* Rn 106.

schlussprüfer betrifft.[121] Für eine zum Abschlussprüfer bestellte **Wirtschaftsprüfungsgesellschaft** oder Buchprüfungsgesellschaft gilt Absatz 4,[122] der die Ausschlussgründe des Absatzes 3 auf solche Gesellschaften erstreckt und diese auch dann von der Abschlussprüfung ausschließt, wenn der Befangenheitstatbestand durch eine der Gesellschaft nahestehende Person verwirklicht wird (Rn 77 ff). § 319 Abs. 5 erklärt § 319 Abs. 3 zudem auf den **Konzernabschlussprüfer** für anwendbar (Rn 81 ff).

§ 319 Abs. 3 erfasst nicht sämtliche unter dem Gesichtspunkt einer möglichen Befangenheit problematischen Fallkonstellationen. So werden die Ausschlussgründe des Absatzes 3 Satz 1 Nr. 1 bis 3 in Absatz 3 Satz 2 zwar auf Ehegatten oder Lebenspartner, nicht dagegen auf sonstige nahestehende Personen erstreckt (Rn 37 ff); auch ist von Absatz 3 Satz 2 nicht der Fall erfasst, dass der Ehegatte oder Lebenspartner den Ausschlussgrund des Absatzes 3 Satz 1 Nr. 4 oder 5 erfüllt.[123] Insoweit wie auch in von Absatz 3 gänzlich nicht erfassten Sachverhalten sind nicht nur die **berufsrechtlichen Verhaltensgebote** (§§ 43, 49 WPO, §§ 29 ff BS WP/vBP[124]) zu beachten, die den Prüfer insbesondere dazu verpflichten, ständig seine Befähigung zu überprüfen und gegebenenfalls das Mandat niederzulegen.[125] Von Absatz 3 unberührt bleibt vielmehr auch der allgemeine Ausschlussgrund des **Absatzes 2** (Rn 18). Ungeachtet der Möglichkeit des Rückgriffs auf Absatz 2 und trotz der mit den besonderen Ausschlussgründen verbundenen Einschränkung der Berufsausübungsfreiheit besteht allerdings **kein Grund zur restriktiven Auslegung** des Absatzes 3.[126] Der Schutzzweck der gesetzlichen Abschlussprüfung (Vor § 316 Rn 1) und deren Bedeutung für die Funktionsfähigkeit der Kapitalmärkte verlangen vielmehr nach einer betont am Normzweck orientierten und deshalb von Fall zu Fall extensiven Auslegung; hierfür sprechen nicht zuletzt auch die unionsrechtlichen Vorgaben (Rn 5, 86 ff).[127] Selbst die **analoge Anwendung** einzelner Ausschlusstatbestände ist, das Vorliegen der Voraussetzungen einer Analogie (planwidrige Regelungslücke und Vergleichbarkeit des geregelten und des ungeregelten Sachverhalts) unterstellt, nicht von vornherein ausgeschlossen;[128] da der Katalog des § 319 Abs. 3 auch dem Aspekt der Rechtssicherheit und der leichten Erkennbarkeit verpflichtet ist, wird es sich hierbei indes um seltene Ausnahmefälle handeln. Im Analogiebereich kommt der Ordnungswidrigkeitentatbestand des § 334 Abs. 2 naturgemäß nicht zum Tragen;[129] richtigerweise steht er der Analogiebildung mit Blick auf privatrechtliche Rechtsfolgen aber auch nicht entgegen.[130] 28

In der Person des gewählten oder gerichtlich bestellten Abschlussprüfers liegende Ausschlussgründe nach § 319 Abs. 3 können im **Ersetzungsverfahrens nach § 318 Abs. 3** (Rn 99 f; § 318 Rn 91 ff) geltend gemacht werden; Entsprechendes gilt für gesellschaftsvertragliche Ausschlussgründe (Rn 26; § 318 Rn 25). Der Verstoß gegen § 319 Abs. 3 hat weder die Nichtigkeit des Wahlbeschlusses noch die Nichtigkeit des Beschlusses über die Feststellung des Jahresabschluss (Rn 99 f; § 318 Rn 84), wohl aber (bei anfänglichem Vorliegen des Ausschlusstatbestandes) die **Nichtigkeit des Prüfungsvertrags** (Rn 99 f) zur Folge. Von § 319 Abs. 3 unberührt bleibt die Pflicht des Ab- 29

---

121 BeckOGK-HGB/*Bormann*, 15.11.2020, Rn 75.

122 BeckOGK-HGB/*Bormann*, 15.11.2020, Rn 75.

123 Zu § 319 Abs. 2 a.F. s. Begr. RegE BiRiLiG, BT-Drucks. 10/317, S. 96, 4. Aufl. Rn 15 (*Zimmer*).

124 Berufssatzung für Wirtschaftsprüfer/vereidigte Buchprüfer vom 21.6.2016, BAnz AT 22.7.2016 B1.

125 *ADS* Rn 52; s. ferner § 318 Rn 112.

126 Vgl. *Marx* ZGR 2002, 292 (293, 297 ff., 306, 318); **aA** Baegte/Kirsch/Thiele/*Chekushina* Rn 62; MünchKommHGB/*Ebke*[4] Rn 45; 4. Aufl. Rn 13 (*Zimmer*).

127 *Schüppen*[2] Anh § 319 Rn 39; vgl. zudem vorige Fn.

128 Vgl. BGHZ 153, 32 (38) = NJW 2003, 970 und BGH NZG 2004, 770 (772), wo die analoge Anwendung des § 319 Abs. 2 S. 1 Nr. 2 a.F. (= § 319 Abs. 3 S. 1 Nr. 2) im konkreten Fall jeweils zu Recht abgelehnt, indes nicht von vornherein als unzulässig angesehen wird. *Schüppen*[2] Anh § 319 Rn 39 befürwortet eine punktuelle Analogie zur Umsetzung zwingender unionsrechtlicher Vorgaben.

129 Vgl. *Marx* ZGR 2002, 292 (302).

130 Allgemein *Schürnbrand* NZG 2011, 1213; aA zur hier kommentierten Norm *Marx* ZGR 2002, 292 (302). Gegen eine „gespaltene" Auslegung oder analoge Anwendung bußgeldbewehrter Normen im Privatrecht BGH NZG 2011, 1147 Rn 33.

schlussprüfers, das anfängliche Vorliegen oder spätere Auftreten eines Ausschlussgrundes offenzulegen (Rn 19).

2. Der erfasste Personenkreis

30 **a) Überblick.** Ein Wirtschaftsprüfer oder vereidigter Buchprüfer ist von der Abschlussprüfung nicht nur dann ausgeschlossen, wenn in seiner Person einer der Tatbestände des § 319 Abs. 3 vorliegt. Das Gesetz berücksichtigt vielmehr auch die **indirekte oder mittelbare Tatbestandsverwirklichung**. So ist der Prüfer nach Abs. 3 Satz 1 Alt. 2 auch dann ausgeschlossen, wenn ein Ausschlussgrund bei einer Person, mit der der Prüfer seinen Beruf **gemeinsam ausübt**, vorliegt (Rn 32 ff). Eine weitere Erstreckung sieht Abs. 3 Satz 1 Nr. 4 in Gestalt eines besonderen Ausschlussgrundes vor, dem zufolge der Wirtschaftsprüfer oder vereidigte Buchprüfer ausgeschlossen ist, wenn er oder eine Person, mit der er seinen Beruf gemeinsam ausübt, bei der Prüfung eine **Person beschäftigt**, die nach Abs. 3 Satz 1 Nr. 1 bis 3 nicht Abschlussprüfer sein darf (Rn 69 f). Abs. 3 Satz 2 sieht zudem den Ausschluss des Wirtschaftsprüfers oder Abschlussprüfers vor, wenn zwar nicht er, wohl aber sein **Ehegatte oder Lebenspartner** einen Ausschlussgrund nach Abs. 3 Satz 1 Nr. 1 bis 3 erfüllt (Rn 37 ff). Die **netzwerkweite Geltung** der Ausschlussgründe des § 319 Abs. 3 Satz 1 Nr. 1 bis 4, Abs. 3 Satz 2 und weiterer Ausschlussgründe ist in § 319b angeordnet. Für **Wirtschaftsprüfungs- und Buchführungsgesellschaften** schließlich gelten die besonderen Vorschriften des § 319 Abs. 4 (Rn 77 ff).

31 Zweck der Erstreckungsnormen ist es nicht nur, die **Umgehung** von Ausschlusstatbeständen zu vermeiden, etwa dadurch, dass innerhalb eines Prüferverbundes ein von einem Ausschlussgrund nicht unmittelbar betroffener Partner das Mandat führt.[131] Namentlich die Sozietätsklausel des Abs. 3 Satz 1 (Rn 32 ff) – Entsprechendes gilt für § 319 Abs. 3 Satz 2 und § 319b – nimmt vielmehr zugleich Rücksicht auf die vielfach bestehende **Gleichrichtung der Interessen** des Wirtschaftsprüfers und der mit ihm verbundenen Person, die es auch als solche nahelegt, den Wirtschaftsprüfer oder vereidigten Buchprüfer von der Abschlussprüfung auszuschließen.[132] Hierbei wird ersichtlich nicht an das Tätigkeitsfeld der anderen Person angeknüpft. Die Erstreckung beruht vielmehr auch auf der **Erwartung Außenstehender**, dass der Prüfer aufgrund von **Rücksichten** gegenüber der mit ihm verbundenen Person nicht unabhängig und unbefangen tätig wird. Demzufolge ist es für die gemeinsame Ausübung des Berufes nicht erforderlich, dass auch die andere Person Wirtschaftsprüfer bzw. vereidigter Buchprüfer ist.[133] Auch muss sie nicht natürliche Person sein; die Ausstrahlungswirkung kann vielmehr auch von einer juristischen Person oder einer Personengesellschaft ausgehen.[134]

32 **b) Sozietätsklausel.** Für den Ausschluss nach Absatz 3 genügt es, wenn der Ausschlusstatbestand nicht vom bestellten Wirtschaftsprüfer oder vereidigten Buchprüfer selbst verwirklicht wird, sondern von einer Person, mit der er seinen Beruf gemeinsam ausübt. Entsprechend dem Gesetzeswortlaut und dem Anliegen auszuschließen, dass sich der Abschlussprüfer von den **Interessen seiner Kooperationspartner** leiten lässt (Rn 31), sind nicht-berufliche Kontakte insoweit unbeachtlich. Die gemeinsame Berufsausübung basiert auf einer räumlichen oder einer interessenbezogenen Komponente; beide stehen alternativ nebeneinander.[135] Ausnahmslos sind Personen

---

131 MünchKommHGB/*Ebke*[4] Rn 48; Hachmeister/Kahle/Mock/Schüppen/*Mylich/Müller* Rn 52.

132 Begr. RegE BiRiLiG, BT-Drucks. 10/317, S. 96; BeckBilKomm/*Justenhoven/Nagel*[13] Rn 33.

133 *ADS* Rn 60; Baetge/Kirsch/Thiele/*Chekushina* Rn 66; MünchKommHGB/*Ebke*[4] Rn 48; BeckBilKomm/*Justenhoven/Nagel*[13] Rn 33.

134 BeckBilKomm/*Justenhoven/Nagel*[13] Rn 33; Baetge/Kirsch/Thiele/*Chekushina* Rn 65.

135 Baetge/Kirsch/Thiele/*Chekushina* Rn 68.

in Sozietäten erfasst,[136] und zwar auch dann, wenn und soweit es sich bei den anderen Sozien nicht um Wirtschaftsprüfer oder vereidigte Buchprüfer handelt (Rn 31). Im Hinblick auf die **Rechtsform** der Zusammenarbeit sind keine Einschränkungen zu machen;[137] entscheidend ist vielmehr, dass es sich nicht um eine als solche zum Abschlussprüfer bestellte Wirtschaftsprüfungs- oder Buchprüfungsgesellschaft handelt, weil in diesem Fall Absatz 4 zum Tragen kommt (Rn 9 f, 27).[138] Da bei Gleichrichtung der wirtschaftlichen Interessen eine räumliche Nähe nicht erforderlich ist, gilt das Verbot gleichermaßen für Sozien in überörtlichen Sozietäten.[139] Die interessenbezogene Komponente ist nur gegeben, wenn die gemeinsame Berufsausübung der Schaffung und Erhaltung einer Lebensgrundlage dient und auf Dauer angelegt ist.[140] Demzufolge ist die gemeinsame fachliche Tätigkeit in einem Verband oder der Wirtschaftsprüferkammer für Abs. 2 unschädlich.[141]

Die Gleichrichtung der Interessen aufgrund der beruflichen Zusammenarbeit verlangt weder eine Vergemeinschaftung der Einnahmen noch eine Abhängigkeit von Erfolg und Misserfolg des Partners.[142] Der Ausschlusskatalog orientiert sich an den objektiven Parteilichkeitserwartungen eines Außenstehenden (Rn 26, 31). Im Zusammenhang des Abs. 3 Satz 1 Alt. 2. ist deshalb entscheidend, ob ein Dritter bei vernünftiger Würdigung erwarten wird, dass die aus der beruflichen Verbindung rührenden Vorteile den Abschlussprüfer zur Rücksicht auf diese Verbindung anhalten werden. Das äußere Erscheinungsbild bewirkt also ggf., dass dem Prüfer eine Berücksichtigung der Interessen anderer Personen unterstellt wird, mit denen er in räumlicher oder fachlicher Nähe arbeitet. Demgemäß muss eine Verbindung der Partner durch gemeinsames Eigentum oder einen gemeinsamen Namen genügen.[143] In der Folge werden von Abs. 3 S. 1 2. Alt. auch **Scheinsozietäten** erfasst.[144] 33

Zweifelhaft ist hingegen die Einordnung von **Bürogemeinschaften**. Für Außenstehende ist ein Unterschied zur rechtlichen Verbindung in einer Sozietät häufig nicht erkennbar. Soweit – etwa durch Herausstellung des Begriffs Bürogemeinschaft – der rechtliche Unterschied kenntlich gemacht wird, werden häufig jedenfalls die wirtschaftlichen Konsequenzen für einen unbefangenen Außenstehenden nicht zu erkennen sein. Vielmehr liegt auch bei einer Verwendung des Begriffs Bürogemeinschaft für einen Dritten die Folgerung nicht fern, dass ein gewisses Maß an Interessenkongruenz – beispielsweise mit Blick auf die Fortsetzung der Tätigkeit eines die Kosten der Bürogemeinschaft mittragenden Kollegen – besteht.[145] Im Hinblick auf diese zumindest partielle Interessenkongruenz stellt das notarielle Berufsrecht Bürogemeinschaften den Sozietäten gleich (§ 9 BNotO). Wird zudem in Rechnung gestellt, dass das Gesetz schon der Schaffung des äußeren Erscheinungsbildes einer Interessenübereinstimmung entgegenzuwirken sucht (Rn 31 ff), sprechen die besseren Gründe dafür, Abs. 3 Satz 1 Alt. 2 auf Bürogemeinschaften zu erstrecken. Eine Sozietät oder Bürogemeinschaft ist im Rahmen des Abs. 3 Satz 1 nicht mehr relevant, sobald ihre **Beendigung** nach außen erkennbar wird. Ebenso begründet eine nur **gelegentliche oder kurzzeitige** Zusammenarbeit keine gemeinsamen Berufsausübung i.S.v. Abs. 3 Satz 1.[146] 34

136 Begr. RegE BiRiLiG, BT-Drucks. 10/317, S. 96; *Leffson* S. 78.

137 Ebenroth/Boujong/Joost/Strohn/*Böcking*/*Gros*/*Rabenhorst*[4] Rn 10; s. auch nachfolgende Fn.

138 HdR-EA/*Baetge*/*Thiele*[5] Rn 33; vgl. auch BeckOGK-HGB/*Bormann*, 15.11.2020, Rn 75.

139 MünchKommHGB/*Ebke*[4] Rn 48; Baetge/Kirsch/Thiele/*Chekushina* Rn 65.

140 Baetge/Kirsch/Thiele/*Chekushina* Rn 65; HdR-EA/*Baetge*/*Thiele*[5] Rn 30, 32.

141 Vgl. die Nachw. in voriger Fn.

142 So neben der 4. Aufl. Rn 18 (*Zimmer*); Baetge/Kirsch/Thiele/*Chekushina* Rn 65; **aA** *ADS* Rn 58; HdR-EA/*Baetge*/*Thiele*[5] Rn 31.

143 Baetge/Kirsch/Thiele/*Chekushina* Rn 65 mit zutr. Hinweis auf den Anhang zur Kommissionsempfehlung (Rn 5).

144 *ADS* Rn 59; Baetge/Kirsch/Thiele/*Chekushina* Rn 67.

145 Für eine Erfassung von Bürogemeinschaften denn auch Baetge/Thiele/Kirsch/*Mattheus*, Stand 08/2010, Rn 58; **aA** *ADS* Rn 62 (im Regelfall kein Ausschlussgrund); BeckBilKomm/*Justenhoven*/*Nagel*[13] Rn 34; *Schüppen* FS Heidel, 2021, 395 (403 f.) und nun auch Baetge/Thiele/Kirsch/*Chekushina* Rn 69; zweifelnd *Biener*/*Berneke* BiRiLiG S. 416.

146 Baetge/Kirsch/Thiele/*Chekushina* Rn 70; HdR-EA/*Baetge*/*Thiele*[5] Rn 30, 32.

35 Nach der Begr. zum RegE BiRiLiG fallen auch **abhängig beschäftigte** Wirtschaftsprüfer oder vereidigte Buchprüfer unter die Sozietätsklausel.[147] Diese Auslegung lässt jedoch keinen Raum für einen selbständigen Regelungsgehalt von Abs. 3 Satz 1 Nr. 4.[148] Es ist auch nicht anzunehmen, dass der Wirtschaftsprüfer die Interessen aller seiner Angestellten berücksichtigt. Demgegenüber ist der angestellte Wirtschaftsprüfer, der in einer Nebentätigkeit selbständig tätig ist, von der Prüfung ausgeschlossen, wenn dies bei seinem Arbeitgeber der Fall wäre.[149] Diese Unterscheidung beruht auf der Annahme der erhöhten Loyalität des Angestellten gegenüber seinem Arbeitgeber, auch wenn er nicht in dessen Auftrag tätig wird.

36 Zur Ausübung des Berufs gehört auch die Tätigkeit als **gesetzlicher Vertreter** einer Prüfungsgesellschaft. Demzufolge ist ein selbständiger Wirtschaftsprüfer, der zugleich Mitglied des Vorstandes einer Prüfungsgesellschaft ist, von der Prüfungstätigkeit ausgeschlossen, wenn in der Person eines anderen Vorstandsmitglieds oder der Gesellschaft ein Ausschlusstatbestand nach Absatz 2, Absatz 3 bzw. im Fall der Gesellschaft Absatz 4 verwirklicht ist.[150] Da davon auszugehen ist, dass die gesetzlichen Vertreter einer Gesellschaft neben den Interessen der Gesellschaft auch die Interessen der Gesellschafter berücksichtigen, ist der gesetzliche Vertreter auch dann als selbständig prüfender Wirtschaftsprüfer ausgeschlossen, wenn ein Gesellschafter von der Prüfung nach Abs. 2 ausgeschlossen ist.[151]

37 **c) Ehegatte, Lebenspartner (Absatz 3 Satz 2).** Nach dem durch das BilReG – auf Empfehlung des Rechtsausschusses[152] – eingefügten § 319 Abs. 3 Satz 2 ist der Wirtschaftsprüfer oder vereidigte Buchprüfer auch dann ausgeschlossen, wenn sein Ehegatte oder Lebenspartner einen **Ausschlussgrund nach Absatz 3 Satz 1 Nr. 1, 2 oder 3** erfüllt. Maßgeblich ist das nach den Grundsätzen des internationalen und des intertemporalen Privatrechts anwendbare Familienrecht, wobei mit dieser Maßgabe selbstverständlich auch die Ehe zwischen Personen des gleichen Geschlechts nach § 1353 Abs. 1 Satz 1 Alt. 2 BGB (bzw. vergleichbaren Bestimmungen einer anwendbaren ausländischen Rechtsordnung) erfasst ist.[153] Es genügt, wenn die Ehe oder Lebenspartnerschaft während eines Teils des relevanten Zeitraums (Rn 22) bestanden hat; eine einmal eingetretene Inhabilität entfällt m.a.W. nicht durch ein vor Abschluss der Prüfung rechtskräftig werdendes Scheidungsurteil.[154] Wegen der Maßgeblichkeit des Familienrechts führt zum einen auch eine „nur noch auf dem Papier bestehende" Ehe zum Ausschluss des Wirtschaftsprüfers, während zum anderen der Begriff der Lebenspartnerschaft technisch i.S.v. § 1 LPartG zu verstehen ist und damit die rein faktisch bestehende nichteheliche Lebensgemeinschaft nicht einschließt.[155]

38 Eine Erstreckung des § 319 Abs. 3 Satz 2 auf frühere Ehegatten oder Lebenspartner wurde zwar vom Bundesrat angeregt, ist aber nicht Gesetz geworden.[156] Entsprechendes gilt für die Anregung des Bundesrats, auch Personen einzubeziehen, mit denen der Abschlussprüfer in gerader Linie verwandt oder verschwägert ist, sowie für die weitere Anregung des Bundesrats, nur die Ausschlussgründe des § 319 Abs. 3 Satz 1 Nr. 1 und 2 der indirekten Verwirklichung durch Ehegatten und Lebenspartner (so-

---

147 Begr. RegE, BT-Drucks. 10/317, S. 96; dem folgend HdR-EA/*Baetge/Thiele*[5] Rn 37.

148 *ADS* Rn 64; Baetge/Kirsch/Thiele/*Chekushina* Rn 71; aA *Schüppen* FS Heidel, 2021, 395 (403).

149 So auch Baetge/Kirsch/Thiele/*Chekushina* Rn 71; s. aber auch *ADS* Rn 65: Anwendbarkeit der Sozietätsklausel „zweifelhaft".

150 HdR-EA/*Baetge/Thiele*[5] Rn 39; Baetge/Kirsch/Thiele/*Chekushina* Rn 71.

151 *Leffson* S. 79.

152 Beschlussempfehlung des Rechtsausschusses, BT-Drucks. 15/4054, S. 38; weitergehend noch Stellungnahme des Bundesrats, BT-Drucks. 15/3419, S. 59 (dazu weiter unten im Text).

153 Im Einzelnen hierzu MünchKommHGB/*Ebke*[4] Rn 76 ff.

154 *Schüppen* FS Heidel, 2021, 395 (406); aA MünchKommHGB/*Ebke*[4] Rn 76.

155 *Schüppen*[2] Rn 39; aA (kein Ausschluss nach Ablauf des Trennungsjahres und Stellung des Scheidungsantrags) Hachmeister/Kahle/Mock/Schüppen/*Mylich/Müller* Rn 57.

156 Stellungnahme des Bundesrats, BT-Drucks. 15/3419, S. 59; s. aber Beschlussempfehlung des Rechtsausschusses, BT-Drucks. 15/4054, S. 38; aus dem Schrifttum Hopt/*Merkt*[42] Rn 26; MünchKommHGB/*Ebke*[4] Rn 76.

wie Verwandte und Verschwägerte gerader Linie) zu unterstellen. Der Rechtsausschuss hat diese Anregungen bewusst nicht aufgegriffen.[157] Vor diesem Hintergrund ist die analoge Anwendung des § 319 Abs. 3 Satz 2 auf derartige Sachverhalte ausgeschlossen.[158] Im Licht der **weitergehenden unionsrechtlichen Vorgaben und Wertungen** zur Unabhängigkeit ist in derartigen Fällen jedoch zu prüfen, ob der **allgemeine Ausschlussgrund des Absatzes 2** erfüllt ist (Rn 5, 18, 20, 86 ff, 101 ff). Für das Halten von Finanzinstrumenten des geprüften Unternehmens durch bestimmte „in enger Beziehung" zum Abschlussprüfer stehende Personen, namentlich unterhaltsberechtigte Kinder und bestimmte im selben Haushalt lebende Familienangehörige, ergibt sich dies aus Art. 22 Abs. 2 AP-RL (Rn 20).[159] Hinzukommen die Wertungen der **Kommissionsempfehlung** zur Unabhängigkeit (Rn 4). Wenn etwa der Ehegatte oder Lebenspartner Einkünfte gemäß Absatz 3 Satz 1 Nr. 5 bezogen hat, dürften im Zweifel hinreichende Anhaltspunkte vorliegen, um Besorgnis der Befangenheit zu begründen. In anderen Konstellationen – etwa bei Verwirklichung eines besonderen Ausschlussgrundes durch in der Seitenlinie verwandte oder verschwägerte Personen – ist auf die Umstände des Einzelfalls abzustellen. Berufsrechtliche Vorschriften – namentlich § 29 Abs. 4 Nr. 4 BS WP/vBP[160] (Rn 28) – bleiben ohnehin unberührt.

Weder dem Wortlaut der Gesetz gewordenen Fassung des Absatzes 3 Satz 2 noch den Materia- 39
lien lässt sich klar entnehmen, ob nur der Ehegatte oder Lebenspartner des Abschlussprüfers oder auch der Ehegatte oder Lebenspartner der **Person, mit der der Abschlussprüfer seinen Beruf gemeinsam ausübt** (Rn 32 ff), erfasst sein soll. Mit Blick auf den Zweck der Sozietätsklausel (Rn 32 ff) dürfte es aus Sicht außenstehender Dritter keinen nennenswerten Unterschied machen, ob ein Partner des Abschlussprüfers oder der Ehegatte oder Lebenspartner des Partners einen Ausschlussgrund nach Absatz 3 Satz 1 Nr. 1 bis 3 verwirklicht. Dies und der offene, auch die Sozietätsklausel des Absatzes 3 Satz 1, 2. Halbsatz 2 einbeziehende Wortlaut des Absatzes 3 Satz 2 spricht für die weite, auch Ehegatten von Personen, mit denen der Abschlussprüfer seinen Beruf gemeinsam ausübt, einbeziehende Auslegung.[161] In die gleiche Richtung weisen Art. 22 Abs. 2 AP-RL und **Kommissionsempfehlung** zur Unabhängigkeit (Rn 4, 20).[162] Bei gemeinsamer Berufsausübung des Abschlussprüfers mit seinem Ehegatten oder Lebenspartner greift die Sozietätsklausel des Absatzes 3 Satz 1 Alt. 2 unmittelbar ein.[163]

3. Die Ausschlussgründe des Absatzes 3 im Einzelnen

a) Finanzielles Interesse (Absatz 3 Satz 1 Nr. 1)

aa) Überblick. Nach Absatz 3 Satz 1 Nr. 1 ist ein Wirtschaftsprüfer oder vereidigter Buchprüfer 40
von der Abschlussprüfung ausgeschlossen, wenn er selbst, eine Person, mit der er den Beruf gemeinsam ausübt (Rn 32 ff), der Ehegatte oder Lebenspartner (Rn 37) oder ein Mitglied seines Netzwerks (§ 319b) Anteile oder andere nicht nur unwesentliche finanzielle Interessen an der zu prüfenden Kapitalgesellschaft oder eine Beteiligung an einem Unternehmen besitzt, das mit der zu prüfen Kapitalgesellschaft verbunden ist oder von dieser mehr als zwanzig vom Hundert der Anteile besitzt. Das Gesetz geht zu Recht – und im Einklang mit der AP-RL (Rn 4, 20) und internati-

157 BT-Drucks. 15/4054, S. 38; *Schüppen* FS Heidel, 2021, 395 (397 f).

158 MünchKommHGB/*Ebke*[4] Rn 76; Hopt/*Merkt*[42] Rn 26; allg. zur Zulässigkeit der Analogie s. Rn 28.

159 *Schüppen*[2] Rn 40.

160 Berufssatzung für Wirtschaftsprüfer/vereidigte Buchprüfer vom 21.6.2016, BAnz AT 22.7.2016 B1. Zur zitierten Bestimmung MünchKommHGB/*Ebke*[4] Rn 76.

161 Eingehend *Schüppen* FS Heidel, 2021, 395 (404 f); *Schüppen*2 Rn 41; aA MünchKommHGB/*Ebke*[4] Rn 79; Hopt/*Merkt*[42] Rn 26.

162 *Schüppen* FS Heidel, 2021, 395 (405); *Schüppen*2 Rn 41.

163 MünchKommHGB/*Ebke*[4] Rn 79.

onalen Standards[164] – davon aus, dass ein **unmittelbares oder mittelbares finanzielles Interesse des Abschlussprüfers oder einer ihm nahestehenden Person** (Rn 30 ff, s. aber auch Rn 20 und § 319b) an der zu prüfenden Gesellschaft (insbesondere an deren Ergebnis) eine unbefangene Prüfung ausschließt.[165] Zudem würden die mit der Beteiligung typischerweise verbundenen Stimm- und sonstigen Teilhaberechte Einfluss auf die Geschäftsführung der zu prüfenden Gesellschaft vermitteln, der der gebotenen Unbefangenheit des Prüfers abträglich wäre.[166] Obgleich der Wortlaut des Absatzes 3 Satz 1 Nr. 1 nur das unmittelbare oder mittelbare finanzielle Interesse an einer Kapitalgesellschaft umfasst, findet die Vorschrift entsprechende Anwendung auf alle anderen prüfungspflichtigen Unternehmen einschließlich der nach § 264a oder nach dem PublG prüfungspflichtigen **Personengesellschaften** (s. auch Rn 6, 41 und zu sonstigen Fällen § 316 Rn 5 f).[167]

41 **bb) Unmittelbares Halten eines Anteils.** Wie § 319 Abs. 2 Satz 1 Nr. 1 a.F. hält § 319 Abs. 3 Satz 1 Nr. 1 in der Fassung durch das BilReG (Rn 3) daran fest, dass jede unmittelbare Beteiligung des Prüfers (oder einer ihm nahestehenden Person, Rn 30 ff, s. aber auch Rn 20 und § 319b) an der zu prüfenden Gesellschaft den Ausschluss von der Abschlussprüfung nach sich zieht; über § 319 Abs. 2 Satz 1 Nr. 1 a.F. hinausgehend gilt nunmehr Entsprechendes für jedes andere unmittelbare und nicht nur unwesentliche finanzielle Interesse des Prüfers (oder ihm nahestehenden Person, Rn 30 ff) an der zu prüfenden Gesellschaft.[168] Was zunächst den Begriff des Anteils anbelangt, so werden von ihm zunächst alle eine **mitgliedschaftliche Stellung** verkörpernden Beteiligungen der zu prüfenden Kapitalgesellschaft erfasst, mithin bei AG, SE, GmbH und KGaA Aktien, GmbH-Geschäftsanteile und die Beteiligung als Komplementär,[169] bei der Genossenschaft (Rn 6, § 316 Rn 6) der Geschäftsanteil, bei der prüfungspflichtigen Personengesellschaft (Rn 6, 40) die Stellung als persönlich haftender Gesellschafter oder als Kommanditist,[170] bei dem nach dem PublG prüfungspflichtigen Verein die Stellung als Vereinsmitglied.[171] Die Stellung als vertretungsbefugter Komplementär fällt außerdem unter Absatz 3 Satz 1 Nr. 2.

42 **Höhe und rechtliche Ausgestaltung des Anteils** sind unerheblich. Das Erfordernis eines „nicht unwesentlichen Interesses" beansprucht für den Ausschluss qua Anteilsbesitz keine Geltung.[172] Mit Blick auf Entstehungsgeschichte,[173] Wortlaut und Zweck der Vorschrift ist auch eine Ausnahme für **Kleinstbeteiligungen**, insbesondere solche an einer börsennotierten AG, nicht veranlasst und auch verfassungsrechtlich nicht geboten.[174] Da der Abschlussprüfer durch Aufgabe der Beteiligung die aus Absatz 3 Satz 1 Nr. 1 rührende Beschränkung auszuräumen vermag, kann eine unverhältnismäßige Beeinträchtigung seiner Berufsausübungsfreiheit[175] nicht konstatiert werden. Auch kommt es nicht darauf an, dass die Anteile Stimmrechte vermitteln, so dass auch

---

164 Vgl. *Demme* S. 76 ff, 155 ff, 245 ff; Baetge/Kirsch/Thiele/*Chekushina* Rn 73; ferner Abschnitt B 1 der Kommissionsempfehlung (Rn 5).

165 Baetge/Kirsch/Thiele/*Chekushina* Rn 73 f; HdR-EA/*Baetge/Thiele*[5] Rn 44.

166 Vgl. die Nachw. in voriger Fn.

167 HdR-EA/*Baetge/Thiele*[5] Rn 50; Baetge/Thiele/Kirsch/*Chekushina* Rn 74.

168 Vgl. Begr. RegE, BT-Drucks. 15/3419, S. 38 f.

169 *ADS* Rn 71; HdR-EA/*Baetge/Thiele*[5] Rn 45.

170 HdR-EA/*Baetge/Thiele*[5] Rn 50. – In den Fällen des § 264a kommt naturgemäß nur die Beteiligung als Kommanditist in Betracht; bei mittelbarer Beteiligung (Rn 45) ist hingegen auch die Beteiligung an der Komplementär-Gesellschaft denkbar.

171 HdR-EA/*Baetge/Thiele*[5] Rn 50.

172 Beschlussempfehlung des Rechtsausschusses, BT-Drucks. 15/4054, S. 38.

173 Begr. RegE BiRiLiG, BT-Drucks. 10/317, S. 96; s. ferner vorige Fn.

174 HM, *ADS* Rn 77; Heymann/*Nägel* Rn 7; Baetge/Kirsch/Thiele/*Chekushina* Rn 78; **aA** KölnKomm-AktG/*Claussen/Korth*[2] Rn 29.

175 Hierzu und zu den Voraussetzungen einer zulässigen Einschränkung grundlegend BVerfGE 7, 377 ff = NJW 1958, 1035.

stimmrechtslose Vorzugsaktien und andere stimmrechtslose Anteile erfasst werden.[176] Schließlich steht es der Anwendbarkeit des Absatz 3 Satz 1 Nr. 1 nicht entgegen, dass die geschuldete Einlage nicht oder nicht vollständig geleistet ist.[177]

Erforderlich ist, dass der Anteil im **„Besitz"** des Abschlussprüfers oder der ihm nahestehenden Person (Rn 30 ff, s. aber auch Rn 20 und § 319b) steht. Hierfür genügt es allerdings, dass der Abschlussprüfer (oder die ihm nahestehende Person, Rn 20, 30 ff, § 319b) zumindest über den Anteil verfügen kann; Eigentum an den Aktien oder Inhaberschaft des Anteils ist nicht erforderlich.[178] Im Fall der Anteilstreuhand ist sowohl der Treugeber als auch der Treuhänder als Besitzer i.S.v. Absatz 3 Satz 1 Nr. 1 anzusehen.[179] Der Interessenkonflikt aufseiten des Treuhänders folgt nicht aus dem Anteilsbesitz als solchem, sondern auf der Erwartung, dass er i.d.R. aufgrund des Treuhandvertrages die Interessen des Treugebers zu wahren hat. Ist der Prüfer Treugeber, so ist er auch dann von der Prüfung ausgeschlossen, wenn er keinen Einfluss auf den Anteilsbesitz hat, z.B. weil dieser sich in Vermögensverwaltung befindet oder zur Sicherheit abgetreten ist. Hier ist die wirtschaftliche Zuordnung maßgebend.[180] Mittelbare Beteiligungen werden im Übrigen nicht erfasst. Dies gilt auch für die durch Investmentanteile vermittelte Beteiligung am zu prüfenden Unternehmen; sie ist angesichts der typischen Diversifizierung nicht mit der Treuhandschaft vergleichbar, kann aber bei Bedarf über den Tatbestand des mittelbaren Interesses (Rn 45) oder über § 319 Abs. 2 (Rn 18) erfasst werden.[181] 43

cc) Unmittelbares sonstiges finanzielles Interesse. Neben dem durch Mitgliedschaft vermittelten finanziellen Interesse erfasst Absatz 3 Satz 1 Nr. 1 i.d.F. durch das BilReG[182] – inspiriert durch die Kommissionsempfehlung (Rn 4) – auch jedes andere unmittelbare finanzielle Interesse, sofern dieses nicht unwesentlich ist. Die Materialien sprechen zunächst von Schuldverschreibungen, Schuldscheinen, Optionen und sonstigen Wertpapieren, sodann von allen sonstigen Finanzinstrumenten, die ein Unternehmen begibt.[183] Richtig ist in der Tat, dass die wertpapiermäßige Verbriefung des das Interesse an der zu prüfenden Gesellschaft vermittelnden Rechts nicht maßgeblich ist. Entscheidend ist vielmehr, dass der Inhalt oder die Durchsetzbarkeit des Rechts mit Ergebnis oder wirtschaftlicher Verfassung der zu prüfenden Gesellschaft verknüpft ist. Dies trifft gewiss auf Rechte zu, die irgendwie auf bestimmte unternehmerische Kennzahlen Bezug nehmen (insbesondere Gewinn, Umsatz, Kurs), wie dies namentlich bei gewinnabhängigen oder gewinnorientierten stillen Beteiligungen, Genussrechten und partiarischen Darlehen der Fall ist.[184] Es genügt aber auch, wenn die wirtschaftliche Verfassung der zu prüfenden Gesellschaft den wirtschaftlichen Wert des Rechts beeinflusst, so dass jedenfalls mit Nachrang oder Verlustbeteiligung versehene Forderungen erfasst werden.[185] Aber auch gewöhnliche Darlehensforderungen müssen den Ausschluss begründen, wenn sie nicht oder nicht hinreichend besichert sind und eine Höhe aufweisen, die ein nennenswertes Interesse des Gläubigers an dem zu prüfenden Unternehmen vermittelt.[186] **Unwesentlich** ist das Interesse mit anderen Worten nur, wenn nach Lage der Dinge mit 44

176 Baetge/Kirsch/Thiele/*Chekushina* Rn 75.

177 Vgl. Nachw. in voriger Fn.

178 4. Aufl. Rn 28 (*Zimmer*); Baetge/Kirsch/Thiele/*Chekushina* Rn 77.

179 So neben den in voriger Fn Genannten auch Hopt/*Merkt*[42] Rn 17; BeckBilKomm/*Justenhoven*/*Nagel*[13] Rn 38; nur für den Fall der Treugeberschaft des Prüfers HdR-EA/*Baetge*/*Thiele*[5] Rn 54.

180 Baetge/Kirsch/Thiele/*Chekushina* Rn 77.

181 Beschlussempfehlung des Rechtsausschusses, BT-Drucks. 15/4054, S. 38; ferner *ADS* Rn 72; Baetge/Kirsch/Thiele/*Chekushina* Rn 79; für Einbeziehung unter „anderes finanzielles Interesse" Hopt/*Merkt*[42] Rn 17.

182 Rn 3; zur Rechtslage nach § 319 Abs. 2 Nr. 1 a.F. s. 4. Aufl. Rn 24 ff (*Zimmer*).

183 Begr. RegE, BT-Drucks. 15/3419, S. 39.

184 Baetge/Kirsch/Thiele/*Chekushina* Rn 81; MünchKommHGB/*Ebke*[4] Rn 51.

185 Vgl. BeckBilKomm/*Justenhoven*/*Nagel*[13] Rn 39; MünchKommHGB/*Ebke*[4] Rn 51; **aA** Hopt/*Merkt*[42] Rn 17 für „kapitalersetzende Darlehen".

186 MünchKommHGB/*Ebke*[4] Rn 51; zurückhaltender BeckBilKomm/*Justenhoven*/*Nagel*[13] Rn 39.

der Erfüllung durch das zu prüfende Unternehmen oder einen Sicherungsgeber gerechnet werden kann und die Konditionen einem Drittvergleich Stand halten, wie das im Allgemeinen auf Bankeinlagen zutrifft.[187]

45 **dd) Mittelbare Beteiligung.** Im Einklang mit der Kommissionsempfehlung (Rn 4) lässt es Absatz 3 Satz 1 Nr. 1 nunmehr genügen, dass der Prüfer oder eine ihm nahestehende Person (Rn 30 ff, s. aber auch Rn 20 und § 319b) eine Beteiligung an einem Unternehmen besitzt, das mit der zu prüfenden Kapitalgesellschaft verbunden ist oder von dieser mehr als zwanzig vom Hundert der Anteile besitzt. Erfasst wird damit die wesentliche indirekte Beteiligung an der zu prüfenden Gesellschaft. Was den Begriff der **Beteiligung** betrifft, so knüpft der Gesetzgeber an **§ 271 Abs. 1** an.[188] Das Unternehmen, an dem der Prüfer beteiligt ist, muss sodann mit der zu prüfenden „Kapitalgesellschaft" (Rn 6, 40 f) verflochten sein. Insoweit nennt das Gesetz zwei denkbare Verflechtungstatbestände. Entweder ist das Unternehmen mit der zu prüfenden Gesellschaft **„verbunden"**; insoweit verweist das Gesetz auf den in **§ 271 Abs. 2** geregelten Tatbestand der verbundenen Unternehmen.[189] Oder das Unternehmen **„besitzt"** mehr als 20 % der **„Anteile"** der zu prüfenden Gesellschaft; insoweit gelten die Ausführungen zum Anteilsbesitz i.S.d. Absatzes 3 Satz 1 Nr. 1 Alt. 1 (Rn 41 ff) entsprechend. Liegen die Voraussetzungen einer von Absatz 3 Satz 1 Nr. 1 erfassten indirekten Beteiligung nicht vor, so bleibt immer noch die Möglichkeit des **Rückgriffs auf § 319 Abs. 2** (Rn 18). Von Bedeutung ist dies nicht zuletzt mit Blick auf die Unvollkommenheiten des Tatbestands verbundener Unternehmen gemäß § 271 Abs. 2, der in vielfältiger Weise hinter § 15 AktG zurückbleibt.[190]

b) Personelle Verflechtung (Absatz 3 Satz 1 Nr. 2)

46 **aa) Überblick.** Nach § 319 Abs. 3 Satz 1 Nr. 2 ist ein Wirtschaftsprüfer oder vereidigter Buchprüfer von der Abschlussprüfung ausgeschlossen, wenn er selbst, eine Person, mit der er den Beruf gemeinsam ausübt, der Ehegatte oder Lebenspartner oder ein Mitglied seines Netzwerks i.S.v. § 319b (zu den nahestehenden Personen Rn 30 ff) gesetzlicher Vertreter, Mitglied des Aufsichtsrats oder Arbeitnehmer der zu prüfenden Kapitalgesellschaft oder eines Unternehmens ist, das mit der zu prüfenden Gesellschaft verbunden ist oder von dieser mehr als zwanzig vom Hundert der Anteile besitzt. Damit hat das BilReG die zuvor in § 319 Abs. 2 Satz 1 Nr. 2 bis 4 a.F. enthaltenen Tatbestände zusammengefasst, freilich unter Inkaufnahme des Umstands, dass nicht mehr alle von der alten Regelung umfassten Konstellationen einbezogen sind.[191] Tragender Grund für den Ausschlusstatbestand sind allfällige **Interessen- und Loyalitätskonflikte** aufseiten eines Abschlussprüfers, der selbst oder dessen nahestehende Person (Rn 30 ff, s. auch § 319b) **unmittelbar oder mittelbar organschaftliche Funktionen** innerhalb der zu prüfenden Gesellschaft ausübt oder deren Arbeitnehmer ist;[192] beim Arbeitnehmer kommt dessen **Abhängigkeit vom Vorstand** hinzu.[193] Anders als § 319 Abs. 2 Satz 1 Nr. 2 a.F., dem zufolge die Wahrnehmung organschaftlicher

---

187 Vgl. Beschlussempfehlung des Rechtsausschusses, BT-Drucks. 15/4054, S. 38; MünchKommHGB/*Ebke*[4] Rn 51.

188 Begr. RegE, BT-Drucks. 15/3419, S. 39; s. ferner Hopt/*Merkt*[42] Rn 17.

189 Beschlussempfehlung des Rechtsausschusses, BT-Drucks. 15/4054, S. 38; Ebenroth/Boujong/Joost/Strohn/*Böcking/Gros/Rabenhorst* Rn 13; Baetge/Kirsch/Thiele/*Chekushina* Rn 82; MünchKommHGB/*Ebke*[4] Rn 52; für § 319 Abs. 2 Satz 1 Nr. 3 a.F. (= § 319 Abs. 3 Satz 1 Nr. 2) BGHZ 159, 234 (236 ff) = NZG 2004, 770 mwN; allg. 4. Aufl. Rn 35, 61 (*Zimmer*); *ADS* Rn 97, 176; *Ulmer* FS Goerdeler, S. 623 (638); *Kropff* FS Ulmer, S. 847 ff, 861 f (mit rechtspolitischer Kritik); *Ebke/Paal* ZGR 2005, 894 (899 ff); *Polt/Winter* WPg 2004, 1127 (1131); **aA** – für Rückgriff auf § 15 AktG –Baumbach/Hueck/*Schulze-Osterloh* GmbHG[18] § 41 Rn 101; wohl auch Hopt/*Merkt*[42] Rn 17, 27; krit. auch *Müller* NZG 2004, 1037 ff; *Ekkenga* BB 2004, 2013.

190 Näher BGH, *Zimmer, Ulmer, Kropff, Schulze-Osterloh*, jew. vorige Fn.

191 Vgl. Begr. RegE, BT-Drucks. 15/3419, S. 39; zu § 319 Abs. 2 S. 1 Nr. 2 bis 4 a.F. s. 4. Aufl. Rn 30 ff (*Zimmer*).

192 Baetge/Kirsch/Thiele/*Chekushina* Rn 90.

193 BGHZ 153, 32 (38) = NJW 2003, 970.

Funktionen in oder die Beschäftigung bei der zu prüfenden Gesellschaft auch dann zum Ausschluss führte, wenn sie in die letzten drei Jahre vor der Bestellung fiel,[194] bezieht § 319 Abs. 3 Satz 1 Nr. 2 **beendete Verflechtungen nicht mehr** ein;[195] doch kann sich die Befangenheit in diesem Fall aus § 319 Abs. 2 ergeben (Rn 18). An einer durch organschaftliche Funktionen oder die Stellung als Arbeitnehmer vermittelten Verflechtung fehlt es, wenn der Abschlussprüfer **beratend oder gutachterlich** für die Gesellschaft tätig ist.[196] Allein der Umstand, dass der Abschlussprüfer in diesem Fall in den Verantwortungsbereich des gesetzlichen Vertreters gerät, genügt für das Eingreifen des Absatzes 3 Satz 1 Nr. 2 nicht; allerdings kann sich der Ausschluss aus Absatz 3 Nr. 3, 5 oder aus Absatz 2 ergeben.

bb) Unmittelbare Verflechtung. Wie in Absatz 3 Satz 1 Nr. 1 (Rn 40) ist auch in Absatz 3 Satz 1 Nr. 2 der Begriff der **Kapitalgesellschaft** zu eng; unmittelbare Verflechtung führt also bei allen prüfungspflichtigen Unternehmen (Rn 6, § 316 Rn 3 ff) zum Ausschluss. **Gesetzliche Vertreter** sind diejenigen, die innerhalb des prüfungspflichtigen Unternehmens die organschaftliche Vertretungsbefugnis wahrnehmen, mithin die Mitglieder des Vorstandes der AG oder SE (§ 78 AktG, s. auch § 41 SEAG), die Geschäftsführer der GmbH (§ 35 GmbHG), die Komplementäre der KGaA (§ 278 Abs. 2 AktG i.V.m. §§ 170, 161 Abs. 2, 125 Abs. 1[197]), die vertretungsbefugten Gesellschafter der Personengesellschaft (§ 125 Rn 170) und die Mitglieder des Vorstands der Genossenschaft (§ 24 GenG) oder des Vereins (§ 26 Abs. 1 Satz 2 BGB). Als gesetzlicher Vertreter i.S.d. Absatzes 3 Satz 1 Nr. 2 ist auch der Insolvenzverwalter anzusehen.[198] 47

Für die Stellung als **Aufsichtsratsmitglied** ist die Bezeichnung des Organs unbedeutend. Neben dem gesetzlich vorgeschriebenen Aufsichtsrat unterfällt auch die Mitgliedschaft in freiwillig eingerichteten Gremien, die Aufgaben eines Aufsichtsrats erfüllen, diesem Begriff. Die Anwendung des Absatzes 3 Satz 1 Nr. 2 setzt in solchen Fällen voraus, dass es sich um ein zur Überwachung des gesetzlichen Vertreters berufenes Aufsichtsgremium handelt;[199] der Unvereinbarkeitsbestimmung liegt der Gedanke zugrunde, dass dem Aufsichtsrat die Kontrolle der Geschäftsführung im Allgemeinen und die Kontrolle der Rechnungslegung im Besonderen ohnehin obliegt und ihm ein neutraler Gehilfe zur Seite gestellt werden soll (Vor § 316 Rn 9). Eine rein beratende Tätigkeit ist hingegen nicht vom Aufsichtsratsbegriff umfasst;[200] unschädlich ist deshalb auch die Mitgliedschaft in einem Gremium, das zwar als Aufsichtsrat bezeichnet ist, die genannten Kriterien indes nicht erfüllt. 48

Was den Ausschluss aufgrund der Stellung als **Arbeitnehmer** betrifft, so ist er bezogen auf die Person des Prüfers selbst schon wegen des in § 43a Abs. 3 WPO geregelten Nebentätigkeitsverbotes von nicht allzu großer praktischer Bedeutung. Allerdings darf ein freiberuflich tätiger Wirtschaftsprüfer nach § 43a Abs. 1 WPO in einem Anstellungsverhältnis zu einem anderen Wirtschaftsprüfungsunternehmen stehen. Unterliegt dieses seinerseits der Prüfungspflicht nach §§ 316 ff, so ist der angestellte Prüfer nach Absatz 3 Satz 1 Nr. 2 von der Prüfung ausgeschlossen.[201] Gleichfalls erfasst ist der Fall, dass nicht der Prüfer, sondern sein Ehegatte oder eine andere ihm nahestehende Person (Rn 30 ff) Arbeitnehmer der zu prüfenden Gesellschaft ist.[202] Stets erforderlich ist ein Tätigwerden auf der Grundlage eines Arbeitsverhältnisses und damit eine dem Arbeit- 49

194 BGHZ 153, 32 (37 f) = NJW 2003, 970; 4. Aufl. Rn 33 (*Zimmer*).
195 Hachmeister/Kahle/Mock/Schüppen/*Mylich*/*Müller* Rn 70.
196 BGHZ 153, 32 (38) = NJW 2003, 970.
197 Ab Inkrafttreten des MoPeG (Gesetz v. 10.8.2021, BGBl. I, 3436) § 278 Abs. 2 AktG i.V.m. §§ 170 Abs. 1, 161 Abs. 2, 124 Abs. 1.
198 BeckBilKomm/*Justenhoven*/*Nagel*[13] Rn 40; vgl. ferner § 316 Rn 7, § 318 Rn 7, 75.
199 HM, vgl. *ADS* Rn 89; MünchKommHGB/*Ebke*[4] Rn 53; Baetge/Kirsch/Thiele/*Chekushina* Rn 92.
200 BGH NZG 2004, 770, 772 (insoweit nicht in BGHZ 159, 234 abgedruckt).
201 Baetge/Kirsch/Thiele/*Chekushina* Rn 95; Hachmeister/Kahle/Mock/Schüppen/*Mylich*/*Müller* Rn 71.
202 Hachmeister/Kahle/Mock/Schüppen/*Mylich*/*Müller* Rn 71.

nehmer eigene Abhängigkeit; sie ist auch bei leitenden Angestellten gegeben.[203] Bloß vorübergehende Tätigkeiten (insbesondere Praktikum) werden hingegen ebenso wenig erfasst[204] wie beratende oder gutachterliche Tätigkeit auf freiberuflicher Basis (Rn 46). Die nachhaltige Beschäftigung als „freier Mitarbeiter" dürfte hingegen den Ausschluss rechtfertigen.[205] Gehilfen – insbesondere Angestellte – des Prüfers werden zwar von Absatz 3 Satz 1 Nr. 4 (Rn 69 f), nicht aber von Absatz 3 Satz 1 Nr. 2 erfasst; ist also ein Arbeitnehmer des zu prüfenden Unternehmens Angestellter des Prüfers, ohne in die Prüfung involviert zu sein, so führt dies nicht zum Ausschluss des Prüfers.[206]

50 **cc) Mittelbare Verflechtung.** In sachlicher Übereinstimmung mit § 319 Abs. 2 Satz 1 Nr. 3 und 4 a.F. bezieht § 319 Abs. 3 Satz 1 Nr. 2 mittelbare Verflechtungen in den Ausschlusstatbestand ein. Ausgeschlossen ist der Prüfer danach auch, wenn er oder eine ihm nahestehende Person (Rn 30 ff) gesetzlicher Vertreter, Mitglied des Aufsichtsrats oder Arbeitnehmer eines Unternehmens ist, das mit der zu prüfenden Gesellschaft verbunden ist oder von dieser mehr als zwanzig vom Hundert der Anteile besitzt. Was zunächst die erfassten organschaftlichen Funktionen und Arbeitsverhältnisse betrifft, so kann auf die Ausführungen in Rn 47 ff verwiesen werden. Im Übrigen entspricht der Kreis der einbezogenen Unternehmen demjenigen des Absatzes 3 Satz 1 Nr. 1: **Beteiligungen** sind mithin solche i.S.d. § 271 Abs. 1, **verbundene Unternehmen** sind solche i.S.d. § 271 Abs. 2 (Rn 45); der Begriff des Anteilsbesitzes entspricht demjenigen des Absatzes 3 Satz 1 Nr. 1, so dass – vorbehaltlich des Tatbestands verbundener Unternehmen – nur die unmittelbare Beteiligung an der zu prüfenden Gesellschaft erfasst wird (Rn 45, 41 ff).

c) Mitwirkung (Absatz 3 Satz 1 Nr. 3)

51 **aa) Überblick, allgemeine Voraussetzungen.** Der Ausschlusstatbestand des § 319 Abs. 3 Satz 1 Nr. 3 geht zurück auf § 319 Abs. 2 Satz 1 Nr. 5 a.F.,[207] ist aber durch das BilReG (Rn 3) nicht unwesentlich ausgeweitet worden; ergänzende Bestimmungen für Unternehmen von öffentlichem Interesse finden sich in Art. 5 APr-VO (Rn 92 f). Dem Ausschlusstatbestand liegt die Erkenntnis zugrunde, dass eine unbefangene Prüfung ausgeschlossen ist, wenn der Prüfer Funktionen in der Rechnungslegung übernommen, insbesondere den Gegenstand der Prüfung mitgestaltet oder erarbeitet hat.[208] Absatz 3 Satz 1 Nr. 3 erfasst deshalb **vier über die eigentliche Prüfungstätigkeit hinausgehende Tätigkeiten**, die jeweils eine unzulässige **Selbstprüfung** darstellen würden und deshalb die unwiderlegliche Vermutung der Befangenheit rechtfertigen (Rn 18), nämlich die Mitwirkung bei Führung der Bücher oder Aufstellung des zu prüfenden Jahresabschlusses (lit. a),[209] die Mitwirkung bei Durchführung der internen Revision in verantwortlicher Position (lit. b), die Erbringung von Unternehmensleitungs- oder Finanzdienstleistungen (lit. c) und die Erbringung von eigenständigen versicherungsmathematischen oder Bewertungsleistungen, die sich auf den zu prüfenden Jahresabschluss nicht nur unwesentlich auswirken (lit. d).

52 Gemeinsame Voraussetzung aller vier Tatbestände ist zunächst, dass es sich um eine **prüfungsfremde Tätigkeit** handelt; insoweit bereitet namentlich die Abgrenzung zur beratenden Tätigkeit Probleme (Rn 60; s. ferner Rn 62). Die prüfungsfremde Tätigkeit darf zudem **nicht von**

203 MünchKommHGB/*Ebke*[4] Rn 54.
204 MünchKommHGB/*Ebke*[4] Rn 54.
205 AA MünchKommHGB/*Ebke*[4] Rn 54.
206 Baetge/Kirsch/Thiele/*Chekushina* Rn 95.
207 Hopt/*Merkt*[42] Rn 19.
208 OLG Brandenburg GmbHR 2001, 865 (866); Baetge/Kirsch/Thiele/*Chekushina* Rn 97.
209 Sie allein war von § 319 Abs. 2 Satz 1 Nr. 5 a.F. erfasst, s. 4. Aufl. Rn 39 ff (*Zimmer*).

untergeordneter Bedeutung sein, soll der Ausschlusstatbestand eingreifen.[210] Mit diesem – dem § 319 Abs. 2 Satz 1 Nr. 5 a.F. nicht bekannten und in den Materialien zum BilReG nicht näher erläuterten – Negativmerkmal dürfte freilich nur zum Ausdruck gebracht werden, was schon aus dem telos des Ausschlussgrundes folgt, dass nämlich das Selbstprüfungsverbot des Absatzes 3 Satz 1 Nr. 3 nur insoweit eingreift, als sich die prüfungsfremden Leistungen nicht in gestaltungsfernen Hilfsleistungen erschöpfen.[211] Allgemein vorausgesetzt ist weiter, dass die in Frage stehende Tätigkeit **im zu prüfenden Geschäftsjahr oder bis zur Erteilung des Bestätigungsvermerks** erbracht worden ist. Zuvor erbrachte Tätigkeiten sind mithin sub specie des Absatzes 3 Satz 1 Nr. 3 auch dann unbeachtlich, wenn sie sich weiterhin auf den zu prüfenden Abschluss auswirken; sie können aber insbesondere nach Absatz 3 Satz 1 Nr. 5 beachtlich sein oder den allgemeinen Ausschlussgrund des § 319 Abs. 2 begründen (Rn 18).[212] Gleichfalls unbeachtlich sind Tätigkeiten, die nach Erteilung des Testats erbracht werden; sie können indes hinsichtlich des nachfolgenden Abschlusses den Ausschluss nach sich ziehen.

Nach Absatz 3 Satz 1 Nr. 3 ist ein Wirtschaftsprüfer oder vereidigter Buchprüfer von der Abschlussprüfung nicht nur dann ausgeschlossen, wenn er selbst die über die Prüfungstätigkeit hinausgehende Tätigkeit erbringt; es genügt vielmehr, dass die Tätigkeit von einer Person, mit der er den **Beruf gemeinsam ausübt**, von seinem **Ehegatten** oder Lebenspartner (zu den nahestehenden Personen Rn 30 ff) oder einem Mitglied seines **Netzwerks** (§ 319b Rn 6 ff) erbracht wird. Darüber hinaus erfasst Absatz 3 Satz 1 Nr. 3 die **mittelbare Verwirklichung** des Ausschlussgrundes. Nach Absatz 3 Satz 1 Nr. 3 letzter Teilsatz ist nämlich der Wirtschaftsprüfer oder vereidigte Buchprüfer auch dann ausgeschlossen, wenn die Tätigkeit von einem Unternehmen für die zu prüfende Gesellschaft ausgeübt wird, bei dem er gesetzlicher Vertreter, Arbeitnehmer oder Mitglied des Aufsichtsrats ist oder als Gesellschafter mehr als zwanzig vom Hundert der den Gesellschaftern zustehenden **Stimmrechte**[213] besitzt. Auch insoweit genügt Verwirklichung des Verflechtungstatbestands durch eine dem Prüfer nahestehende Person (vgl. Rn 45, 50). Auch für Absatz 3 Satz 1 Nr. 3 gilt im Übrigen, dass die Vorschrift **nicht nur** auf **Kapitalgesellschaften**, sondern auf alle prüfungspflichtigen Unternehmen Anwendung findet (vgl. Rn 6, 40 f). 53

bb) Führung der Bücher; Aufstellung des Jahresabschlusses (lit. a). Absatz 3 Satz 1 Nr. 3 lit. a übernimmt den zuvor in Absatz 2 Satz 1 Nr. 5[214] geregelten Ausschlusstatbestand und schließt den Prüfer aus, wenn er oder eine ihm nahestehende Person unmittelbar oder mittelbar (Rn 53) über die Prüfungstätigkeit hinaus in dem zu prüfenden Geschäftsjahr oder bis zur Erteilung des Bestätigungsvermerks (Rn 52) bei der Führung der Bücher oder der Aufstellung des zu prüfenden Jahresabschlusses mitgewirkt hat, sofern die Mitwirkung nicht von untergeordneter Bedeutung ist (Rn 52). Es handelt sich um eine – auch international seit jeher anerkannte[215] – Ausprägung des Selbstprüfungsverbots, die dieses Verbot indes nicht vollständig abbildet und deshalb zu Recht durch die in lit. b bis d geregelten Ausschlusstatbestände ergänzt wird. Hinzukommt für **Unternehmen von öffentlichem Interesse** Art. 5 APr-VO (Rn 92 ff).[216] 54

Nach wie vor erfasst Absatz 3 Satz 1 Nr. 3 lit. a seinem Wortlaut nach allein den Jahresabschluss, nach § 242 Abs. 3 mithin Bilanz und Gewinn- und Verlustrechnung, mit denen der Anhang „eine Ein- 55

210 Dazu *Ring* WPg 2005, 197 (199); *Veltins* DB 2004, 445 (449); MünchKommHGB/*Ebke*[4] Rn 55.

211 Großzügiger wohl MünchKommHGB/*Ebke*[4] Rn 55, dem zufolge der Gesichtspunkt einzelner Abschlusspositionen nicht allein ausschlaggebend sein soll.

212 Hachmeister/Kahle/Mock/Schüppen/*Mylich*/*Müller* Rn 75.

213 Vgl. demgegenüber § 319 Abs. 3 S. 1 Nr. 1, 2, wo nicht auf die Stimmrechte, sondern auf den Anteilsbesitz als solchen abgestellt wird (Rn 43, 45, 50); zu § 319 Abs. 4 S. 1 s. hingegen Rn 77. Kritisch zur Anknüpfung an die Stimmrechte BeckOGK BGB/*Bormann*, 15.11.2020, Rn 104.

214 Dazu namentlich 4. Aufl. Rn 39 ff (*Zimmer*); *Röhricht* WPg 1998, 153 ff; *Fleischer* DStR 1996, 758 ff.

215 Vgl. *Peemöller*/*Oehler* BB 2004, 538 (541); zum Unionsrecht s. Rn 4 f, 20, 86 ff.

216 BeckOGK/*Bormann*, 15.11.2020, Rn 102.

heit bildet" (§ 264 Abs. 1 Satz 1),[217] nicht hingegen den **Lagebericht**. Nachdem § 316 Abs. 1 ausdrücklich zwischen Jahresabschluss und Lagebericht unterscheidet und auch das BilReG (Rn 3) davon abgesehen hat, den Ausschlusstatbestand des Absatzes 3 Satz 1 auf den Lagebericht zu erstrecken, dürfte eine den klaren Wortlaut übersteigende Auslegung ausgeschlossen sein.[218] Entsprechendes gilt für das Risikofrüherkennungssystem; es bildet zwar nach § 317 Abs. 4 bei börsennotierten Aktiengesellschaften einen Gegenstand der Pflichtprüfung (§ 317 Rn 32 ff), ist aber nicht Bestandteil des Jahresabschlusses i.S.d. Absatzes 3 Satz 1 Nr. 3 lit. a.[219] In beiden Fällen (Lagebericht, Risikofrüherkennungssystem) ergibt sich der zweifellos sachgerechte Ausschluss des Abschlussprüfers jedoch aus dem allgemeinen Ausschlussgrund nach Absatz 2.[220] Nach diesem – und nicht nach Absatz 3 Satz 1 Nr. 3 lit. a – dürfte sich denn auch richten, ob eine Mitwirkung bzgl. der keiner inhaltlichen Prüfung unterliegenden Bestandteile des Lageberichts (bisherige nichtfinanzielle Erklärung und **Erklärung zur Unternehmensführung**, soweit sie Teil des Lageberichts sind, §§ 289b Abs. 1 Satz 1, 289f[221]) selbst dann zum Ausschluss des Abschlussprüfers führt, wenn darin keine nach Art. 5 Abs. 1 APr-VO verbotene Nichtprüfungsleistung (zu diesem Fall Rn 101 ff) liegt. Mit Blick auf die Pflicht des Abschlussprüfers, auch insoweit eine formale Prüfung vorzunehmen (§ 317 Abs. 2 Satz 4–6), die zur Einschränkung oder gar Versagung des Bestätigungsvermerks führen kann,[222] sowie seine weitere Pflicht, auch diese Erklärungen „kritisch zu lesen" und allfällige, bei dieser Gelegenheit festgestellte Verstöße gegen die zugrunde liegenden Vorschriften im Prüfungsbericht zu vermerken (§ 321 Abs. 1 Satz 3),[223] liegt es nahe, auch insoweit eine Besorgnis der Befangenheit anzunehmen. Gleiches dürfte für Beratungsdienstleistungen im Zusammenhang mit der Nachhaltigkeitsberichterstattung nach der **Nachhaltigkeitsberichterstattungsrichtlinie** gelten (Vor § 316 Rn 20), die die „Erstellung" von Nachhaltigkeitsberichterstattung bei Unternehmen von öffentlichem Interesse sogar als verbotene Nichtprüfungsleistung einstuft (Art. 5 Abs. 1 UAbs. 2 lit. c APr-VO idF durch die Nachhaltigkeitsberichterstattungsrichtlinie, dazu Vor § 316 Rn 20).[224]

56 Die seit Langem diskutierte rechtspolitische Forderung nach einer klaren Trennung von Prüfung und Beratung[225] entspricht nach wie vor nicht der lex lata. Vielmehr führt die Erbringung von **Beratungsleistungen** durch den Prüfer (oder eine ihm nahestehende Person, Rn 30 ff) nicht per se zum Ausschluss von der Pflichtprüfung.[226] Dies entspricht der ganz herrschenden, höchstrichterlich anerkannten Ansicht zu § 319 Abs. 2 Satz 1 Nr. 5 a.F.,[227] die in der Folge durch das

---

217 Baetge/Kirsch/Thiele/*Chekushina* Rn 99.

218 So bereits 4. Aufl. Rn 39 (*Zimmer*); wie hier *Schüppen*[2] Rn 29; Hachmeister/Kahle/Mock/Schüppen/*Mylich*/*Müller* Rn 81; **aA** Baetge/Kirsch/Thiele/*Chekushina* Rn 99; MünchKommHGB/*Ebke* Rn 62; Hopt/*Merkt*[42] Rn 20; BeckBilKomm/*Justenhoven*/*Nagel*[13] Rn 50.

219 Baetge/Kirsch/Thiele/*Chekushina* Rn 104; Hachmeister/Kahle/Mock/Schüppen/*Mylich*/*Müller* Rn 81.

220 Hachmeister/Kahle/Mock/Schüppen/*Mylich*/*Müller* Rn 81; zum Lagebericht auch *Schüppen*[2] Rn 29.

221 Dazu MünchKommHGB/*Kajüter*[4] §§ 289b–289e Rn 19 ff, § 289f Rn 13 ff.

222 MünchKommHGB/*Kajüter*[4] §§ 289b–289e Rn 70, § 289f Rn 44.

223 BeckBilKomm/*Grottel*[13] § 289f Rn 241; MünchKommHGB/*Kajüter*[4] §§ 289b–289e Rn 64.

224 Vgl. schon den Kommissionsvorschlag vom 21.4.2021, COM(2021) 189 final., der allerdings noch vorsah, sogar die bloße Beratung bzgl. der Nachhaltigkeitsberichterstattung in den Katalog der verbotenen Nichtprüfungsleistungen aufzunehmen (Art. 5 Abs. 1 UAbs. 2 lit. l der Entwurfsfassung), dies aber nur für den Fall, dass dem Abschlussprüfer auch die Prüfung der Nachhaltigkeitsberichterstattung obliegt. Das steht der hier vertretenen Lösung aus Sicht des Verfassers nicht entgegen; sie gilt aber nur vorbehaltlich einer expliziten Regelung im Rahmen der Umsetzung der Nachhaltigkeitsberichterstattungsrichtlinie in das nationale Recht (bei Manuskriptabschluss hat insoweit noch kein Gesetzentwurf vorgelegen).

225 Dazu Baumbach/Hueck/*Schulze-Osterloh* GmbHG[18] § 41 Rn 104; *Fleischer* DStR 1996, 758 (763); *Hommelhoff* ZGR 1997, 550 (554 f); *Hellwig* ZIP 1999, 2117 (2118 ff).

226 MünchKommHGB/*Ebke*[4] Rn 59 f; Hopt/*Merkt*[42] Rn 20 f; BeckOGK-HGB/*Bormann*, 15.11.2020, Rn 102; Ebenroth/Boujong/Joost/Strohn/*Böcking*/*Gros*/*Rabenhorst* Rn 22.

227 BGHZ 118, 142 (144) = NJW 1992, 2021; BGHZ 135, 260 (263 ff) = NJW 1997, 2178; BGHZ 153, 32 (38 ff) = NJW 2003, 970; BGHZ 159, 234 (240 ff) = NZG 2004, 770; OLG Frankfurt/M. ZIP 2004, 1114 (1117); OLG Hamm DStR 2009, 1978, 1979; s. ferner *Röhricht* WPg 1998, 153 ff; *Moxter* BB 1996, 683 ff; *Neumann* ZIP 1998, 1338 ff; *ADS* Rn 120; *Ebke* FS Röhricht, S. 835 ff; *W. Müller* WPg 2003, 741 ff; *Schüppen* WPg 2003, 750 ff.

BilReG bestätigt worden ist.[228] In die entgegengesetzte Richtung weist tendenziell **Art. 5 APr-VO**, der den Abschlussprüfern von **Unternehmen von öffentlichem Interesse** eine ganze Reihe von Nichtprüfungsleistungen untersagt (Rn 92 ff), aber bestimmte Ausnahmen nach nationalem Recht zulässt (Art. 5 Abs. 3 APr-VO). Von der damit eröffneten Möglichkeit, Erleichterungen für die Praxis vorzusehen, machte der nationale Gesetzgeber im Rahmen des § 319a a.F. zunächst Gebrauch, revidierte diese Entscheidung aber im Jahr 2021 mit dem FISG (Vor § 316 Rn 17).[229] Für Unternehmen von öffentlichem Interesse gelten damit die Verbotstatbestände des Art. 5 APr-VO (Rn 92 ff) in vollem Umfang; Verstöße führen im Regelfall zum Ausschluss des Abschlussprüfers nach § 319 Abs. 2 (Rn 101 ff) und können überdies Bußgelder nach sich ziehen (§ 334 Abs. 2).[230] Soweit eine Nichtprüfungsleistung zulässig ist, bedarf ihre Erbringung bei Unternehmen von öffentlichem Interesse der Billigung durch den **Prüfungsausschuss** (Art. 5 Abs. 4 APr-VO, Rn 94).[231] Außerhalb des Anwendungsbereichs der APr-VO (sowie im Hinblick auf danach erlaubte Nichtprüfungsleistungen) bleibt es dabei, dass die Erbringung von Beratungsleistungen nur ausnahmsweise – nämlich im Falle einer als Mitwirkung am Prüfungsobjekt zu wertenden Tätigkeit – zum Ausschluss des Abschlussprüfers nach Absatz 3 Satz 1 Nr. 3 führt (Rn 56 f). Soweit der **Aufsichtsrat** für den Abschluss des Prüfungsauftrags zuständig ist (§ 318 Rn 44) und Art. 5 Abs. 4 APr-VO (Rn 94) nicht zur Anwendung kommt, obliegt es ihm, durch Statuierung von Zustimmungsvorbehalten für prüfungsfremde Leistungen gemäß § 111 Abs. 4 Satz 2 AktG für die fortwährende Unabhängigkeit des Abschlussprüfers zu sorgen.[232]

Im Rahmen des Absatzes 3 Satz 1 Nr. 3 lit. a unproblematisch – aber ggf. von anderen Tatbe- 57
ständen einschließlich des Art. 5 APr-VO erfasst – sind Beratungsleistungen außerhalb von Buchführung und Jahresabschluss; insoweit sind auch konkrete und alternativlose Entscheidungsvorschläge unschädlich.[233] Die bei Unternehmen von öffentlichem Interesse nach Maßgabe des Art. 5 Abs. 1 UAbs. 2 lit. a, g APr-VO unzulässige Beratung in Steuer- und Rechtsangelegenheiten (Rn 93) kann außerhalb des Anwendungsbereichs der APr-VO grundsätzlich neben der Prüfungstätigkeit erfolgen. In seiner zu § 319 Abs. 2 Satz 1 Nr. 5 a.F. ergangenen **„Allweiler"-Entscheidung** formulierte der BGH, von einer unzulässigen Mitwirkung des Beraters sei i.d.R. erst dann auszugehen, wenn die Beratung über die Darstellung von Alternativen im Sinne der Entscheidungshilfe hinausgehe, insbesondere der Berater selbst anstelle des Mandanten ganz oder teilweise eine unternehmerische Entscheidung treffe. Anders verhalte es sich, wenn dem Beratenen die Entscheidungskompetenz verbleibe, dem Rat zu folgen oder nicht (vom BGH sog. Kriterium der funktionalen Entscheidungszuständigkeit).[234] Diese Grundsätze sind unter Geltung der heutigen Gesetzesfassung weiter maßgeblich,[235] zumal das BilReG in § 319 Abs. 3 Satz 1 Nr. 3 lit. a ausdrücklich den Wortlaut

228 Vgl. Begr. RegE, BT-Drucks. 15/3419, S. 41 (betr. § 319a Abs. 1 Satz 1 Nr. 2 a.F.): „Im Grundsatz geht der vorliegende Entwurf davon aus, dass das Erbringen von Rechts- oder Steuerberatungsleistungen im weitaus überwiegenden Umfang nach wie vor zulässig ist."; s. zuvor bereits, BT-Drucks. 10/4268, S. 118; instruktiv *Erle* FS Röhricht, S. 859 ff.

229 RegE FISG, BT-Drs. 19/26966, S. 102; *Liebscher/Rinker* BKR 2021, 466 (470 f).

230 RegE FISG, BT-Drs. 19/26966, S. 102; *Liebscher/Rinker* BKR 2021, 466 (470 f).

231 MünchKommAktG/*Habersack*[5] § 111 Rn 92.

232 Näher MünchKommAktG/*Habersack*[5] § 111 Rn 92 mit Hinweis, dass sich das Zustimmungserfordernis nunmehr aus Art. 5 Abs. 4 APr-VO und dem (zwischenzeitlich gestrichenen) § 319a Abs. 3 ergebe; bei Gesellschaften, die keine Unternehmen von öffentlichem Interesse sind, wird der Aufsichtsrat weiterhin einen Zustimmungsvorbehalt statuieren müssen; zur rechtspolitischen Frage einer gesetzlichen Normierung eines entsprechenden Zustimmungsvorbehalts bereits vorher *Hülsmann* DStR 2005, 166 (172).

233 Vgl. BGHZ 118, 142 (144) = NJW 1992, 2021.

234 BGHZ 135, 260 (263 ff) = NJW 1997, 2178; vgl. auch BGHZ 159, 234 (240 f) = NZG 2004, 770 (771 f); zu weiteren Nachw. s. Fn 227; **aA** noch OLG Karlsruhe WM 1996, 481 (Vorinstanz zu BGHZ 135, 260); *Fleischer* DStR 1996, 758 (763); kritisch auch Baumbach/Hueck/*Schulze-Osterloh* GmbHG[18] § 41 Rn 104.

235 Hopt/*Merkt*[42] Rn 21; MünchKommHGB/*Ebke*[4] Rn 59 f; Ebenroth/Boujong/Joost/Strohn/*Böcking*/*Gros*/*Rabenhorst* Rn 22; BeckOGK/*Bormann*, 15.11.2020 Rn 114; zur Kritik s. vorige Fn.

der vorherigen Regelung übernommen hat.[236] Daran ändert auch der Umstand nichts, dass diese Grundsätze zwischenzeitlich durch § 319a Abs. 1 Satz 1 Nr. 2 a.F. aufgegriffen wurden[237] und die Norm sodann wieder entfallen ist. Insoweit ging es nur um die gesetzgeberische Entscheidung, ob und ggf. inwieweit die Spielräume des Art. 5 Abs. 3 APr-VO zugunsten der Praxis genutzt werden sollten oder nicht (Rn 56, Vor § 316 Rn 17). Eine Aussage über die außerhalb des Anwendungsbereichs der APr-VO geltenden Grundsätze ist damit nicht verbunden, so dass nichts dagegen spricht, die Allweiler-Grundsätze weiter heranzuziehen.[238]

58 Bei Unternehmen von öffentlichem Interesse sind Steuerberatungsleistungen des Abschlussprüfers nach Maßgabe von Art. 5 Abs. 1 UAbs. 2 lit. a APr-VO untersagt (Rn 93). Im Rahmen der Anwendung des § 319 Abs. 3 Satz 1 Nr. 3 lit. a auf nicht der APr-VO unterliegende Sachverhalte gilt hingegen – ungeachtet der Verknüpfung von Handels- und Steuerbilanz durch den (zunehmend relativierten) Maßgeblichkeitsgrundsatz des § 5 Abs. 1 Satz 1 EStG –, dass **steuerliche Beratung** regelmäßig nicht zur unzulässigen Mitwirkung an der Aufstellung des Jahresabschlusses führt.[239] Den Ausschluss von der Pflichtprüfung hat die Beratung in Steuer- und Rechtsangelegenheiten – Entsprechendes gilt für die allgemeine unternehmerische Beratung – allerdings nicht erst dann zur Folge, wenn ein konkreter Auftrag zur Mitwirkung an der Buchführung oder der Erstellung des Jahresabschlusses erteilt wird.[240] Es genügt vielmehr, dass der Wirtschaftsprüfer im Rahmen seiner beratenden Tätigkeit nicht nur eine Entscheidungshilfe anbietet, sondern die **unternehmerische Entscheidung selbst trifft** (Rn 57).[241]

59 Auch jenseits der „gestaltenden Beratung" (Rn 57 f) liegt Mitwirkung bei der **Buchführung** i.S.d. Absatz 3 Satz 1 Nr. 3 lit. a nur vor, wenn sich aus der Tätigkeit des Abschlussprüfers materielle Auswirkungen auf die Buchführung ergeben, wobei es nicht genügt, dass wenn es sich um bloß mittelbare Effekte handelt, etwa dergestalt, dass der Prüfer namens der Gesellschaft einen Vertrag mit einem Dritten schließt, der sodann buchhalterisch zu erfassen ist und sich bilanziell auswirkt.[242] Unschädlich ist es im Rahmen des Absatzes 3 Satz 1 Nr. 3 lit. a, wenn der Abschlussprüfer bloß an der Organisation des Rechnungswesens mitwirkt.[243] Bei Unternehmen von öffentlichem Interesse kann hierin jedoch ein Verstoß gegen Art. 5 Abs. 1 UAbs. 2 lit. e APr-VO (Gestaltung und Umsetzung interner Kontroll- oder Risikomanagementverfahren, Rn 93) liegen.[244] Entsprechendes gilt im Allgemeinen für die Einrichtung oder Überlassung geeigneter EDV;[245] unberührt bleiben allerdings andere Ausschlussgründe. **Erstellungstätigkeiten** wie namentlich die Eingabe von Daten, die Erfassung von Belegen und den Abschluss sowie die Überführung von Konten hingegen sind in aller Regel auch dann unzulässige Mitwirkungshandlungen, wenn sie die besonderen Fachkenntnisse des Wirtschaftsprüfers nicht voraussetzen;[246] allerdings kann im Einzelfall der Ausnahmetatbestand der prüfungsfremden Tätigkeit von nur **untergeordneter Bedeutung** eingreifen (Rn 52).

236 Begr. RegE, BT-Drucks. 15/3419, S. 39 („Buchstabe a übernimmt zunächst den Wortlaut der bisher im § 319 Abs. 2 Nr. 5 HGB enthaltenen Regelung ...").

237 5. Aufl. § 319 Rn 54, § 319a Rn 14 ff; MünchKommHGB/*Ebke*[4] Rn 59 f.

238 Vgl. Hopt/*Merkt*[42] Rn 20; BeckOK BGB/*Poll* 15.1.2022, Rn 28.

239 BGHZ 135, 260 (263 ff) = NJW 1997, 2178; Begr. RegE BilReG, BT-Drucks. 15/3419, S. 41; MünchKommHGB/*Ebke*[4] Rn 59 f; *ADS* Rn 119 f; *Harder* DB 1996, 717 (720); **aA** 4. Aufl. Rn 41 f (*Zimmer*); Baumbach/Hueck/*Schulze-Osterloh* GmbHG[18] § 41 Rn 104; *Hommelhoff* ZGR 1997, 550 (555 ff); *Fleischer* DStR 1996, 758 (763); *Thiele* DB 1997, 1396 (1397).

240 So noch *ADS*[5] Rn 62, 65; anders jetzt *ADS* Rn 123; vgl. auch BayObLG WM 1987, 1361 (1366), das nur bei Hinzutreten weiterer Merkmale Raum für die Besorgnis der Befangenheit i.S.d. § 318 Abs. 3 a.F. sieht.

241 BGHZ 135, 260 (263 ff) = NJW 1997, 2178; MünchKommHGB/*Ebke*[4] Rn 59 f.

242 BGHZ 159, 234 (240 f) = NZG 2004, 770.

243 *ADS* Rn 127; Baetge/Kirsch/Thiele/*Chekushina* Rn 103.

244 BeckBilKomm/*Justenhoven*/*Nagel*[13] Rn 51.

245 Baetge/Kirsch/Thiele/*Chekushina* Rn 103; BeckBilKomm/*Justenhoven*/*Nagel*[13] Rn 51.

246 OLG Düsseldorf AG 1991, 321 ff; OLG Köln BB 1992, 2108 f; MünchKommHGB/*Ebke*[4] Rn 62; Baetge/Kirsch/Thiele/*Chekushina* Rn 101; **aA** 4. Aufl. Rn 43 (*Zimmer*).

An einer **prüfungsfremden Tätigkeit** i.S.d. Absatzes 3 Satz 1 Nr. 3 fehlt es, soweit der Abschlussprüfer im Rahmen der Prüfung des Jahresabschlusses auf Fehler hinweist und Korrekturen anregt, denn den Interessenten des Jahresabschlusses ist an einem Abschluss gelegen, der dem Gesetz und den Grundsätzen ordnungsgemäßer Buchführung entspricht.[247] Dem Prüfer ist es jedoch nicht gestattet, selbst korrigierend in den Abschluss einzugreifen; da bereits eine Entscheidung durch das prüfungspflichtige Unternehmen getroffen wurde und eine Veränderung konkrete Auswirkungen auf den Jahresabschluss hätte, ist vielmehr auch insoweit die Entscheidungszuständigkeit der Gesellschaft zu wahren, weshalb sich der Prüfer auf Empfehlungen zu beschränken hat.[248] 60

Von Absatz 3 Satz 1 Nr. 3 lit. a nicht erfasst, bei Unternehmen von öffentlichem Interesse aber auch an Art. 5 Abs. 1 UAbs. 2 lit. f APr-VO zu messen, ist die Erstellung von **Bewertungsgutachten** und vergleichbaren Gutachten.[249] Dies gilt namentlich für die Ausarbeitung eines **Verschmelzungswertgutachtens** und die Feststellung der Verschmelzungswertrelation,[250] aber auch für die Prüfung der Barabfindung gemäß § 327c Abs. 2 Satz 2 AktG[251] oder die Tätigkeit als Sachverständiger im Rahmen eines Spruchverfahrens.[252] Soweit sich die Bewertungsleistung auf den zu prüfenden Jahresabschluss auswirkt, kann allerdings der Ausschlusstatbestand des **Absatzes 3 Satz 1 Nr. 3 lit. d** eingreifen (Rn 67); unberührt bleibt im Übrigen der allgemeine Ausschlusstatbestand des Absatzes 2, namentlich unter dem Gesichtspunkt der „natürlichen Selbstrechtfertigungstendenz" (Rn 23). Für Absatz 3 Satz 1 Nr. 3 lit. a ist hingegen allenfalls unter dem Gesichtspunkt Raum, dass der Prüfer im Rahmen der Begutachtung selbst Aktiv- oder Passivposten bewertet und diese Bewertung sodann nicht nur in das Bewertungsgutachten, sondern auch in den Jahresabschluss eingeht.[253] 61

cc) Durchführung der internen Revision (lit. b). Bei Unternehmen von öffentlichem Interesse untersagt **Art. 5 Abs. 1 UAbs. 2 lit. h APr-RL** dem Abschlussprüfer „Leistungen im Zusammenhang mit der internen Revision des geprüften Unternehmens". Überdies ist der Wirtschaftsprüfer oder vereidigte Buchprüfer nach § 319 Abs. 3 Satz 1 Nr. 3 lit. b von der Abschlussprüfung ausgeschlossen, wenn er oder eine ihm nahestehende Person (Rn 30 ff) im zu prüfenden Geschäftsjahr oder bis zur Erteilung des Bestätigungsvermerks (Rn 52) unmittelbar oder mittelbar (Rn 53) bei der Durchführung der internen Revision in verantwortlicher Position mitgewirkt hat. Vor dem Hintergrund, dass sich die Pflichtprüfung auch auf die die Rechnungslegung betreffende interne Revision zu erstrecken hat (§ 317 Rn 6), handelt es sich auch bei diesem Ausschlusstatbestand um eine Ausprägung des Verbots der **Selbstprüfung**.[254] Hieraus erklärt sich wiederum die Beschränkung auf Sachverhalte, in denen der Prüfer an der internen Revision **„in verantwortlicher Position"** mitwirkt. Ausgeschlossen ist es danach, die Revision im Rahmen eines „Outsourcing" an den Prüfer auszulagern oder diesem die Leitung oder strategische Planung der internen Revision zu übertragen.[255] Im Rahmen von Absatz 3 Satz 1 Nr. 3 lit. b unbedenklich ist hingegen eine Überprüfung auf Schwachstellen nebst der Unterbreitung von Vorschlägen zu ihrer Beseitigung; nach Lage des Falles fehlt es insoweit bereits 62

---

247 BGHZ 135, 260 (264 f) = NJW 1997, 2178; *Röhricht* WPg 1998, 153 (156); MünchKommHGB/*Ebke*[4] Rn 58; Baetge/Kirsch/Thiele/*Chekushina* Rn 102; HdR[5]-*Baetge/Thiele* Rn 78.

248 *ADS* Rn 125; Baetge/Kirsch/Thiele/*Chekushina* Rn 102; **aA** *Moxter* BB 1996, 683 (684).

249 MünchKommHGB/*Ebke*[4] Rn 58; Baetge/Kirsch/Thiele/*Chekushina* Rn 103.

250 BGHZ 153, 32 (38 ff) = NJW 2003, 970; dazu *Claussen* BB 2003, 466 ff; *Lanfermann/Lanfermann* DStR 2003, 900 ff; *Gelhausen/Kuss* NZG 2003, 424 ff; *Müller* WPg 2003, 741 ff; *Schüppen* WPg 2003, 750 ff.

251 Zur Zulässigkeit der Parallelprüfung von gerichtlich bestelltem Prüfer und im Auftrag des Hauptaktionärs tätigem Gutachter s. BGH NZG 2005, 905 (906); OLG Stuttgart NZG 2007, 112 (114).

252 OLG München DB 2006, 1670.

253 Zur Abgrenzung s. BGHZ 153, 32 (38 ff) = NJW 2003, 970; *Gelhausen/Kuss* NZG 2003, 424 (425); s. ferner OLG Hamburg BB 1992, 1533.

254 Begr. RegE BilReG, BT-Drucks. 15/3419, S. 39; MünchKommHGB/*Ebke*[4] Rn 64.

255 MünchKommHGB/*Ebke*[4] Rn 64.

an einer prüfungsfremden Tätigkeit (Rn 52, 60).[256] In Bezug auf eine Beratung zu Fragen der internen Revision wird man wiederum darauf abstellen müssen, ob die funktionale Entscheidungszuständigkeit bei dem zu prüfenden Unternehmen bleibt (Rn 56 f).[257] Stets zu bedenken ist aber, dass das für Unternehmen von öffentlichem Interesse maßgebliche Verbot des Art. 5 Abs. 1 UAbs. 2 lit. h APr-VO in mehrfacher Hinsicht weiter gefasst ist[258] (Rn 93) und ein Verstoß dagegen im Regelfall die Inhabilität nach § 319 Abs. 2 nach sich zieht (Rn 101 ff). Dem Erfordernis einer Tätigkeit von nicht nur untergeordneter Bedeutung (Rn 52) jedenfalls kommt im Rahmen der lit. b keine praktische Bedeutung zu; die in lit. b vorausgesetzte Mitwirkung in verantwortlicher Position schließt den Rückgriff auf den Ausnahmetatbestand per definitionem aus. Eine **Compliance-Beratung** durch den Abschlussprüfer, etwa im Hinblick auf IDW PS 980, führt nicht zum Ausschluss nach Absatz 3 Satz 1 Nr. 3 lit. b, kann aber Besorgnis der Befangenheit i.S.v. Absatz 2 begründen.[259]

63 **dd) Unternehmensleitungs- oder Finanzdienstleistungen (lit. c).** Nach § 319 Abs. 3 Satz 1 Nr. 3 lit. c ist der Wirtschaftsprüfer oder vereidigte Buchprüfer von der Abschlussprüfung ausgeschlossen, wenn er oder eine ihm nahestehende Person (Rn 30 ff) im zu prüfenden Geschäftsjahr oder bis zur Erteilung des Bestätigungsvermerks (Rn 52) unmittelbar oder mittelbar (Rn 53) Unternehmensleitungs- oder Finanzdienstleistungen erbracht hat, welche nicht von untergeordneter Bedeutung sind (Rn 52). Ausweislich der Materialien trägt der Ausschlusstatbestand dem Umstand Rechnung, dass der Prüfer, der Unternehmensleitungs- oder Finanzdienstleistungen erbracht hat, „eine besonders enge berufliche Verflechtung mit dem geprüften Unternehmen eingegangen ist" und sich dabei zudem häufig auch als Interessenwahrer seines Mandanten nach außen zu erkennen geben wird.[260] In der Tat lässt sich nicht bestreiten, dass derjenige, der **Managementfunktionen** erbringt, zu einer unbefangenen Abschlussprüfung kaum imstande sein dürfte. Er sieht sich vielmehr **Interessen- und Loyalitätskonflikten** ausgesetzt, wie sie auch den von Absatz 3 Satz 1 Nr. 2 erfassten Sachverhalten eigen sind (Rn 46 ff).[261] Hieraus wiederum erklärt sich, dass lit. c den Ausschluss nicht davon abhängig macht, dass sich die Dienstleistung auf den zu prüfenden Jahresabschluss auswirkt.[262]

64 Der systematische Zusammenhang mit dem **Selbstprüfungsverbot** als gedanklicher Grundlage der in Absatz 3 Satz 1 Nr. 3 geregelten Ausschlusstatbestände[263] darf indes ebenso wenig ignoriert werden wie der Umstand, dass Beratungsleistungen des Prüfers als solche den Ausschluss von der Pflichtprüfung noch nicht rechtfertigen (Rn 56 ff). Vor diesem Hintergrund ist auch für Absatz 3 Satz 1 Nr. 3 lit. c zu verlangen, dass sich der Prüfer nicht auf das Aufzeigen von Gestaltungsalternativen beschränkt, sondern selbst Einfluss auf die Managemententscheidung (mag sie sich im Jahresabschluss niederschlagen oder nicht) hat.[264] Allein der bei Dritten erweckte Anschein einer Interessenvertretung dürfte demgegenüber im Rahmen des Absatzes 3 Satz 1 Nr. 3 lit. c nicht genügen.[265] Vergleichbare Vorgaben ergeben sich für **Unternehmen von öffentlichem Interesse** aus Art. 5 APr-VO (Rn 92 ff).[266] Danach zählen zu den unzulässigen Nichtprüfungsleis-

---

256 Baetge/Kirsch/Thiele/*Chekushina* Rn 104; *Ring* WPg 2005, 197 (199); Baumbach/Hueck/*Schulze-Osterloh* GmbHG[18] § 41 Rn 105.

257 Baetge/Kirsch/Thiele/*Chekushina* Rn 104; Hachmeister/Kahle/Mock/Schüppen/*Mylich*/*Müller* Rn 84.

258 Vgl. MünchKommHGB/*Ebke*[4] Rn 64.

259 Hachmeister/Kahle/Mock/Schüppen/*Mylich*/*Müller* Rn 85.

260 Begr. RegE BilReG, BT-Drucks. 15/3419, S. 39.

261 Zutr. Betonung der Parallele bei Ebenroth/Boujong/Joost/Strohn/*Böcking*/*Gros*/*Rabenhorst* Rn 24.

262 MünchKommHGB/*Ebke*[4] Rn 65.

263 Vgl. neben Begr. RegE BilReG, BT-Drucks. 15/3419, S. 39 insbesondere *Hülsmann* DStR 2005, 166 (168); *Baetge*/*Brötzmann* Der Konzern 2004, 724 (729).

264 Näher dazu am Beispiel der M&A-Beratung *Henssler* ZHR 171 (2007), 10 (18 ff); s. ferner BeckBilKomm/*Justenhoven*/*Nagel*[13] Rn 58.

265 Zutr. *Henssler* ZHR 171 (2007), 10 (25 f).

266 BeckBilKomm/*Justenhoven*/*Nagel*[13] Rn 57 ff.

tungen auch solche, „mit denen eine Teilnahme an der Führung oder an Entscheidungen des geprüften Unternehmens verbunden ist“ sowie verschiedene Leistungen im Zusammenhang mit der Finanzierung sowie der Anlagestrategie (u.a.) des Prüfungsmandanten (Art. 5 Abs. 1 UAbs. 2 lit. b, i APr-VO, Rn 93).

In den Tatbestand des Absatzes 3 Satz 1 Nr. 3 lit. c Alt. 1 fallen in Abgrenzung zu Abs. 3 Satz 1 65
Nr. 2 nur Leistungen, die weder eine organschaftliche noch eine arbeitsvertragliche Grundlage haben und damit freiberuflich erbracht werden, und zwar i.d.R. im Rahmen eines Geschäftsbesorgungsvertrags.[267] Inhaltlich erfasst sind sämtliche Leistungen, die mit der Führung eines Unternehmens verbunden sind und die vom Prüfer in einer dem Selbstprüfungsverbot zuwiderlaufenden Weise erbracht werden (Rn 63 f).[268] Neben strategischen Entscheidungen gehören hierzu auch herausgehobene operative Maßnahmen.[269] In der Sache geht es um Funktionen als Generalbevollmächtigter oder Interim-Manager oder die Übernahme von Aufgaben des Leitungsorgans aus dem Bereich der Compliance.[270]

Der Begriff der **Finanzdienstleistungen** ist nicht mit demjenigen des § 1 Abs. 1a Satz 2 KWG 66
gleichzusetzen, sondern unter Berücksichtigung des Zweckes der in Absatz 3 Satz 1 Nr. 3 geregelten Ausschlusstatbestände auszulegen.[271] In der Sache zielt der Ausschlussgrund auf Personen, die im Fall der Feststellung von Unrichtigkeiten im Rahmen der Abschlussprüfung Vermögensnachteile oder Ansehensverluste zu gewärtigen hätten und insofern ein unmittelbares eigenes finanzielles Interesse an der zu prüfenden Gesellschaft haben.[272] Wesentliche Anwendungsfälle des Absatzes 3 Satz 1 Nr. 3 lit. c sind danach Makler- und Vermittlertätigkeiten, die Übernahme dem Publikum anzubietender Finanzinstrumente der zu prüfenden Gesellschaft, die Übernahme treuhänderischer Funktionen und die Vornahme von Anlageentscheidungen;[273] in diesen Fällen ist im Allgemeinen kein Raum für den Ausnahmetatbestand einer nur untergeordneten Bedeutung der Tätigkeit (Rn 52). Hingegen ist die beratende Tätigkeit auch dann nicht von Absatz 3 Satz 1 Nr. 3 lit. c erfasst, wenn sie sich – wie gewöhnlich – auf Fragen der Unternehmensleitung oder der Finanzdienstleistungen bezieht, solange der Prüfer weder selbst gestaltend und damit unternehmerisch tätig ist (vielmehr sich darauf beschränkt, Gestaltungsvarianten aufzuzeigen, Rn 56 f) noch finanzielles Engagement oder Risiko eingeht; das Erstellen von Wirtschaftlichkeitsanalysen oder Finanzierungskonzepten und die beratende Begleitung von Anlage- oder Verkaufsentscheidungen haben deshalb nicht schon nach Absatz 3 Satz 1 Nr. 3 lit. c den Ausschluss von der Pflichtprüfung zur Folge.[274] Zu beachten bleibt bei Unternehmen von öffentlichem Interesse aber das weiter reichende Verbot des Art. 5 Abs. 1 UAbs. 2 lit. i APr-VO für bestimmte „Leistungen im Zusammenhang mit der Finanzierung, der Kapitalstruktur und -ausstattung sowie der Anlagestrategie des geprüften Unternehmens“.[275]

ee) Versicherungsmathematische Leistungen, Bewertungsleistungen (lit. d). § 319 Abs. 3 67
Satz 1 Nr. 3 lit. d schließt den Wirtschaftsprüfer oder vereidigten Buchprüfer von der Abschlussprüfung aus, wenn dieser oder eine ihm nahestehende Person (Rn 30 ff) im zu prüfenden Geschäftsjahr oder bis zur Erteilung des Bestätigungsvermerks (Rn 52) unmittelbar oder mittelbar (Rn 53) eigen-

267 Baetge/Kirsch/Thiele/*Chekushina* Rn 105; Hachmeister/Kahle/Mock/Schüppen/*Mylich*/*Müller* Rn 87; für Begrenzung auf unentgeltliche Tätigkeit BeckOGK-HGB/*Bormann*, 15.11.2020, Rn 117.

268 Vgl. BeckBilKomm/*Justenhoven*/*Nagel*[13] Rn 58.

269 Vgl. Hachmeister/Kahle/Mock/Schüppen/*Mylich*/*Müller* Rn 87.

270 MünchKommHGB/*Ebke*[4] Rn 66; Baetge/Kirsch/Thiele/*Chekushina* Rn 105.

271 *Henssler* ZHR 171 (2007), 10 (16 ff); zumindest tendenziell aA MünchKommHGB/*Ebke*[4] Rn 66.

272 BeckBilKomm/*Justenhoven*/*Nagel*[13] Rn 57; MünchKommHGB/*Ebke*[4] Rn 68.

273 MünchKommHGB/*Ebke*[4] Rn 67 f (aber differenzierend bzgl. Treuhandtätigkeiten); *Henssler* ZHR 171 (2007), 10 (18 ff, 27 ff); BeckBilKomm/*Justenhoven*/*Nagel*[13] *Rn 57*.

274 Vgl. die Nachw. in voriger Fn.; teilweise aA aber wohl Hachmeister/Kahle/Mock/Schüppen/*Mylich*/*Müller* Rn 88.

275 Vgl. BeckBilKomm/*Justenhoven*/*Nagel*[13] Rn 57.

ständige versicherungsmathematische Leistungen oder Bewertungsleistungen erbracht hat, die sich auf den zu prüfenden Jahresabschluss nicht nur unwesentlich auswirken und zudem nicht von untergeordneter Bedeutung sind (Rn 52). Dieser Ausschlusstatbestand will der Gefahr Rechnung tragen, dass es der Prüfer, nachdem er bei vorangehenden Beratungs- oder Bewertungsleistungen Ergebnisse geliefert hat, die sich sodann im Jahresabschluss wiederfinden, an der gebotenen Unvoreingenommenheit fehlen lässt und der natürlichen Neigung folgt, eigene vorangegangene Gutachten und Entscheidungen im nachhinein bestätigt zu sehen.[276] Auch Absatz 3 Satz 1 Nr. 3 lit. d versteht sich somit als – im engen Zusammenhang mit dem Tatbestand der Mitwirkung i.S.d. Absatzes 3 Satz 1 Nr. 3 lit. a stehende und diesen ergänzende – Ausprägung des Selbstprüfungsverbots.[277] Zentrale Voraussetzung ist, dass die versicherungsmathematische oder Bewertungsleistung **eigenständig** erbracht wird; daran fehlt es, wenn die für die Bewertung erforderlichen Annahmen vom Bewertenden nicht selbst festgelegt werden.[278]

68 Vorausgesetzt ist damit eine zumindest **mittelbare gestalterische Einflussnahme** auf den Jahresabschluss. Sind also im Rahmen eines Verschmelzungswertgutachtens bestimmte Aktiv- oder Passivposten vom Gutachter zu bewerten und fließt diese Bewertung sodann in den Jahresabschluss ein, so ist der Ausschlusstatbestand verwirklicht; verhält es sich hingegen so, dass der Gutachter auf die Bewertung durch die zu prüfende Gesellschaft zurückgreift, so fehlt es an der „Eigenständigkeit" der Bewertungsleistung.[279] Von Absatz 3 Satz 1 Nr. 3 lit. d unberührt bleibt – neben anderen Tatbeständen des Absatzes 3 – der allgemeine Ausschlusstatbestand des § 319 Abs. 2, namentlich unter dem Gesichtspunkt der „natürlichen Selbstrechtfertigungstendenz" (Rn 23). Bei **Unternehmen von öffentlichem Interesse** ergeben sich weitergehende Einschränkungen aus Art. 5 Abs. 1 UAbs. 2 lit. f APr-VO, der Bewertungsleistungen ohne weitere Einschränkung zur unzulässigen Nichtprüfungsleistung erklärt und insoweit auch versicherungsmathematische Leistungen erwähnt.

69 **d) Beschäftigung einer nach Nr. 1 bis 3 ausgeschlossenen Person (Absatz 3 Satz 1 Nr. 4).** Nach Absatz 3 Satz 1 Nr. 4 ist der Wirtschaftsprüfer oder vereidigte Buchprüfer von der Abschlussprüfung ausgeschlossen, wenn er bei der Prüfung eine Person beschäftigt, die nach Absatz 3 Satz 1 Nr. 1 bis 3 nicht Abschlussprüfer sein darf. Das Gesetz trägt mit diesem Ausschlussgrund (der weitgehend demjenigen des Absatzes 2 Satz 1 Nr. 7 a.F. entspricht) dem Umstand Rechnung, dass die eingesetzten Mitarbeiter im Rahmen ihrer Tätigkeit auf das Ergebnis der Prüfung tatsächlich einwirken können, auch wenn sie nach außen keine Verantwortung für den Bestätigungsvermerk tragen; Grund hierfür ist ein potentieller **Interessenkonflikt in der Person des Gehilfen.**[280] Demzufolge betrifft der Ausschluss nicht Personen, die zwar im Rahmen der Prüfung beschäftigt sind, das Ergebnis indes nicht beeinflussen können, wie z.B. Schreibkräfte und Boten.[281] Im Übrigen gilt als Beschäftigung bei der Prüfung jede Tätigkeit, die materielle Auswirkungen auf das Prüfungsergebnis oder den Prüfungsablauf[282] haben kann; damit sind auch Teilaufgaben im Vorfeld der Prüfung erfasst.[283]

70 Da die Möglichkeit der eingesetzten Person zur Einwirkung unabhängig von einer rechtlichen Bindung an den Abschlussprüfer bestehen kann, sind freie Mitarbeiter ebenso wie Angestellte betroffen;[284] „bei der Prüfung beschäftigt" sind im Übrigen **auch Partner des Prüfers**, die im Zusam-

---

276 Begr. RegE BilReG, BT-Drucks. 15/3419, S. 39.

277 Vgl. BeckBilKomm/*Justenhoven*/*Nagel*[13] Rn 66; MünchKommHGB/*Ebke*[4] Rn 69.

278 Begr. RegE BilReG, BT-Drucks. 15/3419, S. 39; MünchKommHGB/*Ebke*[4] Rn 69.

279 Vgl. BGHZ 153, 32 (38 f) = NJW 2003, 970; *Gelhausen*/*Kuss* NZG 2003, 424 (425); *Lanfermann*/*Lanfermann* DStR 2003, 900 (901 f); s. aber auch *Müller* WPg 2003, 741 (745 f).

280 4. Aufl. Rn 46 (*Zimmer*); Baetge/Kirsch/Thiele/*Chekushina* Rn 111; MünchKommHGB/*Ebke*[4] Rn 70.

281 *ADS* Rn 144; Baetge/Kirsch/Thiele/*Chekushina* Rn 111; Hachmeister/Kahle/Mock/Schüppen/*Mylich*/*Müller* Rn 95.

282 Baetge/Kirsch/Thiele/*Chekushina* Rn 111; MünchKommHGB/*Ebke*[4] Rn 70.

283 *ADS* Rn 144; Baetge/Kirsch/Thiele/*Chekushina* Rn 113.

284 Baetge/Kirsch/Thiele/*Chekushina* Rn 112; MünchKommHGB/*Ebke*[4] Rn 70.

menhang mit der Abschlussprüfung tätig werden, indem sie etwa intern die Prüfungsergebnisse nochmals überprüfen.[285] Davon zu unterscheiden ist der Fall, dass eine Person, mit der der Prüfer seinen **Beruf gemeinsam ausübt** (Rn 32 ff), oder ein Mitglied des Netzwerks (§ 319b Rn 6 ff) den Tatbestand des Absatzes 3 Satz 1 Nr. 4 erfüllt, mithin bei der Prüfung der Gesellschaft eine Person beschäftigt, die nach Absatz 3 Satz 1 Nr. 1 bis 3 nicht Abschlussprüfer sein darf. Dieser Partner erfüllt dann nicht nur in eigener Person den Ausschlusstatbestand, sondern schließt zugleich den gemeinsam mit ihm bestellten Prüfer von der Abschlussprüfung aus.[286] Die Ehegattenklausel des Absatzes 3 Satz 2 (Rn 37 f) findet hingegen im Rahmen des Absatzes 3 Satz 1 Nr. 4 keine Anwendung.[287] Soweit nach Absatz 3 Satz 1 Nr. 1 bis 3 ausgeschlossene Personen bei anderen Abschlussprüfungen oder außerhalb des Prüfungsauftrags für die zu prüfende Gesellschaft tätig werden, kommt allenfalls das Eingreifen der Sozietäts- oder Netzwerkklausel in Betracht.

e) Finanzielle Abhängigkeit (Absatz 3 Satz 1 Nr. 5)

aa) Überblick. § 319 Abs. 3 Satz 1 Nr. 5 entspricht weitgehend § 319 Abs. 2 Satz 1 Nr. 8 a.F. und 71
regelt den Ausschlussgrund der finanziellen Abhängigkeit.[288] Vorbehaltlich der Erteilung einer Ausnahmegenehmigung durch die Wirtschaftsprüferkammer ist danach der Wirtschaftsprüfer oder vereidigte Buchprüfer von der Abschlussprüfung ausgeschlossen, wenn er oder eine Person, mit der er seinen Beruf gemeinsam ausübt (Rn 32 ff), in den letzten fünf Jahren jeweils mehr als dreißig vom Hundert der Gesamteinnahmen aus seiner beruflichen Tätigkeit von der zu prüfenden Kapitalgesellschaft und von Unternehmen, an denen die zu prüfende Kapitalgesellschaft mehr als zwanzig vom Hundert der Anteile besitzt, bezogen hat und dies auch im laufenden Geschäftsjahr zu erwarten ist. Bei Vorliegen dieser Voraussetzungen besteht nach der Wertung des Gesetzes die konkrete Gefahr, dass der Prüfer, um nicht seine Wiederwahl und seine sonstigen Mandatsbeziehungen zu gefährden, davon absieht, **Meinungsverschiedenheiten** mit den Organwaltern der zu prüfenden Gesellschaft offen auszutragen und gegebenenfalls das Testat einzuschränken oder gar zu verweigern.[289] Wie Absatz 3 Satz 1 Nr. 1 bis 3 findet Absatz 3 Satz 1 Nr. 5 nicht nur auf **Kapitalgesellschaften**, sondern auf sämtliche Unternehmen Anwendung, die einer Pflichtprüfung unterliegen (Rn 40 ff).[290] Die finanzielle Abhängigkeit von dem zu prüfenden Unternehmen besteht auch insoweit, als dieses Unternehmen zwar nicht selbst Aufträge erteilt, die Auftragsvergabe durch Dritte indes beeinflussen kann; zu berücksichtigen sind deshalb auch Einnahmen von Unternehmen, an denen die zu prüfende Kapitalgesellschaft mehr als zwanzig vom Hundert der Anteile besitzt. Jenseits der Voraussetzungen des Absatzes 3 Satz 1 Nr. 5 sorgt **§ 285 Satz 1 Nr. 17** für Transparenz der Mandatsbeziehungen (§ 318 Rn 56).[291] Für **Unternehmen von öffentlichem Interesse** enthält **Art. 4 Abs. 3 APr-VO** ergänzende Vorschriften (Rn 20, 91), die an eine niedrigere Schwelle anknüpfen (15 % des Honorarvolumens in den letzten drei Jahren).[292]

bb) Maßgebender Zeitraum. Der Ausschlusstatbestand setzt voraus, dass die Einnahmengren- 72
ze (Rn 73) während der **vergangenen fünf Jahre** überschritten worden ist und im laufenden Geschäftsjahr überschritten wird, und greift damit erst im sechsten Jahr einer kontinuierlichen

285 Begr. RegE BilReG, BT-Drucks. 15/3419, S. 40; Hopt/*Merkt*[42] Rn 24.
286 MünchKommHGB/*Ebke*[4] Rn 70.
287 MünchKommHGB/*Ebke*[4] Rn 70.
288 Hopt/*Merkt*[42] Rn 25.
289 Begr. RegE BiRiLiG, BT-Drucks. 10/317, S. 97; Ebenroth/Boujong/Joost/Strohn/*Böcking*/*Gros*/*Rabenhorst* Rn 28; Baetge/Kirsch/Thiele/*Chekushina* Rn 114.
290 Vgl. BeckBilKomm/*Justenhoven*/*Nagel*[13] Rn 70.
291 Baetge/Kirsch/Thiele/*Chekushina* Rn 117; vgl. auch MünchKommHGB/*Ebke*[4] Rn 72.
292 BeckOGK-HGB/*Bormann*, 15.11.2020, Rn 127.

Umsatzkonzentration ein. Die Frist beginnt mit der Wahl oder gerichtlichen Bestellung, nicht dagegen mit der Annahme des Amtes.[293] Maßgebend ist die Sichtweise desjenigen, dessen Bestellung in Frage steht, so dass es auf das Geschäftsjahr des Wirtschaftsprüfers ankommt.[294] Da nach Absatz 3 Satz 1 der Prüfer nicht Abschlussprüfer sein kann, wenn er eine der Voraussetzungen der Nr. 1 bis 5 erfüllt, und die Stellung als Abschlussprüfer während der **gesamten Prüfungstätigkeit** besteht, darf die Umsatzabhängigkeit weder bei der Bestellung noch zu einem anderen Zeitpunkt bis zu der Erteilung des Bestätigungsvermerks vorliegen.[295] Weil es dem Abschlussprüfer ganz allgemein obliegt, das Vorliegen von Ausschlusstatbeständen zu überprüfen und seine Unabhängigkeit noch einmal im Prüfungsbericht zu erklären (Rn 2, 19), besteht für eine andere Handhabung kein Anlass. Fällt, was regelmäßig der Fall ist, die Erteilung des Bestätigungsvermerks in das der Bestellung nachfolgende Geschäftsjahr des Prüfers, so ist die Berechnung nach Absatz 3 Satz 1 Nr. 5 zweimal anzustellen.[296] Einnahmen werden bei jeder dieser Berechnungen dem Geschäftsjahr zugeordnet, in dem der Anspruch auf sie begründet wurde, denn die Abhängigkeit entsteht durch die wirtschaftliche Bedeutung der Kapitalgesellschaft für den Prüfer, und die wirtschaftliche Bedeutung wird für den Prüfer mit der Entstehung des Anspruchs begründet.[297]

73 **cc) Einnahmen aus beruflicher Tätigkeit.** Der Abschlussprüfer ist nach Absatz 3 Satz 1 Nr. 5 von der Prüfung ausgeschlossen, wenn das Unternehmen eine große wirtschaftliche Bedeutung für seine berufliche Tätigkeit hat und diese Bedeutung sich in Dauer und Höhe der erzielten Einnahmen manifestiert. Demzufolge tritt der Ausschluss erst ein, nachdem der Prüfer fünf Jahre hintereinander und voraussichtlich auch im Prüfungsjahr **mehr als 30 % seiner Gesamteinnahmen aus seiner beruflichen Tätigkeit** von der zu prüfenden Kapitalgesellschaft oder von Unternehmen, an denen diese mit mehr als 20 % beteiligt ist, bezogen hat. Gegenstand des Ausschlusstatbestands ist mithin die auf beruflicher Tätigkeit basierende wirtschaftliche Abhängigkeit und damit die **Kundenabhängigkeit**.[298] Eine aus anderen Gründen bestehende wirtschaftliche Abhängigkeit ist hingegen im Rahmen des Absatzes 3 Satz 1 Nr. 5 unbeachtlich, kann aber nach Absatz 2 relevant sein.[299] Zur beruflichen Tätigkeit des Wirtschaftsprüfers oder vereidigten Buchprüfers gehören neben der eigentlichen Prüfungstätigkeit und den weiteren **Tätigkeiten nach §§ 2, 129 WPO** auch solche, die im Rahmen von **Zusatzqualifikationen** (z.B. als Rechtsanwalt) ausgeübt werden.[300] Die noch in § 319 Abs. 2 Satz 1 Nr. 8 a.F. enthaltene Beschränkung auf Prüfungs- und Beratungstätigkeiten hat das BilReG nicht übernommen, so dass nunmehr auch Treuhandtätigkeiten, die nach § 2 Abs. 3 Nr. 3 WPO zu den beruflichen Tätigkeiten gehören, einzubeziehen sind.[301] Ist der Wirtschaftsprüfer auch für eine andere Prüfungs- oder Beratungsgesellschaft tätig, so ist das dort bezogene Einkommen zu berücksichtigen; im Rahmen des Absatzes 3 Satz 1 Nr. 5 nicht relevant sind hingegen reine Kapitaleinkünfte aus Gesellschaften, für die der Prüfer nicht tätig ist.[302]

74 Einnahmen aus der beruflichen Tätigkeit (Rn 73) sind auch dann zu berücksichtigen, wenn sie zwar nicht von der zu prüfenden Gesellschaft, wohl aber von einem Unternehmen stammen, an dem

293 MünchKommHGB/*Ebke*[4] Rn 73.

294 Baetge/Kirsch/Thiele/*Chekushina* Rn 116; BeckBilKomm/*Justenhoven*/*Nagel*[13] Rn 71; **aA** – stets Kalenderjahr – *ADS* Rn 156.

295 So auch HdR[5]-*Baetge*/*Thiele* Rn 101 f; Baetge/Kirsch/Thiele/*Chekushina* Rn 117; **aA** *ADS* Rn 157.

296 Baetge/Kirsch/Thiele/*Chekushina* Rn 117.

297 4. Aufl. Rn 51 (*Zimmer*); Baetge/Kirsch/Thiele/*Chekushina* Rn 118; **aA** *ADS* Rn 158; HdR-EA/*Baetge*/*Thiele*[5] Rn 133: Zeitpunkt des Einnahmenzuflusses.

298 So zutr. Baetge/Kirsch/Thiele/*Chekushina* Rn 119.

299 Baetge/Kirsch/Thiele/*Chekushina* Rn 119; vgl. auch *ADS* Rn 160.

300 *ADS* Rn 153; Baetge/Kirsch/Thiele/*Chekushina* Rn 120; MünchKommHGB/*Ebke*[4] Rn 72; **aA** 4. Aufl. Rn 48 (*Zimmer*).

301 Baetge/Kirsch/Thiele/*Chekushina* Rn 120. Zur umstr. Rechtslage unter Geltung des § 319 Abs. 2 Satz 1 Nr. 8 a.F. s. 4. Aufl. Rn 48 (*Zimmer*).

302 HdR[5]-*Baetge*/*Thiele* Rn 104; Baetge/Kirsch/Thiele/*Chekushina* Rn 119; vgl. auch *ADS* Rn 160, dort auch zur Behandlung einbehaltener Gewinne.

die zu prüfende Gesellschaft mehr als 20 % der Anteile besitzt. Der Begriff des **Anteilsbesitzes** entspricht demjenigen der Absätze 3 Satz 1 Nr. 1 und 2 (Rn 41 ff, 45, 50).[303] Rechtsform und Sitz des Beteiligungsunternehmens sind unbeachtlich. Abzustellen ist auf den **Zeitpunkt** der Begründung des Honoraranspruchs.[304] Veräußert[305] das zu prüfende Unternehmen eine solche Beteiligung, so sind die daraus bezogenen Einnahmen ab den Zeitpunkt des Wirksamwerdens der Veräußerung im Rahmen des Absatzes 3 Satz 1 Nr. 5 nicht mehr mitzuzählen. Für die Berechnung, ob die 30 %-Schwelle in der Vergangenheit überschritten wurde, bleiben die Einnahmen aus der zwischenzeitlich veräußerten Beteiligung aber zu berücksichtigen.[306] Erwirbt das zu prüfende Unternehmen eine Beteiligung hinzu, bleiben allfällige Einnahmen, die der Prüfer in der Vergangenheit vom erworbenen Unternehmen bezogen hat, unschädlich; eine rückwirkende Zurechnung findet mithin nicht statt.

Eine **Sozietät** muss grundsätzlich die Summe der vom Prüfungsmandanten insgesamt bezogenen Einkünfte bilden und deren Anteil an den Gesamteinnahmen der Sozietät bestimmen.[307] Eine andere, auf die Teil- und Gesamteinnahmen des einzelnen Prüfers abstellende Betrachtung ist wegen der anders gearteten Abhängigkeitssituation anzustellen, wenn die aus einzelnen Mandaten resultierenden Sozietätseinnahmen im Innenverhältnis uneingeschränkt dem bearbeitenden Prüfer zugewiesen sind.[308] In diesem Fall hat allerdings die Sozietätsklausel (Rn 32 ff) den Ausschluss des Prüfers zur Folge, wenn ein Partner (oder eine andere Person, mit der er den Beruf gemeinsam ausübt) den Tatbestand des Absatzes 3 Satz 1 Nr. 5 verwirklicht. Hingegen beansprucht Absatz 3 Satz 1 Nr. 5 **keine netzwerkweite Geltung**. Auch die **Ehegattenklausel** des Absatzes 3 Satz 2 (Rn 37 f) findet keine Anwendung; doch schließt dies den Rückgriff auf Absatz 2 nicht aus (Rn 18).[309] 75

dd) Ausnahmegenehmigung. Die WPK kann nach Absatz 3 Satz 1 Nr. 5 HS 2 zur Vermeidung von **Härtefällen** befristet Ausnahmegenehmigungen erteilen. Damit kann der Situation von Berufsanfängern oder ihre Tätigkeit einstellenden Wirtschaftsprüfern Rechnung getragen werden. Daneben kann im Fall eines nur vorübergehenden Anstiegs der auf einen Mandanten entfallenden Einnahmequote, der z.B. aufgrund des Wegfalls eines anderen Mandats eintritt,[310] die Rechtsfolge des Absatzes 3 Satz 1 Nr. 5 abgewendet werden. Von der Möglichkeit zur Erteilung von Ausnahmegenehmigungen ist jedoch vor dem Hintergrund des öffentlichen Interesses an einer unabhängigen Abschlussprüfung zurückhaltend Gebrauch zu machen. 76

V. Prüfungsgesellschaften (Absatz 4)

1. Überblick

Nach Absatz 4 Satz 1 sind Wirtschaftsprüfungsgesellschaften (Rn 9) und Buchführungsgesellschaften (Rn 12) von der Abschlussprüfung ausgeschlossen, wenn sie selbst, einer ihrer gesetzlichen Vertreter, ein Gesellschafter, der mehr als zwanzig vom Hundert der den Gesellschaftern zustehenden Stimmrechte besitzt, ein verbundenes Unternehmen, ein bei der Prüfung in verantwortlicher Position beschäftigter Gesellschafter oder eine andere von ihr beschäftigte Person, die das Ergebnis der Prüfung beeinflussen kann, nach Absatz 2 oder Absatz 3 ausgeschlossen sind. Entsprechen- 77

303 BeckOGK-HGB/*Bormann*, 15.11.2020, Rn 130.
304 Baetge/Kirsch/Thiele/*Chekushina* Rn 122.
305 Sonstige Formen der Beteiligungsaufgabe sind der Veräußerung gleichzuhalten.
306 Baetge/Kirsch/Thiele/*Chekushina* Rn 122.
307 BeckBilKomm/*Justenhoven*/*Nagel*[13]; *ADS* Rn 161; Baetge/Kirsch/Thiele/*Chekushina* Rn 121; MünchKommHGB/*Ebke*[4] Rn 72.
308 Vgl. *ADS* Rn 161; Baetge/Kirsch/Thiele/*Chekushina* Rn 121.
309 MünchKommHGB/*Ebke*[4] Rn 72.
310 Vgl. HdR-EA/*Baetge*/*Thiele*[5] Rn 111.

des gilt nach Absatz 4 Satz 2, wenn ein Mitglied des Aufsichtsrats nach Absatz 3 Satz 1 Nr. 2 ausgeschlossen ist oder wenn mehrere Gesellschafter, die zusammen mehr als zwanzig vom Hundert der den Gesellschaftern zustehenden Stimmrechte besitzen, jeweils einzeln oder zusammen nach Absatz 2 oder Absatz 3 ausgeschlossen sind. Der Ausschluss von der Pflichtprüfung knüpft danach also an **zwei mögliche Quellen der Befangenheit** an: Zum einen wird die Gesellschaft als eigenständige Person betrachtet; demzufolge werden in ihrer Person verwirklichte Ausschlusstatbestände berücksichtigt. Zum anderen wird berücksichtigt, dass die Prüfungsgesellschaft als solche handlungsunfähig ist, aber über Organwalter, Gesellschafter und Beschäftigte verfügt, die ihr Verhalten beeinflussen können.[311] Anders als noch Absatz 3 a.F. (4. Aufl. Rn 58 ff) enthält Absatz 4 allerdings keine eigenständigen Ausschlussgründe für Prüfungsgesellschaften. Es werden vielmehr die Ausschlussgründe der Absätze 2 und 3 auf Prüfungsgesellschaften erstreckt; der Sache nach handelt es sich somit um Zurechnungsvorschriften.[312]

2. Reichweite

78 Für die Abschlussprüfung bei Unternehmen von öffentlichem Interesse gelten neben Absatz 4 auch die Vorschriften der APr-VO, die ausdrücklich auch Prüfungsgesellschaften als Normadressaten benennen (z.B. explizit Art. 4 Abs. 2, 3 und Art. 5 Abs. 1, 4–5). Die **netzwerkweite Geltung** des § 319 Abs. 4 ergibt sich aus § 319b Abs. 1 Satz 1.[313] Infolge des Verweises auf Absatz 2 und 3 kommt nunmehr auch die **Sozietätsklausel** des Absatzes 3 Satz 1 (Rn 32 ff) zur Anwendung,[314] so dass die Prüfungsgesellschaft auch dann von der Prüfung ausgeschlossen ist, wenn zwar nicht sie selbst oder eine der in Absatz 4 Satz 1 und 2 genannten Personen, wohl aber eine Person, mit der sie selbst oder eine der in Absatz 4 Satz 1 und 2 genannten Personen den Beruf gemeinsam ausübt, einen Ausschlussgrund des Absatzes 3 verwirklicht.

3. Zurechnungstatbestände

79 Neben der Verwirklichung eines Ausschlussgrundes der Absätze 2, 3 durch die Prüfungsgesellschaft selbst (oder eine Person, mit der sie den Beruf gemeinsam ausübt, Rn 78) regelt **Absatz 4 Satz 1** die Verwirklichung eines Ausschlussgrundes der Absätze 2, 3 durch eine Person, die allgemein oder im Rahmen der konkret anstehenden Prüfung das Verhalten der Prüfungsgesellschaft beeinflussen kann (oder durch eine Person, mit der diese Person den Beruf gemeinsam ausübt, Rn 78). Im Einzelnen sind dies:

- ein **gesetzlicher Vertreter** der Prüfungsgesellschaft, mithin ein Mitglied des Vorstands der als AG oder SE verfassten Gesellschaft, ein Geschäftsführer der als GmbH verfassten Gesellschaft sowie im Fall der KGaA ein Komplementär und bei einer Personengesellschaft ein vertretungsbefugter Gesellschafter[315] (Rn 9, 12);
- ein **Gesellschafter**, der mehr als zwanzig vom Hundert der den Gesellschaftern zustehenden Stimmrechte besitzt; erforderlich ist danach Besitz von Anteilen (Rn 41 ff, 45), die Stimmrechte verkörpern, und zwar in Höhe von mehr als 20 % aller Stimmrechte (vgl. Rn 53);
- ein **verbundenes Unternehmen** i.S.d. § 271 Abs. 2[316] (Rn 45);

---

311 Hopt/*Merkt*[42] Rn 27.

312 BeckBilKomm/*Justenhoven*/*Nagel*[13] Rn 80; MünchKommHGB/*Ebke*[4] Rn 81.

313 Baetge/Kirsch/Thiele/*Chekushina* Rn 132.

314 Hachmeister/Kahle/Mock/Schüppen/*Mylich*/*Müller* Rn 103; BeckBilKomm/*Justenhoven*/*Nagel*[13] Rn 80; zur Rechtslage nach § 319 Abs. 3 a.F. s. 4. Aufl. Rn 59 (*Zimmer*).

315 Baetge/Kirsch/Thiele/*Chekushina* Rn 135.

316 BeckBilKomm/*Justenhoven*/*Nagel*[13] Rn 76.

- ein bei der Prüfung **in verantwortlicher Position beschäftigter Gesellschafter**, namentlich ein Gesellschafter, der den Bestätigungsvermerk unterzeichnet (§ 322 Rn 32; s. ferner Rn 62) oder aufseiten der Prüfungsgesellschaft für das gesamte Prüfungsmandat oder wesentliche Teile desselben verantwortlich ist,[317] mithin während der Planungs- oder der Prüfungsphase insoweit eine leitende Funktion einnimmt,[318]
- eine andere von der Gesellschaft **beschäftigte Person**, die das Ergebnis der Prüfung beeinflussen kann; angesprochen ist hier der unter Abs. 3 Satz 1 Nr. 4 fallende Personenkreis (vgl. Rn 69 f).[319]

Nach **Absatz 4 Satz 2 ist** die Prüfungsgesellschaft in zwei weiteren Fällen von der Pflichtprüfung 80 ausgeschlossen. So wird der Tatbestand der – unmittelbaren oder mittelbaren – Verflechtung i.S.d. Absatzes 3 Satz 1 Nr. 2 (Rn 46 ff, 50) auf die Prüfungsgesellschaft erstreckt, wenn ein **Mitglied ihres Aufsichtsrats** (Rn 48) nach Absatz 3 Satz 1 Nr. 2 ausgeschlossen ist, wobei auch insoweit die Sozietätsklausel zu berücksichtigen ist (Rn 78). Ausgeschlossen ist die Prüfungsgesellschaft darüber hinaus, wenn **mehrere Gesellschafter**, die zusammen mehr als zwanzig vom Hundert der den Gesellschaftern zustehenden Stimmrechte besitzen (Rn 79), jeweils einzeln oder zusammen nach Absatz 2 oder 3 ausgeschlossen sind. Hierdurch soll der Umgehung des Absatzes 4 Satz 1 durch Wahl verschachtelter Eigentümerkonstruktionen begegnet werden; die Materialien nennen beispielhaft den Fall, dass mehrere Gesellschafter sowohl an der Prüfungsgesellschaft als auch an einer Beratungsgesellschaft, die Dienstleistungen nach Absatz 3 Satz 1 Nr. 3 erbringt, beteiligt sind und ihre Beteiligungen jeweils allein zwar 20 % nicht übersteigen, sie jedoch zusammen mehr als 20 % der Anteile an der Prüfungsgesellschaft oder an der Beratungsgesellschaft besitzen.[320]

VI. Konzernabschlussprüfer (Absatz 5)

1. Überblick

Nach Absatz 5 finden auf den Abschlussprüfer des Konzernabschlusses die Vorschriften des Absat- 81 zes 1 Satz 3 und der Absätze 2 bis 4 entsprechende Anwendung. Auch der Konzernabschlussprüfer muss gemäß Absatz 1 Satz 3 über den Eintrag im Berufsregister nach § 38 Nr. 1 lit. h, Nr. 2 lit. f WPO verfügen, über den zugleich die ordnungsgemäße Durchführung der **Qualitätskontrolle** sichergestellt wird (Rn 13 ff). Auch ist der Abschlussprüfer bei Vorliegen eines **Ausschlussgrundes der Absätze 2 und 3** (Rn 16 ff, 26 ff) von der Prüfung des Konzernabschlusses ausgeschlossen. Eine **Wirtschaftsprüfungsgesellschaft** oder Buchprüfungsgesellschaft schließlich ist von der Prüfung des Konzernabschlusses ausgeschlossen, wenn die in Absatz 4 geregelten Voraussetzungen für die Erstreckung der Ausschlussgründe der Absätze 2 und 3 gegeben sind (Rn 79 f). Sowohl hinsichtlich der Absätze 2 und 3 als auch hinsichtlich des Absatzes 4 sind die Ausschlussgründe nicht nur auf die Konzernmutter, sondern zugleich auf **alle weiteren in den Konzernabschluss einbezogenen Unternehmen** zu beziehen mit der Folge, dass als Konzernabschlussprüfer ausgeschlossen ist, wer einen Ausschlusstatbestand bzgl. irgendeines dieser Unternehmen verwirklicht (also z.B. Mitglied des Aufsichtsrats einer einzelnen, in der Gesamtwürdigung unbedeutenden Tochtergesellschaft ist).[321]

In Bezug auf Tochterunternehmen, die nach § 296 nicht einbezogen sind, kommt Absatz 3 hinge- 82 gen nicht zur Anwendung.[322] Unberührt bleibt allerdings der Ausschlusstatbestand des Absatzes 2. Der Verweis auf Absatz 3 umfasst im Übrigen auch die **Sozietätsklausel**, die bei der nach Maßgabe

317 BeckBilKomm/*Justenhoven*/*Nagel*[13] Rn 77 (aber darauf abstellend, wer „vorrangig verantwortlich" ist).
318 Baetge/Kirsch/Thiele/*Chekushina* Rn 135.
319 Hachmeister/Kahle/Mock/Schüppen/*Mylich*/*Müller* Rn 1110; BeckBilKomm/*Justenhoven*/*Nagel*[13] Rn 78.
320 Beschlussempfehlung des Rechtsausschusses, BT-Drucks. 15/4054, S. 38 f; BeckOK HGB/*Poll*, 15.1.2022, Rn 39; diese Regelung befürwortend *Pfitzer*/*Oser*/*Orth* DB 2004, 2593 (2599 f).
321 Baetge/Kirsch/Thiele/*Chekushina* Rn 141; BeckOGK-HGB/*Bormann*, 15.11.2020, Rn 141.
322 4. Aufl. Rn 68 (*Zimmer*); BeckBilKomm/*Justenhoven*/*Nagel*[13] Rn 85.

des § 317 Abs. 3 erforderlichen Prüfung der Abschlüsse ausländischer Tochterunternehmen auch bezüglich der im Ausland mit dem Konzernabschlussprüfer zusammenarbeitenden Personen greift.[323] Dafür ist nicht erforderlich, dass zwischen den Prüfern oder Prüfungsgesellschaften eine Sozietät besteht; es genügt vielmehr, wenn bei der Prüfung international tätiger Unternehmen so zusammengearbeitet wird, dass von einer gemeinsamen Ausübung der Prüfungstätigkeit gesprochen werden kann (Rn 32 ff).[324] Nach § 319b Abs. 2 findet die **netzwerkweite** Erstreckung von Ausschlussgründen auch auf den Konzernabschlussprüfer entsprechende Anwendung (§ 319b Rn 15).[325]

2. Einzelne Ausschlussgründe

83 Im Rahmen des **Absatzes 3 Satz 1 Nr. 1** (Rn 40 ff) sind beim Konzernabschlussprüfer sowohl die an der Mutter- als auch die an Tochtergesellschaften – unmittelbar oder mittelbar – gehaltenen **Anteile** zu berücksichtigen. Ausgenommen sind allerdings Anteile an Tochterunternehmen, die nach § 296 einer Prüfung durch den Konzernabschlussprüfer nicht bedürfen.[326] Die unmittelbare oder mittelbare **Verflechtung i.S.d. Absatzes 3 Satz 1 Nr. 2** (Rn 46 ff) mit einem zum Konzern gehörenden Unternehmen führt grundsätzlich zum Ausschluss des Konzernabschlussprüfers; Anderes gilt wiederum in den Fällen des § 296.[327] Eine den Ausschluss als Konzernabschlussprüfer begründende **Mitwirkung i.S.d. Absatzes 3 Satz 1 Nr. 3** (Rn 51 ff) ist nicht erst dann gegeben, wenn sie sich auf den Konzernabschluss – und damit auf die Konsolidierungsmaßnahmen – bezieht; vorbehaltlich des § 296 ist vielmehr auch die Mitwirkung auf der Ebene eines Konzernunternehmens erfasst.[328]

84 Der Ausschlussgrund des **Absatzes 3 Satz 1 Nr. 4** (Rn 69 f) ist anwendbar, soweit der Konzernabschlussprüfer bei der Prüfung des Konzernabschlusses Personen beschäftigt, die nach Absatz 3 Satz 1 Nr. 1 bis 3 – und damit nach Maßgabe der in Rn 83 ff getroffenen Feststellungen – nicht Konzernabschlussprüfer sein dürfen, etwa weil sie Anteile an einem Konzernunternehmen halten. Die nach §§ 318 f bestellten Abschlussprüfer des Jahresabschlusses eines Tochterunternehmens gelten aufgrund ihres eigenen Mandats nicht als bei der Konzernabschlussprüfung beschäftigte Personen.[329] Bei den im Rahmen des **Absatzes 3 Satz 1 Nr. 5** maßgebenden **Einnahmen** (Rn 71 ff) werden nur die Einnahmen aus der Prüfung und Beratung des Mutterunternehmens sowie der Unternehmen berücksichtigt, an denen das Mutterunternehmen mehr als 20 % der Anteile hält.[330] Beim Tätigwerden für Unternehmen, an denen nur Tochterunternehmen zu mehr als 20 % beteiligt sind, sind die resultierenden Einnahmen hingegen nicht einzurechnen.[331] Die Abhängigkeitssituation ist beim Konzernabschlussprüfer – der von den Gesellschaftern des Mutterunternehmens gewählt oder aufgrund der Fiktion des § 318 Abs. 2 Satz 1 bestimmt wird – nicht grundsätzlich anders zu beurteilen als beim Abschlussprüfer des Jahresabschlusses des Mutterunternehmens. Daher ist davon auszugehen, dass die vom Gesetzgeber vorgenommene Abgrenzung des Kreises der Unternehmen, deren Honorare bei der Berechnung der nach Abs. 3 Satz 1 Nr. 5 maßgebenden Einkommensquote zu berücksichtigen sind, auch bei der Anwendung dieser Vorschrift auf den Konzernabschlussprüfer maßgebend ist.[332]

---

323 Baetge/Kirsch/Thiele/*Chekushina* Rn 142.
324 Vgl. Baetge/Kirsch/Thiele/*Chekushina* Rn 142, 64 f, aber auch BeckBilKomm/*Justenhoven*/*Nagel*[13] Rn 88, 33 ff.
325 MünchKommBGB[4]/Ebke Rn 82.
326 *ADS* Rn 86; BeckBilKomm/*Justenhoven*/*Nagel*[13] Rn 85; **aA** HdR-EA/*Baetge*/*Thiele*[5] Rn 168.
327 Wie hier *ADS* Rn 93; **aA** HdR-EA/*Baetge*/*Thiele*[5] Rn 169.
328 Baetge/Kirsch/Thiele/*Chekushina* Rn 148 f; *Löcke* GmbHR 1997, 1052 (1056).
329 OLG Frankfurt/M. AG 2006, 762 (767); HdR-EA/*Baetge*/*Thiele*[5] Rn 176; zur Prüfung einbezogener Jahresabschlüsse durch bei der Konzernabschlussprüfung tätige Personen s. *ADS* Rn 147.
330 *ADS* Rn 164; Baetge/Kirsch/Thiele/*Chekushina* Rn 152.
331 Str., s. HdR-EA/*Baetge*/*Thiele*[5] Rn 177; Baetge/Kirsch/Thiele/*Chekushina* Rn 152; **aA** *ADS* Rn 155.
332 Baetge/Kirsch/Thiele/*Chekushina* Rn 152.

Für **Prüfungsgesellschaften**, die Konzernabschlussprüfer sind, ergeben sich darüber hinaus keine Besonderheiten. Auch bei der entsprechenden Anwendung des Absatzes 4 ist zu beachten, dass sich Absatz 5 auf sämtliche Konzernunternehmen bezieht (Rn 81). So kann beispielsweise der Ausschlussgrund des Absatz 3 Satz 1 Nr. 1 bei der Konzernabschlussprüfung bereits eingreifen, wenn die Wirtschaftsprüfungsgesellschaft Anteile an einem in den Konzernabschluss einbezogenen Tochterunternehmen des zu prüfenden Mutterunternehmens hält oder mit diesem verbunden ist. 85

VII. Die Vorgaben der Art. 4–6 APr-VO

1. Allgemeines

Die Art. 4–6 APr-VO enthalten Regelungen zum Prüfungshonorar (Art. 4 APr-VO), zu Nichtprüfungsleistungen (Art. 5 APr-VO) und zur Prüfung und Dokumentation der Unabhängigkeit des Abschlussprüfers einschließlich der diesbezüglichen Kommunikation mit dem Prüfungsausschuss (Art. 6 APr-VO; Überblick über die Art. 4–6 APr-VO in Rn 5). Die sich im Fall eines Verstoßes ergebenden Rechtsfolgen sind umstritten; nach der hier vertretenen Ansicht kommt es bei bestimmten Verstößen stets, ansonsten im Regelfall zum Ausschluss des Abschlussprüfers nach § 319 Abs. 2 mit der weiteren Folge, dass auch Bußgelder nach § 334 Abs. 2 drohen (Rn 101 ff). Die Art. 4–6 APr-VO wenden sich gleichermaßen an Abschlussprüfer und Prüfungsgesellschaften; vorliegend wird aus Gründen der sprachlichen Vereinfachung jeweils nur der Abschlussprüfer erwähnt. 86

2. Honorar für Prüfungs- und Nichtprüfungsleistungen, Art. 4 APr-VO

a) Verbot von Erfolgshonoraren (Absatz 1). Erfolgshonorare sind in Deutschland mit einer hier nicht relevanten Ausnahme (§ 55a WPO) ohnehin durch § 55 WPO berufsrechtlich untersagt.[333] Das in Art. 4 Abs. 1 UAbs. 1 APr-VO enthaltene zusätzliche Verbot von Erfolgshonoraren für die Abschlussprüfung bei Unternehmen von öffentlichem Interesse ist daher primär im Hinblick auf seine andersartigen Rechtsfolgen, namentlich den im Regelfall gegebenen Ausschluss des Prüfers nach § 319 Abs. 2, (Rn 101 ff, 99 f) von Interesse.[334] Hinzukommt, dass die Auslegungshoheit insoweit beim EuGH liegt (Art. 267 Abs. 1 lit. b AEUV). 87

b) Begrenzung des Honorars für Nichtprüfungsleistungen (Absatz 2). Art. 4 Abs. 2 UAbs. 1 begrenzt das Honorarvolumen für zulässige Nichtprüfungsleistungen auf 70 % des Durchschnitts der Prüfungshonorare des Mandanten in den letzten drei Geschäftsjahren. Aus dieser Zeitangabe ist nach zutreffender Ansicht zu folgern, dass sowohl die Abschlussprüfung als auch zulässige Nichtprüfungsleistungen bereits **in drei Geschäftsjahren** durch denselben Abschlussprüfer erbracht worden sein müssen und die Begrenzung sodann mit Beginn des nächsten Geschäftsjahres zum Tragen kommt.[335] Entgegen einer in der Praxis verbreiteten Ansicht wird man allerdings nicht verlangen können, dass der Prüfungsmandant während dieses Zeitraums ununterbrochen ein Unternehmen von öffentlichem Interesse war. Diese Auslegung findet weder im Wortlaut noch im Normzweck eine Stütze.[336] 88

333 BeckBilKomm/*Justenhoven*/*Nagel*[13] Rn 112; *Schüppen*[2] Anh § 319 Rn 1.

334 Vgl. insoweit auch Erwägungsgrund 7 APr-VO, wo das Verbot von Erfolgshonoraren mit der Unabhängigkeit des Abschlussprüfers in Verbindung gebracht wird.

335 IDW Positionspapier zu Nichtprüfungsleistungen des Abschlussprüfers, 6. Aufl. mit Stand 7.12.2021, Ziff. 4.2.1 S. 52; *Lenz* DB 2016, 2555 (2557); *Schüppen*[2] Anh § 319 Rn 7; **a.A.** BeckOGK-HGB/*Bormann*, 15.11.2020, § 319a Rn 20.

336 BeckOGK-HGB/*Bormann*, 15.11.2020, § 319a Rn 21; **a.A.** IDW Positionspapier zu Nichtprüfungsleistungen des Abschlussprüfers, 6. Aufl. mit Stand 7.12.2021, Ziff. 4.2.1, 4.2.2., S. 52 f.; BeckBilKomm/*Justenhoven*/*Nagel*[13] Rn 122.

Vielmehr muss die Begrenzung bereits dann zum Tragen kommen, wenn der Prüfungsmandant erstmals im vierten Jahr den Status als Unternehmen von öffentlichem Interesse erlangt (und die übrigen Voraussetzungen erfüllt sind). Weil die doppelte Buchführung die periodengerechte Abgrenzung von Aufwand und Ertrag gewährleistet, bietet es sich an, sie auch für die **zeitliche Zuordnung** der Honorare nutzbar zu machen. Maßgeblich ist daher richtigerweise nicht der Realisationszeitpunkt oder der Termin der Rechnungstellung, sondern der in den Abschlüssen für die letzten drei Geschäftsjahre des Prüfungsmandanten[337] jeweils erfolgswirksam gewordene Aufwand für Prüfungs- und Nichtprüfungsleistungen.[338] Die in einem Rumpfgeschäftsjahr gezahlten Honorare wird man auf ein volles Jahr hochzurechnen haben.[339]

89 Der Begriff der Nichtprüfungsleistungen ist im Ausgangspunkt **negativ zu definieren** und umfasst grds. sämtliche Leistungen, die nicht der Abschlussprüfung zuzuordnen sind.[340] Zur Abschlussprüfung zu rechnen sind dabei auch solche Leistungen, die unmittelbar mit ihr zusammenhängen, selbst wenn sie über das gesetzliche Pflichtprogramm hinausgehen.[341] Solche Leistungen sind im Rahmen des Art. 4 Abs. 2 APr-VO mithin nicht als Nichtprüfungsleistungen einzuordnen. Die Abgrenzung ist objektiv unter Berücksichtigung teleologischer Kriterien vorzunehmen.[342] Daher erscheint es namentlich vertretbar, auch die **prüferische Durchsicht** von Zwischenabschlüssen nicht als Nichtprüfungsleistung einzuordnen.[343] Das Honorar für eine gesetzlich vorgeschriebene prüferische Durchsicht ist allerdings nach Art. 4 Abs. 2 UAbs. 2 APr-VO ohnehin nicht zu berücksichtigen.[344] Auch darüber hinaus nimmt diese Norm erlaubte Nichtprüfungsleistungen, welche **unionsrechtlich oder nach nationalem Recht erforderlich** sind, von der Begrenzung des Honorarvolumens für Nichtprüfungsleistungen aus. Das gilt auch für die Bestätigung der Nachhaltigkeitsberichterstattung (Art. 4 Abs. 2 UAbs. 2 idF durch die Nachhaltigkeitsberichterstattungsrichtlinie, Vor § 316 Rn 20). Unter Berücksichtigung des Normzwecks sind Nichtprüfungsleistungen dann i.d.S. erforderlich, wenn der Prüfungsmandant sie in Anspruch nehmen muss und die Mandatierung des Abschlussprüfers dafür aufgrund des Sachzusammenhangs mit den zur Abschlussprüfung zählenden Aufgaben sinnvoll und nachvollziehbar ist.[345] Richtigerweise gilt dies auch dann, wenn sich die Erforderlichkeit der Nichtprüfungsleistung aus dem Recht eines **Drittstaats** (z.B. der USA) ergibt.[346]

---

337 Abzustellen ist auf das Geschäftsjahr des Prüfungsmandanten, nicht des Abschlussprüfers, IDW Positionspapier zu Nichtprüfungsleistungen des Abschlussprüfers, 6. Aufl. mit Stand 7.12.2021, Ziff. 4.3.10., S. 62; *Bose/Lilienbecker* BB 2019, 746 (749).

338 Überzeugend *Schüppen*[2] Anh § 319 Rn 11; vgl. auch *ders.* FS VMEBF, 2016, 187 (195) und BeckOGK-HGB/*Bormann*, 15.11.2020, § 319a Rn 26; a.A. IDW Positionspapier zu Nichtprüfungsleistungen des Abschlussprüfers, 6. Aufl. mit Stand 7.12.2021, Ziff. 4.3.11, S. 62 f; *Bose/Lilienbecker* BB 2019, 746 (749); BeckBilKomm/*Justenhoven/Nagel*[13] Rn 119.

339 A.A. BeckOGK-HGB/*Bormann*, 15.11.2020, § 319a Rn 23.

340 IDW Positionspapier zu Nichtprüfungsleistungen des Abschlussprüfers, 6. Aufl. mit Stand 7.12.2021, Ziff. 4.3.1., S. 53 ff.; BeckBilKomm/*Justenhoven/Nagel*[13] Rn 135; *Schüppen*[2] Rn 9 f.

341 Vgl. IDW Positionspapier zu Nichtprüfungsleistungen des Abschlussprüfers, 6. Aufl. mit Stand 7.12.2021, Ziff. 4.3.1., S. 53 ff.; in Teilen ähnlich auch *Schüppen*[2] Rn 10 f.; aA (nur Pflichtprüfungen) *Lenz* DB 2016, 2555 (2558); zurückhaltender auch BeckOGK-HGB/*Bormann*, 15.11.2020, § 319a Rn 24 f.

342 A.A. *Schüppen*[2] Anh § 319 Rn 9 f. unter Verweis auf die Parteiautonomie.

343 Vgl. (aber zurückhaltender) IDW Positionspapier zu Nichtprüfungsleistungen des Abschlussprüfers, 6. Aufl. mit Stand 7.12.2021, Ziff. 4.3.3., S. 56 f. und APAS, Fragen und Antworten zu Verlautbarung Nr. 4 (ü.F.)/2., Stand 20.12.2021, abrufbar unter https://www.apasbafa.bund.de/APAS/DE/Publikationen/Verlautbarungen/verlautbarungen_node.html, abgerufen 24.2.2022, Ziff. 1.4, S. 2 f.

344 APAS, Fragen und Antworten zu Verlautbarung Nr. 4 (ü.F.)/2., Stand 20.12.2021, abrufbar unter https://www.apasbafa.bund.de/APAS/DE/Publikationen/Verlautbarungen/verlautbarungen_node.html, abgerufen 24.2.2022, Ziff. 1.4, S. 2 f.

345 Im ersten Teil (Mandant nicht frei, die Leistung nicht zu beziehen) wie hier, aber ohne den Zusatz zur Sinnhaftigkeit der Mandatierung gerade des Abschlussprüfers IDW Positionspapier zu Nichtprüfungsleistungen des Abschlussprüfers, 6. Aufl. mit Stand 7.12.2021, Ziff. 4.3.7, S. 61.

346 IDW Positionspapier zu Nichtprüfungsleistungen des Abschlussprüfers, 6. Aufl. mit Stand 7.12.2021, Ziff. 4.3.6, S. 59, **a.A.** APAS, Fragen und Antworten zu Verlautbarung Nr. 4 (ü.F.)/2., Stand 20.12.2021, abrufbar unter https://www.apasbafa.bund.de/APAS/DE/Publikationen/Verlautbarungen/verlautbarungen_node.html, abgerufen 24.2.2022, Ziff. 2.2, S. 3; *Bose/Lilienbecker* BB 2019, 746 (748).

Bei Art. 4 Abs. 2 APr-VO sind, anders als im Rahmen von Art. 5 APr-VO, ausschließlich die an den jeweiligen Abschlussprüfer bzw. die jeweilige Prüfungsgesellschaft gezahlten Honorare maßgeblich (**keine netzwerkweite Summierung**,[347] abgesehen von Umgehungssachverhalten[348]). Demgegenüber sind nicht nur Leistungen an den Prüfungsmandanten relevant, sondern nach dem insoweit eindeutigen Wortlaut auch solche an dessen **Mutterunternehmen** und an die vom Prüfungsmandanten **beherrschten Unternehmen**. Unklar ist allerdings, ob mit Blick auf die Definition in Art. 2 Nr. 9 Jahresabschlussrichtlinie (Vor § 316 Rn 20) auch „Großmutterunternehmen" des Prüfungsmandanten und weitere darüber stehende Unternehmen erfasst werden, was zwar dem Normzweck entsprechen würde, aber nach dem Wortlaut und der Regelungssystematik des Art. 4 Abs. 2 APr-VO zweifelhaft erscheint.[349] Aus Sicht der Praxis erscheint es ratsam, sich vorsichtshalber darauf einzustellen, zumal sich das Ergebnis der im Streitfall einzuholenden Vorabentscheidung des EuGH (Art. 267 Abs. 1 lit. b AEUV) kaum prognostizieren lässt. 90

c) Vermeidung einer Umsatzabhängigkeit des Abschlussprüfers (Absatz 3). Hat der Abschlussprüfer in den letzten drei Geschäftsjahren jeweils mehr als 15 % der von ihm insgesamt vereinnahmten Honorare von einem Prüfungsmandanten bezogen, so muss er dessen Prüfungsausschuss davon in Kenntnis setzen und mit ihm über die Gefahren für seine Unabhängigkeit sowie die insoweit eingeleiteten Schutzmaßnahmen beraten. Der Prüfungsausschuss hat eine auftragsbegleitende Qualitätssicherungsprüfung in Erwägung zu ziehen und muss, wenn die Quote von 15 % weiterhin überschritten wird, nach Art. 4 Abs. 3 UAbs. 2 „anhand objektiver Gründe" entscheiden, ob der Abschlussprüfer für einen weiteren Zeitraum von höchstens zwei Jahren weiter mandatiert werden darf. Spätestens nach Ablauf dieser weiteren zwei Jahre muss zumindest für ein Jahr ein anderer Abschlussprüfer tätig werden.[350] Auch im Rahmen des Absatzes 3 sind – vorbehaltlich etwaiger Umgehungssachverhalte[351] – lediglich die vom Abschlussprüfer bzw. der Prüfungsgesellschaft selbst vereinnahmten Honorare relevant, so dass keine netzwerkweite Summierung stattfindet (vgl. Rn 90).[352] Einzubeziehen sind jeweils sämtliche Honorare für Prüfungs- und Nichtprüfungsleistungen.[353] Aufseiten des Prüfungsmandanten sind auch die von Tochterunternehmen gezahlten Honorare einzubeziehen; dies ergibt sich zwar nicht aus dem Wortlaut des Art. 4 Abs. 3 APr-VO, aber aus deren Erwägungsgrund 7. 91

347 IDW Positionspapier zu Nichtprüfungsleistungen des Abschlussprüfers, 6. Aufl. mit Stand 7.12.2021, Ziff. 4.3.9, S. 61 f; *Lenz* DB 2016, 2555 (8); *Bose/Lilienbecker* BB 2019, 746 (748); *Schüppen*[2] Rn 12.

348 Zu drohenden Umgehungstatbeständen *Lenz* DB 2016, 2555 (2558), der deren Erfassung de lege lata nicht für möglich zu halten scheint, zumal es im Gesetzgebungsverfahren abgelehnt worden sei, Honorare an andere zum Netzwerk gehörende Unternehmen einzubeziehen; ähnlich (aber mit Hinweis „nicht unproblematisch") *Bose/Lilienbecker* BB 2019, 746 (749). Aus Sicht des Verfassers hindert dieser Umstand die Erfassung von Umgehungssachverhalten de lege lata nicht, sofern weitergehende Umstände gegeben sind (etwa: Honorarzahlung an netzwerkabhängiges Unternehmen, das aber nicht in nennenswertem Umfang tätig geworden ist oder den gezahlten Betrag intern weiterleitet).

349 IDW Positionspapier zu Nichtprüfungsleistungen des Abschlussprüfers, 6. Aufl. mit Stand 7.12.2021, Ziff. 3.4.3., S. 57 f; dafür *Bode* BB 2017, 491 (492); ablehnend *Bose/Lilienbecker* BB 2019, 746 (749); vgl. auch BeckBilKomm/*Justenhoven/Nagel*[13] Rn 115.

350 BeckBilKomm/*Justenhoven/Nagel*[13] Rn 126; vgl. auch *Schüppen*[2] Anh § 319 Rn 15.

351 Dazu *Lenz* DB 2016, 2555 (2558) (jedoch zu zurückhaltend bzgl. der Möglichkeit, Umgehungssachverhalte de lege lata zu erfassen).

352 APAS Verlautbarung Nr. 6 vom 10.4.2019, abrufbar unter https://www.apasbafa.bund.de/APAS/DE/Publikationen/Verlautbarungen/verlautbarungen_node.html, abgerufen 24.2.2022, S. 2; *Dreher* DB 2019, 1250 (1251 f); *Lenz* DB 2016, 2555 (2558); Baumbach/Hopt/*Merkt*[40] § 319a Rn 2.

353 IDW Positionspapier Inhalte und Zweifelsfragen der EU-Verordnung und der Abschlussprüferrichtlinie, 6. Aufl. mit Stand 30.6.2021, Ziff. 7.1, S. 47; aA BeckBilKomm/*Schmidt/Nagel*[12] § 319a Rn 62; wie hier nun aber BeckBilKomm/*Justenhoven/Nagel*[13] Rn 125.

3. Nichtprüfungsleistungen, Art. 5 APr-VO

92 **a) Allgemeine Bestimmungen zum Verbot bestimmter Nichtprüfungsleistungen (Absatz 1 UAbs. 1).** Art. 5 APr-VO soll dem Interessenkonflikt des Abschlussprüfers bei Erbringung lukrativer Nichtprüfungsleistungen (Rn 89) – insb. im Fall einer dadurch erfolgenden Quersubventionierung niedrig bemessener Prüfungshonorare – entgegenwirken.[354] Nach dem eindeutigen Wortlaut des Art. 5 Abs. 1 UAbs. 1 APr-VO beansprucht das Verbot, bestimmte Nichtprüfungsleistungen an Prüfungsmandanten zu erbringen, **netzwerkweite Geltung**, wobei insoweit der europäische Netzwerkbegriff gilt (Art. 3 APr-VO i.V.m. Art. 2 Nr. 7 AP-RL).[355] Ausdrücklich verboten ist auch die **indirekte Erbringung** unzulässiger Nichtprüfungsleistungen, etwa über mit dem Abschlussprüfer bzw. der (aus Gründen der sprachlichen Vereinfachung im Folgenden nicht mehr mit erwähnten) Prüfungsgesellschaft verbundene Gesellschaften oder auf vertraglicher Grundlage auf Prüfer- oder Mandantenseite tätige Intermediäre.[356] Ebenso untersagt ist die Erbringung verbotener Nichtprüfungsleistungen an vom Prüfungsmandanten **beherrschte Unternehmen** sowie an dessen **Mutterunternehmen** (Rn 90), nicht aber an Schwesterunternehmen.[357] In **zeitlicher Hinsicht** gilt das Verbot der Erbringung bestimmter Nichtprüfungsleistungen grds. nur vom Beginn des zu prüfenden Geschäftsjahres an und bis zur Beendigung der Prüfung; lediglich der Unterpunkt e) betreffend interne Kontroll- und Risikomanagementverfahren sowie Finanzinformationen ist nach Art. 5 Abs. 1 lit. b APr-VO auch im vorausgehenden Geschäftsjahr zu beachten.[358] Eine begrenzte Ausnahme gilt für Leistungen an vom Prüfungsmandanten beherrschte Unternehmen in **nicht EU/EWR-Staaten** (Rn 95).

93 **b) Katalog verbotener Nichtprüfungsleistungen (Absatz 1 UAbs. 2).** Die Begriffe im Katalog der verbotenen Nichtprüfungsleistungen (Rn 89) sind **europäisch-autonom auszulegen**, so dass nationale Vorschriften bei der Auslegung nur – aber immerhin – als *persuasive authority* herangezogen werden können.[359] Dies vorausgeschickt, sind einige der Tatbestände des Art. 5 Abs. 1 UAbs. 2 APr-VO wie folgt zu erläutern:

- Wenngleich § 2 Abs. 2 WPO i.V.m. § 1 Abs. 1, Abs. 2 StBerG, wie ausgeführt, nur als *persuasive authority* herangezogen werden können, dürften sie die Reichweite des Begriffs der **Steuerberatungsleistungen** in Art. 5 Abs. 1 UAbs. 2 lit. a APr-VO zutreffend umreißen.[360] Aufgrund des in Art. 5 Abs. 1 UAbs. 2 lit. a vii) enthaltenen Auffangtatbestands ist davon auszugehen, dass Steuerberatungsleistungen **umfassend verboten** sind.[361] Zulässig bleiben Leistungen in Form einer Tax Due Diligence, einer Prüfung von Compliance Management Systemen (etwa nach IDW PS 980) auch im Hinblick auf die Einhaltung steuerrechtlicher Bestimmungen, sowie

---

354 *Hommelhoff* FS Ebke, 2021, 403 (407 f); *Schüppen* FS VMEBF, 2016, 187 (189 ff, 192 ff).

355 IDW Positionspapier Inhalte und Zweifelsfragen der EU-Verordnung und der Abschlussprüferrichtlinie, 6. Aufl. mit Stand 30.6.2021, Ziff. 2.2.6., S. 21; BeckBilKomm/*Justenhoven*/*Nagel*[13] Rn 69.

356 *Schüppen*[2] Anh § 319 Rn 19; vgl. auch BeckBilKomm/*Justenhoven*/*Nagel*[13] Rn 131, 136.

357 IDW Positionspapier Inhalte und Zweifelsfragen der EU-Verordnung und der Abschlussprüferrichtlinie, 6. Aufl. mit Stand 30.6.2021, Ziff. 2.2., S. 14 f; *Schüppen*[2] Anh § 319 Rn 18.

358 IDW Positionspapier Inhalte und Zweifelsfragen der EU-Verordnung und der Abschlussprüferrichtlinie, 6. Aufl. mit Stand 30.6.2021, Ziff. 2.1.2, S. 11; BeckBilKomm/*Justenhoven*/*Nagel*[13] Rn 132; *Schüppen*[2] Anh § 319 Rn 20.

359 A.A. (Rückgriff auf die genannten nationalen Vorschriften) IDW Positionspapier zu Nichtprüfungsleistungen des Abschlussprüfers, 6. Aufl. mit Stand 7.12.2021, Ziff. 3.7.1., S. 34.

360 Vgl. IDW Positionspapier zu Nichtprüfungsleistungen des Abschlussprüfers, 6. Aufl. mit Stand 7.12.2021, Ziff. 3.7.1., S. 34, s. aber vorige Fn und Begleittext dazu.

361 IDW Positionspapier zu Nichtprüfungsleistungen des Abschlussprüfers, 6. Aufl. mit Stand 7.12.2021, Ziff. 3.7, S. 33 ff; *Schüppen*[2] Anh § 319 Rn 22.

abstrakt gehaltene Schulungen zu steuerrechtlichen Themen, in denen keine einzelfallbezogene Rechtsprüfung und Beratung stattfindet.[362]

- Das Verbot von Leistungen, „mit denen eine **Teilnahme an der Führung** oder an Entscheidungen des geprüften Unternehmens verbunden ist" (Art. 5 Abs. 1 UAbs. 2 lit. b APr-VO), bezieht sich auch auf einzelne Entscheidungen in größeren Entscheidungsprozessen.[363] Bei der Konkretisierung des Tatbestands wird, wie bei § 319 Abs. 3 Satz 1 Nr. 3 lit. c, zu fragen sein, ob der Prüfer lediglich Gestaltungsalternativen aufzeigt oder darüber hinaus auch selbst Einfluss auf eine Managemententscheidung nimmt (Rn 63 f).[364]
- Die deutsche Fassung des Art. 5 Abs. 1 UAbs. 2 lit. e APr-VO zu **internen Kontroll- oder Risikomanagementverfahren** weicht deutlich von der englischen, der französischen und anderen Sprachfassungen ab.[365] Diese Sprachfassungen legen nahe, dass die Gestaltung und Implementation von **Finanzinformationstechnologiesystemen** schon für sich schlechthin verboten ist und die Gestaltung und Implementation interner Kontroll- oder Risikomanagementverfahren bereits dann, wenn sie einen Bezug zur Erstellung oder Kontrolle von Finanzinformationen aufweisen.[366] Das Verbot erfasst die reine Gestaltung, die reine Implementation sowie die Kombination beider Tätigkeiten (Gestaltung und Implementation).[367] Untersagt ist in allen Konstellationen nur die Gestaltung und Umsetzung der betreffenden Systeme, nicht aber deren Prüfung sowie eine Beratung, die sich auf das Aufzeigen von Gestaltungsalternativen beschränkt.[368]
- Erhebliche Abweichungen zwischen den Sprachfassungen finden sich auch bei Art. 5 Abs. 1 UAbs. 2 lit. g (i) APr-VO. Wie die englische Sprachfassung („legal services, with respect to: (i) the provision of general counsel") nahelegt, ist entgegen dem deutschen Wortlaut („juristische Leistungen im Zusammenhang mit i) allgemeiner Beratung") wohl gerade **kein Verbot jeglicher Rechtsberatung** vonseiten des Abschlussprüfers gemeint, sondern vielmehr nur das Tätigwerden nach Art eines Justiziars oder Syndikusrechtsanwalts.[369] Dafür sprechen auch teleologische Erwägungen, weil nicht ersichtlich ist, weshalb gerade die Rechtsberatung in einem weiteren Umfang untersagt sein sollte als anderweitige Beratungstätigkeiten. Die weiteren Unterpunkte ii) und iii) des Art. 5 Abs. 1 UAbs. 2 litg. g APr-VO dürften als generelles Verbot der gerichtlichen und außergerichtlichen Vertretung in Rechtssachen zu interpretieren

362 Zur tax due diligence s. Erwägungsgrund 8 APr-VO; dazu und zu den übrigen Punkten IDW Positionspapier zu Nichtprüfungsleistungen des Abschlussprüfers, 6. Aufl. mit Stand 7.12.2021, Ziff. 3.7, S. 33 ff.

363 IDW Positionspapier zu Nichtprüfungsleistungen des Abschlussprüfers, 6. Aufl. mit Stand 7.12.2021, Ziff. 3.5, S. 33; BeckBilKomm/*Justenhoven*/*Nagel*[13] Rn 146.

364 *Schüppen*[2] Anh § 319 Rn 23; vgl. auch BeckBilKomm/*Justenhoven*/*Nagel*[13] Rn 145; s. ferner vorige Fn.

365 Zur englischen Fassung („designing and implementing internal control or risk management procedures related to the preparation and/or control of financial information or designing and implementing financial information technology systems") IDW Positionspapier zu Nichtprüfungsleistungen des Abschlussprüfers, 6. Aufl. mit Stand 7.12.2021, Ziff. 3.18, S. 44; BeckBilKomm/*Justenhoven*/*Nagel*[13] Rn 161. Zumindest die französische, die spanische und die italienische Fassung weichen ebenfalls deutlich vom deutschen Text ab.

366 S. vorige Fn; a.A. gestützt auf den Wortlaut der deutschen Sprachfassung MünchKommHGB/*Ebke*[4] § 319a Rn 53.

367 BeckBilKomm/*Justenhoven*/*Nagel*[13] Rn 161; die a.A. von MünchKommHGB/*Ebke*[4] § 319a Rn 53 wird durch den Normwortlaut, der ersichtlich lediglich verschiedene verbotene Nichtprüfungsleistungen aufzählt und durch das Wort „und" zum Ausdruck bringt, dass sie allesamt untersagt sind, aus Sicht d. Verf. gerade nicht nahegelegt. Auch andere Elemente des Art. 5 Abs. 1 UAbs. 2 sind durch das Wort „und" verknüpft, ohne dass das Schrifttum in Erwägung zieht, dass nur die gleichzeitige kumulative Erbringung all dieser Leistungen verboten sei (so bei lit. g i bis iii, dazu MünchKommHGB/*Ebke*[4] § 319a Rn 55).

368 IDW Positionspapier zu Nichtprüfungsleistungen des Abschlussprüfers, 6. Aufl. mit Stand 7.12.2021, Ziff. 3.17, S. 43; *Schüppen*[2] Anh § 319 Rn 24; etwas restriktiver wohl BeckBilKomm/*Justenhoven*/*Nagel*[13] Rn 165.

369 Überzeugend mit weiteren Argumenten und allgemeinem Hinweis auf weitere Sprachfassungen IDW Positionspapier zu Nichtprüfungsleistungen des Abschlussprüfers, 6. Aufl. mit Stand 7.12.2021, Ziff. 3.10, S. 38; BeckBilKomm/*Schmidt*/*Nagel*[12] § 319a Rn 107; **aA** MünchKommHGB/*Ebke*[4] § 319a Rn 55; *Schüppen*[2] Anh § 319 Rn 27. In Richtung der Deutung des IDW weist auch die italienische Fassung, während der französische („la fourniture de conseils généraux") und der spanische Normtext wiederum eher auf ein Verbot allgemeiner Rechtsberatung hindeuten, in diesem Sinn nun wohl auch BeckBilKomm/*Justenhoven*/*Nagel*[13] Rn 175.

sein, zumal damit der Anschluss an den Tatbestand der Interessenvertretung in Art. 22 Abs. 1 UAbs. 4 AP-RL hergestellt wird.[370]

- Das Verbot von Leistungen im Zusammenhang mit der **internen Revision** ist an sich umfassend angelegt und setzt in Abweichung von § 319 Abs. 1 Satz 1 Nr. 3 lit. b namentlich keine Mitwirkung in verantwortlicher Position voraus (dazu Rn 62); es erfasst aber keine Prüfungshandlungen im Rahmen der Abschlussprüfung, selbst wenn sie insoweit freiwillig umfangreicher angelegt wird als vorgeschrieben.[371]
- Nach Art. 5 Abs. 1 UAbs. 2 lit. k i) APr-VO untersagt sind **Personaldienstleistungen** im Zusammenhang mit der Einstellung von Mitgliedern des Leitungsorgans und von leitenden Angestellten, die mit dem Rechnungswesen befasst sind oder sonst aufgrund ihrer Position erheblichen Einfluss auf die Vorbereitung der Rechnungslegungsunterlagen oder der Abschlüsse haben.[372] Hinter dem Verbot in Art. 5 Abs. 1 UAbs. 2 lit. k iii) APr-VO dürfte die Überlegung stehen, dass die Mitwirkung an potenziell konfliktträchtigen Umstrukturierungen, insb. im Zusammenhang mit dem Abbau von Arbeitsplätzen, jedenfalls in den Augen außenstehender Dritter eine gewisse Nähe zu Fällen der Interessenvertretung (vgl. Rn 4) und zu der in Art. 5 Abs. 1 UAbs. 2 lit. b APr-VO untersagten Teilhabe an Leitungsentscheidungen[373] aufweist und das Vertrauen in die Unbefangenheit des Abschlussprüfers beeinträchtigen könnte; diesem Hintergrund ist bei der Konkretisierung des Tatbestands Rechnung zu tragen.[374] Damit ist namentlich eine allgemeine Beratungstätigkeit, die neben vielen anderen Gesichtspunkten auch Fragen der Kosteneffizienz berührt, ohne dass dort ein Schwerpunkt liegt, vom Verbotstatbestand nicht erfasst.[375]

94 **c) Vorbehalt der Billigung durch den Prüfungsausschuss (Absatz 4).** Auch Nichtprüfungsleistungen, die keinem Verbot nach Art. 5 Abs. 1 UAbs. 2 APr-VO unterliegen, dürfen vom Abschlussprüfer nur mit Billigung des Prüfungsausschusses erbracht werden (Art. 5 Abs. 4 UAbs. 1 APr-VO); ausgenommen hiervon (und damit auch ohne Billigung zulässig) ist die Bestätigung der Nachhaltigkeitsberichterstattung (Art. 5 Abs. 4 UAbs. 2 APr-VO idF durch die Nachhaltigkeitsberichterstattungsrichtlinie, Vor § 316 Rn 20). Zum **personellen Anwendungsbereich** aufseiten des Abschlussprüfers (insb.: netzwerkweite Geltung) und des geprüften Unternehmens (Einbeziehung von diesem beherrschter Unternehmen und des Mutterunternehmens) ist auf die Ausführungen zu Art. 5 Abs. 1 UAbs. 1 APr-VO zu verweisen (Rn 92) mit der Ergänzung, dass in Konzernen nicht selten die gesonderte Billigung durch die **Prüfungsausschüsse mehrerer Gesellschaften** erforderlich sein wird, soweit es sich hierbei jeweils um Unternehmen von öffentlichem Interesse handelt (z.B. Billigung durch die Prüfungsausschüsse der börsennotierten Muttergesellschaft und ihrer ebenfalls börsennotierten Tochtergesellschaft auch bei Leistungserbringung an nur eine dieser Gesellschaften).[376] Unter Billigung ist im Rahmen von Absatz 4 nur die **vorherige** Zustimmung zu verstehen; eine nachträgliche Genehmigung ist in der Verordnung nicht vorgesehen und entfaltet keine Legalisierungswir-

---

370 *Schüppen*[2] Anh § 319 Rn 27; vgl. auch BeckBilKomm/*Justenhoven*/*Nagel*[13] Rn 178 f.; teilweise abweichend wohl noch BeckBilKomm/*Schmidt*/*Nagel*[12] § 319a Rn 109 f.

371 IDW Positionspapier zu Nichtprüfungsleistungen des Abschlussprüfers, 6. Aufl. mit Stand 7.12.2021, Ziff. 3.11, S. 39 f.; vgl. auch BeckBilKomm/*Justenhoven*/*Nagel*[13] Rn 180 ff, 184; zurückhaltender („notwendige Bestandteile der gesetzlichen Abschlussprüfung") wohl MünchKommHGB/*Ebke*[4] § 319a Rn 56.

372 IDW Positionspapier zu Nichtprüfungsleistungen des Abschlussprüfers, 6. Aufl. mit Stand 7.12.2021, Ziff. 3.21, S. 47; BeckBilKomm/*Justenhoven*/*Nagel*[13] Rn 200; *Schüppen*[2] Anh § 319 Rn 30.

373 Zu diesem Gesichtspunkt *Schüppen*[2] Anh § 319 Rn 30; zu den übrigen Aspekten s. nachfolgende Fn.

374 Vgl. IDW Positionspapier zu Nichtprüfungsleistungen des Abschlussprüfers, 6. Aufl. mit Stand 7.12.2021, Ziff. 3.21, S. 47; vgl. auch BeckBilKomm/*Justenhoven*/*Nagel*[13] Rn 202.

375 BeckBilKomm/*Justenhoven*/*Nagel*[13] Rn 202.

376 IDW Positionspapier zu Nichtprüfungsleistungen des Abschlussprüfers, 6. Aufl. mit Stand 7.12.2021, Ziff. 2.3.11 f, S. 24 f.; *Bode* BB 2017, 491 (491 f); *Lanfermann* BB 2016, 1834 (1837); BeckOGK-HGB/*Bormann*, 15.11.2020, § 319a Rn 57.

kung.[377] Der Billigung bedarf erst die tatsächliche Erbringung der Nichtprüfungsleistung, nicht schon der diesbezügliche Vertragsschluss, der indes zweckmäßigerweise ausdrücklich unter der **aufschiebenden Bedingung** der Billigung durch den Prüfungsausschuss erfolgt, wenngleich eine konkludente dahingehende Vereinbarung im Einzelfall anzunehmen sein mag.[378] Die Billigung kann zwar prinzipiell auch vorab für bestimmte Arten von Leistungen erteilt werden (sog. **Pre Approval-Katalog**).[379] Grenzen dafür folgen aber aus der Pflicht des Prüfungsausschusses, die Billigung erst „nach gebührender Beurteilung" der (etwaigen) Gefährdung der Unabhängigkeit des Prüfers und der insoweit ergriffenen Schutzmaßnahmen auszusprechen: Die vorab zu genehmigenden Leistungen und die diesbezüglichen Schutzmaßnahmen müssen deshalb schon **so konkret** bekannt sein, dass eine **verlässliche Beurteilung** ex ante möglich ist.[380]

d) Leistungen im nicht EU/EWR-Ausland (Absatz 5). Leistungen an vom Prüfungsmandanten beherrschte Unternehmen in **Drittstaaten** sind nicht schlechthin verboten, sondern nach Maßgabe des Art. 5 Abs. 5 APr-VO mit den dort näher ausgeführten Einschränkungen gestattet. Die dieser Ausnahme zugrunde liegende politische Entscheidung gegen eine weitreichende extraterritoriale Geltung des Art. 5 APr-VO ist völkerrechtlich nicht vorgegeben.[381] Die Mitgliedstaaten des EWR sind keine Drittstaaten i.S.v. Art. 5 Abs. 5 APr-VO, weil die Verordnung auch dort gilt.[382] Unklar ist, ob in den Fällen des Absatzes 5 zusätzlich die Anforderungen des Absatzes 4 (Billigung durch den Prüfungsausschuss) zu beachten sind. Dies wird man aus teleologischen Gründen und mit Blick auf den Wortlaut der Norm bejahen müssen.[383] 95

4. Prüfungsvorbereitung (Art. 6 APr-VO)

Das Unionsrecht schreibt nicht nur materiellrechtliche Anforderungen an die Unabhängigkeit des Abschlussprüfers fest, sondern möchte deren Einhaltung durch zusätzliche prozedurale Vorgaben absichern. Demgemäß muss der Abschlussprüfer u.a. die Erfüllung der Unabhängigkeitsanforderungen des Art. 22 AP-RL prüfen und dokumentieren (Art. 22b AP-RL). Diese allgemeinen Vorgaben werden für die Prüfung von Unternehmen von öffentlichem Interesse ergänzt durch Art. 6 APr-VO, der den Abschlussprüfer verpflichtet, die Einhaltung der Artt. 4, 5 und 17 APr-VO sowie die Integrität der Organwalter des geprüften Unternehmens zu beurteilen und zu dokumentieren (Art. 6 Abs. 1 APr-VO). Das beinhaltet auch das Einholen eines Nachweises über eine nach Art. 5 Abs. 4 APr-VO erforderliche Billigungsentscheidung des Prüfungsausschusses.[384] Darüber hinaus muss der Abschlussprüfer jährlich eine Unabhängigkeitserklärung gegenüber dem Prüfungsaus- 96

---

377 Erwägungsgrund 9 Satz 4 APr-VO; *Lanfermann* BB 2016, 1834 (1835); vgl. auch IDW Positionspapier zu Nichtprüfungsleistungen des Abschlussprüfers, 6. Aufl. mit Stand 7.12.2021, Ziff. 2.1.4., S. 12 und Ziff. 2.3.8., S. 23; wie hier wohl auch BeckBilKomm/*Justenhoven/Nagel*[13] Rn 220; a.A. unter Hinweis auf die – für die Auslegung des Unionsrechts indes nicht maßgeblichen – §§ 183 f BGB *Schüppen*[2] Anh § 319 Rn 32.

378 IDW Positionspapier zu Nichtprüfungsleistungen des Abschlussprüfers, 6. Aufl. mit Stand 7.12.2021, Ziff. 2.3.1, S. 21 f (aber großzügiger bzgl. der Annahme einer konkludent vereinbarten Bedingung).

379 Eingehend auch zum US-amerikanischen Recht *Lanfermann* BB 2016, 1834 (1836 f); IDW Positionspapier zu Nichtprüfungsleistungen des Abschlussprüfers, 6. Aufl. mit Stand 7.12.2021, Ziff. 2.3.6, S. 23; *Lenz* DB 2016, 2555 (2557); *Schüppen*[2] Anh § 319 Rn 33; vgl. auch *Bode* BB 2017, 491 (493).

380 Vgl. BeckOGK-HGB/*Bormann*, 15.11.2020, § 319a Rn 58; *Schüppen*[2] Anh § 319 Rn 33.

381 A.A. *Schüppen*[2] Anh § 319 Rn 18, 35. Zur grundsätzlichen völkerrechtlichen Zulässigkeit extraterritorial anwendbarer Regelungen bei Vorliegen eines hinreichenden Inlandsbezugs, die *mutatis mutandis* auch für europäische Rechtsakte gelten muss, exemplarisch Dürig/Herzog/Scholz/*Herdegen*, Stand 01/2021, Art. 25 GG Rn 54.

382 IDW Positionspapier Inhalte und Zweifelsfragen der EU-Verordnung und der Abschlussprüferrichtlinie, 6. Aufl. mit Stand 30.6.2021, Ziff. 2.2.4, S. 17.

383 *Bode* BB 2017, 491 (494).

384 BeckOGK-HGB/*Bormann*, 15.11.2020, § 319a Rn 56.

schuss abgeben und mit diesem etwaige Gefahren für seine Unabhängigkeit sowie die insoweit ergriffenen Schutzmaßnahmen erörtern (Art. 6 Abs. 2 APr-VO).

VIII. Rechtsfolgen von Verstößen

1. Bestellungsvoraussetzungen des Absatzes 1

97 Die **Wahl** einer natürlichen Person oder Gesellschaft zum Abschlussprüfer, die nicht die für das jeweilige Prüfungsobjekt (Rn 7 ff) erforderliche Qualifikation als Wirtschaftsprüfer/Wirtschaftsprüfungsgesellschaft bzw. vereidigter Buchprüfer/Buchprüfungsgesellschaft aufweist, ist nichtig.[385] Für die AG und die KGaA ergibt sich dies aus § 241 Nr. 3 Alt. 3 AktG, für die GmbH aus einer entsprechenden Anwendung der Vorschrift (§ 318 Rn 24), für Personenhandelsgesellschaften derzeit aus allgemeinen Grundsätzen (§ 119 Rn 85) und nach Inkrafttreten des MoPeG aus § 119 Abs. 2 S. 1 Nr. 1 HGB.[386] Maßgebend ist grundsätzlich der Zeitpunkt der Beschlussfassung. Durch nachträglichen Erwerb der Qualifikation entfällt die bereits eingetretene Nichtigkeit nicht.[387] Umgekehrt führt ein nachträglicher Verlust der Qualifikation nicht zur Nichtigkeit des bereits wirksam ergangenen Wahlbeschlusses, macht aber gleichwohl die erneute Wahl eines anderen, tauglichen Abschlussprüfers oder dessen Bestellung durch das Gericht (§ 318 Abs. 4 Satz 2) notwendig (§ 318 Rn 87).[388] Entsprechendes gilt grundsätzlich auch bei Fehlen bzw. nachträglichem Wegfall des Eintrags in das **Berufsregister** nach § 38 Nr. 1 lit. h, Nr. 2 lit. f WPO (Absatz 1 Satz 3 in berichtigender Auslegung, Rn 13 ff).[389] Anders verhält es sich bei erstmaliger Durchführung einer gesetzlichen Abschlussprüfung. Hier führt das anfängliche Fehlen des Berufsregistereintrags nicht zur Nichtigkeit des Wahlbeschlusses, weil der Eintrag erst sechs Wochen nach Annahme des Prüfungsauftrags vorliegen muss (Absatz 1 Satz 3 HS 2); bei ergebnislosem Fristablauf bedarf es allerdings der erneuten Wahl oder der gerichtlichen Bestellung nach § 318 Abs. 4 Satz 2 (Rn 15).

98 Wurde die Abschlussprüfung durch einen nicht qualifizierten Abschlussprüfer durchgeführt, so ist der festgestellte **Jahresabschluss** nach § 256 Abs. 1 Nr. 3 AktG nichtig.[390] Entsprechendes gilt bei Fehlen des nach Absatz 1 Satz 3 erforderlichen Eintrags in das Berufsregister (Rn 13 ff) nach § 38 Nr. 1 lit. h, Nr. 2 lit. f WPO.[391] Nichtigkeit tritt ein, wenn der Abschlussprüfer nicht zu jedem Zeitpunkt der Prüfungstätigkeit die erforderliche Qualifikation besitzt.[392] Wird die Nichtigkeit nicht innerhalb von sechs Monaten nach der Bekanntmachung des Jahresabschlusses geltend gemacht, so ist sie geheilt (§ 256 Abs. 6 AktG; analoge Anwendung auf die GmbH möglich),[393] es sei denn, die Pflichtprüfung hat überhaupt nicht stattgefunden oder das Fehlen der Qualifikation des Prüfers war offensichtlich.[394] Nach § 134 BGB nichtig ist schließlich der **Prüfungsvertrag**.[395] Ein Vergütungsanspruch lässt sich weder aus Vertrag noch aus Geschäftsführung ohne Auftrag noch aus Bereicherungsrecht herleiten; dem Anspruch aus § 812 BGB steht die Vorschrift des § 817

---

385 MünchKommHGB/*Ebke*[4] Rn 27; Baetge/Kirsch/Thiele/*Chekushina* Rn 116; Hopt/*Merkt*[42] Rn 30.
386 Vgl. die Nachw. in voriger Fn.
387 Baetge/Kirsch/Thiele/*Chekushina* Rn 162.
388 HdR-EA/*Baetge/Thiele*[5] Rn 184; Baetge/Kirsch/Thiele/*Chekushina* Rn 163.
389 Hopt/*Merkt*[42] Rn 3, 30; MünchKommHGB/*Ebke*[4] Rn 29 ff.
390 *ADS* Rn 248; MünchKommHGB/*Ebke*[4] Rn 27; Hopt/*Merkt*[42] Rn 30; näher *Habersack* NZG 2003, 659 (660 ff). – Zur entsprechenden Anwendung auf die GmbH vgl. § 318 Rn 74; zur Personengesellschaft s. § 119 Rn 85.
391 Begr. RegE BilReG, BT-Drucks. 15/3419, S. 55; MünchKommHGB/*Ebke*[4] Rn 33.
392 *ADS* Rn 248.
393 BGH NZG 2013, 957 (959); MünchKommHGB/*Ebke*[4] Rn 33.
394 MünchKommHGB/*Ebke*[4] Rn 33.
395 MünchKommHGB/*Ebke*[4] Rn 33; Baumbach/Hueck/*Schulze-Osterloh* GmbHG[18] § 41 Rn 97, 119; Hopt/*Merkt*[42] Rn 32; s. auch BGH DB 2006, 722 (betr. § 3 StBerG).

Satz 2 BGB entgegen.[396] Wer schuldhaft entgegen Absatz 1 Satz 1–3 die Prüfung durchführt, ohne über die erforderliche Qualifikation oder den Eintrag in das **Berufsregister** nach § 38 Nr. 1 lit. h, Nr. 2 lit. f WPO zu verfügen, haftet nach §§ 280 Abs. 1, 311 Abs. 2 BGB selbst dann auf **Schadensersatz** für die Kosten einer erneuten Prüfung, wenn zwischenzeitlich bereits die Heilung nach § 256 Abs. 6 AktG eingetreten ist.[397]

2. Ausschlusstatbestände der Absätze 2 bis 4

a) Anfängliches Vorliegen. Das BilReG (Rn 3) hat in § 243 Abs. 3 Nr. 3 AktG bestimmt, dass die Anfechtung des Wahlbeschlusses nicht auf Gründe gestützt werden kann, welche ein Ersetzungsverfahren nach § 318 Abs. 3 rechtfertigen, und damit zugleich bestimmt, dass der **Wahlbeschluss** in den Fällen des § 318 Abs. 3 weder nichtig noch anfechtbar ist.[398] Zugleich wurde in § 256 Abs. 1 Nr. 3 AktG klargestellt,[399] dass der Verstoß gegen § 319 Abs. 2 bis 4 nicht die Nichtigkeit des festgestellten **Jahresabschlusses** zur Folge hat.[400] Der **Prüfungsvertrag** schließlich ist bei anfänglichem Vorliegen eines Ausschlusstatbestands nach § 134 BGB nichtig. Für die besonderen Ausschlusstatbestände des § 319 Abs. 3 (= § 319 Abs. 2 a.F.) ist dies höchstrichterlich anerkannt;[401] für den allgemeinen Ausschusstatbestand des § 319 Abs. 2 kann nach Inkrafttreten des BilReG[402] nichts anderes gelten.[403] Wie im Fall des § 319 Abs. 1 (Rn 97) lässt sich deshalb ein Vergütungsanspruch weder aus Vertrag noch aus Geschäftsführung ohne Auftrag noch aus Bereicherungsrecht herleiten.[404] Anderes gilt bei Nichtvorliegen der subjektiven Voraussetzungen des § 817 Satz 2 BGB;[405] vor dem Hintergrund, dass die Prüfung der Ausschlussgründe dem Abschlussprüfer obliegt,[406] dürfte es sich hierbei indes um seltene Ausnahmefälle 99

---

396 Vgl. für § 319 Abs. 2 Nr. 5 a.F. (= § 319 Abs. 3 Nr. 3) BGHZ 118, 142 (150); dazu *Claussen* AG 1992, 440; s. ferner MünchKommHGB/*Ebke*[4] Rn 32; zu § 3 StBerG vgl. BGH DB 2006, 722 (dort berechtigte Zweifel hinsichtlich der subjektiven Voraussetzungen des § 817 Satz 2 BGB, die sich freilich auf § 319 Abs. 1 nicht übertragen lassen). – Zu dem noch im RefE BilReG vorgesehenen § 319 Abs. 5 HGB-E, dem zufolge dem Abschlussprüfer kein Entgeltanspruch zustehen sollte, wenn ihm bekannt oder infolge grober Fahrlässigkeit nicht bekannt war, dass er nach Absatz 1 Satz 3, Absatz 2 bis 4 nicht Abschlussprüfer sein darf, s. *Veltins* DB 2004, 445 (450).

397 BGH NZG 2013, 957 (958 f) (auf „§§ 280 I 1, 249 BGB" abstellend, nur zum Fehlen des Eintrags im Berufsregister); s. noch Fn. 408.

398 Vgl. § 318 Rn 72 ff, dort auch zur Rechtslage bei GmbH und Personengesellschaft; ferner MünchKommHGB/*Ebke*[4] Rn 85; Hopt/*Merkt*[42] Rn 31; zur Rechtslage vor Inkrafttreten des BilReG s. BGHZ 135, 32 (37 ff) = NJW 2178; 4. Aufl. Rn 76 (*Zimmer*).

399 Näher zur Rechtslage vor Inkrafttreten des BilReG *Habersack* NZG 2003, 659 (663 ff); *Ebke* FS Röhricht, S. 833 (842 ff); s. ferner OLG Frankfurt/M. AG 2006, 762 (767 f); LG München AG 2005, 623 (626).

400 Vgl. Begr. RegE BilReG, BT-Drucks. 15/3419, S. 55; Hüffer/*Koch* AktG[15] § 256 Rn 13 f. – Zum Nichteingreifen des § 256 Abs. 1 Nr. 2 AktG s. OLG Frankfurt/M. AG 2006, 762 (768); *Habersack* NZG 2003, 659 (661 ff); *Ebke* FS Röhricht, S. 833 (839 ff).

401 BGHZ 118, 142 (148 ff); BGHZ 159, 234 (244); BGH ZIP 2010, 433 Tz 15; s. ferner Hüffer/*Koch* AktG[15] § 256 Rn 14; *Ebke* FS Röhricht, S. 833 (846 ff); *Ebke*/*Paal* ZGR 2005, 894 (908 f); MünchKommHGB/*Ebke*[4] Rn 86 mwN.

402 Zur Rechtslage vor Inkrafttreten des BilReG (§ 318 Abs. 3 a.F.) vgl. (§ 49 WPO betreffend) BGHZ 159, 234 (241 ff); *Ebke*/*Paal* ZGR 2005, 894 (909 f); *Ekkenga* BB 2004, 2013.

403 Begr. RegE BilReG, BT-Drucks. 15/3419, S. 37; MünchKommHGB/*Ebke*[4] Rn 87 f; *Gelhausen*/*Heinz* WPg 2005, 693 (699 f); *Müller* NZG 2004, 1037 (1039); *Paal* DStR 2007, 1210 (1213); zweifelnd Hüffer/*Koch* AktG[15] § 256 Rn 14; *Schüppen* FS VMEBF, 2016, 187 (206 f); krit. *Polt*/*Winter* WPg 2004, 1127 (1134 f).

404 BGHZ 118, 142 (150); OLG Hamm DStR 2009, 1978, 1979; MünchKommHGB/*Ebke*[4] Rn 87; *Gelhausen*/*Heinz* WPg 2005, 693 (701); *Paal* DStR 2007, 1210 (1213); zu § 3 StBerG vgl. BGH DB 2006, 722 (dort berechtigte Zweifel hinsichtlich der subjektiven Voraussetzungen des § 817 Satz 2 BGB, die sich freilich auf § 319 Abs. 1 nicht übertragen lassen); **aA** – für Anspruch auf Wertersatz gem. § 818 Abs. 2 BGB – *Ebke* FS Röhricht, S. 833 (856 ff). – Zu § 319 Abs. 5 i.d.F. des RefE BilReG s. Fn 396.

405 Vgl. zu § 3 StBerG vgl. BGH DB 2006, 722; ferner OLG Hamm DStR 2009, 1978, 1979 mit Anm. *Pöschke*; allg. dazu MünchKommBGB[8]/*Schwab* § 817 Rn 85 ff.

406 Vgl. § 321 Abs. 4a sowie Art. 6 APr-VO; zu beidem Rn 2.

handeln. Neben der Verhängung eines **Bußgelds** gemäß § 334 Abs. 2 und etwaigen berufsrechtlichen Folgen nach §§ 67 ff WPO[407] sieht sich der Abschlussprüfer vielmehr der **Schadensersatzpflicht** gegenüber der Gesellschaft ausgesetzt, und zwar unter dem Gesichtspunkt der unterbliebenen Aufklärung über die Inhabilität (§§ 280 Abs. 1, 311 Abs. 2 BGB).[408]

100 **b) Nachträglicher Eintritt.** Bei nachträglichem Eintritt eines Ausschlussgrundes bewendet es bei den Vorschriften der § 318 Abs. 1 Satz 5, Abs. 3 und 6 über das **Ersetzungsverfahren** und dessen Folgen (Rn 17, 19, 29, 99); Nichtigkeit des Prüfungsvertrags tritt hingegen nicht ein.[409] Die Wirksamkeit des festgestellten Jahresabschlusses wird nach § 256 Abs. 1 Nr. 3 AktG auch durch nachträglichen Eintritt eines Ausschlussgrundes nicht berührt. Auch in diesem Fall bewendet es bei den Folgen aus § 334 Abs. 2 und der Haftung für unterbliebene Aufklärung über die Inhabilität (Rn 99).

3. Verstoß gegen die Abschlussprüferverordnung

101 Die Artt. 4–6 der ausschließlich für Unternehmen von öffentlichem Interesse i.S.v. Art. 2 Nr. 13 AP-RL und § 316a Satz 2 (§ 316a Rn 6 ff.) geltenden EU-Abschlussprüferverordnung statuieren dem Wortlaut nach keine Ausschlussgründe, sondern Tätigkeitsgebote und -verbote und Honorarbestimmungen für den bereits bestellten Abschlussprüfer.[410] Sie zielen aber, ebenso wie § 319 Abs. 2, 3, auf die Gewährleistung seiner Unabhängigkeit.[411] Angesichts dessen enthalten sie z.T. **unionsrechtlich präformierte Wertungen**, die bei der Auslegung des § 319 Abs. 2 zu berücksichtigen sind (Rn 20). Zudem stellt sich die Frage, ob ein Verstoß gegen Artt. 4–6 APr-VO im nationalen Recht zum Ausschluss nach Absatz 2 führt. Nach Ansicht von ***Schürnbrand*** rechtfertigt jedenfalls die Erbringung **verbotener Nichtprüfungsleistungen** (Art. 5 APr-VO) und die Missachtung der **Honorarbegrenzung** nach Art. 4 Abs. 2 APr-VO **stets** die Besorgnis der Befangenheit nach § 319 Abs. 2.[412] Dafür wird mit § 318 Abs. 3 Satz 1 Nr. 1 argumentiert. Nach dieser Vorschrift ist im Ersetzungsverfahren u.a. dann ein anderer Abschlussprüfer zu bestellen, wenn ein Ausschlussgrund nach § 319 Abs. 2 besteht oder ein Verstoß gegen Art. 5 Abs. 4 UAbs. 1 Satz 1 APr-VO gegeben ist, der die Erbringung legaler Nichtprüfungsleistungen durch den Abschlussprüfer an die Zustimmung des Prüfungsausschusses bindet. Wenn schon die Verletzung dieses Zustimmungserfordernisses für legale Nichtprüfungsleistungen zur Ersetzung des Abschlussprüfers führe, müsse dies auch (oder sogar erst recht) bei der Erbringung verbotener Nichtprüfungsleistungen gelten. Dies sei auch der Fall; der Gesetzgeber habe die verbotenen Nichtprüfungsleistungen in § 318 Abs. 3 Satz 1 nur deshalb nicht erwähnt, weil er davon ausgegangen sei, dass in diesem Fall stets der Ausschlussgrund nach § 319 Abs. 2 gegeben sei, was sich auch anhand der Gesetzesmaterialien belegen lasse.[413] Zudem habe der Unionsgesetzgeber die von Art. 5 APr-VO erfassten Nichtprü-

---

407 MünchKommHGB/*Ebke*[4] Rn 95.

408 Hachmeister/Kahle/Mock/Schüppen/*Mylich/Müller* Rn 123; Baetge/Kirsch/Thiele/*Chekushina* Rn 170. Für Anspruch aus § 311a Abs. 2 BGB, § 823 Abs. 2 BGB i.V.m. § 319 Abs. 2, 3 hingegen 4. Aufl. Rn 77 (*Zimmer*); Hopt/*Merkt*[42] Rn 32; **teilweise abweichend** (auf „§§ 280 I 1, 249 BGB" und die Durchführung der Prüfung abstellend) **BGH** NZG 2013, 957 (958 f).

409 BGH ZIP 2010, 433 Tz 17 ff; OLG Düsseldorf GmbHR 1991, 159 (160); *Gelhausen/Heinz* WPg 2005, 693 (703); *Müller* WPg 2003, 741 (749); *Paal* DStR 2007, 1210 (1214); **aA** – für Nichtigkeit mit Wirkung ex nunc – MünchKommHGB/*Ebke*[4] Rn 93. – Allg. zur grds. Maßgeblichkeit des Zeitpunkts der Vornahme des Rechtsgeschäfts für Eintritt der Nichtigkeitsfolge des § 134 BGB BGHZ 45, 322 (326); BGHZ 114, 127 (136 f).

410 *Schüppen*[2] Anh § 319 Rn 36; *Schürnbrand* AG 2016, 70 (74).

411 Erwägungsgründe 7 ff APr-VO; damit argumentierend auch *Hennrichs/Bode* NZG 2016, 1281 (1284); *Schüppen*[2] Rn 20; *Schürnbrand* AG 2016, 70 (75).

412 *Schürnbrand* AG 2016, 70 (75 f); ihm zustimmend *Hennrichs/Bode* NZG 2016, 1281 (1284); so wohl auch BeckOK HGB/*Poll* Rn 9, 12 („unwiderlegliche Vermutung").

413 *Schürnbrand* AG 2016, 70 (75) unter Verweis auf den RegE zum AReG, BT-Drs. 18/7219, S. 40 unten.

fungsleistungen gerade deshalb verboten, weil sie typischerweise die Unabhängigkeit des Abschlussprüfers gefährdeten. Der darin liegenden unwiderleglichen Vermutung sei im Rahmen von § 319 Abs. 2 Rechnung zu tragen.[414]

Eine **andere Ansicht** hält dem entgegen, dass die Anwendung des § 319 Abs. 2 stets eine Wertung erfordere.[415] Bagatellverstöße gegen Vorschriften wie die Artt. 4, 5 APr-VO würden deshalb den Ausschlusstatbestand nach § 319 Abs. 2 nicht erfüllen.[416] Wenn das Fehlen der Unabhängigkeit des Prüfers bei Verstößen gegen Artt. 4 f. APr-VO gleichwohl unwiderruflich zu vermuten sei, liege darin in der Sache ein absoluter Ausschlussgrund. Deshalb komme allenfalls eine Analogie zu § 319 Abs. 3 in Betracht, der indes eine Ausnahme für Tätigkeiten „von untergeordneter Bedeutung" enthalte (§ 319 Abs. 3 Satz 1 HS 1 am Ende) und deshalb Bagatellverstöße gerade nicht erfasse.[417] Eine **vermittelnde Ansicht** legt den Artt. 4 f. APr-VO im Rahmen des § 319 Abs. 2 eine Indizwirkung bei, so dass ein Verstoß gegen die genannten Verordnungsgestimmungen zwar nicht zwangsläufig, wohl aber im Regelfall zum Ausschluss nach Absatz 2 führt.[418] Bei Unternehmen von öffentlichem Interesse sollen zudem generell erhöhte Anforderungen an die Unabhängigkeit des Abschlussprüfers zu stellen sein.[419] Die **APAS** (Vor § 316 Rn 26) differenziert ebenfalls und gelangt aufgrund der Wertung des Art. 5 Abs. 5 UAbs. 3 lit. a APr-VO bei Verstößen gegen die dort aufgeführten Normen (Art. 5 Abs. 1 UAbs. 2 lit. b, c, e APr-VO) stets, ansonsten nur nach Maßgabe einer Wertung im Einzelfall, zur Inhabilität nach § 319 Abs. 2.[420] 102

Zu folgen ist einer Kombination der vermittelnden Ansicht und der Ansicht der APAS (Rn 102). Danach führt die Nichtbeachtung des Art. 5 Abs. 1 UAbs. 2 lit. b, c, e APr-VO mit Blick auf die Wertung des Art. 5 Abs. 5 UAbs. 3 lit. a APr-VO stets, der Verstoß gegen eine andere Bestimmung der Art. 4 f. APr-VO hingegen (nur) im Regelfall zum Ausschluss des Abschlussprüfers nach § 319 Abs. 2 mit den o.g. weiteren Folgen (Ersetzungsverfahren nach § 318 Abs. 3; keine Beeinträchtigung der Wirksamkeit des Wahlbeschlusses und des Jahresabschlusses, aber bei anfänglichem Vorliegen des Mangels Nichtigkeit des Prüfungsvertrags nach § 319 Abs. 2 i.V.m. § 134 BGB, Rn 99 f).[421] Der einer verbotenen Nichtprüfungsleistung zugrunde liegende schuldrechtliche Vertrag ist stets und ohne Wertungsmöglichkeit nichtig nach § 134 BGB.[422] Demgegenüber würde es zu weit gehen, mit *Schürnbrand* (Rn 101) stets auch den Ausschluss nach § 319 Abs. 2 anzunehmen. Dagegen spricht, dass die Artt. 4 f APr-VO infolge mehrerer Abweichungen zwischen den Sprachfassungen (Rn 93) und verschiedener unbestimmter Rechtsbegriffe erhebliche Auslegungsprobleme aufwerfen, so dass selbst einem ausgesprochen sorgfältigen Abschlussprüfer insoweit Fehler unterlaufen können.[423] Angesichts dessen wäre ein pauschaler Ausschluss bei jedwedem Verstoß 103

414 *Schürnbrand* AG 2016, 70 (75).

415 *Schüppen*[2] Rn 21; vgl. auch BeckBilKomm/*Justenhoven/Nagel*[13] Rn 140, 301.

416 *Schüppen*[2] Rn 21; vgl. auch BeckBilKomm/*Justenhoven/Nagel*[13] Rn 140, 301.

417 *Schüppen*[2] Rn 21.

418 BeckOGK-HGB/*Bormann*, 15.11.2020, Rn 41 f., 55 (sogar „in aller Regel"); vgl. auch Baetge/Kirsch/Thiele/*Chekushina* Rn 47 mit der Formulierung, es könne bei der Anwendung des § 319 Abs. 2 auf die APr-VO „zurückgegriffen" werden. Vgl. ferner MünchKommHGB/*Ebke*[4] Rn 65 (Existenz von Bagatellfällen bezweifelnd).

419 BeckOGK-HGB/*Bormann*, 15.11.2020, Rn 41 f.; vgl. auch Baetge/Kirsch/Thiele/*Chekushina* Rn 47 mit der Formulierung, es könne bei der Anwendung des § 319 Abs. 2 auf die APr-VO „zurückgegriffen" werden.

420 APAS, Verlautbarung Nr. 8 vom 13.12.2019, abrufbar unter https://www.apasbafa.bund.de/APAS/DE/Publikationen/Verlautbarungen/verlautbarungen_node.html, abgerufen 24.2.2022, S. 2; *Schüppen*[2] Vor § 319 Rn 39.

421 MünchKommHGB/*Ebke*[4] Rn 62 ff. Strenger bzgl. des Ausschlusses nach § 319 Abs. 2 (stets bei Verstoß gegen Art. 5, 4 Abs. 2 APr-VO), aber bzgl. der im Fall eines Verstoßes eintretenden Rechtsfolgen weitgehend wie hier *Schürnbrand*, AG 2016, 70 (74 f) (mit Unterschied, dass neben § 319 Abs. 2 auch Art. 5 APr-VO als Verbotsgesetz eingestuft wird).

422 BeckOGK-HGB/*Bormann*, 15.11.2020, § 319a Rn 55 (mit Recht auch für Anwendung des § 817 Satz 2 BGB auf etwaige Bereicherungsansprüche); für Anwendung des § 134 BGB auch MünchKommHGB/*Ebke*[4] Rn 64.

423 *Schürnbrand*, AG 2016, 70 (74) (insoweit noch wie hier); vgl. auch *Schüppen* FS VMEBF, 2016, 187 (207), der darauf abstellen will, „wie offensichtlich der Gesetzesverstoß war und welchem Grad an Schuldvorwurf dem Abschlussprüfer zu machen ist".

ohne Wertungsmöglichkeit mit dem auch unionsrechtlich verankerten Gebot verhältnismäßiger Sanktionen (hier Art. 30 Abs. 2 AP-RL) unvereinbar.[424]

104 Umgekehrt spricht gegen eine freie Wertungsmöglichkeit im Rahmen des Absatzes 2 im Fall eines Verstoßes gegen Art. 4 f APr-VO, dass der nationale Gesetzgeber nach Art. 30a Abs. 1 lit. f AP-RL verpflichtet ist, die Verbotstatbestände der APr-VO mit Bußgeld zu bewehren. Dieser Vorgabe wird § 334 als nationale Umsetzungsnorm nur gerecht, wenn der Ordnungswidrigkeitentatbestand des § 334 Abs. 2 Satz 1 i.V.m. § 319 Abs. 2 zumindest im Regelfall gegeben ist, wenn ein Verstoß gegen Art. 4 f APr-VO vorliegt (was mit dem Gesetzeswortlaut durchaus vereinbar ist). Die nationale Vorschrift des § 334 Abs. 2 Satz 2, die Verstöße gegen andere Absätze des Art. 5 APr-VO mit Bußgeld bedroht, reicht insoweit nicht aus. Die Argumentation *Schürnbrands* zu § 318 Abs. 3 HGB (Rn 101) lässt sich mithin auf § 334 Abs. 2 übertragen, was mit Blick auf Art. 30a Abs. 1 lit. f AP-RL bedeutsam erscheint.

§ 319a *(weggefallen)*

§ 319b Netzwerk

(1) [1]Ein Abschlussprüfer ist von der Abschlussprüfung ausgeschlossen, wenn ein Mitglied seines Netzwerks einen Ausschlussgrund nach § 319 Abs. 2, 3 Satz 1 Nr. 1, 2 oder Nr. 4, Abs. 3 Satz 2 oder Abs. 4 erfüllt, es sei denn, dass das Netzwerkmitglied auf das Ergebnis der Abschlussprüfung keinen Einfluss nehmen kann. [2]Er ist ausgeschlossen, wenn ein Mitglied seines Netzwerks einen Ausschlussgrund nach § 319 Abs. 3 Satz 1 Nr. 3 erfüllt. [3]Ein Netzwerk liegt vor, wenn Personen bei ihrer Berufsausübung zur Verfolgung gemeinsamer wirtschaftlicher Interessen für eine gewisse Dauer zusammenwirken.

(2) Absatz 1 ist auf den Abschlussprüfer des Konzernabschlusses entsprechend anzuwenden.

Schrifttum

Vgl. die Angaben Vor § 316 und zu § 319; ferner *Ebke* ZVglRWiss 121 (2022), 1; *Petersen/Zwirner/Boecker* Ausweitung der Ausschlussgründe für Wirtschaftsprüfer bei Vorliegen eines Netzwerks – Anmerkungen zu § 319b HGB, WPg 2010, 464.

Übersicht

424 BeckBilKomm/*Justenhoven/Nagel*[13] Rn 140, 301; mit dem Verhältnismäßigkeitsgrundsatz argumentiert auch *Schüppen*[2] Anh § 319 Rn 38. Zum Verhältnismäßigkeitsgrundsatz als Auslegungsgesichtspunkt im Privatrecht, auch mit Blick auf bestehende Rechtsunsicherheit, ferner *Weber*, BKR 2022, 7, 13 f mwN.

https://doi.org/10.1515/9783110565362-008

I. Grundlagen

1. Inhalt und Zweck der Vorschrift

Die Vorschrift dehnt einen Großteil der Ausschlussgründe des § 319 auf das Netzwerk des „Abschlussprüfers“ aus. Im Einklang mit der Regelungssystematik des § 319 regelt § 319b zunächst den Ausschluss des Prüfers von der Einzelabschlussprüfung (Abs. 1), um sodann die entsprechende Anwendung der Ausschlussgründe auf den Konzernabschlussprüfer vorzuschreiben (Abs. 2). In sprachlicher und sachlicher Hinsicht verfehlt ist es allerdings, dass die Vorschrift den Ausschluss des „Abschlussprüfers“ von der Abschlussprüfung vorschreibt; gemeint ist der Ausschluss des Wirtschaftsprüfers und der Wirtschaftsprüfungsgesellschaft sowie – in den Fällen des § 319 Abs. 1 Satz 2 – des vereidigten Buchprüfers und der Buchprüfungsgesellschaft. Wie die Sozietätsklausel des § 319 Abs. 3 Satz 1 will § 319b den Tatbestand der **indirekten Befangenheit** erfassen, der sich daraus ergeben kann, dass sich der die Prüfung verantwortende Wirtschaftsprüfer von den **Interessen seiner Kooperationspartner** leiten lässt (§ 319 Rn 32 ff). Dagegen geht es § 319b keineswegs darum, die Bildung von Netzwerken zu unterbinden oder die die Erbringung von Prüfungs- und Beratungsleistungen durch Netzwerkmitglieder auszuschließen; die Bildung von Netzwerken kann vielmehr einer weiteren Konzentration auf dem Markt für Abschlussprüfungsleistungen entgegenwirken.[1] 1

2. Entstehung

Die Vorschrift des § 319b ist durch das **BilMoG** (Vor § 316 Rn 12) eingefügt worden. Der vormals in Abs. 1 Satz 2 enthaltene Verweis auf die weggefallene Vorschrift des § 319a ist im Jahr 2021 durch das FISG (Vor § 316 Rn 17) gestrichen worden. 2

3. Unionsrechtlicher Hintergrund; Abschlussprüferverordnung

Die Vorschrift des § 319b dient der Umsetzung des Art. 22 Abs. 1 UAbs. 4 AP-RL (Vor § 316 Rn 18).[2] 3
Danach dürfen Abschlussprüfer und Prüfungsgesellschaften die Abschlussprüfung u.a. dann nicht ausführen, wenn aufgrund einer Beziehung finanzieller, persönlicher oder geschäftlicher Art, eines Beschäftigungsverhältnisses oder anderer Beziehungen zwischen ihrem Netzwerk und dem geprüften Unternehmen eine in der Norm näher beschriebene Gefährdung der Unabhängigkeit des Abschlussprüfers gegeben ist. Der **Begriff des Netzwerks** ist in Art. 2 Nr. 7 AP-RL definiert. Danach ist unter einem Netzwerk die „breitere Struktur“ zu verstehen, die auf Kooperation ausgerichtet ist und der ein Abschlussprüfer oder eine Prüfungsgesellschaft angehört und die eindeutig auf Gewinn- oder Kostenteilung abzielt oder durch gemeinsames Eigentum, gemeinsame Kontrolle oder gemeinsame Geschäftsführung, gemeinsame Qualitätssicherungsmaßnahmen und -verfahren, eine gemeinsame Geschäftsstrategie, die Verwendung einer gemeinsamen Marke oder durch einen wesentlichen Teil gemeinsamer fachlicher Ressourcen miteinander verbunden ist. Die Vorschrift des **Art. 5 APr-VO** über erlaubte und verbotene **Nichtprüfungsleistungen** bezieht bereits in den jeweiligen Tatbeständen das Netzwerk des Abschlussprüfers mit ein; ein Rückgriff auf § 319b ist insoweit weder notwendig noch möglich.[3] Maßgeblich ist aufgrund des Verweises des Art. 3 APr-VO auf die Begriffsbestimmungen der AP-RL auch insoweit der Netzwerkbegriff des Art. 2 Nr. 7 AP-RL.

1 Begr. RegE BilMoG, BT-Drucks. 16/10067, S. 90; *Ernst/Seidler* ZGR 2008, 631 (661); *Petersen/Zwirner* WPg 2008, 967 (971); *Petersen/Zwirner/Boecker* WPg 2010, 464 f.

2 MünchKommHGB/*Ebke*[4] Rn 2 (noch zu Art. 22 Abs. 2 AP-RL a.F.).

3 BeckOGK-HGB/*Bormann*, 15.11.2020, Rn 2; s. auch MünchKommHGB/*Ebke*[4] Rn 4 ff.

4. Anwendungsbereich

4 Der Anwendungsbereich des § 319b deckt sich mit demjenigen des § 319. Soweit auf Ausschlussgründe des § 319 Abs. 2 bis 4 Bezug genommen wird, wird also jede gesetzlich vorgeschriebene Prüfung des Jahres- oder Konzernabschlusses eines prüfungspflichtigen Unternehmens erfasst; im Zusammenhang mit der Prüfung des Einzelabschlusses von mittelgroßen Gesellschaften mbH und von Personengesellschaften unterliegen deshalb auch vereidigte Buchprüfer und Buchprüfungsgesellschaften dem § 319b (§ 319 Abs. 1 Satz 2, dazu § 319 Rn 12). Zur Anwendbarkeit des § 319 auf Prüfungen, die **keine Abschlussprüfungen** sind, s. § 319 Rn 6.

5. Rechtsfolgen; Geltendmachung

5 Die Rechtsfolgen eines Verstoßes gegen § 319b entsprechen denen eines Verstoßes gegen § 319 Abs. 2 bis 4; es kann deshalb auf die Ausführungen in § 319 Rn 99 f verwiesen werden. Die Geltendmachung eines Ausschlussgrundes des § 319b erfolgt vor allem im Rahmen des **Ersetzungsverfahrens** nach § 318 Abs. 3 (§ 318 Rn 70 ff; § 319 Rn 99 f).

II. Netzwerk (Abs. 1 Satz 3)

1. Allgemeines

6 Nach Absatz 1 Satz 3 liegt ein Netzwerk vor, wenn Personen bei ihrer Berufsausübung zur Verfolgung gemeinsamer wirtschaftlicher Interessen für eine gewisse Dauer zusammenwirken. Mit dieser Legaldefinition hat sich das BilMoG für eine komprimierte und allgemein gehaltene Fassung der Definition des Netzwerks entschieden, ohne den sachlichen Gehalt der Umschreibung in Art. 2 Nr. 7 AP-RL (Rn 3) abzuändern.[4] Der Sache nach geht es darum, Formen des Zusammenwirkens zu erfassen, die **nicht bereits** unter die **Sozietätsklausel** des § 319 Abs. 3 Satz 1 fallen.[5] Angesichts der weiten Auslegung, die die Sozietätsklausel erfährt (§ 319 Rn 32 ff), dürfte der genuine Anwendungsbereich des § 319b überschaubar sein; dies zeigt sich auch daran, dass die in Art. 2 Nr. 7 AP-RL exemplarisch aufgezählten Kooperationsformen zu einem Gutteil bereits von der durch § 319b nicht berührten Sozietätsklausel erfasst werden (Rn 10; § 319 Rn 32 ff). Rechtstechnisch handelt es sich bei § 319b somit um eine **lex generalis**, die nur zur Anwendung kommt, wenn die Anforderungen der vorrangigen Spezialvorschrift des § 319 Abs. 3 nicht erfüllt sind.[6]

7 Der Netzwerktatbestand des Absatzes 1 Satz 3 ist allgemeiner Natur und beansprucht Geltung für Wirtschaftsprüfer, vereidigte Buchprüfer, Wirtschaftsprüfungsgesellschaften und Buchprüfungsgesellschaften (Rn 1). Vorrangig ist allerdings neben der Sozietätsklausel des § 319 Abs. 3 Satz 1 (Rn 6) auch der Zurechnungstatbestand des § 319 Abs. 4, der **Wirtschaftsprüfungs- und Buchprüfungsgesellschaften** schon dann von der Abschlussprüfung ausschließt, wenn ein Organwalter, Gesellschafter oder Beschäftigter einen Ausschlusstatbestand erfüllt (§ 319 Rn 77 ff). Dem Netzwerktatbestand unterliegen Prüfungsgesellschaften deshalb nur insoweit, als sie als solche nach Maßgabe des Absatzes 1 Satz 3 mit einer oder mehreren anderen Personen (Rn 8) kooperieren.

4 Begr. RegE BilMoG, BT-Drucks. 16/10067, S. 90; *Ernst/Seidler* ZGR 2008, 631 (661); näher *Petersen/Zwirner/Boecker* WPg 2010, 464, 465 f.; kritisch Hopt/*Merkt*[42] Rn 5.
5 MünchKommHGB/*Ebke*[4] Rn 3.
6 MünchKommHGB/*Ebke*[4] Rn 3.

2. Der Tatbestand im Einzelnen

Personen i.S.d. Absatzes 1 Satz 3 sind neben natürlichen Personen auch juristische Personen und rechtsfähige Personengesellschaften.[7] Unerheblich ist, ob die Kooperationspartner als Wirtschaftsprüfer tätig sind oder tätig sein könnten.[8] Das Erfordernis eines **Zusammenwirkens** der Personen soll zunächst zum Ausdruck bringen, dass es einer Verhaltenskoordinierung der Kooperationspartner und damit der willentlichen und bewussten Begründung des Netzwerktatbestands bedarf.[9] Unerheblich ist die rechtliche Ausgestaltung der Kooperation.[10] Erfolgt die Kooperation im Rahmen einer auch nach außen auftretenden Gesellschaft, ist freilich in aller Regel bereits der Tatbestand der Sozietätsklausel erfüllt (Rn 6).[11] Folglich werden von Absatz 1 Satz 3 vor allem Kooperationen auf der Grundlage schuldrechtlicher Innenabreden erfasst, die nicht schon unter die Sozietätsklausel des § 319 Abs. 3 Satz 1 fallen (§ 319 Rn 32 ff); hierbei kann es sich neben Innengesellschaften bürgerlichen Rechts auch um Abreden handeln, die den Tatbestand einer Gesellschaft nicht erfüllen.[12] 8

Das Zusammenwirken der Netzwerkmitglieder muss zudem auf **gewisse Dauer** angelegt sein.[13] Ein „einmaliges oder nur gelegentliches" Zusammenwirken genügt also nicht; dies entspricht der Rechtslage im Rahmen der Sozietätsklausel (§ 319 Rn 32, 34) und unterstreicht den gedanklichen Zusammenhang zwischen dieser und dem Netzwerktatbestand. Ausweislich der Materialien sollen namentlich die Durchführung von Gemeinschaftsprüfungen, die gemeinschaftliche Erstellung von betriebswirtschaftlichen Gutachten oder gemeinsame Fortbildungsveranstaltungen für sich alleine kein Netzwerk begründen.[14] Dem kann allerdings nur unter der Voraussetzung gefolgt werden, dass es sich jeweils um Einzelmaßnahmen handelt, die punktuelle Zusammenarbeit also nicht von vornherein auf Wiederholung angelegt ist. 9

Vorausgesetzt ist schließlich, dass das Zusammenwirken bei Berufsausübung zur Verfolgung gemeinsamer wirtschaftlicher Interessen erfolgt. Was zunächst das Erfordernis **gemeinsamer wirtschaftlicher Interessen** betrifft, so ist es schon aufgrund des Erfordernisses der **richtlinienkonformen Auslegung** bereits dann gegeben, wenn die Netzwerkmitglieder eines der in Art. 2 Nr. 7 AP-RL genannten Ziele verfolgen.[15] Dann aber ist häufig bereits der Tatbestand der Sozietätsklausel erfüllt (Rn 6; § 319 Rn 32 ff). Dies gilt jedenfalls bei Gewinn- oder Kostenteilung oder gemeinsamem Eigentum. Soweit **Bürogemeinschaften** nicht schon unter die Sozietätsklausel des § 319 Abs. 3 fallen (zur Diskussion § 319 Rn 34), sind sie jedenfalls in richtlinienkonformer Auslegung mit Blick auf Art. 2 Nr. 7 AP-RL regelmäßig unter dem Gesichtspunkt der Kostenteilung unter Absatz 1 Satz 3 zu subsumieren.[16] Angesichts der Maßgeblichkeit der objektiven Parteilichkeitserwartungen eines außenstehenden Dritten wird die Sozietätsklausel des § 319 Abs. 3 oftmals zudem bei Verwendung einer gemeinsamen Marke zum Tragen kommen; je nach Lage des Falles kann Gleiches aber auch bei gemeinsamer Kontrolle, Geschäftsführung oder Geschäftsstrategie, bei gemeinsamen Qualitätssicherungsmaßnahmen und gemeinsamen fachlichen Ressourcen gelten. Ansonsten werden derlei Fälle regelmäßig von 10

7 Begr. RegE BilMoG, BT-Drucks. 16/10067, S. 91; *Ebke* ZVglRWiss 121 (2022), 1 (25 f).

8 BeckBilKomm/*Justenhoven*/*Nagel*[13] Rn 8.

9 Vgl. auch Begr. RegE BilMoG, BT-Drucks. 16/10067, S. 90, wo das im Text genannte Erfordernis allerdings in anderem Zusammenhang erwähnt wird.

10 BeckOGK-HGB/*Bormann*, 15.11.2020, Rn 12.

11 *Ebke* ZVglRWiss 121 (2022), 1 (28).

12 BeckOGK-HGB/*Bormann*, 15.11.2020, Rn 12; vgl. auch *Ebke* ZVglRWiss 121 (2022), 1 (24).

13 *Ebke* ZVglRWiss 121 (2022), 1 (30 f); BeckOGK-HGB/*Bormann*, 15.11.2020, Rn 12.

14 Begr. RegE BilMoG, BT-Drucks. 16/10067, S. 90; *Ebke* ZVglRWiss 121 (2022), 1 (30).

15 Begr. RegE BilMoG, BT-Drucks. 16/10067, S. 90; die Notwendigkeit der richtlinienkonformen Auslegung wird mit Recht hervorgehoben von Hopt/*Merkt*[42] Rn 5 und MünchKommHGB/*Ebke*[4] Rn 8.

16 AA BeckBilKomm/*Justenhoven*/*Nagel*[13] Rn 9; MünchKommHGB/*Ebke*[4] Rn 26; zurückhaltender (Einzelfallbetrachtung) auch BeckOGK-HGB/*Bormann*, 15.11.2020, Rn 13.

Absatz 1 Satz 3 erfasst.[17] Das gilt regelmäßig auch für sog. Dach-Wirtschaftsprüfungsgesellschaften und Dach-Marken.[18] Das Erfordernis eines Zusammenwirkens **bei der Berufsausübung** schließt die Verfolgung gemeinsamer wirtschaftlicher Interessen bei Gelegenheit der Berufsausübung aus. Die gemeinsame fachliche Tätigkeit in Verbänden oder Kammern wird deshalb auch dann nicht von Absatz 1 Satz 3 erfasst, wenn sie der Verfolgung gemeinsamer wirtschaftlicher Interessen dient; Entsprechendes gilt für die Mitgliedschaft genossenschaftlicher Prüfungsverbände in einem Spitzenverband.[19] Ebenso wird ein Netzwerk nicht schon dadurch begründet, dass Wirtschaftsprüfer sich **gelegentlich wechselseitig Mandate vermitteln**, welche sie aus Kapazitätsgründen, infolge der Inhabilitätsvorschriften des § 319 oder aus anderen Gründen nicht selbst bearbeiten können.[20]

III. Einzelabschlussprüfer (Absatz 1 Satz 1, 2)

1. Ausschlussgründe mit Entlastungsmöglichkeit (Absatz 1 Satz 1)

11 Nach Absatz 1 Satz 1 ist ein Abschlussprüfer (Rn 1) von der Abschlussprüfung ausgeschlossen, wenn ein Mitglied seines Netzwerks (Rn 7 ff) einen Ausschlussgrund nach § 319 Abs. 2, Abs. 3 Satz 1 Nr. 1, 2, 4, Abs. 3 Satz 2 oder Abs. 4 erfüllt, es sei denn, dass das Netzwerkmitglied auf das Ergebnis der Abschlussprüfung keinen Einfluss nehmen kann.[21] Gegenstand des netzwerkweiten Ausschlusses sind mithin der **allgemeine Befangenheitstatbestand** des § 319 Abs. 2 (§ 319 Rn 16 ff) und die **besonderen Ausschlussgründe des § 319 Abs. 3 Satz 1 Nr. 1** (finanzielles Interesse, § 319 Rn 40 ff), **Nr. 2** (personelle Verflechtung, § 319 Rn 46 ff) und **Nr. 4** (Beschäftigung, § 319 Rn 69 f). Die Bezugnahme auf § 319 Abs. 3 Satz 2 stellt sicher, dass der Ausschluss auch dann greift, wenn der **Ehegatte** oder Lebenspartner des Netzwerkmitglieds (§ 319 Abs. 3 Satz 2, dazu § 319 Rn 37 ff) einen der genannten Ausschlussgründe verwirklicht. Die Bezugnahme auf § 319 Abs. 4 ist hingegen für den Fall von Bedeutung, dass es sich bei dem Netzwerkmitglied um eine **Wirtschaftsprüfungsgesellschaft** oder Buchprüfungsgesellschaft handelt (Rn 7 f); soweit sie nach § 319 Abs. 4 ausgeschlossen wäre, hat die Netzwerkklausel des § 319b Abs. 1 Satz 1 den Ausschluss des „Abschlussprüfers" zur Folge.

12 Das Vorliegen eines der in Absatz 1 Satz 1 genannten Ausschlussgründe in der Person des Netzwerkmitglieds (Rn 11) schließt den Prüfer allerdings dann nicht von der Abschlussprüfung aus, wenn das **Netzwerkmitglied** auf das Ergebnis der Abschlussprüfung **keinen Einfluss nehmen** kann. Die Regelungstechnik des Absatzes 1 Satz 1 bringt zum Ausdruck, dass es dem Prüfer obliegt, das Vorliegen der Voraussetzungen des Ausnahmetatbestands darzulegen und ggf. zu beweisen, um sich hierdurch zu entlasten.[22] Dabei muss er auch die Möglichkeit – auf eine tatsächliche Einflussnahme kommt es ohnehin nicht an – einer faktischen oder durch wirtschaftliche Einwirkungsmöglichkeiten vermittelten Beeinflussung der Abschlussprüfung ausräumen.[23] Den Netzwerkmitgliedern wird durch Absatz 1 Satz 1 insbesondere die Möglichkeit eröffnet, durch **Schutzmaßnahmen** (§ 319 Rn 25) die netzwerkweite Geltung der in Absatz 1 Satz 1 genannten Ausschlusstatbestände zu vermeiden,[24] und zwar selbst im Hinblick auf die – an sich nicht durch Schutzmaßnahmen abwendbaren (§ 319 Rn 25) – Ausschlusstatbestände des § 319 Abs. 3 Nr. 1, 2,

17 Zurückhaltender MünchKommHGB/*Ebke*[4] Rn 27.

18 Zurückhaltender (Einzelfallbetrachtung) BeckOGK-HGB/*Bormann*, 15.11.2020, Rn 13; ablehnend MünchKommHGB/*Ebke*[4] Rn 14.

19 Begr. RegE BilMoG, BT-Drucks. 16/10067, S. 91.

20 BeckBilKomm/*Justenhoven*/*Nagel*[13] Rn 11.

21 Eingehend dazu *Petersen*/*Zwirner*/*Boecker* WPg 2010, 464, 467 ff.

22 *Petersen*/*Zwirner* WPg 2008, 967 (970); MünchKommHGB/*Ebke*[4] Rn 32; s. ferner Begr. RegE BilMoG, BT-Drucks. 16/10067, S. 91 mit Hinweis auf Erwägungsgrund 11 AP-RL.

23 BeckOGK-HGB/*Bormann*, 15.11.2020, Rn 23.

24 MünchKommHGB/*Ebke*[4] Rn 32.

4.[25] Diese Abmilderung dürfte indes nur von begrenzter praktischer Bedeutung sein, weil sie nur den genuinen Anwendungsbereich des § 319b betrifft (Rn 6), mithin Sachverhalte, die sich (nur) unter § 319b Abs. 1 Satz 1 subsumieren lassen und nicht (namentlich über die Sozietätsklausel) schon von § 319 Abs. 3 erfasst werden.[26]

Weder von Absatz 1 Satz 1 noch von Absatz 1 Satz 2 erfasst ist der in § 319 Abs. 3 Satz 1 Nr. 5 geregelte Ausschlussgrund der **finanziellen Abhängigkeit** (§ 319 Rn 71 ff). Die Materialien rechtfertigen dies unter anderem mit – in der Tat nicht zu leugnenden – Schwierigkeiten bei der Bemessung des relevanten Umsatzanteils.[27] Angesichts dessen bestehen aber auch keine durchgreifenden Bedenken dagegen, auf Absatz 1 Satz 1 i.V.m. § 319 Abs. 2 zurückzugreifen, wenn eine netzwerkbezogene finanzielle Abhängigkeit im Einzelfall gleichwohl auf der Hand liegt.[28] 13

2. Ausschlussgründe ohne Entlastungsmöglichkeit (Absatz 1 Satz 2)

Nach Absatz 1 Satz 2 ist ein Abschlussprüfer (Rn 1) von der Abschlussprüfung ausgeschlossen, 14
wenn ein Mitglied seines Netzwerks (Rn 7 ff) einen Ausschlussgrund nach **§ 319 Abs. 3 Satz 1 Nr. 3** (Mitwirkung, § 319 Rn 51 ff) erfüllt.[29] Die dort geregelten Tatbestände verstehen sich als Ausprägung des Mitwirkungs- und Selbstprüfungsverbots. Hieraus erklärt es sich, dass Absatz 1 Satz 2 – anders als Absatz 1 Satz 1 (Rn 13) – die Befangenheit des Prüfers **unwiderleglich vermutet**, mithin die Möglichkeit der Entlastung nicht vorsieht: Ein objektiver, verständiger und informierter Dritter wird immer den Schluss ziehen, dass der Abschlussprüfer bei der Beurteilung des Netzwerkangehörigen befangen ist.[30] Auch im Rahmen des Absatzes 1 Satz 2 gelten – ungeachtet des Wortlauts der Vorschrift – die **Ehegattenklausel** des § 319 Abs. 3 Satz 2 und die Zurechnungsvorschriften des **§ 319 Abs. 4** (Rn 11).[31]

IV. Konzernabschlussprüfer (Absatz 2)

In sachlicher Übereinstimmung mit § 319 Abs. 5 (§ 319 Rn 81 ff) bestimmt Absatz 2, dass die Vor- 15
schriften des Absatzes 1 auf den Abschlussprüfer des Konzernabschlusses entsprechend anzuwenden sind. Der Prüfer (Rn 1) ist deshalb von der Prüfung des Konzernabschlusses ausgeschlossen, wenn einer der Ausschlussgründe des Absatzes 1 Satz 1 und 2 in der Person des Netzwerkmitglieds (oder dessen Ehegatten oder Lebenspartner, Rn 11, 14) verwirklicht wird. Auch für § 319b gilt, dass die Ausschlussgründe grundsätzlich nicht nur auf die Konzernmutter, sondern auf alle weiteren in den Konzernabschluss einbezogenen Unternehmen zu beziehen sind (§ 319 Rn 81 f, 85).

§ 320 Vorlagepflicht. Auskunftsrecht

(1) [1]Die gesetzlichen Vertreter der Kapitalgesellschaft haben dem Abschlußprüfer den Jahresabschluß, den Lagebericht und den gesonderten nichtfinanziellen Bericht unverzüg-

---

25 AA BeckBilKomm/*Justenhoven*/*Nagel*[13] Rn 17 im Rahmen der Tabelle.

26 Die meisten Fälle werden über die Sozietätsklausel (§ 319 Rn 32 ff) bereits von § 319 Abs. 3 erfasst (Rn 6), dessen Eingreifen sich durch Schutzmaßnahmen nicht abwenden lässt, § 319 Rn 25; in diesem Punkt wie hier BeckBilKomm/*Justenhoven*/*Nagel*[13] Rn 17.

27 Begr. RegE BilMoG, BT-Drucks. 16/10067, S. 91; BeckOGK-HGB/*Bormann*, 15.11.2020, Rn 15.

28 BeckOGK-HGB/*Bormann*, 15.11.2020, Rn 15.

29 Zu möglichen Unstimmigkeiten des Verweises auf § 319 Abs. 3 S. 1 Nr. 3, § 319a Abs. 1 S. 1 Nr. 2, 3 a.F. s. *Petersen*/*Zwirner*/*Boecker* WPg 2010, 464, 466 f.

30 Begr. RegE BilMoG, BT-Drucks. 16/10067, S. 91; *Ernst*/*Seidler* ZGR 2008, 631 (666).

31 BeckOGK-HGB/*Bormann*, 15.11.2020, Rn 8; MünchKommHGB/*Ebke*[4] Rn 33.

https://doi.org/10.1515/9783110565362-009

lich nach der Aufstellung vorzulegen. [2]Sie haben ihm zu gestatten, die Bücher und Schriften der Kapitalgesellschaft sowie die Vermögensgegenstände und Schulden, namentlich die Kasse und die Bestände an Wertpapieren und Waren, zu prüfen. [3]Die gesetzlichen Vertreter einer Kapitalgesellschaft, die als Inlandsemittent (§ 2 Absatz 14 des Wertpapierhandelsgesetzes) Wertpapiere (§ 2 Absatz 1 des Wertpapierhandelsgesetzes) begibt und keine Kapitalgesellschaft im Sinne des § 327a ist, haben dem Abschlussprüfer auch die für Zwecke der Offenlegung nach den Vorgaben des § 328 Absatz 1 erstellte Wiedergabe des Jahresabschlusses und die nach diesen Vorgaben erstellte Wiedergabe des Lageberichts vorzulegen.

(2) [1]Der Abschlußprüfer kann von den gesetzlichen Vertretern alle Aufklärungen und Nachweise verlangen, die für eine sorgfältige Prüfung notwendig sind. [2]Soweit es die Vorbereitung der Abschlußprüfung erfordert, hat der Abschlußprüfer die Rechte nach Absatz 1 Satz 2 und nach Satz 1 auch schon vor Aufstellung des Jahresabschlusses. [3]Soweit es für eine sorgfältige Prüfung notwendig ist, hat der Abschlußprüfer die Rechte nach den Sätzen 1 und 2 auch gegenüber Mutter- und Tochterunternehmen.

(3) [1]Die gesetzlichen Vertreter einer Kapitalgesellschaft, die einen Konzernabschluß aufzustellen hat, haben dem Abschlußprüfer des Konzernabschlusses den Konzernabschluß, den Konzernlagebericht, den gesonderten nichtfinanziellen Konzernbericht, die Jahresabschlüsse, Lageberichte, die gesonderten nichtfinanziellen Berichte und, wenn eine Prüfung stattgefunden hat, die Prüfungsberichte des Mutterunternehmens und der Tochterunternehmen vorzulegen. [2]Der Abschlußprüfer hat die Rechte nach Absatz 1 Satz 2 und nach Absatz 2 bei dem Mutterunternehmen und den Tochterunternehmen, die Rechte nach Absatz 2 auch gegenüber den Abschlußprüfern des Mutterunternehmens und der Tochterunternehmen. [3]Die gesetzlichen Vertreter einer Kapitalgesellschaft, die als Inlandsemittent § 2 Absatz 14 des Wertpapierhandelsgesetzes) Wertpapiere (§ 2 Absatz 1 des Wertpapierhandelsgesetzes) begibt und keine Kapitalgesellschaft im Sinne des § 327a ist, haben dem Abschlussprüfer auch die für Zwecke der Offenlegung nach den Vorgaben des § 328 Absatz 1 erstellte Wiedergabe des Konzernabschlusses und die nach diesen Vorgaben erstellte Wiedergabe des Konzernlageberichts vorzulegen.

(4) Der bisherige Abschlussprüfer hat dem neuen Abschlussprüfer auf schriftliche Anfrage über das Ergebnis der bisherigen Prüfung zu berichten; § 321 ist entsprechend anzuwenden.

(5) [1]Ist die Kapitalgesellschaft als Tochterunternehmen in den Konzernabschluss eines Mutterunternehmens einbezogen, das seinen Sitz nicht in einem Mitgliedstaat der Europäischen Union oder einem anderen Vertragsstaat des Abkommens über den Europäischen Wirtschaftsraum hat, kann der Prüfer nach Absatz 2 zur Verfügung gestellte Unterlagen an den Abschlussprüfer des Konzernabschlusses weitergeben, soweit diese für die Prüfung des Konzernabschlusses des Mutterunternehmens erforderlich sind. [2]Die Übermittlung personenbezogener Daten muss im Einklang mit den Vorgaben der Verordnung (EU) 2016/679 und den allgemeinen datenschutzrechtlichen Vorschriften stehen.

Artikel 18 Verordnung (EU) Nr. 537/2014 (auszugsweise)
Übergabeakte

Wird ein Abschlussprüfer oder eine Prüfungsgesellschaft durch einen anderen Abschlussprüfer oder eine andere Prüfungsgesellschaft ersetzt, so muss dieser Abschlussprüfer bzw. diese Prüfungsgesellschaft die Anforderungen gemäß Artikel 23 Absatz 3 der Richtlinie 2006/43/EG erfüllen.

Vorbehaltlich des Artikels 15 gewährt der frühere Abschlussprüfer oder die frühere Prüfungsgesellschaft dem neuen Abschlussprüfer oder der neuen Prüfungsgesellschaft ferner Zugang zu den in Artikel 11 genannten zusätzlichen Berichten hinsichtlich früherer Jahre sowie zu jeglichen Informationen, die den zuständigen Behörden gemäß den Artikeln 12 und 13 übermittelt werden.

Der Abschlussprüfer oder die Prüfungsgesellschaft des früheren Abschlusses muss in der Lage sein, der zuständigen Behörde gegenüber darzulegen, dass diese Informationen dem neuen Abschlussprüfer bzw. der neuen Prüfungsgesellschaft zur Verfügung gestellt wurden.

Schrifttum

Vgl. die Angaben Vor § 316 sowie *Budde/Steuber* Jahresabschluß – Was soll die Veranstaltung? Festschrift Claussen (1997), S. 583 ff; *Orth/Obst* Ausgestaltung von Kontrollen zur Qualitätssicherung offenzulegender ESEF-Unterlagen, BB 2021, 2091; *Schürnbrand* Organschaft im Recht der privaten Verbände (2007); *Vogl/Esswein/Groß* E-Files im Kontext der Jahresabschlussprüfung, DB 2020, 2697; *Weinbrenner* Moderne Kommunikationsmittel und Konzerncontrolling im faktischen Konzern – zugleich ein Beitrag zur Verbesserung des Rechtsschutzes für Außenseiter, Der Konzern 2006, 583.

Übersicht

I. Einführung

1. Inhalt und Normzweck

Das Gesetz muss den Abschlussprüfer in die Lage versetzen, die ihm obliegende Aufgabe auch tatsächlich ordnungsgemäß und effektiv erfüllen zu können. Zu diesem Zweck verpflichtet zunächst Absatz 1 Satz 1 die gesetzlichen Vertreter der Kapitalgesellschaft, dem Abschlussprüfer den Jahresabschluss, den Lagebericht und den gesonderten nichtfinanziellen Bericht unverzüglich nach dessen Aufstellung vorzulegen, und zwar, soweit vorgeschrieben, auch in dem europaweit einheitlichen elektronischen Berichtsformat (Absatz 1 Satz 3). Entsprechendes gilt nach Absatz 3 für den Konzernabschluss. Damit wird sichergestellt, dass dem Abschlussprüfer genügend Zeit für eine eingehende Untersuchung bleibt. Darüber hinaus soll sich der Prüfer ein unabhängiges Bild von den tatsächlichen Verhältnissen innerhalb des Unternehmens verschaffen können. Daher eröffnet ihm Absatz 1 Satz 2 den Zugang zu allen relevanten Unterlagen, während Absatz 2 die gesetzlichen Vertreter zur Erteilung von allen Aufklärungen und Nachweisen verpflichtet, die für eine sorgfältige Prüfung notwendig sind. Dieses Auskunftsrecht kann der Abschlussprüfer, soweit dies für eine rechtzeitige und gründliche Prüfung erforderlich ist, auch schon vor Aufstellung des Jahresabschlusses und auch gegenüber Mutter- und Tochterunternehmen geltend machen. 1

2 Abgerundet werden die Informationsrechte durch Absatz 4, dem zufolge der bisherige Abschlussprüfer dem neuen Abschlussprüfer auf schriftliche Anfrage über das Ergebnis der bisherigen Prüfung zu berichten hat. Bei in den Konzernabschluss eines in einem Drittstaat ansässigen Mutterunternehmens einbezogenen Tochterunternehmen gestattet es Absatz 5 dem Prüfer, die nach Absatz 2 zur Verfügung gestellten Unterlagen unter Beachtung des Datenschutzrechts an den Prüfer des Konzernabschlusses des Mutterunternehmens weiterzugeben. Da die Prüfung nicht zuletzt auch im öffentlichen Interesse durchgeführt wird, müssen sich die interessierten Kreise auf die Wahrnehmung dieser Rechte durch den Prüfer verlassen können. Daher ist § 320 als **zwingendes Recht** zu qualifizieren, von dem weder in der Satzung der Gesellschaft noch im Prüfungsvertrag abgewichen werden kann.[1]

2. Entstehungsgeschichte

3 Das Informationsrecht des Abschlussprüfers findet sich in seinem Kern schon in § 262d HGB in der Fassung der Notverordnung aus dem Jahre 1931 (Vor § 316 Rn 5). Die Vorschrift des Absatzes 2 Satz 1 betreffend die Rechte vor Aufstellung des Abschlusses geht auf § 138 AktG 1937, diejenige des Absatzes 2 Satz 2 betreffend Konzernunternehmen auf § 165 Abs. 4 AktG 1965 zurück. Von verschiedenen späteren Modifikationen abgesehen, erhielt § 320 seine heutige Gestalt durch das Bilanzrichtliniengesetz im Jahr 1985.[2] Im Zuge des BilMoG (Vor § 316 Rn 12) wurde Absatz 4 betreffend das Informationsrecht gegenüber dem bisherigen Prüfer angefügt. Die Regelung der Weitergabe von Unterlagen an den Konzernabschlussprüfer der Muttergesellschaft in einem Drittstaat (Absatz 5) geht auf das AReG (Vor § 316 Rn 14) zurück. Das CSR-Richtlinie-Umsetzungsgesetz (Vor § 316 Rn 16) hat Absatz 1 Satz 1 und Absatz 3 Satz 1 um Hinweise auf den gesonderten nichtfinanziellen Bericht und seine Pendants im Zusammenhang mit dem Konzernabschluss ergänzt. Sodann wurde Absatz 5 Satz 2 an die Datenschutz-Grundverordnung angepasst (Vor § 316 Rn. 16).[3] Die Vorschriften zum elektronischen Berichtsformat (Absatz 1 Satz 3, Absatz 3 Satz 3) gehen auf eine weitere Gesetzesänderung aus dem Jahr 2020 zurück (Vor § 316 Rn. 16).[4]

3. Anwendungsbereich

4 Der Anwendungsbereich erstreckt sich auf **jede Pflichtprüfung** i.S.d. § 316. Demzufolge bestehen die Rechte des Abschlussprüfers auch bei Nachtragsprüfungen (§ 316 Rn 21).[5] Ist der Prüfungsgegenstand nach § 53 HGrG erweitert, findet die Vorlage- und Auskunftspflicht auch insofern Anwendung.[6] Kraft Verweises gilt § 320 darüber hinaus etwa bei Pflichtprüfungen von Kreditinstituten (§ 340k Abs. 1) und Versicherungsunternehmen (§ 341k Abs. 1) sowie bei Pflichtprüfungen nach §§ 6 Abs. 1 Satz 2, 14 Abs. 1 Satz 2 PublG und § 264a (näher § 316 Rn 4 f).[7] Gem. § 115 Abs. 5 Satz 7 WpHG greifen die Rechte auch bei der prüferischen Durchsicht oder Prüfung von Halbjahresfinanzberichten.[8] Eine zumindest teilweise Bezugnahme auf § 320 findet sich schließlich in § 313 Abs. 1 Satz 3 AktG (Abhängigkeitsbericht), § 209 Abs. 4 Satz 2 AktG und § 57f Abs. 3 Satz 2 GmbHG

1 MünchKommHGB/*Ebke*[4] Rn 3; *ADS* Rn 3; Baetge/Kirsch/Thiele/*Ruhnke*/*Schmidt* Rn 3.
2 BiRiLiG v. 19.12.1985, BGBl. I 2355.
3 Gesetz vom 17.7.2017, BGBl. I, 2541; eingefügt wurde der Hinweis auf die VO (EU) 2016/679, mithin die DSGVO.
4 Gesetz zur weiteren Umsetzung der Transparenzrichtlinie-Änderungsrichtlinie im Hinblick auf ein einheitliches elektronisches Format für Jahresfinanzberichte vom 12.8.2020, BGBl. I, 1874.
5 BeckOGK-HGB/*Bormann*, 15.11.2020, Rn 2.
6 MünchKommAktG/*Schockenhoff*[5] Vor § 394 Rn 83.
7 Hachmeister/Kahle/Mock/Schüppen/*Burg* Rn 4; MünchKommHGB/*Ebke*[4] Rn 2.
8 MünchKommHGB/*Ebke*[4] Rn 2.

(Kapitalerhöhung aus Gesellschaftsmitteln) sowie in § 11 Abs. 1 Satz 1 UmwG.[9] Bei freiwilligen Abschlussprüfungen findet § 320 dagegen keine Anwendung; es entspricht jedoch der Berufsauffassung, dass entsprechende Auskunftsrechte im Prüfungsauftrag zu vereinbaren sind.[10]

4. Unionsrecht

§ 320 geht in Teilen auf unionsrechtliche Vorgaben zurück. Die Bestimmungen zum gesonderten nichtfinanziellen (Konzern-) Bericht in Absatz 1 Satz 1 und Absatz 3 Satz 1 sind im Zusammenhang mit Art. 19a Abs. 5 und Art. 29a Abs. 5 der durch die CSR-Richtlinie modifizierten Jahresabschlussrichtlinie (Vor § 316 Rn 20) zu sehen.[11] § 320 Abs. 1 Satz 3, Abs. 3 Satz 3 stehen im Zusammenhang mit Art. 4 Abs. 7 der geänderten Transparenzrichtlinie[12] und der darin bestimmten Einführung des (in einem delegierten Rechtsakt[13] genauer definierten) elektronischen Berichtsformats.[14] Absatz 4 betreffend die Berichterstattung des bisherigen an den neuen Abschlussprüfer findet seine Grundlage in Art. 23 Abs. 3 AP-RL.[15] Ergänzende Vorschriften hierzu finden sich für Unternehmen von öffentlichem Interesse in Art. 18 APr-VO.[16] Die Vorschrift des Absatzes 5 zur Übermittlung von Prüfungsunterlagen an den Konzernabschlussprüfer einer Tochtergesellschaft mit Sitz in einem Drittstaat dient der Umsetzung des Art. 23 Abs. 5 AP-RL[17] und trägt zugleich der Datenschutzgrundverordnung Rechnung.[18] Die **Nachhaltigkeitsberichterstattungsrichtlinie** (Vor § 316 Rn 20) wird weitere Umsetzungsmaßnahmen erforderlich machen; ein Gesetzesentwurf hierfür hat bei Manuskriptabschluss noch nicht vorgelegen. 5

II. Vorlagepflicht (Absatz 1 Satz 1, 3)

Jahresabschluss, Lagebericht und (ggf.) der gesonderte nichtfinanzielle Bericht (§ 289b Abs. 3) sind dem Abschlussprüfer von den gesetzlichen Vertretern der Gesellschaft vorzulegen. Damit diesem genügend Zeit für eine ordnungsgemäße Prüfung verbleibt, hat dies unverzüglich und damit ohne schuldhaftes Zögern (§ 121 Abs. 1 Satz 1 BGB) nach dessen Aufstellung zu geschehen.[19] Für die Aufstellung wiederum räumt § 264 Abs. 1 Satz 3 den gesetzlichen Vertretern eine Frist von grds. drei Monaten ein, welche mit Ablauf des Geschäftsjahres beginnt.[20] Die Vorlagepflicht besteht unabhängig vom Ablauf dieser Frist, sobald der Jahresabschluss sich in einem *prüfungsfähigen Zustand* befindet. Voraussetzung dafür ist, dass er – die Prüfungspflicht hinweggedacht – feststellungsreif ist.[21] Davon abweichend hat es sich in der Praxis eingebürgert, dem Abschlussprüfer prüfungsfähige Teile des Rechenwerks bereits **vorab zugänglich zu machen**. Aufstellung und Prüfung finden mit anderen Worten zeitlich parallel statt. Ein solches Vorgehen ist mit Blick auf die zunehmende Komplexität der Abschlüsse und ihres jeweiligen Rechtsrahmens, des gestiegenen Zeitdrucks sowie der immer höheren Anforderungen an eine ordnungsgemäße Prüfung zweckmä- 6

9 MünchKommHGB/*Ebke*[4] Rn 2.
10 Ebenroth/Boujong/Joost/Strohn/*Böcking*/*Gros*/*Rabenhorst* Rn 3; MünchKommHGB/*Ebke*[4] Rn 2; differenzierend 4. Aufl. Rn 3 (*Zimmer*); kritisch BeckOGK-HGB/*Bormann*, 15.11.2020, Rn 5.
11 Hachmeister/Kahle/Mock/Schüppen/*Burg* Rn 2.
12 Richtlinie 2004/109/EG i.d.F. durch die Verordnung (EU) 2021/337.
13 Delegierte Verordnung (EU) 2019/815 vom 17.12.2018, ABl. Nr. L 143/1.
14 BeckOGK-HGB/*Bormann*, 15.11.2020, Rn 6; Hachmeister/Kahle/Mock/Schüppen/*Burg* Rn 2.
15 BeckOGK-HGB/*Bormann*, 15.11.2020, Rn 6.
16 Dazu *Schüppen*[2] Anh § 320 Rn 1 ff.
17 RegE AReG, BT-Drs. 18/7219, S. 42.
18 Hachmeister/Kahle/Mock/Schüppen/*Burg* Rn 2.
19 BeckBilKomm/*Justenhoven*/*Heinz*[13] Rn 10 f.
20 Hachmeister/Kahle/Mock/Schüppen/*Burg* Rn 6.
21 Vgl. OLG Köln BB 1992, 2108; HdR-EA/*Baetge*/*Göbel*[5] Rn 9.

ßig und aus rechtlicher Sicht im Grundsatz nicht zu beanstanden.[22] Vielmehr ist Absatz 2 Satz 2, der eine Ausübung der Informationsrechte im Vorfeld gestattet (Rn 15), die Wertung zu entnehmen, dass eine Einbindung im Stadium der Aufstellung unbedenklich ist, solange § 319 Abs. 3 Satz 1 Nr. 3 lit. a gewahrt bleibt, der Abschlussprüfer sich mithin auf seine Kontrollfunktion beschränkt.[23]

7 Dem Abschlussprüfer vorzulegen sind nach Absatz 1 Satz 3 ferner die gemäß § 328 Abs. 1 Satz 4 im **einheitlichen elektronischen Berichtsformat** nach der Delegierten Verordnung (EU) 2019/815 (Rn 3, 5; Vor § 316a Rn 16) offenzulegenden Unterlagen, sofern die Gesellschaft Inlandsemittent i.S.v. § 2 Abs. 14 WpHG ist, Wertpapiere i.S.d. § 2 Abs. 1 WpHG begibt und nicht unter den Ausnahmetatbestand des § 327a fällt. Der Hintergrund dieser Vorschrift liegt darin, dass der Abschlussprüfer nach § 317 Abs. 3a i.V.m. § 328 Abs. 1 Satz 4 zu prüfen hat, ob die Dateien dem vorgegebenen Format entsprechen (§ 317 Rn 31).[24]

III. Informationsrechte

1. Rechtsnatur

8 Mit dem Prüfungsrecht des Absatzes 1 Satz 2 und dem Auskunftsrecht des Absatzes 2 Satz 1 sowie dem ergänzenden Anspruch gegen den früheren Abschlussprüfer nach Absatz 4 stellt das Gesetz dem Abschlussprüfer ein umfassendes Instrumentarium der Informationsversorgung zur Verfügung. Eines solchen bedarf es, weil der Abschlussprüfer jenseits dieses genau definierten Bereichs im Verhältnis zur geprüften Gesellschaft als „Dritter“ anzusehen ist (Vor § 316 Rn 16), gegenüber dem die Mitglieder der Verwaltungsorgane Stillschweigen zu bewahren haben.[25] Rechtsdogmatisch handelt es sich jeweils um **Pflichtrechte**.[26] Ihre Durchsetzung steht nicht im Belieben des Berechtigten, sie sind ihm nicht zur Verwirklichung seiner persönlichen Freiheit eingeräumt. Vielmehr hat der Abschlussprüfer von ihnen aktiv Gebrauch zu machen, soweit es die Erreichung des Prüfungszwecks erfordert. Der Umfang der Geltendmachung bleibt dabei seinem pflichtgemäßen Ermessen überlassen.[27] Es ist ihm jedoch jedenfalls versagt, sich ohne Ausübung dieser Rechte im Prüfungsbericht auf mangelnde Informationen zu berufen. Im Gegenzug wird die Reichweite der Informationsrechte aber auch durch den Prüfungszweck begrenzt (näher dazu Rn 26). Als strikt zweckgebundene und unselbständige Hilfsmittel sind diese Befugnisse schließlich an die Amtsstellung gebunden; sie enden mit dieser und können auch zuvor weder rechtsgeschäftlich übertragen noch zur Ausübung durch Dritte überlassen werden.

2. Prüfungsrecht (Abs. 1 S. 2)

9 **a) Grundlagen.** Damit der Prüfer seine Aufgabe, den Jahresabschluss auf seine materielle und formelle Richtigkeit zu untersuchen, sachgerecht wahrnehmen kann, muss er sich ein eigenes Bild von den tatsächlichen Verhältnissen innerhalb des Unternehmens verschaffen können. Soweit ihm § 320 Abs. 1 Satz 2 erlaubt, die Bücher und Schriften der Kapitalgesellschaft sowie die Vermö-

---

22 Ebenroth/Boujong/Joost/Strohn/*Böcking*/*Gros*/*Rabenhorst* Rn 5; BeckBilKomm/*Justenhoven*/*Heinz*[13] Rn 11; Baetge/Kirsch/Thiele/*Ruhnke*/*Schmidt* Rn 24; MünchKommHGB/*Ebke*[4] Rn 5.

23 *ADS* Rn 13; BeckBilKomm/*Justenhoven*/*Heinz*[13] Rn 11; MünchKommHGB/*Ebke*[4] Rn 5.

24 *Orth*/*Obst* BB 2021, 2091.

25 *Lutter* Information und Vertraulichkeit im Aufsichtsrat, 3. Aufl. (2006), Rn 467; *Schürnbrand* S. 218; krit. dazu GroßKommAktG/*Hopt*/*Roth*[5] § 116 Rn 201 f.

26 Vgl. zur Kategorie des Pflichtrechts *Fleischer* ZIP 2003, 1 (2); *Koch* AktG[16] § 90 Rn 12; *Schürnbrand* S. 377 ff.

27 BeckOK HGB/*Schorse*/*Morfeld*, 15.1.2022, Rn 8.

gensgegenstände und Schulden prüfen zu können, sind diese Begriffe daher weit[28] und im Ergebnis so auszulegen, dass keine für die Beurteilung der Rechnungslegung, wenn auch nur mittelbar,[29] relevanten Dokumente ausgenommen sind. Auch für vertrauliche oder sonst kraft Vertrags oder Gesetzes **geheimhaltungsbedürftige** Unterlagen[30] (Rn 29) sowie für die **Protokolle** von Sitzungen der **Gesellschaftsorgane**[31] sind keine Einschränkungen zu machen. Da der Abschlussprüfer sich zu vergewissern hat, ob die Chancen und Risiken der zukünftigen Entwicklung im Lagebericht zutreffend dargestellt sind (§ 317 Rn 20 f), und gegebenenfalls zur Fortführungsprognose Stellung zu beziehen hat (§ 321 Rn 20 ff), sind ihm zudem **Planungsunterlagen** zugänglich zu machen (s. noch Rn 11).[32] Aber auch Unterlagen aus früheren Geschäftsjahren sind vom Einsichtsrecht umfasst. An eine Beurteilung durch das Unternehmen ist der Abschlussprüfer nicht gebunden; vielmehr darf er auch solche Dokumente einsehen, die bei der Aufstellung des Jahresabschlusses und des Lageberichts nicht berücksichtigt wurden. Sein Prüfungsrecht erstreckt sich mit anderen Worten auf **alle Unterlagen und Gegenstände**, die nach seinem pflichtgemäßen Ermessen für die Würdigung der Rechnungslegung erforderlich sind.[33]

Die Einsicht hat regelmäßig in den Geschäftsräumen der Gesellschaft zu erfolgen;[34] ausnahmsweise können aber auch eine Inaugenscheinnahme von Vermögensgegenständen an anderer Stelle oder im Falle der teilweisen Auslagerung der Rechungslegung Prüfungshandlungen bei einem für die Gesellschaft tätigen Dienstleistungsunternehmen geboten sein.[35] Die Gesellschaft hat die angeforderten Unterlagen vorzulegen; zu einer Durchsuchung der Geschäftsräume gegen den Willen der gesetzlichen Vertreter ist der Abschlussprüfer nicht befugt.[36] Das Prüfungsrecht beschränkt sich umgekehrt nicht auf den bloßen Augenschein. Der Abschlussprüfer ist vielmehr berechtigt, **Kopien** von den Unterlagen in physischer oder digitaler Form anzufertigen[37] und Prüfungshandlungen bereits vor Ort umfassend zu dokumentieren. Das ist nicht zuletzt zum späteren Nachweis seiner ordnungsgemäßen Tätigkeit erforderlich und der Gesellschaft aufgrund seiner Verschwiegenheitspflicht zumutbar. 10

b) Bücher und Schriften. Bücher sind alle Handelsbücher des Unternehmens (vgl. §§ 238 bis 240), mithin Grund-, Haupt- und Nebenbücher[38] einschließlich ergänzender Unterlagen wie Arbeitsanweisungen und Organisationsunterlagen.[39] Bei gespeicherten **Daten** wird das Einsichtsrecht erst mit dem Eröffnen der Möglichkeit des tatsächlichen Zugangs gewährt, also ggf. mit dem „Lesbarmachen".[40] Als zeitgemäße Lösung für die Bereitstellung elektronischer Dokumente bietet sich ein **Datenraum** an.[41] Zu den von Absatz 1 Satz 2 erfassten **Schriften** zählen die nach § 257 Abs. 1 neben den Handelsbüchern aufzubewahrenden Unterlagen.[42] Dazu gehören z.B. Inventur- 11

28 MünchKommHGB/*Ebke*[4] Rn 7; Koller/Kindler/Roth/Drüen/*Morck*/*Bach* Rn 2.
29 *ADS* Rn 19; Ebenroth/Boujong/Joost/Strohn/*Böcking*/*Gros*/*Rabenhorst* Rn 6.
30 BeckOGK-HGB/*Bormann*, 15.11.2020, Rn 14; MünchKommHGB/*Ebke*[4] Rn 10; BeckBilKomm/*Justenhoven*/*Heinz*[13] Rn 21.
31 Ebenroth/Boujong/Joost/Strohn/*Böcking*/*Gros*/*Rabenhorst* Rn 6; Hachmeister/Kahle/Mock/Schüppen/*Burg* Rn 23; BeckOGK-HGB/*Bormann*, 15.11.2020, Rn 14; Hopt/*Merkt*[42] Rn 1.
32 MünchKommHGB/*Ebke*[4] Rn 9; Baetge/Kirsch/Thiele/*Ruhnke*/*Schmidt* Rn 32; BeckBilKomm/*Justenhoven*/*Heinz*[13] Rn 19; Baumbach/Hueck/*Schulze-Osterloh* GmbHG[18] § 41 Rn 121.
33 Hachmeister/Kahle/Mock/Schüppen/*Burg* Rn 21 ff; BeckBilKomm/*Justenhoven*/*Heinz*[13] Rn 15.
34 Koller/Kindler/Roth/Drüen/*Morck*/*Bach* Rn 2.
35 Baumbach/Hueck/*Schulze-Osterloh* GmbHG[18] § 41 Rn 121.
36 BeckOGK-HGB/*Bormann*, 15.11.2020, Rn 15.
37 MünchKommHGB/*Ebke*[4] Rn 7; Baetge/Kirsch/Thiele/*Ruhnke*/*Schmidt* Rn 36; BeckBilKomm/*Justenhoven*/*Heinz*[13] Rn 22; BeckOK HGB/*Schorse*/*Morfeld*, 15.1.2022, Rn 11; **a.A.** BeckOGK-HGB/*Bormann*, 15.11.2020, Rn 17.
38 BeckOGK-HGB/*Bormann*, 15.11.2020, Rn 11; MünchKommHGB/*Ebke*[4] Rn 8.
39 MünchKommHGB/*Ebke*[4] Rn 10.
40 BeckBilKomm/*Justenhoven*/*Heinz*[13] Rn 18.
41 *Vogl*/*Esswein*/*Groß* DB 2020, 2697 (2700). Gemeint ist selbstverständlich ein elektronischer Datenraum.
42 Hopt/*Merkt*[42] Rn 1.

unterlagen, empfangene Handelsbriefe, Wiedergaben abgesandter Handelsbriefe und Buchungsbelege sowie Vertrags- und Personalunterlagen, Unterlagen zu behördlichen und gerichtlichen Verfahren, Steuerbescheide, Sitzungsprotokolle (Rn 9), Kalkulationsunterlagen, Auszüge aus öffentlichen Registern wie dem Handelsregister und dem Grundbuch, Organisationshandbücher, Prüfungsberichte der internen Revision und dergleichen, da sich auch aus ihnen Rückschlüsse auf die Ordnungsmäßigkeit der Rechnungslegung ergeben können.[43] Besondere Bedeutung kommt wegen der gebotenen Risiko-, Problem- und Zukunftsorientierung der Abschlussprüfung in diesem Zusammenhang Planungsunterlagen wie Investitions- und Finanzrechnungen zu (Rn 9). Sofern die zu prüfende Gesellschaft börsennotiert ist und daher gemäß § 317 Abs. 4 auch das Risikofrüherkennungssystem zu beurteilen ist, gehört zu den Schriften schließlich die Dokumentation der nach § 91 Abs. 2 AktG getroffenen Maßnahmen.[44]

12 **c) Vermögensgegenstände und Schulden.** Der Abschlussprüfer ist berechtigt, die Vermögensgegenstände und Schulden des Unternehmens zu prüfen. **Vermögensgegenstände** sind die auf der Aktivseite der Bilanz aufgeführten Posten einschließlich etwaiger Rechnungsabgrenzungsposten; Kasse, Wertpapiere und Waren sind insofern nur Beispiele.[45] Dementsprechend ist der Begriff der **Schulden** als Sammelbegriff für die Posten der Passivseite einschließlich des Eigenkapitals, der Rückstellungen sowie der Bilanzvermerke i.S.d. § 251 zu verstehen.[46] In beiden Bereichen bezieht die Prüfung sich auch auf die tatsächliche Kontrolle. Der Abschlussprüfer ist somit berechtigt, Betriebsanlagen in Augenschein zu nehmen oder Vorräte zu überprüfen. Die Kontrolle findet daher als buchmäßige und körperliche statt. Damit soll insbesondere ein Vergleich zwischen ausgewiesenem und tatsächlichem Wert bzw. Vorhandensein ermöglicht werden. Im Rahmen von Absatz 2 Satz 2 kann es daher bei Vorräten von erheblicher Bedeutung erforderlich sein, dass der Abschlussprüfer bereits an der körperlichen Bestandsaufnahme teilnimmt.[47] Dabei dürfen indes die Grenzen des § 319 Abs. 3 Satz 1 Nr. 3 lit. a nicht verletzt werden (§ 319 Rn 51 ff). Die Abschlussprüfung kann insbesondere bei der Prüfung von Passivposten nicht auf durch das Unternehmen zu erstellende Unterlagen beschränkt sein. Deshalb ist der Prüfer berechtigt, von Gläubigern und Schuldnern **Saldenbestätigungen** einzuholen.[48] Diese Berechtigung entspricht funktional der körperlichen Kontrolle von Vermögensgegenständen.

3. Auskunftsrecht (Absatz 2 Satz 1)

13 Die gesetzlichen Vertreter haben dem Abschlussprüfer auf dessen Verlangen hin diejenigen Aufklärungen und Nachweise zu erteilen, die für eine ordnungsgemäße Prüfung erforderlich sind (näher zu den Grenzen des Auskunftsrechts Rn 28 f). Erkannte Missverständnisse und Irrtümer des Abschlussprüfers müssen sie aufgrund ihrer Mitwirkungspflicht aufklären.[49] **Aufklärungen** i.S.d. Absatzes 2 Satz 1 sind (insbes. mündliche) Hinweise, Erklärungen, Verdeutlichungen und Begründungen. **Nachweise** dagegen sind schriftliche Unterlagen, die Aufklärungen unterstützen können, indem sie z.B. als Beweis herangezogen werden können.[50] Das Auskunftsrecht nach Absatz 2 ergänzt die Prüfung anhand der Unterlagen, es kann aber eigene Prüfungshandlungen

43 Vgl. auch die Beispielskataloge bei MünchKommHGB/*Ebke*[4] Rn 10; Baetge/Kirsch/Thiele/*Ruhnke*/*Schmidt* Rn 33.
44 MünchKommHGB/*Ebke*[4] Rn 10; Ebenroth/Boujong/Joost/Strohn/*Böcking*/*Gros*/*Rabenhorst* Rn 6.
45 Allg. M., s. nur Hopt/*Merkt*[42] Rn 1; Koller/Kindler/Roth/Drüen/*Morck*/*Bach* Rn 2.
46 *ADS* Rn 24; Baumbach/Hueck/*Schulze-Osterloh* GmbHG[18] § 41 Rn 121.
47 *ADS* Rn 25; Ebenroth/Boujong/Joost/Strohn/*Böcking*/*Gros*/*Rabenhorst* Rn 7; *Reimann* S. 283.
48 Baetge/Kirsch/Thiele/*Ruhnke*/*Schmidt* Rn 35; BeckBilKomm/*Justenhoven*/*Heinz*[13] Rn 22; für Subsumtion unter Abs. 2 Hopt/*Merkt*[42] Rn 2; Baumbach/Hueck/*Schulze-Osterloh* GmbHG[18] § 41 Rn 121.
49 Hachmeister/Kahle/Mock/Schüppen/*Burg* Rn 19.
50 BeckBilKomm/*Justenhoven*/*Heinz*[13] Rn 26; MünchKommHGB/*Ebke*[4] Rn 15.

nicht ersetzen. Die Verpflichtung zur Auskunft trifft allein die zur Zeit des Ersuchens amtierenden **gesetzlichen Vertreter** (im Rahmen des § 112 AktG auch den Aufsichtsrat),[51] die sich notfalls über ihnen unbekannte Vorgänge kundig machen müssen. Sofern ein besonderer Vertreter nach § 147 AktG eingesetzt ist, besteht das Auskunftsrecht auch ihm gegenüber, weil er als besonderes Organ innerhalb des ihm zugewiesenen Aufgabenkreises den Vorstand aus seinem Zuständigkeitsbereich verdrängt.[52] Ein originäres Zugriffsrecht auf nachgeordnete Angestellte in herausgehobener Position kommt dagegen nicht in Betracht.[53] Das folgt sowohl aus dem Wortlaut der Vorschrift als auch aus dem Umstand, dass der Abschlussprüfer der Gesellschaft als außenstehender Dritter gegenübersteht (Vor § 316 Rn 23). Aus Zweckmäßigkeitsgründen werden die gesetzlichen Vertreter aber in der Regel Angestellte mit der Erteilung von Auskünften beauftragen.[54] Die Auskunftsverpflichtung wird dann erst mit der konkreten Erklärung durch einen Angestellten und nicht bereits mit dem Verweis des gesetzlichen Vertreters auf diesen erfüllt. Neben dem Abschlussprüfer sind auch die Gehilfen des Prüfers in dieser Eigenschaft berechtigt, Auskunft zu verlangen.[55]

Eine besondere Form der Aufklärung ist die schriftliche **Vollständigkeitserklärung**. Darin **14**
erklären die gesetzlichen Vertreter, dass die in den Büchern, im Jahresabschluss und Lagebericht erfassten Geschäftsvorgänge sowie die von ihnen selbst und von den dafür eingesetzten Mitarbeitern (Rn 13) erteilten Auskünfte und Nachweise vollständig sind.[56] Die Vollständigkeitserklärung umfasst insbesondere Fälle, die der Abschlussprüfer im Rahmen der Prüfung nicht oder nicht umfassend ermitteln kann.[57] Ebenso wenig wie sonstige Auskünfte befreit die Vollständigkeitserklärung den Abschlussprüfer von eigenen Nachforschungsverpflichtungen.[58] Nach den in der Praxis verbreiteten Allgemeinen Auftragsbedingungen für Wirtschaftsprüfer und Wirtschaftsprüfergesellschaften sind die Gesellschaften verpflichtet, auf Verlangen des Abschlussprüfers eine solche Vollständigkeitserklärung abzugeben.[59] Ein davon unabhängiger Rechtsanspruch hingegen wird von der ganz h.M. unter Verweis auf den Wortlaut des § 320 verneint;[60] stattdessen soll der Abschlussprüfer das Nichtvorlegen der Erklärung im Prüfungsbericht vermerken und ggf. das Testat einschränken. Indes lässt sich eine Vollständigkeitserklärung durchaus als Aufklärung oder Nachweis einordnen. Im Weiteren zeigt sowohl die geschilderte Vertragspraxis als auch die Tatsache, dass die Nichtvorlage nachhaltig „sanktioniert" wird, dass die Vorlage der Erklärung für eine ordnungsgemäße Prüfung erforderlich ist. Wenngleich der Frage aufgrund der geschilderten Vertragsformulare keine besondere praktische Bedeutung zukommt,[61] so ist daher ein Anspruch auf Erteilung einer schriftlichen Vollständigkeitserklärung zu bejahen.[62] Nur so ist letztlich stimmig zu erklären, warum der Abschlussprüfer im Falle der Verweigerung mit einem Vermerk im Prüfungsbericht und ggf. der Einschränkung des Bestätigungsvermerks reagieren darf und muss.

---

51 BeckOGK-HGB/*Bormann*, 15.11.2020, Rn 24 f.
52 *Mock* AG 2008, 839 (845 f); näher zur Organstellung *Kling* ZGR 2009, 190 (209 ff).
53 BeckOGK-HGB/*Bormann*, 15.11.2020, Rn 24; Hopt/*Merkt*[42] Rn 2; *Weinbrenner Der* Konzern 2006, 583 (589 f).
54 Koller/Kindler/Roth/Drüen/*Morck*/*Bach* Rn 3.
55 Hachmeister/Kahle/Mock/Schüppen/*Burg* Rn 19.
56 *ADS* Rn 33; Baetge/Kirsch/Thiele/*Ruhnke*/*Schmidt* Rn 43; vgl. auch Hachmeister/Kahle/Mock/Schüppen/*Burg* Rn 16 f.
57 *Leffson* Abschlussprüfung S. 272.
58 BGH DB 2010, 159 Tz 45; BeckBilKomm/*Justenhoven*/*Heinz*[13] Rn 28.
59 MünchKommHGB/*Ebke*[4] Rn 16.
60 *ADS* Rn 34; MünchKommHGB/*Ebke*[4] Rn 16; Hopt/*Merkt*[42] Rn 2; Baumbach/Hueck/*Schulze-Osterloh* GmbHG[18] § 41 Rn 123; Koller/Kindler/Roth/Drüen/*Morck*/*Bach* Rn 3; BeckBilKomm/*Justenhoven*/*Heinz*[13] Rn 29; 4. Aufl. Rn 13 (*Zimmer*).
61 MünchKommHGB/*Ebke*[4] Rn 16.
62 Geßler/Hefermehl/Eckardt/*Kropff* AktG § 165 Rn 9.

4. Rechte vor Aufstellung des Jahresabschlusses (Absatz 2 Satz 2)

15 Der Prüfer kann bereits vor der Vorlage des Jahresabschlusses mit Prüfungshandlungen beginnen. Soweit es die Vorbereitung der Abschlussprüfung erfordert, hat der Prüfer die Rechte nach Absatz 1 Satz 2 und nach Absatz 2 Satz 1 bereits vor Aufstellung des Jahresabschlusses (Absatz 2 Satz 2). Er darf also Vor- und Zwischenprüfungen durchführen.[63] Die Prüfungstätigkeit muss allerdings zu jedem Zeitpunkt auf das Prüfungsobjekt bezogen sein. Daher darf der Abschlussprüfer nicht die Art und Weise der Erstellung der Unterlagen überwachen. Weiterhin muss die Prüfungshandlung für die Jahresabschlussprüfung **notwendig** sein, so dass der Abschlussprüfer zu einem beliebigen Erscheinen während des Geschäftsjahres, für das er gewählt wurde, nicht berechtigt ist (vgl. noch Rn 28).[64] Die Einschätzung der Notwendigkeit für die sorgfältige Prüfung liegt allerdings im pflichtgemäßen Ermessen des Abschlussprüfers. Traditionell wird die Verweigerung der Einsichtnahme in Unterlagen für zulässig gehalten, solange sie diese für die Erstellung des Jahresabschlusses benötigt werden, sofern eine Vervielfältigung untunlich ist.[65] Angesichts der beliebigen Replizierbarkeit digitaler Daten und der gesunkenen Kosten der Digitalisierung nur in Papierform vorliegender Unterlagen (soweit dies noch vorkommt) wird man diesen Einwand indes nur noch in besonders gelagerten Ausnahmefällen gelten lassen können.

5. Rechte gegenüber Mutter- und Tochterunternehmen (Absatz 2 Satz 3)

16 **a) Betroffene Gesellschaften.** Der Prüfer des Einzelabschlusses hat ein Auskunfts- und Nachweisrecht auch gegenüber den Mutter- und Tochterunternehmen der zu prüfenden Gesellschaft. Das ist rechtssystematisch deswegen bemerkenswert, weil der Abschlussprüfer zu diesen Unternehmen in keiner unmittelbaren rechtlichen Beziehung steht. Die bei ihrer Einführung als § 165 AktG 1965 im Gesetzgebungsverfahren denn auch rechtspolitisch sehr umstrittene Vorschrift unterstreicht die öffentliche Funktion des Abschlussprüfers.[66] Die von der erweiterten Auskunftspflicht umfassten Mutter- und Tochterunternehmen sind solche nach § 290.[67] Begrifflich eingeschlossen sind – aufgrund der in § 320 Abs. 2 Satz 3 verwendeten Pluralform – mittelbare Konzernunternehmen wie **Enkelunternehmen.**[68] Demgegenüber bestehen keine Auskunftsrechte gegenüber gleichstufigen Unternehmen.[69] Die Rechte des Prüfers gegenüber Mutter- und Tochterunternehmen sind ausdrücklich auf die Notwendigkeit für die Einzelprüfung beschränkt. Daher sind Auskunftsverlangen mit anwachsender Entfernung vom Prüfungsunternehmen zunehmend mit einem Fragezeichen zu versehen. Der Einzelabschlussprüfer kann nicht die gleichen Nachforschungsrechte haben wie der Konzernabschlussprüfer.

17 Der Auskunftsanspruch besteht auch gegenüber verbundenen Unternehmen mit **Sitz im Ausland.**[70] Schon bislang kam insofern allerdings eine Zwangsgeldfestsetzung nach § 335 a.F. nicht in

63 Ebenroth/Boujong/Joost/Strohn/*Böcking/Gros/Rabenhorst* Rn 9.

64 Vgl. (Verweigerung, wenn Vorhaben „in keinerlei Weise der Vorbereitung der Abschlussprüfung dient") BeckBil-Komm/*Justenhoven/Heinz*[13] Rn 33.

65 *ADS* Rn 36; Baetge/Kirsch/Thiele/*Ruhnke/Schmidt* Rn 53.

66 Geßler/Hefermehl/Eckardt/*Kropff* AktG § 165 Rn 3 f; *Geßler* Wpg 1964, 400.

67 MünchKommHGB/*Ebke*[4] Rn 18; Ebenroth/Boujong/Joost/Strohn/*Böcking/Gros/Rabenhorst* Rn 10.

68 BeckBilKomm/*Justenhoven/Heinz*[13] Rn 35; Baetge/Kirsch/Thiele/*Ruhnke/Schmidt* Rn 64.

69 *ADS* Rn 41: „in der Seitenlinie"; BeckBilKomm/*Justenhoven/Heinz*[13] Rn 35; 4. Aufl. Rn 15 (*Zimmer*).

70 MünchKommHGB/*Ebke*[4] Rn 18; Hopt/*Merkt*[42] Rn 2; BeckBilKomm/*Justenhoven/Heinz*[13] Rn 35; **a.A.** Geßler/Hefermehl/Eckardt/*Kropff* § 165 Rn 18 und BeckOGK-HGB/*Bormann*, 15.11.2020, Rn 30 mit dem unzutreffenden Einwand, der deutsche Gesetzgeber sei aufgrund des internationalen Privatrechts nicht befugt, ausländische Gesellschaften zu verpflichten. Es ist nicht ersichtlich, dass insoweit unionsrechtliche Normen des internationalen Privatrechts entgegenstünden, und das deutsche internationale Privatrecht ist schon deshalb kein Hindernis, weil es als einfaches Bundesrecht zur Disposition des HGB-Gesetzgebers steht. Auch das Völkerrecht steht extraterritoriale Geltung beanspruchenden Gesetzen im vorliegenden Zusammenhang nicht entgegen, s. § 319 Rn 95).

Betracht (zur Aufhebung der Vorschrift Rn 33).[71] Dem Abschlussprüfer bleibt nur die Möglichkeit, den Anspruch über die gesetzlichen Vertreter des zu prüfenden Unternehmens durchzusetzen (zur Klagbarkeit Rn 36). Führt dies nicht zum Erfolg, so hat der Abschlussprüfer neben der entsprechenden Mitteilung im Prüfungsbericht gegebenenfalls den Bestätigungsvermerk insoweit einzuschränken, als aufgrund des Fehlens von Auskünften und Nachweisen die Prüfung erheblich beeinflusst wurde.[72] Was den **Zeitpunkt** der relevanten konzernrechtlichen Beziehung betrifft, so ist zunächst jedes Unternehmen zur Auskunft verpflichtet, das im zu prüfenden Geschäftsjahr mit dem zu prüfenden Unternehmen verbunden war.[73] Das gilt trotz der rechtlichen Selbständigkeit dieser Unternehmen auch dann, wenn die Verbindung schon länger zurückliegt.[74] Mit Blick auf die Pflicht zur Überprüfung der Darstellung der künftigen Risiken (§ 317 Abs. 2 Satz 2) sind darüber hinaus auch diejenigen Unternehmen auskunftspflichtig, die erst nach Ablauf des Geschäftsjahres Mutter- oder Tochterunternehmen wurden.

b) Gegenstand. Inhaltlich verweist Absatz 2 Satz 3 nur auf Absatz 2 Satz 1, nicht aber auf Absatz 1 Satz 2; gegenüber verbundenen Unternehmen besteht mithin nur ein Auskunfts-, jedoch **kein Prüfungs- und Einsichtsrecht**.[75] Diese Unterscheidung ist vom Gesetzgeber des § 165 AktG 1965 bewusst getroffen worden und Ausdruck eines politischen Kompromisses.[76] Während im Regierungsentwurf noch ein Gleichlauf der Rechte gegenüber dem geprüften Unternehmen und dem mit ihm verbundenen Konzernunternehmen vorgesehen war, haben sich im weiteren Gesetzgebungsverfahren hinsichtlich des Rechts auf örtliche Prüfung die Bedenken der Spitzenverbände der Wirtschaft durchgesetzt. Diese hatten geltend gemacht, jegliche Art von Prüfungsrechten widerspräche der rechtlichen Selbständigkeit der Unternehmen; Prüfungsrechte gegenüber dem herrschenden Unternehmen überdies dem natürlichen Organisationsgefälle in Unternehmensverbindungen. Vor dem Hintergrund dieser Entstehungsgeschichte bedarf der dem teilweise entgegenstehende Verweis auf das Vorprüfungsrecht des Absatzes 2 Satz 2 der einschränkenden Auslegung. Da dort auf Absatz 1 Satz 2 weiter verwiesen wird, spricht der Wortlaut für ein isoliertes Recht zur körperlichen Vorprüfung. Dem stehen jedoch die o.g., vom Gesetzgeber für maßgeblich erachteten Bedenken entgegen.[77] Hinzukommt der Umkehrschluss aus § 313 Abs. 1 Satz 3 und 4 AktG, der für den Sonderfall der Prüfung des Abhängigkeitsberichts ein Einsichts- und Prüfungsrecht auch gegen andere Gesellschaften vorsieht.[78] 18

Im Rahmen der Nachweisverpflichtung kann auch verlangt werden, dass **Bücher und Schriften** der verbundenen Unternehmen vorgelegt werden. Der Prüfung unterliegen diese indes nur, wenn sie im Verhältnis zu prüfungsrelevanten Vorgängen im zu prüfenden Unternehmen stehen.[79] Wegen der Beweiskraft von Prüfungsberichten des anderen Unternehmens können auch diese herangezogen werden. Ihre Einbeziehung befreit den Einzelabschlussprüfer jedoch nicht von der eigenen Prüfungsverpflichtung bzgl. der im Prüfungsbericht dokumentierten Vorgänge. Im Unterschied zu Absatz 3 hat der Einzelabschlussprüfer überdies keinen Anspruch auf Auskunft gegenüber den Abschlussprüfern der verbundenen Unternehmen. Die Möglichkeit der gesetzlichen Vertreter des verbundenen Unternehmens, Auskünfte von ihrem Abschlussprüfer einzuholen, wenn 19

71 Baetge/Kirsch/Thiele/*Ruhnke*/*Schmidt* Rn 66.

72 *ADS* Rn 49; Baetge/Kirsch/Thiele/*Ruhnke*/*Schmidt* Rn 66.

73 BeckBilKomm/*Justenhoven*/*Heinz*[13] Rn 35.

74 **AA** 4. Aufl. Rn 19 (*Zimmer*).

75 *ADS* Rn 46; Hopt/*Merkt*[42] Rn 2; Baumbach/Hueck/*Schulze-Osterloh* GmbHG[18] § 41 Rn 122; Koller/Kindler/Roth/Drüen/*Morck*/*Bach* Rn 4; Baetge/Kirsch/Thiele/*Ruhnke*/*Schmidt* Rn 61 ff; **aA** MünchKommHGB/*Ebke*[4] Rn 18.

76 Näher dazu Geßler/Hefermehl/Eckardt/*Kropff* AktG § 165 Rn 3 f.

77 Ähnlich HdR-EA/*Baetge*/*Göbel*[5] Rn 29; Baetge/Kirsch/Thiele/*Ruhnke*/*Schmidt* Rn 63.

78 Näher dazu Emmerich/*Habersack* § 313 Rn 23.

79 *ADS* Rn 47.

auf andere Weise keine Auskunft gegeben werden kann,[80] ist lediglich ein Mittel zur Erfüllung ihrer eigenen Verpflichtung, verfügbare Informationen zu erteilen.

20 Die Verpflichtung zur Auskunft trifft sowohl die gesetzlichen Vertreter des zu prüfenden Unternehmens als auch die des verbundenen Unternehmens. Der Abschlussprüfer muss sich aber zunächst an die gesetzlichen Vertreter des zu prüfenden Unternehmens wenden; der **Zugriff auf die verbundenen Unternehmen** ist mit anderen Worten **subsidiär.**[81] Das wird teilweise mit dem Gebot der Wirtschaftlichkeit der Prüfung begründet.[82] Aus dogmatischer Sicht lässt sich diese Erwägung mit dem in Absatz 2 Satz 3 nochmals hervorgehobenen Tatbestandsmerkmal der „Notwendigkeit" unterstreichen. Erforderlich muss mithin nicht nur die Information als solche sein, denn das folgt bereits aus Absatz 2 Satz 1. Vielmehr muss gerade auch die Inanspruchnahme des verbundenen Unternehmens notwendig sein.[83]

IV. Konzernabschlussprüfung (Absatz 3)

21 Der Konzernabschlussprüfer hat prinzipiell die gleichen Befugnisse wie der Einzelabschlussprüfer. Dazu kommen weitere Rechte, die sich aus dem größeren Umfang der Prüfungsobjekte ergeben. Eine Besonderheit ist das Auskunftsrecht gegenüber den Einzelabschlussprüfern des Mutter- und der Tochterunternehmen (Absatz 3 Satz 2), soweit der Konzernabschlussprüfer nicht gleichzeitig Prüfer von deren Einzelabschlüssen ist. Damit soll für diesen Fall eine Informationsgleichstellung erfolgen. Bei **freiwillig** aufgestellten, nicht befreienden Konzernabschlüssen gilt § 320 nicht.[84]

1. Vorlagepflicht

22 Die gesetzlichen Vertreter der Muttergesellschaft des zu prüfenden Konzerns (§ 290 Abs. 1[85]) haben den Konzernabschluss und -lagebericht, einen etwaigen gesonderten nichtfinanziellen Konzernbericht sowie die Einzelabschlüsse, Lageberichte und die etwaigen gesonderten nichtfinanziellen Berichte aller Tochterunternehmen vorzulegen. Gleiches gilt für die entsprechenden eigenen Zahlenwerke der Muttergesellschaft. Auch die Abschlüsse nicht prüfungspflichtiger Gesellschaften sind vorzulegen. Sind die verbundenen Unternehmen prüfungspflichtig, müssen auch die Prüfungsberichte vorgelegt werden. Da der Abschlussprüfer zu untersuchen hat, ob die gesetzlichen Vorschriften eingehalten wurden, müssen ihm erforderlichenfalls auch Unterlagen solcher Unternehmen vorgelegt werden, die nicht in den Konzernabschluss einbezogen wurden.[86] Vorzulegen sind zudem, soweit relevant, die im **einheitlichen elektronischen Berichtsformat** nach der Delegierten Verordnung (EU) 2019/815 offenzulegenden Unterlagen (Rn 3, 5, 7; Vor § 316 Rn 16). Die Vorlagepflicht umfasst sämtliche für die Konsolidierung **relevanten Unterlagen** der Unternehmen, die gemäß § 290 Abs. 2 in den Konzernabschluss einzubeziehen sind, die entsprechenden Unterlagen ausländischer Tochterunternehmen und – sofern existent – auch die Konzernbuchführung.[87] Der Abschlussprüfer ist berechtigt, bei Streitigkeiten über das Vorliegen der Konsolidie-

---

80 *ADS* Rn 55.
81 Vgl. die Nachw. in den beiden nachfolgenden Fn.
82 *ADS* Rn 53; BeckBilKomm/*Justenhoven*/*Heinz*[13] Rn 36; MünchKommHGB/*Ebke*[4] Rn 19.
83 4. Aufl. Rn 17 (*Zimmer*); kritisch mit Blick auf die Entstehungsgeschichte Geßler/Hefermehl/Eckardt/*Kropff* AktG § 165 Rn 21.
84 BeckBilKomm/*Justenhoven*/*Heinz*[13] Rn 40.
85 Baetge/Kirsch/Thiele/*Ruhnke*/*Schmidt* Rn 84.
86 Baetge/Kirsch/Thiele/*Ruhnke*/*Schmidt* Rn 84.
87 BeckBilKomm/*Justenhoven*/*Heinz*[13] Rn 41.

rungspflicht die notwendigen Unterlagen anzufordern und sie eigenständig zu prüfen.[88] Außerdem sind auch Zwischenabschlüsse im Sinne des § 294 Abs. 3 vorlagepflichtig, soweit nach § 299 Abs. 2 Satz 2 Aufstellungspflicht besteht.[89]

Im Unterschied zu Absatz 1 enthält Absatz 3 keine ausdrückliche Fristbestimmung. Dabei soll es nach teilweise vertretener Ansicht bewenden.[90] Da der Konzernabschluss nicht festgestellt werde, bestehe kein entsprechend großes Bedürfnis für eine unverzügliche Vorlage wie beim Einzelabschluss. Indessen widerspräche es dem Zweck der im öffentlichen Interesse durchzuführenden Prüfung, könnte sie das geprüfte Unternehmen nach ihrem Belieben hinauszögern. Daher gilt das Erfordernis zur **unverzüglichen Vorlage** entsprechend Absatz 1 Satz 1 auch hier.[91] Zu beachten ist dabei, dass die Aufstellungsfrist hinsichtlich des Konzernabschlusses fünf Monate beträgt.[92] 23

2. Prüfungs- und Auskunftsrechte

a) Rechte gegenüber dem Mutter- und den Tochterunternehmen. Der Konzernabschlussprüfer hat prinzipiell die gleichen Rechte wie der Einzelabschlussprüfer.[93] Die inhaltliche Identität ergibt sich aus dem Verweis auf Absatz 1 Satz 2 und Absatz 2. Das Vorprüfungsrecht besteht auch gegenüber Tochtergesellschaften.[94] Der Prüfer ist nicht verpflichtet, bei Vorliegen von Einzelabschlüssen die notwendigen Informationen zunächst aus den Unterlagen bzw. dem Prüfungsbericht des Einzelabschlussprüfers zu gewinnen. Ihm steht ein **originäres Informationsrecht** zu. Diesem kommt dann eine besondere Bedeutung zu, wenn ein einbezogenes Tochterunternehmen nicht befreiend geprüft wurde und der Konzernabschlussprüfer daher selbst zur Prüfung verpflichtet ist (§ 317 Abs. 3 Satz 1).[95] Die Vollständigkeitserklärung ist bei der Konzernabschlussprüfung von doppelter Bedeutung: Neben der Erklärung zur inhaltlichen Vollständigkeit der vorgelegten Unterlagen (Rn 14) gibt sie auch Aufschluss über den Umfang der Unternehmen, auf die sich die Unterlagen beziehen. Dabei sind sowohl die Konzern- als auch die Konsortialunternehmen anzugeben.[96] 24

b) Rechte gegenüber den Einzelabschlussprüfern. Durch das Auskunftsrecht gegenüber den Einzelabschlussprüfern wird der Konzernabschlussprüfer den Prüfern gleichgestellt, die sowohl die Einzelabschlüsse als auch den Konzernabschluss prüfen (Rn 21). Die Kumulierung der Einzelabschlüsse im Konzernabschluss fordert eine entsprechende Ausweitung der Informationsquellen. Dies gilt vor allem dann, wenn die Prüfer der Einzelabschlüsse kein uneingeschränktes Testat erteilt haben.[97] Die Rechte bestehen auch gegenüber dem Abschlussprüfer einer an sich nicht prüfungspflichtigen Tochtergesellschaft.[98] Für Prüfer ausländischer Unternehmen gelten keine Besonderheiten (vgl. zur Durchsetzbarkeit Rn 17). 25

88 *ADS* Rn 65.
89 MünchKommHGB/*Ebke*[4] Rn 25; Ebenroth/Boujong/Joost/Strohn/*Böcking/Gros/Rabenhorst* Rn 11.
90 4. Aufl. Rn 22 (*Zimmer*).
91 *ADS* Rn 61; MünchKommHGB/*Ebke*[4] Rn 25; Ebenroth/Boujong/Joost/Strohn/*Böcking/Gros/Rabenhorst* Rn 11; Baetge/Kirsch/Thiele/*Ruhnke/Schmidt* Rn 91; BeckBilKomm/*Justenhoven/Heinz*[13] Rn 41.
92 Baetge/Kirsch/Thiele/*Ruhnke/Schmidt* Rn 91.
93 BeckOK HGB/*Schorse/Morfeld*, 15.1.2022, Rn 24.
94 BeckBilKomm/*Justenhoven/Heinz*[13] Rn 45.
95 Ebenroth/Boujong/Joost/Strohn/*Böcking/Gros/Rabenhorst* Rn 13; BeckBilKomm/*Justenhoven/Heinz*[13] Rn 45.
96 4. Aufl. Rn 23 (*Zimmer*).
97 *ADS* Rn 66; Ebenroth/Boujong/Joost/Strohn/*Böcking/Gros/Rabenhorst* Rn 13.
98 Ebenroth/Boujong/Joost/Strohn/*Böcking/Gros/Rabenhorst* Rn 13; BeckBilKomm/*Justenhoven/Heinz*[13] Rn 46.

V. Rechte gegenüber dem bisherigen Prüfer (Absatz 4)

26 Nach Absatz 4 hat der bisherige Abschlussprüfer den neuen Abschlussprüfer über das Ergebnis der bisherigen Prüfung zu unterrichten; dem neuen Abschlussprüfer wird mit anderen Worten ein unmittelbar gegenüber dem bisherigen Abschlussprüfer wirkendes Informationsrecht eingeräumt. Diese im Zuge des BilMoG (Vor § 316 Rn 12) in das Gesetz aufgenommene Vorschrift dient der Umsetzung von Art. 23 Abs. 3 AP-RL, dem zufolge der alte Abschlussprüfer im Falle der Ersetzung dem neuen Abschlussprüfer Zugang zu allen relevanten Informationen über das Unternehmen zu gewähren hat. Die Richtlinie differenziert nicht nach dem Grund, aus dem der Abschlussprüfer nicht mehr für die Gesellschaft tätig ist. In Übereinstimmung mit dem Willen des deutschen Gesetzgebers löst daher sowohl der **vorzeitige als auch der reguläre Prüferwechsel** das Informationsrecht aus.[99] Daneben kann der neue Abschlussprüfer die schon bisher bestehende Möglichkeit nutzen, nach § 320 Abs. 1 Satz 2 auf der Gesellschaft selbst erstattete Berichte zuzugreifen, d.h. im Falle des regulären Prüferwechsels auf Prüfungsberichte nach § 321 und im Falle des vorzeitigen Prüferwechsels auf den gemäß § 318 Abs. 6 Satz 4 zu erstattenden Bericht über das Ergebnis der bisherigen Prüfung.[100] Während aber der bisherige Abschlussprüfer der Gesellschaft gegenüber unaufgefordert Bericht zu erstatten hat, bedarf es von Seiten des neuen Abschlussprüfers einer schriftlichen Anfrage.[101] In richtlinienkonformer Auslegung – der zugrunde liegende Art. 23 Abs. 3 AP-RL (Rn 5, 37) sieht kein Formerfordernis vor – sind insoweit minimale Anforderungen zu stellen; eine einfache E-Mail muss daher genügen.[102] Der Anfrage hat der neue Abschlussprüfer unverzüglich nachzukommen.[103] Für **Unternehmen von öffentlichem Interesse** (§ 316a Rn 6 ff) enthält **Art. 18 APr-VO** eine vorrangige unmittelbar geltende Spezialvorschrift (Rn 5, 37 ff).[104]

27 Inhaltlich hat sowohl die Unterrichtung der Gesellschaft wie die des bisherigen Abschlussprüfers in **Form** eines an den Vorgaben des § 321 orientierten Prüfungsberichts zu erfolgen.[105] Eine zusätzliche, gesonderte oder gar inhaltlich weitergehende Berichterstattung verlangt § 320 Abs. 4 nicht; Zweck der Vorschrift ist es lediglich, dem Folgeprüfer ein eigenständiges und unmittelbares Informationsrecht zu verschaffen. Daher lässt sich aus ihr auch ein Anspruch auf Einsichtnahme in die Arbeitspapiere des bisherigen Abschlussprüfers oder gar deren Überlassung an den neuen Abschlussprüfer nicht ableiten.[106] Nach § 42 Abs. 3 BS WP/vBP[107] ist allerdings der Mandatsvorgänger im Falle vorzeitiger Beendigung des Prüfungsauftrags schon bisher verpflichtet, dem Mandatsnachfolger den Bericht über das Ergebnis der schriftlichen Prüfung zu erläutern. Ein Auskunftsverweigerungsrecht zur Vermeidung einer etwaigen **Selbstbelastung** im Hinblick auf Straf- oder Bußgeldtatbestände ist entgegen den Gesetzesmaterialien nicht anzuerkennen; vielmehr wird man insoweit allenfalls ein Beweisverwertungsverbot in Erwägung ziehen können.[108] Die **Verschwie-**

---

99 Begr. RegE, BT-Drucks. 16/10067, S. 91; Hopt/*Merkt*[42] Rn 4; *Petersen/Zwirner* Wpg 2008, 967 (971 f); auf der Grundlage des Referentenentwurfs eine Klarstellung anmahnend *Oser/Roß/Wader/Drögemüller* Wpg 2008, 105 (111).

100 BeckBilKomm/*Justenhoven/Heinz*[13] Rn 60.

101 Koller/Kindler/Roth/Drüen/*Morck/Bach* Rn 6.

102 BeckBilKomm/*Justenhoven/Heinz*[13] Rn 62.

103 Hopt/*Merkt*[42] Rn 4.

104 *Schüppen*[2] Anh § 320 Rn 2.

105 BeckBilKomm/*Justenhoven/Heinz*[13] Rn 63.

106 Begr. RegE, BT-Drucks. 16/10067, S. 91; *Oser/Roß/Wader/Drögemüller* Wpg 2008, 105 (111).

107 Berufssatzung für Wirtschaftsprüfer/vereidigte Buchprüfer vom 21.6.2016, BAnz AT 22.7.2016 B1.

108 Vgl. zur Situation im Insolvenzverfahren BVerfG NJW 1981, 1431 (1433) und OLG Jena NZI 2011, 382 f; für Auskunftsverweigerungsrecht demgegenüber RegE BilMoG, BT-Drs. 16/10067, S. 91; BeckOK HGB/*Schorse/Morfeld*, 15.1.2022, Rn 31; BeckBilKomm/*Justenhoven/Heinz*[13] Rn 61; Voraufl. Rn 25 (*Habersack/Schürnbrand*); vgl. auch Hopt/*Merkt*[42] Rn 4; MünchKommHGB/*Ebke*[4] Rn 35; **gegen** Auskunftsverweigerungsrecht hingegen mit Recht BeckOGK-HGB/*Bormann*, 15.11.2020 Rn 62.

genheitspflicht des bisherigen Abschlussprüfers tritt hinter dem Informationsrecht nach Absatz 4 zurück und steht der Auskunfterteilung damit nicht entgegen.[109]

VI. Grenzen der Informationsrechte

Die Informationsrechte des § 320 sind Pflichtrechte, die dem Abschlussprüfer allein zur sachgerechten Durchführung seiner Prüfungsaufgabe eingeräumt sind (Rn 8). Abgesehen von den allgemeinen Ausübungsschranken des Zivilrechts, zu denen auch das Schikaneverbot des § 226 BGB zählt,[110] bestehen diese Rechte daher im Ausgangspunkt nur, soweit sie zur Erreichung des Ziels einer sorgfältigen Prüfung **erforderlich** sind. Das stellt Absatz 2 Satz 1 für das Auskunftsrecht ausdrücklich klar, für das Prüfungsrecht des Absatz 1 Satz 2 gilt jedoch nichts anderes.[111] Allerdings genügt eine mittelbare Relevanz, und die Entscheidung darüber, welche Informationen er für notwendig erachtet, liegt grundsätzlich im pflichtgemäßen Ermessen des Abschlussprüfers (Rn 8 f).[112] Theoretisch steht den gesetzlichen Vertretern des geprüften Unternehmens damit zwar die Möglichkeit offen, die Vorlage von Unterlagen und die Erteilung von Auskünften dann zu verweigern, wenn diese unter keinem denkbaren Gesichtspunkt für eine sorgfältige Prüfung relevant sein können.[113] Dieser Nachweis wird den insofern darlegungspflichtigen Vertretern des geprüften Unternehmens aber praktisch kaum jemals gelingen können: Denn zunächst ist der Prüfer gehalten, sich ausreichende Kenntnisse auch über das rechtliche und wirtschaftliche Umfeld der Gesellschaft zu verschaffen.[114] Zudem gilt es zu berücksichtigen, dass die Abschlussprüfung verstärkt risikoorientiert und mit Blick auf die künftigen Entwicklungen durchzuführen ist. Das rechtfertigt den Zugriff auf alle Unterlagen, die Vorgänge von erheblichem wirtschaftlichen Gewicht oder strategischer Bedeutung betreffen. Daher kann der Abschlussprüfer etwa regelmäßig die Vorlage von Vorstands- und Aufsichtsratsprotokollen auch ohne dezidierte Darlegung von deren Relevanz für die Prüfung verlangen.[115] 28

Abgeschnitten ist den gesetzlichen Vertretern überdies der Einwand, es handele sich um vertrauliche Unterlagen oder Geschäftsgeheimnisse. Zu bedenken ist nämlich, dass alle an der Abschlussprüfung beteiligten Personen zur Verschwiegenheit verpflichtet sind (§ 323 Abs. 1) und Verstöße hiergegen empfindliche zivil-, berufs- und strafrechtliche Sanktionen nach sich ziehen können (vgl. § 333; § 67 WPO; § 203 Abs. 1 Nr. 3, 3a StGB). Vor diesem Hintergrund überwiegt das öffentliche Interesse an einer sorgfältigen Abschlussprüfung das Unternehmensinteresse an **Geheimhaltung**.[116] Aus dem gleichen Grunde gilt bei der Prüfung von Banken dem Abschlussprüfer gegenüber auch das Bankgeheimnis nicht.[117] Jedoch ist der Prüfer gehalten, soweit möglich auf schutzwürdige Belange der Gesellschaft Rücksicht zu nehmen.[118] Er hat daher den Geschäftsbetrieb möglichst wenig zu stören und sich in zeitlicher und organisatorischer Hinsicht mit der 29

109 BeckBilKomm/*Justenhoven*/*Heinz*[13] Rn 61.

110 Zu deren Anwendbarkeit Ebenroth/Boujong/Joost/Strohn/*Böcking*/*Gros*/*Rabenhorst* Rn 17; Baumbach/Hueck/*Schulze-Osterloh* GmbHG[18] § 41 Rn 125; MünchKommHGB/*Ebke*[4] Rn 19.

111 Baetge/Kirsch/Thiele/*Ruhnke*/*Schmidt* Rn 71.

112 Hachmeister/Kahle/Mock/Schüppen/*Burg* Rn 21 ff; BeckBilKomm/*Justenhoven*/*Heinz*[13] Rn 15; Ebenroth/Boujong/Joost/Strohn/*Böcking*/*Gros*/*Rabenhorst* Rn 6.

113 *ADS* Rn 74; Baumbach/Hueck/*Schulze-Osterloh* GmbHG[18] § 41 Rn 125; 4. Aufl. Rn 26 (*Zimmer*); Hachmeister/Kahle/Mock/Schüppen/*Burg* Rn 12, 24.

114 Baetge/Kirsch/Thiele/*Ruhnke*/*Schmidt* Rn 72.

115 BeckBilKomm/*Justenhoven*/*Heinz*[13] Rn 50; etwas zurückhaltender Ebenroth/Boujong/Joost/Strohn/*Böcking*/*Gros*/*Rabenhorst* Rn 17.

116 Ganz hM, s. *ADS* Rn 81; BeckOGK-HGB/*Bormann*, 15.11.2020, Rn 14; MünchKommHGB/*Ebke*[4] Rn 10, 22; BeckBilKomm/*Justenhoven*/*Heinz*[13] Rn 21, 52; Baumbach/Hueck/*Schulze-Osterloh* GmbHG[18] § 41 Rn 125; Ebenroth/Boujong/Joost/Strohn/*Böcking*/*Gros*/*Rabenhorst* Rn 14.

117 *ADS* Rn 81; Baetge/Kirsch/Thiele/*Ruhnke*/*Schmidt* Rn 75.

118 BeckBilKomm/*Justenhoven*/*Heinz*[13] Rn 51.

zu prüfenden Gesellschaft abzustimmen (vgl. bereits Rn 15). Dieser Aspekt mag im Einzelfall auch das Anliegen rechtfertigen, den Kreis der Informationsträger möglichst klein zu halten und daher streng vertrauliche Unterlagen nicht sonstigen Prüfungsgehilfen, sondern nur dem Abschlussprüfer selbst oder einem gesetzlichen Vertreter der Prüfungsgesellschaft zugänglich zu machen.[119] In keinem Fall muss sich der Abschlussprüfer indessen auf die Zusicherung verweisen lassen, bestimmte Schriftstücke enthielten keine für ihn relevanten Angaben. Auch die **Datenschutz-Grundverordnung** steht der Erfüllung der Pflichten der Gesellschaft aus § 320 nicht entgegen.[120]

30 Dem **Konzernabschlussprüfer** sind grundsätzlich keine engeren Grenzen gezogen als dem Einzelabschlussprüfer (Rn 21). Soweit er Einsicht und Auskunft bei Unternehmen verlangt, die bereits geprüft wurden (§ 317 Abs. 3 Satz 2, 3), ist der Zweck der Konzernabschlussprüfung der relevante Prüfungsmaßstab. Es beschränken sich daher die Befugnisse gegenüber diesen Tochterunternehmen auf Unterlagen, die für die Konsolidierung von Bedeutung sind. Demgegenüber entsprechen die Rechte gegenüber den nach § 317 Abs. 3 Satz 1 zu prüfenden Tochterunternehmen in vollem Umfang denen des Einzelabschlussprüfers.

VII. Übermittlung an Konzernabschlussprüfer bei Muttergesellschaft in Drittstaat (Absatz 5)

31 Der durch das AReG (Vor § 316 Rn 14 f) eingefügte Absatz 5 dient der Umsetzung von Art. 23 Abs. 5 AP-RL (Rn 5).[121] Er gestattet es dem Einzelabschlussprüfer eines deutschen Unternehmens, das in den Konzernabschluss eines Mutterunternehmens mit Sitz außerhalb der EU/des EWR einbezogen ist, nach Absatz 2 erlangte Unterlagen an den Konzernabschlussprüfer zu übermitteln.[122] Eine dahingehende Rechtspflicht begründet Absatz 5 nicht.[123] Wie sich aus dem Wortlaut des Art. 23 Abs. 5 UAbs. 1 AP-RL ergibt, ist die Norm als punktuelle Befreiung des Einzelabschlussprüfers von seiner Verschwiegenheitspflicht gegenüber dem Konzernabschlussprüfer zu lesen.[124] Sie gilt in richtlinienkonformer Rechtsfortbildung des Absatzes 5 auch dann, wenn das zu prüfende Unternehmen zwar konzernangehörig ist, aber nicht in den Konzernabschluss einbezogen wurde, weil sich der Abschlussprüfer Gewissheit darüber verschaffen muss, ob dies zu Recht unterblieben ist.[125] Ein weiteres Umsetzungsdefizit liegt darin, dass Art. 23 Abs. 5 UAbs. 1 AP-RL die Weitergabe relevanter „Prüfungsunterlagen" vorsieht, während Absatz 5 nur die nach Absatz 2 zur Verfügung gestellten Unterlagen erwähnt und dem Wortlaut nach keine Weitergabe vom Abschlussprüfer selbst erstellter Arbeitsunterlagen erlaubt. Dem kann jedoch durch **richtlinienkonforme Auslegung** abgeholfen werden mit der Überlegung, dass auch solche Arbeitsunterlagen mittelbar nach Absatz 2 zur Verfügung gestellt wurden, weil (und sofern) sie auch Informationen beinhalten, welche der Abschlussprüfer nach Absatz 2 erlangt hat.[126] Für eine weite Auslegung spricht auch

119 So bereits Geßler/Hefermehl/Eckardt/*Kropff* AktG § 165 Rn 15; s. daneben *ADS* Rn 72; im Hinblick auf die allseitige Verpflichtung zur Verschwiegenheit für eine Gleichstellung sämtlicher Prüfungsbeteiligter dagegen 4. Aufl. Rn 25 (*Zimmer*).

120 Weth/Herberger/Wächter/Sorge/*Wächter* Daten- und Persönlichkeitsschutz im Arbeitsverhältnis, 2. Aufl. 2019, IX Rn 113 f. (Befugnis zur Informationsübermittlung an Abschlussprüfer jedenfalls aus Art. 6 Abs. 1lit. c DSGVO); zurückhaltender BeckBilKomm/*Justenhoven*/*Heinz*[13] Rn 71.

121 RegE AReG, BT-Drs. 18/7219, S. 42; Hopt/*Merkt*[42] Rn 5.

122 BeckOGK-HGB/*Bormann*, 15.11.2020, Rn 73 f.

123 RegE AReG, BT-Drs. 18/7219, S. 42.

124 BeckOGK-HGB/*Bormann*, 15.11.2020, Rn 73.

125 BeckOGK-HGB/*Bormann*, 15.11.2020, Rn 75.

126 Zum Umsetzungsdefizit BeckOGK-HGB/*Bormann*, 15.11.2020, Rn 76 (aber unklar, ob richtlinienkonforme Auslegung insoweit für möglich gehalten wird). A.A. (gegen Befugnis zur Weitergabe von Arbeitspapieren) BeckBilKomm/*Justenhoven*/*Heinz*[13] Rn 72.

der in den Gesetzesmaterialien verwendete, über den Gesetzeswortlaut hinausgehende Begriff „Prüfungsunterlagen".[127]

Erst recht zulässig ist die Informationsübermittlung an Konzernabschlussprüfer von Unternehmen mit Sitz **innerhalb** der EU/des EWR (vgl. Absatz 3 Satz 2 Alt. 2 und Art. 23 Abs. 2 AP-RL).[128] Die Weitergabe ist indes stets nur statthaft, soweit die betreffenden Unterlagen für die Prüfung des Konzernabschlusses **erforderlich** sind.[129] Nach den Gesetzesmaterialien soll der Abschlussprüfer außerdem gehalten sein zu hinterfragen, ob die Behörden des Sitzstaates der Muttergesellschaft durch die Übermittlung Zugriff auf geheimhaltungsbedürftige Informationen erlangen und ob die Informationen bei diesen Behörden „einer hinreichenden Geheimhaltung unterliegen".[130] Absatz 5 Satz 2 hebt ergänzend hervor, dass die Informationsübermittlung an den Konzernabschlussprüfer nur unter Beachtung des **Datenschutzrechts**, insb. der Datenschutzgrundverordnung (DSGVO), erfolgen darf. 32

VIII. Mittel zur Anspruchsdurchsetzung

1. Mittelbare Druckmittel

Die Rechte aus § 320 sind nach ganz herrschender Meinung nicht im Klageweg durchsetzbar (näher dazu Rn 36).[131] Stattdessen soll der Abschlussprüfer unzweifelhaft gegebene indirekte Druckmittel nutzbar machen. Nach § 335 Satz 1 Nr. 5 a.F. bestand früher zunächst die Möglichkeit, dass das Registergericht ein **Zwangsgeld** gegen die gesetzlichen Vertreter verhängt, sofern sie ihre Pflichten gegenüber dem Abschlussprüfer nicht erfüllen. Die Vorschrift wurde jedoch im Zuge des EHUG ersatzlos aufgehoben.[132] Daneben kann der Abschlussprüfer sich an den Aufsichtsrat oder, bei Fehlen eines solchen in der GmbH, an die Gesellschafter wenden und anregen, dass diese von ihren Aufsichts- bzw. Weisungsrechten Gebrauch machen.[133] Der Gesellschaft gegenüber machen sich die gesetzwidrigen handelnden Geschäftsleiter schadensersatzpflichtig.[134] Nicht unerwähnt bleiben darf weiterhin die Strafvorschrift des § 331 Nr. 4, die **wahrheitswidrige Angaben** der gesetzlichen Vertreter sanktioniert.[135] 33

In jedem Fall ist schließlich ein Hinweis auf den Verstoß gegen § 320 in den **Prüfungsbericht** aufzunehmen (näher § 321 Rn 49). Eine Einschränkung oder gar Versagung des **Bestätigungsvermerks** kommt dagegen nur dann in Betracht, wenn der Abschlussprüfer sich nicht anderweitig hinreichende Gewissheit über den zu prüfenden Sachverhalt verschaffen kann.[136] Denn das Testat soll allein Auskunft über die Gesetzmäßigkeit der Rechnungslegung, nicht aber über die Kooperationsbereitschaft der Gesellschaft beim Prüfungsvorgang geben. Bleibt die Sachlage aufgrund der Informationspflichtverletzung unklar, so hat der Abschlussprüfer die für die geprüfte Gesellschaft 34

---

127 RegE AReG, BT-Drs. 18/7219, S. 42.

128 Ebenroth/Boujong/Joost/Strohn/*Böcking/Gros/Rabenhorst* Rn 19.

129 Ebenroth/Boujong/Joost/Strohn/*Böcking/Gros/Rabenhorst* Rn 19.

130 RegE AReG, BT-Drs. 18/7219, S. 42 mit Verweis auf §§ 57 Abs. 9 Satz 2, 66c Abs. 6 WPO; dazu auch BeckOK HGB/*Schorse/Morfeld*, 15.1.2022, Rn 35. Vgl. ferner Art. 23 Abs. 5 UAbs. 2 AP-RL.

131 4. Aufl. Rn 29 (*Zimmer*); *ADS* Rn 82; Baumbach/Hueck/*Schulze-Osterloh* GmbHG[18] § 41 Rn 126; *ders.* ZGR 1976, 411 (422); Hopt/*Merkt*[42] Rn 2; MünchKommHGB/*Ebke*[4] Rn 24; **a.A.** (für Klagbarkeit) BeckOGK-HGB/*Bormann*, 15.11.2020, Rn 70.

132 BeckBilKomm/*Justenhoven/Heinz*[13] Rn 56.

133 Ebenroth/Boujong/Joost/Strohn/*Böcking/Gros/Rabenhorst* Rn 18.

134 Ebenroth/Boujong/Joost/Strohn/*Böcking/Gros/Rabenhorst* Rn 18.

135 BeckOK HGB/*Schorse/Morfeld*, 15.1.2022, Rn 38.

136 *Elkart/Naumann* Wpg 1995, 357 (360); BeckBilKomm/*Justenhoven/Heinz*[13] Rn 57; weitergehend 4. Aufl. Rn 31 (*Zimmer*): zumindest eine Beschränkung des Vermerks sei stets erforderlich.

ungünstigste Variante zu unterstellen und im Rahmen der gebotenen Einzelfallprüfung die Bedeutung für den Bestätigungsvermerk zu beurteilen.[137]

35 Der Abschlussprüfer ist nicht berechtigt, aufgrund einer Verweigerung von Auskünften den Prüfungsvertrag zu kündigen; die Auskunftsverweigerung stellt keinen **Kündigungsgrund** i.S.d. §§ 643, 626 BGB dar (§ 318 Rn 110).[138] Den gesetzlichen Vertretern würde andernfalls eine Möglichkeit eröffnet, einen von den Gesellschaftern gewählten und ihnen nicht genehmen Abschlussprüfer durch unkooperatives Verhalten zur Aufgabe zu zwingen. Das steht in Widerspruch zum Grundanliegen des § 318, das Rechtsverhältnis des Abschlussprüfers zur Gesellschaft der freien Disposition der Beteiligten zu entziehen.

2. Klagbarkeit

36 Neben den geschilderten mittelbaren Durchsetzungsmöglichkeiten soll nach ganz herrschender Meinung eine Geltendmachung im Klageweg ausscheiden (Rn 33). Die Klagbarkeit bestehender Rechte ist indes die Regel; ihr Ausschluss die begründungsbedürftige Ausnahme.[139] Mit dem Wegfall der § 335 Satz 1 Nr. 5 a.F., § 324 a.F. ist das Argument, es fehle wegen einfacherer Durchsetzungsmöglichkeiten an einem Rechtsschutzbedürfnis, überholt.[140] Die in der Tat praxisgerechte und sinnvolle Lösung, die Auskunftsverweigerung im Prüfungsbericht zu vermerken und ggf. den Bestätigungsvermerk einzuschränken oder zu versagen,[141] stellt das Rechtsschutzbedürfnis für eine Klage schon deshalb nicht infrage, weil sie dem Abschlussprüfer nicht die ihm gebührenden Auskünfte und Nachweise verschafft. Diese Vorgehensweise ist mithin nicht nur kein einfacherer und kostengünstigerer, sondern überhaupt kein Weg zur Durchsetzung der Rechte des Abschlussprüfers nach § 320. Die Möglichkeit, auf indirekte Weise (etwa über den Aufsichtsrat, Rn 33) Druck auf den Schuldner auszuüben, stellt das Rechtsschutzbedürfnis für Klage nach allgemeinen dogmatischen Grundsätzen ebenfalls in keiner Weise in Frage, so dass es zwar i.d.R. nicht praxisgerecht, de iure aber möglich ist, die Rechte aus § 320 klageweise geltend zu machen.[142]

IX. Übergabeakte nach Art. 18 APr-VO

37 Für Unternehmen von öffentlichem Interesse (§ 316a Rn 6 ff) gilt unmittelbar der im Verhältnis zu Abs. 4 vorrangige Art. 18 APr-VO.[143] Dieser verweist in seinem ersten Absatz wiederum auf Art. 23 Abs. 3 AP-RL, dem dadurch im Anwendungsbereich der APr-VO unmittelbare Geltung verliehen wird.[144] Danach muss im Fall eines **Prüferwechsels** der frühere Abschlussprüfer seinem Nachfolger Zugang zu bestimmten Informationen (Rn 38) über das geprüfte Unternehmen gewähren. Entsprechendes gilt für Prüfungsgesellschaften. Grund und Art des Prüferwechsels sind nicht von Belang. Die Norm erfasst den regulären Wechsel des Abschlussprüfers aus geschäftspolitischen Gründen ebenso wie die Fälle des Art. 17 APr-VO (Rotation) und des § 318 Abs. 3, 4.[145] Der

137 Ähnlich Ebenroth/Boujong/Joost/Strohn/*Böcking*/*Gros*/*Rabenhorst* Rn 18; *ADS* Rn 85.

138 Baumbach/Hueck/*Schulze-Osterloh* GmbHG[18] § 41 Rn 126; grds. auch MünchKommHGB/*Ebke*[4] Rn 24; **aA** HdR-EA/*Baetge*/*Göbel*[5] Rn 56; vgl. (Kündigung unter weiteren Voraussetzungen zulassend) auch BeckBilKomm/*Justenhoven*/*Heinz*[13] Rn 58.

139 Allgemein *Kähler* NJW 2020, 113 (115).

140 BeckOGK-HGB/*Bormann*, 15.11.2020, Rn 70.

141 BeckOGK-HGB/*Bormann*, 15.11.2020, Rn 70; MünchKommHGB/*Ebke*[4] Rn 24.

142 BeckOGK-HGB/*Bormann*, 15.11.2020, Rn 70.

143 MünchKommHGB/*Ebke*[4] Rn 38.

144 *Schüppen*[2] Anh § 320 Rn 2.

145 MünchKommHGB/*Ebke*[4] Rn 38; BeckBilKomm/*Justenhoven*/*Heinz*[13] Rn 80.

bisherige Abschlussprüfer muss erst auf (formlos mögliche[146]) Aufforderung durch seinen Nachfolger tätig werden und hat die Informationen schriftlich zu übermitteln.[147] Das ist zwar im Normtext nicht ausdrücklich festgeschrieben, ergibt sich aber aus dem teleologisch begründbaren Erfordernis, die Informationen so zu übermitteln, dass der Empfänger sie sinnvoll speichern und verarbeiten kann und der Menge und Komplexität der betreffenden Informationen. Von gesetzlich nicht vorgesehenen Bedingungen wie der Unterzeichnung eines sog. **Hold Harmless and Release Letters** darf der bisherige Abschlussprüfer die ihm aufgegebene Informationsübermittlung nicht abhängig machen.[148]

Dem neuen Abschlussprüfer zur Verfügung zu stellen sind nach Art. 18 Abs. 1 APr-VO i.V.m. 38
Art. 23 Abs. 3 AP-RL alle relevanten Informationen über das geprüfte Unternehmen und über die zuletzt bei diesem durchgeführte Abschlussprüfung. Dazu gehören nach Wortlaut und Normzweck auch **interne Arbeitspapiere** des bisherigen Abschlussprüfers.[149] Ferner sind dem neuen Abschlussprüfer gemäß Art. 18 Abs. 2 APr-VO die Prüfungsberichte zu früheren Prüfungen zur Verfügung zu stellen sowie den Behörden nach Art. 12 APr-VO (Meldung bestimmter gravierender Sachverhalte) oder nach der Vorschrift des Art. 13 APr-VO über den Transparenzbericht übermittelte Informationen, soweit die fünfjährige Aufbewahrungsfrist nach Art. 15 APr-VO noch nicht abgelaufen ist.[150] Darüber hinaus hat der Abschlussprüfer die Erfüllung seiner Pflichten nach Art. 18 Abs. 1, 2 APr-VO so zu **dokumentieren**, dass er der zuständigen Behörde auf Verlangen die Pflichterfüllung darlegen kann, wie es Art. 18 Abs. 3 APr-VO von ihm verlangt.[151]

§ 321 Prüfungsbericht

(1) [1]Der Abschlußprüfer hat über Art und Umfang sowie über das Ergebnis der Prüfung zu berichten; auf den Bericht sind die Sätze 2 und 3 sowie die Absätze 2 bis 4a anzuwenden. [2]Der Bericht ist schriftlich und mit der gebotenen Klarheit abzufassen; in ihm ist vorweg zu der Beurteilung der Lage der Kapitalgesellschaft oder Konzerns durch die gesetzlichen Vertreter Stellung zu nehmen, wobei insbesondere auf die Beurteilung des Fortbestandes und der künftigen Entwicklung der Kapitalgesellschaft unter Berücksichtigung des Lageberichts und bei der Prüfung des Konzernabschlusses von Mutterunternehmen auch des Konzerns unter Berücksichtigung des Konzernlageberichts einzugehen ist, soweit die geprüften Unterlagen und der Lagebericht oder der Konzernlagebericht eine solche Beurteilung erlauben. [3]Außerdem hat der Abschlussprüfer über bei Durchführung der Prüfung festgestellte Unrichtigkeiten oder Verstöße gegen gesetzliche Vorschriften sowie Tatsachen zu berichten, die den Bestand der geprüften Kapitalgesellschaft oder des Konzerns gefährden oder seine Entwicklung wesentlich beeinträchtigen können oder die schwerwiegende Verstöße der gesetzlichen Vertreter oder von Arbeitnehmern gegen Gesetz, Gesellschaftsvertrag oder die Satzung erkennen lassen.

(2) [1]Im Hauptteil des Prüfungsberichts ist festzustellen, ob die Buchführung und die weiteren geprüften Unterlagen, der Jahresabschluss, der Lagebericht, der Konzernabschluss und der Konzernlagebericht den gesetzlichen Vorschriften und den ergänzenden Bestim-

146 A.A. (schriftlich; das geht aus Art. 23 Abs. 3 APr-VO jedoch nicht hervor, Rn 26) BeckBilKomm/*Justenhoven*/*Heinz*[13] Rn 62, 82.

147 IDW Positionspapier Inhalte und Zweifelsfragen der EU-Verordnung und der Abschlussprüferrichtlinie, 6. Aufl. mit Stand 30.6.2021, Ziff. 13.2, S. 64.

148 **A.A.** IDW Positionspapier Inhalte und Zweifelsfragen der EU-Verordnung und der Abschlussprüferrichtlinie, 6. Aufl. mit Stand 30.6.2021, Ziff. 13.2, S. 66. Zu derartigen Dokumenten vgl. *Krebs*/*Kemmerer* NZG 2012, 847.

149 *Schüppen*[2] Anh § 320 Rn 2; **a.A.** IDW Positionspapier Inhalte und Zweifelsfragen der EU-Verordnung und der Abschlussprüferrichtlinie, 6. Aufl. mit Stand 30.6.2021, Ziff. 13.2, S. 64; BeckBilKomm/*Justenhoven*/*Heinz*[13] Rn 82.

150 *Schüppen*[2] Anh § 320 Rn 3.

151 BeckBilKomm/*Justenhoven*/*Heinz*[13] Rn 83.

https://doi.org/10.1515/9783110565362-010

mungen des Gesellschaftsvertrags oder der Satzung entsprechen. [2]In diesem Rahmen ist auch über Beanstandungen zu berichten, die nicht zur Einschränkung oder Versagung des Bestätigungsvermerks geführt haben, soweit dies für die Überwachung der Geschäftsführung und der geprüften Kapitalgesellschaft von Bedeutung ist. [3]Es ist auch darauf einzugehen, ob der Abschluss insgesamt unter Beachtung der Grundsätze ordnungsmäßiger Buchführung oder sonstiger maßgeblicher Rechnungslegungsgrundsätze ein den tatsächlichen Verhältnissen entsprechendes Bild der Vermögens-, Finanz- und Ertragslage der Kapitalgesellschaft oder des Konzerns vermittelt. [4]Dazu ist auch auf wesentliche Bewertungsgrundlagen sowie darauf einzugehen, welchen Einfluss Änderungen in den Bewertungsgrundlagen einschließlich der Ausübung von Bilanzierungs- und Bewertungswahlrechten und der Ausnutzung von Ermessensspielräumen sowie sachverhaltsgestaltende Maßnahmen insgesamt auf die Darstellung der Vermögens-, Finanz- und Ertragslage haben. [5]Hierzu sind die Posten des Jahres- und des Konzernabschlusses aufzugliedern und ausreichend zu erläutern, soweit diese Angaben nicht im Anhang enthalten sind. [6]Es ist darzustellen, ob die gesetzlichen Vertreter die verlangten Aufklärungen und Nachweise erbracht haben.

(3) [1]In einem besonderen Abschnitt des Prüfungsberichts sind Gegenstand, Art und Umfang der Prüfung zu erläutern. [2]Dabei ist auch auf die angewandten Rechnungslegungs- und Prüfungsgrundsätze einzugehen.

(4) [1]Ist im Rahmen der Prüfung eine Beurteilung nach § 317 Absatz 4 abgegeben worden, so ist deren Ergebnis in einem besonderen Teil des Prüfungsberichts darzustellen. [2]Es ist darauf einzugehen, ob Maßnahmen erforderlich sind, um das interne Überwachungssystem zu verbessern.

(4a) Der Abschlussprüfer hat im Prüfungsbericht seine Unabhängigkeit zu bestätigen.

(5) [1]Der Abschlußprüfer hat den Bericht unter Angabe des Datums zu unterzeichnen und den gesetzlichen Vertretern vorzulegen; § 322 Absatz 7 Satz 3 und 4 gilt entsprechend. [2]Hat der Aufsichtsrat den Auftrag erteilt, so ist der Bericht ihm und gleichzeitig einem eingerichteten Prüfungsausschuss vorzulegen. [3]Im Fall des Satzes 2 ist der Bericht unverzüglich nach Vorlage dem Geschäftsführungsorgan mit Gelegenheit zur Stellungnahme zuzuleiten.

Artikel 11 Verordnung (EU) Nr. 537/2014 (auszugsweise)
Zusätzlicher Bericht an den Prüfungsausschuss

(1) [1]Abschlussprüfer oder Prüfungsgesellschaften, die bei Unternehmen von öffentlichem Interesse eine Abschlussprüfung durchführen, legen dem Prüfungsausschuss des geprüften Unternehmens einen zusätzlichen Bericht nicht später als den in Artikel 10 genannten Bestätigungsvermerk vor. [2]Die Mitgliedstaaten können darüber hinaus verlangen, dass dieser zusätzliche Bericht dem Verwaltungs- oder Aufsichtsorgan des geprüften Unternehmens vorgelegt wird. [3]Verfügt das geprüfte Unternehmen nicht über einen Prüfungsausschuss, wird der zusätzliche Bericht dem Gremium vorgelegt, das bei dem geprüften Unternehmen vergleichbare Funktionen hat. [4]Die Mitgliedstaaten können gestatten, dass der Prüfungsausschuss diesen Bericht gemäß ihrem nationalem Recht bestimmten Dritten gegenüber offenlegt.

(2) [1]Der zusätzliche Bericht an den Prüfungsausschuss wird in schriftlicher Form verfasst. Er enthält eine Erläuterung der Ergebnisse der durchgeführten Abschlussprüfung und ferner zumindest Folgendes:

a) die Erklärung über die Unabhängigkeit nach Artikel 6 Absatz 2 Buchstabe a;
b) die Angabe jedes an der Prüfung beteiligten verantwortlichen Prüfungspartners, falls die Abschlussprüfung von einer Prüfungsgesellschaft durchgeführt wurde;
c) gegebenenfalls der Hinweis darauf, dass der Abschlussprüfer oder die Prüfungsgesellschaft Vorkehrungen getroffen hat, dass bestimmte seiner bzw. ihrer Tätigkeiten von einem anderen Abschlussprüfer bzw. einer anderen Prüfungsgesellschaft, der bzw. die nicht demselben Netzwerk angehört, durchgeführt werden, oder dass auf die Arbeit externer Sachverständiger zurückgegriffen wird, sowie die Bestätigung, dass der Abschlussprüfer bzw. die Prüfungsgesellschaft seitens des anderen Abschlussprüfers oder der anderen Prüfungsgesellschaft und/oder des externen Sachverständigen eine Bestätigung hinsichtlich ihrer Unabhängigkeit erhalten hat;

d) eine Beschreibung der Art, der Häufigkeit und des Umfangs der Kommunikation mit dem Prüfungsausschuss oder dem Gremium, das bei dem geprüften Unternehmen vergleichbare Funktionen hat, dem Unternehmensleitungsorgan und dem Verwaltungs- oder Aufsichtsorgan des geprüften Unternehmens, einschließlich der Zeitpunkte der Zusammenkünfte mit diesen Organen;

e) eine Beschreibung des Umfangs und des Zeitplans der Prüfung;

f) die Beschreibung der Aufgabenverteilung zwischen den Abschlussprüfern und/oder den Prüfungsgesellschaften, sofern zwei oder mehr Prüfer oder Prüfungsgesellschaften bestellt wurden;

g) eine Beschreibung der verwendeten Methode, u.a. dahingehend, welche Kategorien der Bilanz direkt überprüft wurden und welche Kategorien dabei System- und Zuverlässigkeitsprüfungen unterzogen wurden, einschließlich einer Erläuterung wesentlicher Veränderungen bei der Gewichtung von System- und Zuverlässigkeitsprüfungen gegenüber dem Vorjahr, selbst wenn die Abschlussprüfung im Vorjahr von anderen Abschlussprüfern oder anderen Prüfungsgesellschaften durchgeführt wurde;

h) die Darlegung der quantitativen Wesentlichkeitsgrenze, die bei der Durchführung der Abschlussprüfung für den Abschluss als Ganzes zugrunde gelegt wurde, und gegebenenfalls der Wesentlichkeitsgrenzen für bestimmte Arten von Geschäftsvorfällen, Kontensalden oder Darlegungen zugrunde gelegt wurde, sowie Darlegung der qualitativen Faktoren, die bei der Festlegung der Wesentlichkeitsgrenze berücksichtigt wurden;

i) die Angabe und Erläuterung von Einschätzungen zu bestimmten im Laufe der Prüfung festgestellten Ereignissen oder Gegebenheiten, die erhebliche Zweifel an der Fähigkeit des Unternehmens zur Fortführung der Unternehmenstätigkeit aufwerfen können, sowie die Angabe und Erläuterung von Einschätzungen dazu, ob diese Ereignisse oder Gegebenheiten eine wesentliche Unsicherheit darstellen; ferner eine Zusammenfassung aller Garantien, Prüfbescheinigungen (Comfort Letters), Hilfszusagen der öffentlichen Hand und anderer unterstützender Maßnahmen, die bei der Beurteilung der Fähigkeit des Unternehmens zur Fortführung seiner Tätigkeit berücksichtigt wurden;

j) die Angabe bedeutsamer Mängel im internen Finanzkontrollsystem des geprüften Unternehmens oder — im Falle konsolidierter Abschlüsse — der Muttergesellschaft oder im Rechnungslegungssystem. Im zusätzlichen Bericht wird hinsichtlich jeder dieser bedeutsamen Mängel festgestellt, ob sie vom Management beseitigt wurde oder nicht;

k) die Angabe von im Laufe der Prüfung festgestellten bedeutsamen Sachverhalten im Zusammenhang mit der tatsächlichen oder vermuteten Nichteinhaltung von Rechtsvorschriften oder des Gesellschaftsvertrags bzw. der Satzung der Gesellschaft, soweit sie für die Fähigkeit des Prüfungsausschusses, seine Aufgaben wahrzunehmen, als relevant betrachtet werden;

l) die Angabe und Beurteilung der bei den verschiedenen Posten des Jahres- oder konsolidierten Abschlusses angewandten Bewertungsmethoden einschließlich etwaiger Auswirkungen von Änderungen an diesen Methoden;

m) im Fall der Prüfung eines konsolidierten Abschlusses die Erläuterung des Umfangs der Konsolidierung und der vom geprüften Unternehmen auf etwaige nicht konsolidierte Unternehmen angewandten Ausschlusskriterien sowie die Angabe, ob die angewandten Kriterien im Einklang mit den Rechnungslegungsregelungen stehen;

n) gegebenenfalls die Angabe, welche Prüfungsarbeiten von Prüfern aus einem Drittland, von Abschlussprüfern, von Prüfungsunternehmen aus einem Drittland oder von Prüfungsgesellschaft(en), bei denen es sich nicht um Mitglieder desselben Netzwerks wie das des Prüfers des konsolidierten Abschlusses handelt, im Zusammenhang mit der Abschlussprüfung eines konsolidierten Abschlusses ausgeführt wurden;

o) die Angabe, ob das geprüfte Unternehmen alle verlangten Erläuterungen und Unterlagen geliefert hat;

p) Angaben über:
   i) etwaige bedeutsame Schwierigkeiten, die während der Abschlussprüfung aufgetreten sind,
   ii) etwaige sich aus der Abschlussprüfung ergebende bedeutsame Sachverhalte, die besprochen wurden oder Gegenstand des Schriftverkehrs mit dem Management waren, und
   iii) etwaige sonstige sich aus der Abschlussprüfung ergebende Sachverhalte, die nach dem fachkundigen Urteil des Prüfers für die Aufsicht über den Rechnungslegungsprozess bedeutsam sind.

[2]Die Mitgliedstaaten können zusätzliche Anforderungen hinsichtlich des Inhalts des zusätzlichen Berichts an den Prüfungsausschuss festlegen. [3]Auf Verlangen eines Abschlussprüfers, einer Prüfungsgesellschaft oder des Prüfungsausschusses beraten der oder die Abschlussprüfer bzw. die Prüfungsgesellschaft(en) mit dem Prüfungsausschuss, dem Verwaltungsorgan oder gegebenenfalls dem Aufsichtsorgan des geprüften Unternehmens über die im zusätzlichen Bericht an den Prüfungsausschuss – insbesondere unter Unterabsatz 1 Buchstabe j – genannten wichtigsten sich aus der Abschlussprüfung ergebenden Sachverhalte.

(3) Sind mehr als ein Abschlussprüfer bzw. eine Prüfungsgesellschaft gleichzeitig beauftragt worden und herrscht zwischen ihnen Uneinigkeit über Prüfungshandlungen, Rechnungslegungsvorschriften oder andere die Durchführung der Abschlussprüfung betreffende Themen, so werden im zusätzlichen Bericht an den Prüfungsausschuss die Gründe für diese Uneinigkeit dargelegt.
(4) [1]Der zusätzliche Bericht an den Prüfungsausschuss wird unterschrieben und datiert. [2]Wird die Abschlussprüfung von einer Prüfungsgesellschaft durchgeführt, so wird der zusätzliche Bericht an den Prüfungsausschuss von den Abschlussprüfern, die die Abschlussprüfung im Auftrag der Prüfungsgesellschaft durchgeführt haben, unterzeichnet.
(5) Die Abschlussprüfer oder die Prüfungsgesellschaften stellen den zuständigen Behörden im Sinne des Artikels 20 Absatz 1 den zusätzlichen Bericht auf Verlangen und im Einklang mit dem nationalen Recht zur Verfügung.

Schrifttum

Vgl. die Angaben Vor § 316 sowie § 317, ferner

Coenenberg/v.Wysocki Handbuch der Abschlussprüfung (1985); *Forster* MG, Schneider, Balsam und die Folgen – Was können Aufsichtsräte und Abschlussprüfer gemeinsam tun? AG 1995, 1 ff; *Gross/Möller* Auf dem Weg zu einem problemorientierten Prüfungsbericht, Wpg 2004, 317; *Heintze* Die Warnfunktion des Abschlussprüfers (2008); *Hense* Der Prüfungsbericht hat zu viele Empfänger, FS Budde (1995), S. 287; *Hoffmann/Lüdenbach* Die imparitätische Berichterstattung des Abschlussprüfers nach § 321 Abs. 2 S. 4 HGB n.F., DB 2003, 781; *Hommelhoff* Die neue Position des Abschlussprüfers im Kraftfeld der aktienrechtlichen Organisationsverfassung, BB 1998, 2567 und 2625; *ders./Mattheus* Corporate Governance nach dem KonTraG, AG 1998, 249 ff; *Lück* Anforderungen an die Redepflicht des Abschlussprüfers, BB 2001, 404; *Ludewig* Gedanken zur Berichterstattung des Abschlussprüfers nach der Neufassung des § 321 HGB, WPg 1998, 595; *Niehaus* Bedeutung und Inhalt des Berichts über die handelsrechtliche Jahresabschlussprüfung, DB 1988, 817; *Nonnenmacher* Abschlussprüfer und wirtschaftliche Lage des Unternehmens, FS Clemm (1996), S. 261; *Rabenhorst* Neue Anforderungen an die Berichterstattung des Abschlussprüfers durch das TransPuG, DStR 2003, 436; *Schindler/Rabenhorst* Auswirkungen des KonTraG auf die Abschlussprüfung, BB 1998, 1939; *Spieth/Förschle* Institutionen der Unternehmensüberwachung und bestehende Interdependenzen bei der Aktiengesellschaft, FS Ludewig (1996), S. 1049; *Steiner* Der Prüfungsbericht des Abschlussprüfers (1991).

Übersicht

I. Einführung

1. Normzweck

Mit dem Prüfungsbericht legt der Abschlussprüfer gegenüber seinem Auftraggeber Rechenschaft über seine Tätigkeit ab. Der Prüfungsbericht ist Teil der unternehmensinternen Berichterstattung und erfüllt im Kern die Aufgabe, den Aufsichtsrat, den Prüfungsausschuss oder, sofern ein solcher nicht besteht, die Gesellschafter durch eine unabhängige und sachverständige Unterrichtung zu unterstützen und ihnen im Gegenstandsbereich der Abschlussprüfung eine sachgerechte Kontrolle der Geschäftsführung zu ermöglichen.[1] Hierzu erhalten seine Adressaten deutlich mehr und vor allem auch vertrauliche Informationen, die dem an die Allgemeinheit gerichteten Bestätigungsvermerk (§ 322) nicht zu entnehmen sind.[2] Die Vorschrift des § 321 normiert die dabei im Einzelnen zu wahrenden formellen und materiellen Anforderungen. Um seine **Unterstützungsfunktion** effektiv erfüllen zu können, muss der Prüfungsbericht klar und problemorientiert aufgebaut sein und sich an den Bedürfnissen seiner Adressaten ausrichten. Dem trägt das Gesetz vor allem mit Absatz 1 Satz 2 und 3 Rechnung, denen zufolge der Abschlussprüfer vorweg zur Lagebeurteilung durch die gesetzlichen Vertreter Stellung zu nehmen sowie auf bestandsgefährdende Umstände und schwerwiegende Pflichtverletzungen aufmerksam zu machen hat. Damit soll der Erwartungshaltung des Aufsichtsrats im Rahmen einer „**großen Redepflicht**" entsprochen werden.[3] In die gleiche Richtung zielt die durch Absatz 4 vorgeschriebene Beurteilung eines nach § 91 Abs. 2 AktG einzurichtenden Risikofrüherkennungssystems. Im eigentlichen Hauptteil des Prüfungsberichts hat der Abschlussprüfer schließlich auch über solche Beanstandungen zu berichten, die nicht zu einer Einschränkung des Bestätigungsvermerks geführt haben, aber gleichwohl für die Überwachung der Geschäftsführung von Bedeutung sind (vgl. daneben Rn 4 ff). Insofern leitet der Abschlussprüfer über den traditionellen Bereich der Rechnungslegung hinausgehende Unternehmensinformationen zu, die dem unternehmensinternen Kontrollorgan einen vertieften Einblick in die Lage der Gesellschaft gewähren.[4] 1

1 MünchKommHGB/*Ebke*[4] Rn 2; Ebenroth/Boujong/Joost/Strohn/*Böcking*/*Gros*/*Rabenhorst* Rn 1.
2 BeckOGK-HGB/*Bormann*, 15.11.2020, Rn 2.
3 BeckOGK-HGB/*Bormann*, 15.11.2020, Rn 3.
4 *Mattheus* Handbuch Corporate Governance, S. 563 (569).

2 Die Aufgabe des Prüfungsberichts erschöpft sich aber nicht in der Unterrichtung und Unterstützung des Aufsichtsrats. Er ist zwar **vertraulich** und vorbehaltlich der Sonderregelung des § 321a nicht für die Kenntnisnahme durch die Öffentlichkeit bestimmt. Gleichwohl erleichtert er in bestimmten Fällen auch Behörden ihre Tätigkeit. Davon betroffen sind zum einen Prüfungsämter und **Rechnungshöfe**, die auf landesrechtlicher Grundlage die Prüfungsberichte von Unternehmen der öffentlichen Hand erhalten,[5] sowie die **Finanzämter** nach § 60 Abs. 3 Satz 1 EStDV.[6] Zum anderen sind die Prüfungsberichte von Versicherungs- und Finanzdienstleistungsunternehmen nach §§ 37 Abs. 5 VAG bzw. §§ 26 Abs. 1 Satz 3, 32 Abs. 1 Satz 5 Nr. 6 lit. d KWG der **BaFin** zuzuleiten.[7] Weitere Kommunikationskanäle zu Aufsichtsbehörden ergeben sich aus Artt. 7, 12 APr-VO.[8] Nach Maßgabe des § 53 Abs. 1 Nr. 3 HGrG können darüber hinaus auch an der Gesellschaft beteiligte Gebietskörperschaften Zugriff auf den Prüfungsbericht erhalten.[9] Bedeutung entfaltet der Prüfungsbericht aber auch für die **gesetzlichen Vertreter und den Abschlussprüfer**.[10] Den gesetzlichen Vertretern dient er als interner Nachweis für die ordnungsgemäße Erfüllung ihrer Rechnungslegungspflicht, dem Abschlussprüfer für die Erfüllung seiner gesetzlichen Prüfungspflicht (sog. **Nachweisfunktion**).[11]

3 Die Erstattung des Prüfungsberichts ist **Teil der gesetzlichen Abschlussprüfung**. Erst nach Aufnahme des Bestätigungsvermerks (§ 322 Abs. 7 Satz 2), der Unterzeichnung durch diejenigen Personen, die das Mandat als Abschlussprüfer erhalten haben, und seiner Vorlage an die gesetzlichen Berichtsempfänger ist die Prüfung im Rechtssinne beendet.[12] Unabhängig davon bleiben allerdings die Verpflichtung des Abschlussprüfers zur Teilnahme an der Sitzung des Prüfungsausschusses bzw. Aufsichtsrats (§ 171 Abs. 1 Satz 2 AktG) und der Hauptversammlung[13] sowie ggf. nachvertragliche Pflichten bzgl. der Einschränkung des Bestätigungsvermerks bestehen. Als Folge der fehlenden rechtlichen Beendigung hat die Abschlussprüfung im Sinne des § 316 Abs. 1 Satz 2 ohne die entsprechende Berichterstattung noch nicht „stattgefunden“, so dass der Jahresabschluss nicht festgestellt werden kann.[14]

2. Entstehungsgeschichte

4 Wenngleich der Prüfungsbericht als Rechtsinstitut bereits seit der Einführung der Pflichtprüfung im Jahre 1931 existiert (vgl. § 262e HGB 1931, § 139 AktG 1937, § 166 AktG 1965), ist er vor allem seit dem **KonTraG** (Vor § 316 Rn 9) mehrfach Gegenstand gesetzlicher Neujustierungen gewesen. Nach Einschätzung des Gesetzgebers hatte er sich in seiner bis dahin geltenden Form nur im Grundsatz bewährt, konnte aber seiner zentralen Aufgabe, den Aufsichtsrat bei der Überwachung des Vorstands zu unterstützen, nicht in vollem Umfang gerecht werden.[15] Prüfungsberichte waren oftmals bloß erläuternd und nur für Sachverständige verständlich.[16] Maßgebliches Anliegen des KonTraG war es daher, für eine **problemorientierte und adressatengerechte Informationsaufbereitung** für den Aufsichtsrat zu sorgen. Hierzu wurde die Vorschrift komplett neu gefasst, und es wurden neue Anforderungen an Aufbau und Gliederung des Berichts gestellt.[17] So wurde die Pflicht einge-

5 Baetge/Kirsch/Thiele/*Orth*/*Schaefer* Rn 7.
6 RegE AReG, BT-Drs. 18/7219, S. 43; *Schüppen*[2] Rn 3.
7 RegE AReG, BT-Drs. 18/7219, S. 43; Baetge/Kirsch/Thiele/*Orth*/*Schaefer* Rn 7.
8 *Schüppen*[2] Anh § 321 Rn 13 ff.
9 RegE AReG, BT-Drs. 18/7219, S. 43.
10 *ADS* Rn 34 f; Ebenroth/Boujong/Joost/Strohn/*Böcking*/*Gros*/*Rabenhorst* Rn 2 f; Baumbach/Hueck/*Schulze-Osterloh* GmbHG[18] § 41 Rn 128.
11 BeckOGK-HGB/*Bormann*, 15.11.2020, Rn 1.
12 *ADS* Rn 30; BeckBilKomm/*Justenhoven*/*Deicke*[13] Rn 10.
13 Hachmeister/Kahle/Mock/Schüppen/*Burg* Rn 11, 19 zu Aufsichtsrat/Prüfungsausschuss und Hauptversammlung.
14 Baetge/Kirsch/Thiele/*Orth*/*Schaefer* Rn 11.
15 BT-Drucks. 13/9712, S. 28.
16 So die treffende Formulierung von Hopt/*Merkt*[42] Rn 1.
17 MünchKommHGB/*Ebke*[4] Rn 7 ff; *Lück* BB 2001, 404 (405 ff).

führt, in einem gesonderten Abschnitt Gegenstand, Art und Umfang der Prüfung zu erläutern.[18] Unter den inhaltlichen Änderungen sind die Erweiterung der Redepflicht sowie die Stellungnahmen zur Lagebeurteilung der Geschäftsleitung und zum Risikofrüherkennungssystem hervorzuheben. Die Anknüpfung an den Aufsichtsrat wird auch in prozeduraler Hinsicht betont. Sofern der Aufsichtsrat den Prüfauftrag erteilt, ist der Bericht ihm und nicht dem gesetzlichen Vertreter vorzulegen, vgl. Absatz 5.

Mit dem **TransPuG** (Vor § 316 Rn 10) wurde die mit dem KonTraG eingeschlagene Richtung, 5
die Darstellung und Bewertung des Prüfungsergebnisses problemorientierter zu gestalten, konsequent fortgesetzt.[19] So hat der Abschlussprüfer im Rahmen des Absatzes 1 Satz 3 nicht mehr in Form einer „Negativerklärung" stets, sondern im Sinne einer „Positiverklärung" nur dann über bestandsgefährdende Tatsachen oder gewichtige Rechtsverstöße zu berichten, wenn solche tatsächlich festzustellen waren. Im Hauptteil des Prüfungsberichts wird die Darstellung von unwesentlichen und unproblematischen Teilen des Jahresabschlusses entlastet. Statt der bis dahin geforderten Aufgliederung und Erläuterung der Posten des Jahresabschlusses ist nunmehr nach Absatz 2 Satz 4 auf die wesentlichen Bewertungsgrundlagen und die Ausnutzung der vorhandenen Bilanzierungs- und Bewertungswahlrechte einzugehen. Mehr Raum für eine problemorientierte Darstellung soll endlich auch die Regelung in Absatz 2 Satz 2 schaffen, der zufolge der Abschlussprüfer auch solche Vorgänge zum Gegenstand seines Berichts zu machen hat, die nicht zu einer Einschränkung des Bestätigungsvermerks geführt haben, aber für die Überwachung der Geschäftsführung von Bedeutung sind.

Mit dem **BilReG** (Vor § 316 Rn 11) hat der Gesetzgeber die Öffnung des deutschen Rechts 6
gegenüber den IFRS nachvollzogen.[20] Zum einen bezieht Absatz 2 Satz 3 sich nicht mehr nur auf die Grundsätze ordnungsgemäßer Buchführung, sondern alternativ auch auf sonstige maßgebliche Rechnungslegungsgrundsätze. Zum anderen ist nach Absatz 3 Satz 2 auf die angewandten Rechnungslegungs- und Prüfungsgrundsätze einzugehen. Durch das **BilMoG** (Vor § 316 Rn 12) wurde schließlich Absatz 4a eingeführt, dem zufolge der Abschlussprüfer im Prüfungsbericht seine Unabhängigkeit zu bestätigen hat (Rn 54). Das **AReG** hat sodann kleinere redaktionelle Anpassungen in Absatz 1 Satz 1 und 2 vorgenommen und die Anforderungen an die Unterzeichnung und Vorlage des Berichts modifiziert (Vor § 316 Rn 14 f). Insbesondere ist der Bericht nunmehr, wenn der Aufsichtsrat den Prüfungsauftrag erteilt hat, diesem und gleichzeitig einem eingerichteten Prüfungsausschuss vorzulegen. Dem Vorstand ist er erst danach (und nicht mehr entsprechend dem früheren Rechtszustand vorher) mit Gelegenheit zur Stellungnahme zuzuleiten. Die Änderungen durch das AReG dienen der Abstimmung des nationalen Rechts mit Art. 11 APr-VO (Rn 58 ff; Vor § 316 Rn 19) und der Ausübung der dort vorgesehenen Mitgliedstaaten-Wahlrechte.[21] Durch das **FISG** (Vor § 316 Rn 17) sind lediglich terminologische Anpassungen vorgenommen worden (Ersetzung des Begriffs „Unternehmen" durch den Terminus „Kapitalgesellschaft" in § 321 Abs. 1 Satz 2, 3, Abs. 2 Satz 2).[22]

3. Unionsrecht

Unionsrechtliche Vorgaben in Bezug auf § 321 bestehen nur für **Unternehmen von öffentlichem** 6a
Interesse (Art. 2 Nr. 13 AP-RL, § 316a).[23] § 321 Abs. 4a wurde zur Umsetzung des Art. 42 Abs. 1 lit. a AP-RL erlassen, der für solche Unternehmen eine jährliche schriftliche Unabhängigkeitserklärung

18 S. vorige Fn.
19 BT-Drucks. 14/8769, S. 28; vgl. auch *Rabenhorst* DStR 2003, 436; MünchKommHGB/*Ebke*[4] Rn 10 ff.
20 BT-Drucks. 15/3419, S. 43; Baetge/Kirsch/Thiele/*Orth*/*Schaefer* Rn 16.
21 RegE AReG, BT-Drs. 18/7219, S. 42 ff.
22 RegE FISG, BT-Drs. 19/26966, S. 102.
23 BeckOGK-HGB/*Bormann* Rn 9.

des Abschlussprüfers gegenüber dem Prüfungsausschuss vorsah.[24] Diese Vorgabe findet sich nun nicht mehr in der AP-RL, sondern in dem unmittelbar geltenden und keiner Umsetzung bedürfenden Art. 6 Abs. 2 lit. a APr-VO (§ 319 Rn 96). Weitergehende Anforderungen für Unternehmen von öffentlichem Interesse finden sich, selbstredend ebenfalls mit unmittelbarer Geltung, im eingangs abgedruckten **Art. 11 APr-VO** (näher Rn 58 ff). Der dort vorgegebene zusätzliche Bericht an den Prüfungsausschuss hat den seit Langem im deutschsprachigen Raum etablierten Prüfungsbericht zum Vorbild.[25] Weil bei Unternehmen von öffentlichem Interesse sowohl § 321 als auch Art. 11 APr-VO zur Anwendung kommen (Rn 7), muss der Prüfungsbericht bei solchen Unternehmen kumulativ den nicht vollständig deckungsgleichen Vorgaben beider Regelungsregime gerecht werden, selbstredend mit Vorrang des Art. 11 APr-VO vor § 321 im Fall etwaiger Widersprüche.[26] Parallelen zu den Vorschriften des deutschen Rechts, nach denen der Prüfungsbericht in einigen Fällen staatlichen Stellen vorzulegen ist (Rn 2), weisen die Artt. 7, 12 APr-VO auf, die den Abschlussprüfer zur Meldung bestimmter gravierender Sachverhalte an die zuständigen Behörden verpflichten.[27]

4. Anwendungsbereich

7 Die Berichtspflicht ist unabdingbarer Bestandteil der Abschlussprüfung. Der Prüfungsauftrag muss keine Angaben dazu enthalten. Form und Inhalt sind nicht dispositiv. Mit der Erteilung des Prüfungsauftrags wird die Erstellung des Prüfungsberichts aber gleichwohl zur Vertragspflicht.[28] Der Prüfungsbericht ist bei **allen prüfungspflichtigen Unternehmen** (§ 316 Rn 3 ff) zu erstellen. Das gilt auch für Unternehmen von öffentlichem Interesse, deren Prüfungsbericht zusätzlich die Vorgaben des Art. 11 APr-VO beachten muss (Rn 6a, 58 ff).[29] Ist eine Nachprüfung erforderlich, so lebt diesbezüglich auch die Berichtspflicht auf, § 316 Abs. 3 Satz 2. Ein dem Prüfungsbericht entsprechender Bericht ist zu erstellen, wenn der Prüfer sein Mandat niedergelegt hat, § 318 Abs. 6 Satz 4.[30] Sofern für freiwillige Abschlussprüfungen ein Bestätigungsvermerk erteilt wird (§ 322 Rn 7), ist ebenfalls ein den Vorgaben des § 321 genügender Prüfungsbericht zu erstellen.[31]

II. Grundsätzliche Anforderungen an den Prüfungsbericht

1. Schriftform

8 Die Berichterstattung muss gem. Absatz 1 Satz 2 schriftlich erfolgen. Nur wenn ein schriftlicher Bericht vorliegt, der alle inhaltlichen Anforderungen erfüllt, ist die Prüfung rechtlich beendet.[32] Der schriftliche Bericht muss ohne Rückgriff auf weitere Unterlagen oder ergänzende mündliche Erläuterungen **verständlich** sein.[33] Auch durch zusätzliche schriftliche Stellungnahmen wie Sonderberichte oder einen Management Letter (Rn 16) kommt der Abschlussprüfer seiner Verpflichtung zur vollständigen **schriftlichen** Berichterstattung nicht nach.[34] Der Bericht ist – obschon das Gesetz keine ausdrückliche Regelung hierzu enthält – grundsätzlich in deutscher Sprache

24 BeckOGK-HGB/*Bormann* Rn 9.
25 Heymann/*Nägel* Rn 2; *Schüppen*[2] Anh § 321 Rn 1.
26 MünchKommHGB/*Ebke*[4] Rn 109; *Schüppen*[2] Rn 6; vgl. auch BeckBilKomm/*Justenhoven*/*Deicke*[13] Rn 4, 18.
27 *Schüppen*[2] Rn 3 und Anh § 321 Rn 5, 13 ff.
28 4. Aufl. Rn 3 (*Zimmer*); *ADS* Rn 19.
29 BeckBilKomm/*Justenhoven*/*Deicke*[13] Rn 3.
30 MünchKommHGB/*Ebke*[4] Rn 16.
31 *ADS* Rn 11, 228; MünchKommHGB/*Ebke*[4] Rn 16.
32 Baetge/Kirsch/Thiele/*Orth*/*Schaefer* Rn 11.
33 BeckOGK-HGB/*Bormann*, 15.11.2020, Rn 11.
34 *ADS* Rn 20.

abzufassen.[35] Ausnahmen sind mit Blick auf die Funktionen des Berichts (Rn 1) nur zuzulassen, wenn bei sämtlichen Adressaten (vgl. Rn 1 f) davon auszugehen ist, dass der Bericht in der fremden Sprache verstanden wird,[36] was im Hinblick auf das Finanzamt (§ 60 Abs. 3 Satz 1 EStDV, Rn 2) indes nicht ohne Weiteres unterstellt werden kann.[37] Es ist den Parteien des Prüfungsvertrages unbenommen, zusätzlich zur deutschen Fassung die Abfassung des Berichts in einer anderen Sprache zu vereinbaren.[38]

2. Berichtsgrundsätze

a) Klarheit. Der Bericht muss nach der ausdrücklichen Vorgabe des Absatzes 1 Satz 2 in der gebotenen Klarheit abgefasst werden. Der Prüfungsbericht ist daher so auszuformulieren, dass er von den jeweiligen Adressaten verstanden werden kann. Nach der Gesetzesbegründung soll dabei gegebenenfalls auf **nicht sachverständige Aufsichtsratsmitglieder** Rücksicht zu nehmen sein.[39] Im Hinblick auf §§ 171, 116 AktG und die Verpflichtung des Aufsichtsrats zur Selbstorganisation[40] ist jedoch zum einen davon auszugehen, dass der Aufsichtsrat als Organ in der Lage ist, mit der erforderlichen Unterstützung durch den Abschlussprüfer seine Überwachungsaufgabe auch in Fragen der Rechungslegung umfassend zu erfüllen. Die Darstellung muss es daher einem sachverständigen Aufsichtsratsmitglied ermöglichen, die Tätigkeit des Vorstandes und des Abschlussprüfers zuverlässig zu beurteilen;[41] insofern darf die Klarheit der Darstellung nicht zu Lasten der Problemorientierung gehen. Zum anderen kann der Abschlussprüfer bei jedem Aufsichtsratsmitglied ein Grundverständnis für die wirtschaftlichen Gegebenheiten des Unternehmens und für die Grundlagen der Rechnungslegung voraussetzen.[42] Verbleibende Zweifelsfragen können in der Bilanzsitzung des Aufsichtsrats oder der Gesellschafterversammlung erörtert werden.[43] Gegenüber sachkundigen Berichtsempfängern entspricht auch ein fachspezifischer Prüfungsbericht der gebotenen Verständlichkeit, so dass der Abschlussprüfer individuelle Sonderkenntnisse berücksichtigen darf. 9

Im Übrigen bezieht sich die Forderung nach Klarheit sowohl auf den **formalen Aufbau** als auch auf den **materiellen Gehalt**.[44] Der Prüfungsbericht muss übersichtlich gegliedert werden.[45] Die Beurteilung hat in verständlichen Sätzen zu erfolgen. Dabei sind Fachtermini sowie wenig geläufige Fremdwörter grundsätzlich zu vermeiden. Bei ihrer Verwendung sind sie ebenso wie Abkürzungen bereits im Bericht zu erläutern, da der Abschlussprüfer nicht davon ausgehen kann, dass der Aufsichtsrat bei fehlendem Verständnis entsprechende Fragen stellt.[46] Die Berichterstattung hat sich auf das Wesentliche zu beschränken. Statistiken und Tabellen sind, soweit nötig, als Anlagen beizufügen,[47] so dass das Gesamtbild des Berichts verständlich bleibt. Der Abschlussprü- 10

35 *ADS* Rn 21; BeckOGK-HGB/*Bormann*, 15.11.2020, Rn 10; BeckBilKomm/*Justenhoven*/*Deicke*[13] Rn 14.

36 4. Aufl. Rn 5 (*Zimmer*); vgl. auch BeckBilKomm/*Justenhoven*/*Deicke*[13] Rn 14 (andere Sprache könne vereinbart werden, wenn keine Pflicht zur Vorlage bei amtlichen deutschen Stellen bestehe); großzügiger Baetge/Kirsch/Thiele/*Orth*/*Schaefer* Rn 167: zur Vorlage bei einer deutschen Behörde genüge eine Übersetzung.

37 BeckOGK-HGB/*Bormann*, 15.11.2020, Rn 10.

38 Vgl. Baetge/Kirsch/Thiele/*Orth*/*Schaefer* Rn 166 ff.

39 BT-Drucks. 13/9712, S. 28.

40 Näher dazu MünchKommAktG/*Habersack*[5] Vor § 95 Rn 17.

41 *Moxter* BB 1997, 722 (727); 4. Aufl. Rn 6 (*Zimmer*); s. auch HdR-EA/*Kuhner*/*Päßler*[5] Rn 11.

42 *ADS* Rn 41; Baumbach/Hueck/*Schulze-Osterloh* GmbHG[18] § 41 Rn 129; Ebenroth/Boujong/Joost/Strohn/*Böcking*/*Gros*/*Rabenhorst* Rn 10; s. daneben auch *Dörner* DB 1998, 1 (3); *Hommelhoff*/*Mattheus* AG 1998, 249 (257); *Gelhausen* AG-Sonderheft 1997, 73 (80).

43 MünchKommHGB/*Ebke*[4] Rn 27; Hopt/*Merkt*[42] Rn 1.

44 MünchKommHGB/*Ebke*[4] Rn 25 ff; Ebenroth/Boujong/Joost/Strohn/*Böcking*/*Gros*/*Rabenhorst* Rn 10.

45 Koller/Kindler/Roth/Drüen/*Morck*/*Bach* Rn 2d.

46 *Hommelhoff*/*Mattheus* AG 1998, 249 (257).

47 MünchKommHGB/*Ebke*[4] Rn 26.

fer hat Formulierungen zu verwenden, die nicht missverstanden werden können. Sachverhalte dürfen weder beschönigt noch verschleiert werden.[48] Die Ausführungen müssen in sich logisch sein und Fehlinterpretationen durch den Berichtsadressaten ausschließen.[49] Unabhängig von der Abgabe des entsprechenden Bestätigungsvermerks dürfen keine Aussagen getroffen werden, die offen lassen, zu welchem Ergebnis die Prüfung der einzelnen Gegenstände geführt hat.

11 **b) Wahrheit.** Unrichtige Angaben im Prüfungsbericht stehen unter der Strafandrohung des § 332.[50] Der Grundsatz der Wahrheit bezieht sich auf **alle Angaben** des Prüfungsberichtes. Damit sind Angaben über die Tätigkeit des Abschlussprüfers bei der Prüfung mitumfasst (Absatz 3 Satz 1).[51] Werden im Prüfungsbericht Angaben gemacht, die über den gesetzlich verlangten Inhalt hinausgehen, so bezieht die Wahrheitspflicht sich auch auf diese. Der Inhalt des Prüfungsberichts muss der Überzeugung des Abschlussprüfers nach bestem Gewissen entsprechen.[52] Die tatsächlichen Gegebenheiten müssen sich im Bericht widerspiegeln. Das Erfordernis der Darstellung von Gegenstand, Umfang und Art der Prüfung (Absatz 3 Satz 1) verlangt, dass der Abschlussprüfer erkennbar macht, inwieweit seine Beurteilung auf eigener Prüfung oder Auskünften der gesetzlichen Vertreter, anderer Sachverständiger oder den Ergebnissen anderer Prüfungen (z.B. bei der Einbeziehung von geprüften Abschlüssen der Tochterunternehmen) beruht.[53] Dabei darf nicht der Eindruck vermittelt werden, ungeprüfte oder nur stichprobenartig geprüfte Sachverhalte seien einer vollständigen Prüfung unterzogen worden.[54] Ist eine abschließende Beurteilung einzelner Sachverhalte infolge mangelnder Aufklärbarkeit nicht möglich, so hat der Abschlussprüfer dies deutlich zu machen.[55] Der Abschlussprüfer darf keine für die Beurteilung relevanten Erkenntnisse verschweigen (vgl. Rn 13).

12 **Meinungsverschiedenheiten** mit den gesetzlichen Vertretern, die sich auf die Prüfungstätigkeit oder -beurteilung ausgewirkt haben, sind darzustellen.[56] Sind zu einzelnen Sachverhalten unterschiedliche Standpunkte vertretbar und besteht hierüber – insbesondere zwischen Personen, die gemeinsam Abschlussprüfer sind – Uneinigkeit, so sind die verschiedenen Ansichten darzustellen.[57] Maßstab für die Darstellung ist das Ermöglichen einer zuverlässigen Beurteilung des Unternehmens und der Tätigkeit des Abschlussprüfers durch den Berichtsempfänger.

13 **c) Vollständigkeit.** Im Prüfungsbericht sind Feststellungen zu treffen, die sich aus den gesetzlichen und zusätzlichen vertraglichen Anforderungen ergeben.[58] Das Verschweigen erheblicher Umstände ist strafbar, § 332 Abs. 1 Alt. 2. Mit Rücksicht auf die Klarheit und die Verständlichkeit des Berichts beschränkt sich das Vollständigkeitserfordernis indes auf die wesentlichen Ergebnisse und Sachverhalte der Prüfung. Der Begriff der **Wesentlichkeit** ist dabei aus der individuellen **Empfängersicht** zu bestimmen.[59] Die Beurteilung aller für die Abschlussprüfung bedeutsamen Tatbestände muss durch alle Berichtsempfänger möglich sein; die Ergebnisse der Abschlussprüfung müssen anhand des Berichts sinnvoll nachzuvollziehen sein.[60] Insbesondere bei Angaben,

---

48 *ADS* Rn 40; BeckBilKomm/*Justenhoven*/*Deicke*[13] Rn 20.
49 Ebenroth/Boujong/Joost/Strohn/*Böcking*/*Gros*/*Rabenhorst* Rn 10.
50 BeckOGK-HGB/*Bormann*, 15.11.2020, Rn 14.
51 BeckBilKomm/*Justenhoven*/*Deicke*[13] Rn 22.
52 Vgl. BeckBilKomm/*Justenhoven*/*Deicke*[13] Rn 22.
53 *ADS* Rn 48; Baetge/Kirsch/Thiele/*Orth*/*Schaefer* Rn 23.
54 BeckBilKomm/*Justenhoven*/*Deicke*[13] Rn 22.
55 Koller/Kindler/Roth/Drüen/*Morck*/*Bach* Rn 2c; MünchKommHGB/*Ebke*[4] Rn 23.
56 BeckOGK-HGB/*Bormann*, 15.11.2020, Rn 16.
57 Vgl. *ADS* Rn 49; Ebenroth/Boujong/Joost/Strohn/*Böcking*/*Gros*/*Rabenhorst* Rn 9.
58 BeckBilKomm/*Justenhoven*/*Deicke*[13] Rn 23.
59 MünchKommHGB/*Ebke*[4] Rn 24.
60 Vgl. MünchKommHGB/*Ebke*[4] Rn 24.

die sich auf die Erteilung oder Einschränkung des Bestätigungsvermerks ausgewirkt haben, sind lückenlose Informationen erforderlich. Vorgänge, die als ordnungsgemäß festgestellt wurden, können kürzer dargestellt werden als solche, die zu Beanstandungen führten.[61] Fehlen gesetzlich vorgeschriebene Inhalte, so ist der Prüfungsbericht nicht ordnungsgemäß erstellt und damit die Prüfung nicht „beendet" (Rn 3, 8). Hat das Unternehmen von der Schutzklausel nach § 286 Abs. 1 oder nach § 160 Abs. 2 AktG Gebrauch gemacht, so ist darauf im Prüfungsbericht einzugehen. Dabei sind alle Informationen zu geben, die zur Feststellung der Rechtmäßigkeit der Anwendung nötig sind.[62] Im Hinblick auf den Berichtsinhalt selbst gibt es keine vergleichbare Schutzklausel, die Unvollständigkeiten rechtfertigen könnte.[63] Allerdings wird bei der Offenlegung des Prüfungsberichts im Insolvenzfall auf Geheimhaltungsinteressen der Gesellschaft Rücksicht genommen (§ 321 Abs. 3 Satz 1).[64]

Der Abschlussprüfer muss auch **vertrauliche Angaben** in den Bericht aufnehmen, soweit 14
diese für den gesetzlich vorgeschriebenen Inhalt von Bedeutung sind.[65] Im Unterschied zum Bestätigungsvermerk ist der Empfängerkreis des Prüfungsberichts beschränkt (Rn 1 f). Mit dem kleinen Adressatenkreis korrespondiert die Offenlegung von vertraulichen Informationen im Prüfungsbericht. Das Verschwiegenheitsgebot bzgl. Betriebs- und Geschäftsgeheimnissen gilt nicht gegenüber dem Aufsichtsrat (§ 323 Rn 22), denn das Kontrollorgan kann seiner Aufgabe nur gerecht werden, wenn es die gleichen Informationen wie die gesetzlichen Vertreter als Kontrollierte hat. Dabei hat der Prüfer davon auszugehen, dass die Aufsichtsratsmitglieder sich an ihre gesetzlich gebotene Schweigepflicht halten.[66]

Die Berichterstattung hat **einheitlich** zu erfolgen; die Vorlage mehrerer Berichte, z.B. von 15
„Vor"-,[67] „Haupt"- oder „Zwischenberichten", ist aber zulässig, wenn sich aus der Art der Darstellung ihre Zusammengehörigkeit ergibt.[68] Die Aufspaltung in mehrere Berichte ist zulässig, wenn diese aus Zeit- oder Sachgründen geboten ist.[69] Im Hauptbericht ist auf alle anderen Berichte mit der Berichtspflicht unterfallenden Inhalten hinzuweisen.[70] Die festgestellten Ergebnisse sind in den Hauptbericht zu übernehmen.[71] Werden Jahresabschluss und Konzernabschluss von demselben Abschlussprüfer geprüft, so verlangt die Einheitlichkeit nicht die gemeinsame Abgabe oder Darstellung beider Berichte. Beide Prüfungen sind rechtlich eigenständig.

Neben den eigentlichen Prüfungsbericht tritt häufig der aus der us-amerikanischen Prü- 16
fungspraxis übernommene **Management Letter**.[72] Er kann insofern eine sinnvolle Funktion erfüllen, als der Abschlussprüfer getrennt vom Prüfungsbericht zusätzliche Hinweise organisatorischer oder sonstiger Art aus Anlass der Prüfung abgeben kann.[73] Es entspricht guter Corporate Governance, einen solchen Bericht nicht nur der Geschäftsleitung, sondern auch dem für die Kommunikation mit dem Abschlussprüfer zuständigen Aufsichtsrat zuzuleiten,[74] der den Management Letter aber auch unabhängig davon einsehen kann (§ 111 Abs. 2 Satz 1 AktG).[75] Keinesfalls jedoch ist es zulässig, in diesem Dokument „sensible" Prüfungsfeststellungen einem ledig-

61 *ADS* Rn 42; Baumbach/Hueck/*Schulze-Osterloh* GmbHG[18] § 41 Rn 129.
62 BeckBilKomm/*Justenhoven*/*Deicke*[13] Rn 81; 4. Aufl. Rn 10 (*Zimmer*).
63 MünchKommBGB[4]/*Ebke* Rn 24; BeckBilKomm/*Justenhoven*/*Deicke*[13] Rn 24.
64 MünchKommBGB[4]/*Ebke* Rn 24.
65 Hachmeister/Kahle/Mock/Schüppen/*Burg* Rn 32.
66 Vgl. *Forster* AG 1995, 1 (3); *Reimann* S. 298 ff.
67 Damit ist nicht die Vorwegbeurteilung nach Absatz 1 Satz 2 gemeint.
68 Vgl. Ebenroth/Boujong/Joost/Strohn/*Böcking*/*Gros*/*Rabenhorst* Rn 8.
69 *ADS* Rn 45; Ebenroth/Boujong/Joost/Strohn/*Böcking*/*Gros*/*Rabenhorst* Rn 8.
70 MünchKommHGB/*Ebke*[4] Rn 29; Baetge/Kirsch/Thiele/*Orth*/*Schaefer* Rn 25.
71 Ebenroth/Boujong/Joost/Strohn/*Böcking*/*Gros*/*Rabenhorst* Rn 8.
72 Baetge/Kirsch/Thiele/*Orth*/*Schaefer* Rn 170.1.
73 MünchKommHGB/*Ebke*[4] Rn 29.
74 Vgl. (kritischer zum Management Letter) Baetge/Kirsch/Thiele/*Orth*/*Schaefer* Rn 170.1 f.
75 Baetge/Kirsch/Thiele/*Orth*/*Schaefer* Rn 170.2.

lich ausgewählten Kreis von Adressaten zugänglich zu machen.[76] Weil der Management Letter kein Teil des Prüfungsberichts ist, vermögen die darin enthaltenen Hinweise die gesetzlich vorgeschriebenen Berichts- und Warnpflichten nicht zu ersetzen.[77] Im Gegenzug muss im Prüfungsbericht allerdings auch nicht auf den Management Letter hingewiesen werden.[78] Allerdings muss der Management Letter bei **Unternehmen von öffentlichem Interesse** in die Darstellung der Kommunikation zwischen Abschlussprüfer und Leitungsorgan aufgenommen werden (Art. 11 Abs. 2 lit. d APr-VO).[79]

17 **d) Unparteilichkeit.** Der Abschlussprüfung ist der Grundsatz der Unparteilichkeit immanent (vgl. § 323 Abs. 1 Satz 1; § 43 Abs. 1 Satz 2 WPO).[80] Für den Prüfungsbericht ergibt sich daraus, dass die **Berichterstattung objektiv** zu erfolgen hat.[81] Danach darf der Abschlussprüfer den Sachverhalt bei Bestehen von Interessengegensätzen oder Meinungsverschiedenheiten zwischen den gesetzlichen Vertretern, dem Aufsichtsrat und dem Prüfer nicht einseitig darstellen, und er ist gehalten, abweichende Meinungen der gesetzlichen Vertreter darzustellen.[82] Sachfremden Erwägungen darf er keinen Raum geben.[83] Prüfungssachverhalte sind unter Heranziehung sämtlicher verfügbarer Informationen sachgerecht zu werten.[84]

3. Mindestgliederung

18 Die Verpflichtung zu einer übersichtlichen Gliederung des Prüfungsberichts ergibt sich aus dem Grundsatz der Klarheit (Rn 9). § 321 gibt die Struktur des Berichts vor und legt eine gesetzliche Mindestgliederung fest.[85] Im Einzelnen muss der Prüfungsbericht folgende Elemente enthalten: einen Vorwegberichtsteil (Absatz 1 Satz 2), den Hauptberichtsteil (Absatz 2), einen besonderen Berichtsteil über Gegenstand, Art und Umfang der Prüfung (Absatz 3), einen separaten Berichtsteil, welcher ggf. Feststellungen zum Risikofrüherkennungssystem enthält (Absatz 4), sowie einen weiteren besonderen Abschnitt, in dem der Abschlussprüfer seine Unabhängigkeit zu erklären hat (Absatz 4a). Nach § 322 Abs. 7 Satz 2 ist schließlich der Bestätigungsvermerk oder der Vermerk über seine Versagung in den Bericht aufzunehmen. Eine weitere Konkretisierung erfahren diese Vorgaben im **IDW Prüfungsstandard 450**. Dort hat das Institut der Wirtschaftsprüfer näher dargelegt, auf welche Weise Wirtschaftsprüfer nach der Berufsauffassung und unbeschadet ihrer Eigenverantwortlichkeit Berichte über ihre Abschlussprüfungen zu erstatten haben.[86] Danach sind u.a. einleitend zusätzlich Angaben zum Prüfungsauftrag und zur Wahl und zur Beauftragung des Abschlussprüfers zu machen.[87]

76 Baetge/Kirsch/Thiele/*Orth*/*Schaefer* Rn 170.3 f.
77 Vgl. BT-Drucks. 13/9712, S. 29; ferner Hopt/*Merkt*[42] Rn 1; MünchKommHGB/*Ebke*[4] Rn 29.
78 *ADS* Rn 47; MünchKommHGB/*Ebke*[4] Rn 29.
79 Baetge/Kirsch/Thiele/*Orth*/*Schaefer* Rn 170.2.
80 Ebenroth/Boujong/Joost/Strohn/*Böcking*/*Gros*/*Rabenhorst* Rn 7.
81 Ebenroth/Boujong/Joost/Strohn/*Böcking*/*Gros*/*Rabenhorst* Rn 7; Koller/Kindler/Roth/Drüen/*Morck*/*Bach* Rn 2a.
82 Ebenroth/Boujong/Joost/Strohn/*Böcking*/*Gros*/*Rabenhorst* Rn 7; BeckBilKomm/*Justenhoven*/*Deicke*[13] Rn 26.
83 BeckOGK-HGB/*Bormann*, 15.11.2020 Rn 19.
84 *ADS* Rn 50; bzgl. der sachgerechten Wertung zweifelnd (stattdessen Orientierung an sachlichen Erwägungen betonend) BeckOGK-HGB/*Bormann*, 15.11.2020 Rn 19.
85 MünchKommHGB/*Ebke*[4] Rn 31 f; Koller/Kindler/Roth/Drüen/*Morck*/*Bach* Rn 3 ff.
86 IDW PS 450 n.F. (vom 28.10.2021); dazu Ebenroth/Boujong/Joos/Strohn/*Böcking*/*Gros*/*Rabenhorst* Rn 10.
87 IDW PS 450 n.F. (vom 28.10.2021), Rn 21 ff.

III. Vorwegberichtsteil gemäß Absatz 1 Satz 2 und 3

1. Zielsetzung

Nach Absatz 1 Satz 2 ist im Prüfungsbericht vorweg zur Beurteilung der **Lage** des Unternehmens oder Konzerns durch die gesetzlichen Vertreter Stellung zu nehmen, wobei insbesondere auf die Beurteilung des Fortbestands und der zukünftigen Entwicklung des Unternehmens oder Konzerns einzugehen ist, soweit die geprüften Unterlagen eine solche Beurteilung erlauben. Damit soll die Aufmerksamkeit der Berichtsadressaten auf diesen für eine sachgerechte Ausübung der Überwachungsaufgabe wesentlichen Umstand gelenkt und ihnen eine eigenständige Beurteilung ermöglicht werden.[88] Der gesetzlichen Forderung entsprechend hat die Stellungnahme in einem eigenen, vom Hauptberichtsteil getrennten und ihm vorausgehenden Berichtsteil zu erfolgen. Auf diese Weise kann eine stärker problemorientierte Sicht des Prüfungsberichts erreicht werden.[89] „Vorweg“ bedeutet jedoch nicht, dass der entsprechende Berichtsteil zwingend unmittelbar an den Anfang des Prüfungsberichts gestellt werden müsste.[90] Vielmehr ist es im Sinne eines systematischen Aufbaus durchaus sachgerecht, den Prüfungsbericht mit einer näheren Umschreibung des Prüfungsauftrags einzuleiten.[91] In dem exponierten Vorwegberichtsteil ist nach Absatz 1 Satz 3 ferner über bei der Durchführung der Prüfung festgestellte Tatsachen zu berichten, die den **Bestand** des Unternehmens gefährden oder seine Entwicklung wesentlich beeinträchtigen können. Schließlich sind die Berichtsadressaten gleich zu Beginn auf **schwerwiegende Verstöße** der gesetzlichen Vertreter oder der Arbeitnehmer gegen Gesetz, Gesellschaftsvertrag bzw. Satzung hinzuweisen (zu dieser „Redepflicht“ Rn 22ff). 19

2. Stellungnahme zur Beurteilung durch die gesetzlichen Vertreter

Um den Empfängern des Berichts ein eigenständiges Urteil über die Lagedarstellung der gesetzlichen Vertreter zu ermöglichen (Rn 19), hat der Abschlussprüfer **die wesentlichen Daten und Angaben** aus dem Jahresabschluss und dem Lagebericht hervorzuheben, zu erläutern und zu beurteilen.[92] Ob die Angaben eine positive oder eine negative Entwicklung des Unternehmens betreffen, ist dabei ohne Belang.[93] Der Prüfungsbericht hat wichtige Entwicklungstendenzen aufzuzeigen und die hierfür maßgeblichen Ursachen zu nennen.[94] Eine Ergänzung durch die zahlenmäßige Aufbereitung von Daten kann sinnvoll sein.[95] Sofern Beurteilungsspielräume vorhanden sind, müssen die je nach Lage der möglichen Entwicklung zu erwartenden Chancen und Risiken benannt werden.[96] Die Ausführungen des Abschlussprüfers haben umso detaillierter auszufallen, je weniger er der Beurteilung der gesetzlichen Vertreter folgen kann oder je prekärer die Lage des Unternehmens einzuschätzen ist. Fällt die Prognose der gesetzlichen Vertreter hingegen positiv aus und gelangt der Abschlussprüfer zu keinem gegenteiligen Ergebnis, so genügt eine knappe Feststellung im Prüfungsbericht.[97] 20

---

88 *Peemöller/Keller* DStR 1997, 1986 (1990); *ADS* Rn 54; MünchKommHGB/*Ebke*[4] Rn 35.
89 Begr. RegE, BT-Drucks. 13/9712, S. 28.
90 AA *Schindler/Rabenhorst* BB 1998, 1939.
91 IDW PS 450 n.F. (vom 28.10.2021), Rn 21ff.; Koller/Kindler/Roth/Drüen/*Morck/Bach* Rn 3; Ebenroth/Boujong/Joost/Strohn/*Böcking/Gros/Rabenhorst* Rn 14; Baetge/Kirsch/Thiele/*Orth/Schäfer* Rn 44; zu Gestaltungsmöglichkeiten *Ludewig* WPg 1998, 595 (597ff).
92 MünchKommHGB/*Ebke*[4] Rn 41.
93 MünchKommHGB/*Ebke*[4] Rn 41.
94 Ebenroth/Boujong/Joost/Strohn/*Böcking/Gros/Rabenhorst* Rn 15.
95 Ebenroth/Boujong/Joost/Strohn/*Böcking/Gros/Rabenhorst* Rn 15.
96 Hachmeister/Kahle/Mock/Schüppen/*Burg* Rn 47.
97 *ADS* Rn 59; *Forster* FS Baetge, S. 935 (943).

21 Bei alldem soll der Abschlussprüfer allerdings **keine eigene Einschätzung** der Lage des Unternehmens vornehmen, sondern lediglich die Prognose und Beurteilung der gesetzlichen Vertreter (§ 289 Abs. 1) im Rahmen einer eigenen gewissenhaften betriebswirtschaftlichen Analyse überprüfen und bewerten.[98] Der Abschlussprüfer hat zu beurteilen, inwieweit die Darlegungen der gesetzlichen Vertreter plausibel sind und die getroffenen Schlussfolgerungen tragen und bei entsprechendem Anlass „Fragezeichen" zu setzen.[99] Die Berichtspflicht besteht nach der ausdrücklichen gesetzlichen Vorgabe nur insofern, als die geprüften Unterlagen und der Lagebericht „eine solche Beurteilung erlauben". Eine Pflicht des Abschlussprüfers, eigene Ermittlungen anzustellen, besteht mit anderen Worten nicht.[100] Heranzuziehen sind damit zum einen alle Unterlagen, die unmittelbar Gegenstand der Abschlussprüfung sind, also namentlich die Buchführung und der Jahresabschluss; zum anderen sind aber auch alle Unterlagen zu berücksichtigen, die der Abschlussprüfer für die Prüfung verwendet hat (z.B. Protokolle, Planungsrechnungen oder Verträge).[101] Eine Erweiterung des Prüfungsumfangs ist damit freilich nicht verbunden.[102] Ist ein Lagebericht zulässigerweise oder unzulässigerweise nicht aufgestellt worden, so kann sich eine Stellungnahme, sofern überhaupt möglich, allenfalls auf die Darstellung der Lage des Unternehmens im Jahres- oder Konzernabschluss gründen. Auf den Verstoß gegen die Pflicht, einen Lagebericht aufzustellen, ist aber jedenfalls hinzuweisen.[103]

3. Problemorientierte Redepflicht

22 **a) Grundlagen.** Nach Absatz 1 Satz 3 hat der Abschlussprüfer auch über bei Durchführung der Prüfung festgestellte Unrichtigkeiten oder Verstöße gegen gesetzliche Vorschriften sowie Tatsachen zu berichten, die den Bestand des Unternehmens gefährden oder seine Entwicklung wesentlich beeinträchtigen oder die schwerwiegende Verstöße gegen Gesetz oder Gesellschaftsvertrag erkennen lassen. Diese sog. Redepflicht wurde im Jahr 1954 vom BGH im Weg der Rechtsfortbildung entwickelt[104] und erstmals in § 166 Abs. 2 AktG 1965 und später dann in § 321 Abs. 2 in der Fassung des BiRiLiG kodifiziert. Ihre heutige Fassung hat die Vorschrift durch das KonTraG und das TransPuG erhalten (vgl. bereits Rn 5). Dem Abschlussprüfer wird diese über den eigentlichen Prüfungsauftrag hinausgehende **Warnpflicht** angesonnen, damit die Adressaten des Prüfungsberichts frühzeitig und mit der gebotenen Deutlichkeit auf das Vorliegen der genannten Unregelmäßigkeiten hingewiesen werden und darauf entsprechend reagieren können; sie ist damit ein Element eines „gesetzlichen Frühwarnsystems".[105] Um diese Warnfunktion zu erfüllen, kann es in dringenden Fällen geboten sein, einen Vorabbericht (Rn 15) zu erstellen.[106] Außerdem hat der Abschlussprüfer bei bestimmten beaufsichtigten Unternehmen unverzüglich die Aufsichtsbehörde zu unterrichten (§ 29 Abs. 3 Satz 1 KWG; § 341k Abs. 2).[107] Die Vereinbarung einer über diese gesetzlichen Vorgaben deutlich hinausgehenden Redepflicht empfiehlt schließlich für Gesellschaften, die in den Anwendungsbereich des § 161 AktG fallen, **D.9 DCGK** (Rn 34).

98 Näher § 317 Rn 21; s. daneben noch Hopt/*Merkt*[42] Rn 1; MünchKommHGB/*Ebke*[4] Rn 38; zur Gefahr einer neuen Erwartungslücke *Forster* FS Baetge, S. 935 (944).

99 Baetge/Kirsch/Thiele/*Orth*/*Schäfer* Rn 42.

100 Vgl. BeckBilKomm/*Justenhoven*/*Deicke*[13] Rn 27.

101 Baetge/Kirsch/Thiele/*Orth*/*Schäfer* Rn 49; BeckBilKomm/*Justenhoven*/*Deicke*[13] Rn 28; *Heintze* S. 81.

102 4. Aufl. Rn 18 (*Zimmer*); Baetge/Kirsch/Thiele/*Orth*/*Schäfer* Rn 49.

103 BeckBilKomm/*Justenhoven*/*Deicke*[13] Rn 33; Baumbach/Hueck/*Schulze-Osterloh* GmbHG[18] § 41 Rn 130.

104 BGHZ 16, 17 (25) = Wpg 1955, 138; näher zur Entwicklung *Heintze* S. 39 ff.

105 Hopt/*Merkt*[42] Rn 2.

106 *ADS* Rn 88; BeckBilKomm/*Justenhoven*/*Deicke*[13] Rn 68.

107 BeckOGK-HGB/*Bormann*, 15.11.2020, Rn 30.

b) Umfang und Grenzen. Der Abschlussprüfer muss nur darüber berichten, was er **bei der Durchführung** der Prüfung erfahren hat. Mit dieser Formulierung wollte der Gesetzgeber zum einen zum Ausdruck bringen, dass die Prüfung problemorientiert anzulegen ist.[108] Vor allem aber wird damit deutlich, dass es nicht Hauptaufgabe des Abschlussprüfers ist, Verstöße nach Absatz 1 Satz 3 aufzuspüren. Die Redepflicht ist mit anderen Worten als eine zusätzliche Verpflichtung zu verstehen, die nur bei der Gelegenheit der Abschlussprüfung wahrgenommen werden muss und den Gegenstand der Prüfung nicht erweitert.[109] Freilich muss der Abschlussprüfer bereits bei aufkeimendem Verdacht weitere Prüfungen anstrengen; insbesondere festgestellte Mängel des internen Kontrollsystems oder angespannte wirtschaftliche Verhältnisse können hierzu Anlass geben.[110] Soweit Gesetzesverstöße zu falschen Angaben in der Rechnungslegung führen können, hat der Prüfer eine höhere Verpflichtung, geeignete Ermittlungen zu betreiben, als bei sonstigen Verstößen.[111] Ihre Grenze findet eine solche Ausweitung der Prüfungstätigkeit am Prüfungsauftrag. Der Abschlussprüfer ist daher nicht verpflichtet, Sonderprüfungen vorzunehmen. Allerdings muss er ggf. den Aufsichtsrat oder die gesetzlichen Vertreter unter Hinweis auf seine Verdachtsmomente auf diese Möglichkeit aufmerksam machen.[112] 23

Zweifelhaft ist, ob der Abschlussprüfer verpflichtet ist, Sachverhalte in den Prüfungsbericht aufzunehmen, die zwar den Tatbestand des Absatzes 1 Satz 3 erfüllen, jedoch ausschließlich bei anderer Gelegenheit als der Abschlussprüfung festgestellt wurden. Angesichts des eindeutigen Gesetzeswortlauts („bei Durchführung der Prüfung“) ist nicht davon auszugehen, dass der Gesetzgeber solche Fälle **anderweitiger Kenntniserlangung** erfassen wollte; vielmehr hat er die Redepflicht insofern gegenüber der Formulierung im BiRiLiG („Wahrnehmung seiner Aufgaben“) sogar gezielt enger gefasst.[113] Gleichwohl folgt aus einer vertraglichen Nebenpflicht gegenüber seinem Auftraggeber und der Unterstützungsfunktion, die er für den Aufsichtsrat ausübt, eine Pflicht zur Offenbarung auch solcher Tatsachen, sofern sie ohne Verletzung einer gesetzlichen Verschwiegenheitspflicht (§ 323 Rn 27) möglich ist.[114] Im Übrigen besteht auch für rein private Kenntnisse keine generelle Ausnahme von der Offenbarungspflicht.[115] 24

Was die Art der Berichterstattung angeht, so sieht das Gesetz eine sog. **Positiverklärung** vor: Der Abschlussprüfer hat nur dann eine Erklärung abzugeben, wenn er tatsächlich über Unregelmäßigkeiten zu berichten hat. Eine Negativerklärung dahingehend, dass im Rahmen der Prüfungen keine Feststellungen getroffen werden konnten, hat zu unterbleiben.[116] Eine solche war freilich zwischenzeitlich durch das KonTraG eingeführt, jedoch im Zuge des TransPuG wieder abgeschafft worden, ohne dass damit eine Einschränkung des Prüfungsinhalts verbunden war.[117] Die Abkehr von der Negativerklärung sollte dem Entstehen einer neuen Erwartungslücke entgegenwirken. Aus einer Negativerklärung lassen sich nämlich womöglich fälschlich weitreichende Schlüsse über die Ordnungsmäßigkeit der Geschäftsführung ziehen, die nicht durch den gesetzlich vorgeschriebenen Umfang der Abschlussprüfung gedeckt sind.[118] 25

---

108 Begr. RegE, BT-Drucks. 13/9712, S. 28; daneben Ebenroth/Boujong/Joost/Strohn/*Böcking*/*Gros*/*Rabenhorst* Rn 18.

109 *ADS* Rn 69; BeckBilKomm/*Justenhoven*/*Deicke*[13] Rn 39; Koller/Kindler/Roth/Drüen/*Morck*/*Bach* Rn 3a.

110 Koller/Kindler/Roth/Drüen/*Morck*/*Bach* Rn 3a.

111 Baumbach/Hueck/*Schulze-Osterloh* GmbHG[18] § 41 Rn 131.

112 Begr. RegE, BT-Drucks. 13/9712, S. 28; *Peemöller*/*Keller* DStR 1997, 1986 (1990); Hopt/*Merkt*[42] Rn 6.

113 Baetge/Kirsch/Thiele/*Orth*/*Schaefer* Rn 54.

114 4. Aufl. Rn 21 (*Zimmer*); *ADS* Rn 70; BeckOGK-HGB/*Bormann*, 15.11.2020, Rn 33; BeckBilKomm/*Justenhoven*/*Deicke*[13] Rn 42; *Lück* BB 2001, 404 (406).

115 S. vorige Fn; vgl. auch Hopt/*Merkt*[42] Rn 6; **aA** *ADS* Rn 70; Baetge/Kirsch/Thiele/*Orth*/*Schaefer* Rn 54.

116 MünchKommHGB/*Ebke*[4] Rn 47; BeckOK HGB/*Schorse*/*Morfeld*, 15.1.2022, Rn 25; Hachmeister/Kahle/Mock/Schüppen/*Burg* Rn 52; **aA** Hopt/*Merkt*[42] Rn 2 (Negativerklärung zulässig).

117 Begr. RegE, BT-Drucks. 14/8769, S. 28.

118 *Rabenhorst* DStR 2003, 436 (437); *Gross*/*Möller* Wpg 2004, 317 (318); Baetge/Kirsch/Thiele/*Orth*/*Schaefer* Rn 53.1; BeckOK HGB/*Schorse*/*Morfeld*, 15.1.2022, Rn 25.

26 Über Unregelmäßigkeiten ist im Gegenzug umfassend zu berichten. Das schließt insbesondere solche Tatsachen ein, die erst nach dem Abschlussstichtag eingetreten sind.[119] Die Berichtspflicht besteht weiterhin auch bei Sachverhalten, die den gesetzlichen Vertretern und **dem Kontrollorgan bekannt** sind,[120] und zwar selbst dann, wenn der Abschlussprüfer um diese Kenntnis weiß.[121] Entbehrlich ist lediglich ein Hinweis auf solche Tatsachen, die im Laufe der Prüfung beseitigt wurden, es sei denn, diese sind gleichwohl für die Wahrnehmung der Überwachungsaufgabe der Berichtsadressaten von Bedeutung.[122] Die Darstellung redepflichtiger Sachverhalte muss zwingend im Rahmen des gesonderten Vorwegberichtsteils erfolgen, um ihre Bedeutung nachhaltig zu unterstreichen. Dies gilt auch dann, wenn der entsprechende Sachverhalt bereits im Lagebericht oder Anhang dokumentiert ist.[123] Die Darstellung des Sachverhalts hat so zu erfolgen, dass dieser samt seiner möglichen Auswirkungen für den Berichtsadressaten nachvollziehbar ist.[124]

c) Berichtspflichtige Tatsachen

27 **aa) Unrichtigkeiten oder Verstöße gegen gesetzliche Vorschriften (Absatz 1 Satz 3 Alt. 1).** In Abgrenzung zu Absatz 1 Satz 3 am Ende („schwerwiegende Verstöße [...] gegen Gesetz, Gesellschaftsvertrag oder die Satzung", Rn 30) sind hier in Anlehnung an § 317 Abs. 1 Satz 2 und 3 nur solche Vorschriften gemeint, die sich – wie die GoB – auf das Gebiet der **Rechnungslegung** beziehen.[125] Dabei ist unter Unrichtigkeit die unbeabsichtigt falsche Anwendung von Rechnungslegungsvorschriften zu verstehen, während ein Verstoß die bewusste Abweichung von rechtlichen Vorgaben beinhaltet.[126] In Abweichung zu den in Absatz 1 Satz 3 am Ende genannten Verstößen gegen anderweitige Rechtsvorschriften muss sich die Unrichtigkeit oder der Verstoß nicht als schwerwiegend darstellen.[127] Unklar ist nach der Gesetzesfassung hingegen, ob sich der einschränkende Relativsatz betreffend die Bestands- bzw. Entwicklungsgefährdung auch auf die Verletzung von Rechnungslegungsvorschriften bezieht. Im Ergebnis ist die Frage aufgrund der besonderen Verantwortung des Abschlussprüfers in diesem Bereich zu verneinen.[128] Es kommt somit nicht darauf an, ob die Verletzung von Rechnungslegungsvorschriften sich als gravierend darstellt oder den Bestand oder die Entwicklung der Gesellschaft gefährdet; entscheidend ist vielmehr allein die Bedeutung der betreffenden Information für die Überwachung der Geschäftsführung.[129]

28 **bb) Bestandsgefährdung oder Entwicklungsbeeinträchtigung.** Zu berichten hat der Abschlussprüfer weiterhin über Tatsachen, die den Bestand des Unternehmens bzw. des Konzerns gefährden oder seine Entwicklung wesentlich beeinträchtigen können. Eine **Bestandsgefährdung** liegt vor, wenn damit zu rechnen ist, dass in absehbarer Zeit Anlass zur Beantragung eines Insolvenzverfahrens oder zur Liquidation besteht, das Unternehmen mithin in seiner Existenz bedroht ist.[130] Die Gefährdung der Existenz von Tochterunternehmen oder Zweigniederlassungen allein

---

119 *ADS* Rn 71; Baumbach/Hueck/*Schulze-Osterloh* GmbHG[18] § 41 Rn 131.
120 BGHZ 16, 17 (25); Hopt/*Merkt*[42] Rn 7; Koller/Kindler/Roth/Drüen/*Morck*/*Bach* Rn 3a; *Reimann* S. 297 f mit berechtigtem Hinweis auf § 321a.
121 *Hense* FS Budde, S. 287 (309); 4. Aufl. Rn 22 (*Zimmer*).
122 Etwas zurückhaltender MünchKommHGB/*Ebke*[4] Rn 50; Ebenroth/Boujong/Joost/Strohn/*Böcking*/*Gros*/*Rabenhorst* Rn 19.
123 BeckOGK-HGB/*Bormann*, 15.11.2020, Rn 32; BeckBilKomm/*Justenhoven*/*Deicke*[13] Rn 44.
124 MünchKommHGB/*Ebke*[4] Rn 49.
125 Hopt/*Merkt*[42] Rn 3; Baetge/Kirsch/Thiele/*Orth*/*Schäfer* Rn 57 f.
126 BeckOK HGB/*Schorse*/*Morfeld*, 15.1.2022, Rn 27.
127 BeckOK HGB/*Schorse*/*Morfeld*, 15.1.2022, Rn 28.
128 *ADS* Rn 73; Baumbach/Hueck/*Schulze-Osterloh* GmbHG[18] § 41 Rn 132; offenbar **aA** 4. Aufl. Rn 23 (*Zimmer*).
129 So auch BeckOK HGB/*Schorse*/*Morfeld*, 15.1.2022, Rn 28.
130 MünchKommHGB/*Ebke*[4] Rn 44; Koller/Kindler/Roth/Drüen/*Morck*/*Bach* Rn 3a.

ist nicht ausreichend. Über die Bestandsgefährdung ist unabhängig vom Ursprung des zugrunde liegenden Sachverhalts zu berichten, so dass auch zu außerhalb des Unternehmens liegenden Tatsachen Stellung zu nehmen ist, sofern sie sich in der Unternehmenssphäre unmittelbar auswirken. Auf **allgemeine politische und wirtschaftliche Gefahren**, denen das zu prüfende Unternehmen nicht in besonderer Weise ausgesetzt ist, ist aber nur bei der Beurteilung der Lage einzugehen.[131] Eine Gefährdung der Existenz kann z.B. bei Forderungsausfällen in erheblichem Umfang, durch die Insolvenz von Schuldnern, erhebliche laufende Verluste, Fehlmaßnahmen bei umfangreichen Investitionsprojekten, laufende Liquiditätsengpässe sowie beim Wegfallen von Märkten, Lizenzen oder Schutzrechten anzunehmen sein.[132] Im Gegensatz dazu verwirklicht das Entstehen eines **Abhängigkeitsverhältnisses** für sich den Tatbestand des Absatzes 1 Satz 3 jedoch noch nicht; es bewendet vielmehr bei der Anwendung der konzern- und kapitalmarktrechtlichen Schutzvorschriften.[133] Häufig wird erst das Zusammenspiel mehrerer Umstände eine Bestandsgefährdung begründen. Bestehen Zweifel, ob eine solche vorliegt, hat der Prüfer zu berichten, weil dies dem Interesse des geprüften Unternehmens entspricht.[134] Die Berichtspflicht setzt im Übrigen bereits dann ein, wenn der Sachverhalt geeignet ist, eine ernsthafte Gefährdung in der Zukunft zur Folge zu haben, und nicht erst dann, wenn der Bestand des Unternehmens konkret gefährdet ist.[135] Daher wird es auch zu Überschneidungen mit der gleichfalls im Vorwegbericht erforderlichen Stellungnahme zur Beurteilung der zukünftigen Entwicklung kommen.

Die Grenze zwischen der Bestandsgefährdung und der **Beeinträchtigung der Entwicklung** 29
ist fließend.[136] Im Grundsatz kommen nämlich die gleichen Tatbestände in Betracht; lediglich die Auswirkungen müssen nicht in gleichem Maße folgenreich sein wie bei der Bestandsgefährdung.[137] Da beim Vorliegen der Bestandsgefährdung regelmäßig auch eine wesentliche Beeinträchtigung der Entwicklung anzunehmen ist, verlangt die getrennte Aufführung beider Merkmale im Rahmen des Tatbestands des Absatzes 1 Satz 3 eine **Kenntlichmachung** innerhalb des Berichts, von welchem dieser Fälle der Abschlussprüfer ausgeht. Mit der Anknüpfung an die Entwicklung des Unternehmens wird deutlich, dass durch den Bericht eine Möglichkeit geschaffen werden soll, den Prozess aufzuhalten. Deshalb ist es geboten, so frühzeitig wie möglich zu berichten.[138] Obschon die Berichterstellung nach § 321 grundsätzlich erst am Ende der gesamten Abschlussprüfung steht, kann aus dem Prüfungsauftrag eine Informationspflicht zu einem früheren Zeitpunkt folgen (Rn 22).

cc) Schwerwiegende Verstöße gegen Gesetz, Gesellschaftsvertrag oder Satzung. Die 30
Berichtspflicht über Verstöße der gesetzlichen Vertreter gegen Gesetz, Gesellschaftsvertrag oder Satzung dient in erster Linie der Überwachung durch den Aufsichtsrat. In Abgrenzung zum Einleitungsteil des Absatzes 1 Satz 3 sind hier solche Vorschriften gemeint, die sich **nicht auf die Rechnungslegung** beziehen (Rn 27).[139] Die Verstöße müssen weiterhin Regelungen betreffen, die den gesetzlichen Vertreter als solchen verpflichten oder ein Verhalten im Rahmen der Tätigkeit für das Unternehmen regeln; in der Privatsphäre liegendes Fehlverhalten ist demgegenüber nicht berichterstattungspflichtig.[140] Einschlägig sind die Vorschriften des StGB (z.B. Unterschlagung, Un-

131 Vgl. Baetge/Kirsch/Thiele/*Orth*/*Schaefer* Rn 66; zurückhaltender *ADS* Rn 79; BeckBilKomm/*Justenhoven*/*Deicke*[13] Rn 54; weitergehend wiederum *Heintze* S. 85.
132 BeckOGK-HGB/*Bormann*, 15.11.2020, Rn 40; vgl. auch *ADS* Rn 75; Baetge/Kirsch/Thiele/*Orth*/*Schaefer* Rn 58.
133 *ADS* Rn 80; **aA** Hopt/*Merkt*[42] Rn 4.
134 MünchKommHGB/*Ebke*[4] Rn 44; Baumbach/Hueck/*Schulze-Osterloh* GmbHG[18] § 41 Rn 133.
135 Hopt/*Merkt*[42] Rn 4; Ebenroth/Boujong/Joost/Strohn/*Böcking*/*Gros*/*Rabenhorst* Rn 20; BeckBilKomm/*Justenhoven*/*Deicke*[13] Rn 54.
136 Koller/Kindler/Roth/Drüen/*Morck*/*Bach* Rn 44.
137 *ADS* Rn 77; Baetge/Kirsch/Thiele/*Orth*/*Schaefer* Rn 63.
138 Baetge/Kirsch/Thiele/*Orth*/*Schaefer* Rn 64.
139 Hopt/*Merkt*[42] Rn 5.
140 Ebenroth/Boujong/Joost/Strohn/*Böcking*/*Gros*/*Rabenhorst* Rn 21; BeckBilKomm/*Justenhoven*/*Deicke*[13] Rn 60.

treue, Betrug), u.U. (vgl. zum Erfordernis des schwerwiegenden Verstoßes Rn 31) auch des Handels- und des Gesellschafts-, ferner z.B. des Wettbewerbs-, des Steuer- oder des Umweltrechts. Den Hintergrund bildet die Legalitäts- und in Bezug auf Mitarbeiterverstöße die Legalitätsdurchsetzungspflicht des Leitungsorgans,[141] aufgrund derer derartige Rechtsverstöße die Überwachungsaufgabe des Aufsichtsrats betreffen.[142] Was demgegenüber Verstöße gegen die Satzung oder den Gesellschaftsvertrag angeht, so können sie sich beispielsweise auf die dort geregelten Geschäftsführungsbefugnisse oder Zustimmungserfordernisse beziehen.[143] Nicht gesondert erwähnt ist die Geschäftsordnung. Gleichwohl hat der Abschlussprüfer aufgrund seiner Treupflicht auch über die Verletzung eines Zustimmungsvorbehalts zu berichten, der lediglich in der Geschäftsordnung verankert ist.[144] Nicht erfasst werden vor allem Verstöße gegen rein schuldrechtliche Verpflichtungen des Unternehmens (Vertragsverstöße); sie sind nur berichtspflichtig, wenn dadurch eine Entwicklungsbeeinträchtigung oder Bestandsgefährdung ausgelöst werden kann.[145]

31 Anders als im Zusammenhang mit der Rechnungslegung (Rn 27) ist nur über **schwerwiegende** Verstöße zu berichten. Kriterien hierfür sind vor allem die Risikobelastung der Gesellschaft infolge des Verstoßes, das Gewicht der verletzten Rechtsnorm bei wertender Betrachtung sowie das Maß, in dem die verantwortliche Person das in sie gesetzte Vertrauen enttäuscht und gebrochen hat.[146] Dabei ist auch der Ruf des Unternehmens zu beachten.[147] Die Verwirklichung strafrechtlicher Tatbestände, auch solcher außerhalb des StGB, ist regelmäßig ein schwerwiegender Verstoß.[148] Es ist nicht erforderlich, dass dem Unternehmen ein Schaden entstanden ist.[149] Ebenso kann auch die Feststellung schuldlosen Handelns zur Berichtspflicht führen, weil auch insoweit ein Tätigwerden des Aufsichtsrats angezeigt sein kann.[150] Selbst vorteilhafte Geschäfte, die nur unter der Voraussetzung von Gesetzes- oder Satzungsverstößen durchführbar waren, sind im Innenverhältnis aufgrund der Legalitätsbindung des Vorstands pflichtwidrig[151] und können demgemäß auch eine Berichtspflicht auslösen.[152] Aufgrund der besonderen Bedeutung des § 161 AktG sind alle Abweichungen von den Verhaltensempfehlungen des DCGK, die nicht in der Entsprechenserklärung kenntlich gemacht sind, als schwerwiegender Rechtsverstoß zu qualifizieren; über Verstöße gegen § 161 AktG ist daher unabhängig von einer entsprechenden Erweiterung des Prüfungsauftrags (Rn 34) zu berichten.[153] Was den Grad der Gewissheit angeht, so hat der Abschlussprüfer abweichend vom früheren Recht nicht nur über solche Tatsachen zu berichten, die schwerwiegende Rechtsverstöße „darstellen". Seit der Reform durch das TransPuG (Rn 5) greift die Redepflicht vielmehr bereits dann ein, wenn Tatsachen einen entsprechenden Verstoß **„erkennen lassen"**. Außerhalb des dem Abschlussprüfer originär zugewiesenen Bereichs der Rechnungslegung sind mithin eine abschließende Klärung der Rechtslage und eine vollständige Subsumtion nicht mehr geboten.[154] Schon bei einem hinreichend substantiierten Verdacht hat der Abschluss-

---

141 Zu diesen Pflichten in Bezug auf derartige Rechtsverstöße BeckOGK AktG/*Fleischer*, 1.2.2022, § 93 Rn 28 und § 91 Rn 72 ff.; der Begriff der Legalitätsdurchsetzungspflicht findet sich etwa bei *Koch*, AktG, 16. Aufl. 2022, § 93 Rn 18.

142 BeckOGK AktG/*Spindler*, 1.2.2022, § 116 Rn 39.

143 BeckBilKomm/*Justenhoven*/*Deicke*[13] Rn 62.

144 Baetge/Kirsch/Thiele/*Orth*/*Schäfer* Rn 67; Hopt/*Merkt*[42] Rn 5; vgl. auch BeckBilKomm/*Justenhoven*/*Deicke*[13] Rn 62; zurückhaltender *ADS* Rn 85.

145 *ADS* Rn 85; HdR-EA/*Kuhner*/*Päßler*[5] Rn 40.

146 Baetge/Kirsch/Thiele/*Orth*/*Schäfer* Rn 68.

147 BeckOGK-HGB/*Bormann*, 15.11.2020, Rn 47.

148 BeckOK HGB/*Schorse*/*Morfeld*, 15.1.2022, Rn 35.

149 BeckBilKomm/*Justenhoven*/*Deicke*[13] Rn 63.

150 Vgl. *Habersack*, FS U.H. Schneider, 2011, 429 (430).

151 *Habersack*, FS U.H. Schneider, 2011, 429 (430).

152 *ADS* Rn 86; Baetge/Kirsch/Thiele/*Orth*/*Schaefer* Rn 69; BeckBilKomm/*Justenhoven*/*Deicke*[13] Rn 63; *Lück* BB 2001, 404 (406).

153 IDW PS 345 nF (Stand: 6.5.2021) Rn 36.

154 Begr. RegE, BT-Drucks. 14/8769, S. 28; *Gross*/*Möller* Wpg 2004, 317 (318); *Rabenhorst* DStR 2003, 436 f; kritisch MünchKommHGB/*Ebke*[4] Rn 48: Abwägung bleibe in der Praxis schwierig.

prüfer zu berichten, damit das Überwachungsorgan weitere Feststellungen treffen und die erforderlichen Schlussfolgerungen ziehen kann.[155]

Für Verstöße von **Arbeitnehmern** gelten die Ausführungen zu den gesetzlichen Vertretern 32
sinngemäß (vgl. Rn 30 f). Der Abschlussprüfer hat unabhängig davon zu berichten, ob Regressansprüche des Unternehmens gegen die Arbeitnehmer bestehen. Stellt der Prüfer einen Sachverhalt fest, der eine außerordentliche Kündigung des Arbeitsverhältnisses rechtfertigen würde, so ist er nicht schon unter dem Gesichtspunkt der Wahrung des Kündigungsrechts zu einer sofortigen Benachrichtigung der gesetzlichen Vertreter verpflichtet: hinsichtlich der maßgeblichen Kündigungsfrist kommt es nicht auf seine, sondern ausschließlich auf die Kenntnis des Arbeitgebers an (§ 626 Abs. 2 Satz 2 BGB).[156] Eine Verpflichtung zur unverzüglichen Unterrichtung des geprüften Unternehmens ist aber anzunehmen, wenn weitere Verstöße zu besorgen sind.[157]

d) Besonderheiten der Berichterstattung bei Konzernabschlussprüfungen. Für den Kon- 33
zernabschlussprüfer gelten grundsätzlich die gleichen Tatbestände der Redepflicht wie für den Einzelabschlussprüfer.[158] Werden in die Konzernabschlussprüfung bereits geprüfte Einzelabschlüsse einbezogen, so erstreckt sich die Redepflicht auch auf ggf. sich daraus ergebende Sachverhalte, sofern sie **Auswirkungen** auf den Konzernabschluss haben. Allerdings ist der Konzernabschlussprüfer, der zugleich Abschlussprüfer des Mutterunternehmens ist, berechtigt, auf die Darstellung im Einzelabschlussbericht zu verweisen, wenn in diesem die Redepflicht erfüllt wurde.[159] Unrichtigkeiten, Verstöße und Tatsachen müssen das in Absatz 1 Satz 3 geforderte Gewicht (Bestandsgefährdung, Entwicklungsbeeinträchtigung, „Schwerwiegen" von Verstößen, Rn 27 ff) im Verhältnis zum Konzern aufweisen, um die Redepflicht auszulösen.

e) Vorgaben des Deutschen Corporate Governance Kodex. Für Gesellschaften, die eine Ent- 34
sprechenserklärung nach § 161 AktG abzugeben haben, empfiehlt zunächst **Ziffer D.9 DCGK**, im Prüfungsauftrag zu vereinbaren, dass der Abschlussprüfer über alle für die Aufgaben des Aufsichtsrats wesentlichen Feststellungen und Vorkommnisse unverzüglich berichtet, die sich bei der Durchführung der Abschlussprüfung ergeben. Das geht in doppelter Hinsicht über die Vorgaben des Absatzes 1 Satz 3 hinaus.[160] Zum einen hat der Abschlussprüfer nicht nur in dringenden Fällen (Rn 22), sondern stets unverzüglich und damit ohne schuldhaftes Zögern (§ 121 Abs. 1 Satz 1 BGB) den Aufsichtsrat zu informieren.[161] Das kann und sollte per E-Mail oder mit einem anderen zur schnellen Übermittlung von Texten geeigneten Kommunikationsmedium geschehen, wobei bei besonderer Dringlichkeit eine zusätzliche telefonische Mitteilung angezeigt sein kann.[162] Zum anderen sollen Gegenstand der Mitteilung alle für den Aufsichtsrat wesentlichen Umstände sein. Dieser unbestimmte Rechtsbegriff lässt sich in der Praxis nur im Wege einer engen Abstimmung von Abschlussprüfer und Aufsichtsrat anhand der besonderen Verhältnisse der Gesellschaft konkretisieren.[163] Keine eigenständige Bedeutung kommt hingegen **Ziffer D.10 DCGK** zu, der zufolge eine bei der Durchführung der Prüfung festgestellte Unrichtigkeit der Entsprechenserklärung im Prüfungsbericht zu vermerken ist. Eine entsprechende Rechtspflicht besteht nämlich bereits kraft Gesetzes (Rn 31). Zur Klarstellung ist die geforder-

155 BeckBilKomm/*Justenhoven/Deicke*[13] Rn 63.
156 *Schürnbrand* Organschaft im Recht der privaten Verbände (2007) S. 222.
157 4. Aufl. Rn 27 (*Zimmer*).
158 *ADS* Rn 191.
159 Baetge/Kirsch/Thiele/*Orth/Schaefer* Rn 133.
160 *Bachmann* in: Kremer/Bachmann/Lutter/v. Werder, Deutscher Corporate Governance Kodex, 8. Aufl. 2021, D.9 Rn 6 ff.
161 *Bachmann* (vorige Fn) D.9 Rn 6; Henssler/Strohn/*Vetter/Peters*, Gesellschaftsrecht, 5. Aufl. 2021, D.9 DCGK Rn 4.
162 *Bachmann* (Fn 160) D.9 Rn 8; Henssler/Strohn/*Vetter/Peters* (vorige Fn.) D.9 DCGK Rn 4.
163 *Bachmann* (Fn 160) D.9 Rn 7.

te Vereinbarung jedoch gleichwohl geboten. Im einen wie im anderen Fall ist die Prüfung jedoch nicht auf die Einhaltung der Verhaltensempfehlung des DCGK auszurichten; zu berichten ist lediglich über im Rahmen sonstiger Prüfungshandlungen festgestellte Verstöße.[164]

IV. Hauptteil (Absatz 2)

1. Überblick

35 Im Hauptteil des Prüfungsberichts hat der Abschlussprüfer über seine Feststellungen zur Rechnungslegung der Gesellschaft und damit über den **Kern seiner eigentlichen Prüfungstätigkeit** zu berichten. Die Vorschrift ist mit dem Ziel einer Verbesserung der Aussagekraft und Problemorientierung mehrfach reformiert worden und hat ihre geltende Fassung durch das TransPuG (Rn 5) erhalten. Die vorgeschriebenen Angaben lassen sich in drei Gruppen einordnen:[165] Zunächst hat der Abschlussprüfer festzustellen, ob die Rechnungslegung den gesetzlichen und gesellschaftsvertraglichen Vorgaben entspricht, wobei auch über solche Beanstandungen zu berichten ist, die nicht zu einer Einschränkung oder Versagung des Bestätigungsvermerks geführt haben (Absatz 2 Sätze 1 und 2; Rn 36 ff). Gesondert hat der Abschlussprüfer darauf einzugehen, ob die Rechnungslegung in ihrer Gesamtheit ein zutreffendes Bild der Vermögens-, Finanz- und Ertragslage der Kapitalgesellschaft oder des Konzerns vermittelt. Hierzu hat er die wesentlichen Bewertungsgrundlagen einzubeziehen und die Posten des Jahresabschlusses oder Konzernabschlusses aufzugliedern und ausreichend zu erläutern, soweit diese Angaben nicht im Anhang enthalten sind (Absatz 2 Sätze 3 bis 5; Rn 40 ff). Endlich hat der Abschlussprüfer darzustellen, ob die gesetzlichen Vertreter angemessen kooperiert haben und ihrer Mitwirkungspflicht nach § 320 nachgekommen sind (Absatz 2 Satz 6; Rn 49).[166]

2. Feststellungen zur Rechnungslegung (Absatz 2 Sätze 1 und 2)

36 **a) Umfang.** Im Gegensatz zum früheren Recht muss der Abschlussprüfer seit dem TransPuG nicht mehr „darstellen“, sondern lediglich **„feststellen“**, ob die Buchführung und die weiteren geprüften Unterlagen, der Jahresabschluss, der Lagebericht, der Konzernabschluss und der Konzernlagebericht den gesetzlichen Vorschriften und den ergänzenden Bestimmungen des Gesellschaftsvertrags oder der Satzung entsprechen. Nach den Vorstellungen des Gesetzgebers ist daher auf die Darstellung von unwesentlichen und unproblematischen Teilen des Jahresabschlusses zu verzichten.[167] Entsprechend dem Grundsatz der Klarheit hat sich die Berichterstattung auf die wesentlichen – mithin auf die für die Überwachung der Geschäftsführung relevanten – Angaben zu beschränken.[168] Sofern die Rechnungslegung gesetzes- und satzungsgemäß ist, genügt eine entsprechende knappe Feststellung; andernfalls sind die Mängel im Einzelnen darzulegen.[169]

37 Nicht entscheidend ist hingegen, ob die festgestellten Mängel Einfluss auf die Erteilung des Bestätigungsvermerks haben. Nach Absatz 2 Satz 2 ist nämlich auch über **Beanstandungen** zu berichten, die **nicht zur Einschränkung oder Versagung des Bestätigungsvermerks** geführt haben, soweit dies für die Überwachung der Geschäftsführung des geprüften Unternehmens von Bedeutung ist. Wenngleich entsprechende Mitteilungen in der Praxis bereits zuvor geläufig waren,

---

164 *Bachmann* (Fn 160) D.10 Rn 6; Henssler/Strohn/*Vetter*/*Peters* (Fn 161) D.10 DCGK Rn 2.

165 Baumbach/Hueck/*Schulze-Osterloh* GmbHG[18] § 41 Rn 135.

166 Koller/Kindler/Roth/Drüen/*Morck*/*Bach* Rn 4.

167 Zu alldem Begr. RegE, BT-Drucks. 14/8769, S. 28; *Rabenhorst* DStR 2003, 436 (437); MünchKommHGB/*Ebke*[4] Rn 52; Baetge/Kirsch/Thiele/*Orth*/*Schaefer* Rn 81.

168 Baumbach/Hueck/*Schulze-Osterloh* GmbHG[18] § 41 Rn 136.

169 Ebenroth/Boujong/Joost/Strohn/*Böcking*/*Gros*/*Rabenhorst* Rn 22; Baetge/Kirsch/Thiele/*Orth*/*Schaefer* Rn 85.

wollte der Gesetzgeber auch mit dieser ebenfalls durch das TransPuG in das Gesetz eingeführten Vorschrift mehr Raum für eine problemorientierte Darstellung geben und die Informationsbasis des Überwachungsgremiums stärken.[170] Betroffen hiervon sind vor allem gewichtige Fehler der Buchführung, die auf organisatorische Defizite im System des Rechnungswesens hindeuten.[171] Während eine Einschränkung des Bestätigungsvermerks nur in Betracht kommt, wenn die Mängel noch zum Zeitpunkt seiner Erteilung vorliegen (§ 322 Rn 20), können für die zeitraumbezogene Überwachung der Geschäftsführung auch solche Mängel von Bedeutung sein, die zwischenzeitlich behoben wurden.[172]

b) Berichtsgegenstände. Der Abschlussprüfer muss zunächst zur **Buchführung** sowie zu den weiteren geprüften Unterlagen Stellung nehmen. Buchführung im Sinne des Absatzes 2 Satz 1 ist grundsätzlich nur die Finanzbuchführung, nicht aber das gesamte Rechnungswesen.[173] Sah sich der Prüfer veranlasst, andere Teile des Rechnungswesens (etwa die Kosten- und Planungsrechnung) zu überprüfen, so fallen diese unter die berichtspflichtigen weiteren geprüften Unterlagen.[174] Neben den Aussagen zur Übereinstimmung mit Gesetz und Satzung ist auch über die Beachtung der Grundsätze ordnungsmäßiger Buchführung zu berichten. Daher kommen auch Aussagen zum System oder zur Art und Weise der Buchführung, insbesondere zum genutzten elektronischen Verfahren, in Betracht, sofern diese für die Berichtsempfänger von Interesse sind.[175] Die Berichtspflicht im Hinblick auf den **Jahresabschluss** bezieht sich auf die Gewinn- und Verlustrechnung, die Bilanz und den Anhang (vgl. §§ 242 Abs. 3, 264 Abs. 1 Satz 1). § 321 Abs. 2 Satz 1 fordert Ausführungen zur Übereinstimmung mit den Vorgaben des Gesetzes und der Satzung. Das schließt die formelle Richtigkeit, insbesondere die Beachtung von Gliederungsvorschriften ein.[176] Auch ist darüber zu berichten, ob die Bilanz sowie die Gewinn- und Verlustrechnung aus der Buchführung korrekt abgeleitet und (ggf.) die Schutzklauseln der § 286, § 160 Abs. 2 AktG zu Recht in Anspruch genommen wurden.[177] Von Bedeutung für die Berichtsadressaten ist es schließlich, über eine Verletzung der Aufstellungsfrist in Kenntnis gesetzt zu werden. 38

Bezüglich des **Lageberichts** bzw. des Konzernlageberichts ist festzustellen, ob er den gesetzlichen Vorschriften und den ergänzenden Bestimmungen des Gesellschaftsvertrags oder der Satzung entspricht (Absatz 2 Satz 1). Zu den gesetzlichen Anforderungen gehört namentlich, dass er mit dem Jahres- bzw. Konzernabschluss sowie den bei der Prüfung gewonnenen Erkenntnissen des Abschlussprüfers in Einklang steht und insgesamt eine zutreffende Vorstellung von der Lage des Unternehmens vermittelt (§ 317 Abs. 2 Satz 1, § 317 Rn 15 ff),[178] sowie, dass die Chancen und Risiken der künftigen Entwicklung zutreffend dargestellt sind (§ 317 Abs. 2 Satz 2, § 317 Rn 20 f).[179] Auf Ausführungen im Vorwegbericht darf Bezug genommen werden; eine Wiederholung von Ausführungen ist unzweckmäßig.[180] Auf Mängel hat der Abschlussprüfer auch dann hinzuweisen, wenn sie nicht zu einer Einschränkung oder Versagung des Bestätigungsvermerks geführt haben (Absatz 2 Satz 2).[181] 39

170 Begr. RegE, BT-Drucks. 14/8769, S. 28; vgl. zur Frage des klarstellenden Charakters *Pfitzer/Oser/Orth* DB 2002, 157 (164) einerseits und *Rabenhorst* DStR 2003, 436 (438) andererseits.

171 Hachmeister/Kahle/Mock/Schüppen/*Burg* Rn 63.

172 *Gross/Möller* Wpg 2004, 317 (319); Baumbach/Hueck/*Schulze-Osterloh* GmbHG[18] § 41 Rn 136 a.E.; Hachmeister/Kahle/Mock/Schüppen/*Burg* Rn 63.

173 *ADS* Rn 92; BeckBilKomm/*Justenhoven/Deicke*[13] Rn 76.

174 *ADS* Rn 93; Baetge/Kirsch/Thiele/*Orth/Schaefer* Rn 89.

175 BeckBilKomm/*Justenhoven/Deicke*[13] Rn 76; *Niehaus* DB 1988, 817 (819).

176 BeckBilKomm/*Justenhoven/Deicke*[13] Rn 79; vgl. auch BGHZ 44, 35 ff = NJW 1965, 1661.

177 BeckOGK-HGB/*Bormann*, 15.11.2020, Rn 52; BeckBilKomm/*Justenhoven/Deicke*[13] Rn 79.

178 *ADS* Rn 101; vgl. auch BeckBilKomm/*Justenhoven/Deicke*[13] Rn 83 ff.

179 BeckBilKomm/*Justenhoven/Deicke*[13] Rn 86.

180 Baetge/Kirsch/Thiele/*Orth/Schaefer* Rn 91; vgl. BeckBilKomm/*Justenhoven/Deicke*[13] Rn 86.

181 Baetge/Kirsch/Thiele/*Orth/Schaefer* Rn 91.2.

3. Feststellungen zur Gesamtaussage des Jahresabschlusses (Absatz 2 Satz 3 bis 5)

40 **a) Tatsächlichen Verhältnissen entsprechendes Bild.** Nach Absatz 2 Satz 3 hat der Abschlussprüfer auch darauf einzugehen, ob der Abschluss insgesamt unter Beachtung der Grundsätze ordnungsgemäßer Buchführung oder sonstiger maßgeblicher Rechnungslegungsvorschriften ein den tatsächlichen Verhältnissen entsprechendes Bild der Vermögens-, Finanz- und Ertragslage der Kapitalgesellschaft oder des Konzerns vermittelt. Damit wird die Übereinstimmung mit dem in der Generalnorm des § 264 Abs. 2 niedergelegten Prinzip des „true and fair view" besonders hervorgehoben.[182] Sofern auf eine Gesellschaft § 264 Abs. 2 ausnahmsweise keine Anwendung findet, ist darauf im Prüfungsbericht hinzuweisen.[183] Im Übrigen hat der Abschlussprüfer im Rahmen einer **Gesamtschau**[184] die Bilanz, die Gewinn- und Verlustrechnung sowie den Anhang zu würdigen und darüber zu befinden, ob diese ein realistisches Bild von der Lage des Unternehmens zeichnen. Der Lagebericht ist in diese Gesamtschau nicht einzubeziehen; die dort getroffenen Aussagen können Mängel im Jahresabschluss mit anderen Worten nicht ausgleichen.[185] Eine weitere Konkretisierung findet diese Vorgabe in Absatz 2 Satz 4 und 5, wonach in diese Beurteilung die wesentlichen Bewertungsgrundlagen einzubeziehen (Rn 42 ff) und Posten des Jahresabschlusses ggf. aufzuschlüsseln und zu erläutern sind (Rn 47 f).

41 Was die Ausführlichkeit der Darstellung angeht, so ist der inhaltliche Zusammenhang zwischen der Würdigung der Gesamtaussage des Jahresabschlusses und der nach Absatz 1 Satz 2 gebotenen Stellungnahme zur Lagebeurteilung durch den Vorstand zu berücksichtigen.[186] Zur Vermeidung von Wiederholungen können daher im Rahmen des Absatzes 2 Satz 3 Verweisungen angebracht sein.[187] Auch wenn keinerlei Auffälligkeiten zu verzeichnen waren, ist aber zumindest die vom Wortlaut der Norm vorgegebene Feststellung in den Prüfungsbericht aufzunehmen.[188] Im Gegenzug gilt es, der von der Vorschrift ausgehenden **Warnfunktion** hinreichend Rechnung zu tragen.[189] Eine nachdrückliche Stellungnahme des Abschlussprüfers ist daher insbesondere dann unentbehrlich, wenn die gesetzlichen Vertreter durch bilanzpolitische Maßnahmen die Lage des Unternehmens verschleiern.[190]

b) Wesentliche Bewertungsgrundlagen und sachverhaltsgestaltende Maßnahmen

42 **aa) Normzweck.** Nach der durch das TransPuG in das Gesetz eingefügten Vorschrift des Absatzes 2 Satz 4 ist im Rahmen der Beurteilung der Gesamtaussage des Jahresabschlusses auf die wesentlichen Bewertungsgrundlagen, die Änderung in den Bewertungsgrundlagen sowie sachverhaltsgestaltende Maßnahmen einzugehen. Hiervon hat sich der Gesetzgeber eine wesentliche Steigerung der Aussagekraft und der Problemorientierung des Prüfungsberichts versprochen.[191] Die Vorschrift zielt darauf ab, für die Adressaten des Berichts mehr **Transparenz hinsichtlich** der von der Gesellschaft betriebenen **Bilanzpolitik** zu schaffen. Ihnen soll ein eigenes Urteil ermöglicht werden, welche Rückwirkungen die Ausnutzung der damit verbundenen Gestaltungsspielräume insgesamt auf die Darstellung der Vermögens-, Finanz- und Ertragslage haben. Zu erläutern

182 Hopt/*Merkt*[42] Rn 8; Baetge/Kirsch/Thiele/*Orth/Schaefer* Rn 94.
183 Baetge/Kirsch/Thiele/*Orth/Schaefer* Rn 94.
184 MünchKommHGB/*Ebke*[4] Rn 55; Baumbach/Hueck/*Schulze-Osterloh* GmbHG[18] § 41 Rn 137; Ebenroth/Boujong/Joost/Strohn/*Böcking/Gros/Rabenhorst* Rn 23.
185 BeckBilKomm/*Justenhoven/Deicke*[13] Rn 101.
186 Baetge/Kirsch/Thiele/*Orth/Schaefer* Rn 96; BeckBilKomm/*Justenhoven/Deicke*[13] Rn 100.
187 BeckBilKomm/*Justenhoven/Deicke*[13] Rn 100.
188 MünchKommHGB/*Ebke*[4] Rn 54.
189 *Hoffmann/Lüdenbach* DB 2003, 781 (782); Baetge/Kirsch/Thiele/*Orth/Schaefer* Rn 96.4.
190 Vgl. Baetge/Kirsch/Thiele/*Orth/Schaefer* Rn 96.4.
191 Begr. RegE, BT-Drucks. 14/8769, S. 28.

sind deshalb sowohl Maßnahmen und Annahmen, die für sich genommen von Bedeutung sind, als auch solche, die erst im Zusammenmitwirken mit anderen erhebliche Auswirkungen haben.[192]

bb) Wesentliche Bewertungsgrundlagen. Der Begriff der wesentlichen Bewertungsgrundlagen war dem Bilanzrecht vor der Einführung des Absatzes 2 Satz 4 fremd.[193] Nach dem Wortlaut und der Konzeption des Gesetzes handelt es sich um einen umfassenden **Oberbegriff**, der Bilanzierungs- und Bewertungswahlrechte ebenso einschließt wie sonstige bei der Bewertung von Vermögensgegenständen und Schulden eröffnete Ermessensspielräume.[194] Zu berichten ist mithin über alle für die Gesamtaussage des Jahresabschlusses wesentlichen bilanzpolitischen Weichenstellungen.[195] Dabei beziehen sich gesetzlich eingeräumte Bilanzierungswahlrechte auf die Frage, ob eine Position überhaupt zu aktivieren bzw. zu passivieren ist oder nicht, während Bewertungswahlrechte den insoweit maßgeblichen Wert betreffen.[196] Ermessensspielräume wiederum ergeben sich aus der Notwendigkeit, wertbestimmende Faktoren und unsichere zukunftsbezogene Werte zu schätzen.[197] Das betrifft etwa die Unsicherheit über Vertragslaufzeiten, die künftige Auslastung des Unternehmens, Wechselkurse oder künftige Zahlungseingänge, aus der bei vielen Posten eine **Bandbreite akzeptabler Wertansätze** folgen kann.[198] 43

Erläuterungen im Prüfungsbericht sind bei Vorliegen erheblicher Gestaltungsspielräume sowie insbesondere dann geboten, wenn die einzelnen Bilanzierungsentscheidungen zwar innerhalb der zulässigen Bandbreite, aber zielgerichtet und einseitig zur Beeinflussung der Gesamtaussage getroffen worden sind.[199] Bei der Darstellung der wesentlichen Bewertungsgrundlagen kann der Abschlussprüfer zur Vermeidung von Wiederholungen **auf Angaben im Anhang verweisen**, sofern der Grundsatz der Klarheit der Berichterstattung nicht verletzt wird und der Prüfungsbericht aus sich heraus verständlich bleibt.[200] 44

cc) Änderung in den Bewertungsgrundlagen. Um die Vergleichbarkeit der Jahresabschlüsse verschiedener Geschäftsjahre zu gewährleisten, gilt nach § 252 Abs. 1 Nr. 6 der Grundsatz der Bewertungsstetigkeit; einmal gewählte Bilanzierungs- und Bewertungsmethoden sind demnach grds. beizubehalten.[201] Sofern im Zeitablauf gleichwohl Abweichungen erforderlich werden, sind diese nach § 284 Abs. 2 Nr. 2 im Anhang zu begründen und zu erläutern.[202] Auch innerhalb dieses gesetzlich vorgegebenen Rahmens erfolgte Änderungen in den Bewertungsgrundlagen sind im Prüfungsbericht kenntlich zu machen, sofern sie wesentliche Auswirkungen auf die Vergleichbarkeit und die Gesamtaussage des Jahresabschlusses haben. Dabei hatte der Gesetzgeber das **negative Leitbild** eines Unternehmens vor Augen, dass durch bilanzpolitische Maßnahmen tatsächliche Trends verdeckt oder überzeichnet, indem es etwa eine sich verschlechternde wirtschaftliche Situation durch das Unterlassen von Abschreibungen oder das Auflösen von Rückstellungen verschleiert.[203] Die wesentlichen Änderungen sind im Einzelnen anzugeben und, soweit möglich, 45

---

192 Baetge/Kirsch/Thiele/*Orth*/*Schaefer* Rn 96.3.
193 MünchKommHGB/*Ebke*[4] Rn 56.
194 *Rabenhorst* DStR 2003, 436 (438); MünchKommHGB/*Ebke*[4] Rn 56.
195 Beispielskataloge in IDW PS 450 (Stand: 10/2021), Tz 79 ff; dazu auch Baetge/Kirsch/Thiele/*Orth*/*Schaefer* Rn 96.6.
196 BeckBilKomm/*Justenhoven*/*Deicke*[13] Rn 106, Baetge/Kirsch/Thiele/*Orth*/*Schaefer* Rn 96.6.
197 *Gross*/*Möller* Wpg 2004, 317 (321); Baetge/Kirsch/Thiele/*Orth*/*Schaefer* Rn 96.6.
198 MünchKommHGB/*Ebke*[4] Rn 58.
199 IDW PS 450 n.F. (vom 28.10.2021), Rn 90.
200 Ähnlich MünchKommHGB/*Ebke*[4] Rn 62; Baetge/Kirsch/Thiele/*Orth*/*Schaefer* Rn 96.12; weitergehend *Rabenhorst* DStR 2003, 436 (438); *Gross*/*Möller* Wpg 2004, 317 (321).
201 MünchKommHGB/*Ebke*[4] Rn 61.
202 MünchKommHGB/*Ebke*[4] Rn 61.
203 *Hoffmann*/*Lüdenbach* DB 2003, 781 (782); Baetge/Kirsch/Thiele/*Orth*/*Schaefer* Rn 96.4.; vgl. auch Begr. RegE, BT-Drucks. 14/8769, S. 28.

auch durch quantitative Angaben zu untermauern.[204] Das dürfte indes mangels Vorliegens alternativer Rechnungen und aufgrund vom Abschlussprüfer nicht zu überblickender Unsicherheiten oftmals nicht möglich sein. Dann sind zumindest tendenzielle Aussagen zu den Auswirkungen auf die Gesamtaussage des Jahresabschlusses zu treffen.[205]

46 **dd) Sachverhaltsgestaltende Maßnahmen.** Auch jenseits der Ausübung der Bilanzierungs- und Bewertungswahlrechte kann der Jahresabschluss zielorientiert beeinflusst werden. Von Interesse für die Berichtsadressaten und daher als sachverhaltsgestaltende Maßnahmen einzuordnen sind solche, die Auswirkungen auf den Ansatz oder die Bewertung von Vermögensgegenständen oder Schulden haben und nicht der üblichen Gestaltung entsprechen, sofern sich daraus wesentliche Auswirkungen auf die Gesamtaussage des Jahresabschlusses ergeben.[206] Maßstab ist der nach Einschätzung des Abschlussprüfers anzunehmende Erwartungshorizont der Adressaten des Jahresabschlusses.[207] Es wird sich dabei eine Differenzierung insbesondere nach der Größe des Unternehmens und der Art des Geschäftsbetriebs ergeben. In Betracht kommen etwa die Verbriefung von Forderungen im Rahmen synthetischer oder als „true sale" ausgestalteter Transaktionen, der anderweitige Einsatz von Zweckgesellschaften sowie sale-and-lease-back-Geschäfte oder die ungewöhnliche Ausgestaltung von Aktienoptionsplänen.[208]

47 **c) Aufgliederung und Erläuterung der Posten.** Nach Absatz 2 Satz 5 sind innerhalb der Würdigung, ob der Abschluss insgesamt ein den tatsächlichen Verhältnissen entsprechendes Bild der Vermögens-, Finanz- und Ertragslage der Gesellschaft oder des Konzerns vermittelt, die Posten des Jahres- und des Konzernabschlusses aufzugliedern und ausreichend zu erläutern, soweit diese Angaben nicht im Anhang enthalten sind. In der Fassung des KonTraG hingegen bestand die entsprechende Pflicht nur dann, wenn durch die Aufgliederung und Erläuterung die Darstellung der Vermögens-, Finanz- und Ertragslage wesentlich verbessert wurde.[209] Diese Einschränkung wurde im Zuge des TransPuG beseitigt, um dem Eindruck entgegenzuwirken, ein gesonderter Berichtsteil sei regelmäßig entbehrlich.[210] Zugleich wurde aber durch die sprachliche Bezugnahme auf Absatz 2 Satz 3 und 4 („hierzu") klargestellt, dass der Aufgliederung und Erläuterung einzelner Posten eine lediglich **dienende Funktion im Rahmen der Feststellungen zur Gesamtaussage** des Jahresabschlusses zukommt.[211] Daher ist eine solche nur geboten, soweit sie zum Verständnis der Gesamtaussage erforderlich ist und die Angaben nicht bereits im Anhang enthalten sind.[212] Maßstab ist das Informationsinteresse der Berichtsadressaten. Der Aufsichtsrat, insbesondere nicht sachkundige Aufsichtsratsmitglieder müssen vor einer informationellen Überlastung („Zahlenfriedhof") durch eine Fülle von Bilanzdaten geschützt werden.[213] Der Abschlussprüfer soll nicht das Zahlenwerk aus dem Anhang wiederholen, sondern die für die notwendige Beurteilung erforderlichen Informationen herausarbeiten.

---

204 IDW PS 450 n.F. (vom 28.10.2021), Rn 92.

205 *Gross/Möller* Wpg 2004, 317 (321); Baetge/Kirsch/Thiele/*Orth/Schaefer* Rn 96.8; s. auch *Rabenhorst* DStR 2003, 436 (439).

206 IDW PS 450 n.F. (vom 28.10.2021), Rn 94; Baumbach/Hueck/*Schulze-Osterloh* GmbHG[18] § 41 Rn 137; MünchKommHGB/*Ebke*[4] Rn 60.

207 S. vorige Fn.

208 IDW PS 450 n.F. (vom 28.10.2021), Rn 95; MünchKommHGB/*Ebke*[4] Rn 60; s. auch Begr. RegE, BT-Drucks. 14/8769, S. 28: Sale-and-lease-back-Geschäfte.

209 Näher dazu 4. Aufl. Rn 38 (*Zimmer*); *Dörner/Schwegler* DB 1997, 285 (287); *Hommelhoff/Mattheus* AG 1998, 249 (257).

210 *Rabenhorst* DStR 2003, 436 (439); MünchKommHGB/*Ebke*[4] Rn 63.

211 *Gross/Möller* Wpg 2004, 317 (322).

212 IDW PS 450 n.F. (vom 28.10.2021), Rn 97.

213 *Hommelhoff/Mattheus* AG 1998, 249 (257); 4. Aufl. Rn 38 (*Zimmer*); Koller/Kindler/Roth/Drüen/*Morck* Rn 5.

Die Pflicht zur Aufgliederung und Erläuterung beschränkt sich auf wesentliche Posten.[214] Denn es ist kaum denkbar, dass die Aufgliederung und Erläuterung eines unbedeutenden Postens von Bedeutung für die Gesamtaussage des Abschlusses ist. Demgegenüber kann es sich anbieten, die Umsatzerlöse weiter aufzugliedern, um aufzuzeigen, welchen Anteil daran die laufende Geschäftstätigkeit hat und welcher Teil auf Sondermaßnahmen zurückgeht.[215] Die **Aufgliederung** umfasst die verständliche Angabe des Inhalts eines „heterogen zusammengesetzten Postens", um eine Beurteilung durch die Berichtsempfänger zu ermöglichen.[216] Dafür ist der Posten in seine Bestandteile zu zerlegen. **Erläuterungen** sind zusätzliche verbale Angaben, die die Aufgliederung erklären und den Inhalt verständlich darstellen, einschließlich der Darstellung und Besprechung von Ansatz- und Bewertungsmethoden sowie -wahlrechten und ggf. der Besonderheiten des Ausweises.[217] Der Umfang der Erläuterungen ist so zu gestalten, dass die Verbesserung der Darstellung nicht zu Lasten der Klarheit des Berichts geht. Soweit gesetzlich vorgeschriebene Angaben im Anhang gänzlich fehlen, kann dieser Mangel nicht durch Erläuterungen im Prüfungsbericht ausgeglichen werden.[218] 48

4. Erfüllung der Aufklärungs- und Nachweispflichten

Im Hauptteil des Prüfungsberichts ist auch darzustellen, ob die gesetzlichen Vertreter die geforderten Aufklärungen und Nachweise erbracht haben (Absatz 2 Satz 6). Der Umfang der Aufklärungs- und Nachweispflichten ergibt sich aus § 320; dazu gehört nach zutreffender Auffassung auch die Abgabe einer Vollständigkeitserklärung (§ 320 Rn 14).[219] Nicht Gegenstand der Berichterstattung ist nach dem eindeutigen Gesetzeswortlaut die Erfüllung von Verpflichtungen nach § 320 Abs. 2 Satz 3 durch Mutter- oder Tochterunternehmen (vgl. hierzu § 320 Rn 16 ff).[220] Wurden Auskünfte durch andere Personen erteilt, so bedarf es nicht deren namentlicher Aufführung im Prüfungsbericht.[221] Die Berichterstattung über das Verhalten der **gesetzlichen Vertreter** bezüglich der Aufklärungs- und Nachweispflichten stellt ein mögliches Kontrollinstrument für den Aufsichtsrat dar. Sind diese ihren Verpflichtungen nachgekommen, so genügt daher die entsprechende Feststellung im Prüfungsbericht.[222] Umgekehrt ist auch über Verstöße geringfügiger Natur zu berichten.[223] Besteht der Verdacht, dass Auskünfte oder Nachweise unzutreffend sind, hat der Abschlussprüfer darzulegen, ob sich daraus Auswirkungen auf die Beurteilung der Berichtsgegenstände ergeben können.[224] Kommt es zu einer konkreten **Verweigerung** von Auskünften oder Nachweisen, ist der Gegenstand, auf den sich die Verweigerung bezieht, im Bericht anzugeben.[225] 49

V. Besonderer Berichtsteil zur Prüfungsdurchführung (Absatz 3)

Der Abschlussprüfer muss seit der Reform durch das KonTraG (Rn 4, Vor § 316 Rn 9) in einem besonderen Abschnitt des Berichts Gegenstand, Art und Umfang der Prüfung erläutern (Absatz 3 Satz 1). Der durch das BilReG (Rn 6, Vor § 316 Rn 11) eingeführte Absatz 3 Satz 2 schreibt die bisherige Praxis fest, im Prüfungsbericht auch auf die angewandten Rechnungslegungs- und Prüfungs- 50

214 BeckBilKomm/*Justenhoven*/*Deicke*[13] Rn 111; *Gross*/*Möller* Wpg 2004, 317 (322).
215 IDW PS 450 n.F. (vom 28.10.2021), Rn 97.
216 *ADS* Rn 114; BeckBilKomm/*Justenhoven*/*Deicke*[13] Rn 114.
217 *ADS* Rn 115; Baetge/Kirsch/Thiele/*Orth*/*Schaefer* Rn 97.3.
218 *Rabenhorst* DStR 2003, 436 (440).
219 Trotz Ablehnung eines Anspruchs auf Abgabe der Vollständigkeitserklärung im Ergebnis ebenso Hopt/*Merkt* Rn 8.
220 4. Aufl. Rn 35 (*Zimmer*).
221 *ADS* Rn 105; MünchKommHGB/*Ebke*[4] Rn 67.
222 Ebenroth/Boujong/Joost/Strohn/*Böcking*/*Gros*/*Rabenhorst* Rn 22; MünchKommHGB/*Ebke*[4] Rn 67.
223 4. Aufl. Rn 36 (*Zimmer*); **aA** *ADS* Rn 106.
224 BeckOGK-HGB/*Bormann*, 15.11.2020, Rn 63; MünchKommHGB/*Ebke*[4] Rn 67.
225 BeckOGK-HGB/*Bormann*, 15.11.2020, Rn 63.

grundsätze einzugehen; er hat damit vor allem eine klarstellende Funktion.[226] Die Erläuterung ist in einem Umfang vorzunehmen, der eine **Beurteilung der Prüfungsdurchführung** durch die gesetzlichen Vertreter und den Aufsichtsrat erlaubt.[227] Den Nachweis ordnungsgemäßer Prüfung erbringt der Abschlussprüfer dagegen in den Arbeitspapieren.[228] Da eine ordnungsgemäße Prüfungsdurchführung den Aufsichtsrat von der Durchführung gleichartiger Prüfungshandlungen im Rahmen seiner Kontrollpflicht freistellt, ist eine weitreichende Darstellung des Prüfungsvorgehens erforderlich.[229] Dabei ist allerdings entsprechend der Zielsetzung der besonderen Berichtspflicht zu berücksichtigen, dass weder die Begründung des Prüfungsablaufs noch eine Darstellung einzelner Prüfungshandlungen geboten ist.[230] Die Ausführungen müssen aber umfangreicher als diejenigen im Bestätigungsvermerk ausfallen.[231]

51 Der **Gegenstand** der Prüfung ergibt sich grundsätzlich aus § 317. Hierzu gehören ggf. auch Angaben zur Prüfung eines Risikofrüherkennungssystems (§ 317 Abs. 4 i.V.m. § 91 Abs. 2 AktG); über das Ergebnis der Prüfung hingegen ist nach Absatz 4 in einem besonderen Abschnitt zu berichten (Rn 52 f). Soweit der Gegenstand aufgrund besonderer gesetzlicher Regelung erweitert ist oder vertraglich besondere Schwerpunkte vereinbart wurden, ist darauf – unabhängig davon, ob darüber im Bestätigungsvermerk zu berichten ist – hinzuweisen.[232] Was **Art und Umfang** der Prüfung angeht, so wird der Abschlussprüfer zunächst auf die vom IDW festgestellten Berufsgrundsätze Bezug nehmen und mögliche Abweichungen erläutern. In diesem Zusammenhang sind auch Angaben zu den **Prüfungsschwerpunkten** und zur gewählten **Prüfungsstrategie** geboten.[233] Außerdem ist nach Absatz 3 Satz 2 auf die angewandten Rechnungslegungsgrundsätze einzugehen und insbesondere hervorzuheben, ob nach deutschen oder internationalen Standards vorgegangen wurde.[234] Innerhalb der Prüfungsart sind die angewendeten Prüfungsmethoden und -techniken darzustellen.[235] Auf Stichprobenprüfungen ist hinzuweisen (Rn 11).[236] Gleiches gilt, wenn der Prüfer bei der körperlichen Bestandsaufnahme nicht während der gesamten Zeit anwesend war.[237] Darüber hinaus sind Angaben zur Bestellung bzw. Beauftragung des Abschlussprüfers, zum Prüfungszeitraum sowie ggf. zu einer Berücksichtigung von Angaben der Innenrevision des Unternehmens oder Bestätigungen Dritter wie etwa Saldenbestätigungen erforderlich.[238]

VI. Feststellungen zum Risikofrüherkennungssystem (Absatz 4)

52 Das Ergebnis der Prüfung eines Risikofrüherkennungssystems nach § 317 Abs. 4 ist in einem besonderen Teil des Prüfungsberichts darzustellen (Absatz 4 Satz 1). Dem Anwendungsbereich des § 317 Abs. 4 entsprechend betrifft dies nur börsennotierte Aktiengesellschaften; bei anderen Gesellschaften können Verstöße gegen § 91 Abs. 2 AktG jedoch die Redepflicht des § 321 Abs. 1 Satz 3 auslösen.[239] Der Abschlussprüfer muss zunächst den Ist-Zustand des Risikofrüherkennungssystems beschreiben; eine ausführliche Darstellung des Früherkennungssystems im Sinne eines Organisati-

226 *Pfitzer/Oser/Orth* DB 2004, 2593 (2600); Ebenroth/Boujong/Joost/Strohn/*Böcking/Gros/Rabenhorst* Rn 27.
227 Begr. RegE, BT-Drucks. 13/9712, S. 29; Hopt/*Merkt* Rn 9; Baumbach/Hueck/*Schulze-Osterloh* GmbHG[18] § 41 Rn 139.
228 *ADS* Rn 130; MünchKommHGB/*Ebke*[4] Rn 68; BeckBilKomm/*Justenhoven/Deicke*[13] Rn 121.
229 4. Aufl. Rn 42 (*Zimmer*); *Gelhausen* AG-Sonderheft 1997, 73 (81).
230 *ADS* Rn 134; Koller/Kindler/Roth/Drüen/*Morck/Bach* Rn 6.
231 Begr. RegE, BT-Drucks. 13/10038, S. 26; Baetge/Kirsch/Thiele/*Orth/Schäfer* Rn 101.
232 *ADS* Rn 131; Ebenroth/Boujong/Joost/Strohn/*Böcking/Gros/Rabenhorst* Rn 26.
233 Ebenroth/Boujong/Joost/Strohn/*Böcking/Gros/Rabenhorst* Rn 26.
234 MünchKommHGB/*Ebke*[4] Rn 71.
235 BeckOGK-HGB/*Bormann*, 15.11.2020, Rn 68 f.
236 MünchKommHGB/*Ebke*[4] Rn 73; Ebenroth/Boujong/Joost/Strohn/*Böcking/Gros/Rabenhorst* Rn 26.
237 *Forster* WPg 1998, 41 (52).
238 MünchKommHGB/*Ebke*[4] Rn 73.
239 Hopt/*Merkt* Rn 10; Baetge/Kirsch/Thiele/*Orth/Schaefer* Rn 112.1.

onsgutachtens ist im Prüfungsbericht jedoch nicht geboten.[240] Werden die vom Vorstand getroffenen Maßnahmen sowie das eingerichtete Überwachungssystem den Anforderungen des § 91 Abs. 2 AktG nicht gerecht und sind demgemäß **Verbesserungsmaßnahmen** erforderlich, hat der Abschlussprüfer dies im Prüfungsbericht festzustellen (Absatz 4 Satz 2). Die mit Mängeln behafteten Systembereiche und Schwachstellen sind darzustellen.[241] Nach der Gesetzesbegründung soll der Abschlussprüfer nicht nur darauf hinweisen müssen, dass Maßnahmen erforderlich sind, sondern auch entsprechende benennen.[242] Dem ist nach Wortlaut und Systematik des Gesetzes nicht zu folgen, denn § 321 Abs. 4 fordert im Anschluss an § 317 Abs. 4 allein die Feststellung des Prüfungsergebnisses und die Angabe, ob Maßnahmen zur Verbesserung erforderlich sind.[243] Bei dem Vorschlag konkreter Maßnahmen zur Verbesserung des Risikofrüherkennungssystems würde es sich regelmäßig um eine über den Prüfungsauftrag hinausgehende Beratungstätigkeit handeln, die nach § 321 Abs. 4 nicht Teil der Berichterstattungspflicht ist.[244]

Im Prüfungsbericht ist nur das **Ergebnis** der Beurteilung darzustellen. Es genügt, wenn das System in seinen wesentlichen Komponenten beschrieben und bewertet wird; für eine umfangreichere Beurteilung kann auf die Arbeitspapiere verwiesen werden.[245] Hat der Vorstand keine geeigneten Maßnahmen zur Risikofrüherkennung getroffen, insbesondere die Einrichtung eines Überwachungssystems versäumt, so hat der Abschlussprüfer darauf im Prüfungsbericht hinzuweisen.[246] 53

VII. Erklärung der Unabhängigkeit (Absatz 4a)

Nach Absatz 4a hat der Abschlussprüfer im Prüfungsbericht seine Unabhängigkeit zu bestätigen. 54
Damit soll gewährleistet werden, dass der Prüfer sich während der gesamten Dauer seiner Tätigkeit die eigene Unabhängigkeit als zentrale Voraussetzung einer ordnungsgemäßen Tätigkeit vor Augen führt.[247] Der Aufnahme eines besonderen Abschnitts innerhalb des Prüfungsberichts bedarf es nicht.[248] Durch die auf das BilMoG (Rn 6, Vor § 316 Rn 12) zurückgehende Vorschrift wurde Art. 42 Abs. 1 lit. a AP-RL a.F. insofern überschießend umgesetzt, als Absatz 4a bei allen (auch: freiwillig[249]) geprüften Unternehmen eine entsprechende Erklärung des Abschlussprüfers verlangt und nicht nur entsprechend der Richtlinie bei Unternehmen von öffentlichem Interesse (Rn 6a).[250] Inzwischen wurde Art. 42 Abs. 1 lit. a AP-RL abgelöst durch den unmittelbar geltenden Art. 6 Abs. 2 lit. a APr-VO, der eine jährliche schriftliche Unabhängigkeitserklärung des Abschlussprüfers eines Unternehmens von öffentlichem Interesse gegenüber dem Prüfungsausschuss vorsieht (Rn 6a, § 319 Rn 96). Diese ist gem. Art. 11 Abs. 2 UAbs. 1 lit. a APr-VO in den Prüfungsbericht aufzunehmen.[251]

---

240 Baetge/Kirsch/Thiele/*Orth*/*Schaefer* Rn 113.

241 MünchKommHGB/*Ebke*[4] Rn 75; Baetge/Kirsch/Thiele/*Orth*/*Schäfer* Rn 116.

242 Begr. RegE, BT-Drucks. 13/9712, S. 29; daran anknüpfend *Lenz*/*Ostrowski* BB 1997, 1523 (1527): konkrete Verbesserungsvorschläge.

243 Baetge/Kirsch/Thiele/*Orth*/*Schäfer* Rn 116; Hachmeister/Kahle/Mock/Schüppen/*Burg* Rn 114.

244 *Dörner* DB 1998, 1 (3); Hachmeister/Kahle/Mock/Schüppen/*Burg* Rn 114.

245 4. Aufl. Rn 45 (*Zimmer*); *Forster* WPg 1998, 41 (52).

246 Hopt/*Merkt* Rn 10; Baetge/Kirsch/Thiele/*Orth*/*Schaefer* Rn 118; *Hommelhoff* BB 1998, 2625, 2629 fordert in diesem Fall sogar „Sofortbericht" und „Nachbericht".

247 Kritisch im Hinblick auf den Zeitpunkt der Berichterstattung *Oser*/*Roß*/*Wader*/*Drögemüller* Wpg 2008, 105 (111). Zum Inhalt *Kuhn*/*Stibi* Wpg 2009, 1157 (1159).

248 Anders noch der RegE zum BilMoG, s. dazu Bericht des Rechtsausschusses BT-Drucks. 16/12407, S. 120.

249 BeckOGK-HGB/*Bormann*, 15.11.2020, Rn 77.

250 Begr. RegE, BT-Drucks. 16/10067, S. 91; Hopt/*Merkt* Rn 11.

251 Koller/Kindler/Roth/Drüen/*Morck*/*Bach* Rn 8.

VIII. Unterzeichnung und Vorlage des Berichts (Absatz 5)

1. Pflicht zur Unterzeichnung

55 Der Abschlussprüfer muss den Prüfungsbericht persönlich unter Angabe des **Datums** unterzeichnen (Absatz 5 Satz 1 HS 1). Ohne die vorgeschriebene Unterschrift liegt ein Prüfungsbericht im Rechtssinn nicht vor.[252] Abschlussprüfer sind sämtliche als solche gewählten Wirtschaftsprüfer bzw. vereidigten Buchprüfer; diese sind verpflichtet, ein einheitliches Votum abzugeben (näher § 318 Rn 30 f). Die Unterschrift muss **eigenhändig** erfolgen, § 321 Abs. 5 Satz 1 HGB i.V.m. § 126 Abs. 1 BGB; dies gilt nicht für Kopien des Prüfungsberichts.[253] Bei Wirtschaftsprüfungsgesellschaften und Buchprüfungsgesellschaften erfolgt die Unterzeichnung nach Absatz 5 Satz 1 HS 2 i.V.m. § 322 Abs. 7 Satz 3, 4 zumindest durch den Wirtschaftsprüfer bzw. Vereidigten Buchprüfer, welcher die Abschlussprüfung für die Prüfungsgesellschaft durchgeführt hat. Neben der Unterschrift ist die Anbringung des **Siegels** erforderlich (§§ 48 Abs. 1, 130 WPO).[254] Der Prüfungsbericht kann auch als Datei mit elektronischem Siegel und **qualifizierter elektronischer Signatur** ausgefertigt werden (§§ 126 Abs. 3, 126a Abs. 1 BGB, Art. 3 Nr. 12 eIDAS-VO); eines unterschriebenen Papierexemplars bedarf es in diesem Fall nicht.[255] Die Diskussion, ob die Unterzeichnung analog zu § 322 Abs. 7 Satz 1 unter Angabe des **Ortes** der Niederlassung erfolgen muss,[256] sollte der Änderung des Absatzes 5 durch das AReG (Vor § 316 Rn 15) Rechnung tragen: Weil Absatz 5 Satz 1 HS 1 nun explizit die Datums-, nicht aber die Ortsangabe verlangt und Absatz 5 Satz 1 HS 2 nun explizit auf § 322 Abs. 7 Satz 3 und 4 verweist, nicht aber auf den die Ortsangabe beim Bestätigungsvermerk verlangenden § 322 Abs. 7 Satz 1, ist eine planwidrige Regelungslücke nicht mehr ersichtlich, so dass die Ortsangabe zwar üblich und zweckmäßig, aber von Rechts wegen nicht vorgeschrieben ist.[257]

2. Vorlage des Prüfungsberichts

56 Der Prüfungsbericht ist grundsätzlich den **gesetzlichen Vertretern** vorzulegen (Abs. 5 Satz 1 HS 1). Auch bei Gesamtvertretung ist es analog § 78 Abs. 2 Satz 2 AktG, § 35 Abs. 2 Satz 3 GmbHG als ausreichend anzusehen, wenn der Bericht *einem* Mitglied des Vorstandes bzw. der Geschäftsführung zugeleitet wird.[258] Hat der **Aufsichtsrat** den Prüfungsauftrag erteilt (§ 318 Rn 44), ist der Prüfungsbericht ihm als Organ der Gesellschaft vorzulegen (Abs. 5 Satz 2). Mit dieser in ihrer Ursprungsform auf das KonTraG zurückgehenden Regelung wurde der Rechtszustand des Jahres 1931 wiederhergestellt, wohingegen nach §§ 166 Abs. 3, 170 Abs. 1 AktG 1965 der Bericht dem Vorstand auszuhändigen war.[259] Die Vorlage kann (und sollte) zu Händen des Aufsichtsratsvorsitzenden erfolgen, der wiederum für die Weitergabe an alle Mitglieder zu sorgen hat,[260] wenn der Aufsichtsrat nicht nach § 170 Abs. 3 Satz 2 AktG beschlossen hat, dass der Prüfungsbericht nur den Mitgliedern eines Ausschusses zu übermitteln ist.[261] Gleichzeitig mit dem Aufsichtsrat ist der Prüfungsbericht nunmehr auch einem eingerichteten

---

252 OLG Stuttgart DB 2009, 1521 (1525); *ADS* Rn 161; Koller/Kindler/Roth/Drüen/*Morck*/*Bach* Rn 8.

253 BeckBilKomm/*Justenhoven*/*Deicke*[13] Rn 245, 248.

254 Hopt/*Merkt* Rn 12.

255 Koller/Kindler/Roth/Drüen/*Morck*/*Bach* Rn 9; BeckOK HGB/*Schorse*/*Morfeld*, 15.1.2022, Rn 72.

256 Dafür etwa 4. Aufl. Rn 55 (*Habersack*/*Schürnbrand)*; MünchKommHGB/*Ebke*[2] Rn 75; dagegen etwa 4. Aufl. Rn 47 (*Zimmer*).

257 AA BeckOGK-HGB/*Bormann*, 15.11.2020, Rn 84; MünchKommHGB/*Ebke*[4] Rn 83; wie hier wohl Koller/Kindler/Roth/Drüen/*Morck*/*Bach* Rn 9.

258 *ADS* Rn 170; ebenso schon Geßler/Hefermehl/Eckardt/*Kropff* AktG § 166 Rn 37.

259 Näher dazu *Habersack* in: Bayer/Habersack, Band II, 16. Kap., Rn 15, 25, 30.

260 Ebenroth/Boujong/Joost/Strohn/*Böcking*/*Gros*/*Rabenhorst* Rn 32; MünchKommHGB/*Ebke*[4] Rn 91; zurückhaltender Hopt/*Merkt* Rn 12: nur, wenn Weitergabe gewährleistet ist.

261 BeckOGK AktG/*Euler*/*Klein*, 1.2.2022, Rn 54.

Prüfungsausschuss vorzulegen; dies ergibt sich aus Absatz 5 Satz 2 HS 2 i.d.F. durch das AReG (Vor § 316 Rn 15). Diese Regelung trägt dem Umstand Rechnung, dass Art. 11 Abs. 1 UAbs. 1 APr-VO bei Unternehmen von öffentlichem Interesse sogar primär die Vorlage an den Prüfungsausschuss vorsieht und es den Mitgliedstaaten lediglich gestattet, zusätzlich die Vorlage an den Aufsichtsrat vorzuschreiben.[262] Im Fall des Absatzes 5 Satz 2 war der Bericht nach bisheriger Rechtslage vorab dem Vorstand mit Gelegenheit zur Stellungnahme zuzuleiten.[263] Dies hat sich durch das AReG geändert (Vor § 316 Rn 15); nunmehr hat die **Zuleitung an den Vorstand** (bzw. das sonst zur Geschäftsführung berufene Organ, falls es sich nicht um eine AG oder SE handelt) **mit Gelegenheit zur Stellungnahme** erst unverzüglich nach Vorlage an den Aufsichtsrat (und ggf. den Prüfungsausschuss) zu erfolgen (Absatz 5 Satz 3). Die Stellungnahme bezieht sich auf den finalen, vom Abschlussprüfer formal ausgefertigten Prüfungsbericht.[264] Sie ist an den Aufsichtsrat zu richten; über ihren Inhalt entscheidet der Gesamtvorstand (bzw. das sonst zur Geschäftsführung berufene Organ) nach den allgemeinen für die Beschlussfassung geltenden Regeln.[265]

Nach verbreiteter Ansicht soll es zulässig sein, den gesetzlichen Vertretern zunächst ein *Entwurfsexemplar* (Vorweg- oder Leseexemplar) zu überlassen.[266] Auf diese Weise könnten, so wird argumentiert, alle Unklarheiten und offenen Fragen noch während der laufenden Prüfung gelöst werden. Dadurch wiederum werde mittelbar auch die Effizienz der Aufsicht verbessert. Eine verbotene Beeinflussung des Abschlussprüfers sei im Hinblick auf dessen Unabhängigkeit nicht zu befürchten. Im Übrigen wäre eine Einflussnahme auch durch die Stellungnahme zu einem Zwischen- oder Vorabbericht möglich, so dass eine entgegenstehende gesetzliche Vorgabe leicht umgangen werden könne.[267] Zu dieser Ansicht bekennt sich ausdrücklich auch die Begründung des Regierungsentwurfs zum AReG (Vor § 316 Rn 14 f).[268] Indessen sprechen die besseren Gründe für die Gegenansicht.[269] Die in Absatz 5 Satz 2 vorgesehene „Direktvorlage" des Prüfungsberichts an den Aufsichtsrat, die vom KonTraG in Abkehr von dem bis dahin üblichen Weg über den Vorstand eingeführt wurde, verlöre nämlich weithin ihren Sinn, wenn der Vorstand weiterhin in das Verfahren der Erstellung des Prüfungsberichts eingebunden werden dürfte. Der Aufsichtsrat wurde gerade deswegen zum vorrangigen Ansprechpartner des Abschlussprüfers gemacht, um von vornherein jeden Versuch einer unbotmäßigen Beeinflussung des Abschlussprüfers entgegenzuwirken. Es soll durch institutionelle Vorkehrungen verdeutlicht werden, dass der Text des Prüfungsberichts nicht zwischen Abschlussprüfer und Vorstand zu verhandeln ist; ein konkretes Misstrauen gegen die Unabhängigkeit des Berufsstandes der Abschlussprüfer verbindet sich damit nicht.[270] Es entspricht mithin nicht der Gesetzeslage, wenn der Abschlussprüfer dem Vorstand vorab ein Entwurfsexemplar des Prüfungsberichts mit der Gelegenheit zur Stellungnahme vorlegt. Bekräftigt wird dies durch den Wortlaut des durch das AReG angefügten dritten Satzes des § 321 Abs. 5, nachdem der Prüfungsbericht nunmehr im Fall des Satzes 2 sogar erst nach der Vorlage an den Aufsichtsrat dem Vorstand mit Gelegenheit zur Stellungnahme vorzulegen ist. An der auch dadurch zum Ausdruck kommenden Gesetzessystematik vermag auch die entgegengesetzte Meinungsäußerung in den Materialien zum AReG nichts zu ändern.[271] 57

262 BeckOGK-HGB/*Bormann*, 15.11.2020, Rn 90.
263 5. Aufl. Rn 56 (*Habersack/Schürnbrand)*.
264 RegE AReG, BT-Drs. 18/7219, S. 43.
265 BeckOGK-HGB/*Bormann*, 15.11.2020, Rn 92 f., 96.
266 *Dörner* DB 1998, 1 (5); *Forster* Wpg 1998, 41 (53); MünchKommHGB/*Ebke*[4] Rn 94 f; Baetge/Kirsch/Thiele/*Orth/Schaefer* Rn 125; Ebenroth/Boujong/Joost/Strohn/*Böcking/Gros/Rabenhorst* Rn 33.
267 Nachw. in voriger Fn.
268 RegE AReG, BT-Drs. 18/7219, S. 43.
269 Baumbach/Hueck/*Schulze-Osterloh* GmbHG[18] § 41 Rn 143; BeckOGK-HGB/*Bormann*, 15.11.2020, Rn 94 f.; *Hommelhoff* BB 1998, 2625 (2628); *Lenz/Ostrowski* BB 1997, 1523 (1524 f); *Mock* DB 2003, 1996 (1998); *Altmeppen* ZGR 2004, 390 (407); *Habersack* in: Bayer/Habersack, Band II, 16. Kap. Rn 30.
270 Zu alldem die Nachw. in voriger Fn.
271 Mit teilweise abweichender Begründung wie hier BeckOGK-HGB/*Bormann*, 15.11.2020, Rn 94 f.

IX. Vorgaben der APr-VO für Unternehmen von öffentlichem Interesse

1. Überblick

58 Art. 11 APr-VO schreibt dem Abschlussprüfer eines Unternehmens von öffentlichem Interesse (Art. 3 APr-VO i.V.m. Art. 2 Nr. 13 AP-RL, § 316a) vor, den dort sog. zusätzlichen Bericht an den Prüfungsausschuss des geprüften Unternehmens zu erstatten. Trotz der abweichenden Bezeichnung handelt es sich dabei um eine unionsrechtliche Adaption des – im internationalen Vergleich bisher wenig verbreiteten – **Prüfungsberichts** deutscher Prägung.[272] **Zweck** der Berichterstattungspflicht ist es, die Kommunikation zwischen Abschlussprüfer und Prüfungsausschuss zu intensivieren und die Abschlussprüfung dadurch aufzuwerten.[273] Für Unternehmen von öffentlichem Interesse gelten dabei sowohl Art. 11 APr-VO als auch § 321; der Prüfungsbericht muss den Anforderungen beider Regelungsregime kumulativ gerecht werden (Rn 6a, 7).

59 In seinem ersten Absatz regelt Art. 11 APr-VO die grundsätzliche Pflicht, diesen Bericht zu erstatten, sowie Zeitpunkt und Adressaten des Berichts. Vorgaben zu Form und Inhalt des Berichts sowie die Pflicht, über diesen in bestimmten Fällen mit Unternehmensorganen zu beraten, finden sich in Art. 11 Abs. 2 APr-VO. Absatz 3 trifft Regelungen für den Fall von Uneinigkeiten zwischen mehreren an einem joint audit beteiligten Abschlussprüfern bzw. Prüfungsgesellschaften. In den letzten beiden Absätzen des Art. 11 APr-VO finden sich schließlich Vorgaben zur Unterzeichnung des Berichts (Absatz 4) und zur Kommunikation mit der zuständigen Behörde (Absatz 5).

2. Berichterstattungspflicht, Zeitpunkt, Adressaten (Absatz 1)

60 Die Pflicht zur Erstattung des zusätzlichen Berichts trifft nach Art. 11 Abs. 1 UAbs. 1 Satz 1 APr-VO den mit der Abschlussprüfung bei einem **Unternehmen von öffentlichem Interesse** (Art. 3 APr-VO i.V.m. Art. 2 Nr. 13 AP-RL, § 316a) betrauten Abschlussprüfer (bzw. die Prüfungsgesellschaft; sie wird aus Gründen der sprachlichen Vereinfachung im Folgenden nicht gesondert erwähnt). **Berichtsadressat** ist grds. der Prüfungsausschuss des zu prüfenden Unternehmens (Art. 11 Abs. 1 UAbs. 1 Satz 1 APr-VO). Ist ein solcher nicht vorhanden, so ist der Bericht an den Aufsichtsrat bzw. bei der monistisch verfassten SE an den Verwaltungsrat zu richten (Art. 11 Abs. 1 UAbs. 2 Satz 1 APr-VO).[274] Zum **Vorlagezeitpunkt** bestimmt die Verordnung, dass der Bericht nicht später als der Bestätigungsvermerk vorzulegen ist (Art. 11 Abs. 1 UAbs. 1 Satz 1 APr-VO). Zusammen mit der Vorgabe des nationalen Rechts, den Bestätigungsvermerk in den Prüfungsbericht aufzunehmen (§ 322 Abs. 7 Satz 2), läuft dies auf eine gleichzeitige Vorlage beider Dokumente hinaus.[275] Im Einklang mit dem durch Art. 11 Abs. 1 UAbs. 1 Satz 2 APr-VO eröffneten **Wahlrecht**, ergänzend die Vorlage des zusätzlichen Berichts an das Verwaltungs- oder Aufsichtsorgan des geprüften Unternehmens vorzuschreiben, hat der deutsche Gesetzgeber angeordnet, dass der Prüfungsbericht nicht nur dem Prüfungsausschuss, sondern auch dem Vorstand (§ 321 Abs. 5 Satz 1 HS 1) bzw. dem Aufsichtsrat und dem Vorstand (§ 321 Abs. 5 Satz 2, 3) zuzuleiten ist.[276]

3. Form, Inhalt und Beratung des zusätzlichen Berichts (Absätze 2 und 4)

61 Der zusätzliche Bericht ist **schriftlich** zu erstatten (Art. 11 Abs. 2 UAbs. 1 Satz 1 APr-VO). Weitergehende formale Anforderungen (Unterzeichnung, Datierung) ergeben sich aus Absatz 4. Mit Blick

272 *Schüppen*² Anh. § 321 Rn 1; Heymann/*Nägel* Rn 2.
273 Erwägungsgrund 14 APr-VO; Baetge/Kirsch/Thiele/*Orth*/*Schaefer* Rn 504.
274 Baetge/Kirsch/Thiele/*Orth*/*Schaefer* Rn 517.
275 Baetge/Kirsch/Thiele/*Orth*/*Schaefer* Rn 597; *Schüppen*² Anh. § 321 Rn 8.
276 Baetge/Kirsch/Thiele/*Orth*/*Schaefer* Rn 598; vgl. auch *Schüppen*² Anh. § 321 Rn 4.

auf Art. 25 Abs. 2 eIDAS-VO wird man auch im Rahmen des Unionsrechts die Ausfertigung des zusätzlichen Berichts als elektronisches Dokument mit qualifizierter elektronischer Signatur genügen lassen müssen.[277] Auf Verlangen des Prüfungsausschusses und/oder des Abschlussprüfers hat eine **Erörterung** der wichtigsten im zusätzlichen Bericht genannten Sachverhalte stattzufinden (Art. 11 Abs. 2 UAbs. 3).[278] Besonders hervorgehoben werden im Normwortlaut als mögliche Beratungsgegenstände etwaige bedeutsame Mängel im internen Finanzkontrollsystem oder im Rechnungslegungssystem gemäß Art. 11 Abs. 2 UAbs. 1 lit. j APr-VO.

Was den Berichtsinhalt angeht, so wird er in Art. 11 Abs. 2 UAbs. 1 Satz 2 APr-VO zunächst 62
generalklauselartig umschrieben; danach sind die Ergebnisse der durchgeführten Abschlussprüfung zu erläutern.[279] Es folgt eine umfangreiche **Liste erforderlicher Angaben** (Art. 11 Abs. 2 UAbs. 1 lit. a–p). Sind die darin verlangten Angaben vorhanden, so genügt der Bericht i.d.R. auch den Anforderungen der generalklauselartigen Umschreibung des Berichtsinhalts zu Begin des Art. 11 Abs. 2.[280] Inhaltlich weist die Auflistung in Art. 11 Abs. 2 UAbs. 1 APr-VO erhebliche Überschneidungen mit den Vorgaben des § 321 auf.[281] Wie ausgeführt, muss der Prüfungsbericht eines Unternehmens von öffentlichem Interesse den Anforderungen beider Regelungsregime kumulativ gerecht werden (Rn 6a f., 58). Insbesondere war der nationale Gesetzgeber nach Art. 11 Abs. 2 UAbs. 2 APr-VO befugt, in § 321 zusätzliche, über Art. 11 APr-VO hinausgehende Anforderungen an den Prüfungsbericht zu definieren.[282]

Zumindest im Wesentlichen im Rahmen des bisherigen Rechts halten sich die Vorgaben nach 63
Art. 11 Abs. 2 UAbs. 1 lit. a (Unabhängigkeitserklärung, vgl. § 321 Abs. 4a, Rn 54, wenngleich in diesem Zusammenhang auch die neu hinzugekommene Pflicht nach lit. c zu sehen ist), lit. b (Angabe des verantwortlichen Prüfungspartners, vgl. § 321 Abs. 6 Satz 1 i.V.m. § 322 Abs. 7 Satz 3), lit. e Alt. 1 (Beschreibung des Prüfungsumfangs, vgl. § 321 Abs. 3 Satz 1, Rn. 50 ff.), lit. i (vgl. § 321 Abs. 1 Satz 2, Rn 22 ff), lit. j (vgl. § 321 Abs. 2 Satz 1, Rn 36 ff), lit. k (vgl. § 321 Abs. 1 Satz 3, Rn 30 ff), lit. l (vgl. § 321 Abs. 2 Satz 4) und lit. o (vgl. § 321 Abs. 2 Satz 6).[283] Die Angaben zum Umfang der Konsolidierung (Art. 11 Abs. 2 UAbs. 1 lit. m) bewegen sich zumindest insofern in bekannten Bahnen, als sie auch im Konzernanhang zu machen sind.[284] **Über das nationale Recht hinausgehende**, wesentliche Anforderungen finden sich in Art. 11 Abs. 2 UAbs. 1 APr-VO namentlich im Hinblick die Beschreibung von Art, Häufigkeit und Umfang der Kommunikation des Abschlussprüfers mit dem Prüfungsausschuss, dem Vorstand und dem Aufsichtsrat unter Angabe der Zeitpunkte insoweit abgehaltener Besprechungen (Art. 11 Abs. 2 UAbs. 1 lit. d APr-VO).[285] Entsprechendes gilt für die Angaben zum Zeitplan der Prüfung (Art. 11 Abs. 2 UAbs. 1 lit. e Alt. 2 APr-VO), zur verwendeten Methode und zur zugrunde gelegten quantitativen Wesentlichkeitsgrenze nach Art. 11 Abs. 2 UAbs. 1 lit. g, h APr-VO[286] sowie zu in Drittstaaten oder durch netzwerkfremde Prüfungsgesellschaften ausgeführten Prüfungsarbeiten (Art. 11 Abs. 2 UAbs. 1 lit. n APr-VO). Die Angaben nach Abs. 2 UAbs. 1 lit. p weisen einen Überschneidungsbereich mit § 321 Abs. 1 Satz 3 auf, gehen aber auch darüber hinaus.[287]

---

277 Vgl. zur Diskussion im nationalen Recht Koller/Kindler/Roth/Drüen/*Morck*/*Bach* Rn 9; BeckOK HGB/*Schorse*/*Morfeld*, 15.1.2022, Rn 72.
278 *Schüppen*[2] Anh. § 321 Rn 12.
279 BeckBilKomm/*Justenhoven*/*Deicke*[13] Rn 5.
280 Baetge/Kirsch/Thiele/*Orth*/*Schaefer* Rn 502.
281 BeckBilKomm/*Justenhoven*/*Deicke*[13] Rn 3.
282 Baetge/Kirsch/Thiele/*Orth*/*Schaefer* Rn 511.
283 Baetge/Kirsch/Thiele/*Orth*/*Schaefer* Rn 586.
284 Baetge/Kirsch/Thiele/*Orth*/*Schaefer* Rn 576.
285 Hachmeister/Kahle/Mock/Schüppen[2]/*Burg* Rn 108; *Schüppen* NZG 2016, 247 (250); *Quick* DB 2016, 1205 (1210).
286 *Schüppen*[2] Rn 10; *ders.* NZG 2016, 247 (250); *Quick* DB 2016, 1205 (1210).
287 Baetge/Kirsch/Thiele/*Orth*/*Schaefer* Rn 593.

4. Joint Audit (Absatz 2 UAbs. 1 lit. f, Absatz 3)

64 Bei einem Joint Audit ist im zusätzlichen Bericht an den Prüfungsausschuss zunächst die Aufgabenverteilung zwischen den mandatierten Abschlussprüfern zu beschreiben (Art. 11 Abs. 2 UAbs. 1 lit. f APr-VO). Kommt es zu Meinungsverschiedenheiten zwischen diesen, so sind in dem Bericht zusätzlich die Gründe dafür darzulegen (Art. 11 Abs. 3 APr-VO).[288] Als mögliche Gegenstände derartiger Meinungsverschiedenheiten nennt die Verordnung Prüfungshandlungen oder Rechnungslegungsvorschriften. Diese Aufzählung ist jedoch nicht abschließend. Vielmehr stellt der Normwortlaut explizit klar, dass Uneinigkeit über andere die Durchführung der Abschlussprüfung betreffende Themen ebenfalls erfasst ist. Darzulegen ist zunächst, dass und über welche spezifischen Fragestellungen Uneinigkeit zwischen den beauftragten Abschlussprüfern herrscht. Dabei sind die jeweils vertretenen Ansichten auch inhaltlich darzustellen. Das Erfordernis einer Darlegung der Gründe für die bestehende Uneinigkeit dürfte dahingehend zu verstehen sein, dass zudem eine detaillierte Begründung der jeweils vertretenen Ansichten einschließlich ihrer Konsequenzen im betreffenden Einzelfall erforderlich ist. Darüber hinaus ist zu schildern, welche Versuche unternommen worden sind, eine Einigung zwischen den beauftragten Abschlussprüfern herbeizuführen. Der Bericht muss ferner erkennen lassen, wie mit den strittigen Punkten letztendlich umgegangen worden ist.

5. Vorlage an Behörden (Absatz 5)

65 Die Übermittlung an eine **Behörde** nach Art. 11 Abs. 5 APr-VO hat nur im Einzelfall auf ausdrückliche Anforderung zu erfolgen.[289] Zuständige Behörde (Art. 11 Abs. 5 i.V.m. Art. 20 Abs. 1 APr-VO) ist in Deutschland gemäß § 66a Abs. 2 WPO die APAS (Vor § 316 Rn 13, 26).[290] Weitere vergleichbare Pflichten finden sich an anderer Stelle im nationalen Recht, so etwa in § 26 Abs. 1 Satz 3 KWG die (indes regelmäßig und unaufgefordert zu erfüllende) Pflicht, den Prüfungsbericht bei der BaFin und der Deutschen Bundesbank einzureichen.[291]

§ 321a Offenlegung des Prüfungsberichts in besonderen Fällen

(1) [1]Wird über das Vermögen der Gesellschaft ein Insolvenzverfahren eröffnet oder wird der Antrag auf Eröffnung des Insolvenzverfahren mangels Masse abgewiesen, so hat ein Gläubiger oder Gesellschafter die Wahl, selbst oder durch einen von ihm zu bestimmenden Wirtschaftsprüfer oder im Falle des § 319 Absatz 1 Satz 2 durch einen vereidigten Buchprüfer Einsicht in die Prüfungsberichte des Abschlussprüfers über die aufgrund gesetzlicher Vorschriften durchzuführende Prüfung des Jahresabschlusses der letzten drei Geschäftsjahre zu nehmen, soweit sich diese auf die nach § 321 geforderte Berichterstattung beziehen. [2]Der Anspruch richtet sich gegen denjenigen, der die Prüfungsberichte in seinem Besitz hat.

(2) [1]Bei einer Aktiengesellschaft oder einer Kommanditgesellschaft auf Aktien stehen den Gesellschaftern die Rechte nach Absatz 1 Satz 1 nur zu, wenn ihre Anteile bei Geltendmachung des Anspruchs zusammen den einhundertsten Teil des Grundkapitals oder einen Börsenwert von 100000 Euro erreichen. [2]Dem Abschlussprüfer ist die Erläuterung des Prüfungsberichts gegenüber den in Absatz 1 Satz 1 aufgeführten Personen gestattet.

288 Zu beiden Aspekten Baetge/Kirsch/Thiele/*Orth*/*Schaefer* Rn 596.
289 *Schüppen*[2] Anh. § 321 Rn 5.
290 BeckBilKomm/*Justenhoven*/*Deicke*[13] Rn 257.
291 BeckBilKomm/*Justenhoven*/*Deicke*[13] Rn 259.

https://doi.org/10.1515/9783110565362-011

(3) [1]Der Insolvenzverwalter oder ein gesetzlicher Vertreter des Schuldners kann einer Offenlegung von Geheimnissen, namentlich Betriebs- oder Geschäftsgeheimnissen, widersprechen, wenn die Offenlegung geeignet ist, der Gesellschaft einen erheblichen Nachteil zuzufügen. [2]§ 323 Abs. 1 und 3 bleibt im Übrigen unberührt. [3]Unbeschadet des Satzes 1 sind die Berechtigten nach Absatz 1 Satz 1 zur Verschwiegenheit über den Inhalt der von ihnen eingesehenen Unterlagen nach Absatz 1 Satz 1 verpflichtet.

(4) Die Absätze 1 bis 3 gelten entsprechend, wenn der Schuldner zur Aufstellung eines Konzernabschlusses und Konzernlageberichts verpflichtet ist.

Schrifttum

Forster/Gelhausen/Möller Das Einsichtsrecht nach § 321a HGB in Prüfungsberichte des gesetzlichen Abschlussprüfers, Wpg 2007, 191; *Pfitzer/Oser/Orth* Offene Fragen und Systemwidrigkeiten des Bilanzrechtsreformgesetzes (BilReG), DB 2004, 2593.

Übersicht

I. Einführung

1. Inhalt und Normzweck

1 Die durch das Bilanzrechtsreformgesetz (Vor § 316 Rn 11) im Jahre 2004 eingefügte Vorschrift zielt darauf ab, die Tätigkeit des Abschlussprüfers in Unternehmenskrisen transparenter zu machen. Zu diesem Zweck räumen Absatz 1 Satz 1 und Absatz 4 in der Insolvenz der Gesellschaft den Gläubigern und Gesellschaftern das Recht ein, Einsicht in die detaillierten Prüfungsberichte des Abschlussprüfers über die Prüfung des Jahresabschlusses sowie gegebenenfalls des Konzernabschlusses der letzten drei Geschäftsjahre zu nehmen. In der AG und KGaA gilt dies allerdings nur für diejenigen Gesellschafter, die das Beteiligungsquorum des Absatzes 2 Satz 1 erfüllen. Durch die Einsicht soll für den genannten Personenkreis, der ansonsten nur Kenntnis von dem knappen und formalisierten Bestätigungsvermerk hat, nachvollziehbar werden, ob der Abschlussprüfer seinen gesetzlichen Pflichten im Allgemeinen und den Berichtserfordernissen des § 321 im Besonderen nachgekommen ist.[1] Zugleich wird damit aber auch offenbar, ob die Leitungs- und Aufsichtsgremien der Gesellschaft angemessen auf etwaige Warnhinweise des Abschlussprüfers reagiert haben.[2] Die verbesserte **Transparenz** ermöglicht nicht nur den nachträglichen Nachweis von Pflichtverletzungen und die Durchsetzung von daraus folgenden Ersatzforderungen, ihr kommt vielmehr vor allem eine präventiv steuernde Funktion zu. Der Abschlussprüfer wird so indirekt angehalten, sich gerade in Krisensituationen prägnant zur Lage des Unternehmens und bestands-

1 Begr. RegE, BT-Drucks. 15/3419, S. 43.
2 *Forster/Gelhausen/Möller* Wpg 2007, 191 (192); Baetge/Kirsch/Thiele/*Orth* Rn 7.

gefährdenden Tatsachen zu äußern. Im Gegenzug wird er von seiner gesetzlichen Verschwiegenheitspflicht befreit und erhält nach Absatz 2 Satz 2 das Recht, gegenüber den Einsichtsberechtigten den Prüfungsbericht zu erläutern und auf diese Weise gegen ihn erhobene Vorwürfe zu entkräften. Ihre Grenzen finden das Einsichts- und Erläuterungsrecht gemäß Absatz 3 Satz 3 immer dann, wenn die Offenlegung geeignet ist, der Gesellschaft einen erheblichen Nachteil zuzufügen. Darüber hinaus verpflichtet Absatz 3 Satz 1 die Berechtigten zur Verschwiegenheit über den Inhalt der von ihnen eingesehenen Unterlagen.

2. Anwendungsbereich

2 Zur Offenlegung verpflichtet sind nur solche Gesellschaften, die einer gesetzlichen **Pflichtprüfung** unterliegen. Betroffen sind daher neben großen und mittelgroßen Kapitalgesellschaften (§ 316 Abs. 1) und atypischen Personenhandelsgesellschaften (§ 264a), Kreditinstituten (§ 340k) und Versicherungsunternehmen (§ 341k) auch Gesellschaften, deren Abschlüsse nach § 6 Abs. 1 PublG der Prüfung unterliegen (näher § 316 Rn 3 ff). Darauf, dass der Jahresabschluss nach §§ 325 ff veröffentlicht wurde, kommt es nicht an. Nicht erfasst werden hingegen Genossenschaften, da sich insoweit in den abschließenden Sondervorschriften der §§ 53 ff GenG kein Verweis auf § 321a findet.[3] Kein Einsichtsrecht besteht darüber hinaus bei einer freiwilligen Prüfung.[4] Im Falle des Über- bzw. Unterschreitens der einschlägigen Größenklassen während des relevanten Zeitraums der letzten drei Geschäftsjahre ist daher das Einsichtsrecht auf diejenigen Abschlüsse beschränkt, die einer Pflichtprüfung unterlagen. Obschon eine öffentliche Diskussion über die Tätigkeit des Abschlussprüfers häufig bereits bei einer unerwarteten Unternehmensschieflage einsetzt, greift § 321a überdies nur in der **Insolvenz** ein. Der Anspruch auf Einsicht besteht nämlich nur dann, wenn entweder über das Vermögen der Gesellschaft ein Insolvenzverfahren eröffnet (§ 27 InsO) oder aber der Antrag auf Eröffnung des Insolvenzverfahrens mangels Masse abgelehnt wurde (§ 26 InsO); der bloße Antrag auf Eröffnung des Insolvenzverfahrens begründet das Einsichtsrecht demgegenüber noch nicht. Ebenfalls kein Einsichtsrecht besteht in einem vorgelagerten Verfahren, etwa nach dem StaRUG.

II. Einsichtsrecht in der Insolvenz

1. Berechtigte

3 Zur Einsicht berechtigt sind die **Gläubiger und Gesellschafter**. Bei ihnen unterstellt das Gesetz ein berechtigtes Interesse an der Kenntnis der Ursachen der Insolvenz, ohne dass ein besonderer Nachweis erforderlich wäre.[5] Weiterhin kommt es auf die Höhe der ausstehenden Forderung oder der Beteiligung an der Gesellschaft im Grundsatz nicht an (vgl. aber zur AG und KGaA Rn 4). Auch lässt sich ein genereller Ausschluss von Konkurrenten der Gesellschaft oder Neugläubigern, deren Forderung erst nach Eröffnung des Insolvenzverfahrens begründet wurde, nicht rechtfertigen.[6] Vielmehr steht umgekehrt das umfassende Einsichtsrecht allein unter dem Vorbehalt des Rechtsmissbrauchs im Einzelfall. Im Gegenzug ist jedoch der benannte Kreis der Berechtigten abschließend. Für Arbeitnehmer besteht daher ein Einsichtsrecht nur insoweit, als sie auch Gläubiger sind.[7]

---

3 *Forster/Gelhausen/Möller* Wpg 2007, 191 (192); Baetge/Kirsch/Thiele/*Orth* Rn 14.

4 MünchKommHGB/*Ebke*[4] Rn 10; Hopt/*Merkt*[42] Rn 1; Baumbach/Hueck/*Schulze-Osterloh* GmbHG[18] § 41 Rn 145; HK-HGB/*Kirnberger* Rn 3.

5 Hopt/*Merkt*[42] Rn 1; BeckBilKomm/*Justenhoven/Deicke*[13] Rn 3; unklar *Pfitzer/Oser/Orth* DB 2004, 2593 (2600 f).

6 Für Letzteres aber *Forster/Gelhausen/Möller* Wpg 2007, 191 (193).

7 Koller/Kindler/Roth/Drüen/*Morck/Bach* Rn 3; HK-HGB/*Kirnberger* Rn 3; weitergehend BeckBilKomm/*Justenhoven/Deicke*[13] Rn 14.

Besonderheiten gelten bei der **AG** und der KGaA sowie wegen der Gleichstellung mit der AG durch Art. 10 SE-VO bei der SE. Gemäß Absatz 2 Satz 1 stehen den dort genannten Gesellschaftern die Rechte nach Absatz 1 Satz 1 nur zu, wenn ihre Anteile bei Geltendmachung des Anspruchs das **Beteiligungsquorum** von 1 % des Grundkapitals oder einen Börsenwert von 100.000 Euro erreichen. Diese Regelung erfolgte mit „Rücksicht auf die erhebliche Anzahl von Aktionären in der börsennotierten Aktiengesellschaft und um das Verfahren der Einsichtnahme praktikabel zu halten".[8] Wegen des weniger schwer wiegenden Eingriffs in die Angelegenheiten der Gesellschaft hat der Gesetzgeber dabei gezielt ein um den Faktor fünf geringeres Quorum als bei § 318 Abs. 3 gewählt. Obwohl er mithin die besonderen Verhältnisse der börsennotierten Gesellschaft vor Augen hatte und überdies das Tatbestandsmerkmal „Börsenwert" im Normtext explizit genannt ist, findet das Beteiligungsquorum des Absatzes 2 Satz 1 auch auf die nicht börsennotierte AG und KGaA Anwendung; als Anknüpfungspunkt fungiert dort allein die prozentuale Beteiligung am Grundkapital. Aus rechtspolitischer Sicht ist dieser Zustand unbefriedigend, weil damit im Ergebnis die Einsicht bei der nicht börsennotierten Gesellschaft, bei der es an sich wohl überhaupt keiner Beschränkung bedürfte, restriktiver ausgestaltet ist als bei der börsennotierten. Überdies erscheint das Abstellen auf den Börsenwert bei Gesellschaften im Insolvenzverfahren generell wenig sinnvoll, weil ein geringer Anteilswert darauf zurückzuführen sein kann, dass die Marktkapitalisierung der Gesellschaft insgesamt in Richtung der Nulllinie tendiert,[9] was das Einsichtsinteresse aber tendenziell sogar größer erscheinen lässt. Wenn überhaupt, sollte insoweit de lege ferenda auf den Börsenwert der Anteile vor dem Insolvenzantrag abgestellt werden.[10] 4

Nach dem eindeutigen Wortlaut des Absatzes 2 Satz 1 genügt es abweichend von § 318 Abs. 3 Satz 4 und §§ 142 Abs. 2 Satz 2, 148 Abs. 1 Satz 2 Nr. 1 AktG, wenn das Quorum unter Berücksichtigung etwaiger Zukäufe und Verkäufe im Zeitpunkt der Geltendmachung des Anspruchs erfüllt ist.[11] Es ist auch nicht per se rechtsmissbräuchlich, Anteile allein zum Zwecke der Erlangung des Einsichtsrechts zu erwerben. Weiterhin schließt es das Gesetz nicht aus, dass sich mehrere Gesellschafter mit dem Ziel zusammenschließen, den vorgeschriebenen Grenzwert zu erreichen.[12] Unberücksichtigt haben bei der Berechnung freilich solche Anteile zu bleiben, bezüglich derer ein vorübergehender Rechtsverlust nach §§ 20 Abs. 7 AktG, 44 WpHG oder 59 WpÜG eingreift. Das Bedürfnis, die Verletzung der zugrunde liegenden Mitteilungs- und Angebotspflichten durch Ausschluss sämtlicher mitgliedschaftlicher Mitverwaltungsrechte zu sanktionieren, besteht nämlich auch in der Insolvenz fort.[13] 5

2. Anspruchsgegner (Absatz 1 Satz 2)

Der Anspruch richtet sich gemäß Absatz 1 Satz 2 **gegen denjenigen, der die Prüfungsberichte in seinem Besitz hat.** Diese Formulierung ist bewusst offen gewählt, um die Mehrzahl der möglichen Verwahrer während und nach Abschluss des Insolvenzverfahrens zu erfassen.[14] Im laufenden Insolvenzverfahren richtet sich der Anspruch gegen den Insolvenzverwalter, der gemäß § 36 Abs. 2 Nr. 1 InsO die zur Insolvenzmasse gehörenden Unterlagen zu verwalten und die handelsrechtlichen Rechnungslegungspflichten zu erfüllen hat.[15] Wird die Eröffnung des Insolvenzverfahrens 6

8 Begr. RegE, BT-Drucks. 15/3419, S. 43 f.

9 Zum Einfluss der Insolvenz auf den Marktwert (ohne die hier vorgenommene Bewertung) BeckBilKomm/*Justenhoven*/*Deicke*[13] Rn 13.

10 De lege lata kommt dies nicht in Betracht, MünchKommHGB/*Ebke*[4] Rn 9.

11 MünchKommHGB/*Ebke*[4] Rn 9; zum relevanten Zeitpunkt auch BeckBilKomm/*Justenhoven*/*Deicke*[13] Rn 13; **aA** Baetge/Kirsch/Thiele/*Orth* Rn 65.

12 BT-Drucks. 15/3419, S. 44; Hopt/*Merkt*[42] Rn 2.

13 **AA** *Forster*/*Gelhausen*/*Möller* Wpg 2007, 191 (193).

14 Begr. RegE, BT-Drucks. 15/3419, S. 43; MünchKommHGB/*Ebke*[4] Rn 8.

15 BeckBilKomm/*Justenhoven*/*Deicke*[13] Rn 12.

mangels Masse abgelehnt, obliegt diese Aufgabe den Liquidatoren. Ist die Liquidation abgeschlossen, sind die Bücher und Schriften der Gesellschaft bis zum Ablauf der gesetzlichen Aufbewahrungspflichten nach §§ 157 Abs. 2 HGB, 74 GmbHG, 273 AktG einem Gesellschafter oder einem Dritten in Verwahrung zu geben. Aus streng rechtskonstruktiver Sicht ist die gesetzliche Formulierung allerdings ungenau, da zumindest die Liquidatoren Organ der Gesellschaft und daher nicht selbst Besitzer sind, sondern vielmehr Organbesitz für die Gesellschaft ausüben.[16] Ebenso verhält es sich nach teilweise vertretener Ansicht mit dem Insolvenzverwalter.[17]

7 Jedenfalls ist es aber das Regelungsziel des Absatzes 1 Satz 2, allein den jeweiligen Verwahrer des der Gesellschaft überlassenen Prüfberichts zur Gewährung der Einsicht zu verpflichten; der zu weit geratene Wortlaut ist daher restriktiv zu handhaben. So sind zum einen ehemalige Organwalter, die etwa als vormalige Aufsichtsratsmitglieder noch über Kopien des Berichts verfügen, nicht Anspruchsgegner. Gleiches gilt vor allem aber auch für **außenstehende Dritte** wie den Abschlussprüfer selbst sowie Kreditinstitute, Finanzbehörden oder Aufsichtsstellen, die aufgrund privatrechtlicher Vereinbarung oder gesetzlicher Vorschriften zu bestimmten, eng begrenzten Zwecken über Ausfertigungen der Prüfungsberichte verfügen.[18] Dieses Verständnis findet seine Bestätigung in Absatz 3 Satz 1, welcher das Widerspruchsrecht auf die mit Wirkung für und gegen die Gesellschaft handelnden Insolvenzverwalter und gesetzlichen Vertreter beschränkt (Rn 12).[19] Allerdings wird man im Hinblick auf den Normzweck des § 321a, der ja gerade auch die Rechtsposition des Abschlussprüfers verbessern will (Rn 1), diesem das Recht zubilligen können, von sich aus Einsicht zu gewähren, wenn er die Widerspruchsberechtigten hiervon rechtzeitig zuvor in Kenntnis gesetzt hat (Rn 16).[20]

3. Gegenstand

8 Das Einsichtsrecht umfasst die Prüfungsberichte über die Prüfung des Jahresabschlusses der letzten drei Geschäftsjahre, soweit sich diese auf die nach § 321 geforderte Berichterstattung beziehen.[21] Mit anderen Worten ist die Verpflichtung zur Offenlegung auf diejenigen Berichtsteile beschränkt, die nach § 321 vorgeschrieben sind. Da der geprüfte Abschluss und der Lagebericht regelmäßig als Anlage in den Prüfbericht aufgenommen werden, erstreckt sich das Einsichtsrecht auf diese.[22] Das ist insbesondere in solchen Fällen von Interesse, in denen entgegen §§ 325 ff eine Offenlegung pflichtwidrig nicht erfolgt ist. Alle über das **gesetzliche Pflichtprogramm des § 321** hinausgehenden Berichtsteile und Unterlagen sind dagegen ausgenommen und dürfen den Einsichtsberechtigten nicht bekannt werden. Das gilt zunächst für die Handakten des Abschlussprüfers oder einen Management Letter.[23] Nicht Gegenstand der Einsicht sind weiterhin solche Teile des Prüfungsberichts, die auf wirtschaftszweig- oder rechtsformspezifischen Vorgaben beruhen und sich primär an staatliche Überwachungsstellen richten. So sind im Falle der Prüfung eines Kreditinstituts nach § 29 Abs. 4 KWG in Verbindung mit § 34 PrüfbV in den Prüfungsberichten auch Angaben zu den wirtschaftlichen Verhältnissen einzelner Kreditnehmer enthalten, welche sich primär an die BaFin richten.[24] Sie sind den Einsichtsberechtigten ebenso wenig zur Kenntnis

16 Zur Rechtsfigur des Organbesitzes etwa MünchKommBGB/*Schäfer*[8] § 854 Rn 36 ff.

17 Grundlegend *K. Schmidt* KTS 1984, 345, eingehend *Schürnbrand* S. 202 ff; ablehnend und für Einordnung als Inhaber eines privaten Amtes dagegen die hM, s. nur BGH NJW 1995, 1484 (1485); BAG ZIP 2002, 1412 (1414); BVerwG ZIP 2005, 1145 (1148).

18 *Pfitzer/Oser/Orth* DB 2004, 2593 (2601); BeckBilKomm/*Justenhoven/Deicke*[13] Rn 12.

19 BeckBilKomm/*Justenhoven/Deicke*[13] Rn 12.

20 Zutreffend *Forster/Gelhausen/Möller* Wpg 2007, 191 (195).

21 Baetge/Kirsch/Thiele/*Orth* Rn 36.

22 MünchKommHGB/*Ebke*[4] Rn 11; BeckBilKomm/*Justenhoven/Deicke*[13] Rn 5; Baetge/Kirsch/Thiele/*Orth* Rn 43.

23 MünchKommHGB/*Ebke*[4] Rn 11; Baetge/Kirsch/Thiele/*Orth* Rn 37.

24 Begr. RegE, BT-Drucks. 15/3419, S. 44; Hopt/*Merkt*[42] Rn 1; BeckBilKomm/*Justenhoven/Deicke*[13] Rn 7.

zu bringen wie die zusätzlichen Angaben nach **§ 53 HGrG** bei einer Beteiligung der öffentlichen Hand.[25] Daran ändert auch der Umstand nichts, dass es sich bei letzteren nur um eine Ergänzung der allgemeinen Prüfungs- und Berichtspflichten handelt. Da sich das Einsichtsrecht nicht auf Prüfungsberichte im Rahmen einer freiwilligen Abschlussprüfung bezieht (Rn 2), ist es sodann konsequent, freiwillige Erweiterungen und Ergänzungen im Rahmen einer gesetzlichen Pflichtprüfung vom Einsichtsrecht auszunehmen.[26] Erst recht nicht von § 321a erfasst werden schließlich solche Prüfungsberichte, die sich nicht unmittelbar auf den Jahresabschluss beziehen. Das gilt namentlich für den – den seinerseits nicht publizitätspflichtigen Abhängigkeitsbericht betreffenden – **Prüfbericht nach § 313 Abs. 2 AktG.**[27]

In zeitlicher Hinsicht bezieht sich das Einsichtsrecht auf die **letzten drei Geschäftsjahre**. Da 9
§ 321a der Aufklärung von Fehlverhalten des Abschlussprüfers und der Gesellschaftsorgane im Vorfeld der Insolvenz dient, ist dabei auf den Zeitpunkt der Eröffnung des Insolvenzverfahrens oder der Abweisung des Antrags mangels Masse abzustellen, nicht hingegen auf denjenigen der Geltendmachung des Anspruchs.[28]

4. Modalitäten

Nicht näher geregelt sind die Modalitäten der Einsichtnahme. Anknüpfend an die allgemeine 10
Vorschrift des § 269 BGB hat diese, soweit ein solcher noch existiert, am Sitz der Gesellschaft zu erfolgen. Sonst tritt an dessen Stelle der **Ort**, an dem der Verpflichtete den Prüfungsbericht verwahrt.[29] Weitere Einzelheiten darf der Anspruchsgegner festlegen, sofern er dadurch nicht die Rechtsausübung unangemessen erschwert (z.B. Beschränkung auf das Wochenende). Da der Einsichtsberechtigte zur Verschwiegenheit verpflichtet ist (Rn. 15), darf er sich – ebenso wie der Abschlussprüfer im Rahmen des § 320 (§ 320 Rn 10) – nicht nur Notizen machen, sondern auch Abschriften oder **Kopien** der Prüfungsberichte anfertigen. Etwas anderes gilt nur, wenn dem im Einzelfall schützenswerte Interessen entgegenstehen.[30] Ein Anspruch auf Versendung der Unterlagen besteht jedoch nicht.[31]

Der Berechtigte (Rn 3 f) kann entweder selbst oder aber durch einen von ihm **Beauftragten** 11
Einsicht in die Prüfungsberichte nehmen. Entgegen dem missverständlichen Wortlaut gilt dabei kein strenges Alternativverhältnis. Vielmehr ist bis zur Grenze der Unzumutbarkeit eine gemeinsame Einsichtsnahme ebenso möglich wie die nachträgliche Entsendung eines Beauftragten. Strikt begrenzt ist dagegen der mögliche Personenkreis der Beauftragten. Nur wer selbst berechtigt gewesen wäre, den betreffenden Abschluss zu prüfen, darf mit der Einsicht betraut werden. Uneingeschränkt beauftragt werden können daher nur Wirtschaftsprüfer und Wirtschaftsprüfungsgesellschaften.[32] Im letzteren Fall muss zumindest ein Berufsträger letztverantwortlich an der Einsicht beteiligt sein; die Hinzuziehung weiterer zur Verschwiegenheit verpflichteter Angestellter ist aber möglich.[33] Hinsichtlich solcher Geschäftsjahre, für die die Voraussetzungen des § 319 Abs. 1 S. 2 erfüllt sind, kann alternativ[34] auch ein vereidigter Buchprüfer oder eine Buchprüfungsgesell-

25 *Forster/Gelhausen/Möller* Wpg 2007, 191 (196); Baumbach/Hueck/*Schulze-Osterloh* GmbHG[18] § 41 Rn 145; Koller/Kindler/Roth/Drüen/*Morck/Bach* Rn 8 **aA** BeckBilKomm/*Justenhoven/Deicke*[13] Rn 8; Baetge/Kirsch/Thiele/*Orth* Rn 44.
26 HK-HGB/*Kirnberger* Rn 4; weitergehend Baetge/Kirsch/Thiele/*Orth* Rn 36, 44.
27 Emmerich/*Habersack* AktG[10] § 313 Rn 28; *Weinbrenner* Konzern 2006, 583 (591 f).
28 *Forster/Gelhausen/Möller* Wpg 2007, 191 (195).
29 *Forster/Gelhausen/Möller* Wpg 2007, 191 (198).
30 **AA** *Forster/Gelhausen/Möller* Wpg 2007, 191 (198); wohl auch HKzHGB/*Kirnberger* Rn 4; wie hier dagegen zu § 51a GmbHG Noack/Servatius/Haas/*Noack* GmbHG[23] § 51a Rn 23.
31 Noack/Servatius/Haas/*Noack* GmbHG[23] § 51a Rn 23 (zu § 51a GmbHG).
32 Begr. RegE, BT-Drucks. 15/3419, S. 44.
33 Baetge/Kirsch/Thiele/*Orth* Rn 28.
34 HKzHGB/*Kirnberger* Rn 4.

schaft herangezogen werden. Dabei ist nicht erforderlich, dass der Abschluss tatsächlich von einem Buchprüfer geprüft wurde. Es genügt vielmehr, dass dies möglich gewesen wäre.

12 Neben der Verjährung des Anspruchs nach §§ 195 ff BGB dürfte sonstigen **zeitlichen Schranken** keine besondere praktische Bedeutung zukommen. Immerhin kann eine Einsicht dann nicht mehr verlangt werden, wenn die handelsrechtliche Aufbewahrungspflicht von zehn Jahren abgelaufen ist (§ 257 Abs. 4). Darüber hinaus ist der Anspruch im Einzelfall nicht durchsetzbar, wenn dem Berechtigten jegliches Interesse an der Einsicht fehlt, weil aus dem Einsichtsergebnis keinerlei Folgerungen mehr gezogen werden können.[35] Dafür genügt es jedoch nicht, dass etwaige Haftungsansprüche gegen den Abschlussprüfer verjährt sind.[36] Da auch die Leitungs- und Aufsichtsorgane der Gesellschaft vom Schutzzweck der Norm erfasst sind (Rn 1), müssen auch insoweit alle denkbaren Ansprüche verjährt und sonstige personell-organisatorische Konsequenzen ausgeschlossen sein.[37]

5. Widerspruchsrecht (Absatz 3 Satz 1)

13 Durch die Offenlegung sollen berechtigte Interessen der Gesellschaft nicht beeinträchtigt werden. Daher werden in Absatz 3 Satz 2 und 3 der Abschlussprüfer ebenso wie die Einsichtsberechtigten zur Verschwiegenheit verpflichtet (Rn 15). Vor allem aber kann gemäß Absatz 3 Satz 1 der **Insolvenzverwalter oder ein gesetzlicher Vertreter** des Schuldners einer Offenlegung von Geheimnissen, namentlich Geschäfts- und Betriebsgeheimnissen widersprechen, wenn die Offenlegung geeignet ist, der Gesellschaft einen erheblichen Nachteil zuzufügen. Das Widerspruchsrecht der genannten Personen besteht dabei nicht nebeneinander. Vielmehr ist es vorrangig Sache des Insolvenzverwalters, über seine Ausübung zu entscheiden. Die gesetzlichen Vertreter sind nur im Fall der Ablehnung der Eröffnung eines Insolvenzverfahrens mangels Masse zur Entscheidung berufen.[38] Dabei finden im Innenverhältnis die Regeln über die Geschäftsführung Anwendung; im Außenverhältnis ist der Widerspruch als geschäftsähnliche Handlung wirksam, wenn er von den gesetzlichen Vertretern in vertretungsberechtigter Zahl erklärt wurde.[39] Damit er nicht praktisch ins Leere geht, steht der Widerspruch nicht nur einer Einsichtnahme entgegen, sondern schließt auch eine Erläuterung durch den Abschlussprüfer nach § 321a Abs. 2 Satz 2 aus (Rn. 18).[40]

14 Die Begriffe des Betriebs- und des Geschäftsgeheimnisses sind etwa aus § 333 sowie aus §§ 93 Abs. 1 Satz 3, 394 Abs. 1 Satz 2, 395 Abs. 1 AktG, 85 Abs. 1 GmbHG vertraut. Es handelt sich um Tatsachen, die nicht offenkundig sind und nach dem geäußerten oder aus dem Gesellschaftsinteresse ableitbaren Willen der Gesellschaft nicht offenkundig werden sollen, sofern ein objektives Geheimhaltungsinteresse besteht.[41] Für die Frage wiederum, ob der Gesellschaft aufgrund der Einsicht ein **erheblicher Nachteil** droht, kann auf die im Rahmen der § 286 Abs. 3 Satz 1 Nr. 2 und § 131 Abs. 3 Nr. 1 AktG gewonnenen Erkenntnisse zurückgegriffen werden.[42] Nachteil ist „jede einigermaßen gewichtige Beeinträchtigung des Gesellschaftsinteresses", gleich ob sie sich unter den Schadensbegriff des § 249 BGB subsumieren lässt oder nicht.[43] Nur wenn bei vernünftiger kaufmännischer Beurteilung eine substantielle Gefährdung der Belange der Gesellschaft mit hin-

35 So zum strukturell vergleichbaren Sonderprüfungsrecht nach § 142 AktG etwa *Koch* AktG[16] § 142 Rn 8; *Habersack* FS Wiedemann (2002), S. 889 (895).

36 So aber *Forster/Gelhausen/Möller* Wpg 2007, 191 (199).

37 Vgl. zu § 142 AktG *Koch* AktG[16] § 142 Rn 8.

38 Koller/Kindler/Roth/Drüen/*Morck/Bach*[9] Rn 5.

39 Offenbar abweichend *Forster/Gelhausen/Möller* Wpg 2007, 191 (199), die stets jeden Berechtigten einzeln für widerspruchsbefugt halten.

40 MünchKommHGB/*Ebke*[4] Rn 12; BeckBilKomm/*Justenhoven/Deicke*[13] Rn 17.

41 BGHZ 64, 324 (329) = NJW 1975, 1912.

42 Hopt/*Merkt*[42] Rn 3.

43 *Koch* AktG[16] § 131 Rn 55; MünchKommAktG[5]/*Kubis* § 131 Rn 120 (beide zu § 131 AktG).

reichender Wahrscheinlichkeit droht, können die betreffenden Teile des Prüfungsberichts (in aller Regel also nicht der ganze Bericht) von der Einsicht ausgenommen werden. Dabei kann das Geheimhaltungsinteresse der Gesellschaft aufgrund einer insolvenzbedingten Einstellung des Geschäftsbetriebs im Einzelfall vermindert sein.[44] Die Gesetzesbegründung stellt jedoch zu Recht ausdrücklich klar, dass selbst im Falle der masselosen Insolvenz ein Widerspruch in Betracht kommt.[45] Einen möglichen Gegenstand dürften vor allem die Erläuterungen zu den Forschungs- und Entwicklungsprojekten der Gesellschaft bilden, die im Prüfungsbericht aufgeführte Analyse der Ertrags- und Vermögenslage als solche hingegen darf der Einsicht der Gesellschafter und Gläubiger nicht entzogen werden.[46]

6. Verschwiegenheitspflicht (Absatz 3 Sätze 2 und 3)

Zunächst stellt Absatz 3 Satz 2 klar, dass eine etwaige Einsichtnahme den Abschlussprüfer nicht von seiner Verschwiegenheitspflicht nach § 323 Abs. 1 und 3 entbindet (vgl. aber noch Rn 16 ff). Daneben verpflichtet Absatz 3 Satz 3 auch die Berechtigten nach Absatz 1 Satz 1 sowie die von ihnen Beauftragten zur Verschwiegenheit über die von ihnen eingesehenen Unterlagen. Das gilt unabhängig davon, ob die eingesehenen Unterlagen Betriebs- oder Geschäftsgeheimnisse enthalten[47] oder das Widerspruchsrecht nach Absatz 3 Satz 1 ausgeübt wurde. Mit anderen Worten hat jede Preisgabe von Informationen zu unterbleiben, aus der sich auf das Vorliegen oder Fehlen einer Pflichtverletzung schließen lassen könnte. Das gilt nicht nur im Verhältnis zur Öffentlichkeit oder sonstigen Dritten, sondern auch gegenüber anderen Berechtigten, die zwar hätten Einsicht nehmen können, von ihrem Recht aber keinen Gebrauch gemacht haben.[48] Allerdings dürfte ein Schadensersatzanspruch (Rn 16) in dem zuletzt genannten Fall unter dem Gesichtspunkt des rechtmäßigen Alternativverhaltens (je nach den Umständen des Einzelfalls) ausscheiden. Obschon § 321a Abs. 3 Satz 3 anders als § 323 Abs. 1 Satz 2 (§ 323 Rn 28 f) keine darauf abzielende Regelung enthält, gilt auch hier, dass die Berechtigten nicht unbefugt Geschäfts- und Betriebsgeheimnisse ausnutzen dürfen, von denen sie durch die Einsicht Kenntnis erlangt haben. Da die Gesellschaft insofern noch schutzwürdiger erscheint und das Schweigen des Gesetzes nicht auf einer bewussten Entscheidung beruht, ist die Verschwiegenheitspflicht mit anderen Worten um ein **Verwertungsverbot** zu ergänzen.[49] Zulässig, ja sogar vom Gesetzeszweck erwünscht ist allein die Ausnutzung der durch die Einsicht gewonnenen Erkenntnisse in Schadensersatzprozessen gegen Organwalter oder den Abschlussprüfer.[50] 15

Keine nähere Regelung findet sich zu den **Sanktionen**, die ein Verstoß gegen die Verschwiegenheitspflicht nach sich zieht. Sicher ist nur, dass aufgrund des strafrechtlichen Analogieverbots jedenfalls die Vorschrift des § 333 keine entsprechende Anwendung finden kann.[51] Soweit ein Wirtschaftsprüfer Einsicht nimmt, können dagegen §§ 203 f StGB einschlägig sein. Aus zivilrechtlicher Sicht wiederum besteht sowohl im Verhältnis zu einem einsichtsberechtigten Gesellschafter wie auch im Verhältnis zu einem einsichtsberechtigten Gläubiger ein Schuldverhältnis im Sinne des § 241 BGB. Daher begründet ein Verstoß gegen die Verschwiegenheitspflicht einen Schadensersatzanspruch nach §§ 280 Abs. 1, 241 Abs. 2 BGB.[52] 16

---

44 *Forster/Gelhausen/Möller* Wpg 2007, 191 (196).
45 Begr. RegE, BT-Drucks. 15/3419, S. 44; zustimmend auch Baetge/Kirsch/Thiele/*Orth* Rn 92.
46 Koller/Kindler/Roth/Drüen/*Morck/Bach* Rn 5.
47 Baetge/Kirsch/Thiele/*Orth* Rn 112; BeckBilKomm/*Justenhoven/Deicke*[13] Rn 19.
48 *Forster/Gelhausen/Möller* Wpg 2007, 191 (200); MünchKommHGB/*Ebke*[4] Rn 16.
49 Vgl. MünchKommHGB/*Ebke*[4] Rn 15 f mit Fn 87.
50 *Forster/Gelhausen/Möller* Wpg 2007, 191 (200); HKzHGB/*Kirnberger* Rn 6.
51 Baetge/Kirsch/Thiele/*Orth* Rn 133.
52 Ähnlich Koller/Kindler/Roth/Drüen/*Morck/Bach* Rn 7: Sanktion folge allgemeinen Regeln; vgl. auch Baetge/Kirsch/Thiele/*Orth* Rn 135 mit weiterer Anregung gesonderter zivilrechtlicher Vereinbarung.

III. Erläuterungsrecht des Abschlussprüfers (Absatz 2 Satz 2)

17 Als Gegengewicht zur Offenlegung des ansonsten vertraulichen Prüfungsberichts gestattet es Absatz 2 Satz 2 dem Abschlussprüfer, seinen Prüfungsbericht gegenüber den Einsichtsberechtigten zu erläutern und so gegen ihn erhobene Vorwürfe zu entkräften. Damit wird der Abschlussprüfer partiell von seiner Schweigepflicht nach § 323 befreit, welche es ihm nur in den ganz eng gesteckten Grenzen der Wahrnehmung berechtigter Interessen erlaubt, zu den Einzelheiten seiner Tätigkeit Stellung zu nehmen (§ 323 Rn 26). Auch Absatz 2 Satz 2 begründet allerdings kein freies Erläuterungsrecht; die Norm knüpft ihrer systematischen Konzeption nach vielmehr an den individuellen Einsichtsanspruch an und ist somit **akzessorischer Natur**. Daher besteht die Möglichkeit zur Stellungnahme nur dann und insofern, als ein Berechtigter tatsächlich Einsicht nimmt.[53] Kein Recht zur Erläuterung besteht dagegen hinsichtlich derjenigen Berichtsteile, in die keine Einsicht gewährt wurde. Auch dürfen solche Aktionäre nicht einbezogen werden, die das Quorum des Absatz 2 Satz 1 nicht erfüllen und denen daher kein Einsichtsrecht zusteht.[54]

18 Der Gesetzesbegründung zufolge ist die Erläuterung dem Abschlussprüfer „im Bedarfsfall" gestattet.[55] Daraus folgt, dass es **im Ermessen des Abschlussprüfers** liegt, ob er überhaupt und, wenn ja, in welcher Hinsicht er eine Stellungnahme abgeben möchte; eine Rechtspflicht zur Erläuterung besteht mit anderen Worten nicht.[56] Inhaltlich liegt es nahe, die Darlegungen an den Grundsätzen für die mündliche Berichterstattung des Abschlussprüfers an den Aufsichtsrat[57] zu orientieren.[58] Jedenfalls hat sich der Abschlussprüfer auf eine Erläuterung zu beschränken, über den Prüfbericht hinausgehende Ausführungen sind nicht von Absatz 2 Satz 2 gedeckt.[59] Vor allem entbindet aber auch das Erläuterungsrecht den Abschlussprüfer nicht davon, die Betriebs- und Geschäftsgeheimnisse der geprüften Gesellschaft zu wahren. Da ein Widerspruch nach Absatz 3 Satz 1 auch ihm gegenüber Wirkung entfaltet (Rn 13, 17), ist der Abschlussprüfer gehalten, den Gegenstand seiner Erläuterungen vorab mit den Widerspruchsberechtigten abzustimmen.[60]

19 Noch ungeklärt ist, inwieweit sich aus Erklärungen des Abschlussprüfers eine **Haftung** ergeben kann. Der Tendenz nach ist hier Zurückhaltung geboten, da der Abschlussprüfer seine Erklärungen regelmäßig zuvörderst im eigenen Interesse abgeben wird.[61] So wird es an dem für den konkludenten Abschluss eines Auskunftsvertrags erforderlichen Rechtsbindungswillen nicht selten fehlen (§ 323 Rn 55). Anders mag es liegen, wenn die Erläuterungen des Abschlussprüfers über das zur Vermeidung einer eigenen Haftung Notwendige hinausgehen.[62] Der Umstand, dass die Erläuterung (wenn überhaupt) freiwillig erfolgt und keine dahingehende Pflicht besteht (Rn 18) spricht nicht gegen, sondern eher für einen konkludenten Vertragsschluss.[63] Sofern mangels rechtsgeschäftlichen Zusammenhangs auch eine Vertrauenshaftung nach §§ 311 Abs. 3, 241 Abs. 2 BGB nicht in Betracht kommt, lässt sich eine Haftung wohl nur auf § 826 BGB und damit auf den Vorwurf eines „leichtfertigen und gewissenlosen Verhaltens" stützen (§ 323 Rn 69 f).[64] In jedem Fall sind nur solche Schäden ersatzfähig, die gerade durch die unrichtige Auskunft verursacht wurden.

---

53 *Forster/Gelhausen/Möller* Wpg 2007, 191 (199).

54 Vgl. MünchKommHGB/*Ebke*⁴ Rn 12; **aA** Hopt/*Merkt*⁴² Rn 2; Ebenroth/Boujong/Joost/Strohn/*Böcking/Gros/Rabenhorst* Rn 6.

55 Begr. RegE, BT-Drucks. 15/3419, S. 44.

56 MünchKommHGB/*Ebke*⁴ Rn 12; Baetge/Kirsch/Thiele/*Orth* Rn 83; Koller/Kindler/Roth/Drüen/*Morck/Bach* Rn 4.

57 *IDW* PS 470 n.F.

58 BeckBilKomm/*Justenhoven/Deicke*¹³ Rn 11.

59 Ebenroth/Boujong/Joost/Strohn/*Böcking/Gros/Rabenhorst* Rn 6.

60 MünchKommHGB/*Ebke*⁴ Rn 14.

61 Baetge/Kirsch/Thiele/Orth Rn 8; MünchKommHGB/*Ebke*⁴ Rn 13.

62 AA MünchKommHGB/*Ebke*⁴ Rn 13; zumindest etwas weniger zurückhaltend indes Baetge/Kirsch/Thiele/Orth Rn 8.

63 AA 5. Aufl. Rn 19 (*Habersack/Schürnbrand*).

64 MünchKommHGB/*Ebke*⁴ Rn 13.

IV. Konzernabschlussprüfung (Absatz 4)

Absatz 4 ordnet an, dass die Absätze 1 bis 3 entsprechend gelten, wenn der Schuldner zur Aufstellung eines Konzernabschlusses und Konzernlageberichts verpflichtet ist. Das Einsichts- und Erläuterungsrecht bezieht sich in diesen Fällen somit nicht nur auf den Prüfungsbericht zum Jahresabschluss der Muttergesellschaft, sondern auch auf den Prüfungsbericht zum Konzernabschluss. Die damit umschriebene Erweiterung ist abschließend. Nicht zugänglich sind demzufolge die Prüfungsberichte zu den Jahresabschlüssen der einbezogenen Tochterunternehmen.[65] Einsicht dürfen nur Gläubiger und Gesellschafter des zur Aufstellung eines Konzernabschlusses verpflichteten Mutterunternehmens erhalten; außenstehende Gesellschafter und Gläubiger von Tochterunternehmen sind dagegen als solche nicht befugt.[66] Über die Ausübung des Widerspruchsrechts nach Absatz 3 Satz 1 haben der Insolvenzverwalter oder die gesetzlichen Vertreter des herrschenden Unternehmens zu entscheiden. Dabei haben sie jedoch auch die berechtigten Geheimhaltungsinteressen der abhängigen Gesellschaften zu berücksichtigen und das Widerspruchsrecht gegebenenfalls auch fremdnützig in deren Sinne auszuüben.[67] 20

§ 322 Bestätigungsvermerk

(1) [1]Der Abschlussprüfer hat das Ergebnis der Prüfung schriftlich in einem Bestätigungsvermerk zum Jahresabschluss oder zum Konzernabschluss zusammenzufassen. [2]Der Bestätigungsvermerk hat Gegenstand, Art und Umfang der Prüfung zu beschreiben und dabei die angewandten Rechnungslegungs- und Prüfungsgrundsätze anzugeben; er hat ferner eine Beurteilung des Prüfungsergebnisses zu enthalten. [3]In einem einleitenden Abschnitt haben zumindest die Beschreibung des Gegenstands der Prüfung und die Angabe zu den angewandten Rechnungslegungsgrundsätzen zu erfolgen. [4]Über das Ergebnis der Prüfung nach § 317 Absatz 3a ist in einem besonderen Abschnitt zu berichten.

(1a) Bei der Erstellung des Bestätigungsvermerks hat der Abschlussprüfer die internationalen Prüfungsstandards anzuwenden, die von der Europäischen Kommission in dem Verfahren nach Artikel 26 Absatz 3 der Richtlinie 2006/43/EG angenommen worden sind.

(2) [1]Die Beurteilung des Prüfungsergebnisses muss zweifelsfrei ergeben, ob

1. **ein uneingeschränkter Bestätigungsvermerk erteilt,**
2. **ein eingeschränkter Bestätigungsvermerk erteilt,**
3. **der Bestätigungsvermerk aufgrund von Einwendungen versagt oder**
4. **der Bestätigungsvermerk deshalb versagt wird, weil der Abschlussprüfer nicht in der Lage ist, ein Prüfungsurteil abzugeben.**

[2]Die Beurteilung des Prüfungsergebnisses soll allgemein verständlich und problemorientiert unter Berücksichtigung des Umstandes erfolgen, dass die gesetzlichen Vertreter den Abschluss zu verantworten haben. [3]Auf Risiken, die den Fortbestand der Kapitalgesellschaft oder eines Konzernunternehmens gefährden, ist gesondert einzugehen. [4]Auf Risiken, die den Fortbestand eines Tochterunternehmens gefährden, braucht im Bestätigungsvermerk zum Konzernabschluss des Mutterunternehmens nicht eingegangen zu werden, wenn das Tochterunternehmen für die Vermittlung eines den tatsächlichen Verhältnissen entsprechenden Bildes der Vermögens-, Finanz- und Ertragslage des Konzerns nur von untergeordneter Bedeutung ist.

---

65 *Pfitzer/Oser/Orth* DB 2004, 2593 (2601); MünchKommHGB/*Ebke*[4] Rn 17; Ebenroth/Boujong/Joost/Strohn/*Böcking/Gros/Rabenhorst* Rn 10.

66 *Forster/Gelhausen/Möller* Wpg 2007, 191 (200).

67 Baetge/Kirsch/Thiele/*Orth* Rn 122; *Forster/Gelhausen/Möller* Wpg 2007, 191 (201).

https://doi.org/10.1515/9783110565362-012

(3) [1]In einem uneingeschränkten Bestätigungsvermerk (Absatz 2 Satz 1 Nr. 1) hat der Abschlussprüfer zu erklären, dass die von ihm nach § 317 durchgeführte Prüfung zu keinen Einwendungen geführt hat und dass der von den gesetzlichen Vertretern der Gesellschaft aufgestellte Jahres- oder Konzernabschluss aufgrund der bei der Prüfung gewonnenen Erkenntnisse des Abschlussprüfers nach seiner Beurteilung den gesetzlichen Vorschriften entspricht und unter Beachtung der Grundsätze ordnungsmäßiger Buchführung oder sonstiger maßgeblicher Rechnungslegungsgrundsätze ein den tatsächlichen Verhältnissen entsprechendes Bild der Vermögens-, Finanz- und Ertragslage der Kapitalgesellschaft oder des Konzerns vermittelt. [2]Der Abschlussprüfer kann zusätzlich einen Hinweis auf Umstände aufnehmen, auf die er in besonderer Weise aufmerksam macht, ohne den Bestätigungsvermerk einzuschränken.

(4) [1]Sind Einwendungen zu erheben, so hat der Abschlussprüfer seine Erklärung nach Absatz 3 Satz 1 einzuschränken (Absatz 2 Satz 1 Nr. 2) oder zu versagen (Absatz 2 Satz 1 Nr. 3). [2]Die Versagung ist in den Vermerk, der nicht mehr als Bestätigungsvermerk zu bezeichnen ist, aufzunehmen. [3]Die Einschränkung oder Versagung ist zu begründen; Absatz 3 Satz 2 findet Anwendung. [4]Ein eingeschränkter Bestätigungsvermerk darf nur erteilt werden, wenn der geprüfte Abschluss unter Beachtung der vom Abschlussprüfer vorgenommenen, in ihrer Tragweite erkennbaren Einschränkung ein den tatsächlichen Verhältnissen im Wesentlichen entsprechendes Bild der Vermögens-, Finanz- und Ertragslage vermittelt.

(5) [1]Der Bestätigungsvermerk ist auch dann zu versagen, wenn der Abschlussprüfer nach Ausschöpfung aller angemessenen Möglichkeiten zur Klärung des Sachverhalts nicht in der Lage ist, ein Prüfungsurteil abzugeben (Absatz 2 Satz 1 Nr. 4). [2]Absatz 4 Satz 2 und 3 gilt entsprechend.

(6) [1]Die Beurteilung des Prüfungsergebnisses hat sich auch darauf zu erstrecken, ob der Lagebericht oder der Konzernlagebericht nach dem Urteil des Abschlussprüfers mit dem Jahresabschluss und gegebenenfalls mit dem Einzelabschluss nach § 325 Absatz 2a oder mit dem Konzernabschluss in Einklang steht, die gesetzlichen Vorschriften zur Aufstellung des Lage- oder Konzernlageberichts beachtet worden sind und der Lage- oder Konzernlagebericht insgesamt ein zutreffendes Bild von der Lage der Kapitalgesellschaft oder des Konzerns vermittelt. [2]Dabei ist auch darauf einzugehen, ob die Chancen und Risiken der zukünftigen Entwicklung zutreffend dargestellt sind.

(6a) [1]Wurden mehrere Prüfer oder Prüfungsgesellschaften gemeinsam zum Abschlussprüfer bestellt, soll die Beurteilung des Prüfungsergebnisses einheitlich erfolgen. [2]Ist eine einheitliche Beurteilung ausnahmsweise nicht möglich, sind die Gründe hierfür darzulegen; die Beurteilung ist jeweils in einem gesonderten Absatz vorzunehmen. [3]Die Sätze 1 und 2 gelten im Fall der gemeinsamen Bestellung von

1. Wirtschaftsprüfern oder Wirtschaftsprüfungsgesellschaften,
2. vereidigten Buchprüfern oder Buchprüfungsgesellschaften sowie
3. Prüfern oder Prüfungsgesellschaften nach den Nummern 1 und 2.

(7) [1]Der Abschlussprüfer hat den Bestätigungsvermerk oder den Vermerk über seine Versagung unter Angabe des Ortes der Niederlassung des Abschlussprüfers und des Tages der Unterzeichnung zu unterzeichnen; im Fall des Absatzes 6a hat die Unterzeichnung durch alle bestellten Personen zu erfolgen. [2]Der Bestätigungsvermerk oder der Vermerk über seine Versagung ist auch in den Prüfungsbericht aufzunehmen. [3]Ist der Abschlussprüfer eine Wirtschaftsprüfungsgesellschaft, so hat die Unterzeichnung zumindest durch den Wirtschaftsprüfer zu erfolgen, welcher die Abschlussprüfung für die Prüfungsgesellschaft durchgeführt hat. [4]Satz 3 ist auf Buchprüfungsgesellschaften entsprechend anzuwenden.

Artikel 10 Verordnung (EU) Nr. 537/2014 (auszugsweise)
Bestätigungsvermerk

(1) Der oder die Abschlussprüfer bzw. die Prüfungsgesellschaft(en) legen die Ergebnisse der Abschlussprüfung des Unternehmens von öffentlichem Interesse in einem Bestätigungsvermerk dar.

(2) [1]Der Bestätigungsvermerk wird gemäß Artikel 28 der Richtlinie 2006/43/EG erstellt und enthält darüber hinaus zumindest Folgendes:

a) die Angabe, von wem oder von welchem Organ der oder die Abschlussprüfer bzw. die Prüfungsgesellschaft(en) bestellt wurden;
b) die Angabe des Datums der Bestellung der Abschlussprüfer bzw. der Prüfungsgesellschaften und der gesamten ununterbrochenen Mandatsdauer, einschließlich bereits erfolgter Verlängerungen und erneuter Bestellungen;
c) eine Darlegung des Folgenden zur Untermauerung des Prüfungsurteils:
   i) eine Beschreibung der bedeutsamsten beurteilten Risiken wesentlicher falscher Darstellungen, einschließlich der beurteilten Risiken wesentlicher falscher Darstellungen aufgrund von Betrug,
   ii) eine Zusammenfassung der Reaktion des Prüfers auf diese Risiken und
   iii) gegebenenfalls wichtige Feststellungen, die sich in Bezug auf diese Risiken ergeben.

[2]Wenn es für die oben genannte im Bestätigungsvermerk enthaltene Information zu den einzelnen bedeutsamen beurteilten Risiken wesentlicher falscher Darstellungen relevant ist, ist in dem Bestätigungsvermerk deutlich auf die entsprechenden Angaben in den Abschlüssen hinzuweisen;

d) eine Darlegung darüber, in welchem Maße die Abschlussprüfung als dazu geeignet angesehen wurde, Unregelmäßigkeiten, einschließlich Betrug, aufzudecken;
e) die Bestätigung, dass das Prüfungsurteil mit dem in Artikel 11 genannten zusätzlichen Bericht an den Prüfungsausschuss im Einklang steht;
f) die Erklärung, dass keine verbotenen Nichtprüfungsleistungen nach Artikel 5 Absatz 1 erbracht wurden und der oder die Abschlussprüfer bzw. die Prüfungsgesellschaft(en) bei der Durchführung der Abschlussprüfung ihre Unabhängigkeit von dem geprüften Unternehmen gewahrt haben;
g) die Angabe der Leistungen, die vom Abschlussprüfer oder der Prüfungsgesellschaft oder für das geprüfte Unternehmen oder das bzw. die von diesem beherrschte(n) Unternehmen zusätzlich zur Abschlussprüfung erbracht wurden und die im Lagebericht oder in den Abschlüssen nicht angegeben wurden.

[3]Die Mitgliedstaaten können zusätzliche Anforderungen hinsichtlich des Inhalts des Bestätigungsvermerks festlegen.

(3) [1]Der Bestätigungsvermerk enthält außer dem in Absatz 2 Buchstabe e vorgeschriebenen Verweis keinerlei Querverweise auf den in Artikel 11 genannten zusätzlichen Bericht an den Prüfungsausschuss. [2]Der Bestätigungsvermerk ist in einer klaren und eindeutigen Sprache verfasst.

(4) Der Abschlussprüfer oder die Prüfungsgesellschaft verwendet den Namen einer zuständigen Behörde nicht in einer Weise, die darauf hindeuten oder nahelegen würde, dass diese Behörde den Bestätigungsvermerk übernimmt oder billigt.

Schrifttum

Vgl. die Angaben Vor § 316, § 317, § 321 und § 323, ferner

Aschfalk-Evertz Besonders wichtige Prüfungssachverhalte (KAM) in den Bestätigungsvermerken der DAX-30-Unternehmen, IRZ 2020, 95; *Böcking/Orth* Kann das „Gesetz zur Kontrolle und Transparenz im Unternehmensbereich (KonTraG)" einen Beitrag zur Verringerung der Erwartungslücke leisten? – Eine Würdigung auf Basis von Rechnungslegung und Kapitalmarkt, Wpg 1998, 351; *Elkart/Neumann* Zur Fortentwicklung der Grundsätze für die Erteilung von Bestätigungsvermerken bei Abschlussprüfungen nach § 322 HGB, Wpg 1995, 402; *Ernst* KonTraG und KapAEG sowie aktuelle Entwicklungen zur Rechnungslegung und Prüfung in der EU, Wpg 1998, 1025; *Freichel/Brösel* Grundsätze ordnungsgemäßer Berichterstattung im Bestätigungsvermerk, DStR 2019, 1222; *Hanke* Der neue Bestätigungsvermerk – Was ändert sich in der Zukunft?, BC 2019, 10; *Henckel* Unterzeichnung des Jahresabschlusses mittels qualifizierter elektronischer Signatur, StuB 2021, 249; *Hirsch* Voraussetzungen des Widerrufs eines Bestätigungsvermerks, Wpg 2001, 606; *Kirsch* Erwartungslücke und Bestätigungsvermerk, FS Baetge (1997), S. 966; *Kropff* Rechtsfragen in der Abschlussprüfung, FS Havermann (1995), S. 321; *Lehwald* Die Erteilung des Bestätigungsvermerks bei Abschlussprüfungen, DStR 2000, 259; *Niemann* Ermessen, unbestimmter Rechtsbegriff und Beurteilungsspielraum bei der Abschlussprüfung, DStR 2004, 52; *Sarx* Ausgewählte Einzelfragen zum Bestätigungsvermerk beim Einzelabschluss, FS Clemm (1996), S. 337; *Schulze-Osterloh* Zur öffentlichen Funktion des Abschlussprüfers, ZGR 1976, 411; *Diederich/Velte* DStR 2019, 461.

Übersicht

I. Einführung

1. Normzweck

1 Der Bestätigungsvermerk ist die abschließende, nach außen dringende Aussage des Abschlussprüfers zum Ergebnis der Pflichtprüfung nach §§ 316 ff.[1] Absatz 2 Satz 1 Nr. 1 bis 4 sieht hierfür einen numerus clausus[2] der Schlussvermerke vor: Gibt die Prüfung keinen Anlass zu wesentlichen Beanstandungen, hat der Abschlussprüfer einen uneingeschränkten Bestätigungsvermerk zu erteilen (Absatz 3). Sind Einwendungen zu erheben, so muss er das Testat einschränken oder gänzlich versagen (Absatz 4). Der Bestätigungsvermerk ist schließlich auch dann zu versagen, wenn der Abschlussprüfer nach Ausschöpfung aller angemessenen Möglichkeiten zur Klärung des Sachverhalts nicht in der Lage ist, ein Prüfungsurteil abzugeben (Absatz 5).

2 Während sich der nach § 321 zu erstellende Prüfungsbericht allein an die unternehmensinternen Entscheidungsträger richtet, unterliegt der Bestätigungsvermerk der Offenlegung gem. § 325 und informiert primär die interessierte Öffentlichkeit darüber, dass eine Abschlussprüfung nach den gesetzlichen Vorgaben durchgeführt wurde.[3] Mit einem uneingeschränkten Testat bestätigt der Abschlussprüfer als neutraler und externer Sachverständiger die Ordnungsmäßigkeit der Rechnungslegung. Er erfüllt mit anderen Worten eine **Garantie- oder Beglaubigungsfunktion**,

---

1 Hopt/*Merkt*[42] Rn 1; Baumbach/Hueck/*Schulze-Osterloh* GmbHG[18] § 41 Rn 146.

2 So wörtlich MünchKommHGB/*Ebke*[4] § 322 Rn 30.

3 Koller/Kindler/Roth/Drüen/*Morck*/*Bach* Rn 2.

die dem Bereich der externen Unternehmenskontrolle zuzuordnen ist.[4] Um den Gläubigern, Arbeitnehmern und Kapitalanlegern eine echte Hilfe zu sein, soll die Beurteilung des Prüfungsergebnisses nach Absatz 2 Satz 2 allgemein verständlich und problemorientiert erfolgen.[5] Die Aussagekraft ist dabei allerdings begrenzt: Der Abschlussprüfer würdigt allein, ob Jahresabschluss und Lagebericht ein zutreffendes Bild von der Vermögens-, Finanz- und Ertragslage des Unternehmens zeichnen. Entgegen mancherlei Fehlvorstellungen beinhaltet dagegen weder ein uneingeschränkter Bestätigungsvermerk noch ein Versagungsvermerk eine unmittelbare Beurteilung der wirtschaftlichen Lage oder der Geschäftsführung des geprüften Unternehmens.[6] Insbesondere kann bei entsprechender Berücksichtigung in der Rechnungslegung auch dann ein uneingeschränkter Bestätigungsvermerk zu erteilen sein, wenn die Insolvenz droht (vgl. zur sog. Erwartungslücke noch Rn 5).[7] Erst recht enthält der Bestätigungsvermerk keine vertrauensbegründenden Aussagen über die wirtschaftliche Entwicklung des Unternehmens in der Zukunft.[8]

2. Bedeutung des Bestätigungsvermerks

Die *rechtliche* Bedeutung des Bestätigungsvermerks liegt in dem nach außen sichtbaren Zeichen, dass 3
die Abschlussprüfung vorgenommen wurde. Der Vermerk dokumentiert formell den Abschluss der Prüfungshandlungen durch den Abschlussprüfer.[9] Dafür ist es unbeachtlich, ob der Abschlussprüfer zu einem positiven oder einem negativen Gesamturteil gelangt ist (vgl. § 325 Abs. 1 Satz 1 Nr. 1). Daran knüpft § 316 Abs. 1 Satz 2 an und bestimmt, dass der Jahresabschluss nur festgestellt werden darf, wenn der Bestätigungsvermerk erteilt oder versagt wurde (Feststellungssperre).[10] Eine Verletzung dieser Vorgabe führt zur Nichtigkeit des Jahresabschlusses (§ 316 Rn 10). Insbesondere deshalb hat das geprüfte Unternehmen einen im Wege der Leistungsklage durchsetzbaren **Rechtsanspruch** auf Erteilung eines Bestätigungs- oder Versagungsvermerks.[11] Vom Grundsatz, dass es auf die Art des erteilten Vermerks rein rechtlich nicht ankommt, gibt es jedoch Ausnahmen.[12] So dürfen eine Kapitalerhöhung aus Gesellschaftsmitteln (§ 209 Abs. 1 AktG, § 57e Abs. 1 GmbHG), die Ausgabe von Belegschaftsaktien aus genehmigtem Kapital (§ 204 Abs. 3 Satz 1 AktG) sowie die Änderung des Jahresabschlusses durch die Hauptversammlung (§ 173 Abs. 3 Satz 1 AktG) nur erfolgen, wenn ein uneingeschränkter Bestätigungsvermerk vorliegt. Umgekehrt dürfte die Einschränkung oder Versagung des Bestätigungsvermerks in aller Regel der Entlastung der Verwaltungsorgane entgegenstehen.[13] Dramatisch sind aber vor allem die *wirtschaftlichen* Konsequenzen eines negativen Schlussvermerks. Nach wie vor wird ein solcher als „Makel" wahrgenommen, der das Ansehen und die Kreditwürdigkeit des Unternehmens im Markt nachhaltig in Frage stellen kann.[14] Dies wiederum hat zur Folge, dass ein Versagungsvermerk bei entsprechender Kursrelevanz die Verpflichtung zur Abgabe einer Ad-hoc-Mitteilung nach Art. 17 MAR auslösen und die Aussetzung des Handels nach § 25 Abs. 1 Satz 1 Nr. 1 BörsG erforderlich machen kann.[15]

---

4 *Mattheus* Handbuch Corporate Governance, S. 563 (567); *Schüppen*[2] Rn 1.

5 Ebenroth/Boujong/Joos/Strohn[4]/*Böcking*/*Gros*/*Rabenhorst* Rn 5.

6 OLG Karlsruhe WM 1985, 940 (942); OLG Celle NZG 2000, 613 (614); *ADS* Rn 26; BeckBilKomm/*Justenhoven*/*Küster*/*Bernhardt*[13] Rn 11; *Lehwald* DStR 2000, 259.

7 *Mattheus* Handbuch Corporate Governance, S. 563 (567); BeckBilKomm/*Justenhoven*/*Küster*/*Bernhardt*[13] Rn 11.

8 BGH AG 2006, 197 (199).

9 Vgl. MünchKommHGB/*Ebke*[4] Rn 4.

10 Hopt/*Merkt*[42] Rn 1.

11 KG Wpg 2001, 617 (618); Hopt/*Merkt*[42] Rn 7; MünchKommHGB/*Ebke*[4] Rn 4; Koller/Kindler/Roth/Drüen/*Morck*/*Bach* Rn 2.

12 Baetge/Kirsch/Thiele/*Pfitzer*/*Orth*/*Schaefer* Rn 26; *ADS* Rn 38 ff.

13 Vgl. zum Ausschluss der Entlastung bei gravierender Verletzung von Gesetz oder Satzung BGHZ 153, 47 (50 ff) = NJW 2003, 1032; *Koch* AktG[16] § 120 Rn 12; s. daneben MünchKommHGB/*Ebke*[4] Rn 3.

14 Baetge/Kirsch/Thiele/*Orth*/*Schäfer* Rn 27.

15 BeckOGK-HGB/*Bormann*, 15.11.2020, Rn 6.

3. Unionsrechtliche Vorgaben

4 Sondervorschriften für Unternehmen von öffentlichem Interesse finden sich im eingangs abgedruckten Art. 10 APr-VO (Rn 44 ff; Vor § 316 Rn 19). Darüber hinaus enthält Art. 28 AP-RL (Vor § 316 Rn 18) allgemeine Vorgaben für den Bestätigungsvermerk, namentlich über dessen Notwendigkeit (Art. 28 Abs. 1 Satz 1 AP-RL), die Anwendung internationaler Prüfungsstandards (Artt. 28 Abs. 1 Satz 2, 26 AP-RL, § 322 Abs. 1a), die formale und inhaltliche Gestaltung des Vermerks (Art. 28 Abs. 2, 4 AP-RL), Joint Audits (Art. 28 Abs. 3 AP-RL) und die Anwendung dieser Vorgaben auf den Konzernabschluss (Art. 28 Abs. 5 AP-RL). Die Nachhaltigkeitsberichterstattungsrichtlinie (Vor § 316 Rn 20) sieht in ihrem Art. 28a überdies einen Prüfungsvermerk zur Nachhaltigkeitsberichterstattung vor, der nach Inkrafttreten der noch zu erlassenden nationalen Umsetzungsbestimmungen neben den Bestätigungsvermerk treten wird. Diese Bestimmung knüpft an an die Vorschrift des Art. 34 Abs. 1 UAbs. 2 lit. aa Jahresabschlussrichtlinie (Vor § 316 Rn 20) betreffend eine – allerdings zunächst regelmäßig nur mit dem Ziel der Erlangung begrenzter Prüfungssicherheit erfolgende – Prüfung der Nachhaltigkeitsberichterstattung.

4. Entstehungsgeschichte

5 Während der Bestätigungsvermerk als solcher bereits in § 262 f HGB 1931 und § 140 AktG 1937 vorgesehen war, schrieb erstmals § 167 AktG 1965 den zu verwendenden Wortlaut formelhaft fest, um für den Verkehr auf den ersten Blick erkennbar zu machen, ob ein Testat ohne Einschränkungen erteilt wurde.[16] Auch § 322 in der Fassung des BiRiLiG sah noch ein Formeltestat vor, welches in vorgeschriebener Kurzform die Übereinstimmung des Jahresabschlusses mit Gesetz und Satzung sowie Vermögens-, Finanz- und Ertragslage und den Einklang mit dem Lagebericht bestätigte. Diese Bestätigung wurde von der Öffentlichkeit weithin im Sinne eines „Gesundheitstestats“[17] für das Unternehmen verstanden. Es entstand daher eine Diskrepanz zwischen dem Inhalt des Bestätigungsvermerks und seiner Interpretation durch die Adressaten – die sog. *Erwartungslücke*.[18] Mit dem **KonTraG**[19] (Vor § 316 Rn 9) schlug der Gesetzgeber dann einen Mittelweg ein.[20] Nur noch der Bestätigungskern wurde seinem Grundgehalt nach vorgeschrieben; im Übrigen erfolgte eine knappe Beschreibung der durchgeführten Prüfung verbunden mit der Unterrichtung über das erzielte Prüfungsergebnis. Die Erwartungslücke wurde also nicht durch die Erfüllung der bestehenden Erwartungen geschlossen. Vielmehr wurde der Abschlussprüfer verpflichtet, die Erwartungen durch eine zielführende Formulierung des Bestätigungsvermerks zu reduzieren.[21]

6 Im Zuge des **BilReG**[22] (Vor § 316 Rn 11) wurde die Vorschrift im Jahr 2004 sprachlich noch einmal komplett neu gefasst. Gesetzgeberisches Ziel war es, sie zum einen an die dauerhafte Verankerung internationaler Rechnungslegungsstandards im europäischen und deutschen Bilanzrecht, zum anderen an die detaillierten Vorgaben der – durch die Modernisierungsrichtlinie ergänzten – Bilanzrichtlinie und Konzernbilanzrichtlinie[23] anzupassen.[24] Deutlicher als zuvor wurden die unterschiedlichen Arten der Schlussvermerke herausgestellt und näher behandelt. Auch wurde dem Prüfer aufgegeben, die angewandten Rechnungslegungs- und Prüfungsgrundsätze an-

---

16 Geßler/Hefermehl/Eckardt/*Kropff* AktG § 167 Rn 1, 7.

17 *Niehaus* BFuP 1996, 97.

18 Vgl. Begr. RegE, BT-Drucks. 13/9712, 29; *Böcking/Orth* Wpg 1998, 351 ff; *Gelhausen* AG-Sonderheft 1997, 73 (81); *Nonnenmacher* FS Clemm, S. 261 (282 f); *Sarx* FS Clemm, S. 337 (339); *Dörner/Schwegler* DB 1997, 285 (287).

19 Gesetz zur Kontrolle und Transparenz im Unternehmensbereich v. 27.4.1998, BGBl. I 786.

20 *Ernst* Wpg 1998, 1025 (1029).

21 *Peemöller/Keller* DStR 1997, 1986 (1991); kritisch *Moxter* BB 1997, 727 (729); *Böcking/Orth* Wpg 1998, 351 (356).

22 Bilanzrechtsreformgesetz v. 4.12.2004, BGBl. I 3166.

23 RiL 2003/51/EG des Europäischen Parlaments und des Rates v. 18.6.2003, ABl. EG Nr. L 178/16.

24 Begr. RegE, BT-Drucks. 15/3419, 44.

zugeben (Rn 11). Insgesamt waren die Ergänzungen jedoch überwiegend klarstellender Natur.[25] In Umsetzung der durch die RL 2013/34/EU geänderten AP-RL hat das **BilRUG**[26] (Vor § 316 Rn 13) im Jahr 2015 die Anforderungen an die Gliederung und die Unterzeichnung des Bestätigungsvermerks konkretisiert und die Vorgaben zum Inhalt des Bestätigungsvermerks bzgl. des Lageberichts und des Konzernlageberichts punktuell ergänzt.[27] Infolge der Änderungen der AP-RL durch die RL 2014/56/EU sind weitere Anpassungen des nationalen Rechts notwendig geworden, die der Bundesgesetzgeber mit dem **AReG**[28] vollzogen hat (Vor § 316 Rn 14, 19).[29] Darin wurden namentlich erneut die Anforderungen an die Form und die Unterzeichnung des Berichts modifiziert. Zudem wurde mit dem neuen Absatz 1a ein Verweis auf die von der EU-Kommission angenommenen internationalen Prüfungsstandards in den Normtext aufgenommen und und die Vorschrift um den neuen Absatz 6a zum Joint Audit ergänzt.[30] Im Zuge der Einführung des **einheitlichen elektronischen Formats** für Jahresfinanzberichte wurde dem Abschlussprüfer sodann im Jahr 2020 aufgegeben, über das Ergebnis der bei manchen Emittenten vorgeschriebenen Prüfung der Vorschriftsmäßigkeit der dafür erstellten elektronischen Wiedergabe gemäß § 317 Abs. 3a in einem besonderen Abschnitt des Bestätigungsvermerks zu berichten (Absatz 1 Satz 4, dazu Vor § 316 Rn 16).[31] Durch das **FISG**[32] (Vor § 316 Rn. 17) haben sich in § 322 lediglich geringfügige redaktionelle Anpassungen ergeben. Weiterer Umsetzungsbedarf für den nationalen Gesetzgeber ergibt sich aus der **Nachhaltigkeitsberichterstattungsrichtlinie** (Rn 4; Vor § 316 Rn 20); ein Gesetzesentwurf hierzu lag bei Manuskriptabschluss indes noch nicht vor.

5. Anwendungsbereich

Die Vorschrift gilt unmittelbar für alle **Pflichtprüfungen** nach § 316. Im Wege des Verweises findet 7
sie etwa auf Kreditinstitute (§ 340k), Versicherungen (§ 341k), mittelgroße und große atypische Personenhandelsgesellschaften (§ 264a) sowie auf solche Unternehmen entsprechende Anwendung, die nach §§ 6, 14 Abs. 1 PublG prüfungspflichtig sind (näher § 316 Rn 3 ff).[33] Hingegen ist die Vorschrift gemäß § 58 Abs. 2 GenG nur auf solche Genossenschaften entsprechend anzuwenden, die die Größenmerkmale des § 267 Abs. 3 erfüllen.[34] Bei **freiwilligen Prüfungen** (§ 316 Rn 29) darf ein Bestätigungsvermerk nur erteilt werden, sofern ein nach § 319 Abs. 1 befähigter und nicht von der Prüfung ausgeschlossener[35] Prüfer die Prüfung nach Art und Umfang der gesetzlichen Prüfung gem. § 317 durchgeführt und hierüber einen schriftlichen Bericht erstellt hat.[36] Wird die Prüfung dagegen mit einem abweichenden oder geringeren Umfang durchgeführt, darf darüber nur eine

---

25 Beck BilKomm[6]/*Förschle*/*Küster* Rn 1; Ebenroth/Boujong/Joost/Strohn/*Wiedmann* Rn 5a; Baumbach/Hueck/*Schulze-Osterloh* GmbHG[18] § 41 Rn 147.

26 Bilanzrichtlinie-Umsetzungsgesetz vom 17.7.2015, BGBl. I 1245.

27 RegE BT-Drs. 18/4050, S. 77.

28 Abschlussprüferreformgesetz (AReG) vom 10.5.2016, BGBl. I, S. 1142.

29 RegE BT-Drs. 18/7219, S. 44.

30 RegE BT-Drs. 18/7219, S. 44 f. (mit Begriff „Joint Audit").

31 Gesetz zur weiteren Umsetzung der Transparenzrichtlinie-Änderungsrichtlinie im Hinblick auf ein einheitliches elektronisches Format für Jahresfinanzberichte vom 12.8.2020, BGBl. I, S. 1874.

32 Gesetz zur Stärkung der Finanzmarktintegrität (Finanzmarktintegritätsstärkungsgesetz – FISG) vom 3.6.2021, BGBl. I, S. 1534.

33 Baetge/Kirsch/Thiele/*Orth*/*Schäfer* Rn 6.

34 Baetge/Kirsch/Thiele/*Orth*/*Schäfer* Rn 6.

35 Vgl. zur Beteiligung bei der Aufstellung des Abschlusses BGH ZIP 2010, 433; OLG München BB 1996, 1824 (1825); OLG Hamm DStR 2009, 1978; *ADS* § 316 Rn 36; Baumbach/Hueck/*Schulze-Osterloh* GmbHG[18] § 41 Rn 184.

36 So bereits *Goerdeler* FS Fischer, S. 149 (156); ferner *ADS* Rn 418; MünchKommHGB/*Ebke*[4] Rn 15; Ebenroth/Boujong/Joost/Strohn/*Böcking*/*Gros*/*Rabenhorst* Rn 4.

Bescheinigung ausgestellt werden, der nicht das gleiche öffentlichkeitswirksame Gewicht wie dem Bestätigungsvermerk zukommt.[37]

II. Bestätigungsvermerk zum Jahresabschluss

1. Inhalt, Form, Prüfungsstandards

8 Im Zentrum des Bestätigungsvermerks steht das zusammenfassende Urteil des Prüfers über das Prüfungsobjekt, welches zwingend in einer der gesetzlich vorgeschriebenen Formen zum Ausdruck zu bringen ist. Der Abschlussprüfer hat nämlich gemäß Absatz 2 entweder einen uneingeschränkten oder einen eingeschränkten Bestätigungsvermerk, einen Versagungsvermerk oder einen Nichterteilungsvermerk abzugeben.[38] Nach Absatz 6 hat sich die Beurteilung auch darauf zu erstrecken, ob der Lagebericht mit dem Jahresabschluss in Einklang steht und insgesamt ein zutreffendes Bild von der Lage des Unternehmens vermittelt (Rn 14). Neben dieser Kernaussage hat der Vermerk jedoch weitere **Pflichtangaben** zu enthalten. So sind Gegenstand, Art und Umfang der Prüfung zu beschreiben und die angewandten Prüfungsgrundsätze anzugeben (Absatz 1 Satz 2; Rn 10 f). Schließlich hat der Abschlussprüfer auch auf bestandsgefährdende Risiken einzugehen (Absatz 2 Satz 3; Rn 29). Der Umfang dieser Ausführungen ist wesentlich geringer als die entsprechenden Angaben im Prüfungsbericht. Es muss sich aber inhaltlich um eine individuelle Beschreibung von konkreten Prüfungstatsachen handeln.[39]

9 Vorbehaltlich der in § 322 Abs. 3 Satz 1 vorgesehenen Kernaussage, dass die Prüfung zu keinen Einwendungen geführt hat und dass der Jahresabschluss nach der Beurteilung des Abschlussprüfers den gesetzlichen Vorschriften entspricht und ein den tatsächlichen Verhältnissen entsprechendes Bild der Vermögens-, Finanz- und Ertragslage der Kapitalgesellschaft vermittelt, liegt die Formulierung des Bestätigungsvermerks im pflichtgemäßen Ermessen des Prüfers; ein Formeltestat ist seit der Reform durch das KonTraG nicht mehr vorgeschrieben (Rn 5).[40] Der Bestätigungsvermerk richtet sich an die Öffentlichkeit und muss nach Absatz 2 Satz 1 allgemein verständlich sein, so dass nicht einmal ausnahmsweise eine fachspezifische Formulierung zulässig ist.[41] Die Praxis orientiert sich bei der Ausgestaltung vorrangig an den vom Institut der Wirtschaftsprüfer verabschiedeten Grundsätzen für die ordnungsgemäße Erteilung von Bestätigungsvermerken **(IDW PS 400 n.F.)**, die ihrerseits dem International Standard on Auditing (ISA) 700 (Revised) „Forming an Opinion and Reporting on Financial Statements" entsprechen, soweit nicht nationale gesetzliche Anforderungen im Einzelfall Abweichungen erfordern.[42] Dadurch werden die durch die Neufassung des Gesetzes geschaffenen Spielräume in gewisser Weise wieder relativiert.[43] Der damit eingeschlagene Mittelweg ist indes durchaus sachgerecht, weil eine völlig freie Formulierung ad hoc allzu fehlerträchtig wäre, das Verständnis für die Prüfungsaussage in der Öffentlichkeit erschweren würde und schlimmstenfalls Einflussnahmeversuche der Unternehmensleitung erleichtern könnte.[44]

9a Nach Absatz 1a sind bei der Erstellung des Bestätigungsvermerks etwaige von der EU-Kommission gemäß Art. 26 Abs. 3 AP-RL förmlich angenommene **internationale Prüfungsstandards** an-

---

37 Hopt/*Merkt*[42] Rn 1.

38 BeckOGK-HGB/*Bormann*, 15.11.2020, Rn 1, 80 (mit dem Begriff „Nichterteilungsvermerk").

39 Vgl. BT-Drucks. 13/9712, S. 29 sowie die 4. Aufl. dieser Kommentierung Rn 4 (*Zimmer*).

40 *Forster* Wpg 1998, 53; BeckBilKomm/*Justenhoven*/*Küster*/*Bernhardt*[13] Rn 2; Koller/Kindler/Roth/Drüen/*Morck*/*Bach* Rn 3.

41 Zust. MünchKommHGB/*Ebke*[4] Rn 20 mit Fn. 109.

42 MünchKommHGB/*Ebke*[4] Rn 16.

43 MünchKommHGB/*Ebke*[4] Rn 39; vgl. auch HKzHGB/*Kirnberger* Rn 1a, 9.

44 *Schindler*/*Rabenhorst* BB 1998, 1939 (1941); *Böcking*/*Orth* Wpg 1998, 351 (352); Ebenroth/Boujong/Joost/Strohn/*Böcking*/*Gros*/*Rabenhorst* Rn 10.

zuwenden. Entsprechend der Legaldefinition in Art. 26 Abs. 2 AP-RL sind internationale Prüfungsstandards namentlich die International Standards on Auditing (ISA), der International Standard on Quality Control 1 und damit zusammenhängende weitere vom IAASB herausgegebene, für die Abschlussprüfung relevante Standards.[45] Weil eine förmliche Annahme durch die EU-Kommission bislang jedoch nicht erfolgt ist, bleibt es einstweilen dabei, dass die ISA die Praxis beeinflussen und vom IDW aufgegriffen werden, ohne unmittelbar rechtliche Verbindlichkeit beanspruchen zu können.[46] Im Zuge der Einführung des **einheitlichen elektronischen Formats** für Jahresfinanzberichte wurde dem Abschlussprüfer zudem aufgegeben, über das Ergebnis der bei manchen Emittenten vorgeschriebenen Prüfung der Vorschriftsmäßigkeit der dafür erstellten elektronischen Wiedergabe gemäß § 317 Abs. 3a in einem besonderen Abschnitt des Bestätigungsvermerks zu berichten (Absatz 1 Satz 4, dazu Vor § 316 Rn 16).[47]

2. Einleitender und beschreibender Teil; Abgrenzung der Verantwortungsbereiche

Vermerke mit positivem Gesamturteil sind als „Bestätigungsvermerk"[48] zu kennzeichnen; andern- 10
falls ist nach Absatz 4 Satz 2, Absatz 7 die Bezeichnung „Versagungsvermerk" oder „Vermerk über die Versagung" zu verwenden.[49] Der IDW PS 400 n.F. sieht zudem eine Adressierung des Vermerks an die geprüfte Gesellschaft und (abhängig von bestimmten Umständen) weitere Zwischenüberschriften vor.[50] Sodann ist der Gegenstand der Prüfung möglichst knapp zu beschreiben, also zusätzlich zum Jahresabschluss unter Einschluss der Buchführung und des Lageberichts das geprüfte Unternehmen, der Abschlussstichtag und das dem Jahresabschluss zugrunde liegende Geschäftsjahr zu bezeichnen und anzugeben, nach welchen Rechnungslegungsvorschriften der Abschluss erstellt wurde (Mindestinhalt des einleitenden Abschnitts, Absatz 1 Satz 3).[51] Während Absatz 2 Satz 2 a.E. lediglich vorschreibt, bei der Beurteilung des Prüfungsergebnisses den Umstand zu berücksichtigen, dass die gesetzlichen Vertreter den Abschluss zu verantworten haben, geht der IDW PS 400 darüber hinaus und empfiehlt zusätzlich, auf die **Abgrenzung der Verantwortungsbereiche** zwischen den gesetzlichen Vertretern einerseits und dem Abschlussprüfer andererseits hinzuweisen,[52] was entgegen der früheren Praxis nunmehr in einem gesonderten Abschnitt geschieht.[53] Um eine Erwartungslücke (Rn 5) schon im Ansatz nicht entstehen zu lassen, ist in der Tat die Klarstellung sinnvoll, dass der Abschlussprüfer lediglich ein Urteil über die durch die Einschätzungen und Beurteilungen der gesetzlichen Vertreter gekennzeichnete Rechnungslegung und den Lagebricht abzugeben hat.[54]

Nach Absatz 1 Satz 2 hat der Bestätigungsvermerk weiterhin **Art und Umfang** der Prüfung 11
zu beschreiben. Auch diese Dokumentation soll dazu beitragen, unzutreffenden Erwartungen der Adressaten im Hinblick auf die Tragweite der Prüfung den Boden zu entziehen. Das erfordert jedenfalls einen Hinweis auf den Charakter der Prüfung als gesetzliche Abschlussprüfung und den dabei zu beobachtenden Prüfungsmaßstab des § 317.[55] Daneben verlangt Absatz 1 Satz 2 ausdrücklich eine Nennung der angewandten Prüfungsgrundsätze. Berufsständischer Übung entspre-

45 BeckBilKomm/*Justenhoven*/*Küster*/*Bernhardt*[13] § 317 Rn 125.

46 Vgl. IDW PS 400 n.F. Rn. 6. Im Schrifttum BeckBilKomm/*Justenhoven*/*Küster*/*Bernhardt*[13] Rn 26.

47 Gesetz zur weiteren Umsetzung der Transparenzrichtlinie-Änderungsrichtlinie im Hinblick auf ein einheitliches elektronisches Format für Jahresfinanzberichte vom 12.8.2020, BGBl. I, S. 1874.

48 IDW PS 400 n.F. Rn 31: „Bestätigungsvermerk des unabhängigen Abschlussprüfers".

49 BeckBilKomm/*Justenhoven*/*Küster*/*Bernhardt*[13] Rn 37.

50 IDW PS 400 n.F. Rn 32 f.

51 Baetge/Kirsch/Thiele/*Orth*/*Schaefer* Rn 37; Koller/Kindler/Roth/Drüen/*Morck*/*Bach* Rn 4.

52 IDW PS 400 n.F. Rn 53 ff.

53 MünchKommHGB/*Ebke*[4] Rn 28; Ebenroth/Boujong/Joost/Strohn/*Böcking*/*Gros*/*Rabenhorst* Rn 30.

54 MünchKommHGB/*Ebke*[4] Rn 57; Ebenroth/Boujong/Joost/Strohn/*Böcking*/*Gros*/*Rabenhorst* Rn 30; vgl. auch BT-Drucks. 13/9712, S. 29.

55 BeckOGK-HGB/*Bormann*, 15.11.2020, Rn 37.

chend hat der Abschlussprüfer weiterhin zu versichern, dass seine Prüfung eine hinreichend sichere Basis für seine Beurteilung bildet, er also unter Berücksichtigung seiner Kenntnisse über die Geschäftstätigkeit und das wirtschaftliche und rechtliche Umfeld der geprüften Gesellschaft die Prüfung so geplant und durchgeführt hat, dass er wesentliche Unrichtigkeiten und Gesetzesverstöße mit hinreichender Sicherheit erkennen konnte.[56]

3. Zusammenfassendes Urteil des Prüfers

12 Die Ausführungen des Prüfers haben in sein zusammenfassendes Urteil zu münden, aus dem sich **zweifelsfrei**[57] ergibt, für welche der in Absatz 2 Nr. 1 bis 4 abschließend aufgezählten Grundformen des Schlussvermerks sich der Abschlussprüfer entschieden hat. In der Tenorierung ist klar zum Ausdruck zu bringen, ob ein uneingeschränkter Bestätigungsvermerk, ein eingeschränkter Bestätigungsvermerk, ein Versagungsvermerk aufgrund von Einwendungen oder ein Versagungsvermerk wegen gravierender Prüfungshemmnisse erteilt wurde.

13 **a) Uneingeschränkter Bestätigungsvermerk (Absatz 2 Satz 1 Nr. 1, Absatz 3).** Der Bestätigungsvermerk darf nur dann ohne Einschränkung erteilt werden, wenn der Abschlussprüfer zu einem durchgehend positiven Gesamturteil gelangt. Er darf also überhaupt **keine oder lediglich unwesentliche Einwendungen** zu erheben haben (vgl. zur Wesentlichkeit Rn 19).[58] Dazu müssen nach den Erkenntnissen des Abschlussprüfers die Anforderungen des Gesetzes und der Satzung sowie der Grundsätze ordnungsmäßiger Buchführung beachtet worden sein.[59] Namentlich muss der Prüfer die Einhaltung des in § 264 Abs. 2 Satz 1 niedergelegten Prinzips des true and fair view attestieren können.[60] Er hat nämlich nach Absatz 3 Satz 1 nicht nur zu erklären, dass der von den gesetzlichen Vertretern aufgestellte Jahresabschluss nach seiner Beurteilung den gesetzlichen Vorschriften entspricht, sondern vor allem herauszustellen, dass der Jahresabschluss unter Beachtung der Grundsätze ordnungsgemäßer Buchführung oder sonstiger maßgeblicher Rechnungslegungsgrundsätze ein den tatsächlichen Verhältnissen entsprechendes Bild der Vermögens-, Finanz- und Ertragslage des Unternehmens vermittelt. Ist die Fortführung des Unternehmens wegen (drohender) Insolvenz nicht gesichert, steht das einem uneingeschränkten Bestätigungsvermerk nicht per se entgegen (Rn 2). Unbeschadet der Verpflichtung des Abschlussprüfers zum Hinweis auf bestandsgefährdende Risiken nach Absatz 2 Satz 3 (Rn 29) müssen die gesetzlichen Vertreter dieser besonderen Situation jedoch angemessen Rechnung tragen und dürfen Vermögensgegenstände nur zu Veräußerungswerten ansetzen.[61]

14 Das positive Gesamturteil muss nach Absatz 6 Satz 1 den **Lagebericht** umfassen, wobei der Abschlussprüfer in Anknüpfung an § 317 Abs. 2 Satz 2 nach Absatz 6 Satz 2 auch darauf einzugehen hat, ob die Chancen und Risiken der zukünftigen Entwicklung zutreffend dargestellt sind. Zu bestätigen ist also eine Übereinstimmung des Lageberichts mit den Anforderungen des § 289.[62] Keiner Aussage zum Lagebericht bedarf es, wenn ein solcher zulässigerweise nicht erstellt wurde (vgl. § 264 Abs. 1 Satz 3).[63]

15 Das positive Gesamturteil **beschränkt** sich **auf die in den Absätzen 3 und 6 genannten Prüfungsgegenstände**. Freiwillige Angaben im Anhang sind zu berücksichtigen, weil dieser in

56 Vgl. IDW PS 400 n.F. Rn 59 ff.
57 MünchKommHGB/*Ebke*[4] Rn 30; Baetge/Kirsch/Thiele/*Pfitzer*/*Orth*/*Schaefer* Rn 55.
58 BeckOGK-HGB/*Bormann*, 15.12.2020, Rn 56 ff.
59 Ebenroth/Boujong/Joost/Strohn[4]/*Böcking*/*Gros*/*Rabenhorst* Rn 17.
60 BeckOGK-HGB/*Bormann*, 15.12.2020, Rn 56.
61 BeckBilKomm/*Justenhoven*/*Küster*/*Bernhardt*[13] Rn 48.
62 BeckBilKomm/*Justenhoven*/*Küster*/*Bernhardt*[13] Rn 52.
63 Hopt/*Merkt*[42] Rn 16; Ebenroth/Boujong/Joost/Strohn/*Wiedmann* Rn 19.

seiner Gesamtheit Teil des Jahresabschlusses ist.[64] Der *Vorjahresabschluss* als solcher ist dagegen nicht unmittelbarer Gegenstand der Bewertung. Wurde dieser nicht geprüft oder insofern ein Versagungsvermerk erteilt, so schließt das die Erteilung eines uneingeschränkten Bestätigungsvermerks daher nicht aus, sofern der geprüfte Abschluss selbst materiell richtig ist.[65] Über das Ergebnis der Prüfung des *Risikofrüherkennungssystems* nach § 317 Abs. 4 ist im Bestätigungsvermerk keine eigenständige Aussage zu treffen. Das Prüfungsergebnis ist vielmehr ausschließlich im Rahmen des Prüfungsberichts Berichtsgegenstand (§ 321 Rn 52 f).[66] Ebenfalls nur im Prüfungsbericht zu erfolgen hat die Berichterstattung über die Prüfung der *Ordnungsmäßigkeit der Geschäftsführung* nach §§ 53, 58 GenG bzw. § 53 HGrG.[67]

Enthält die Satzung missverständliche Vorgaben zur Rechnungslegung, so hat der Abschlussprüfer darzulegen, wie diese von ihm interpretiert wurden und dass der Bestätigungsvermerk unter dieser Prämisse erteilt wurde.[68] Da sich der Bestätigungsvermerk insbesondere an unternehmensexterne Adressaten richtet, die keine Kenntnis von solchen Satzungsbestimmungen haben, ist auf deren Bestehen hinzuweisen, sofern sie für den Jahresabschluss wesentlich sind. Hat der Prüfer festgestellt, dass Vorgaben der Satzung rechtswidrig sind und wurden diese deshalb bei der Aufstellung des Jahresabschlusses nicht berücksichtigt,[69] so ist eine Stellungnahme im Bestätigungsvermerk nicht erforderlich.[70] 16

Die Vorschrift des **Absatz 3 Satz 2** erlaubt es dem Abschlussprüfer, einen **Hinweis** auf Umstände aufzunehmen, auf die er in besonderer Weise aufmerksam machen will, ohne den Bestätigungsvermerk einzuschränken. Diese Bestimmung wurde im Zuge des BilReG in das Gesetz aufgenommen, um Art. 51a Abs. 1 lit. d der Bilanzrichtlinie und Art. 37 Abs. 2 lit. d der Konzernbilanzrichtlinie umzusetzen.[71] Inhaltlich ähnelt sie § 322 Abs. 2 Satz 1 in der Fassung vor dem KonTraG, welcher ebenfalls Ergänzungen des Bestätigungsvermerks vorsah, um einen falschen Eindruck über den Inhalt der Prüfung und die Tragweite des Bestätigungsvermerks zu vermeiden. Diese Vorschrift war gestrichen worden, weil die Praxis von ihr wegen möglicher Verwechslungen mit einer Einschränkung des Testats kaum Gebrauch gemacht hatte.[72] Ein ergänzender Hinweis kann etwa die Beachtung von Bestimmungen im Gesellschaftsvertrag, einen ausstehenden Hauptversammlungsbeschluss oder die Tragweite bestimmter Unterlagen betreffen. Er sollte auf Ausführungen im Anhang oder im Lagebericht Bezug nehmen, die den Sachverhalt genauer darstellen.[73] Die Hinweise dürfen nicht so zahlreich oder ausführlich sein, dass sie die Verständlichkeit und Verkehrsfähigkeit des Bestätigungsvermerks in Frage stellen. Außerdem ist hervorzuheben, dass mit der gesonderten Nennung bestimmter Sachverhalte keine Einschränkung des Bestätigungsvermerks verbunden ist.[74] 17

b) Eingeschränkter Bestätigungsvermerk (Absatz 2 Nr. 2, Absatz 4 Satz 1 Alt. 1)

aa) Positives Gesamturteil trotz Einwendungen. Ein eingeschränkter Bestätigungsvermerk ist nach Absatz 2 Nr. 2 und Absatz 4 Satz 4 zu erteilen, wenn zwar Einwendungen zu erheben sind, diese aber nur abgrenzbare Teile des Jahresabschlusses oder des Lageberichts betreffen und der geprüfte Abschluss daher unter Beachtung der vom Abschlussprüfer vorgenommenen Einschrän- 18

64 BeckBilKomm/*Justenhoven/Küster/Bernhardt*[13] Rn 45.
65 MünchKommHGB/*Ebke*[4] Rn 33; Baetge/Kirsch/Thiele/*Orth/Schaefer* Rn 69.
66 *ADS* Rn 15, 141; MünchKommHGB/*Ebke*[4] Rn 67; Baetge/Kirsch/Thiele/*Orth/Schaefer* Rn 69.
67 *ADS* Rn 142; MünchKommHGB/*Ebke*[4] Rn 67.
68 Vgl. dazu *Erle* S. 189 f.
69 Anderenfalls ist der Bestätigungsvermerk einzuschränken oder zu versagen.
70 4. Aufl. Rn 12 (*Zimmer*).
71 BT-Drucks. 15/3419, S. 45.
72 BT-Drucks. 13/9712, S. 29; Baumbach/Hueck/*Schulze-Osterloh* GmbHG[18] § 41 Rn 153.
73 Vgl. BeckBilKomm/*Justenhoven/Küster/Bernhardt*[13] Rn 211 ff.
74 Zu beidem Baetge/Kirsch/Thiele/*Orth/Schaefer* Rn 75.2, 76.1; zur Frage, ob eine Hinweispflicht besteht, *Reimann* S. 305 f.

kung ein den tatsächlichen Verhältnissen im Wesentlichen entsprechendes Bild der Vermögens-, Finanz- und Ertragslage vermittelt.[75] Ein solches im Ganzen noch positives Gesamturteil ist nur möglich, wenn die Einwendung in ihrer Tragweite überschaubar ist. Der Begriff der **Einwendungen** ist im Gesetz nicht erläutert. Darunter sind wesentliche Beanstandungen zu verstehen, die sich im Rahmen der Prüfungsdurchführung gegen Inhalt oder Form einzelner Bestandteile der Buchführung, des Jahresabschlusses bzw. des Lageberichts ergeben haben.[76] Gemessen am Maßstab des Informationsbedarfs der Öffentlichkeit geringfügige Beanstandungen begründen mit anderen Worten keine Einwendung.[77]

19 Für die Bestimmung der **Wesentlichkeit** von Beanstandungen ist von Bedeutung, in welcher Relation ihr Gegenstand zu relevanten Kenngrößen des Unternehmens steht, z.B. zum Betrag der betroffenen Jahresabschlussposten, der Bilanzsumme, dem Eigenkapital, dem Jahresergebnis oder gesellschaftsrechtlich relevanten Grenzen (sog. quantitative Komponente). Eine wesentliche Beanstandung wird ferner regelmäßig beim Verstoß gegen bedeutsame Rechnungslegungsvorschriften vorliegen, so z.B. bei der Nichteinhaltung von Bestimmungen über die Bildung und Auflösung von Kapital- oder Gewinnrücklagen (sog. qualitative Komponente).[78] Angesichts ihrer besonderen Bedeutung dürfte der Bestätigungsvermerk auch dann einzuschränken sein, wenn die Entsprechungserklärung im Sinne von § 161 AktG nicht abgegeben oder veröffentlicht und damit gegen § 285 Nr. 16 verstoßen wurde.[79] Neben Fällen der besonderen Intensität eines Fehlers kommt eine Einschränkung in Betracht, wenn erst die Kumulation mehrerer geringfügiger Mängel zu einer Beanstandung mit Wesentlichkeitscharakter führt.[80] Die Abgrenzung zwischen unwesentlichen und wesentlichen Mängeln betrifft die Ausfüllung eines unbestimmten Rechtsbegriffs und unterliegt daher als Rechtsfrage der judiziellen Nachprüfung.[81]

20 Die Einschränkung (und erst recht die Versagung) unterliegt dem Grundsatz der Verhältnismäßigkeit.[82] Die wesentliche Beanstandung muss zum **Zeitpunkt** der Einschränkung des Bestätigungsvermerks noch bestehen.[83] Bis dahin kann das Unternehmen den Anlass der Beanstandung mithin noch beseitigen.[84] Spätere Änderungen sind im Rahmen einer Nachtragsprüfung zu berücksichtigen (Rn 40).

21 **bb) Gegenstand von Einwendungen.** Einwendungen können sich aus **Verstößen** gegen Vorschriften ergeben, die sich direkt auf die formelle und materielle Darstellung von Sachverhalten und Angaben innerhalb der Buchführung und des Jahresabschlusses bzw. Lageberichts beziehen.[85] Entsprechendes gilt für Verstöße gegen wirksame, gesetzliche Rechnungslegungsvorschriften ergänzende Vorgaben der Satzung.[86] Werden zwingende gesetzliche Vorschriften aufgrund von abweichenden Bestimmungen der Satzung nicht eingehalten, so begründet dies ebenfalls eine Einwendung (Rn 16). Für sich genommen unschädlich sind dagegen Beanstandungen hinsichtlich des nach § 91 Abs. 2 AktG einzurichtenden Risikofrüherkennungssystems (Rn 15). Auch über Ver-

75 Koller/Kindler/Roth/Drüen/*Morck*/*Bach* Rn 8.

76 *ADS* Rn 212; Hopt/*Merkt*[42] Rn 12 f.; MünchKommHGB/*Ebke*[4] Rn 38; s. auch *Gelhausen* AG-Sonderheft 1997, 73 (81 f).

77 BeckOGK-HGB/*Bormann*, 15.11.2020, Rn 58.

78 Zu beidem Baetge/Kirsch/Thiele/*Orth*/*Schaefer* Rn 83; vgl. auch BeckOGK-HGB/*Bormann*, 15.11.2020, Rn 63 f., sowie im Einzelnen *Erle* 153 ff.

79 *Ruhnke* AG 2003, 371 (374); vgl. auch BeckOGK-HGB/*Bormann*, 15.11.2020, Rn 64.

80 *ADS* Rn 222; MünchKommHGB/*Ebke*[4] Rn 38; Ebenroth/Boujong/Joost/Strohn/*Böcking*/*Gros*/*Rabenhorst* Rn 21.

81 Hopt/*Merkt*[42] Rn 10; Baumbach/Hueck/*Schulze-Osterloh* GmbHG[18] § 41 Rn 154; BeckOGK-HGB/*Bormann*, 15.11.2020, Rn 65; **aA** – pflichtgemäßes Ermessen des Prüfers – 4. Aufl. Rn 14 (*Zimmer*); Koller/Kindler/Roth/Drüen/*Morck*/*Bach* Rn 8; vgl. zur Abgrenzung der Begriffe *Niemann* DStR 2004, 52; daneben *Reimann* S. 306 ff.

82 BeckOGK-HGB/*Bormann*, 15.11.2020, Rn 58, 63.

83 *ADS* Rn 213; Ebenroth/Boujong/Joost/Strohn/*Böcking*/*Gros*/*Rabenhorst* Rn 21.

84 Baetge/Kirsch/Thiele/*Orth*/*Schaefer* Rn 85.

85 Vgl. dazu im Einzelnen die Darstellungen bei *ADS* Rn 271 ff; BeckBilKomm/*Justenhoven*/*Küster*/*Bernhardt*[13] Rn 183.

86 MünchKommHGB/*Ebke*[4] Rn 67.

stöße der gesetzlichen Vertreter oder Angestellten gegen steuerrechtliche oder nicht unmittelbar die Rechnungslegung betreffende[87] strafrechtliche Vorschriften ist im Rahmen des Bestätigungsvermerks nicht zu berichten (anders im Prüfungsbericht: § 321 Rn 30 ff). Allerdings können derartige Verstöße sich indirekt auf die Erteilung des Bestätigungsvermerks auswirken, wenn in Verbindung mit dem Verstoß vorzunehmende Rückstellungen nicht gebildet werden oder eine im Rahmen des Lageberichts erforderliche Berichterstattung unterbleibt.[88]

Einwendungen können sich auch aus der **unzureichenden Aufklärung** und Nachweisbeschaffung durch die gesetzlichen Vertreter ergeben.[89] Der Abschlussprüfer hat bei seiner Entscheidung über die Einschränkung oder Versagung des Bestätigungsvermerks die Relevanz der fehlenden Nachweise für den Jahresabschluss bzw. Lagebericht in Rechnung zu stellen.[90] Hiernach ist eine Einwendung nicht begründet, wenn der Abschlussprüfer die erforderlichen Informationen auf anderem Weg erlangt hat und somit bei der Prüfung berücksichtigen konnte (§ 320 Rn 34) bzw. die Verweigerung nur zu einer unwesentlichen Beanstandung geführt hat.[91] Andererseits muss der Abschlussprüfer selbst bei vollständiger Erfüllung der Auskunftspflichten den Bestätigungsvermerk einschränken, wenn die Aufklärung eines relevanten Sachverhalts objektiv nicht möglich war.[92] 22

cc) Formulierung. Die **Bezeichnung** des abschließenden Vermerks im Fall der Einschränkung lautet unverändert „Bestätigungsvermerk“.[93] Um die Allgemeinverständlichkeit der Ergebniszusammenfassung zu gewährleisten, muss die Einschränkung aber ausdrücklich und unmissverständlich vorgenommen werden.[94] Der (insoweit ausreichende) Prüfungsstandard des IDW sieht eine Modifikation der Abschnittsüberschrift sowie Formulierungen der Art vor, dass der betreffende Abschluss „mit Ausnahme der Auswirkungen des im Abschnitt [...] beschriebenen Sachverhalts in allen wesentlichen Belangen“ den gesetzlichen Vorschriften entspricht.[95] 23

Die Einschränkung muss aber vor allem ihre **Tragweite** erkennen lassen (Absatz 4 Satz 4). Somit sind Angaben erforderlich, die verdeutlichen, welche Teile der Rechnungslegung als uneingeschränkt bestätigt angesehen werden können bzw. „inwieweit man sich auf das Testat noch verlassen kann“.[96] Dazu müssen exakte Angaben zu jedem einzelnen Tatbestand gemacht werden, der Auslöser für wesentliche Beanstandungen war.[97] Dabei hat der Abschlussprüfer darzulegen, welche Auswirkungen der beanstandete Gegenstand auf die Rechnungslegung hat. Soweit möglich und sachgerecht, ist dabei auf konkrete Zahlenangaben zurückzugreifen.[98] Auf Konsequenzen für die Aussagefähigkeit des Lageberichts sowie die Vermittlung eines den tatsächlichen Verhältnissen entsprechenden Bildes der Vermögens-, Finanz- und Ertragslage ist besonders hinzuweisen. Gleiches gilt, wenn der beanstandete Sachverhalt Ursache solcher Risiken ist, die nach Absatz 2 Satz 3 in den Bestätigungsvermerk aufgenommen werden mussten (bestandsgefährdende Risiken) oder die Gegenstand der Darstellung von Risiken im Lagebericht (Risiken der zukünftigen Entwicklung, § 289 Abs. 1 Satz 4 Alt. 2) sind. Beruhen Einwendungen auf der Unterlassung von Angaben, so besteht für den Abschlussprüfer keine Verpflichtung, diese Angaben nachzuholen; es ist ausrei- 24

87 Zu Straftaten nach § 331 *Erle* S. 171 ff.
88 BeckBilKomm/*Justenhoven/Küster/Bernhardt*[13] Rn 174; *Lehwald* DStR 2000, 259 (261).
89 BeckBilKomm/*Justenhoven/Küster/Bernhardt*[13] Rn 182.
90 MünchKommHGB/*Ebke*[4] Rn 38.
91 MünchKommHGB/*Ebke*[4] Rn 38.
92 Vgl. *ADS* Rn 313; MünchKommHGB/*Ebke*[4] Rn 38 mit Fn. 181.
93 BeckBilKomm/*Justenhoven/Küster/Bernhardt*[13] Rn. 203.
94 Vgl. Baetge/Kirsch/Thiele/*Orth/Schaefer* Rn 88; Ebenroth/Boujong/Joost/Strohn/*Böcking/Gros/Rabenhorst* Rn 23.
95 IDW PS 405 Rn. 27 (etwas gekürzt und vereinfacht); auch zur Abschnittsüberschrift BeckBilKomm/*Justenhoven/Küster/Bernhardt*[13] Rn 205.
96 Heymann/*Herrmann* Rn 18.
97 Vgl. *ADS* Rn 235.
98 BeckBilKomm/*Justenhoven/Küster/Bernhardt*[13] Rn. 189; Koller/Kindler/Roth/Drüen/*Morck/Bach* Rn 8.

chend, wenn er auf ihr Fehlen hinweist. Muss die Einschränkung erfolgen, weil die gesetzlichen Vertreter ihren Auskunftspflichten nach § 320 nicht nachgekommen sind, so ist neben dieser Tatsache nur der entsprechende Sachverhalt zu nennen. Die gesetzlichen Vertreter sind lediglich als solche zu bezeichnen; ihre namentliche Nennung ist unzulässig.[99]

25 **c) Versagungsvermerk (Absatz 2 Nr. 3, Absatz 4 Satz 2).** Wirken sich wesentliche Beanstandungen (Rn 18 ff) auf den Jahresabschluss oder den Lagebericht insgesamt aus und vermögen diese daher kein zutreffendes Bild von der Vermögens-, Finanz- und Ertragslage des Unternehmens zu vermitteln, darf ein Bestätigungsvermerk nicht erteilt werden. Mit anderen Worten kommt nur noch ein Versagungsvermerk in Betracht, wenn zu wesentlichen Teilen der Rechnungslegung ein **Positivbefund nicht mehr haltbar** ist.[100] Dabei handelt es sich – ebenso wie bei der Abgrenzung von wesentlichen und unwesentlichen Beanstandungen (Rn 19) – um die Konkretisierung eines unbestimmten Rechtsbegriffs und damit um eine Rechtsfrage.[101] Allenfalls ist dem Abschlussprüfer ein gewisser Beurteilungsspielraum zuzubilligen, ein Ermessen im Rechtssinn ist ihm dagegen entgegen der herrschenden Meinung nicht eingeräumt.[102] Die Versagung kann auf einem einzigen gewichtigen Einwand oder auf mehreren kumulativ wirkenden Einwendungen beruhen.[103] Dies ist in der Begründung näher auszuführen (vgl. Rn 27). Anlass für erhebliche Beanstandungen besteht für den Abschlussprüfer insbesondere dann, wenn Mängel und Ordnungswidrigkeiten so gewichtig sind, dass von einer ordnungsmäßigen Buchführung nicht mehr gesprochen werden kann.[104] Gleiches gilt bei schwerwiegenden Fehlbewertungen auf der Aktiv- oder der Passivseite, die das Bilanzergebnis erheblich beeinflussen.[105] Lediglich formellen Mängeln, etwa bzgl. der Gliederung, kann hingegen – je nach Lage des Falls – auch in einem (eingeschränkten) Bestätigungsvermerk Rechnung getragen werden.[106] Schließlich kann selbst bei gänzlichem Fehlen des Lageberichts im Einzelfall noch ein eingeschränkter Bestätigungsvermerk zu erteilen sein.[107]

26 Nach überwiegender Auffassung verpflichtet das Vorliegen von **Nichtigkeitsgründen nach § 256 AktG** den Abschlussprüfer nicht ohne Weiteres zur Versagung des Bestätigungsvermerks, vielmehr habe dieser seine Entscheidung allein nach den Kriterien der §§ 317, 322 zu treffen und auf etwaige Folgen seiner Beanstandungen allein im Prüfungsbericht hinzuweisen.[108] Wäre der Abschlussprüfer bei von ihm angenommener Nichtigkeit des Jahresabschlusses zur Versagung des Bestätigungsvermerks verpflichtet, so könnte diese Entscheidung in Konflikt mit einem anders lautenden gerichtlichen Urteil im Verfahren zur Feststellung von Nichtigkeitsgründen nach § 256 Abs. 7 AktG geraten. Im Falle eines abweisenden Urteils schiene der Versagungsvermerk, da auf die Nichtigkeit des Jahresabschlusses gegründet, als inhaltlich falsch. Relevant ist die aufgeworfene Rechtsfrage ohnehin nur für den Nichtigkeitsgrund des § 256 Abs. 1 Nr. 1 AktG, da die übrigen Tatbestände des § 256 AktG lediglich Mängel der Abschlussprüfung oder im Verfahren der Feststellung des Jahresabschlusses betreffen. In diesem Fall allerdings erscheint die Versagung des Bestäti-

99 Zu alldem Voraufl. Rn 24 und 4. Aufl. Rn 23 (*Zimmer*).

100 Hopt/*Merkt*[42] Rn 10; Ebenroth/Boujong/Joost/Strohn/*Böcking*/*Gros*/*Rabenhorst* Rn 24; Koller/Kindler/Roth/Drüen/*Morck*/*Bach* Rn 8.

101 *Erle* S. 168 ff.

102 So aber Voraufl. Rn 19 (*Zimmer*); *ADS* Rn 224; *Kropff* FS Havermann, S. 321 (334); Baumbach/Hueck/*Schulze-Osterloh* GmbHG[18] § 41 Rn 154; insoweit für Ermessen auch BeckOGK-HGB/*Bormann*, 15.11.2020, Rn 73; Hopt/*Merkt*[42] Rn 10.

103 BeckBilKomm/*Justenhoven*/*Küster*/*Bernhardt*[13] Rn 194.

104 *Leffson* Wirtschaftsprüfung, S. 365; Hopt/*Merkt*[42] Rn 10.

105 BeckBilKomm/*Justenhoven*/*Küster*/*Bernhardt*[13] Rn 194.

106 BeckBilKomm/*Justenhoven*/*Küster*/*Bernhardt*[13] Rn 183.

107 *Elkart*/*Neumann* Wpg 1995, 402 (406); Baumbach/Hueck/*Schulze-Osterloh* GmbHG[18] § 41 Rn 155; **aA** *Sarx* FS Clemm, S. 337 (344); *Erle* S. 173.

108 4. Aufl. Rn 20 f (*Zimmer*); *ADS* Rn 328 ff; Heymann/*Herrmann* Rn 18; BeckBilKomm/*Justenhoven*/*Küster*/*Bernhardt*[13] Rn 177; *Elkart*/*Neumann* Wpg 1995, 402 (403); BeckOGK/*Bormann*, 15.11.2020, Rn 72.

gungsvermerks geboten.[109] Ein Jahresabschluss, über den die Rechtsordnung das Verdikt der Nichtigkeit fällt, weil er nachhaltig gegen gläubigerschützende Vorschriften verstößt, kann nicht die gesetzlich geforderte Rechnungslegung erfüllen. Vor allem aber vermag er entgegen § 322 Abs. 3 Satz 1 kein den tatsächlichen Verhältnissen entsprechendes Bild von der Vermögens-, Finanz- und Ertragslage des Unternehmens zu vermitteln. Allenfalls dann, wenn ein sicheres Urteil über das Vorliegen eines Nichtigkeitsgrundes nicht möglich ist, kann ein eingeschränkter Bestätigungsvermerk erteilt werden.[110]

Absatz 4 Satz 2 verbietet, für den Vermerk über die Versagung die **Bezeichnung** „Bestätigungsvermerk" zu verwenden. Infolgedessen wird den Adressaten der wesentliche Inhalt des Prüfungsergebnisses bereits in der Überschrift vermittelt. Ebenso wie die Einschränkung ist auch die Versagung zu begründen (Rn 24). Dabei sind zumindest die wichtigsten Einwendungen darzulegen und zu erläutern.[111] Da der Versagungsvermerk die Aussagekraft der Rechnungslegung insgesamt in Frage stellt, sind Ausführungen über die Tragweite einer Versagung nicht zwingend vorgeschrieben; gleichwohl kann eine Verdeutlichung der Tragweite etwa durch Quantifizierung der Einwendungen im Einzelfall hilfreich sein.[112] 27

d) Nichterteilungsvermerk (Absatz 2 Nr. 4, Abs. 5). Der Bestätigungsvermerk ist nach Absatz 5 Satz 1 auch dann zu versagen, wenn der Abschlussprüfer nach Ausschöpfung aller angemessenen Möglichkeiten zur Klärung des Sachverhalts nicht in der Lage ist, ein Prüfungsurteil abzugeben. Dieser durch das BilReG (Vor § 316 Rn 11) nach internationalem Vorbild des sog. disclaimer eingeführte[113] Nichterteilungsvermerk unterscheidet sich vom Abbruch der Prüfung dadurch, dass die Feststellung des Jahresabschlusses möglich bleibt.[114] Er beinhaltet gerade kein negatives Prüfungsurteil, sondern besagt, dass ein solches überhaupt nicht getroffen werden konnte.[115] Die Sachverhaltsungewissheit darf sich dabei nicht nur auf einen abgrenzbaren Teil der Rechnungslegung beschränken, da dann ggf. noch ein eingeschränkter Bestätigungsvermerk zu erteilen ist.[116] Zuvor muss der Abschlussprüfer im Übrigen alle **„rechtlich zulässigen und wirtschaftlich vertretbaren Möglichkeiten"** der Sachverhaltsaufklärung **ausgeschöpft** haben.[117] Ein Prüfungshemmnis nach Absatz 5 Satz 1 begründen vor allem Verstöße gegen die Informationspflichten des § 320; eine gerichtliche Durchsetzung dieser Rechte ist, sofern man dies für möglich hält, allerdings nicht geboten (§ 320 Rn 36).[118] Hinsichtlich der Bezeichnung des Vermerks und der anzuführenden Begründung gelten nach Absatz 5 Satz 1 die für den auf Einwendungen beruhenden Versagungsvermerk geltenden Grundsätze entsprechend (Rn 27). 28

4. Hinweis auf bestandsgefährdende Risiken

Der Abschlussprüfer hat Risiken, die den Bestand des Unternehmens oder eines Konzernunternehmens gefährden, nicht nur zum Gegenstand seines Prüfungsberichts zu machen (§ 321 Rn 22). Vielmehr hat er ihnen gemäß Absatz 2 Satz 3 auch dann einen **gesonderten Abschnitt** innerhalb 29

---

109 *Kropff* FS Havermann, S. 321 (336 ff); Baumbach/Hueck/*Schulze-Osterloh* GmbHG[18] § 41 Rn 153.

110 *Kropff* FS Havermann, S. 321 (342); Baumbach/Hueck/*Schulze-Osterloh* GmbHG[18] § 41 Rn 153.

111 Etwas weitergehend („alle entscheidungserheblichen Gründe") MünchKommHGB/*Ebke*[4] Rn 45.

112 *ADS* Rn 256; Baetge/Kirsch/Thiele/*Orth*/*Schaefer* Rn 104; 4. Aufl. Rn 23 (*Zimmer*).

113 Baetge/Kirsch/Thiele/*Orth*/*Schaefer* Rn 107.

114 *Pfitzer*/*Oser*/*Orth* DB 2004, 2593 (2602); MünchKommHGB/*Ebke*[4] Rn 48; Baumbach/Hueck/*Schulze-Osterloh* GmbHG[18] § 41 Rn 156.

115 Koller/Kindler/Roth/Drüen/*Morck*/*Bach* Rn 9.

116 Hopt/*Merkt*[42] Rn 15; Koller/Kindler/Roth/Drüen/*Morck*/*Bach* Rn 9.

117 BT-Drucks. 15/3419, S. 45; MünchKommHGB/*Ebke*[4] Rn 48; Koller/Kindler/Roth/Drüen/*Morck*/*Bach* Rn 9.

118 BeckOGK-HGB/*Bormann*, 15.11.2020, Rn 84.

des Bestätigungsvermerks zu widmen, wenn dazu bereits eine ausreichende Darstellung durch das Unternehmen im Lagebericht vorliegt.[119] Die Hervorhebung der Bestandsgefährdungen in einer gesonderten Aussage ist denn auch nicht im Sinne einer Einschränkung des Bestätigungsvermerks zu verstehen.[120] Aus der Darstellung muss allerdings hervorgehen, dass der Jahresabschluss zwar zu keinen Einwendungen führt, die Erteilung des Bestätigungsvermerks aber die Bestätigung der im Lagebericht dargestellten Bestandsgefährdungen umfasst. Der Abschlussprüfer kann sich dann auf eine kurze Charakterisierung der Risiken beschränken und im Übrigen auf die Ausführungen im Lagebericht Bezug nehmen.[121] Dabei hat er darauf zu achten, dass seine Darstellung weder die Situation verschleiert noch zu einer der tatsächlichen Situation unangemessenen Überreaktion der Adressaten des Bestätigungsvermerks führt (Gefahr der „self fulfilling prophecy").[122] Sind die Risiken (noch) nicht exakt bestimmbar, so muss dies aus dem Bestätigungsvermerk hervorgehen. Ist demgegenüber die Gefährdung des Fortbestands des Unternehmens im Lagebericht nicht oder nicht ausreichend dargestellt, muss der Abschlussprüfer dies nachholen und überdies den Bestätigungsvermerk einschränken oder ggf. sogar einen Versagungsvermerk nach Abs. 2 Satz 1 Nr. 3 erteilen.[123] Zu beachten ist bei alldem, dass im Rahmen der Darstellung keine Informationen offenbart werden dürfen, die der Verschwiegenheitspflicht unterliegen (§ 323 Rn 19 ff).[124]

5. Joint Audit (Absatz 6a)

30 Die in Absatz 6a enthaltene Regelung zum Joint Audit geht auf das AReG (Vor § 316 Rn 14 f) zurück und wurde zur Umsetzung von Art. 28 Abs. 3 AP-RL erlassen.[125] Selbstverständlich bleibt es den Unternehmen überlassen, ob sie ein Joint Audit durchführen oder es – im Einklang mit der vorherrschenden Praxis[126] – bei der Bestellung nur eines Wirtschaftsprüfers oder einer Wirtschaftsprüfungsgesellschaft bewenden lassen.[127] Absatz 6a gilt nur für die **gemeinsame Bestellung mehrerer Abschlussprüfer**. Nicht erfasst sind Fallgestaltungen, in denen aus sonstigen Gründen (ohne gemeinsame Bestellung) mehrere Abschlussprüfer vorhanden sind, wie es bei der Bestellung eines sog. Ersatzprüfers der Fall ist.[128] Der im Gesetz etwas umständlich geregelte (Absatz 6a Satz 3 Nr. 1–3) persönliche Anwendungsbereich umfasst alle denkbaren Kombinationen der gemeinsamen Bestellung von Wirtschaftsprüfern, Wirtschaftsprüfungsgesellschaften sowie – im Rahmen ihrer Befugnisse nach § 319 Abs. 1 Satz 2[129] – vereidigten Buchprüfern und Buchprüfungsgesellschaften.[130] Mehrere gemeinschaftlich bestellte Prüfer sind im Rahmen der §§ 316 ff wie ein einzelner Abschlussprüfer zu betrachten.[131] Im Einklang damit statuiert Absatz 6a Satz 1 das grundsätzliche Gebot einer **einheitlichen Beurteilung** des Prüfungsergebnisses durch die bestellten Abschlussprüfer. Sodann wird geregelt, wie zu verfahren ist, wenn es diesen ausnahmsweise nicht gelingt, insoweit Einigkeit herzustellen. In diesem Fall hat jeder Prüfer seine Beurteilung in einem gesonderten Absatz des Bestätigungsvermerks vorzunehmen; außerdem sind die Gründe darzulegen, aus denen sich die bestellten Abschlussprüfer außerstande sa-

---

119 MünchKommHGB/*Ebke*[4] Rn 52.
120 Koller/Kindler/Roth/Drüen/*Morck*/*Bach* Rn 10; MünchKommHGB/*Ebke*[4] Rn 52.
121 Ebenroth/Boujong/Joost/Strohn/*Böcking*/*Gros*/*Rabenhorst* Rn 33.
122 Näher dazu *Dörner* DB 1998, 1 (4 f); *Gelhausen* AG Sonderheft 1997, 73 (82); *Forster* Wpg 1994, 789 (791); MünchKommHGB/*Ebke*[4] Rn 53.
123 Baetge/Kirsch/Thiele/*Orth*/*Schaefer* Rn 61; MünchKommHGB/*Ebke*[4] Rn 52; Baumbach/Hueck/*Schulze-Osterloh* GmbHG[18] § 41 Rn 158.
124 Vgl. auch *Gelhausen* AG-Sonderheft 1997, 73 (74); *Hense* FS Budde, S. 287 (305 ff).
125 RegE AReG, BT-Drs. 18/7219, S. 45.
126 MünchKommHGB/*Ebke*[4] Rn 75.
127 Hopt/*Merkt*[42] Rn 18.
128 RegE AReG, BT-Drs. 18/7219, S. 45; Hopt/*Merkt*[42] Rn 18.
129 BeckOGK-HGB/*Bormann*, 15.11.2020, Rn 97.
130 MünchKommHGB/*Ebke*[4] Rn 75.
131 RegE AReG, BT-Drs. 18/7219, S. 45.

hen, zu einer einheitlichen Beurteilung des Prüfungsergebnisses zu gelangen (Absatz 6a Satz 2). Soweit einzelne Rechtsvorschriften – gleiches wird nach §§ 133, 157 BGB regelmäßig auch für vertragliche Abreden gelten – einen **uneingeschränkten Bestätigungsvermerk** voraussetzen (z.B. § 209 Abs. 3 Satz 2 AktG), wird man bei einem Joint Audit verlangen müssen, dass **die bestellten Abschlussprüfer übereinstimmend** einen uneingeschränkten Bestätigungsvermerk erteilt haben.[132]

III. Ausfertigung des Bestätigungsvermerks

1. Zeitpunkt

Der Bestätigungsvermerk darf erst erteilt werden, wenn die Prüfungshandlungen insgesamt **abgeschlossen** sind. Demzufolge müssen alle Prüfungsgegenstände vorliegen.[133] Die Erteilung des Bestätigungsvermerks ist nicht zulässig, wenn lediglich ein vorläufiger Lagebericht vorliegt.[134] Die Gegenansicht betrachtet den in einem solchen Fall dennoch erteilten Bestätigungsvermerk im Hinblick auf den vorläufigen Lagebericht als endgültig und hält bei einer Änderung des Lageberichts z.B. im Rahmen der Feststellung des Jahresabschlusses eine Nachtragsprüfung für erforderlich. Dem ist entgegenzuhalten, dass ein vorläufig aufgestellter Lagebericht nicht den gesetzlichen Vorschriften entsprechen kann. Die Voraussetzungen für die Erteilung eines einwendungsfreien Bestätigungsvermerks liegen damit nicht vor. Die Beurteilung und Testierung eines nur vorläufigen Lageberichts würde außerdem der gestiegenen Bedeutung der Lageberichtsbeurteilung nicht gerecht.[135] Der *Prüfungsbericht* hingegen muss bei Erteilung des Bestätigungsvermerks nicht zwingend vorliegen.[136] Ankündigungen, voraussichtlich einen bestimmten Bestätigungsvermerk zu erteilen, sind zulässig.[137] Es besteht kein Anspruch auf eine solche Erklärung. Der Abschlussprüfer ist nicht an diese Erklärung gebunden, allerdings kann er sich bei einer fehlerhaften Erklärung schadensersatzpflichtig machen. **30a**

2. Bedingte Erteilung

Die Erteilung des Bestätigungsvermerks unter dem Vorbehalt einer **aufschiebenden Bedingung** ist ausnahmsweise zulässig, wenn relevante Sachverhalte erst nach Prüfungsende abgeschlossen werden, jedoch auf den Abschluss zurückwirken. Die entsprechende Maßnahme (z.B. eine Kapitaländerung im Zusammenhang mit einer Sanierung) muss jedoch inhaltlich schon festgelegt sein und zur rechtlichen Verwirklichung nur noch der Beschlussfassung eines Organs oder eines formellen Akts wie der Handelsregistereintragung bedürfen.[138] Dabei muss die anstehende Erfüllung der Voraussetzung mit an Sicherheit grenzender Wahrscheinlichkeit erwartet werden können.[139] Der Bestätigungsvermerk unter Vorbehalt wird erst mit Eintritt der Bedingung wirksam; zuvor gilt der entsprechende Jahresabschluss als noch nicht geprüft.[140] Im Hinblick auf seine besondere Funktion im Rechtsverkehr darf der Bestätigungsvermerk hingegen nicht unter eine *auflösende Bedingung* gestellt werden, die zum nachträglichen Wegfall der Wirksamkeit führt.[141] **31**

132 BeckOGK-HGB/*Bormann*, 15.11.2020, Rn 103.
133 MünchKommHGB/*Ebke*[4] Rn 4.
134 **AA** *ADS* Rn 81.
135 So überzeugend 4. Aufl. Rn 8 (*Zimmer*).
136 *ADS* Rn 78.
137 Vgl. BGH NJW 1998, 1951; ferner MünchKommHGB/*Ebke*[4] Rn 4.
138 Ebenroth/Boujong/Joost/Strohn/*Böcking*/*Gros*/*Rabenhorst* Rn 42; Baetge/Kirsch/Thiele/*Orth*/*Schaefer* Rn 182.
139 Baetge/Kirsch/Thiele/*Orth*/*Schaefer* Rn 182.
140 *ADS* Rn 51; Baetge/Kirsch/Thiele/*Orth*/*Schaefer* Rn 183.
141 Baetge/Kirsch/Thiele/*Orth*/*Schaefer* Rn 186.

3. Unterzeichnung und Aufnahme in den Prüfungsbericht (Absatz 7)

32 Der Bestätigungs- oder Versagungsvermerk muss vom Abschlussprüfer unterzeichnet werden. Die Unterschrift muss, falls sie auf Papier erfolgt, durch den beauftragten Prüfer **eigenhändig** geleistet werden (§ 322 Abs. 7 Satz 1, § 126 Abs. 1 BGB).[142] Der Bestätigungsvermerk kann auch als Datei mit elektronischem Siegel und **qualifizierter elektronischer Signatur** ausgefertigt werden (§§ 126 Abs. 3, 126a Abs. 1 BGB, Art. 3 Nr. 12, 25 Abs. 2 eIDAS-VO); eines unterschriebenen Papierexemplars bedarf es in diesem Fall nicht.[143] Wurden mehrere Personen gemeinsam zum Abschlussprüfer bestellt, so ist die Unterschrift eines jeden von ihnen erforderlich (Absatz 7 Satz 1 HS 2). Ist eine Wirtschaftsprüfungsgesellschaft oder eine Buchprüfungsgesellschaft mit der Abschlussprüfung beauftragt worden, so hat die Unterschrift zumindest durch den Wirtschaftsprüfer oder vereidigten Buchprüfer zu erfolgen, der die Abschlussprüfung durchgeführt hat (Absatz 7 Satz 3). Zur Unterzeichnung ist nur der Abschlussprüfer berechtigt und verpflichtet, der diese Stellung zum im Bestätigungsvermerk angegebenen Zeitpunkt innehat. Bei einem Wegfall des Abschlussprüfers vor Ausfertigung der Unterschrift ist nach § 318 Abs. 4 Satz 2 ein neuer Prüfer zu bestellen.[144]

33 Der Abschlussprüfer hat neben seiner Unterschrift die **Berufsbezeichnung** anzugeben (§§ 18 Abs. 1 Satz 1, 130 WPO). Außerdem ist das Siegel anzubringen (§§ 48 Abs. 1 Satz 1, 130 WPO). Das Fehlen dieser berufsrechtlich erforderlichen Angaben hat keine handelsrechtlichen Folgen.[145] Die Unterzeichnung hat unter Angabe des Ortes der Niederlassung des Abschlussprüfers und des Unterzeichnungstages zu erfolgen (Absatz 7 Satz 1 HS 1).[146] Das im Bestätigungsvermerk angegebene Datum darf frühestens das der letzten Prüfungshandlung sein, da sich bis dahin bei gewissenhafter Prüfungsdurchführung (§ 323 Abs. 1) noch neue Erkenntnisse ergeben können.[147] Es empfiehlt sich, zusätzlich zu dem nach Absatz 7 Satz 1 HS 1 maßgeblichen Tag der Unterzeichnung des Bestätigungsvermerks auch den sog. Beurteilungszeitpunkt anzugeben, in dem die Beurteilung durch den Abschlussprüfer materiell abgeschlossen ist.[148]

34 Der Bestätigungsvermerk ist in den **Prüfungsbericht** aufzunehmen (Absatz 7 Satz 2). Dabei besteht der Vermerk als solcher unabhängig vom Prüfungsbericht; er ist aber nur in Verbindung mit dem Jahresabschluss verwendbar.[149] Ein gesondertes Unterschreiben des Bestätigungsvermerks im Prüfungsbericht ist nicht erforderlich (vgl. § 321 Rn 55).[150]

IV. Widerruf

1. Voraussetzungen

35 Nach Auslieferung des Bestätigungsvermerks hat der Abschlussprüfer nicht die Pflicht, den geprüften Abschluss und den Lagebericht weiter zu verfolgen.[151] Gelangt er jedoch nachträglich zu der Einsicht, dass sein Testat objektiv unrichtig ist, ist er **berechtigt und verpflichtet**, dieses zu widerrufen.[152] Hierzu können insbesondere Feststellungen der früheren Deutschen Prüfstelle für

---

142 BeckBilKomm/*Justenhoven*/*Küster*/*Bernhardt*[13] Rn 105.

143 BeckBilKomm/*Justenhoven*/*Küster*/*Bernhardt*[13] Rn 105; Baetge/Kirsch/Thiele/*Orth*/*Schaefer* Rn 147.

144 *ADS* Rn 335; Baetge/Kirsch/Thiele/*Orth*/*Schaefer* Rn 136.

145 4. Aufl. Rn 26 (*Zimmer*); Hopt/*Merkt*[42] Rn 19; teilweise abweichend *ADS* Rn 337: Fehlen einer Berufsbezeichnung soll bei Erkennbarkeit für „die Adressaten" zur handelsrechtlichen Unwirksamkeit des Bestätigungsvermerks führen.

146 Baetge/Kirsch/Thiele/*Orth*/*Schaefer* Rn 133; aA Hopt/*Merkt*[42] Rn 19.

147 BeckBilKomm/*Justenhoven*/*Küster*/*Bernhardt*[13] Rn 107.

148 Baetge/Kirsch/Thiele/*Orth*/*Schaefer* Rn 133.

149 *ADS* Rn 349.

150 BeckOGK-HGB/*Bormann*, 15.11.2020, Rn 108.

151 Baetge/Kirsch/Thiele/*Orth*/*Schaefer* Rn 205.

152 IDW PS 400 n.F. Rn 92; BeckBilKomm/*Justenhoven*/*Küster*/*Bernhardt* Rn 256; zurückhaltender Koller/Kindler/Roth/Drüen/*Morck*/*Bach* Rn 12; Baetge/Kirsch/Thiele/*Orth*/*Schaefer* Rn 200.

Rechnungslegung bzw. heute der BaFin (Vor § 316 Rn 27) Anlass geben.[153] Ein solcher Widerruf ist zwar im Gesetz nicht normiert, als Rechtsinstitut im Ausgangspunkt aber gleichwohl anerkannt.[154] Ein falscher Bestätigungsvermerk darf nämlich wegen der von ihm ausgehenden Wirkungen und seiner besonderen öffentlichen Bedeutung (Rn 3) keinesfalls bestehen bleiben, sondern muss unverzüglich korrigiert werden.[155] Liegen die Voraussetzungen vor (Rn 35), ist der Abschlussprüfer daher im Hinblick auf seine Gewährleistungsfunktion zum Widerruf verpflichtet, ohne dass ihm insoweit ein Ermessen eingeräumt wäre.[156] Ebenso wie bei der ursprünglichen Erteilung (Rn 19, 25) gilt es allein, die Rechtsfrage zu klären, ob wesentliche Beanstandungen vorliegen, die ein nur eingeschränkt positives Gesamturteil oder gar nur ein Negativurteil über die Rechnungslegung zulassen. Aus Gründen der Rechtssicherheit und zum Schutze des Rechtsverkehrs vor missbräuchlicher Verwendung sollten von der Verpflichtung zum Widerruf keine Ausnahmen zugelassen werden. Entgegen berufsständischer Auffassung[157] ist ein Widerruf daher selbst dann nicht entbehrlich, wenn die Vermeidung eines falschen Eindrucks über das Prüfungsergebnis vermeintlich in anderer Weise sichergestellt ist, d.h. die Adressaten entsprechende Informationen erhalten, beispielsweise, indem ein korrigierter Folgeabschluss erstellt wird.[158]

Der Bestätigungsvermerk ist immer dann zu widerrufen, wenn er in dieser Form nach dem 36
derzeitigen Stand der Erkenntnis des Abschlussprüfers nicht mehr erteilt werden dürfte. Die bessere Erkenntnis kann, muss aber nicht auf neuen Tatsachen beruhen; vielmehr kann **auch eine Neubewertung** bereits bekannter Umstände einen Widerruf rechtfertigen.[159] Auch in diesem Fall überwiegt das öffentliche Interesse an einer ordnungsgemäßen Abschlussprüfung das Bestandsinteresse des geprüften Unternehmens an der Beibehaltung des einmal erteilten Bestätigungsvermerks. Einen willkürlichen Widerruf muss die Gesellschaft freilich nicht fürchten. Zunächst genügen bloße Zweifel für den Widerruf nicht.[160] Weiterhin muss der Abschlussprüfer wesentliche Einwendungen gegen die Rechnungslegung feststellen können, da nur diese die Einschränkung oder Versagung des Bestätigungsvermerks rechtfertigen. Schließlich macht sich der Abschlussprüfer schadensersatzpflichtig, wenn er einen Bestätigungsvermerk zu Unrecht widerruft. Umgekehrt hat eine Korrektur selbstverständlich auch zugunsten des geprüften Unternehmens zu erfolgen.[161] Ist der Bestätigungsvermerk ohne hinreichenden Anlass eingeschränkt worden oder seinerseits unvollständig, kann das Unternehmen aus dem Prüfungsvertrag Mängelbeseitigung verlangen (vgl. zum Rechtsanspruch bereits Rn 3).[162]

2. Verfahren

Der Widerruf muss gegenüber dem Unternehmen ausdrücklich erklärt werden. Adressat ist dabei 37
der *Auftraggeber* der Abschlussprüfung, d.h. die gesetzlichen Vertreter, bei Zuständigkeit des Aufsichtsrats dieser (§ 318 Abs. 1 Satz 4; § 111 Abs. 2 Satz 3 AktG). Eine Erklärung gegenüber dem

153 Hopt/*Merkt*[42] Rn 14.
154 Koller/Kindler/Roth/Drüen/*Morck*/*Bach* Rn 12.
155 Vgl. (aber zurückhaltender) Baetge/Kirsch/Thiele/*Orth*/*Schaefer* Rn 203.
156 KG Wpg 2001, 617 (618); Hopt/*Merkt*[42] Rn 14; Baumbach/Hueck/*Schulze-Osterloh* GmbHG[18] § 41 Rn 164; *Elkart*/*Neumann* Wpg 1995, 402 (409); *Mai* S. 135; **aA** Koller/Kindler/Roth/Drüen/*Morck*/*Bach* Rn 12; Baetge/Kirsch/Thiele/*Orth*/*Schaefer* Rn 200.
157 IDW PS 400 n.F. Rn 92112; ebenso 4. Aufl. Rn 30 (*Zimmer*); *ADS* Rn 367; Ebenroth/Boujong/Joost/Strohn/*Böcking*/*Gros*/*Rabenhorst* Rn 38.
158 Baumbach/Hueck/*Schulze-Osterloh* GmbHG[18] § 41 Rn 164; vgl. auch Hopt/*Merkt*[42] Rn 14.
159 KG Wpg 2001, 617 (619); Hopt/*Merkt*[42] Rn 14; BeckBilKomm/*Justenhoven*/*Küster*/*Bernhardt*[13] Rn 257; *Elkart*/*Neumann* Wpg 1995, 402 (409); *Lehwald* DStR 2000, 259 (263); **aA** 4. Aufl. Rn 31 (*Zimmer*); *ADS* Rn 362; *Erle* S. 283; differenzierend *Hirsch* Wpg 2001, 606 (610 f).
160 *ADS* Rn 362; Baumbach/Hueck/*Schulze-Osterloh* GmbHG[18] § 41 Rn 164; Hopt/*Merkt*[42] Rn 14.
161 Baetge/Kirsch/Thiele/*Orth*/*Schaefer* Rn 202.
162 Baetge/Kirsch/Thiele/*Orth*/*Schaefer* Rn 202.

unzuständigen Organ erlangt erst mit Zugang beim zuständigen Entscheidungsträger Wirksamkeit.[163] Da nach § 325 Abs. 1 Satz 1 die Offenlegung des Jahresabschlusses mit dem entsprechenden Bestätigungs- oder Versagungsvermerk zwingend durch die gesetzlichen Vertreter des geprüften Unternehmens zu erfolgen hat, sind in jedem Fall auch die gesetzlichen Vertreter über den Widerruf zu unterrichten.[164] Das Gebot der Rücksichtnahme verlangt es, dass der Abschlussprüfer seinen Auftraggeber zuvor von seiner Absicht unterrichtet und ihm Gelegenheit zur Stellungnahme gibt.[165] Der Widerruf selbst ist entsprechend Absatz 4 Satz 3 **schriftlich abzufassen und zu begründen**.[166] Angesichts der Notwendigkeit einer schnellen Reaktion dürfen die Anforderungen an die Begründung nicht überspannt werden; vielmehr genügt es, wenn der Grund für den Widerruf und seine Auswirkungen auf den Jahresabschluss für die Gesellschaft eindeutig erkennbar sind.[167]

3. Rechtsfolgen

38 Mit Zugang des Widerrufs darf der bisherige Bestätigungsvermerk **nicht mehr verwendet** werden.[168] Demzufolge ist auch die Verwendung des Prüfungsberichts unzulässig, es sei denn, dies geschieht gleichzeitig mit der Widerrufsmitteilung. Um einer missbräuchlichen Verwendung des Prüfungsberichts entgegenzuwirken, sollte der Abschlussprüfer sämtliche ausgehändigten Exemplare zurückfordern.[169] Vorstand und Aufsichtsrat der Gesellschaft sind kraft ihrer Organpflichten gehalten, sich eingehend mit dem Vorgang und einer möglichen Änderung des Jahresabschlusses zu befassen.[170]

39 Erfolgt der Widerruf **vor der Feststellung** des Jahresabschlusses, ist für die Feststellung des Jahresabschlusses die Erteilung eines neuen Bestätigungs- bzw. Versagungsvermerks erforderlich. Solange kein neuer Vermerk erteilt wurde, ist die Jahresabschlussprüfung noch nicht beendet und ein Feststellungsbeschluss insoweit nicht möglich.[171] Auf eine erfolgte Feststellung hat der Widerruf keine Auswirkungen; möglich ist aber, dass der zum Widerruf zugrunde liegende Sachverhalt unabhängig davon zugleich die Nichtigkeit des Jahresabschlusses begründet.[172] Ein zwischen Feststellung und Offenlegung des Jahresabschlusses erklärter Widerruf hindert die Erfüllung der Pflichten aus §§ 325 ff (vgl. § 325 Abs. 1 Satz 1 Nr. 1); in diesem Fall sollte mit dem Widerruf zugleich ein neuer Vermerk (eingeschränkter Bestätigungsvermerk oder Versagungsvermerk) erteilt werden, um die Erfüllung der Offenlegungspflichten zu ermöglichen.[173] Wird der Bestätigungsvermerk **nach Offenlegung** des Jahresabschlusses (§ 325 Abs. 1 Satz 1) widerrufen, hat der Abschlussprüfer die Gesellschaft aufzufordern, den Widerruf in gleicher Weise zu veröffentlichen und individuell über den Bestätigungsvermerk informierte Adressaten (z.B. maßgebliche Kreditgeber) gesondert

163 Im Ergebnis auch KG AG 2001, 187, 189 (insoweit nicht in Wpg 2001, 617), welches § 111 Abs. 2 S. 3 AktG jedoch im Ansatz als bloße Ordnungsvorschrift qualifiziert; ebenso *Hirsch* Wpg 2001, 606 (609); Baetge/Kirsch/Thiele/*Orth*/*Schaefer* Rn 210.

164 4. Aufl. Rn 32 (*Zimmer*).

165 Vgl. IDW PS 400 n.F. Rn 92 (Widerruf, wenn Unternehmen nicht bereit, den Abschluss zu ändern – dies impliziert, dass Gelegenheit zur Stellungnahme gegeben werden muss).

166 IDW PS 400 n.F. Rn 93; *ADS* Rn 369; MünchKommHGB/*Ebke*[4] Rn 87.

167 KG Wpg 2001, 617 (619); *Hirsch* Wpg 2001, 606 (609); Baetge/Kirsch/Thiele/*Orth*/*Schaefer* Rn 208.

168 *ADS* Rn 372; Ebenroth/Boujong/Joost/Strohn/*Böcking*/*Gros*/*Rabenhorst* Rn 39.

169 *Lehwald* DStR 2000, 259 (263); vgl. auch *ADS* Rn 375.

170 Baetge/Kirsch/Thiele/*Orth*/*Schaefer* Rn 206; vgl. auch IDW PS 400 n.F. Rn 94 sowie (weitergehend) BeckOGK-HGB/*Bormann*, 15.11.2020, Rn 123 f.

171 Ebenroth/Boujong/Joost/Strohn/*Böcking*/*Gros*/*Rabenhorst* Rn 40.

172 *ADS* Rn 373; Ebenroth/Boujong/Joost/Strohn/*Böcking*/*Gros*/*Rabenhorst* Rn 40; Baetge/Kirsch/Thiele/*Orth*/*Schaefer* Rn 206; a.A. bzgl. der Bestandskräftigkeit der Feststellung des Jahresabschlusses BeckOGK-HGB/*Bormann*, 15.11.2020, Rn 124.

173 BeckBilKomm/*Justenhoven*/*Küster*/*Bernhardt*[13] Rn 262; *Sarx* FS Clemm, S. 337 (346).

zu benachrichtigen.[174] Kommt die Gesellschaft einem entsprechenden Verlangen nicht nach, hat der Abschlussprüfer notfalls selbst für die korrekte Unterrichtung der Öffentlichkeit zu sorgen.[175]

V. Nachtragsprüfung

Der bestellte Abschlussprüfer hat eine Nachtragsprüfung durchzuführen, wenn nach Vorlage des Prüfungsberichts der Jahresabschluss, Konzernabschluss, Lagebericht oder Konzernlagebericht geändert wurde (§ 316 Abs. 3 Satz 1; § 316 Rn 16 ff). Der ursprüngliche Bestätigungsvermerk bleibt in seiner Wirksamkeit von einer solchen Nachtragsprüfung grundsätzlich unberührt; er ist jedoch gemäß § 316 Abs. 3 Satz 2 HS 2 entsprechend dem festgestellten Prüfungsergebnis zu **ergänzen** (§ 316 Rn 25 f). **40**

VI. Bestätigungsvermerk bei Konzernabschlussprüfungen

Die für die Erteilung eines Bestätigungsvermerks zum Einzelabschluss dargelegten Grundsätze gelten entsprechend für die Erteilung eines Vermerks zum Konzernabschluss. Der Bestätigungsvermerk ist jedoch, im Hinblick auf die Besonderheiten der Konzernabschlussprüfung, zu ergänzen um Hinweise auf die Prüfung der Abgrenzung des Konsolidierungskreises, der angewandten Konsolidierungsgrundsätze und der in den Konzernabschluss einbezogenen Jahresabschlüsse.[176] Andererseits ist eine Aussage zur Buchführung, da eine solche mit Bezug auf den Konzern nicht besteht, nicht zu treffen.[177] Zusätzlich zu den in Rn 18 ff dargelegten Einwendungstatbeständen können sich **Einwendungen** gegen den Konzernabschluss oder -lagebericht z.B. ergeben aus „der Abgrenzung des Konsolidierungskreises, der Wahl des Abschlussstichtags, der Aufbereitung der konsolidierten Jahresabschlüsse, den Abweichungen von der konzerneinheitlichen Bilanzierung und Bewertung, den Konsolidierungsmaßnahmen" sowie „den Wertansätzen der Beteiligungen an assoziierten Unternehmen".[178] Einwendungen gegen den Konzernabschluss können sich auch aus Einwendungen gegen die zu konsolidierenden Einzelabschlüsse ergeben. Voraussetzung dafür ist, dass sie sich auch auf der Konzernebene als wesentlich darstellen und ungeachtet der Konsolidierung fortbestehen.[179] **41**

Nach §§ 298 Abs. 2 Satz 1, 315 Abs. 5 dürfen der Konzernanhang und der Anhang des Mutterunternehmens sowie der Konzernlagebericht und der Lagebericht des Mutterunternehmens **zusammengefasst** werden. Sie sind in diesem Fall gemeinsam offenzulegen (§§ 298 Abs. 2 Satz 2, 315 Abs. 5). Geschieht dies, so besteht nach § 325 Abs. 3a die Möglichkeit, auch die Prüfungsberichte und die Bestätigungsvermerke zusammenzufassen.[180] Eine Zusammenfassung ist auch möglich, wenn gegen einen oder beide Abschlüsse Einwendungen zu erheben sind, sofern sich die Beanstandungen eindeutig zuordnen lassen.[181] Schon aufgrund der unterschiedlichen Vorgaben über die Bezeichnung scheidet dagegen eine Zusammenfassung aus, wenn hinsichtlich eines Abschlusses der Bestätigungsvermerk zu versagen ist.[182] **42**

---

174 BeckBilKomm/*Justenhoven*/*Küster*/*Bernhardt*[13] Rn 262; vgl. auch IDW PS 400 n.F. Rn 93.

175 4. Aufl. Rn 34 (*Zimmer*); *ADS* Rn 371; aA noch KölnKomm-AktG/*Claussen*/*Korth*[2] Rn 34; ähnlich *Mai* S. 137; *Erle* S. 286.

176 *ADS* Rn 388.

177 BeckOGK-HGB/*Bormann*, 15.11.2020, Rn 35.

178 Baetge/Kirsch/Thiele/*Orth*/*Schaefer* Rn 155.

179 Ebenroth/Boujong/Joost/Strohn/*Böcking*/*Gros*/*Rabenhorst* Rn 50.

180 BeckBilKomm/*Justenhoven*/*Küster*/*Bernhardt*[13] Rn 275; Ebenroth/Boujong/Joost/Strohn/*Böcking*/*Gros*/*Rabenhorst* Rn 49.

181 BeckBilKomm/*Justenhoven*/*Küster*/*Bernhardt*[13] Rn 276.

182 *ADS* Rn 405; Baetge/Kirsch/Thiele/*Orth*/*Schaefer* Rn 166; aA BeckBilKomm/*Justenhoven*/*Küster*/*Bernhardt*[13] Rn 276; MünchKommHGB/*Ebke*[4] Rn 76.

VII. Rechtsfolgen bei Verstößen gegen § 322

43 Die Erteilung des Bestätigungsvermerks ist Bestandteil der gesetzlichen Prüfungstätigkeit des Abschlussprüfers. Daher kann die fehlerhafte Erteilung oder Versagung des Bestätigungsvermerks, sofern sie auf einem Verschulden des Prüfers oder seiner Gehilfen beruht, zu **Ersatzansprüchen** der geprüften Gesellschaft und u.U. eines verbundenen Unternehmens führen (§ 323 Abs. 1 Satz 3).[183] Wegen Einzelheiten und der Frage einer Haftung gegenüber Dritten wird auf die Erläuterungen zu § 323 verwiesen. Daneben kommen berufsrechtliche Sanktionen in Betracht.[184] Die vorsätzliche – sowie unter den Voraussetzungen des § 332 Abs. 3 auch die leichtfertige – Erteilung eines inhaltlich unrichtigen Bestätigungsvermerks ist weiterhin gem. § 332 **strafbar**. Der vorsätzlich falsche Widerruf als solcher ist demgegenüber, da es an einer entsprechenden Strafnorm fehlt, nicht strafbar. Die Strafbarkeit für die vorsätzlich falsche Erteilung eines neuen Bestätigungsvermerks bleibt hiervon unberührt. Die Strafnorm des § 403 AktG ist dagegen nicht einschlägig, da es sich bei der Pflichtprüfung nach §§ 316 ff nicht um einen Prüfungsvorgang handelt, der durch das AktG angeordnet ist.[185]

VIII. Die Vorgaben des Art. 10 APr-VO für Unternehmen von öffentlichem Interesse

1. Überblick

44 Art. 10 APr-VO (Vor § 316 Rn 19) enthält unmittelbar geltende Vorschriften zum Bestätigungsvermerk bei Unternehmen von öffentlichem Interesse (§ 316a Satz 2). Durch die Formulierung, dass der Bestätigungsvermerk „gemäß Artikel 28 der Richtlinie 2006/43/EG erstellt" wird (Art. 10 Abs. 2 UAbs. 1 HS 1 APr-VO), erhebt er auch die in Art. 28 AP-RL enthaltenen allgemeinen Vorgaben zum Bestätigungsvermerk in den Rang unmittelbar geltenden Verordnungsrechts, soweit die Abschlussprüfung bei Unternehmen von öffentlichem Interesse in Rede steht.[186] Das Unionsrecht beansprucht, wie es auch in § 316a Satz 1 herausgestellt wird, Anwendungsvorrang vor § 322. Allerdings enthält die Verordnung eine Öffnungsklausel (Art. 10 Abs. 2 UAbs. 2 APr-VO), die es den Mitgliedstaaten gestattet, zusätzliche inhaltliche Anforderungen hinsichtlich des Bestätigungsvermerks festzulegen. Deshalb sind bei Unternehmen von öffentlichem Interesse **Art. 10 APR-VO und § 322 kumulativ zu beachten**,[187] wobei allerdings die nationale Norm des § 322 wiederum unionsrechtlich vorgeprägt ist durch Art. 28 AP-RL (Rn 4; Vor § 316 Rn 18). Inhaltlich statuiert Art. 10 APr-VO zunächst die Pflicht, die Ergebnisse der Abschlussprüfung bei einem Unternehmen von öffentlichem Interesse in einem Bestätigungsvermerk darzulegen (Absatz 1) und definiert sodann Anforderungen an dessen Ausgestaltung (Absätze 2–4).

2. Formelle Anforderungen an den Bestätigungsvermerk

45 Neben der Darlegung der Prüfungsergebnisse gemäß Absatz 1 sieht Art. 10 APr-VO eine Reihe formeller Pflichtangaben im Bestätigungsvermerk vor.[188] Anzugeben ist das Bestellungsorgan aufseiten der geprüften Gesellschaft (Absatz 2 UAbs. 1 lit. a), das Datum der Bestellung zum Abschlussprüfer und die gesamte Dauer, während derer das Prüfungsmandat ununterbrochen bestanden hat (lit. b), die Bestätigung, dass das Prüfungsurteil mit dem Prüfungsbericht nach Art. 11 APr-

183 BeckOK HGB/*Schorse/Morfeld*, 15.10.2022, § 322 Rn 84; Baetge/Kirsch/Thiele/*Orth/Schaefer* Rn 253.
184 Baetge/Kirsch/Thiele/*Orth/Schaefer* Rn 252.
185 MünchKommAktG/*Wittig*[5] § 403 Rn 16; BeckOGK AktG/*Hefendehl*, 1.10.2022, § 403 Rn 30.
186 *Schüppen*[2] Rn 1.
187 Ebenroth/Boujong/Joost/Strohn/*Böcking/Gros/Rabenhorst* Rn 53; MünchKommHGB/*Ebke*[4] Rn 68; BeckBilKomm/*Justenhoven/Küster/Bernhardt*[13] Rn 120.
188 *Schüppen*[2] Rn 5.

VO im Einklang steht (lit. e), sowie die Erklärung, dass der Abschlussprüfer keine verbotenen Nichtprüfungsleistungen nach Art. 5 Abs. 1 APr-VO erbracht und bei Durchführung der Abschlussprüfung seine Unabhängigkeit gewahrt hat (lit. f). Außerdem sind die für das geprüfte Unternehmen und die von diesem beherrschten Unternehmen zusätzlich zur Abschlussprüfung erbrachten Leistungen anzugeben, soweit sie nicht bereits im Lagebericht oder in den Abschlüssen angegeben werden (Absatz 2 UAbs. 1 lit. g). Darüber hinaus ist der Bestätigungsvermerk in einer klaren und eindeutigen Sprache zu verfassen, und er darf – abgesehen von der o.g. Bestätigung nach Art. 10 Abs. 2 UAbs. 1 lit. e APr-VO, dass er im Einklang mit dem Prüfungsbericht steht – keinerlei Querverweise auf den Prüfungsbericht enthalten (Art. 10 Abs. 3 APr-VO). Schließlich verbietet die Verordnung noch die missverständliche oder unrichtige Verwendung des Namens einer zuständigen Behörde in einer Weise, die den Eindruck erwecken könnte, dass die Behörde den Bestätigungsvermerk übernommen oder gebilligt hätte (Absatz 4).

3. Angaben zur Untermauerung und Einordnung des Prüfungsurteils

Von besonderer Bedeutung ist die Angabepflicht nach Art. 10 Abs. 2 UAbs. 1 lit. c APr-VO zu be- 46
stimmten besonders wichtigen Prüfungssachverhalten (sog. **Key Audit Matters**).[189] Danach hat der Abschlussprüfer (i) die „bedeutsamsten beurteilten Risiken wesentlicher falscher Darstellungen" zu beschreiben, und zwar einschließlich des Risikos vorsätzlicher Falschangaben, (ii) seine Reaktion auf diese Risiken zusammenzufassen und (iii) über etwaige wichtige Feststellungen im Hinblick auf diese Risiken zu berichten sowie, wenn relevant, auf die entsprechenden Angaben in den Abschlüssen hinzuweisen. Dafür hat er anhand qualitativer und quantitativer Relevanzkriterien nach pflichtgemäßem Ermessen eine Auswahl aus denjenigen Sachverhalten zu treffen, die im Hinblick auf das geprüfte Unternehmen ein erhöhtes Risiko einer vorsätzlichen, fahrlässigen oder auch schuldlosen Falschdarstellung begründen.[190] Dazu kann etwa die Anwendung von Normen gehören, die mit erheblichen Unsicherheitsfaktoren behaftete Schätzungen von Werten erfordern oder in der Handhabung besonders komplex sind, ferner Sachverhalte, bei denen sich die Erlangung aussagekräftiger Prüfungsnachweise schwierig gestaltete, sowie Situationen der Bestandsgefährdung des Unternehmens einschließlich der Implikationen für die Bewertung wichtiger Wirtschaftsgüter (Rn 13).[191] Im zuletzt genannten Fall erfolgt die Darstellung in Form eines Querverweises auf die Schilderung der Bestandsgefährdung unter ergänzender Erläuterung des insoweit bestehenden Risikos einer falschen Darstellung.[192] Über diese Angaben hinaus hat der Abschlussprüfer darzulegen, in welchem Maß die Abschlussprüfung als dazu geeignet angesehen wurde, Unregelmäßigkeiten einschließlich vorsätzlich unrichtiger Angaben aufzudecken (Art. 10 Abs. 2 UAbs. 1 lit. d APr-VO).

§ 323 Verantwortlichkeit des Abschlußprüfers

(1) [1]Der Abschlußprüfer, seine Gehilfen und die bei der Prüfung mitwirkenden gesetzlichen Vertreter einer Prüfungsgesellschaft sind zur gewissenhaften und unparteiischen Prüfung und zur Verschwiegenheit verpflichtet; gesetzliche Mitteilungspflichten bleiben unberührt. [2]Sie dürfen nicht unbefugt Geschäfts- und Betriebsgeheimnisse verwerten, die sie bei ihrer Tätigkeit erfahren haben. [3]Wer vorsätzlich oder fahrlässig seine Pflichten verletzt, ist der Kapitalgesellschaft und, wenn ein verbundenes Unternehmen ge-

189 IDW PS 400 n.F. Rn 50; Hopt/*Merkt*[42] Rn 6; MünchKommHGB/*Ebke*[4] Rn 68.

190 *Diederich/Velte* DStR 2019, 461 (463); Ebenroth/Boujong/Joost/Strohn/*Böcking/Gros/Rabenhorst* Rn 54.

191 BeckBilKomm/*Justenhoven/Küster/Bernhardt*[13] Rn 132, 134; vgl. auch *Schüppen*[2] Rn 11 sowie mit empirischer Auswertung zur Praxis *Diederich/Velte* DStR 2019, 461 (466).

192 Vgl. *Schüppen*[2] Rn 14.

https://doi.org/10.1515/9783110565362-013

schädigt worden ist, auch diesem zum Ersatz des daraus entstehenden Schadens verpflichtet. [4]Mehrere Personen haften als Gesamtschuldner.

(2) [1]Die Ersatzpflicht der in Absatz 1 Satz 1 genannten Personen für eine Prüfung ist vorbehaltlich der Sätze 2 bis 4 wie folgt beschränkt:

1. bei Kapitalgesellschaften, die ein Unternehmen von öffentlichem Interesse nach § 316a Satz 2 Nummer 1 sind: auf sechzehn Millionen Euro;

2. bei Kapitalgesellschaften, die ein Unternehmen von öffentlichem Interesse nach § 316a Satz 2 Nummer 2 oder 3, aber nicht nach § 316a Satz 2 Nummer 1 sind: auf vier Millionen Euro;

3. bei Kapitalgesellschaften, die nicht in den Nummern 1 und 2 genannt sind: auf eine Million fünfhunderttausend Euro.

[2]Dies gilt nicht für Personen, die vorsätzlich gehandelt haben, und für den Abschlussprüfer einer Kapitalgesellschaft nach Satz 1 Nummer 1, der grob fahrlässig gehandelt hat. [3]Die Ersatzpflicht des Abschlussprüfers einer Kapitalgesellschaft nach Satz 1 Nummer 2, der grob fahrlässig gehandelt hat, ist abweichend von Satz 1 Nummer 2 auf zweiunddreißig Millionen Euro für eine Prüfung beschränkt. [4]Die Ersatzpflicht des Abschlussprüfers einer Kapitalgesellschaft nach Satz 1 Nummer 3, der grob fahrlässig gehandelt hat, ist abweichend von Satz 1 Nummer 3 auf zwölf Millionen Euro für eine Prüfung beschränkt. [5]Die Haftungshöchstgrenzen nach den Sätzen 1, 3 und 4 gelten auch, wenn an der Prüfung mehrere Personen beteiligt gewesen oder mehrere zum Ersatz verpflichtende Handlungen begangen worden sind, und ohne Rücksicht darauf, ob andere Beteiligte vorsätzlich oder grob fahrlässig gehandelt haben.

(3) Die Verpflichtung zur Verschwiegenheit besteht, wenn eine Prüfungsgesellschaft Abschlußprüfer ist, auch gegenüber dem Aufsichtsrat und den Mitgliedern des Aufsichtsrats der Prüfungsgesellschaft.

(4) Die Ersatzpflicht nach diesen Vorschriften kann durch Vertrag weder ausgeschlossen noch beschränkt werden.

(5) Die Mitteilung nach Artikel 7 Unterabsatz 2 der Verordnung (EU) Nr. 537/2014 ist an die Bundesanstalt für Finanzdienstleistungsaufsicht zu richten, bei dem Verdacht einer Straftat oder Ordnungswidrigkeit auch an die für die Verfolgung jeweils zuständige Behörde.

Schrifttum

Vgl. die Angaben Vor § 316, ferner

Assmann Die Prospekthaftung beruflicher Sachkenner de lege lata und de lege ferenda, AG 2004, 435; *Bärenz* Haftung des Abschlussprüfers bei Bestätigung fehlerhafter Jahresabschlüsse gemäß § 323 Abs. 1 S. 3 HGB, BB 2003, 1781; *Barta* Haftung des Abschlussprüfers gegenüber Anlegern bei pflichtwidriger Abschlussprüfung, NZG 2006, 855; *Baus* Die Dritthaftung des Abschlussprüfers zwischen Vertrag und Delikt – Eine rechtsvergleichende Untersuchung des deutschen und englischen Rechts, ZVglRWiss 103 (2004), 219; *U. Bosch* Expertenhaftung gegenüber Dritten – Überlegungen aus der Sicht der Bankpraxis, ZHR 163 (1999), 274; *Brandner* Berufshaftung und Vertragsgestaltung der Wirtschaftsprüfer, ZIP 1984, 1186; *Canaris* Verstöße gegen das verfassungsrechtliche Übermaßverbot im Recht der Geschäftsfähigkeit und im Schadensersatzrecht, JZ 1987, 993; *ders.* Die Reichweite der Expertenhaftung gegenüber Dritten, ZHR 163 (1999), 206; *Czech* Die Haftung des Wirtschaftsprüfers gegenüber Dritten, BB 1975, 723; *Dauner-Lieb* Qualitätsverbesserung der Abschlussprüfung durch Verschärfung der zivilrechtlichen Haftung?, ZIP 2021, 391; *Dörner* Ändert das KonTraG die Anforderungen an den Abschlussprüfer? DB 1998, 1; *W. Doralt* Haftung der Abschlussprüfer (2002); *Ebke* Wirtschaftsprüfer und Dritthaftung (1983); *ders* Abschlussprüfer, Bestätigungsvermerk und Drittschutz, JZ 1998, 991;*ders.* Abschlussprüferhaftung im internationalen Vergleich, FS Trinkner (1995) S. 493; *ders.* Die Haftung des gesetzlichen Abschlussprüfers in der Europäischen Union, ZVglRWiss 100 (2001), 62; *ders.* Die Arbeitspapiere des Wirtschaftsprüfers und Steuerberaters im Zivilprozess (2003); *ders* Die Europäische Union und die Haftung des gesetzlichen Abschlussprüfers, FS Westermann (2008), S. 873; *ders.Scheel* Die Haftung des Wirtschaftsprüfers für fahrlässig verursachte Vermögensschäden Dritter, WM 1991, 389; *Feddersen* Die Dritthaftung des Wirtschaftsprüfers nach § 323 HGB, WM 1999, 105; *Fölsing* Das Haftungsrisiko des Abschlussprüfers im Prüfungs-Beratungs-Konflikt (2006); *ders.* Abschlussprüferdritthaftung nach der Entscheidung des BGH vom 6.4.2006, DStR 2006, 1809; *ders.* Gravierende Prüfungsfehler ohne Dritthaftung, ZCG 2008, 279; *Gehringer* Abschlussprüfung. Gewissenhaftigkeit und Prüfungsstandards (2002); *Gelter* Zur ökonomischen Analyse der begrenzten Haftung des Abschlussprüfers, Wpg 2005, 486; *Gloeckner* Die zivilrechtliche Haftung des Wirtschaftsprüfers (1967); *Götz* Die Überwachung der Aktiengesellschaft im Lichte jüngerer Unternehmenskrisen, AG 1995, 337; *Grunewald* Die Haftung des Abschlussprüfers gegenüber Dritten, ZGR 1999, 583; *Hellgardt* Kapitalmarktdeliktsrecht (2008); *Heppe* Nach dem Vertrauensverlust – Ist es an der Zeit, die Dritthaftung der Abschlussprüfer zu verschärfen? WM 2003, 714 und 753; *E. Herrmann* Ökonomische Analyse der Haftung des Wirtschaftsprüfers (1997); *Heukamp* Brauchen wir eine kapitalmarktrechtliche Dritthaftung von Wirtschaftsprüfern?, ZHR 169 (2005), 471; *Hilbert/Hartung* Auswirkungen des Sarbanes-Oxley Act auf deutsche WP-Gesellschaften: Konflikte mit der Verschwiegenheitspflicht der Abschlussprüfer und dem Datenschutzrecht, BB 2003, 1054; *Hirte* Berufshaftung (1996); *Hommelhoff/Mattheus* Qualitätssicherung in der Wirtschaftsprüfung: Fachliche Verlautbarungen und ihre Steuerungswirkung, FS Röhricht (2005), S. 897; *Hopt* Die Haftung des Wirtschaftsprüfers. Rechtsprobleme zu § 323 HGB (§ 168 AktG a.F.) und zur Prospekt- und Auskunftshaftung, FS Pleyer (1986), S. 341; *ders.* Dritthaftung für Testate, NJW 1987, 1745; *Kalss* Die Haftung des Abschlussprüfers gegenüber Gläubigern, Anlegern und Dritten, ÖBA 2002, 187; *Kersting* Noch einmal: Die Haftung des Wirtschaftsprüfers für die Prüfung nach § 53 HGrG – keine Anwendbarkeit von § 323 Abs. 2 HGB!, ZIP 2015, 817; *ders.* Die Dritthaftung für Informationen im Bürgerlichen Recht (2007); *Klaas* Unabhängige Studie zur Abschlussprüferhaftung in den Mitgliedstaaten der EU, Wpg 2006, 1489; *Kremer* Die zivilrechtliche Verantwortlichkeit des Wirtschaftsprüfers gegenüber Kapitalanlegern (2007); *Land* Wirtschaftsprüferhaftung gegenüber Dritten in Deutschland, England und Frankreich (1996); *Lang* Die Rechtsprechung des Bundesgerichtshofs zur Dritthaftung des Wirtschaftsprüfers und anderer Sachverständiger, WM 1988, 1001; *Lenz* Haftung und Strafbarkeit des Abschlussprüfers im FISG-RegE, BB 2021, 683; *Lenz/Ostrowski* Kontrolle und Transparenz im Unternehmensbereich durch die Institution Abschlussprüfung, BB 1997, 1523; *Lettl* Einbeziehung Dritter in den Schutzbereich des Vertrags über eine Pflichtprüfung nach §§ 316 ff HGB, NJW 2006, 2817; *Mirtschink* Die Haftung des Wirtschaftsprüfers gegenüber Dritten (2006); *Mock* Die Verschwiegenheitspflicht des Abschlussprüfers und Interessenkonflikte, DB 2003, 1996; *Möllers* Zu den Voraussetzungen einer Dritthaftung des Wirtschaftsprüfers bei fahrlässiger Unkenntnis der Testatsverwendung, JZ 2001, 909; *Nann* Wirtschaftsprüferhaftung – Geltendes Recht und Reformüberlegungen (1985); *Neuner* Der Schutz und die Haftung Dritter nach vertraglichen Grundsätzen, JZ 1999, 126; *Nietsch* Abschlussprüferhaftung nach Wirecard, WM 2021, 158; *Otto/Mittag* Die Haftung des Jahresabschlussprüfers gegenüber Kreditinstituten, WM 1996, 325 und 377; *Poelzig* Die Haftung der Abschlussprüfer börsennotierter Gesellschaften für Anlegerschäden vor und nach dem FISG, ZBB 2021, 73; *dies.* Abschlussprüferhaftung am Kapitalmarkt, FS Ebke, 2021, 813; *Poll* Die Verantwortlichkeit des Abschlussprüfers nach § 323 HGB, DZWir 1995, 95; *Quick* Die Haftung des handelsrechtlichen Abschlussprüfers, BB 1992, 1675; *Richter* Die Dritthaftung der Abschlussprüfer (2007); *Schattka* Europa auf unterschiedlichen Pfaden zum gleichen Ziel? Anmerkungen zur Kommissionsempfehlung über die Haftung der gesetzlichen Abschlussprüfer, GPR 2008, 193; *Schmidt* Überlegungen zur Erweiterung der gesetzlichen Regelungen über die Abschlussprüfung, BFuP 1996, 52; *H. Schneider* Reichweite der Expertenhaftung gegenüber Dritten, ZHR 163 (1999), 246; *Schulze-Osterloh* Mitwirkendes Verschulden bei der Ersatzpflicht des Abschlussprüfers, FS Canaris (2007), Band II, S. 379; *Schüppen* Schadensersatzforderungen des Prüfungsmandanten und Unabhängigkeit des Abschlussprüfers, FS Ebke, 2021, 881; *ders.* Die Haftung des Abschlussprüfers bei Prüfungserweiterungen gem. § 53 HGrG – keine Anwendbarkeit der §§ 316 ff. HGB?, ZIP 2015, 814; *ders.* Aktuelle Fragen der Wirtschaftsprüfer-Haftung, DB 1998, 1317; *Sieber* Vertragliche Dritthaftung von Berufsträgern (2009); *Sommerschuh* Berufshaftung und Berufsaufsicht: Wirtschaftsprüfer, Rechtsanwälte und Notare im Vergleich (2003); *Strasser* Die Haftung der Wirtschaftsprüfer gegenüber Kapitalanlegern für fehlerhafte Testate (2003); *Stüttgen* Abschlussprüferhaftung nach FISG, ZIP 2022, 300; *Velte/Lechner/Kusch* Diskussion einer Begrenzung der Abschlussprüferhaftung durch die EU-Kommission – Bestandsaufnahme und kritische Würdigung möglicher Reformmaßnahmen aus nationaler Sicht, DStR 2007, 1494; *Vogt* Abschlussprüferhaftung gegenüber Dritten in Deutschland und in den USA (2009); *Weber* Haftung des Abschlussprüfers gegenüber Dritten, NZG 1999, 1; *Wellhhöfer/Peltzer/Müller* Die Haftung von Vorstand, Aufsichtsrat, Wirtschaftsprüfer (2008); *Wölber* Die Abschlussprüferhaftung im europäischen Binnenmarkt (2005); *Zimmer/Binder* Prospekthaftung von Experten? Kritik eines Gesetzentwurfs, WM 2005, 577; *Zugehör* Uneinheitliche Rechtsprechung des BGH zum (Rechtsberater-)Vertrag mit Schutzwirkung zugunsten Dritter, NJW 2008, 1105.

Übersicht

I. Einführung

1. Normzweck

1 Die Vorschrift ist die wichtigste **Schutznorm für das geprüfte Unternehmen** und begrenzt das vom Abschlussprüfer für das Unternehmen ausgehende Gefährdungspotential.[1] Dazu dient zum einen die in Absatz 1 Satz 1 verankerte Pflicht zur gewissenhaften und unparteiischen Prüfung, die eine hohe Qualität der Prüfungstätigkeit gewährleisten soll. Zum anderen machen das Verschwiegenheitsgebot und das Verwertungsverbot nach Absatz 1 Satz 2 die Öffnung des Unternehmens gegenüber einem außenstehenden Informationsempfänger überhaupt erst akzeptabel und fördern damit zugleich dessen Prüfungsbereitschaft.[2] Diese besonderen Verhaltenspflichten finden ihre konsequente Fortsetzung in der Haftung des Abschlussprüfers (Absatz 1 Satz 3), die neben der nachträglichen Kompensation von Schäden vor allem präventiv auf eine ordnungsgemäße Aufgabenerfüllung abzielt.[3] Mit deren Gewährleistung im Einzelfall verbindet sich mittelbar zugleich ein **institutioneller Schutzzweck.**[4] Die gewissenhafte und unparteiische Prüfung der Jahresabschlüsse stärkt nämlich das Vertrauen der Allgemeinheit und insbesondere der Kapitalmärkte in die Zuverlässigkeit und Vergleichbarkeit der vorgelegten Finanzinformationen. Das liegt nicht zuletzt auch im öffentlichen Interesse und rechtfertigt daher den in Absatz 4 angeordneten zwingenden Charakter der Norm.[5] Absatz 5 beinhaltet demgegenüber eine Ausführungsbestimmung zur Meldepflicht des Abschluss-

1 Vgl. Baetge/Kirsch/Thiele/*Hennrichs* Rn 4.

2 *Mai* S. 141; 4. Aufl. Rn 1 (*Zimmer*); Baetge/Kirsch/Thiele/*Hennrichs* Rn 4.

3 RegE FISG, BT-Drs. 19/26966, S. 103 mit Formulierung, die dort vorgesehene Haftungsverschärfung solle „die erforderlichen Anreize für eine sorgfältige und gewissenhafte Prüfung setzen"; BeckOGK-HGB/*Bormann*, 15.11.2020, Rn 2; mit Hinweisen zum empirischen Forschungsstand *Lenz* BB 2021, 683 (684 f); zurückhaltendere Bewertung der Präventionswirkung der Haftung aber bei *Dauner-Lieb* ZIP 2021, 391 ff.

4 Baetge/Kirsch/Thiele/*Hennrichs* Rn 5.

5 Geßler/Hefermehl/Eckardt/*Kropff* AktG § 168 Rn 3; *ADS* Rn 5.

prüfers gegenüber zuständigen Behörden nach Art. 7 Abs. 2 APr-VO für den Fall, dass das geprüfte Unternehmen ihm vom Abschlussprüfer mitgeteilte Anhaltspunkte für Unregelmäßigkeiten nicht untersucht.

Was die Ausgestaltung der Haftung des gesetzlichen Abschlussprüfers im Einzelnen betrifft, so sind mehrere **Modifikationen gegenüber allgemeinen Grundsätzen** zu konstatieren.[6] Erweitert wird die Verantwortlichkeit insofern, als nicht nur der Abschlussprüfer selbst als der Vertragspartner des geprüften Unternehmens, sondern ebenso seine Gehilfen und die bei der Prüfung mitwirkenden gesetzlichen Vertreter persönlich haftbar gemacht werden.[7] Der Grundsatz der Relativität des Schuldverhältnisses wird aber auch auf der Seite der Berechtigten durchbrochen, denn nach Absatz 1 Satz 3 ist der Abschlussprüfer auch einem mit der geprüften Gesellschaft verbundenen Unternehmen zum Schadensersatz verpflichtet. Im Gegenzug wird die Verantwortlichkeit des Abschlussprüfers nach Maßgabe des Absatzes 2 durch Haftungshöchstgrenzen beschränkt.[8] Diese Höchstgrenzen sollen die Versicherbarkeit sicherstellen[9] und bilden damit zugleich den Anknüpfungspunkt für die in § 54 Abs. 1 Satz 1 WPO vorgeschriebene Berufshaftpflichtversicherung.[10] Zugleich steht das deutsche Recht einer Haftung gegenüber Dritten (etwa gegenüber Personen, die im Vertrauen auf ein uneingeschränktes Testat dem geprüften Unternehmen Kredit gewährt haben) traditionell zurückhaltend gegenüber (Rn 52 ff). Insgesamt handelt es sich bei der getroffenen Regelung um einen rechtspolitisch nicht unumstrittenen (Rn 4) *gesetzgeberischen Kompromiss*, der den rechtstatsächlichen Besonderheiten der Abschlussprüfung Rechnung tragen soll.[11] 2

2. Entwicklung und europäische Rechtsangleichung

Die gesetzgeberische Grundentscheidung zugunsten einer sonderprivatrechtlichen Haftungsnorm mit einem strikten Pflichtenkorsett und gleichzeitiger summenmäßiger Haftungsbeschränkung bei Fahrlässigkeit ist für das deutsche Recht bereits seit Einführung der Pflichtprüfung (dazu Vor § 316 Rn 5) prägend.[12] Sie fand sich bereits in **§ 262g HGB 1931** und wurde auch in den daran anknüpfenden Vorschriften der § 141 AktG 1937, § 168 AktG 1965 und § 323 in der Fassung des BilRiG (Vor § 316 Rn 8) beibehalten; lediglich die Haftungshöchstsumme wurde kontinuierlich angehoben.[13] Die Anspruchserweiterung auf mit der geprüften Gesellschaft verbundene Unternehmen geht auf die Reform des AktG 1965 zurück und sollte der heute in § 320 Abs. 2 Satz 2 vorgesehenen Erweiterung des Auskunftsrechts auf diesen Personenkreis Rechnung tragen.[14] Mit dem **KonTraG** (Vor § 316 Rn 9) wurde die zunehmend als unbefriedigend niedrig empfundene[15] allgemeine Haftungshöchstgrenze von damals 500.000 DM auf zwei Millionen DM nochmals drastisch erhöht. Zugleich wurde für Aktiengesellschaften mit amtlicher Notierung eine davon abweichende Haftungshöchstsumme von acht Millionen DM festgesetzt. Die Umstellung auf die nunmehr maßgeblichen Beträge in Euro im Verhältnis 2:1 erfolgte mit dem EuroBilG.[16] Durch das Wirtschaftsprüferexamens-Reformgesetz aus dem Jahre 2003 wurde die Sonderverjährungsvorschrift des § 323 Abs. 5 aufgehoben (Rn 39). Im Zuge des FRUG schließlich wurde im Jahre 2007 Absatz 2 der neuen Systematik 3

6 MünchKommHGB/*Ebke*[4] Rn 14; Baetge/Kirsch/Thiele/*Hennrichs* Rn 3.
7 MünchKommHGB/*Ebke*[4] Rn 14.
8 Zu beiden Gesichtspunkten Baetge/Kirsch/Thiele/*Hennrichs* Rn 3.
9 So zuletzt RegE FISG, BT-Drs. 19/26966, S. 103; berechtigte Kritik bei *Homborg/Landahl* NJW 2021, 859 (863) mit Hinweis auf Existenz von Versicherungsschutz auch in Ländern ohne vergleichbare Haftungsbegrenzung.
10 Dazu Hachmeister/Kahle/Mock/Schüppen/*Staake* Rn 13 ff.
11 Vgl. *Stüttgen* ZIP 2022, 300 (302).
12 Eingehend MünchKommHGB/*Ebke*[4] Rn 3 ff.
13 MünchKommHGB/*Ebke*[4] Rn 4 ff.
14 Näher Geßler/Hefermehl/Eckardt/*Kropff* AktG § 168 Rn 4, 22.
15 Vgl. nur Begr. RegE, BT-Drucks. 13/9712, S. 29; *Dörner* DB 1998, 1 (7); *Götz* AG 1995, 337 (341); *Schmidt* BFuP 1996, 52 (55).
16 Gesetz v. 10.12.2001, BGBl. I S. 3414.

des Börsenrechts angepasst (Rn 45). Zuletzt wurde die Vorschrift deutlich verschärft durch das – aufgrund des des **Wirecard-Skandals** erlassene – **FISG** (Vor § 316 Rn 17).[17] Vor allem hat der FISG-Gesetzgeber die in Absatz 2 vorgesehenen Haftungshöchstbeträge deutlich heraufgesetzt und weitere Differenzierungen eingeführt. Insbesondere gilt für den Abschlussprüfer auch dann keine Haftungshöchstgrenze mehr, wenn ihm grobe Fahrlässigkeit zur Last fällt (Absatz 2 Satz 2 Alt. 2).

4 Rechtspolitisch, rechtsökonomisch und rechtsvergleichend ist das geltende deutsche Recht allerdings keineswegs unangefochten. **Gegenstand rechtspolitischer Diskussionen** bildet in regelmäßigen Abständen die Frage, warum gerade der Berufsstand der Wirtschaftsprüfer einer Privilegierung bedürfe, die anderen Dienstleistungserbringern wie Ärzten, Notaren oder Rechtsanwälten vorenthalten bleibe und die sowohl unter dem Gesichtspunkt des Schadensausgleichs wie dem der Schadensprävention zweifelhaft sei.[18] Erhoben wird die Forderung nach einer Erweiterung der Haftung des Abschlussprüfers durch Anhebung der Haftungsbegrenzungssumme[19] oder einer kontrollierten Ausdehnung der Dritthaftung nach dem Vorbild anderer Rechtsordnungen (näher Rn 54). Im Hinblick auf ihre Begrenztheit ist die gesetzliche Regelung vor 1998 in einer eingehenden Untersuchung zur ökonomischen Analyse des Rechts als ineffizient bezeichnet worden.[20] Eine dem deutschen Recht vergleichbare betragsmäßige Begrenzung der Fahrlässigkeitshaftung hat sich schließlich bislang auch international nicht allgemein durchgesetzt; in der EU kennen sie derzeit nur Belgien, Griechenland, Österreich und Slowenien.[21]

5 Vor dem Hintergrund der fundamentalen Unterschiede bereits in den Grundlinien der zivilrechtlichen Verantwortlichkeit des Abschlussprüfers kann es nicht überraschen, dass die jahrzehntelangen **Bemühungen um eine europäische Harmonisierung** bislang nicht von Erfolg gekrönt waren. Als nicht konsensfähig erwies sich der erste Vorschlag für eine 5. (Struktur-)Richtlinie des Rates, in dem eine unbeschränkte Haftung des Prüfers einer Aktiengesellschaft auch bei Fahrlässigkeit und auch gegenüber Dritten vorgesehen war.[22] Bereits nach den Vorschlägen von 1983 und 1990 sollte eine Dritthaftung nämlich nicht mehr zwingend vorgeschrieben sein.[23] Nach dem Scheitern dieser Richtlinie legte die Kommission im Jahre 1996 ein Grünbuch über die „Rolle und Haftung des Abschlussprüfers in der Europäischen Union" vor, in dem sie daran festhielt, dass ein offensichtlicher Grund, die Haftung des Abschlussprüfers auf das geprüfte Unternehmen zu beschränken, nicht bestehe.[24] In der Folgezeit wurden von der Kommission verschiedene Studien in Auftrag gegeben und Konsultationen durchgeführt, die jedoch allesamt nicht in einen konkreten Regulierungsvorschlag mündeten.[25] Hervorzuheben ist die im Jahre 2006 vorgelegte unabhängige Studie des Beratungsunternehmens *„London Economics"*.[26] Diese kommt zu dem Ergebnis, dass angesichts der konzentrierten Marktstruktur und des nur geringen Einflusses unterschiedlicher Haftungsregeln auf die Prüfungsqualität eine Haftungsbegrenzung ökonomisch sinnvoll sei und stellt im Weiteren alternative Mechanismen zu deren

---

17 RegE, BT-Drs. 19/26966, S. 1, 103 mit Bezug auf „jüngste Vorkommnisse" im Bereich der Manipulation von Bilanzen; aus dem Schrifttum etwa *Niesch* WM 2021, 158 f; *Stüttgen* ZIP 2022, 300.

18 Vgl. die Nachweise bei *Schlechtriem* BB 1984, 1177 (1182); daneben *W. Doralt* Rn 164 ff; *Morris* Modern Law Review 2009, 607 (608, 612); im Zusammenhang mit dem Fall Wirecard etwa *Homborg/Landahl* NZG 2021, 859 (863).

19 Vgl. etwa die Ankündigung in Ziff. 5 des Zehn-Punkte-Programms „Unternehmensintegrität und Anlegerschutz" der Bundesregierung v. 25.2.2003, s. BB 2003, 693.

20 In diesem Sinne *E. Herrmann* S. 249, 280 f, 286 f; s. zur ökonomischen Analyse aber noch Rn 5 aE sowie *Gelter* Wpg 2005, 486 ff; *Ewert* BFuP 1999, 94.

21 *Klaas* Wpg 2006, 1489 (1491); *Ebke* ZVglRWiss 100 (2001), 62 (71 ff).

22 Vgl. Art. 62 i.V.m. Art. 14 Abs. 2 des Vorschlages einer 5. Richtlinie des Rates über die Struktur der Aktiengesellschaft sowie die Befugnisse und Verpflichtungen ihrer Organe, ABl. EG 1972 Nr. C 131/49.

23 Vgl. Art. 62 des Geänderten Vorschlags v. 19.8.1983, ABl. EG 1983 Nr. C 240/2, 35 und den insoweit unveränderten Vorschlag v. 20.12.1990, ABl. EG Nr. C 7/4.

24 ABl. EG 1996 Nr. C 321/1, Tz 5.6.

25 *Ebke* FS Westermann S. 873 (878 ff); MünchKommHGB/*Ebke*² Rn 212 ff.

26 *London Economics* Study on the Economic Impact of Auditor's Liability Regimes (2006) sowie Pressemitteilung der Kommission IP/06/1307; dazu *Klaas* Wpg 2006, 1489; *Poelzig* ZBB 2021, 73 (84); *Velte/Lechner/Kusch* DStR 2007, 1494 (1496 ff).

Umsetzung vor (absolute oder nach Unternehmensgröße variable Haftungshöchstgrenze, Prüfungshonorar als Bemessungsgrundlage, Proportionalhaftung). Eine europaweite Vereinheitlichung sei jedoch aufgrund der individuellen Gegebenheiten in den Mitgliedstaaten nicht sinnvoll.

Daran anknüpfend, hat sich nunmehr auch die **Kommission** gegen eine unbeschränkte Haftung ausgesprochen. Angesichts des nur unzureichenden Versicherungsschutzes verhindere diese, dass neue Prüfungsnetze in den internationalen Wirtschaftsprüfungsmarkt für in der Gemeinschaft börsennotierte Unternehmen eintreten.[27] In Umsetzung des in Art. 31 der Abschlussprüferrichtlinie vorgesehenen Auftrags hat sie daher am 5. Juni 2008 eine **Empfehlung** zur Beschränkung der zivilrechtlichen Haftung von Abschlussprüfern und Prüfungsgesellschaften verabschiedet.[28] Diese bezieht sich einerseits nur auf fahrlässig pflichtwidriges Verhalten des Prüfers gegen seine Berufspflichten, andererseits nur auf konsolidierte Abschlüsse und Jahresabschlüsse von Unternehmen, deren Wertpapiere auf einem geregelten Markt eines Mitgliedstaats zugelassen sind. Auf eine bestimmte Methode der Haftungsbeschränkung hat sich die Kommission aufgrund der unterschiedlichen Rechtstraditionen in den Mitgliedstaaten nicht festgelegt; vielmehr empfiehlt sie, kumulativ oder alternativ insbesondere einen finanziellen Höchstbetrag festzulegen, eine Proportionalhaftung einzuführen oder die Möglichkeit zu eröffnen, vertraglich eine Haftungsbeschränkung zu vereinbaren. 6

3. Dogmatische Einordnung

Im Hinblick auf das Verhältnis des Abschlussprüfers zur geprüften Gesellschaft ist ähnlich wie bei Geschäftsleitern zwischen dem schuldrechtlichen Prüfungsvertrag und dem korporationsrechtlichen Rechtsverhältnis zu unterscheiden (Vor § 316 Rn 23; § 318 Rn 1). In Parallele zu §§ 93 AktG, 43 GmbHG ist die Vorschrift des § 323 daher vorrangig als **Sanktionsmechanismus innerhalb des Bestellungsverhältnisses** einzuordnen, der auch dann eingreift, wenn es an einem Prüfungsvertrag fehlt oder dieser unwirksam ist.[29] Nach der Rechtsprechung des BGH kommt der Haftung aus dem schuldrechtlichen Anstellungsvertrag bei Geschäftsleitern daneben keine eigenständige Bedeutung zu,[30] während sie zu Begründung einer Dritthaftung des Abschlussprüfers durchaus an den Prüfungsvertrag anknüpft (Rn 56). Richtig ist die Annahme einer Anspruchsgrundlagenkonkurrenz, der aber deswegen keine praktische Be-deutung zukommt, weil § 323 auch eine etwaige Vertragshaftung abschließend und teilweise abweichend von allgemeinen vertragsrechtlichen Grundsätzen regelt (Rn 2).[31] Soweit die Vorschrift Dritte einbezieht, also einerseits eine Verantwortlichkeit der Gehilfen und gesetzlichen Vertreter anordnet und andererseits auch verbundene Unternehmen berechtigt, scheidet demgegenüber der Prüfungsvertrag oder ein korporationsrechtliches Rechtsverhältnis als Basis aus; vielmehr beruht die Haftung allein auf Gesetz.[32] 7

4. Anwendungsbereich

Die Vorschrift des § 323 gilt zunächst nur für **gesetzliche Abschlussprüfungen** (§ 316 Rn 3 ff), und zwar auch im Hinblick auf ihre etwaige Erweiterung nach § 53 Abs. 1 HGrG[33] und im Hinblick auf 8

27 Vgl. Erwägungsgrund 3 der Empfehlung v. 5. Juni 2008 (folgende Fn).

28 ABl. 2008 Nr. L 162/39; s. dazu *Klein* Wpg 2008, Heft 15, S. I; *Schattka* GPR 2008, 193; *Fölsing* ZCG 2008, 279 (282 ff); vgl. zur Rechtsangleichungskompetenz *Wölber* S. 243 ff.

29 Hopt/*Merkt*[42] Rn 1; aA *Mirtschink* S. 39; s. auch *Hellgardt* S. 304: „unzweifelhaft vertragsrechtlicher Anspruch".

30 BGH ZIP 1989, 1390 (1392); BGH ZIP 1997, 199 (200); im vorliegenden Zusammenhang OLG Düsseldorf NZG 1999, 901 (903); krit. dazu *K. Schmidt* FS Georgiades (2005), S. 689 ff; *Schürnbrand* Organschaft im Recht der privaten Verbände (2007), S. 346 ff.

31 Vgl. Baetge/Kirsch/Thiele/*Hennrichs* Rn 3.

32 Baetge/Kirsch/Thiele/*Hennrichs* Rn 3.

33 *Schüppen* ZIP 2015, 814; aA zu § 53 HGrG *Kersting* ZIP 2015, 817 und *ders.* ZIP 2014, 2420.

die Prüfung der Kapitalflussrechnung nach § 264 Abs. 1 Satz 2.[34] Kraft Verweisung findet sie jedoch in zahlreichen anderen Fällen einer Pflichtprüfung *entsprechende Anwendung*, so etwa bei Gründungs- (§ 49 AktG), Nachgründungs- (§ 53 i.V.m. § 49 AktG) und Sonderprüfungen (§§ 144, 258 Abs. 5 Satz 1 AktG), bei der Prüfung anlässlich einer Kapitalerhöhung aus Gesellschaftsmitteln (§ 209 Abs. 4 Satz 2 AktG, § 57f Abs. 3 Satz 2 GmbHG), bei der Prüfung eines Unternehmensvertrags oder einer Eingliederung (§§ 293d Abs. 2, 320 Abs. 3 Satz 3 AktG) sowie im Umwandlungsrecht (§ 11 Abs. 2 UmwG). Auch im Kapitalmarktrecht finden sich Anwendungsfälle; die Geltung des § 323 wird angeordnet in § 115 Abs. 5 Satz 7 WpHG (prüferische Durchsicht oder Prüfung von Halbjahresfinanzberichten)[35] und in § 32 Abs. 3 Satz 5 WpHG. Darüber hinaus sind die Grundgedanken der Vorschrift im Zweifel bei allen gesetzlichen Pflichtprüfungen heranzuziehen, auch wenn es an einer ausdrücklichen Verweisung fehlt.[36] Da sie auf die besondere Interessenlage bei der Pflichtprüfung zugeschnitten und insoweit überdies Ergebnis eines gesetzgeberischen Kompromisses ist (Rn 2), findet die Vorschrift und namentlich ihr Absatz 2 demgegenüber auf **freiwillige Prüfungen** sowie auf Prüfungshandlungen außerhalb des gesetzlich vorgeschriebenen Pflichtprüfungsrahmens keine Anwendung (Rn 71 ff).[37] Das gilt erst recht für allgemeine Beratungsdienstleistungen, Prospektprüfungen oder die Vermögensverwaltung. Nicht ausgeschlossen ist die Anwendung des § 323 freilich dann, wenn der Prüfungsauftrag das gesetzliche Pflichtenprogramm nur konkretisiert und namentlich spezielle Prüfungsschwerpunkte vorsieht.[38]

II. Pflichten des Abschlussprüfers

1. Verpflichteter Personenkreis

9 Die Pflicht zur gewissenhaften und unparteiischen Prüfung trifft **Abschlussprüfer**, ihre **Gehilfen** sowie **gesetzliche Vertreter** einer Wirtschaftsprüfungsgesellschaft, soweit sie bei der Prüfung mitwirken.[39] Abschlussprüfer ist der als solcher im Wahlbeschluss des Unternehmens Bezeichnete, auch wenn es sich um mehrere Personen (§ 318 Rn 30 f) oder eine Prüfungsgesellschaft handelt (§ 319 Rn 9 ff), sowie der durch das Gericht i.S.d. § 318 Abs. 3 oder 4 bestellte Prüfer.[40] Wirtschaftsprüfer bzw. vereidigte Buchprüfer, die selbst nicht Vertragspartner des Unternehmens sind, aber für den bestellten Prüfer an der Abschlussprüfung mitwirken, können als Gehilfen oder gesetzliche Vertreter Adressaten der Vorschrift sein.

10 **Gehilfen** sind Personen, die bei der Prüfung mitwirken und nicht selbst Abschlussprüfer sind. Nach verbreiteter Auffassung sollen hiervon jedoch Hilfskräfte ausgenommen sein, die – wie etwa Schreibkräfte – keine prüfungsspezifischen Tätigkeiten verrichten.[41] Im Unterschied zu § 319 Abs. 2 Nr. 4 aF (§ 319 Abs. 3 Satz 1 Nr. 2 Alt. 3) zielt § 323 indes nicht nur auf die Möglichkeit der Einwirkung auf die Prüfung ab (vgl. dazu § 319 Rn 69 f), sondern will darüber hinaus auch die berechtigten Geheimhaltungsinteressen der geprüften Gesellschaft schützen. Daher ist die Art der vom Unterstützenden ausgeübten Tätigkeit im Ausgangspunkt nicht von Bedeutung.[42] Vielmehr sind allein solche Personen nicht als Gehilfen des Abschlussprüfers einzustufen, die keinen

34 BGH BeckRS 2018, 39375 Rn 20.
35 Vgl. Begr. RegE, BT-Drucks. 16/2398, S. 45.
36 *ADS* Rn 7; BeckBilKomm/*Justenhoven*/*Feldmüller*[13] Rn 4; Ebenroth/Boujong/Joost/Strohn/*Böcking*/*Gros*/*Rabenhorst* Rn 2.
37 Hopt/*Merkt*[42] Rn 6; MünchKommHGB/*Ebke*[4] Rn 15; *ADS* Rn 9; Ebenroth/Boujong/Joost/Strohn/*Böcking*/*Gros*/*Rabenhorst* Rn 3; s. auch *Canaris* ZHR 163 (1999), 206 (234).
38 MünchKommHGB/*Ebke*[4] Rn 19.
39 Hopt/*Merkt*[42] Rn 1.
40 BeckOGK-HGB/*Bormann*, 15.11.2020, Rn 32.
41 *ADS* Rn 16; Hopt/*Merkt*[42] Rn 1; BeckBilKomm/*Justenhoven*/*Feldmüller*[13] Rn 62.
42 4. Aufl. Rn 4 (*Zimmer*); Baetge/Kirsch/Thiele/*Hennrichs* Rn 22; BeckOGK-HGB/*Bormann*, 15.11.2020, Rn 33; *Poll* DZWir 1995, 95.

Zugang zu extern nutzbaren Informationen haben. Damit dürfte regelmäßig zumindest das gesamte Büropersonal zum Kreise der Gehilfen zu zählen sein. Ob die Betreffenden die in § 50 WPO vorgesehene Verschwiegenheitserklärung unterzeichnet haben, ist dabei ebenso wenig von Bedeutung wie die Frage, ob sie dem Abschlussprüfer durch ein festes Anstellungsverhältnis verbunden sind; eine Tätigkeit als freier Mitarbeiter genügt mit anderen Worten.[43] Umgekehrt ist die Eigenschaft als Berufsträger unschädlich, so dass auch ein für die gewählte Prüfungsgesellschaft tätige werdender Wirtschaftsprüfer nach den genannten Grundsätzen Gehilfe ist.[44]

Weiterhin sind die **gesetzlichen Vertreter** einer Prüfungsgesellschaft (zu den in Betracht kommenden Rechtsformen § 319 Rn 9) Adressaten der Vorschrift, soweit sie bei der Prüfung mitwirken. Wenngleich unter „prüfen" grundsätzlich eine Tätigkeit am Prüfungsobjekt selbst zu verstehen ist, gebietet der Zweck der Norm eine davon abweichende weite Auslegung. Demnach reicht für das Merkmal der *Mitwirkung bei der Prüfung* jegliche im Rahmen seiner beruflichen Tätigkeit erfolgende Befassung eines gesetzlichen Vertreters einer Prüfungsgesellschaft mit einem Mandat der Gesellschaft aus. Damit soll der innerhalb der Prüfungsgesellschaft maßgebliche Kreis der Entscheidungsträger umfassend an die Verschwiegenheitspflicht gebunden und so bedenkliche Schutzlücken vermieden werden.[45] Nach zutreffender herrschender Meinung ist daher, obwohl es sich insoweit um rein innerbetriebliche Maßnahmen handelt, bereits die Auswahl von Mitarbeitern oder sonstigen Gehilfen für die Abschlussprüfung sowie deren Überwachung als Mitwirkungshandlung zu qualifizieren.[46] 11

2. Bedeutung des Berufsrechts

a) Vorgaben der WPO und der Berufssatzung. Die generalklauselartige Verpflichtung zur gewissenhaften, unabhängigen und verschwiegenen Berufsausübung findet sich in **§ 43 Abs. 1 WPO**. Die Wirtschaftsprüferkammer hat von der ihr in § 57 Abs. 3, 4 WPO eingeräumten Rechtssetzungsbefugnis Gebrauch gemacht und in ihrer Berufssatzung (BS WP/vBP)[47] diese Berufspflichten näher konkretisiert.[48] Eine gewissenhafte Berufsausübung verlangt nach § 4 WP/vBP u.a. die Beachtung der geltenden rechtlichen und fachlichen Regeln sowie eine sachgerechte Gesamtplanung aller Aufträge einschließlich der Vorgabe, Mandate nur zu übernehmen, wenn die erforderliche Sachkunde und die Zeit für die ordnungsgemäße Bearbeitung vorhanden sind. Weiterhin hat der Wirtschaftsprüfer sich fortzubilden (§ 5 WP/vBP). In ähnlicher Weise enthält die Berufssatzung Konkretisierungen zur Verschwiegenheit (§ 10 WP/vBP) und zur Unparteilichkeit (§ 28 WP/vBP). All diesen Vorgaben kommt indessen **keine rechtliche Bindungswirkung** im Verhältnis zum prüfungspflichtigen Unternehmen zu.[49] Denn zwar handelt es sich sowohl bei den Vorschriften der WPO als auch bei der Berufssatzung um Rechtsnormen, diese richten sich jedoch als genuines Berufsrecht allein an die Kammermitglieder und können daher keine für die Auslegung des § 323 verbindliche Vorgabe enthalten.[50] Das Berufsrecht und das Rechtsverhältnis zum Auftraggeber bilden demnach zwei grundsätzlich unverbunden nebeneinander stehende Rechtskreise.[51] Wenngleich die Gerichte bei der Konkretisierung des § 323 also nicht an die berufsrechtlichen Vorgaben gebunden sind, so können diese 12

---

43 BeckOGK-HGB/*Bormann*, 15.11.2020, Rn 33; BeckBilKomm/*Justenhoven*/*Feldmüller*[13] Rn 62; MünchKommHGB/*Ebke*[4] Rn 20; Koller/Kindler/Roth/Drühen/*Morck*/*Bach* Rn 2.

44 BeckBilKomm/*Justenhoven*/*Feldmüller*[13] Rn 62.

45 *Poll* DZWir 1995, 95 (97).

46 *ADS* Rn 19; Baetge/Kirsch/Thiele/*Hennrichs* Rn 23; BeckBilKomm/*Justenhoven*/*Feldmüller*[13] Rn 63; Hopt/*Merkt*[42] Rn 1.

47 Berufssatzung für Wirtschaftsprüfer/vereidigte Buchprüfer – BS WP/vBP vom 21.6.2016 – BAnz AT 22.7.2016 B1.

48 Eingehend zum Inhalt MünchKommHGB/*Ebke*[4] Rn 34 ff.

49 *Hommelhoff*/*Mattheus* FS Röhricht, S. 897 (903 ff); *Gehringer* S. 123 ff; MünchKommHGB/*Ebke*[4] Rn 38; vgl. auch Baetge/Kirsch/Thiele/*Hennrichs* Rn 27 f.; zum früheren Recht OLG Düsseldorf BB 1996, 2614 (2616); unklar dagegen *ADS* Rn 24.

50 Baetge/Kirsch/Thiele/*Hennrichs* Rn 23.

51 *Hommelhoff*/*Mattheus* FS Röhricht, S. 897 (905).

doch rein praktisch eine wichtige Entscheidungshilfe sein.[52] Ihnen kommt mithin der Charakter einer *Rechtserkenntnisquelle* zu.[53]

13 **b) Stellungnahmen des IDW.** Die nähere Ausgestaltung des Prüfungsverfahrens erfolgt in Deutschland traditionell nicht durch Gesetz, sondern im Wege der freiwilligen Selbstregulierung des Berufsstandes (näher § 317 Rn 39). Hierzu stellt das Institut der Wirtschaftsprüfer in Deutschland (IDW), das als privatrechtlicher Verein organisiert ist, neben den als bloße Orientierungshilfe gedachten Prüfungshinweisen auch **Prüfungsstandards** auf, die einen höheren Verbindlichkeitsgrad für sich beanspruchen.[54] Diese hat der Abschlussprüfer grundsätzlich anzuwenden; etwaige Abweichungen sind schriftlich hervorzuheben und zu begründen (§ 4 Abs. 9 IDW-Satzung).[55] Als ohne staatliche Rechtssetzungsbefugnis erlassenes privatrechtliches Vereinsinnenrecht haben sie jedoch nicht den Status von Rechtsnormen.[56] Sie entfalten für das Verständnis des § 323 aber **auch keine mittelbar verbindliche Wirkung**.[57] Weder lassen sie sich nämlich als Gewohnheitsrecht[58] qualifizieren noch können sie als antizipierte Sachverständigengutachten den Richter binden.[59] Unabhängig davon, ob letztere Rechtsfigur überhaupt anzuerkennen ist, verfügen die Wirtschaftsprüfer zwar über die erforderliche Sachkunde, als selbst Betroffene jedoch nicht über die insofern unabdingbare Neutralität und Unabhängigkeit. Es lässt sich nicht einmal sagen, dass die Stellungnahmen einen Mindeststandard verkörpern, den der Abschlussprüfer jedenfalls zu beachten hat.[60] Ähnlich wie beim förmlichen Berufsrecht handelt es sich im Hinblick auf die Auslegung des § 323 vielmehr um eine – wenngleich angesichts ihrer Herkunft und Entstehungsgeschichte – besonders gewichtige Rechtsmeinung, die eine lediglich faktische Wirkung entfaltet.[61] Angesichts dessen ist es geboten, dass der Wirtschaftsprüfer bzw. vereidigte Buchprüfer die einschlägigen Verlautbarungen kennt und sich mit ihnen auseinandergesetzt hat.[62] Fehlende Kenntnis kann ggf. einen Mangel an Gewissenhaftigkeit bedeuten. Mehr als indizielle Bedeutung kommt diesem Umstand allerdings nicht zu; stets bleibt der Einwand eröffnet, dass eine Abweichung von den Vorgaben im Einzelfall sachlich gerechtfertigt war.[63]

14 **c) Internationale Prüfungsstandards.** Kraft der Transformationsvorschrift des § 317 Abs. 5 bindende Wirkung kommt dagegen den internationalen Prüfungsstandards (ISA) zu, soweit sie von der Europäischen Kommission im Wege des Komitologieverfahrens für verbindlich erklärt werden (s. dazu § 317 Rn 40). Die Prüfungsstandards erhalten damit mittelbar Gesetzesrang und beanspruchen daher auch im Verhältnis zwischen dem Abschlussprüfer und dem geprüften Unternehmen Geltung.[64] Soweit eine Transformation durch die Kommission noch nicht erfolgt ist, sind

52 MünchKommHGB/*Ebke*[4] Rn 38.
53 So auch BeckOGK-HGB/*Bormann*, 15.11.2020, Rn 39.
54 *Hommelhoff/Mattheus* FS Röhricht, S. 897 (909).
55 BeckBilKomm/*Justenhoven/Feldmüller*[13] Rn 12.
56 BeckOGK-HGB/*Bormann*, 15.11.2020, Rn 39.
57 BeckBilKomm/*Justenhoven/Feldmüller*[13] Rn 12; tendenziell aA Hopt/*Merkt*[42] Rn 1.
58 MünchKommHGB/*Ebke*[4] Rn 32; Geßler/Hefermehl/Eckardt/*Kropff* AktG § 162 Rn 36.
59 *Hommelhoff/Mattheus* FS Röhricht, S. 897 (913); *Gehringer* S. 146 ff; *Reimann* S. 62 ff; *Taupitz* BB 1990, 2367 (2370); s. auch Baetge/Kirsch/Thiele/*Hennrichs* Rn 27; Hachmeister/Kahle/Mock/Schüppen/*Staake* Rn 24; **aA** *Köndgen* Selbstbindung ohne Vertrag (1981), S. 221 f; *Mai* S. 102 (179); diff. *Möllers* Geltung und Faktizität von Standards (2009), S. 143 ff.
60 So aber Hopt/*Merkt*[42] Rn 1 („oft", aber „nicht automatisch"); *Ruhnke/Niephaus* DB 1996, 789 (790); zu Recht ablehnend *Hommelhoff/Mattheus* FS Röhricht, S. 897 (913); BeckBilKomm/*Justenhoven/Feldmüller*[13] Rn 12.
61 AG Duisburg DB 1994, 466 (467); wohl abweichend LG Frankfurt WPK-Mitt. 1997, 236 (238).
62 4. Aufl. Rn 9 (*Zimmer*); Baumbach/Hueck/*Schulze-Osterloh* GmbHG[18] § 41 Rn 167; Baetge/Kirsch/Thiele/*Hennrichs* Rn 28.
63 Vgl. (aber restriktiver bzgl. Zulässigkeit der Abweichung) Baetge/Kirsch/Thiele/*Hennrichs* Rn 28.
64 BeckOGK-HGB/*Bormann*, 15.11.2020, Rn 40.

die ISA als solche nur von Bedeutung, wenn eine dahingehende Vereinbarung getroffen worden ist.[65]

3. Pflicht zur gewissenhaften und unparteiischen Prüfung

a) Gewissenhaftigkeit. Die beteiligten Personen sind zur gewissenhaften Durchführung der Prüfung verpflichtet. Mit **Prüfung** sind die eigentliche Prüfungstätigkeit sowie die Erstellung von Prüfungsbericht und Bestätigungsvermerk gemeint.[66] Damit werden auch Handlungspflichten umfasst, die sich erst konkret aus der Prüfung ergeben. Weiterhin erstreckt sich das Gebot der Gewissenhaftigkeit auf die der Erstellung des Prüfungsberichts zeitlich vorgelagerte „Redepflicht" nach § 321 Abs. 1 Satz 3.[67] Zu einer gewissenhaften Prüfungsdurchführung gehört auch die Prüfung, ob die persönlichen und sachlichen Voraussetzungen für die Annahme des Auftrags nach § 319 ff gegeben sind (vgl. § 4 Abs. 2 BS WP/vBP).[68] 15

Die Pflicht zur gewissenhaften Prüfung wird oft umschrieben als die Verpflichtung, die eigene Tätigkeit nach bestem Wissen und Können auszuüben.[69] Diese Formulierung suggeriert indes zu Unrecht, im Rahmen des § 323 herrsche ein subjektiver, an die individuellen Fähigkeiten des einzelnen Prüfers bzw. Gehilfen anknüpfender Sorgfaltsmaßstab. Eigene Unfähigkeit zur sorgfältigen Prüfung kann die bei der Abschlussprüfung tätig werdenden Personen indes nicht entlasten. Ebenso wie § 43 Abs. 1 GmbHG und § 93 Abs. 1 Satz 1 AktG, die ebenfalls bestimmte Funktionsträger zu einer besonders sorgfältigen Ausübung ihrer Tätigkeit verpflichten (zur rechtssystematischen Parallele s. Rn 7), begründet § 323 Abs. 1 vielmehr eine **typisierte Sorgfaltspflicht** und konkretisiert damit den Sorgfaltsmaßstab des § 276 BGB[70]: Wer als Abschlussprüfer, Gehilfe oder gesetzlicher Vertreter einer Prüfungsgesellschaft an der Prüfung mitwirkt, hat diese Tätigkeit mit der Sorgfalt auszuüben, die ein gewissenhafter Prüfer, Gehilfe bzw. gesetzlicher Vertreter einer Prüfungsgesellschaft an den Tag legen würde. Nicht entscheidend ist daher, welche Verhaltensweisen in der Praxis üblich sind; maßgeblich ist vielmehr allein, welcher Standard normativ geboten ist, um dem gesetzlichen Sinn und Zweck der Abschlussprüfung gerecht zu werden.[71] 16

Im Einzelnen hat der Abschlussprüfer selbstverständlich während der **eigentlichen Prüfung** sorgfältig zu agieren und bei der Würdigung der Rechnungslegung insbesondere die höchstrichterliche Rechtsprechung des BGH und des BFH zu beachten.[72] Hinsichtlich angeforderter Bestätigungen obliegt ihm selbst dann eine Rücklaufkontrolle, wenn deren Einholung überobligatorisch war.[73] Darüber hinaus erfordert der Grundsatz der Gewissenhaftigkeit es, bereits **im Vorfeld die erforderlichen Vorkehrungen** für eine sachgerechte Prüfung zu treffen. Daher hat sich der Abschlussprüfer selbst regelmäßig fortzubilden (vgl. § 43 Abs. 2 Satz 4 WPO) und auch bei seinen Gehilfen das Vorhandensein ausreichender betriebswirtschaftlicher und rechtlicher Kenntnisse zu gewährleisten.[74] Erfordert eine Abschlussprüfung spezifische Fachkenntnisse, so müssen diejenigen Aufgaben, die von ihm nicht persönlich erfüllt werden können, von Personen erledigt werden, die über entsprechende Fähigkeiten verfügen.[75] Davon unberührt bleibt eine Haftung nach §§ 278 17

65 BeckBilKomm/*Justenhoven*/*Feldmüller*[13] Rn 13.
66 *ADS* Rn 26; Hopt/*Merkt*[42] Rn 1; BeckBilKomm[13]/*Justenhoven*/*Feldmüller* Rn 10.
67 Beck BilKomm[13]/*Justenhoven*/*Feldmüller* Rn 10.
68 Beck BilKomm[13]/*Justenhoven*/*Feldmüller* Rn 14.
69 *ADS* Rn 21; Koller/Kindler/Roth/Drüen/*Morck*/*Bach* Rn 3; Ebenroth/Boujong/Joost/Strohn/*Böcking*/*Gros*/*Rabenhorst* Rn 5 mit Hinweis auch auf § 276 BGB; dagegen 4. Aufl. Rn 7 (*Zimmer*); Baumbach/Hueck/*Schulze-Osterloh* GmbHG[18] § 41 Rn 167.
70 MünchKommHGB/*Ebke*[4] Rn 44; Baetge/Kirsch/Thiele/*Hennrichs* Rn 25; *Poll* DZWiR 1995, 95 (96).
71 Zutr. MünchKommHGB/*Ebke*[4] Rn 44.
72 Hopt/*Merkt*[42] Rn 1.
73 BGH DB 2010, 159 Tz 44.
74 Baetge/Kirsch/Thiele/*Hennrichs* Rn 29.
75 *ADS* Rn 27; 4. Aufl. Rn 29 (*Zimmer*).

bzw. 31 BGB für ein Verschulden dieser Personen (Rn 33). Das Gebot der Gewissenhaftigkeit bezieht sich nicht zuletzt aber auch auf die Organisation der Prüfung (vgl. § 4 Abs. 2, 3 Berufssatzung). Daher ist die Planung so vorzunehmen, dass die Prüfungstätigkeit nicht durch Zeitmangel beeinträchtigt wird.[76] Um dies sicherzustellen, bedarf es der nach § 57a WPO vorgeschriebenen externen Qualitätskontrolle sowie einer angemessenen internen **Qualitätssicherung**.[77]

18 **b) Unparteilichkeit.** Die Abschlussprüfung dient nicht zuletzt auch dem Interesse der Allgemeinheit an einer verlässlichen Rechnungslegung. Daher darf der Abschlussprüfer seine Tätigkeit nicht einseitig an Partikularinteressen ausrichten (vgl. auch § 43 Abs. 1 Satz 2 WPO, § 3 Abs. 1 BS WP/vBP).[78] Insbesondere hat der Abschlussprüfer darauf achten, eine Beeinflussung durch den Mandanten zu vermeiden; er ist gehalten, stattdessen sein eigenes Urteil ausschließlich unter sachlichen Gesichtspunkten zu entwickeln.[79] Keinen Einwänden begegnet es demgegenüber, wenn der Aufsichtsrat mit dem Abschlussprüfer Prüfungsschwerpunkte vereinbart.[80] – Zur Zulässigkeit der Vorlage eines noch vorläufigen Prüfungsberichts an die Geschäftsleitung § 321 Rn 57.

4. Verschwiegenheitspflicht

19 **a) Grundsatz.** Durch die gesetzlich zwingend angeordnete Abschlussprüfung erhalten die mitwirkenden Personen umfangreiche Informationen über das zu prüfende Unternehmen (vgl. dazu § 320 Rn 27). Das ist dem geprüften Unternehmen nur zumutbar, wenn die betreffenden Informationen nicht an die Öffentlichkeit gelangen.[81] Daher ordnet Absatz 1 Satz 1 in Übereinstimmung mit **Art. 23 AP-RL** eine umfassende Pflicht zur Verschwiegenheit an, die im Verwertungsverbot des Absatzes 1 Satz 2 ihre konsequente Fortsetzung findet. Die Pflicht zur Verschwiegenheit ist **zeitlich unbegrenzt** und besteht insbesondere auch nach Beendigung des Mandats fort.[82] Das folgt inzwischen auch aus Art. 23 Abs. 4 der Abschlussprüferrichtlinie. Verfahrensrechtlich abgesichert wird das Verschwiegenheitsgebot durch *Zeugnisverweigerungsrechte* gegenüber staatlichen Gerichten und Ermittlungsbehörden (§ 383 Abs. 1 Nr. 6 ZPO, § 53 Abs. 1 Satz 1 Nr. 3 StPO, § 102 Abs. 1 Nr. 3 lit. b AO, § 84 Abs. 1 FGO). Insofern ergibt sich für den Abschlussprüfer aus Absatz 1 Satz 1 die Pflicht, von den eingeräumten Rechten auch tatsächlich Gebrauch zu machen, sofern er nicht von seiner Verpflichtung entbunden wurde (Rn 21).[83] Der Verrat von Geheimnissen wird nicht nur zivilrechtlich, sondern nach § 333 sowie § 203 Abs. 1 Nr. 3 StGB auch strafrechtlich[84] und nach §§ 43 Abs. 1 Satz 1 WPO, 10 BS Wp/vBP berufsrechtlich sanktioniert. Überdies hat der Wirtschaftsprüfer nach § 50 WPO auch seine Gehilfen und Mitarbeiter zur Verschwiegenheit zu verpflichten.

20 Ihrem Umfang nach geht die Verschwiegenheitspflicht nach Absatz 1 Satz 1 deutlich über den strafrechtlichen Geheimnisbegriff hinaus. Im Hinblick auf den Normzweck ist eine weite Auslegung geboten, die **alle nicht allgemein bekannten Tatsachen und Umstände** mit der Folge einschließt, dass der Abschlussprüfer einem umfassenden Diskretionsgebot unterliegt.[85] Geschützt sind somit neben Tatsachen mit nachprüfbarem Gehalt auch subjektiv eingefärbte Inhalte wie

---

76 Baetge/Kirsch/Thiele/*Hennrichs* Rn 30.

77 Ebenroth/Boujong/Joost/Strohn/*Böcking*/*Gros*/*Rabenhorst* Rn 6.

78 *ADS* Rn 28; Baumbach/Hueck/*Schulze-Osterloh* GmbHG[18] § 41 Rn 168; MünchKommHGB/*Ebke*[4] Rn 46.

79 MünchKommHGB/*Ebke*[4] Rn 46.

80 BeckBilKomm/*Justenhoven*/*Feldmüller*[13] Rn 21.

81 Vgl. BeckBilKomm/*Justenhoven*/*Feldmüller*[13] Rn 26.

82 MünchKommHGB/*Ebke*[4] Rn 51; *Stoll* BB 1998, 785.

83 Hopt/*Merkt*[42] Rn 2; Ebenroth/Boujong/Joost/Strohn/*Böcking*/*Gros*/*Rabenhorst* Rn 9; Heymann/*Herrmann* Rn 4; *Hilber*/*Hartung* BB 2003, 1054 (1056).

84 BeckOGK-HGB/*Bormann*, 15.11.2020, Rn 79 f.

85 BeckOGK-HGB/*Bormann*, 15.11.2020, Rn 47, 62; Baetge/Kirsch/Thiele/*Hennrichs* Rn 36; *Mock* DB 2003, 1996.

Meinungen und Einschätzungen des Wirtschaftsprüfers sowie Annahmen über künftige Entwicklungen.[86] Ausgenommen sind nur solche Informationen, die – namentlich, weil das Unternehmen sie publiziert hat – einem unüberschaubaren Personenkreis bekannt oder letztlich jedermann ohne weiteres zugänglich sind.[87] Daher erstreckt sich die Verschwiegenheitspflicht nicht auf Angaben im Handelsregister und den dort eingereichten Unterlagen.[88] Nicht als allgemein bekannt gelten dagegen z.B. durch das geprüfte Unternehmen nicht veranlasste oder bestätigte Presseberichte.[89] Denn selbst bei weiter Verbreitung der Information kommt dem Umstand der Bestätigung durch den Abschlussprüfer für die interessierten Kreise ein zusätzlicher Erkenntniswert zu.[90] Informationen, die nur von einem bestimmten Personenkreis erlangt werden können, z.B. Grundbuchauszüge, § 12 Abs. 1 Satz 1 GBO, unterliegen ebenfalls dem handelsrechtlichen Schweigegebot.[91] Im Gegensatz zum strafrechtlichen Geheimnisbegriff kommt es auf ein objektives Geheimhaltungsinteresse und damit die Bedeutung der fraglichen Informationen nicht an. Da die Verschwiegenheitspflicht vorrangig im Interesse des geprüften Unternehmens besteht und dieses darüber auch im Wege konkludenter Einwilligung disponieren kann (Rn 21), ist es jedoch erforderlich, dass die betreffenden Umstände oder Tatsachen nach dem wirklichen oder mutmaßlichen Willen des Unternehmens nicht bekannt werden sollen.[92]

Die Gesellschaft kann den Abschlussprüfer von seiner **Verschwiegenheitspflicht entbinden.**[93] Dabei handelt es sich um eine Geschäftsführungsmaßnahme, für die die im Zeitpunkt der Abgabe der Entbindungserklärung amtierenden gesetzlichen Vertreter zuständig sind und die in der Insolvenz grds. dem Insolvenzverwalter obliegt.[94] Daran ändert sich auch dann nichts, wenn für die Erteilung des Prüfungsauftrags nach § 111 Abs. 2 Satz 3 AktG der Aufsichtsrat zuständig ist.[95] Die Einwilligung kann ausdrücklich oder konkludent erfolgen.[96] Angesichts der Bedeutung der Schweigepflicht und der besonderen Ermächtigung in Absatz 1 Satz 1 aE zur Teilnahme an der externen Qualitätskontrolle nach §§ 57a ff WPO (Rn 25) genügt jedoch nicht die bloße Beauftragung eines Abschlussprüfers, der weitreichenden Auskunftsverlangen einer ausländischen Aufsichtsbehörde ausgesetzt sein kann.[97] Soweit deutsche Wirtschaftsprüfungsgesellschaften nicht von den Anforderungen des **Sarbanes-Oxley Acts** befreit sind,[98] müssen sie sich daher ggf. ausdrücklich von ihrer Verschwiegenheitspflicht entbinden lassen, um ihren Verpflichtungen gegenüber den zuständigen US-amerikanischen Stellen nachkommen zu können. 21

b) Verhältnis zur geprüften Gesellschaft und Innenverhältnis. Die Pflicht zur Verschwiegenheit bezieht sich auf das Verhältnis der Normadressaten zu „Außenstehenden". Keine Verschwiegenheitspflicht besteht gegenüber den **gesetzlichen Vertretern** des Unternehmens.[99] Diese 22

86 Baetge/Kirsch/Thiele/*Hennrichs* Rn 36.
87 BeckOGK-HGB/*Bormann*, 15.11.2020, Rn 62 f; Baetge/Kirsch/Thiele/*Hennrichs* Rn 36.
88 Baetge/Kirsch/Thiele/*Hennrichs* Rn 36; *ADS* Rn 56; BeckBilKomm/*Justenhoven*/*Feldmüller*[13] Rn 27.
89 Hopt/*Merkt*[42] Rn 2; MünchKommHGB/*Ebke*[2] Rn 56; BeckBilKomm/*Justenhoven*/*Feldmüller*[13] Rn 27.
90 BeckBilKomm/*Justenhoven*/*Feldmüller*[13] Rn 27.
91 BeckBilKomm/*Justenhoven*/*Feldmüller*[13] Rn 27; Baetge/Kirsch/Thiele/*Hennrichs* Rn 36.
92 *Poll* DZWir 1995, 95 (96); *ADS* Rn 31; Baumbach/Hueck/*Schulze-Osterloh* GmbHG[18] § 41 Rn 169; Koller/Kindler/Roth/Drüen/*Morck*/*Bach* Rn 4; **aA** 4. Aufl. Rn 14 (*Zimmer*): ausdrückliche Zustimmung der gesetzlichen Vertreter erforderlich.
93 Vgl. *Scheffler* Konzern 2007, 589 (594); *Bräutigam*/*Heyer* AG 2006, 188 (191 f).
94 BGH BeckRS 2021, 2075; OLG Oldenburg ZIP 2004, 1968; Hopt/*Merkt*[42] Rn 2e; BeckBilKomm/*Justenhoven*/*Feldmüller*[13] Rn 44.
95 *ADS* Rn 32; Baetge/Kirsch/Thiele/*Hennrichs* Rn 39; BeckBilKomm/*Justenhoven*/*Feldmüller*[13] Rn 44; **aA** *Mock* DB 2003, 1996 (1998 f).
96 Hopt/*Merkt*[42] Rn 2c.
97 *Kersting* ZIP 2003, 233 (241); *Hilber*/*Hartung* BB 2003, 1054 (1056 f).
98 Näher dazu *Hilber*/*Hartung* BB 2003, 1054.
99 4. Aufl. Rn 16 (*Zimmer*); *Poll* DZWir 1995, 95 (97); BeckBilKomm/*Justenhoven*/*Feldmüller*[13] Rn 30; Baetge/Kirsch/Thiele/*Hennrichs* Rn 37.

sind aufgrund ihrer Verantwortung für das Unternehmen als die an sich „Wissenden“ zu betrachten und müssen über das Prüfungsergebnis in Kenntnis gesetzt werden.[100] Im Hinblick darauf, dass dem Vorstand erst der endgültige Prüfungsbericht zur Stellungnahme zuzuleiten ist (§ 321 Rn 57), verbieten sich jedoch Mitteilungen über den laufenden Stand der Prüfung.[101] Auch gegenüber dem **Aufsichtsrat** des Unternehmens als Organ besteht keine Verschwiegenheitspflicht; Berichtspflicht und -recht folgen hier aus § 321 Abs. 5 Satz 2, 3 und § 171 Abs. 1 Satz 2 AktG. Gegenüber den einzelnen Mitgliedern des Aufsichtsrats ist die Verschwiegenheitspflicht aber zu wahren; sie sind nicht aus § 321 Abs. 5 bzw. aus § 171 Abs. 1 Satz 2 AktG berechtigt.[102] Selbst wenn der Jahresabschluss ausnahmsweise von der Hauptversammlung festgestellt wird, hat der Abschlussprüfer schließlich auch den Aktionären gegenüber Stillschweigen zu bewahren (vgl. § 176 Abs. 2 Satz 2 AktG).[103] In der **GmbH** ist demgegenüber ein Auskunftsrecht aus § 42a Abs. 1 Satz 2, Abs. 3 GmbHG herzuleiten, soweit die Auskünfte der Erläuterung oder Ergänzung des Prüfungsberichts dienen.[104]

23 Zur Erfüllung ihrer gegenüber dem Abschlussprüfer bestehenden Auskunftspflichten können die gesetzlichen Vertreter der zu prüfenden Gesellschaft **Mitarbeiter** abstellen (vgl. § 320 Rn 13). Sofern diese für einen bestimmten Prüfungsbereich, d.h. für im Einzelnen benannte Prüfungsobjekte zur Verfügung stehen, darf der Abschlussprüfer davon ausgehen, dass gegenüber diesen Personen die Verschwiegenheitspflicht nicht besteht.[105] Entsprechendes gilt für die Mitarbeiter des Abschlussprüfers und sachverständige Dritte, deren Mithilfe für eine gewissenhafte Prüfung erforderlich ist.[106] Da jede bei der Prüfung tätig werdende Person, unabhängig von ihrem Status (Rn 10), zur Verschwiegenheit verpflichtet ist, ist auch kein Rangverhältnis dergestalt anzunehmen, dass bestimmte „geheimere“ Informationen nicht an Gehilfen weitergegeben werden dürften.[107] Ungeachtet dessen ist der Abschlussprüfer gut beraten, den Kreis der Mitwisser bei hochsensiblen Informationen nicht unnötig zu vergrößern.[108]

24 Die Verschwiegenheitspflicht gilt auch gegenüber dem **Aufsichtsrat einer zum Abschlussprüfer gewählten Prüfungsgesellschaft** (Absatz 3). Das Gesetz stellt die Interessen des zu prüfenden Unternehmens an der Geheimhaltung über das Kontrollinteresse innerhalb der Prüfungsgesellschaft. Dementsprechend gilt die Schweigepflicht auch gegenüber einem Beirat und den Aktionären.[109] Lediglich der Vorstand der Prüfungsgesellschaft darf sich wegen seiner umfassenden Verantwortlichkeit für die Leitung der Geschäfte über die Prüfungstätigkeit informieren; mit Blick auf Absatz 3 ist er freilich insoweit seinem Aufsichtsrat nicht berichtspflichtig.[110]

25 **c) Redepflicht und Rederecht.** Die Schweigepflicht gilt nicht, soweit der zur Verschwiegenheit Verpflichtete zur Offenbarung der Informationen berechtigt oder sogar verpflichtet ist. So können etwa die §§ 43 Abs. 2 GwG, 29 Abs. 2 Satz 6, Abs. 3 KWG, 35 Abs. 4 VAG, 320 Abs. 3 Satz 2 und allgemein § 138 StGB nach Maßgabe ihrer jeweiligen Voraussetzungen es dem Abschlussprüfer

---

100 Baetge/Kirsch/Thiele/*Hennrichs* Rn 37.

101 *Mock* DB 2003, 1996 (2000); Baetge/Kirsch/Thiele/*Hennrichs* Rn 37; zurückhaltender Hachmeister/Kahle/Mock/Schüppen/*Staake* Rn 46 (Aufsichtsrat könne dem Abschlussprüfer gegenüber dem Vorstand Verschwiegenheit auferlegen); aA wohl BeckOGK-HGB/*Bormann*, 15.11.2020, Rn 52; BeckBilKomm/*Justenhoven*/*Feldmüller*[13] Rn 30.

102 *ADS* Rn 45; Hopt/*Merkt*[42] Rn 2; Baumbach/Hueck/*Schulze-Osterloh* GmbHG[18] § 41 Rn 169; Heymann/*Herrmann* Rn 4; aA Hachmeister/Kahle/Mock/Schüppen/*Staake* Rn 46.

103 Heymann/*Herrmann* Rn 4; Baetge/Kirsch/Thiele/*Hennrichs* Rn 37.

104 Näher dazu, vor allem zur Frage des Berechtigten (Gesellschafterversammlung, einzelner Gesellschafter) Noack/Servatius/Haas/*Kersting* GmbHG[23] § 42a Rn 44.

105 *ADS* Rn 48.

106 MünchKommHGB/*Ebke*[4] Rn 56; BeckBilKomm/*Justenhoven*/*Feldmüller*[13] Rn 32.

107 4. Aufl. Rn 17 (*Zimmer*); **aA** *ADS* Rn 49.

108 MünchKommHGB/*Ebke*[4] Rn 56; BeckOGK-HGB/*Bormann*, 15.11.2020, Rn 56.

109 MünchKommHGB/*Ebke*[4] Rn 54; Koller/Kindler/Roth/Drüen/*Morck*/*Bach* Rn 4.

110 *ADS* Rn 42; Baetge/Kirsch/Thiele/*Hennrichs* Rn 81; Ebenroth/Boujong/Joost/Strohn/*Böcking*/*Gros*/*Rabenhorst* Rn 8.

gebieten, bestimmten Personen seine Erkenntnisse offen zu legen.[111] Entsprechendes gilt im Rahmen der **Qualitätssicherung**. Zum einen schränken nämlich Absatz 1 Satz 1 letzter Halbsatz und § 57b Abs. 3 WPO die Verschwiegenheitspflicht insofern ein, als dies für die Durchführung der externen Qualitätskontrolle nach §§ 57a ff WPO erforderlich ist.[112] Die Vertraulichkeit der in diesem Zusammenhang weitergegebenen Informationen ist dadurch gesichert, dass der Prüfer für Qualitätskontrolle seinerseits der Verschwiegenheitspflicht unterliegt (§ 57b Abs. 1, 2 WPO).[113] Zum anderen ist der Abschlussprüfer nach § 107 Abs. 5 WpHG zur Mitwirkung an einem durch die BaFin angeordneten *Enforcement-Verfahren* verpflichtet.[114]

Im Übrigen darf der Abschlussprüfer sein Schweigen auch dann brechen, wenn dies zur **Wahrnehmung berechtigter Interessen** im Sinne der §§ 34, 193 StGB erforderlich ist.[115] Dies kommt insbesondere im Rahmen von Regressprozessen, Honorarstreitigkeiten, straf- oder berufsgerichtlichen Verfahren gegen den Abschlussprüfer sowie im Hinblick auf Interventionspflichten bei einem Missbrauch des von ihm erteilten Bestätigungsvermerks in Betracht. In all diesen Fällen ist eine umfassende Interessenabwägung geboten, wobei eine Durchbrechung der Verschwiegenheitspflicht die zu begründende Ausnahme darstellt und nur unter strikter Wahrung des *Verhältnismäßigkeitsgrundsatzes* in Betracht kommt.[116] Das Unternehmen ist daher grundsätzlich vorab über die beabsichtigte Offenlegung zu informieren. Eine Mitteilung ist nur dann entbehrlich, wenn die vorzeitige Information die Interessenwahrnehmung gefährden oder vereiteln würde.[117] Im Weiteren hat der Abschlussprüfer dafür zu sorgen, dass der Kreis der Empfänger vertraulicher Informationen so klein wie möglich bleibt. In gerichtlichen Verfahren hat er deshalb auf einen Ausschluss der Öffentlichkeit hinzuwirken, sofern ein solcher möglich ist.[118] Zurückhaltung ist auch bei **Pressekampagnen** geboten. Hier kommt eine Befreiung von der Verschwiegenheitspflicht nach Maßgabe des Grundsatzes der Verhältnismäßigkeit in Betracht, wenn das geprüfte Unternehmen trotz entsprechender Abmahnung (soweit diese nicht zwecklos ist) oder bewusst die Unwahrheit über den Abschlussprüfer oder das von ihm festgestellte Prüfungsergebnis verbreitet oder verbreiten lässt.[119] 26

Dem Abschlussprüfer können aus der **Prüfung eines anderen Unternehmens** Tatsachen bekannt sein, aus denen er ableiten kann, dass die ihm in der gegenwärtigen Prüfung vorgelegten Unterlagen oder ihm gegenüber gemachte Angaben unvollständig oder unrichtig sind. Da die Verschwiegenheitspflicht bezüglich der Informationen aus einer früheren Prüfung zeitlich nicht beschränkt ist (Rn 19), ist die Verwendung solcher Informationen nur zulässig, wenn das Geheimhaltungsinteresse des anderen Unternehmens gewahrt werden kann.[120] Der Abschlussprüfer ist aber gehalten, auf den Widerspruch hinzuweisen, soweit dies ohne Verstoß gegen das Verschwiegenheitsgebot möglich ist; ansonsten hat er die fehlende Plausibilität der Unterlagen bzw. Angaben zu rügen, sofern sich dafür auch andere Ansatzpunkte finden. 27

5. Verwertungsverbot (Absatz 1 Satz 2)

Die an der Prüfung beteiligten Personen dürfen **Geschäfts- und Betriebsgeheimnisse** weder während des laufenden Mandats noch nach dessen Beendigung unbefugt verwerten (vgl. neben Abs. 1 28

111 BeckOK HGB/*Poll*, 15.10.2022, Rn 21.
112 Hopt/*Merkt*[42] Rn 2.
113 Vgl. Hopt/*Merkt*[42] Rn 2.
114 OLG Frankfurt/M. ZIP 2008, 312; OLG Frankfurt/M. ZIP 2007, 768; *Krach* DB 2008, 626; BeckBilKomm/*Justenhoven*/*Feldmüller*[13] Rn 40.
115 MünchKommHGB/*Ebke*[4] Rn 57 ff.; BeckBilKomm/*Justenhoven*/*Feldmüller*[13] Rn 47; *ADS* Rn 60 ff.
116 Vgl. *Poll* DZWir 1995, 95 (97); MünchKommHGB/*Ebke*[4] Rn 57 („ultima ratio").
117 Ähnlich *ADS* Rn 61.
118 *ADS* Rn 61; Baetge/Kirsch/Thiele/*Hennrichs* Rn 40.1.
119 MünchKommHGB/*Ebke*[4] Rn 59; noch zurückhaltender Hopt/*Merkt*[42] Rn 2a.
120 4. Aufl. Rn 20 (*Zimmer*); mit weitgehenden Schlussfolgerungen *Mock* DB 2003, 1996 (1999 ff); s. noch § 321 Rn 24.

Satz 2 auch § 11 BS WP/vBP[121]). Das Verwertungsverbot ergänzt die Verschwiegenheitspflicht nach Absatz 1 Satz 1 und geht insofern über diese hinaus, als es eine Nutzbarmachung der Informationen auch dann verbietet, wenn damit eine Mitteilung an Dritte nicht verbunden ist.[122] Mit der Beschränkung auf Geschäfts- und Betriebsgeheimnisse liegt hinsichtlich des Schutzbereichs demgegenüber nach dem Wortlaut eine Einengung des Tatbestandes gegenüber der Verschwiegenheitspflicht vor. Allerdings erscheint eine weite Auslegung des Begriffs der Geschäfts- und Betriebsgeheimnisse angemessen, die alle dem Geschäftsbetrieb zuzurechnenden, nicht allgemein bekannten Umstände erfasst.[123] Das Geheimnis muss der an der Prüfung beteiligten Person ferner **bei der Prüfungstätigkeit** und nicht lediglich rein privat bekannt geworden sein.[124] Hinsichtlich der verbleibenden Informationen (etwa Geheimnisse aus dem persönlichen Bereich eines Gesellschafters) bewendet es handelsrechtlich bei der Verpflichtung zur Verschwiegenheit, während berufsrechtlich nach § 11 BS WP/vBP explizit auch die Verwertung der Kenntnis von Tatsachen bzgl. *Dritter* untersagt ist.[125] Strafrechtlich schließlich ist das Verwertungsverbot nach § 333 Abs. 2 Satz 2 sanktioniert; daneben kann ein Verstoß gegen das **Verbot von Insidergeschäften** nach Art. 14 MAR gegeben sein.[126]

29 Als **Verwertung** verboten ist die persönliche oder einem Dritten ermöglichte Nutzung der Informationen. Eigennützigkeit ist hierfür nicht zu fordern, denn aus dem Blickwinkel des zu prüfenden Unternehmens bedeutet es keinen Unterschied, ob die Verwertung zum Nutzen eines der Normadressaten oder eines Dritten erfolgt.[127] Die Verwertung des Geheimnisses muss weiterhin **unbefugt** erfolgen. Unbefugt handelt, wer kein Recht zur Verwertung hat. Umstritten ist, ob die gesetzlichen Vertreter des Unternehmens dem Abschlussprüfer eine *Nutzungsbefugnis* einräumen können. Nach teilweise vertretener Ansicht soll dies möglich sein, da die Verfügung über betriebsinterne Informationen – solange kein Verstoß gegen das Insiderrecht vorliege – dem Geheimnisgeschützten selbst zustehe.[128] Das ist zwar für sich genommen richtig und rechtfertigt die Disponibilität des Verschwiegenheitsgebots. Demgegenüber gilt es wegen des öffentlichen Interesses an einer unabhängigen Prüfung aber, jede im Ansatz intransparente Zuwendung von Vermögenswerten außerhalb der vertraglich vereinbarten oder gerichtlich festgesetzten Vergütung zu verhindern. Die dadurch geschaffene Nähe zum Vorstand stünde für die AG überdies in unüberbrückbarem Widerspruch zur Wertung des § 111 Abs. 2 Satz 3 AktG. Nach zutreffender herrschender Meinung steht es den gesetzlichen Vertretern demzufolge nicht zu, den an der Prüfung beteiligten Personen eine Verwertungsbefugnis zu erteilen.[129] Richtig ist zwar, dass sich diese Problematik prinzipiell auch über § 319 Abs. 2 aufgreifen lässt.[130] Das ändert aber nichts daran, dass es möglich und sachgerecht ist, daneben auch einen Verstoß gegen das Verwertungsverbot zu bejahen.

III. Haftung gegenüber der Gesellschaft

1. Tatbestand

30 **a) Pflichtenkreis.** Verletzt einer der Prüfungsbeteiligten vorsätzlich oder fahrlässig seine Pflichten, ist er nach § 323 Abs. 1 Satz 3 zum Schadensersatz verpflichtet. Bei Lichte besehen keine

121 Dazu MünchKommHGB/*Ebke*[4] Rn 68.
122 Hachmeister/Kahle/Mock/Schüppen/*Staake* Rn 55.
123 MünchKommHGB/*Ebke*[4] Rn 65; Hopt/*Merkt*[42] Rn 5; Baetge/Kirsch/Thiele/*Hennrichs* Rn 42.
124 *Poll* DZWir 1995, 95 (97); *ADS* Rn 67; Baetge/Kirsch/Thiele/*Hennrichs* Rn 42.
125 *ADS* Rn 69; Ebenroth/Boujong/Joost/Strohn/*Böcking*/*Gros*/*Rabenhorst* Rn 14.
126 Hopt/*Merkt*[42] Rn 5.
127 MünchKommHGB/*Ebke*[4] Rn 66; Koller/Kindler/Roth/Drüen/*Morck*/*Bach* Rn 5; Baetge/Kirsch/Thiele/*Hennrichs* Rn 43.
128 Beck BilKomm[13]/*Justenhoven*/*Feldmüller* Rn 53; *Mock* DB 2003, 1996 (1997); Koller/Kindler/Roth/Drüen/*Morck*/*Bach* Rn 5; Ebenroth/Boujong/Joost/Strohn/*Böcking*/*Gros*/*Rabenhorst* Rn 13; Hachmeister/Kahle/Mock/Schüppen/*Staake* Rn 59.
129 Hopt/*Merkt*[42] Rn 5; *ADS* Rn 73; Baumbach/Hueck/*Schulze-Osterloh* GmbHG[18] § 41 Rn 171; *Mai* S. 143; Heymann/*Herrmann* Rn 5; Baetge/Kirsch/Thiele/*Hennrichs* Rn 44.
130 Hachmeister/Kahle/Mock/Schüppen/*Staake* Rn 59.

Bedeutung kommt der viel diskutierten Streitfrage zu, ob die Haftungsnorm nur auf die in Absatz 1 Satz 1 und 2 genannten Pflichten Bezug nimmt[131] oder aber die Verletzung sämtlicher[132] in Betracht kommender Berufspflichten des Abschlussprüfers sanktioniert.[133] Denn das generalklauselartig formulierte Gebot der gewissenhaften und verschwiegenen Prüfung umfasst bereits alle prüfungsbezogenen Berufspflichten des Abschlussprüfers (Rn 15), so dass selbst bei enger Auslegung der Verweisungsnorm keine Pflichten verbleiben, die zwar nicht unter Absatz 1 Satz 1 oder 2 fallen, deren Verletzung wohl aber eine Haftung nach Absatz 1 Satz 3 auslösen könnte.[134] Relevant ist damit die **gesamte kraft Gesetzes geschuldete Prüfungstätigkeit**, die von der Untersuchung der Prüfungsobjekte über die korrekte Berichterstattung bis hin zur rechtzeitigen Erteilung des sachlich angemessenen Abschlussvermerks reicht.[135] Vgl. zu unrichtigen Erläuterungen bei Offenlegung des Prüfungsberichts in der Insolvenz § 321a Rn 19. Ein außergesetzliches Haftungsprivileg in Gestalt einer **audit judgment rule** ist **nicht anzuerkennen**; hierfür gibt es weder auf der Ebene der Pflichtverletzung Anlass noch beim Verschulden.[136] Die Business Judgment Rule des § 93 Abs. 1 Satz 2 AktG trägt einer speziellen, auf die Diversifizierungsmöglichkeit der Aktionäre und die Notwendigkeit der Eingehung geschäftlicher Risiken gegründeten Interessenlage im Innenverhältnis der Aktiengesellschaft Rechnung, die keiner Verallgemeinerung zugänglich ist.[137] Begrenzte Entscheidungsspielräume und die Notwendigkeit, dem Rückschaufehler entgegenzuwirken,[138] gibt es in allen rechtserheblichen Lebensbereichen. Wäre dies Grund genug, jeweils eine eigene „judgment rule" zu entwickeln, ließe sich das bestehende Haftungsrecht nicht aufrechterhalten.[139]

Von der Situation im Rahmen der Abschlussprüfung zu unterscheiden ist die Verletzung sol- 31
cher Pflichten, die der Abschlussprüfer zusätzlich zum Inhalt der gesetzlichen Pflichtprüfung übernommen hat. Die §§ 316 ff beziehen sich nur auf die gesetzlich vorgeschriebene Abschlussprüfung. Übernimmt der Abschlussprüfer durch **Vertrag** besondere Pflichten, beispielsweise zur Erstattung von Gutachten oder zur Erteilung bestimmter Auskünfte an Dritte, so kann die Verletzung dieser Pflichten seine Schadensersatzhaftung nach allgemeinen Grundsätzen des Vertragsrechts begründen. Entsprechendes gilt bei freiwilligen Prüfungen (Rn 8).[140]

b) Verschulden. Die an der Abschlussprüfung mitwirkenden Personen haften nur bei Verschul- 32
den, d.h. vorsätzlichem oder fahrlässigem Verhalten. Die Abgrenzung von Vorsatz und Fahrlässigkeit sowie zwischen einfacher und grober Fahrlässigkeit ist von erheblicher praktischer Bedeutung, da die Haftungsbegrenzung des Absatzes 2 nach Art und Grad des Verschuldens differenziert (Rn 45 ff). Maßgeblich sind insofern die allgemeinen Grundsätze des Bürgerlichen Rechts. **Vorsatz** setzt danach voraus, dass der Abschlussprüfer eine seiner Pflichten mit Wissen und Wollen verletzt. Dabei genügt es, wenn er im Sinne eines bedingten Vorsatzes den als möglich erkannten Erfolg und die Pflichtwidrigkeit seines Verhaltens billigend in Kauf nimmt; der eingetretene Schaden muss nicht vom Vorsatz erfasst sein.[141] Fahrlässigkeit und kein Vorsatz ist hingegen anzunehmen, wenn der Abschlussprüfer unter Außerachtlassung der im Verkehr erforderlichen Sorgfalt

131 So etwa BeckBilKomm/*Justenhoven/Feldmüller*[13] Rn 71.
132 So etwa MünchKommHGB/*Ebke*[4] Rn 24.
133 Voraufl. Rn 25 (*Zimmer*): „Scheinproblem"; dem folgend Baetge/Kirsch/Thiele/*Hennrichs* Rn 46; Baumbach/Hueck/*Schulze-Osterloh* GmbHG[18] § 41 Rn 172.
134 Vgl. die Nachw. in voriger Fn.
135 Hopt/*Merkt*[42] Rn 7; *Quick* BB 1992, 1675 f; *Mai* S. 143; *Geibel* JR 2007, 328; **aA** *Mirtschink* S. 45 f.
136 AA Hopt/*Merkt*[42] Rn 7b.
137 *Jungmann*, FS K. Schmidt, 2009, 831 (839 ff); aA Hopt/*Merkt*[42] Rn 7b.
138 Darauf abstellend Hopt/*Merkt*[42] Rn 7b.
139 *Jungmann*, FS K. Schmidt, 2009, 831 (839 ff); *Chr. A. Weber*, Organpflicht und Rechtsdurchsetzung, § 18 (noch unveröffentlicht).
140 Zu beidem Hopt/*Merkt*[42] Rn 6 f.
141 Baetge/Kirsch/Thiele/*Hennrichs* Rn 50; *ADS* Rn 94; BeckBilKomm/*Justenhoven/Feldmüller*[13] Rn 76.

darauf vertraut, dass keine Pflichtverletzung vorliegt.[142] Das Vorliegen von **Fahrlässigkeit** orientiert sich an einem objektiven, d.h. typisierten Sorgfaltsmaßstab, wobei dieser sich hier nach der Sorgfalt bestimmt, mit der ein fachlich qualifizierter und gewissenhaft tätiger Abschlussprüfer vorgeht (Rn 16). Ein solcher legt seinem Handeln in aller Regel die von der höchst- bzw. obergerichtlichen Rechtsprechung vertretene Gesetzesauslegung zugrunde und folgt in Ermangelung einer solchen regelmäßig der herrschenden Meinung.[143] Eine abweichende Vorgehensweise kommt nur in Betracht, wenn sie sich im Einzelfall als der sicherste Weg darstellt.[144]

33 Der gewählte Abschlussprüfer haftet zunächst für alle eigenen Pflichtverletzungen einschließlich der fehlerhaften Auswahl und der unzureichenden Überwachung seiner Gehilfen.[145] Darüber hinaus hat er gemäß **§ 278 BGB** die Pflichtverletzungen aller Personen zu vertreten, deren er sich zur Erfüllung des Prüfungsauftrags bedient.[146] Wirtschaftsprüfungsgesellschaften, die Abschlussprüfer sind, haften für ihre gesetzlichen Vertreter nach Maßgabe des § 31 BGB.[147]

34 **c) Schaden, Kausalität.** Durch die Pflichtverletzung muss ein Schaden entstanden sein, und zwar entweder bei dem geprüften oder bei einem mit ihm verbundenen Unternehmen (Rn 44). Die Ersatzpflicht umfasst ausschließlich Vermögensschäden.[148] Der Vermögensschaden ist auf der Grundlage des § 249 Abs. 1 BGB nach der **Differenzhypothese** zu bestimmen. Danach wird das Vermögen nach Eintritt der Pflichtverletzung mit der hypothetischen Alternativsituation verglichen, die bestünde, wenn es nicht zur Pflichtverletzung gekommen wäre. Die bloße Gefährdung des Vermögens ist nicht ausreichend.[149] Wird die Prüfung mangelhaft durchgeführt, so ist primär Nacherfüllung geschuldet (§§ 634 Nr. 1, 635 BGB); die Prüfung ist solange fortzusetzen, bis sie dem Maßstab der Gewissenhaftigkeit genügt.[150] Bis dahin kann die Gesellschaft dem Vergütungsanspruch die aus § 320 BGB folgende Mängeleinrede entgegensetzen.[151] Ersatzfähig sind entsprechend allgemeinen Grundsätzen des Bürgerlichen Rechts weiterhin nur Schäden, die kausal auf eine Pflichtverletzung zurückzuführen sind, im Sinne der Adäquanzlehre nicht völlig außerhalb der Lebenserfahrung liegen und vom Schutzzweck der Norm gedeckt sind.[152] Unbenommen bleibt dem Abschlussprüfer der Nachweis, dass der Schaden auch im Fall ordentlicher Pflichterfüllung entstanden wäre; dieser Einwand des **rechtmäßigen Alternativverhaltens** lässt die Haftung entfallen.[153]

35 Da sowohl die Organe der geprüften Gesellschaft als auch Dritte auf das Ergebnis der Abschlussprüfung vertrauen dürfen, führen von ihnen getroffene Vermögensdispositionen regelmäßig nicht zu einer Unterbrechung des Zurechnungszusammenhangs.[154] Erteilt der Abschlussprüfer pflichtwidrig den Bestätigungsvermerk, obwohl der Jahresabschluss statt des tatsächlich erwirtschafteten Verlusts einen Gewinn ausweist, begründet zwar die bloße Feststellung des Jahresab-

---

142 4. Aufl. Rn 28 (*Zimmer*).
143 Baetge/Kirsch/Thiele/*Hennrichs* Rn 51; *Bärenz* BB 2003, 1781 f; *Crezelius* ZIP 2003, 461 (465).
144 Vgl. Hachmeister/Kahle/Mock/Schüppen/*Staake* Rn 67; s. auch Baetge/Kirsch/Thiele/*Hennrichs* Rn 51; großzügiger Voraufl. (*Habersack*/*Schürnbrand*).
145 *ADS* Rn 111 ff; Baetge/Kirsch/Thiele/*Hennrichs* Rn 52; vgl. auch Hopt/*Merkt*[42] Rn 7.
146 Baetge/Kirsch/Thiele/*Hennrichs* Rn 52.
147 Hopt/*Merkt*[42] Rn 7f.
148 BGHZ 124, 27 (30) = NJW 1994, 323; MünchKommHGB/*Ebke*[4] Rn 71; Koller/Kindler/Roth/Drüen/*Morck*/*Bach* Rn 6; *W. Doralt* Rn 128.
149 BGHZ 124, 27 (30) = NJW 1994, 323; MünchKommHGB/*Ebke*[4] Rn 71.
150 Baetge/Kirsch/Thiele/*Hennrichs* Rn 55; zum früheren Recht BGHZ 124, 27 (30) = NJW 1994, 323.
151 Baetge/Kirsch/Thiele/*Hennrichs* Rn 55; zum früheren Recht BGHZ 124, 27 (30) = NJW 1994, 323.
152 *ADS* Rn 99; Koller/Kindler/Roth/Drüen/*Morck*/*Bach* Rn 6; MünchKommHGB/*Ebke*[4] Rn 69.
153 MünchKommHGB/*Ebke*[4] Rn 69; Baetge/Kirsch/Thiele/*Hennrichs* Rn 56; BeckBilKomm/*Justenhoven*/*Feldmüller*[13] Rn 82; *W. Doralt* Rn 132; zur Abgrenzung des rechtmäßigen Alternativverhaltens von der haftungsausfüllenden Kausalität BGH NJW-RR 2013, 536 Rn 11.
154 Vgl. BeckBilKomm/*Justenhoven*/*Feldmüller*[13] Rn 80.

schlusses durch die Gesellschaftsorgane noch keinen Schaden, weil sich dadurch allein die Vermögenslage der Gesellschaft noch nicht verändert.[155] Zum Ersatz verpflichtet ist der Abschlussprüfer aber dann, wenn im Folgenden eine **Gewinnausschüttung** an die Aktionäre erfolgt und die Beträge im Hinblick auf § 62 Abs. 1 Satz 2 AktG von den Empfängern nicht zurückgefordert werden können.[156] Nichts anderes gilt, wenn unter den genannten Voraussetzungen überhöhte Erfolgsprämien an Organmitglieder gezahlt werden.[157] Ebenfalls vom Schutzzweck der Norm gedeckt sind Schäden, die die Gesellschaft aufgrund eines vom Abschlussprüfer pflichtwidrig verweigerten Bestätigungsvermerks, etwa infolge einer **Kreditkündigung**, erleidet.[158]

Ersatzfähig sind auch Schäden, die auf eine Verletzung der **Redepflicht** des § 321 Abs. 1 Satz 3 36
zurückzuführen sind; insofern greift nämlich zugunsten der Gesellschaft die Vermutung aufklärungsrichtigen Verhaltens ein.[159] Unterlässt der Prüfer im Hinblick auf die bedrohliche wirtschaftliche Lage gebotene Warnhinweise, so kann er für die Schäden einzustehen haben, die auf nicht oder verspätet ergriffene Sanierungsmaßnahmen zurückzuführen sind.[160] Was Pflichtwidrigkeiten von Mitarbeitern des zu prüfenden Unternehmens angeht, so ist in Erinnerung zu rufen, dass die Abschlussprüfung zwar nicht primär an dem Ziel auszurichten ist, diese aufzudecken, sofern sie nicht für die Rechnungslegung unmittelbar relevant sind (§ 317 Rn 9). Soweit Pflichtwidrigkeiten aber bei ordnungsgemäßer Prüfung hätten festgestellt werden müssen, kommt eine Ersatzpflicht unter zwei Gesichtspunkten in Betracht. Zum einen hat der Abschlussprüfer dafür einzustehen, wenn aufgrund der verspäteten Aufdeckung des Fehlverhaltens die rechtliche Geltendmachung von Ansprüchen gegenüber den Schädigern nicht mehr möglich ist, weil diese verjährt sind. Zum anderen kann ein Ausgleich derjenigen Schäden verlangt werden, die pflichtwidrig handelnde Mitarbeiter dem Unternehmen nach Durchführung der Abschlussprüfung zugefügt haben, wenn diese bei Aufdeckung früherer Pflichtverstöße – etwa durch außerordentliche Kündigung des Arbeitsverhältnisses oder andere Organisationsmaßnahmen – hätten vermieden werden können.[161]

d) Mitverschulden. Nach den in § 254 BGB niedergelegten allgemeinen Grundsätzen des Scha- 37
densrechts kann die Haftung des Schädigers ganz oder teilweise entfallen, wenn der Geschädigte den Schadenseintritt als solchen oder die besondere Höhe des Schadens mitzuverantworten hat. Hierzu sind die Verursachungs- und Verschuldensbeiträge der Beteiligten zu ermitteln und unter Berücksichtigung der jeweiligen Verantwortungsbereiche gegeneinander abzuwägen. Im vorliegenden Zusammenhang ist die **Berücksichtigung** eines Mitverschuldens der Gesellschaft indes im Hinblick auf den Zweck der Abschlussprüfung **problematisch**. Denn es macht gerade den Kern der Kontrollaufgabe des Prüfers aus, eine fehlerhafte Rechnungslegung und damit regelmäßig verbundene Pflichtverletzungen der Verwaltung aufzudecken.[162] Uneingeschränkt kann der Einwand des Mitverschuldens daher nur insofern erhoben werden, als die Gesetz- und Satzungsmäßigkeit des Jahresabschlusses und des Lageberichts nicht betroffen sind. Das betrifft zum einen die Obliegenheit zur Schadensminderung nach § 254 Abs. 2 BGB.[163] Zum anderen muss die Gesellschaft eine Kürzung ihres Anspruchs bei Pflichtverstößen im Zusammenhang mit der Abwicklung der Prüfungstätigkeit

155 Vgl. BeckBilKomm/*Justenhoven*/*Feldmüller*[13] Rn 80.

156 BGHZ 124, 27 (31f) = NJW 1994, 323; BeckBilKomm/*Justenhoven*/*Feldmüller*[13] Rn 80; Baetge/Kirsch/Thiele/*Hennrichs* Rn 56.

157 *W. Doralt* Rn 125; BeckOGK-HGB/*Bormann*, 15.11.2020, Rn 103.

158 *ADS* Rn 98; Baetge/Kirsch/Thiele/*Hennrichs* Rn 56.

159 Grundlegend dazu *Canaris* FS Hadding (2004), S. 1 ff.

160 Baetge/Kirsch/Thiele/*Hennrichs* Rn 56.

161 4. Aufl. Rn 32 (*Zimmer*); vgl. auch Baetge/Kirsch/Thiele/*Hennrichs* Rn 56; Hachmeister/Kahle/Mock/Schüppen/*Staake* Rn 72; krit. BeckBilKomm/*Justenhoven*/*Feldmüller*[13] Rn 81.

162 Vgl. die Nachw. zu Rn 38.

163 *ADS* Rn 137; MünchKommHGB/*Ebke*[4] Rn 75; BeckBilKomm/*Justenhoven*/*Feldmüller*[13] Rn 98.

hinnehmen, also etwa dann, wenn sie für Verzögerungen bei der Erstellung des Prüfungsberichts oder nicht erforderliche Beeinträchtigungen des Betriebsablaufs mitverantwortlich ist.[164]

38 Im Übrigen plädiert die bislang herrschende Meinung für einen stark differenzierenden Lösungsansatz, dem zufolge der Mitverschuldenseinwand zwar restriktiv zu handhaben, aber im Hinblick auf die in § 322 Abs. 2 Satz 2 hervorgehobene Verantwortung der gesetzlichen Vertreter für den Abschluss keineswegs von vornherein ausgeschlossen ist. Während bloß fahrlässige Verhaltensweisen der Gesellschaftsorgane regelmäßig außer Betracht zu bleiben hätten, soll im Fall des Vorsatzes oder gar des kollusiven Zusammenwirkens mit dem Abschlussprüfer zumindest eine Anspruchskürzung erfolgen.[165] Richtigerweise ist dem Abschlussprüfer dagegen im Rahmen einer Pflichtprüfung bei fahrlässigen wie **vorsätzlichen Verstößen** der Gesellschaftsorgane gegen Rechnungslegungsvorschriften und darauf bezogenen – selbst wissentlich falschen, verschleiernden – Auskünften die Berufung auf § 254 Abs. 1 BGB zu versagen.[166] Die Gesellschaft und ihre Organe können weder über die Durchführung der Prüfung als solche noch über die Voraussetzungen und Rechtsfolgen der Haftung des Abschlussprüfers disponieren (§§ 316 Abs. 1, 323 Abs. 4, dazu Rn 50), weil es insoweit auch um Drittinteressen geht.[167] Dementsprechend erscheint es konsequent, ihr insoweit auch kein Mitverschulden ihrer Organe und Mitarbeiter zuzurechnen. Damit lassen sich – mit Blick auf die präventive Ausrichtung der Haftungsnorm (Rn 1) durchaus sinnvolle und erwünschte – Verhaltensanreize im Hinblick auf die **kritische Grundhaltung** des Abschlussprüfers und das Hinterfragen der Angaben der Gesellschaftsorgane und Mitarbeiter setzen.[168] Aus § 322 Abs. 2 Satz 2 folgen keine durchgreifenden Einwände, denn diese Vorschrift besagt nichts über das Innenverhältnis zwischen der Gesellschaft und dem Abschlussprüfer; der Zweck der Abschlussprüfung wiederum, die Gesellschaft – namentlich im Interesse Dritter – auch vor einem rechnungslegungsbezogenen Fehlverhalten ihrer Geschäftsleitung zu schützen,[169] greift hier in besonderem Maße ein.[170] Bei Zulassung des Mitverschuldenseinwands müsste die Gesellschaft den Schaden entgegen der Stoßrichtung der Haftungsnorm im Ergebnis doch zumindest teilweise selbst tragen. Der Ausschluss des Mitverschuldenseinwands führt auch nicht etwa zu einer unbilligen Entlastung der gesetzlichen Vertreter oder sonst verantwortlichen Mitarbeiter des Unternehmens; vielmehr haften diese mit den an der Prüfung Beteiligten gegebenenfalls als Gesamtschuldner.[171] Allerdings bleibt gerade bei vorsätzlichen Verstößen wegen der damit nicht selten einhergehenden Vertuschungsmaßnahmen im Einzelfall sorgfältig zu prüfen, ob überhaupt ein schuldhafter Pflichtverstoß des Abschlussprüfers zu bejahen ist.[172]

---

164 *Schulze-Osterloh* FS Canaris, Band II, S. 379 (387).

165 BGH DB 2010, 159; OLG Karlsruhe WPK-Mitt. 1999, 231; 4. Aufl. Rn 41 (*Zimmer*); Ebenroth/Boujong/Joost/Strohn/*Böcking/Gros/Rabenhorst* Rn 20; *ADS* Rn 135 f; Heymann/*Herrmann* Rn 11; BeckBilKomm/*Justenhoven/Feldmüller*[13] Rn 96; *Wölber* S. 63; für eine freiwillige Prüfung auch OLG Köln NJW-RR 1992, 1184.

166 *Bärenz* BB 2003, 1781 (1784); *Schulze-Osterloh* FS Canaris, Band II, S. 379, 384 ff (mit nicht überzeugendem Vorbehalt für § 320 Abs. 2); Baetge/Kirsch/Thiele/*Hennrichs* Rn 57; s. auch LG München I ZIP 2008, 1123 (1126); *Fölsing* ZCG 2010, 78; Hopt/*Merkt*[42] Rn 7d; Hachmeister/Kahle/Mock/Schüppen/*Staake* Rn 82 (anders zu Mitverschulden des den Auftrag erteilenden Organs); vgl. auch *Poelzig* ZBB 2021, 73 (77); zum österreichischen Recht OGH AG 2002, 573 (574 f); *Koziol/W. Doralt* FS Doralt (2004), S. 337 ff; *W. Doralt* Rn 150 ff.

167 Dazu Hopt/*Merkt*[42] Rn 7d; vgl. auch RegE FISG, BT-Drs. 19/26966, S. 103, der die Anhebung des Haftungshöchstbetrags nach Abs. 2 Satz 1 Nr. 1 auch damit rechtfertigt, dass bei kapitalmarktorientierten Kapitalgesellschaften ein „oftmals besonders großer Adressatenkreis auf eine sorgfältige Prüfung" vertraue und bei einer Pflichtverletzung des Abschlussprüfers ein hoher Haftungsschaden in Gestalt der Ansprüche geschädigter Anleger drohe. Damit wird die Bedeutung von Drittinteressen auch im Zusammenhang mit der Innenhaftung nach Absatz 2 herausgestellt.

168 Vgl. MünchKommHGB/*Ebke*[4] Rn 75, der im Ergebnis gleichwohl den Mitverschuldenseinwand zulässt.

169 Vgl. BGH NZG 2010, 146 Rn 55 (allerdings für zurückhaltende Zulassung des Mitverschuldenseinwands).

170 Vgl. Hachmeister/Kahle/Mock/Schüppen/*Staake* Rn 82.

171 BGHZ 64, 52 (61) = NJW 1975, 974; *ADS* Rn 139; vgl. auch BeckOGK-HGB/*Bormann*, 15.11.2020, Rn 114.

172 *ADS* Rn 138; *Schulze-Osterloh* FS Canaris, Band II, S. 379 (385 f).

e) Verjährung. Nach der Sondervorschrift des § 323 Abs. 5 a.F. verjährten Ansprüche der Gesellschaft gegen den Abschlussprüfer binnen fünf Jahren. Der Verjährungsbeginn knüpfte rein objektiv an die Entstehung des Schadens an; auf eine Kenntnis des Unternehmens von der Pflichtverletzung, dem Schädiger und dem Schaden kam es nicht an.[173] Nunmehr unterliegt der Anspruch aus § 323 der **Regelverjährung des BGB** (§§ 195 ff).[174] Die Verjährung beginnt demnach gem. § 199 Abs. 1 BGB erst mit dem Schluss des Jahres, in dem der Anspruch entstanden ist und der Gläubiger von den den Anspruch begründenden Umständen und der Person des Schuldners Kenntnis erlangt oder ohne grobe Fahrlässigkeit erlangen müsste. Angesichts dieses subjektiven Elements hielt der Gesetzgeber die Verkürzung der eigentlichen Verjährungsfrist von fünf auf drei Jahre für zumutbar.[175] Kenntnisunabhängig wiederum verjährt der Anspruch erst nach zehn oder sogar dreißig Jahren (§ 199 Abs. 3 BGB). Eine Verkürzung der gesetzlichen Verjährung durch vertragliche Abrede beinhaltet eine Beschränkung der Haftung im Sinne von Absatz 4 und ist daher abweichend vom Grundsatz des § 202 BGB unwirksam.[176] 39

Zu dem für den Beginn der Verjährung maßgeblichen **Entstehen** des Anspruchs gehört bei Schadensersatzansprüchen, dass der Schaden zumindest dem Grund nach eingetreten ist.[177] Dafür genügt die bloße Vorlage des Prüfungsberichts oder die Erteilung des Abschlussvermerks für sich genommen regelmäßig nicht, zumal dadurch im Regelfall nur ein Nacherfüllungsanspruch entsteht (§§ 634 Nr. 1, 635 BGB), nicht aber ein Schadensersatzanspruch.[178] Hat der Abschlussprüfer zu verantworten, dass ein nicht bestehender Gewinn bilanziell ausgewiesen wird, so beginnt die Verjährung des gegen den Prüfer gerichteten Schadensersatzanspruchs daher frühestens mit dem Gewinnverwendungsbeschluss der Gesellschafterversammlung (Rn 35).[179] Mit Blick auf den inzwischen kenntnisabhängigen Verjährungsbeginn besteht im Übrigen nach geltendem Recht[180] sicher keine Pflicht des Abschlussprüfers, seinen Mandanten auf die gegen ihn bestehende Regressmöglichkeit hinzuweisen. Die damit angesprochene Rechtsfigur des Sekundäranspruchs wurde zur Bewältigung der mit einem objektiven Verjährungsbeginn verbundenen Härten zu Lasten der Rechtsanwälte und Steuerberater entwickelt und findet nach dem auch dort erfolgten Übergang auf die Regelverjährung keine Anwendung mehr.[181] 40

f) Beweisrecht. Das geprüfte bzw. das mit diesem verbundene Unternehmen trägt im Prozess die Beweislast für den Eintritt und die Höhe des Schadens sowie für das Vorliegen und der Kausalität der Pflichtverletzung.[182] Dabei können ihm im Einzelfall die **Grundsätze des Anscheinsbeweises** zu Hilfe kommen. Zwar werden sich typische Geschehensabläufe „wegen der komplexen Verhältnisse" bei der Abschlussprüfung nicht ohne weiteres feststellen lassen.[183] Eine berufsgruppenspezifische Privilegierung in dem Sinne, dass die allgemeinen Grundsätze über den Anscheinsbeweis von vornherein nicht zur Anwendung gelangen, lässt sich dem Gesetz jedoch nicht entnehmen. Vielmehr ist – wie auch sonst im Beweisrecht – davon auszugehen, dass aufgrund von Erfahrungssätzen über typische Geschehensabläufe von einer voll bewiesenen Tatsache auf das 41

173 4. Aufl. Rn 50 f (*Zimmer*).
174 Hopt/*Merkt*[42] Rn 12.
175 Begr. RegE, BT-Drucks. 15/1241, S. 53.
176 Baetge/Kirsch/Thiele/*Hennrichs* Rn 102; **aA** *ADS* Rn 170; MünchKommHGB/*Ebke*[4] Rn 82.
177 BGHZ 119, 69 (71) = NJW 1992, 2766; BGH NJW-RR 2006, 694 (696).
178 BGHZ 124, 27 (30) = NJW 1994, 323; **aA** etwa *Gloeckner* S. 59; s. auch *Poll* DZWiR 1995, 95 (101).
179 BGHZ 124, 27 (30) = NJW 1994, 323 (325).
180 Vgl. zum früheren Recht *Bärenz* BB 2003, 1781 (1784); *Sommerschuh* S. 173; ablehnend BGH DB 2010, 159; OLG Düsseldorf WM 2008, 750 (753).
181 *Mansel/Budzikiewicz* NJW 2005, 321 (325); *Borgmann* NJW 2005, 22 (30); speziell zum Wirtschaftsprüfer Hachmeister/Kahle/Mock/Schüppen/*Staake* Rn 103.
182 *Quick* BB 1992, 1675 (1676); Baumbach/Hueck/*Schulze-Osterloh* GmbHG[18] § 41 Rn 173.
183 Deswegen zurückhaltend BeckBilKomm/*Justenhoven/Feldmüller*[13] Rn 83; *ADS* Rn 101.

Bestehen des entscheidungserheblichen Tatbestandsmerkmals geschlossen werden darf.[184] Keineswegs begründet jedoch ein unrichtiger Abschlussvermerk als solcher bereits den Beweis des ersten Anscheins für eine Pflichtverletzung des Prüfers.[185]

42 Demgegenüber indiziert nach § 280 Abs. 1 Satz 2 BGB die Pflichtverletzung das Vertretenmüssen.[186] Es gibt keinen Anlass, gerade zu Gunsten des Abschlussprüfers von dieser allgemeinen **Beweislastumkehr hinsichtlich des Verschuldens** abzuweichen. Denn während der geschädigten Gesellschaft in aller Regel der Einblick in die subjektiven Umstände der Pflichtverletzung verschlossen sein dürfte, wird es dem Abschlussprüfer eher möglich sein, anhand seiner Unterlagen die sorgfältige und gewissenhafte Durchführung der Prüfung nachzuweisen.[187] Im Hinblick auf diese tatsächlichen Gegebenheiten und die Notwendigkeit einer einheitlichen Handhabung greift die Beweislastumkehr auch zu Lasten der Gehilfen und der an der Prüfung mitwirkenden gesetzlichen Vertreter einer Prüfungsgesellschaft ein, obwohl es insofern an einem bereits bestehenden Schuldverhältnis zum Abschlussprüfer und damit an einem Tatbestandsmerkmal des § 280 Abs. 1 Satz 2 BGB fehlt.[188] Demgegenüber liegt die Beweislast dafür, dass die Haftungsbegrenzung nach Absatz 2 Satz 1 wegen vorsätzlichen oder grob fahrlässigen Verhaltens nicht oder nur mit höheren Beträgen nach Maßgabe von Absatz 2 Satz 3–4 eingreift, seit Inkrafttreten des FISG beim Anspruchsteller.[189]

43 **g) Haftende Personen und Anspruchsberechtigte.** Nach Absatz 1 Satz 4 haften **alle Normadressaten**, die durch eine schuldhafte Pflichtverletzung einen Schaden verursacht haben, als Gesamtschuldner. Das Gesetz ordnet die unmittelbare Außenhaftung jedes Beteiligten ohne Rücksicht auf deren regelmäßig unterschiedliches Maß der Verantwortung an und verweist den in Anspruch Genommenen auf den Regress nach § 426 BGB.[190] Zu Gunsten der angestellten Prüfungsgehilfen sind dabei die arbeitsrechtlichen Grundsätze des innerbetrieblichen Schadensausgleichs zu berücksichtigen.[191] Soweit sie hiernach (auch) im Innenverhältnis verpflichtet sind, schulden die **Gesamtschuldner** demjenigen unter ihnen, der den Gläubiger befriedigt, Ausgleich (§ 426 Abs. 1 BGB). Zudem geht der aus § 323 Abs. 1 Satz 3 oder auf anderer Grundlage bestehende Schadensersatzanspruch insoweit auf den leistenden Gesamtschuldner über, als dieser nach § 426 Abs. 1 BGB von dem anderen Schuldner Ausgleich verlangen kann (§ 426 Abs. 2 BGB).

44 Anspruchsberechtigt sind **nur die geprüfte Gesellschaft und die mit ihr verbundenen Unternehmen**. Gesellschafter, Gläubiger und sonstige Dritte können sich dagegen nicht auf § 323 Abs. 1 Satz 3, sondern allenfalls auf andere deliktische oder (quasi-)vertragliche Anspruchsgrundlagen stützen (eingehend zur Dritthaftung Rn 52 ff).[192] Der Begriff der verbundenen Unternehmen bestimmt sich, ebenso wie im Rahmen des § 319 (§ 319 Rn 45), nach § 271 Abs. 2 und nicht nach

184 OLG Düsseldorf DB 2009, 2369 (2373); Hopt/*Merkt*[42] Rn 7g; allgemein BGHZ 39, 103 (107) = NJW 1963, 953.

185 *Fölsing* DStR 2006, 1809 (1812); vgl. zur Frage eines Zugriffs auf die Arbeitspapiere des Prüfers *Ebke* Arbeitspapiere; *Fölsing* S. 205 f.

186 LG München I ZIP 2008, 1123 (1126); Baumbach/Hueck/*Schulze-Osterloh* GmbHG[18] § 41 Rn 173; Hopt/*Merkt*[42] Rn 7g; *Bärenz* BB 2003, 1781 (1782 f); *Sommerschuh* S. 178; *Fölsing* S. 204; für den Prüfer selbst auch Baetge/Kirsch/Thiele/*Hennrichs* Rn 54.

187 4. Aufl. Rn 32 (*Zimmer*); BeckOGK-HGB/*Bormann*, 15.11.2020, Rn 126; **aA** *ADS* Rn 103.

188 Vgl. Hachmeister/Kahle/Mock/Schüppen/*Staake* Rn 69; **aA** Baetge/Kirsch/Thiele/*Hennrichs* Rn 54.

189 RegE FISG BT-Drs. 19/26966, S. 104; damit argumentierend BeckBilKomm/*Justenhoven*/*Feldmüller*[13] Rn 78; aA zur vorherigen Gesetzesfassung Voraufl. Rn 42 (*Habersack*/*Schürnbrand*); *Bärenz* BB 2003, 1781 (1783); Baumbach/Hueck/*Schulze-Osterloh* GmbHG[18] § 41 Rn 173; noch immer in diesem Sinn Hopt/*Merkt*[42] Rn 7g; wie hier schon zum früheren Recht KG BeckRS 2017, 155078 Rn 36 (zur Gründungsprüfung); *Quick* BB 1992, 1675 (1676); *ADS* Rn 104.

190 BeckBilKomm/*Justenhoven*/*Feldmüller*[13] Rn 86 f.

191 Grundlegend BAG GS NJW 1995, 210 ff; im vorliegenden Zusammenhang MünchKommHGB/*Ebke*[4] Rn 78 f.

192 Baetge/Kirsch/Thiele/*Hennrichs* Rn 59.

§ 15 AktG.[193] Maßgeblich sind die Verhältnisse im Zeitpunkt der Verletzungshandlung.[194] Entstehungsgeschichtlich trägt die Einbeziehung der verbundenen Unternehmen in den Schutzbereich der Haftungsnorm dem Umstand Rechnung, dass sie nach § 320 Abs. 2 Satz 3 dem Abschlussprüfer gegenüber zur Erteilung von Auskünften und Nachweisen verpflichtet sind (Rn 3; § 320 Rn 18). Allerdings ist die Haftung nicht auf Pflichtverletzungen im Zusammenhang mit der Informationsgewinnung bei den verbundenen Unternehmen begrenzt.[195] Für eine solche teleologische Reduktion des § 323 Abs. 1 Satz 3 besteht kein Anlass, da der Abschlussprüfer bei der Prüfung eines Konzernunternehmens zwangsläufig auch verwertbare Informationen über andere Konzernunternehmen erhält. Infolgedessen kann die Verletzung von Prüfpflichten bei der geprüften Gesellschaft ein verbundenes Unternehmen unmittelbar in seinen Interessen verletzen und sollte es im Gegenzug zum Schadensersatz berechtigen. Daher hat es bei der vom Wortlaut des Abs. 1 Satz 3 vorgezeichneten Gleichstellung der Begünstigten zu bewenden. Berührt das anspruchsbegründende Verhalten die Interessen mehrerer Anspruchsberechtigter, so sind nach den sog. **Grundsätzen der konsolidierten Schadensbetrachtung** die betroffenen Vermögensmassen der Anspruchsberechtigten „als wirtschaftliche Einheit" zu betrachten.[196]

2. Haftungsbegrenzung

a) Überblick. Nur die gesetzliche Haftung für vorsätzliche Pflichtverletzungen ist stets unbegrenzt. Für **fahrlässige Pflichtverletzungen** kann dagegen nach Maßgabe des Absatzes 2 eine Haftungsbegrenzung eingreifen. Die Systematik der Haftung des Abschlussprüfers (zur Haftung anderer Personen Rn 49) ist durch das FISG wie folgt ausgestaltet worden: 45

Kategorien von Prüfungsmandanten	einfache Fahrlässigkeit	grobe Fahrlässigkeit	Vorsatz
kapitalmarktorientierte Gesellschaften, Absatz 2 Satz 1 Nr. 1, §§ 316a Satz 2 Nr. 1, 264d	Begrenzung auf 16 Mio Euro, Absatz 2 Satz 1 Nr. 1.	Haftung unbegrenzt, Absatz 2 Satz 2 Alt. 2	Haftung immer unbegrenzt, Absatz 2 Satz 2 Alt. 1
nicht kapitalmarktorientierte CRR-Kreditinstitute und Versicherungsunternehmen nach näherer Maßgabe des § 316a Satz 2 Nr. 2, 3 iVm Absatz 2 Satz 1 Nr. 2	Begrenzung auf 4 Mio Euro, Absatz 2 Satz 1 Nr. 2.	Begrenzung auf 32 Mio Euro, Absatz 2 Satz 3	
sonstige Kapitalgesellschaften, Abs. 2 Satz 1 Nr. 3	Begrenzung auf 1,5 Mio Euro, Absatz 2 Satz 1 Nr. 3	Begrenzung auf 12 Mio Euro, Absatz 2 Satz 4	

Im rechtshistorischen Rückblick ist das Bestehen einer Haftungsbegrenzung für das deutsche Recht der Abschlussprüferhaftung seit jeher prägend gewesen (s. bereits Rn 3, zu ausländischen Rechtsordnungen und zur Kritik Rn 4). Laut amtlicher Begründung zu § 262g HGB 1931 war dafür ursprünglich die Erwägung maßgeblich, dass „erfahrungsgemäß bei Bilanzprüfungen geringfügige Versehen zu ungewöhnlich großen Schäden führen können und dass ein Prüfer zum Nutzen seiner Arbeit von der drückenden Besorgnis, unbeschränkt zum Ersatz verpflichtet zu sein, befreit 46

193 OLG Celle NZG 2000, 613; *ADS* Rn 153; Baetge/Kirsch/Thiele/*Hennrichs* Rn 58; Baumbach/Hueck/*Schulze-Osterloh* GmbHG[18] § 41 Rn 172; **aA** Hopt/*Merkt*[42] Rn 7a.

194 *ADS* Rn 155; differenzierend zum österreichischen Recht *W. Doralt* Rn 225 ff.

195 4. Aufl. Rn 38 (*Zimmer*); *ADS* Rn 154; Baetge/Kirsch/Thiele/*Hennrichs* Rn 58; *Poll* DZWir 1995, 95 (98); **aA** BeckBil-Komm/*Justenhoven*/*Feldmüller*[13] Rn 89; Geßler/Hefermehl/Eckardt/*Kropff* AktG § 168 Rn 22; zum Ganzen *Mirtschink* S. 49 ff; unklar BGHZ 138, 257 (259 f) = NJW 1998, 1948.

196 BGH NZG 2016, 238 Rn 15 ff.; damit argumentierend Hachmeister/Kahle/Mock/Schüppen/*Staake* Rn 84.

werden müsse".[197] An dieser Einschätzung hat der Gesetzgeber im Grundsatz bis heute festgehalten.[198] So wurde im Rahmen des Gesetzgebungsverfahrens zum KonTraG (Vor § 316 Rn 9) eine unbegrenzte Haftung mit der Begründung verworfen, dass die Risiken bei der gesetzlichen Abschlussprüfung für eine privatrechtlich tätig werdende Person zu hoch seien.[199] Auf das KonTraG geht auch die – in deutlich komplexerer Form bis heute fortbestehende – Differenzierung nach Art der geprüften Gesellschaft zurück, die ursprünglich auf die Ausgabe von Aktien mit amtlicher Notierung abstellte.[200] Im Zuge des Finanzmarktrichtlinie-Umsetzungsgesetzes (Vor § 316 Rn 11) wurde Absatz 2 Satz 2 an die geänderte Systematik des Börsenrechts angepasst, die nicht mehr zwischen „amtlichem" und „geregeltem" Markt unterscheidet. Damit wurde der Anwendungsbereich der Vorschrift erweitert, da nunmehr auch solche Gesellschaften erfasst werden, die am „geregelten" Markt im Sinne der §§ 49 ff BörsG aF zugelassen waren.[201] Zuletzt hat das **FISG** (Vor § 316 Rn 17) die Abschlussprüferhaftung **deutlich verschärft**, die Haftungsbegrenzung nach Absatz 2 aber mit heraufgesetzten Haftungsbeträgen und einer stärkeren Differenzierung nach dem Grad des Verschuldens des Anspruchsgegners beibehalten.[202] Noch im Gesetzgebungsverfahren hat sich insoweit eine Änderung ergeben: Die noch im Regierungsentwurf vorgesehene betragsmäßig unbegrenzte Haftung aller Personen, denen grobe Fahrlässigkeit zur Last fällt,[203] ist durch den **Finanzausschuss** abgemildert und durch die Gesetz gewordene Fassung des Absatzes 2 ersetzt worden.[204]

47 In konzeptioneller Hinsicht ist anzumerken, dass Absatz 2 im Einklang steht mit der Empfehlung der Kommission vom 5.6.2008 (Rn 6).[205] Mit der Haftungsbegrenzung soll, wenngleich dieses Argument bei rechtsvergleichender Würdigung zweifelhaft erscheint, die **Versicherbarkeit** der Prüfungsrisiken gewährleistet werden.[206] Problematisch wäre eine existenzvernichtende Inanspruchnahme einzelner Prüfer jedenfalls deshalb, weil der internationale Markt für Abschlussprüfungen bei großen und sehr großen Unternehmen ohnehin bereits stark konzentriert ist und aufgrund einer Reihe von Marktzutrittsschranken ein Nachrücken neuer Marktteilnehmer nicht unbedingt zu erwarten wäre.[207] Ihre konzeptionelle Ergänzung findet die Haftungsbegrenzung in der – durch § 54 Abs. 1 WPO verpflichtend vorgeschriebenen – **Berufshaftpflichtversicherung**, die sicherstellen soll, dass das geprüfte Unternehmen die gesetzlich angeordnete Kompensation seines Schadens auch tatsächlich erhält.[208] Das ist von Gesetzes wegen allerdings nicht gewährleistet, weil das FISG zwar das Haftungsrisiko des Abschlussprüfers wesentlich erhöht, die Mindestversicherungssumme aber gleichwohl bei einer Million Euro für den einzelnen Versicherungsfall belassen hat (§ 54 Abs. 4 Satz 1 WPO). Diese bewusst vollzogene **„Abkoppelung der Mindestversicherungssumme von der [...] Haftungshöchstgrenze"** nach § 323 Abs. 2 soll insb. die von „kleinen und mittleren Wirtschaftsprüferpraxen" zu zahlenden Versicherungsprämien begrenzen, und

---

197 *Schmölder* JW 1930, 3687; MünchKommHGB/*Ebke*[4] Rn 4.
198 Vgl. RegE FISG, BT-Drs. 19/26966, S. 103.
199 Begr. RegE, BT-Drucks. 13/9712, S. 29; krit. *Kalss* ÖBA 2002, 187 (201 ff).
200 4. Aufl. Rn 43 (*Zimmer*); Voraufl. Rn 46 (*Habersack/Schürnbrand*).
201 MünchKommHGB/*Ebke*[2] Rn 72.
202 RegE FISG, BT-Drs. 19/26966, S. 103; Hopt/*Merkt*[42] Rn 9.
203 § 323 Abs. 2 Satz 2 RegE FISG, BT-Drs. 19/26966, S. 28.
204 Bericht Finanzausschuss, BT-Drs. 19/29879, S. 62, 155.
205 Krit. *Fölsing* ZCG 2008, 279 (283), dem zufolge die geringe Haftungshöchstgrenze in Deutschland möglicherweise nicht „angemessen" im Sinne der Empfehlung sei (in Bezug auf die Rechtslage vor Inkrafttreten des FISG).
206 So zuletzt RegE FISG, BT-Drs. 19/26966, S. 103; berechtigte Kritik bei *Homborg/Landahl* NJW 2021, 859 (863) mit Hinweis auf Existenz von Versicherungsschutz auch in Ländern ohne vergleichbare Haftungsbegrenzung.
207 Vgl. die Studie von „London Economics" (Rn 5) sowie dazu *Ebke* FS Westermann, S. 873 (887); *Klaas* Wpg 2006, 1489 (1490). Diese Überlegung im FISG-Gesetzgebungsverfahren aufgreifend Bericht Finanzausschuss, BT-Drs. 19/29879, S. 155; s. auch BeckOK HGB/*Poll*, 15.10.2022, Rn 41.
208 Baetge/Kirsch/Thiele/*Hennrichs* Rn 71.

zwar auch mit Blick darauf, dass viele Wirtschaftsprüfer gar keine gesetzlichen Abschlussprüfungen durchführen und deshalb von der Neuregelung des § 323 Abs. 2 gar nicht betroffen sind.[209]

b) Reichweite. Die Haftungsdeckelung bezieht sich auf **jeweils eine Prüfung** (einschließlich einer etwaigen Nachtragsprüfung). Sie greift ohne Rücksicht auf die Höhe des tatsächlich eingetretenen Schadens, die Anzahl der prüfenden Personen und ihrer Pflichtverletzungen sowie ungeachtet der Frage ein, ob nur die geprüfte Gesellschaft oder auch mit ihr verbundene Unternehmen geschädigt wurden.[210] Wird dagegen ein Fehler über mehrere Jahre hinweg fortgeführt, so steht die Haftungssumme in jedem Jahr erneut zur Verfügung.[211] Um rechtlich getrennte Prüfungen handelt es sich auch bei der Einzelabschluss- und der Konzernabschlussprüfung.[212] Daher verdoppelt sich die Haftungshöchstgrenze, selbst wenn nur eine Pflichtwidrigkeit vorliegt, diese sich aber auf Jahres- und Konzernabschluss auswirkt. Von praktischem Nutzen für den Anspruchsteller ist dies aber nur, sofern auch in beiden Fällen ein zurechenbarer Schaden entsteht.[213] 48

Nicht in Anspruch genommen werden kann die Haftungsbeschränkung bei **Vorsatz** (Absatz 2 Satz 2 Alt. 1). Bzgl. der Haftungssituation bei **grober Fahrlässigkeit** differenziert das Gesetz für die Haftung des **Abschlussprüfers** seit Inkrafttreten des FISG nach der Art der geprüften Gesellschaft: Bei der Prüfung kapitalmarktorientierter Gesellschaften (Absatz 2 Satz 1 Nr. 1 iVm §§ 316a Satz 2 Nr. 1, 264d) kann im Fall grober Fahrlässigkeit keine Haftungsbeschränkung in Anspruch genommen werden, so dass insoweit betragsmäßig unbegrenzt gehaftet wird.[214] In den übrigen Fällen gelten nach Absatz 2 Satz 3, 4 erhöhte Haftungshöchstgrenzen von 32 Mio Euro (nicht kapitalmarktorientierte CRR-Kreditinstitute nach näherer Maßgabe von § 316a Satz 2 Nr. 2, nicht kapitalmarktorientierte Versicherungsunternehmen nach Maßgabe von § 316a Satz 2 Nr. 3) bzw. 12 Mio Euro (andere Prüfungsmandanten).[215] Uneingeschränkt in Anspruch genommen werden können die Haftungshöchstgrenzen nach Absatz 2 Satz 1 vom Abschlussprüfer mithin nur im Fall **einfacher Fahrlässigkeit**.[216] Diese deutliche Haftungsverschärfung durch das FISG wird in den Materialien u.a. mit fehlender bzw. geringerer Schutzwürdigkeit im Fall grober Fahrlässigkeit begründet sowie mit Präventionserwägungen (Rn 1) und rechtssystematischen Überlegungen.[217] Bei Vorsatz und grober Fahrlässigkeit sehe die Rechtsordnung, so der Entwurf, im Allgemeinen keine gesetzliche Haftungsbeschränkung vor; überhaupt seien betragsmäßige gesetzliche Haftungsbeschränkungen bei Tatbeständen der Verschuldenshaftung eine seltene Ausnahme.[218] Diese harte Linie[219] hat der Finanzausschuss partiell etwas entschärft: Danach haften **Prüfungsgehilfen** und andere **natürliche Personen** mit Ausnahme des Abschlussprüfers lediglich im Fall der vorsätzlichen Pflichtverletzung unbegrenzt (Absatz 2 Satz 2 HS 1), und auch die erhöhten Haftungshöchstgrenzen nach Absatz 2 Satz 3 und 4 finden auf sie keine Anwendung.[220] Das ergibt sich aus dem Wortlaut des Absatzes 2, in dem teilweise – wenn alle in Betracht kommenden Anspruchsgegner gemeint sind – von „Personen" die Rede ist, während in anderen Fällen explizit (nur) auf den 49

209 RegE FISG, BT-Drs. 19/26966, S. 121 (Hervorhebung hinzugefügt).

210 MünchKommHGB/*Ebke*[4] Rn 72.

211 *ADS* Rn 126; MünchKommHGB/*Ebke*[4] Rn 72; Ebenroth/Boujong/Joost/Strohn/*Böcking*/*Gros*/*Rabenhorst* Rn 16.

212 Beck BilKomm[13]/*Justenhoven*/*Feldmüller* Rn 103; Baetge/Kirsch/Thiele/*Hennrichs* Rn 73.

213 Vgl. Beck BilKomm[13]/*Justenhoven*/*Feldmüller* Rn 103.

214 RegE FISG, BT-Drs. 19/26966, S. 103; *Stüttgen* ZIP 2022, 300.

215 RegE FISG, BT-Drs. 19/26966, S. 103.

216 RegE FISG, BT-Drs. 19/26966, S. 103.

217 RegE FISG, BT-Drs. 19/26966, S. 103 f.; zur Präventionswirkung der Abschlussprüferhaftung *Stüttgen* ZIP 2022, 300 (301 f); kritisch *Schüppen* DStR 2021, 246 (250 f); *Dauner-Lieb* ZIP 2021, 391 ff.

218 RegE FISG, BT-Drs. 19/26966, S. 103 f.

219 Vgl. den Titel des Beitrags von *Schüppen* DStR 2021, 246 („hart, bissig, unausgegoren"), der sich allerdings auf das FISG insgesamt bezieht.

220 Bericht Finanzausschuss, BT-Drs. 19/29879, S. 155; Hopt/*Merkt*[42] Rn 7e; BeckBilKomm/*Justenhoven*/*Feldmüller*[13] Rn 100.

Abschlussprüfer Bezug genommen wird. Dahinter steht die bewusste Entscheidung, es für natürliche Personen mit Ausnahme des bestellten Abschlussprüfers **selbst für den Fall der groben Fahrlässigkeit** bei den in Absatz 2 Satz 1 Nr. 1–3 genannten Haftungshöchstgrenzen zu belassen, um „der Gefahr eines übermäßigen Haftungsrisikos für natürliche Personen“ entgegenzuwirken.[221]

49a Bei einer Mehrzahl haftpflichtiger Personen muss nach Absatz 2 Satz 5 **für jeden Anspruchsgegner gesondert** beurteilt werden, ob und ggf. in welcher Höhe er eine Haftungsbegrenzung nach Absatz 2 Satz 1, 3 oder Satz 4 in Anspruch nehmen kann. Die Haftungsbegrenzungstatbestände wirken mithin nur für denjenigen Anspruchsgegner, in dessen Person ihre tatbestandlichen Voraussetzungen erfüllt sind. Nach allgemeinen Grundsätzen müsste der Abschlussprüfer sich insoweit eigentlich nach § 278 BGB das vorsätzliche oder grob fahrlässige Verhalten seiner **Prüfungsgehilfen** zurechnen lassen. Das wäre jedoch mit der Wertung von Absatz 2 Satz 5 und dem Schutzzweck der Haftungsbegrenzung nur schwer zu vereinbaren. Daher ist der ganz herrschenden Meinung beizupflichten, dass § 278 nur bei der Anspruchsbegründung nach Absatz 1 Satz 3 zur Anwendung kommt, während er für die Frage einer Haftungsbegrenzung nach Absatz 2 außer Betracht bleibt.[222] Für die Zwecke des Absatzes 2 Satz 1–4 muss sich der Abschlussprüfer ein vorsätzliches oder grob fahrlässiges Verhalten seiner Prüfungsgehilfen daher (anders bei Absatz 1 Satz 3) nicht zurechnen lassen; vielmehr ist zu fragen, ob dem Abschlussprüfer selbst eine vorsätzliche oder grob fahrlässige Verletzung von Auswahl- oder Überwachungspflichten vorzuwerfen ist.[223] Der vorsätzlich handelnde Gehilfe selbst haftet dagegen unbeschränkt.[224] Demgegenüber muss sich eine **Wirtschaftsprüfungsgesellschaft** Vorsatz und grobe Fahrlässigkeit vonseiten ihrer Organwalter und verfassungsmäßig berufenen Vertreter auch im Rahmen des Absatzes 2 nach § 31 BGB ohne Weiteres zurechnen lassen; eine vergleichbare Einschränkung ist insoweit nicht veranlasst.[225]

3. Vertragliche Modifikationen

50 Die Haftung für Pflichtverletzungen kann nach Absatz 4 nicht ausgeschlossen oder beschränkt werden. Dies gilt jedoch nur im Anwendungsbereich der gesetzlichen Haftungsnorm des § 323.[226] Unwirksam ist danach sowohl eine Modifikation des Pflichtenmaßstabs als auch eine anderweitige Umgestaltung der tatbestandlichen Voraussetzungen oder Rechtsfolgen der Haftung zum Nachteil des Prüfungsmandanten.[227] Der **zwingende Charakter** der Haftungsnorm trägt dem öffentlichen Interesse an einer ordnungsgemäßen Durchführung der gesetzlichen Abschlussprüfung Rechnung.[228] Unbenommen bleibt es dem Berechtigten, auf einen bereits entstandenen Schadensersatzanspruch zu verzichten oder einen Vergleich mit der ersatzpflichtigen Person zu vereinbaren; Anderes gilt für einen generellen Verzicht auf noch unbekannte Ansprüche.[229]

51 Problematisch ist die Frage einer **Erweiterung der Haftung**. Sie ist durch Absatz 4 nicht ausgeschlossen. Jedoch bestimmt § 18 BS Wp/vBP, dass eine gesetzliche Haftungsbegrenzung nicht abbedungen werden darf. Diese wettbewerbsbeschränkende Regelung ist zwar rechtspolitisch kri-

---

221 Bericht Finanzausschuss, BT-Drs. 19/29879, S. 155; Hopt/*Merkt*[42] Rn 7e; BeckBilKomm/*Justenhoven*/*Feldmüller*[13] Rn 100.

222 *ADS* Rn 131; Baumbach/Hueck/*Schulze-Osterloh* GmbHG[18] § 41 Rn 174; Hachmeister/Kahle/Mock/Schüppen/*Staake* Rn 93; Hopt/*Merkt*[42] Rn 9c; Baetge/Kirsch/Thiele/*Hennrichs* Rn 74; *Wölber* S. 62; **aA** *Bärenz* BB 2003, 1781 (1783).

223 Vgl. die Nachw. in voriger Fn.

224 Baetge/Kirsch/Thiele/*Hennrichs* Rn 74.

225 BeckBilKomm/*Justenhoven*/*Feldmüller*[13] Rn 102; Baetge/Kirsch/Thiele/*Hennrichs* Rn 74; Hachmeister/Kahle/Mock/Schüppen/*Staake* Rn 93.

226 Hopt/*Merkt*[42] Rn 11.

227 Koller/Kindler/Roth/Drüen/*Morck*/*Bach* Rn 7; BeckOGK-HGB/*Bormann*, 15.11.2020, Rn 121.

228 Baetge/Kirsch/Thiele/*Hennrichs* Rn 91.

229 *ADS* Rn 148; MünchKommHGB/*Ebke*[4] Rn 73; Baetge/Kirsch/Thiele/*Hennrichs* Rn 91.

tikwürdig,[230] wird aber als durch die gesetzliche Ermächtigung gedeckt und damit wirksam angesehen.[231] Ein Verstoß gegen § 18 BS Wp/vBP führt indes nicht zur Nichtigkeit einer gleichwohl vereinbarten Haftungserweiterung.[232]

IV. Haftung gegenüber Dritten

1. Bedeutung des § 323 Abs. 1 Satz 3

Nach dem Wortlaut des Absatzes 1 Satz 3 haften die prüfenden Personen nur dem zu prüfenden 52
und den mit diesem verbundenen Unternehmen (Rn 44). Der Anwendungsbereich der Norm ist vom Gesetzgeber bewusst eng ausgestaltet worden. Dem liegt die Erwägung zugrunde, eine Haftung gegenüber weiteren Personen mache entweder das Risiko des Abschlussprüfers unkalkulierbar oder schmälere – bei Maßgeblichkeit des Absatzes 2 – die dem Unternehmen zur Verfügung stehende Haftungssumme. Daher können (stille) Gesellschafter, Anleger, Gläubiger und sonstige Dritte, die auf eine ordnungsgemäße Durchführung der gesetzlich vorgeschriebenen Abschlussprüfung vertrauen, auch im Wege der erweiternden Auslegung oder Analogie **keine Ansprüche aus § 323** geltend machen.[233] Namentlich eine Haftung gegenüber Anteilsinhabern sieht das Gesetz nur ausnahmsweise im Rahmen umwandlungsrechtlicher und konzernrechtlicher Strukturmaßnahmen vor (vgl. §§ 11 Abs. 2 Satz 2, 125 UmwG, §§ 293d Abs. 2 Satz 2, 320 Abs. 3 Satz 3 AktG). Insofern besteht abweichend von § 323 Abs. 1 Satz 3 allerdings keine Ersatzpflicht gegenüber Unternehmen, die mit den Vertragsparteien verbunden sind.[234]

Ausgehend von dem geschilderten Befund stellt sich die Frage, ob Absatz 1 Satz 3 noch darü- 53
ber hinausgehend eine **Sperrwirkung** entfaltet und eine Dritthaftung insgesamt ausschließt. Das wird zwar im Hinblick auf deliktische Ansprüche allgemein verneint (Rn 67), jedoch soll die gesetzgeberische Grundentscheidung zu Gunsten eines Schutzes des Abschlussprüfers nach verbreiteter Auffassung nicht durch eine extensive Anerkennung vertraglicher oder quasi-vertraglicher Ansprüche ausgehöhlt werden dürfen.[235] Eine entsprechende Haftung setze daher eine ausdrückliche privatautonome Vereinbarung voraus.[236] Ein solches Erfordernis ausdrücklich abgegebener Willenserklärungen ist dem geltenden Zivilrecht indessen fremd und lässt sich als Sonderrecht zugunsten einer Berufsgruppe sachlich kaum begründen.[237] Der BGH hat denn auch entschieden, dass eine Haftung, die – wie diejenige aus Vertrag mit Schutzwirkung zugunsten Dritter – wesentlich darauf beruhe, dass es Sache der Vertragsparteien sei zu bestimmen, gegenüber welchen Personen eine Schutzpflicht begründet werden solle, den unmittelbaren Anwendungsbereich des § 323 Abs. 1 Satz 3 nicht berühre.[238] Diese Aussage wird man dahingehend zu verallgemeinern haben, dass eine Sperrwirkung sich allenfalls auf die pflichtwidrige Testatserteilung als solche beziehen kann. Liegen demgegenüber besondere subjektive oder objektive Umstände oder Zurech-

---

230 *Lenz/Ostrowski* BB 1997, 1523 (1528); *W. Doralt* Rn 166 ff; anders *Forster* FS Werner, S. 148; *Quick* BB 1992, 1675 (1677).
231 Baetge/Kirsch/Thiele/*Hennrichs* Rn 91; Koller/Kindler/Roth/Drüen/*Morck/Bach* Rn 7.
232 Hachmeister/Kahle/Mock/Schüppen/*Staake* Rn 95.
233 BGHZ 138, 257 (260) = NJW 1998, 1948; OLG Düsseldorf NZG 1999, 901 (903); Baetge/Kirsch/Thiele/*Hennrichs* Rn 59, 111; BeckBilKomm/*Justenhoven/Feldmüller*[13] Rn 141; *Mirtschink* S. 54.
234 Semler/Stengel/Leonard/*Zeidler*, UmwG[5], § 11 Rn 13; MünchKommAktG/*Altmeppen*[5] § 293d Rn 19 f.
235 LG Frankfurt/M. AG 1998, 144 (146); LG Hamburg WM 1999, 139; *Baus* ZVglRWiss 103 (2004), 219 (242); *Feddersen* WM 1999, 105 (113 ff); *Honsell* FS Medicus (1999), S. 211 (230); *Ebke* Dritthaftung S. 38 ff, 58 ff; *Ebke/Scheel* WM 1991, 389 (394 f); *ADS* Rn 196 ff.
236 So namentlich MünchKommHGB/*Ebke*[4] Rn 152.
237 Baetge/Kirsch/Thiele/*Hennrichs* Rn 119.
238 BGHZ 138, 257 (262) = NJW 1998, 1948; BGHZ 167, 155 (162 f) = NJW 2006, 1975; ebenso 4. Aufl. Rn 55 (*Zimmer*); MünchKommBGB[9]/*Gottwald* § 328 Rn 252.

nungsgesichtspunkte vor, aufgrund derer die Voraussetzungen anderweitiger zivilrechtlicher Institute erfüllt sind, so sind diese Haftungstatbestände durchaus anwendbar.[239]

54 Gleichwohl sind die in § 323 getroffenen Wertungen für die Anwendung anderweitiger Rechtsinstitute von erheblicher Bedeutung. Zu Recht weist der BGH nämlich darauf hin, dass die gesetzgeberische Intention, das Haftungsrisiko des Abschlussprüfers angemessen zu begrenzen, auch im Rahmen der vertraglichen Dritthaftung zu berücksichtigen sei und die Einbeziehung einer unbekannten Vielzahl von Berechtigten in den Schutzbereich des Prüfungsvertrags dieser Tendenz entgegenstünde.[240] Geboten ist mit anderen Worten eine **restriktive Handhabung** namentlich der (quasi-)vertaglichen Vertrauenshaftung.[241] Dafür spricht auch der Umstand, dass eine im Zuge des Gesetzgebungsverfahrens zum KonTraG diskutierte Begrenzung der Dritthaftung nur deswegen nicht in den Normtext aufgenommen wurde, weil der Rechtsausschuss des Deutschen Bundestags darin lediglich eine entbehrliche Klarstellung sah.[242] Demgegenüber werden in jüngerer Zeit vermehrt rechtsökonomische Überlegungen und rechtsvergleichende Erkenntnisse[243] zugunsten einer (maßvollen) Ausdehnung der Dritthaftung ins Felde geführt (vgl. zu den Plänen der EU noch Rn 5 f).[244] Jedenfalls de lege lata ist entsprechenden Bestrebungen nach dem Gesagten indes eine Absage zu erteilen.

2. (Quasi-)Vertragliche Haftung

55 **a) Grundlagen.** Erbringt der Prüfer anlässlich der Abschlussprüfung einem Dritten besondere Leistungen, so kann dies im Rahmen eines **selbständigen Auskunftsvertrags** geschehen, der unmittelbar zwischen dem Abschlussprüfer und dem Dritten zustande kommt. Maßgebliches Indiz, welches für den konkludenten Abschluss eines Auskunftsvertrags spricht, ist die sowohl dem Prüfer erkennbare als auch erhebliche Bedeutung der erteilten Information für den Auskunftsempfänger. Der erforderliche Rechtsbindungswille wird sich praktisch allerdings wohl allenfalls dann nachweisen lassen, wenn es zwischen den Beteiligten zu einer unmittelbaren Kontaktaufnahme gekommen ist.[245]

56 Angesichts dessen greift die Rechtsprechung regelmäßig auf das Rechtsinstitut des **Vertrags mit Schutzwirkung** zugunsten Dritter zurück.[246] Danach kann der Abschlussprüfer als neutraler Sachverständiger mit staatlicher Anerkennung wegen einer Verletzung des zwischen ihm und der geprüften Gesellschaft bestehenden Prüfungsvertrags auch einer klar abgrenzbaren Gruppe Dritter gegenüber haften. Hierfür muss der Dritte allerdings den Gefahren und Risiken des Vertragsverhältnisses bestimmungsgemäß in gleicher Weise ausgesetzt sein wie der Auftraggeber selbst. Dann schließt auch die Gegenläufigkeit der Interessen von Vertragspartner und Drittem eine Schutzwirkung nicht aus. Weiterhin macht es grundsätzlich keinen Unterschied, ob die gutachterliche Äußerung unmittelbar gegenüber dem geschädigten Dritten erfolgt oder der Auftraggeber

239 Zumindest im Ergebnis ebenso Baetge/Kirsch/Thiele/*Hennrichs* Rn 119; *Grunewald* ZGR 1999, 583 (587 f, 596); *Geibel* JR 2007, 328; *Hirte* S. 61 ff; *Otto/Mittag* WM 1996, 325 (331); *Mirtschink* S. 55 ff.

240 BGHZ 138, 257 (262) = NJW 1998, 1948; BGHZ 167, 155 (162 f, Tz 13) = NJW 2006, 1975; BGH AG 2006, 197; BGH NJW 2009, 512; s. auch BGH ZIP 2009, 1166 (1170).

241 Baetge/Kirsch/Thiele/*Hennrichs* Rn 120.

242 Näher dazu BGHZ 167, 155 (163, Tz 13) = NJW 2006, 1975; ablehnend *Zugehör* NJW 2008, 1105 (1109).

243 Vgl. zu den USA: *Heukamp* ZHR 169 (2005), 471 (480 ff); *Ebke* FS Trinkner, S. 493 (506 ff); Großbritannien: *Baus* ZVglRWiss 103 (2004), 219 (220 ff); *Richter* S. 42 ff; *Vogt* S. 111 ff; Österreich: *W. Doralt* Rn 140 ff; *Kalss* ÖBA 2002, 187 (192 ff); *Harrer* FS Georgiades (2005), S. 637 ff; zu sonstigen EU-Staaten: *Heppe* WM 2003, 714 (721 ff); *Ebke* ZVglRWiss 100 (2001), 62 (69 f); *Wölber* S. 125 ff; vgl. daneben das umfassende Schrifttumsverzeichnis zum ausländischen Recht bei MünchKommHGB/*Ebke*².

244 *Heukamp* ZHR 169 (2005), 471 (483 ff); *Fölsing* DStR 2006, 1809 ff; *Barta* NZG 2006, 855 ff; *Heppe* WM 2003, 714 (718 f); s. auch *Lutter* ZSR 124 (2005), II 415 (448).

245 OLG Düsseldorf DB 2009, 2369 (2370); LG Möchengladbach NJW-RR 1991, 415; MünchKommHGB/*Ebke*⁴ Rn 127 f; *Fölsing* S. 173; s. auch *Canaris* ZHR 163 (1999), 206 (213).

246 Grundlegend BGHZ 138, 257 (260 ff) = NJW 1998, 1948; näher Rn 56 f.

diese weiterreicht oder sonst verwendet, sofern dem Abschlussprüfer nur die Drittbezogenheit seiner Leistung erkennbar ist. Die erforderliche Schutzbedürftigkeit des Dritten kann fehlen, wenn dieser eigene vertragliche Ansprüche mit demselben oder einem gleichwertigen Inhalt hat.[247] Eine solche Gleichwertigkeit wurde im Hinblick auf Schadensersatzansprüche aus Prospekthaftung abgelehnt.[248] Ist ein Dritter in den Schutzbereich des Prüfungsvertrags einbezogen, so kann ihm der Prüfer keine Einwendungen aus dem Deckungsverhältnis zu seinem Vertragspartner entgegenhalten; die darauf abzielende Vorschrift des § 334 BGB gilt als konkludent abbedungen.[249]

Gegen diese in ihren Ergebnissen überzeugende Rechtsprechung ist mit Recht eingewandt worden, dass sich mit der dort zugrundegelegten vertraglichen Konzeption weder die Problematik der gegenläufigen Interessen noch diejenige des Ausschlusses von Einwendungen aus dem Verhältnis zwischen dem Experten und seinem Auftraggeber sachgerecht bewältigen lässt.[250] Schließlich steht mit § 311 Abs. 3 Satz 2 BGB nunmehr auch ein vom Gesetzgeber bewusst zur Verfügung gestellter Anknüpfungspunkt für eine eigenständige Vertrauenshaftung von Experten gegenüber Dritten zur Verfügung. Vorzugswürdig erscheint es daher, die Berufshaftung des Wirtschaftsprüfers dort anzusiedeln.[251] Auf die in der Rechtsprechung entwickelten Zurechnungskriterien kann dabei unverändert zurückgegriffen werden.[252] 57

b) Tatbestandliche Voraussetzungen. Infolge des zugrunde zu legenden restriktiven Ansatzes (Rn 55) kommt eine (quasi-)vertragliche Dritthaftung nur dann in Betracht, wenn der Abschlussprüfer sich erkennbar darauf einlässt, dass die Prüfung über seinen gesetzlichen Auftrag hinaus auch im Interesse eines bestimmten Dritten durchgeführt wird und das Ergebnis diesem Dritten als Grundlage für rechtsgeschäftliche Entscheidungen dienen soll.[253] So hat der BGH einen Abschlussprüfer zur Verantwortung gezogen, der einem am Erwerb der geprüften Gesellschaft Interessierten vorab mitteilte, der Jahresabschluss könne in der vorliegenden Form bestätigt werden.[254] Nicht anders zu behandeln ist ein Abschlussprüfer, der eine weitere Ausfertigung seines Prüfungsberichts zur Vorlage bei einem Kreditinstitut zur Verfügung stellt (aber Rn 60).[255] Entscheidend ist dabei weniger die Person des Dritten als das Projekt, für das die Expertise zur Verfügung gestellt wird. Stets muss aber deutlich werden, dass vom Abschlussprüfer eine **besondere Leistung** erwartet wird, die über die Erbringung der gesetzlich geschuldeten Pflichtprüfung hinausgeht.[256] 58

Der damit erforderliche **konkrete Vertrauenstatbestand** kann vor wie nach der Prüfung begründet werden. Bzgl. einer nachträglichen konkludenten Einbeziehung Dritter wird aber vielfach Zurückhaltung angemahnt, weil nach den Allgemeinen Geschäftsbedingungen der Wirtschaftsprüfer die Weitergabe beruflicher Äußerungen an Dritte von seiner schriftlichen Zustimmung abhängig mache und diese Beschränkung für den Dritten erkennbar sei.[257] Dem ist im 59

247 S. vorige Fn sowie MünchKommHGB/*Ebke*[4] Rn 133 f.

248 BGH NJW 2004, 3420 (3421); BGH NZG 2007, 660 (662).

249 BGHZ 127, 378 (384) = NJW 1995, 392; BGH NJW 1998, 1059 (1061).

250 *Canaris* ZHR 163 (1999), 204 (220 ff); dagegen aber 4. Aufl. Rn 55 (*Zimmer*).

251 Hopt[42]/*Leyens* § 347 Rn 22; MünchKommBGB[9]/*Gottwald* § 328 Rn 175; *Kersting* S. 105 ff, 544 ff; *Koch* AcP 204 (2004), 59 ff; *Richter* S. 284 ff; *Straßer* S. 33 ff; *Westermann* FS Honsell (2002), S. 137 (146 ff); ablehnend aber MünchKommHGB/*Ebke*[4] Rn 118; *Kindler/Otto* BB 2006, 1443 (1444); *Brors* ZGS 2005, 142 (147 ff); *Schinkels* JZ 2008, 272 (276).

252 Zum Gleichlauf s. Baetge/Kirsch/Thiele/*Hennrichs* Rn 124; daneben *Henssler/Dedek* WPK-Mitt. 2002, 278 (281 f).

253 BGHZ 138, 257 (262) = NJW 1998, 1948; BGH ZIP 2009, 1166 (1170); OLG Düsseldorf NZG 1999, 901 (903); DB 2009, 2369 (2373); OLG Stuttgart WM 2009, 2382 (2384); OLG Celle NZG 2000, 613 (615); weiter präzisierend *Richter* S. 291 ff; krit. *Kremer* S. 217 f.

254 BGHZ 138, 257 = NJW 1998, 1948; zur Abgrenzung LG Hamburg WM 1999, 139.

255 *Kersting* S. 547; zur Frage der Beweislast BeckBilKomm/*Justenhoven/Feldmüller*[13] Rn 183.

256 BeckBilKomm/*Justenhoven/Feldmüller*[13] Rn 181.

257 Voraufl. Rn 59 (*Habersack/Schürnbrand*); vgl. auch BGHZ 167, 155 (165, Tz 15) = NJW 2006, 1975; *Canaris* ZHR 163 (1999), 204 (230); *Lettl* NJW 2006, 2817 (2819); krit. dagegen *Geibel* JR 2007, 328 (329).

Ergebnis zuzustimmen, nicht aber in der Begründung, weil die betreffende Ziffer 6 der AAB der Wirtschaftsprüfer entgegen der hM richtigerweise nicht wirksam ist.[258] Unabhängig davon nicht genügend zur Begründung der Einbeziehung Dritter ist jedenfalls die nach § 171 Abs. 1 Satz 2 AktG vorgeschriebene bloße Teilnahme des Abschlussprüfers an der Bilanzsitzung des Aufsichtsrats, in der erstmals erörtert wird, dass im Vorfeld eines Börsengangs ein Investor in die Gesellschaft aufgenommen werden soll.[259] Weder aus der Erkennbarkeit der Relevanz des abgegebenen Bestätigungsvermerks noch aus dem Umstand, dass der Prüfer mit einer Verwendung der Prüfungsergebnisse gegenüber einem Dritten hätte rechnen müssen, lässt sich nämlich eine Einstandsbereitschaft des Prüfers ableiten.[260]

60 Daher haftet der Prüfer auch nicht gegenüber jeder Bank, die sich im Zuge der Vergabe eines Großkredits nach § 18 KWG den Jahresabschluss des Kreditnehmers vorlegen lässt.[261] Erst recht genügt die nach § 325 Abs. 1 oder sonstigen gesetzlichen Vorschriften erzwungene **Publizität des Bestätigungsvermerks** nicht. Zwar wollen diese Vorschriften allen Gläubigern, Anlegern und sonstigen Interessierten eine verlässliche Beurteilungsgrundlage für ihr beabsichtigtes Engagement zur Verfügung stellen; eine Verantwortlichkeit allein auf diesen Umstand zu stützen, hieße indes, die in § 323 Abs. 1 Satz 3 getroffene Grundwertung gegen eine schrankenlose Dritthaftung zu umgehen.[262] Dieselben restriktiven Grundsätze beanspruchen schließlich auch dann Geltung, wenn der Abschlussprüfer einem Anlagevermittler im Rahmen eines Auskunftsvertrags Hinweise über das Ergebnis der von ihm vorgenommenen Prüfung erteilt, welche der Vermittler sodann an seine Kunden übermittelt.[263] Auch insoweit muss der Abschlussprüfer, der lediglich das Fehlen von Beanstandungen bestätigt, nicht gegenüber einer unbestimmten Vielzahl ihm nicht bekannter Kunden des Vermittlers für die Seriosität des geprüften Unternehmens einstehen.

61 **c) Haftungsbegrenzung des § 323 Abs. 2.** Nach der Rechtsprechung des BGH[264] sind die Ansprüche von Dritten der Haftungsbeschränkung des § 323 Abs. 2 unterworfen. Das ist auf der Grundlage seiner Auffassung, wonach die Haftung auf einer Schutzwirkung des Prüfungsvertrags gründet, im Ausgangspunkt konsequent und legt es überdies nahe, dass die Haftung auch gegenüber Dritten entsprechend § 323 Abs. 4 als zwingend zu qualifizieren ist.[265] Dagegen liegt eine Übertragung auf der Basis des hier vertretenen Modells einer eigenständigen Vertrauenshaftung schon konstruktiv fern. Unabhängig davon gilt es zu berücksichtigen, dass der Abschlussprüfer eine besondere, über den Inhalt der Pflichtprüfung hinausgehende Leistung erbringt, für die – ebenso wie bei freiwilligen Prüfungen – die §§ 316 ff insgesamt keine Geltung beanspruchen können. Auch das praktische Ergebnis kann nicht befriedigen: Da die Haftungssumme bei einer Abschlussprüfung nur einmal zur Verfügung steht, könnte der für das geprüfte Unternehmen und evtl. geschädigte verbundene Unternehmen bestehende Fonds nämlich durch Ersatzansprüche

---

258 Staudinger/*Chr. A. Weber* (2022) Anh §§ 305 ff Rn G 234 mit Darstellung des Meinungsstandes.

259 BGHZ 167, 155 (165 f, Tz 15) = NJW 2006, 1975; krit. *Zugehör* NJW 2008, 1105 (1110), dem zufolge die damit gestellten Anforderungen im Ergebnis grundsätzlich unerfüllbar sind.

260 Weitergehend LG Passau BB 1998, 2052; zum Ganzen *Sieber* S. 374 ff.

261 Baetge/Kirsch/Thiele/*Hennrichs* Rn 121; vgl. auch LG Mönchengladbach NJW-RR 1991, 415 (416); *Fölsing* DStR 2006, 1809 (1810); *Richter* S. 293; mit anderer Tendenz MünchKommBGB[9]/*Gottwald* § 328 Rn 253; *Kalss* ÖBA 2002, 187 (197 f); *Heppe* WM 2003, 753 (760).

262 BGHZ 167, 155 (162, Tz 13) = NJW 2006, 1975; BGH NJW 2009, 512; Baetge/Kirsch/Thiele/*Hennrichs* Rn 121; krit. *Barta* NZG 2006, 855 (857).

263 BGH NJW 2009, 512 f.

264 BGHZ 138, 257 (266) = NJW 1998, 1948; ebenso *M. Weber* NZG 1999, 1 (7); *Barta* NZG 2006, 855 (858); *Straßer* S. 107 f; Baumbach/Hueck/*Schulze-Osterloh* GmbHG[18] § 41 Rn 176.

265 *M. Weber* NZG 1999, 1 (9); *Richter* S. 244; eingehend zur Problematik *Straßer* S. 123 ff.

Dritter empfindlich geschmälert werden.[266] Eine entsprechende Anwendung des § 323 Abs. 2 auf die Fälle der Dritthaftung kommt mithin nicht in Betracht.[267]

3. Prospekthaftung

Der Bestätigungsvermerk des Abschlussprüfers wird häufig in Prospekte aufgenommen, mit denen beim Publikum für Kapitalanlagen der unterschiedlichsten Art geworben wird. Dahingehende unionsrechtliche Vorgaben ergeben sich namentlich aus der Delegierten Verordnung 2019/980 in Verbindung mit der Prospektverordnung 2017/1129 sowie für den Bereich der Vermögensanlagen aus § 25 Abs. 1 Satz 2 VermAnlG. Hinsichtlich einer etwaigen Haftung des Prüfers gegenüber den Anlegern ist zwischen der spezialgesetzlichen (Rn 63 f) und der allgemeinen bürgerlich-rechtlichen Prospekthaftung (Rn 65 f) zu unterscheiden. 62

a) Spezialgesetzliche Verantwortlichkeit. Diese richtet sich hinsichtlich unrichtiger Börsenzulassungsprospekte nach §§ 9, 12 WpPG und im Übrigen im Fall von Wertpapierprospekten nach §§ 10, 12 WpPG bzw. bei Vermögensanlagen-Verkaufsprospekten nach § 20 VermAnlG. Zu den Adressaten der Prospekthaftung gehört der Prüfer als Prospektverantwortlicher im Sinne des § 9 Abs. 1 Satz 1 Nr. 1 WpPG freilich nur dann, wenn er nach § 8 Satz 1 WpPG den Prospekt ausnahmsweise ausdrücklich verantwortlich zeichnet. Dann steht er nämlich nach außen erkennbar für den Prospekt insgesamt ein. Im Hinblick auf die aus Sicht des Kapitalmarkts sowohl quantitativ wie vor allem auch qualitativ wesentliche Bedeutung der von ihm gewürdigten Unterlagen wird darüber hinausgehend teilweise die bloße Nennung im Prospekt als ausreichend erachtet; die Haftung ist nach dieser Ansicht aber auf den von ihm selbst stammenden Teil des Prospekts beschränkt.[268] Demgegenüber ist daran festzuhalten, dass § 9 Abs. 1 Satz 1 Nr. 1 WpPG an die **Verantwortlichkeit für den Gesamtprospekt** anknüpft, weshalb er die Urheberschaft nur einzelner Prospektteile nicht zu erfassen und daher auch keine Einstandspflicht des Abschlussprüfers für sein Testat zu begründen vermag.[269] 63

Aus den soeben erörterten Gründen scheidet auch eine Inanspruchnahme des Abschlussprüfers als Prospektveranlasser im Sinne von **§ 9 Abs. 1 Satz 1 Nr. 2 WpPG** aus. Zwar zählen hierzu auch diejenigen Personen, die ein eigenes wirtschaftliches Interesse an der Emission haben und kraft eigener Steuerungsmacht auf die Erstellung des Prospekts einwirken. Das bloße Interesse an der Vereinnahmung der für die erbrachte Prüfungsleistung zu entrichtenden Gebühren vermag jedoch das insoweit erforderliche qualifizierte Eigeninteresse nicht zu begründen.[270] 64

b) Bürgerlich-rechtliche Prospekthaftung. Umfassender ist in ihrem persönlichen Anwendungsbereich die von der Rechtsprechung aus den Grundsätzen des Verschuldens bei Vertragsverhandlungen und der Vertrauenshaftung entwickelte allgemeine bürgerlich-rechtliche Prospekthaftung. Denn danach können **Wirtschaftsprüfer als Garanten** für die ihnen zuzurechnenden Aussagen auch dann haften, wenn sie keine Gesamtverantwortung für den Prospekt übernommen 65

---

266 MünchKommHGB/*Ebke*[4] Rn 164; *Heukamp* ZHR 169 (2005), 471 (478): quotenmäßige Aufteilung; vgl. ferner die Nachw. in nachfolgender Fn.

267 LG Passau BB 1998, 2052 (2053); *Canaris* ZHR 163 (1999), 204 (234); *Zimmer/Vosberg* JR 1999, 70 (71); *Kindler/Otto* BB 2006, 1443 (1444); *Otto/Mittag* WM 1996, 377 (382); *Kersting* S. 550; *Mirtschink* S. 219 ff; *Richter* S. 296 f.

268 Baumbach/*Hopt*[35] § 44 BörsG Rn 3 (anders nun Hopt/*Kumpan*[42] § 9 WpPG Rn 9b); *Groß* AG 1999, 199 (201); *Schwark* FS Hadding (2004), S. 1117 (1126 f); *Hellgardt* S. 300 ff.

269 *Assmann* AG 2004, 435 (436 f); *Habersack* in: Habersack/Mülbert/Schlitt[3] Kapitalmarktinformation (2020) § 28 Rn 30 f; *Mirtschink* S. 81 ff; *Vogt* S. 175 f.

270 *Habersack* (vorige Fn) § 28 Rn 30 mwN.

haben, sofern sie nur durch ihr nach außen in Erscheinung tretendes Mitwirken am Prospekt einen Vertrauenstatbestand geschaffen haben.[271] Dabei ist zu beachten, dass die Aussage des gesetzlichen Bestätigungsvermerks in ihrer Reichweite beschränkt ist und sich allein auf den Stichtag der durchgeführten Prüfung bezieht. Daher trifft den Wirtschaftsprüfer selbst dann keine Hinweis- und Aktualisierungspflicht, wenn ihm nachträglich die wesentliche Verschlechterung der wirtschaftlichen Lage des Unternehmens bekannt wird.[272]

66 Allerdings wird die bürgerlich-rechtliche Prospekthaftung nach ganz hM **durch die spezialgesetzlichen Prospekthaftungstatbestände** (§§ 9, 12 WpPG, §§ 10, 12 WpPG, § 20 VermAnlG, Rn 63) in ihrem jeweiligen Anwendungsbereich **verdrängt**.[273] Dem ist zuzustimmen. Zwar fügt sich die damit verbundene Beschränkung des Kreises der Prospektverantwortlichen nicht ohne Weiteres in die gesetzgeberische Tendenz der Stärkung des Anlegerschutzes ein. Gleichwohl sind die genannten Vorschriften ihrem Zuschnitt nach dazu bestimmt, die Prospekthaftung insgesamt abschließend zu regeln.[274] Damit beschränkt sich ihr Anwendungsbereich auf die wenigen Fallgestaltungen, in denen keiner der spezialgesetzlichen Haftungstatbestände zum Tragen kommt.[275]

4. Deliktsrecht

67 Die prüfenden Personen kann eine Schadensersatzpflicht gegenüber Dritten nach §§ 823 ff BGB treffen. Die Anwendung der Vorschriften des BGB zu unerlaubten Handlungen ist durch § 323 nicht ausgeschlossen; sie steht insbesondere nach allgemeiner Auffassung nicht in Widerspruch zur Haftungsbegrenzung des Absatzes 2.[276] Freilich scheidet eine Haftung nach **§ 823 Abs. 1 BGB** regelmäßig aus, da Handlungen des Abschlussprüfers und seiner Gehilfen meist nicht die dort in Bezug genommenen Rechte (insbes. Eigentum) berühren, sondern allenfalls zu schlichten Vermögensschäden führen.[277] Jedoch kann ein Eingriff in den eingerichteten und ausgeübten Gewerbebetrieb vorliegen, wenn der Abschlussprüfer seine Kenntnisse über die Kredit(un)würdigkeit unter Verletzung seiner Verschwiegenheitspflicht weitergibt.[278] Zudem kann eine Haftung wegen Kreditgefährdung nach **§ 824 BGB** bestehen, wenn der Wahrheit zuwider Tatsachen verbreitet werden, die geeignet sind, den Kredit eines anderen zu gefährden oder sonstige Nachteile für dessen Erwerb oder Fortkommen zu begründen; bei fahrlässiger Unkenntnis kann sich der Prüfer ggf. jedoch auf § 824 Abs. 2 BGB berufen, wenn ein berechtigtes Interesse an der Mitteilung, z.B. an der Begründung der Einschränkung oder Versagung des Bestätigungsvermerks, besteht.[279]

---

271 BGHZ 77, 172 (177) = NJW 1980, 1840; BGHZ 145, 187 (196) = NJW 2001, 360; BGHZ 158, 110 (115) = NJW 2004, 1732; BGH NJW 2004, 3420 (3422); BGH NZG 2007, 660 (662); BGH ZIP 2013, 935 (936); *Janert/Schuster* BB 2005, 987 (990); MünchKommBGB[9]/*Emmerich* § 311 Rn 172 (allgemein Rn 153 ff); *Hopt*[42] Anh. § 177a Rn 63 (allgemein Rn 60 ff).

272 BGH AG 2006, 197 (198); OLG Bamberg AG 2006, 456 (457); s. auch *Assmann* AG 2004, 435 (442 f); in Abgrenzung dazu LG Leipzig ZIP 2008, 1733 (1734 f); Abgrenzung zu anderer Sachlage auch in BGH ZIP 2013, 935 (937).

273 BGH NJW-RR 2019, 301 (305 f); BGH NJW 2021, 1318 (1320 f) (jeweils XI. Zivilsenat); aA für das Verhältnis zur bürgerlich-rechtlichen Prospekthaftung i.w.S. BGH NJW-RR 2023, 109 (111) (II. Zivlisenat). Für Verdrängung durch die spezialgesetzlichen Haftungstatbestände auch *Assmann* AG 2004, 435 (445); *Habersack* in: Habersack/Mülbert/Schlitt[3] Kapitalmarktinformation (2020) § 28 Rn 32; *Klöhn* NZG 2021, 1063 (1065 ff); *Benecke* BB 2006, 2597 (2599); *Mirtschink* S. 173 ff; *Vogt* S. 182; dahingehend auch Begr. RegE, BT-Drucks. 13/1997, S. 81; *Fleischer* BKR 2004, 339 (344); aA MünchKommBGB[6]/*Emmerich* § 311 BGB Rn 153; anders in der Tendenz nun MünchKommBGB[9]/*Emmerich* § 311 BGB Rn 157.

274 Vgl. die Nachw. in voriger Fn.

275 MünchKommBGB[9]/*Emmerich* § 311 BGB Rn 158.

276 *Ebke* Dritthaftung S. 37 ff; BeckBilKomm/*Justenhoven*/*Feldmüller*[13] Rn 142; Baetge/Kirsch/Thiele/*Hennrichs* Rn 118.

277 BeckBilKomm/*Justenhoven*/*Feldmüller*[13] Rn 143.

278 Vgl. dazu BGHZ 166, 84 (Tz 92 ff) = NJW 2006, 830. Aus dem Schrifttum Hachmeister/Kahle/Mock/Schüppen/*Staake* Rn 109.

279 4. Aufl. Rn 58 (*Zimmer*); BeckBilKomm/*Justenhoven*/*Feldmüller*[13] Rn 150 f; *ADS* Rn 87; *Richter* S. 212; kritisch dazu *Mirtschink* S. 144 f.

Eine Dritthaftung nach § 823 Abs. 2 BGB i.V.m. § 323 scheidet nach ganz herrschender und zutreffender Auffassung ebenfalls aus, da diese handelsrechtliche Vorschrift kein **Schutzgesetz** darstellt.[280] Gleiches gilt für die Rechnungslegungsvorschriften des HGB und die internationalen Rechnungslegungsstandards[281] sowie für die Vorschriften des Berufsrechts.[282] Es kommt aber eine Haftung nach § 823 Abs. 2 BGB i.V.m. der Strafvorschrift des **§ 332** in Betracht, wenn der Abschlussprüfer oder ein Gehilfe über das Ergebnis der Prüfung unrichtig berichtet, im Prüfungsbericht erhebliche Umstände verschweigt oder einen inhaltlich unrichtigen Bestätigungsvermerk erteilt.[283] Tauglicher Anknüpfungspunkt ist auch eine Beihilfe zum Betrug, zur Untreue, zur Urkundenfälschung oder zu einem Insolvenzvergehen der Geschäftsleiter des geprüften Unternehmens.[284] Ansprüche gegen den Abschlussprüfer können zudem mittelbar unter dem Gesichtspunkt der Beihilfe (§ 830 Abs. 2 BGB) zur Veröffentlichung eines falschen Jahresabschlusses oder Lageberichts geltend gemacht werden; von Bedeutung ist dies im Zusammenhang mit der Diskussion über die Anwendbarkeit des KapMuG auf Ansprüche gegen den Abschlussprüfer.[285] 68

Eine Schadensersatzpflicht des Abschlussprüfers gegenüber Dritten nach **§ 826 BGB** setzt voraus, dass in einer gegen die guten Sitten verstoßenden Weise einer anderen Person vorsätzlich Schaden zugefügt wird. Ein Abschlussprüfer ist danach jedenfalls dann verantwortlich, wenn er bewusst einen fehlerhaften Abschlussvermerk erteilt.[286] Unter kritischer Begleitung mahnender Stimmen im Schrifttum, die hierin eine methodisch nicht nachvollziehbare Aushöhlung der engen Voraussetzungen der Haftungsnorm erblicken,[287] geht die Rechtsprechung darüber jedoch deutlich hinaus. Zwar reicht die Vorlage eines fehlerhaften Testats allein nicht aus. Im Hinblick auf seine beruflich bedingte besondere Vertrauensstellung kann aber bereits ein leichtfertiges und gewissenloses Verhalten des Prüfers die **Sittenwidrigkeit** begründen.[288] Ein Wirtschaftsprüfer, der sich gewissenlos über erkannte Bedenken hinwegsetzt oder auf eine unerlässliche Prüfung von vornherein bewusst verzichtet, verstößt gegen den nach §§ 138, 826 BGB relevanten Verhaltensmaßstab.[289] Gleiches gilt für einen Abschlussprüfer, der sich bei der Erteilung eines uneingeschränkten Testates allein auf die Feststellungen eines Gehilfen oder die Angaben des Unternehmens verlässt und nicht selbst eigenverantwortlich prüft.[290] Ein sittenwidriges Verhalten kann aber auch schon dann vorliegen, wenn sich der Wirtschaftsprüfer grob fahrlässig der Einsicht in die Unrichtigkeit seines Bestätigungsvermerks verschließt.[291] 69

In subjektiver Hinsicht genügt bedingter **Vorsatz** bezüglich der die Sittenwidrigkeit begründenden Umstände und der Schädigung eines anderen. Ein Bewusstsein der Sittenwidrigkeit ist 70

---

280 OLG Celle NZG 2000, 613; OLG Düsseldorf NZG 1999, 901 (903); OLG Karlsruhe ZIP 1985, 409 (412); *ADS* Rn 184; MünchKommHGB/*Ebke*[4] Rn 95; Hopt/*Merkt*[42] Rn 8c; konzeptionell abweichend *Hellgardt* S. 304.

281 AA *Schnorr* ZHR 170 (2006), 9 ff.

282 Hachmeister/Kahle/Mock/Schüppen/*Staake* Rn 110 unter Verweis auf BGHZ 159, 234 = NZG 2004, 770.

283 BGH NZG 2020, 1030 Rn 14. Zu §§ 823 Abs. 2 BGB, 332 und zu weiteren als Schutzgesetze in Betracht kommenden Normen BeckBilKomm/*Justenhoven*/*Feldmüller*[13] Rn 145 ff.; kritisch aber *Nietsch* WM 2021, 158 (167 f).

284 BeckBilKomm/*Justenhoven*/*Feldmüller*[13] Rn 145.

285 OLG München NJW-RR 2022, 1563 (1566).

286 Vgl. die Nachw. in nachfolgenden Fn.

287 *Hopt* AcP 183 (1983), 608 (633); *Canaris* ZHR 163 (1999), 204 (214); *Straßer* S. 14; *Mirtschink* S. 143; MünchKommHGB/*Ebke*[4] Rn 103 ff; wohlwollender dagegen *Kremer* S. 234 ff; Staudinger/*Oechsler* BGB (2021) § 826 Rn 364 ff.

288 BGHZ 145, 187 (202) = NJW 2001, 360; BGH NJW 1987, 1758; BGH AG 2006, 197 (200); BGH ZIP 2022, 425 (426); OLG Celle NZG 2000, 613 (615); LG Hamburg WPK-Mitt. 1999, 110 (113); s. auch BGH ZIP 2008, 2270 (2271) sowie die Nachw. in den folgenden Fn.

289 BGH NJW 1973, 321 (322); OLG Düsseldorf BB 1996, 2614 (2616); s. auch OLG Köln AG 1992, 89 (90); LG Frankfurt/M. AG 1998, 144 (146); vgl. ferner BGH ZIP 2014, 82 mit der Formulierung, dass „sich der Gutachter durch nachlässige Erledigung, z.B. durch nachlässige Ermittlungen oder gar durch Angaben ins Blaue hinein der Gutachtenaufgabe entledigt und dabei eine Rücksichtslosigkeit an den Tag legt, die angesichts der Bedeutung des Gutachtens für die Entscheidung Dritter als gewissenlos erscheint".

290 OLG Karlsruhe ZIP 1985, 409 (411 f); OLG Düsseldorf NZG 1999, 901 (903).

291 BGHZ 145, 187 (202) = NJW 2001, 360.

ebenso wenig erforderlich wie eine Schädigungsabsicht.[292] Gegebenenfalls lässt sich aus einem grob leichtfertigen Verhalten auf das subjektive Element schließen. Die bloße Fehlerhaftigkeit eines Jahresabschlusses lässt für sich genommen den Rückschluss auf einen Schädigungsvorsatz freilich nicht zu.[293] Im Übrigen ist nicht erforderlich, dass der Prüfer eine konkrete Person als Geschädigten vor Augen hatte; vielmehr genügt die Vorstellung, der Abschluss könne bei Kreditverhandlungen verwandt werden und hierbei Verhandlungspartner zur Kreditgewährung veranlassen.[294] Auch bei der deliktischen Haftung gegenüber Kapitalanlegern, die Wertpapiere der geprüften Gesellschaft erworben haben, kommen bzgl. der Kausalität je nach Fallgestaltung **Beweiserleichterungen** in Betracht.[295]

V. Freiwillige Abschlussprüfungen und sonstige Dienstleistungen

1. Grundsatz

71 Die **Vorschrift des § 323** ist speziell auf die Interessenlage bei Pflichtprüfungen zugeschnitten und **gilt nicht** für freiwillige Abschlussprüfungen sowie sonstige Dienstleistungen des Wirtschaftsprüfers (Rn 8). Daher kann das Vertragsverhältnis sowohl im Wege der Individualvereinbarung als auch durch Allgemeine Geschäftsbedingungen ausgestaltet werden; in der Praxis ganz üblich ist die Verwendung der AAB (§ 318 Rn 50). In **Nr. 9 Abs. 2 AAB** ist eine **Haftungsbeschränkung** für fahrlässig verursachte Schäden auf vier Millionen Euro vorgesehen. Das entspricht im Ausgangspunkt der gesetzlichen Erlaubnisnorm des § 54a Abs. 1 Nr. 2 WPO und kann daher nicht von vornherein im Wege der Inhaltskontrolle beanstandet werden.[296] Allerdings bestehen nach zutreffender Ansicht durchgreifende Bedenken gegen die Wirksamkeit der derzeit verwendeten Fassung der Haftungsbegrenzungsklausel; diese überschreitet den durch die Erlaubnisnorm eröffneten Gestaltungsspielraum.[297] Gleiches wird bisweilen auch gegen die Wirksamkeit der in Nr. 9 Abs. 5 enthaltenen Haftungshöchstsumme bei Serienschäden vorgebracht; insoweit sind die Bedenken aber richtigerweise nicht begründet.[298] Durch im Einzelfall getroffene schriftliche Vereinbarungen darf die Haftung gemäß § 54a Abs. 1 Nr. 1 WPO auf die Mindestversicherungssumme der Berufshaftpflicht nach § 54 Abs. 4 Satz 1 WPO, mithin auf eine Million Euro, beschränkt werden.

2. Haftung gegenüber Dritten

72 Für die Haftung gegenüber Dritten ist bei freiwilligen Abschlussprüfungen und sonstigen Dienstleistungen des Wirtschaftsprüfers zu beachten, dass insofern weder die Haftungshöchstgrenze des

---

292 Baetge/Kirsch/Thiele/*Hennrichs* Rn 125; *Möllers* JZ 2001, 909 (916).

293 OLG Düsseldorf NZG 1999, 901 (903).

294 BGH NJW 1987, 1758 (1759); LG Frankfurt/M. AG 1998, 144 (148); s. daneben BGHZ 160, 149 (156) = NJW 2004, 2971; vgl. aber auch OLG Karlsruhe ZIP 1985, 409 (412 ff): keine Haftung des Abschlussprüfers, wenn im Rahmen von Geschäftsbeziehungen, die auf der Grundlage seines Testats aufgenommen wurden, zu späterer Zeit strafbare Handlungen begangen werden.

295 Näher OLG München NJW-RR 2022, 1563 (1567); OLG München NZG 2022, 566; s. aber auch OLG München BKR 2022, 646; ablehnend für Sekundärmarkttransaktionen *Poelzig* ZBB 2021, 73 (82 f).

296 *Kilian/Rimkus* ZIP 2016, 608, 609 f; *Reinhart/Schütze* ZIP 2015, 1006; *Ritzer-Angerer* WPg 2017, 1431 ff; Staudinger/*Chr. A. Weber*, 2022, Anh. § 305 ff Rn G 212.

297 *Stoffels* ZIP 2016, 2389 (2393 ff); Staudinger/*Chr. A. Weber*, 2022, Anh. § 305 ff Rn G 227; aA *Dauner-Lieb* ZIP 2019, 1041; Hopt/*Merkt*[42] Teil 2.II.2b Einleitung Rn 3.

298 Gegen Wirksamkeit Hopt/*Merkt*[42] Teil 2.II.2b Einleitung Rn 3; dafür Staudinger/*Chr. A. Weber*, 2022, Anh. § 305 ff Rn G 228 mwN.

§ 323 Abs. 2 eingreift noch § 323 Abs. 1 Satz 3 eine Sperrwirkung begründen kann.[299] Auch für den im Recht der Pflichtprüfung aus Absatz 1 Satz 3 abzuleitenden Grundsatz einer restriktiven Handhabung der Dritthaftung (Rn 54) ist jenseits der gesetzlichen Pflichtprüfung kein Raum. Wird jedoch eine freiwillige Prüfung des Jahresabschlusses nach den für die Pflichtprüfung maßgeblichen Vorschriften der §§ 316, 317 vorgenommen, so kann ein Anleger aus diesem Grunde billigerweise keinen weitergehenden Drittschutz erwarten, als dieser bei einer Pflichtprüfung gegeben wäre (Rn 58 ff).[300]

Eine darüber hinausgehende Dritthaftung nach (quasi-)vertraglichen Grundsätzen (s. zur Konstruktion Rn 56 f) kommt in Betracht, wenn ein Wirtschaftsprüfer sich nicht darauf beschränkt, einen Jahresabschluss zu testieren, sondern zusätzlich im Auftrag des Initiators die Vollständigkeit und Richtigkeit, Plausibilität und Glaubhaftigkeit eines **Werbeprospekts** bescheinigt.[301] Voraussetzung ist allerdings einerseits, dass ihm bekannt ist, dass der Prüfbericht den Interessenten vorgelegt werden soll, um sie zur Kapitalanlage zu bewegen. Andererseits kann der Anleger nur dann Drittschutz in Anspruch nehmen, wenn er von dem Gutachten tatsächlich Gebrauch macht.[302] Für etwaige weitere Ansprüche (Prospekthaftung, deliktische Verantwortlichkeit) kann auf die Ausführungen zur Pflichtprüfung verwiesen werden (Rn 62 ff, 67 ff).[303] 73

Nicht selten fungieren Wirtschaftsprüfer als **Mittelverwendungskontrolleur** im Rahmen eines Kapitalanlagemodells. Nach der sehr weitgehenden Rechtsprechung des BGH haftet ein Wirtschaftsprüfer, der seiner Pflicht, die Einzahlungen der Anleger und die Mittelverwendung zu überprüfen, nicht nachkommt, späteren Anlegern, die im Vertrauen auf die Richtigkeit der Bestätigungen des Prüfers Anlagegeschäfte getätigt haben, aus Verschulden bei Vertragsschluss.[304] Überdies können Wirtschaftsprüfer im Rahmen eines Börsengangs gegenüber dem Emittenten und den Emissionsbanken für einen unrichtigen **Comfort Letter** (§ 316 Rn 29) haften.[305] Dagegen entfaltet eine von der BaFin nach § 44 Abs. 1 Satz 2 KWG veranlasste Sonderprüfung eines Wertpapierhandelsunternehmens keine Schutzwirkung zugunsten einer Entschädigungseinrichtung nach dem Einlagensicherungs- und Anlegerentschädigungsgesetz.[306] Der beauftragte Wirtschaftsprüfer hat deshalb nicht für den Mehraufwand einzustehen, der der Entschädigungseinrichtung durch die verspätete Feststellung eines in betrügerischer Absicht verschleppten Entschädigungsfalls entsteht.[307] 74

§ 324 Prüfungsausschuss

(1) [1]Kapitalgesellschaften, die Unternehmen von öffentlichem Interesse (§ 316a Satz 2) sind und keinen Aufsichts- oder Verwaltungsrat haben, der die Voraussetzungen des § 100 Absatz 5 des Aktiengesetzes erfüllen muss, sind verpflichtet, einen Prüfungsausschuss nach Absatz 2 einzurichten, der sich insbesondere mit den in § 107 Absatz 3 Satz 2 und

---

299 Baetge/Kirsch/Thiele/*Hennrichs* Rn 113 ff; Hopt/*Merkt*[42] Rn 8a ff; *M. Weber* NZG 1999, 1 (8); in der Tendenz abweichend LG Mönchengladbach NJW-RR 1991, 415 (417).
300 BGH AG 2006, 197 (198); Hopt/*Merkt*[42] Rn 8a.
301 BGH NJW 2004, 3420 (3421); BGH NZG 2007, 660 (662, Tz 27); BGH NZG 2007, 663 (665, Tz 21); s. auch BGH AG 2006, 197.
302 BGH NZG 2007, 660 (662, Tz 28); BGH ZIP 2008, 321 (322, Tz 6); OLG München WM 2008, 249 (250).
303 Vgl. Hopt/*Merkt*[42] Rn 8a ff.
304 BGHZ 145, 187 (197 ff) = NJW 2001, 360; krit. dazu *Arnold* DStR 2001, 488 ff; *Möllers* JZ 2001, 909 ff; s. daneben BGH NZG 2007, 507: keine Pflicht zur Aufklärung über Reichweite und Risiken des Vertrags; sowie BGH ZIP 2009, 2446 und 2449.
305 Vgl. dazu näher, vor allem auch zur Konstruktion der Haftung gegenüber den Emissionsbanken *Ebke/Siegel* WM 2001, Beil. 2, S. 1 (15 ff); *Kersting* S. 551 f.
306 BGH ZIP 2009, 1166; OLG Stuttgart WM 2008, 1303 = ZIP 2008, 2419; **aA** *Fölsing* ZCG 2008, 279 (281); *Sieber* S. 383 ff; *Binder* WM 2010, 145; *Köndgen* JZ 2010, 418.
307 S. vorige Fn.

https://doi.org/10.1515/9783110565362-014

3 des Aktiengesetzes beschriebenen Aufgaben befasst. [2]Dies gilt nicht für Kapitalgesellschaften im Sinne des Satzes 1,

1. **deren ausschließlicher Zweck in der Ausgabe von Wertpapieren im Sinne des § 2 Absatz 1 des Wertpapierhandelsgesetzes besteht, die durch Vermögensgegenstände besichert sind;**
2. **die Kreditinstitute im Sinne des § 340 Absatz 1 sind und einen organisierten Markt im Sinne des § 2 Absatz 11 des Wertpapierhandelsgesetzes nur durch die Ausgabe von Schuldtiteln im Sinne des § 2 Absatz 1 Nummer 3 Buchstabe a des Wertpapierhandelsgesetzes in Anspruch nehmen, wenn deren Nominalwert 100 Millionen Euro nicht übersteigt und keine Verpflichtung zur Veröffentlichung eines Prospekts nach der Verordnung (EU) 2017/1129 des Europäischen Parlaments und des Rates vom 14. Juni 2017 über den Prospekt, der beim öffentlichen Angebot von Wertpapieren oder bei deren Zulassung zum Handel an einem geregelten Markt zu veröffentlichen ist und zur Aufhebung der Richtlinie 2003/71/EG (ABl. L 168 vom 30.6.2017, S. 12), die zuletzt durch die Verordnung (EU) 2019/2146 (ABl. L 325 vom 16.12.2019, S. 43) geändert worden ist, besteht;**
3. **die Investmentvermögen im Sinne des § 1 Absatz 1 des Kapitalanlagegesetzbuchs sind.**

[3]Im Fall des Satzes 2 Nummer 1 ist im Anhang darzulegen, weshalb ein Prüfungsausschuss nicht eingerichtet wird.

(2) [1]Die Mitglieder des Prüfungsausschusses sind von den Gesellschaftern zu wählen. [2]Die Mehrheit der Mitglieder, darunter der Vorsitzende, muss unabhängig sein; im Übrigen ist § 100 Absatz 5 des Aktiengesetzes entsprechend anzuwenden. [3]Der Vorsitzende des Prüfungsausschusses darf nicht mit der Geschäftsführung betraut sein. [4]§ 107 Absatz 3 Satz 8, § 124 Abs. 3 Satz 2 und § 171 Abs. 1 Satz 2 und 3 des Aktiengesetzes sind entsprechend anzuwenden. [5]Der Prüfungsausschuss hat den Gesellschaftern einen Vorschlag für die Wahl des Abschlssprüfers zu machen, wenn die Kapitalgesellschaft keinen Aufsichts- oder Verwaltungsrat hat oder wenn der Aufsichts- oder Verwaltungsrat für den Vorschlag nicht zuständig ist.

(3) [1]Die Abschlussprüferaufsichtsstelle beim Bundesamt für Wirtschaft und Ausfuhrkontrolle kann zur Erfüllung ihrer Aufgaben gemäß Artikel 27 Absatz 1 Buchstabe c der Verordnung (EU) Nr. 537/2014 von einer Kapitalgesellschaft, die ein Unternehmen von öffentlichem Interesse (§ 316a Satz 2) ist, eine Darstellung und Erläuterung des Ergebnisses sowie der Durchführung der Tätigkeit seines Prüfungsausschusses verlangen. [2]Die Abschlussprüferaufsichtsstelle soll zunächst auf Informationen aus öffentlich zugänglichen Quellen zurückgreifen.

Schrifttum

Altmeppen Der Prüfungsausschuss – Arbeitsteilung im Aufsichtsrat, ZGR 2004, 390; *Arbeitskreis Externe und Interne Überwachung der Unternehmung der Schmalenbach-Gesellschaft für Betriebswirtschaft e.V. (AKEIÜ)* Der Prüfungsausschuss nach der 8. EU-Richtlinie: Thesen zur Umsetzung ins deutsche Recht, DB 2007, 2129; *ders.* Auswirkungen der Abschlussprüferreform auf den Prüfungsausschuss, DB 2017, 47; *Dreher/Hoffmann* Die Wirksamkeitsprüfung durch den Prüfungsausschuss nach § 107 Abs. 3 S. 2 AktG, ZGR 2016, 445; *Eibelshäuser/Stein* Modifikation der Zusammenarbeit des Prüfungsausschusses mit dem Abschlussprüfer durch den Gesetzentwurf des BilMoG, Der Konzern 2008, 486; *Erchinger/Melcher* Zum Referentenentwurf des Bilanzrechtsmodernisierungsgesetzes (BilMoG): Neuerungen im Hinblick auf die Abschlussprüfung und die Einrichtung eines Prüfungsausschusses, DB 2008, Beil. 1, S. 56; *Ernst/Seidler* Der Regierungsentwurf eines Gesetzes zur Modernisierung des Bilanzrechts, ZGR 2008, 631; *Gruber* Der unabhängige Finanzexperte im Aufsichtsrat nach dem Referentenentwurf des Bilanzrechtsmodernisierungsgesetzes, NZG 2008, 12; *Habersack* Der Aufsichtsrat im Visier der Kommission, ZHR 168 (2004), 373; *ders.* Aufsichtsrat und Prüfungsausschuss nach dem BilMoG, AG 2008, 98; *Hauptmann/Nowak* Auswirkungen des BilMoG auf die Überwachung öffentlicher Unternehmen, Der Konzern 2008, 426; *Hennrichs* Corporate Governance und Abschlussprüfung, FS Hommelhoff (2012), S. 383; *Hommelhoff/Mattheus* Risikomangement im Entwurf des BilMoG als Funktionselement der Corporate Governance, BB 2007, 2787; *Hopt* Abschlussprüfung in Deutschland und Europa nach der europäischen Reform von 2014, ZGR 2015, 186; *Hüffer* Die Unabhängigkeit von Aufsichtsratsmitgliedern nach Ziffer 5.4.2 DCGK, ZIP 2006, 637; *Huwer* Der Prüfungsausschuss des Aufsichtsrats, 2008; *Kropff* Der unabhängige Finanzexperte in der Gesellschaftsverfassung, FS K. Schmidt (2009) S. 1023; *Lanfermann/Maul* EU-Prüferrichtlinie: Neue Pflichtanforderungen für Audit Committes, DB 2006, 1505; *Lanfermann/Röhricht* Pflichten des Prüfungsausschusses nach dem BilMoG, BB 2009, 887; *Maushake* Audit Committees – Prüfungsausschüsse im US-amerikanischen und deutschen Recht, 2009; *Merkt* Die Zusammenarbeit von Aufsichtsrat und Abschlussprüfer nach der EU-Reform: Mut zur Erwartungslücke?, ZHR 179 (2015), 601; *Nagel* Unabhängigkeit der Kontrolle im Aufsichtsrat und Verwaltungsrat: Der Konflikt zwischen der deutschen und der angelsächsischen Konzeption, NZG 2007, 166; *Nodoushani* Das neue Anforderungsprofil für Aufsichtsräte von Unternehmen von öffentlichem Interesse, AG 2016, 381; *Nonnenmacher/Pohle/v. Werder* Aktuelle Anforderungen an Prüfungsausschüsse, DB 2007, 2412; *Nonnenmacher/Wemmer/v. Werder* Anforderungen an Prüfungsausschüsse, DB 2016, 2826; *Schilha* Neues Anforderungsprofil, mehr Aufgaben und erweiterte Haftung für den Aufsichtsrat nach Inkrafttreten der Abschlussprüfungsreform, ZIP 2016, 1316; *Spindler* Die Empfehlungen der EU für den Aufsichtsrat und ihre deutsche Umsetzung im Corporate Governance Kodex, ZIP 2005, 2033.

Übersicht

I. Einführung

1. Inhalt und Zweck der Regelung

Nach § 324 Abs. 1 S. 1 sind alle Kapitalgesellschaften – und über § 264a atypische Personengesellschaften (Rn 7) –, die **Unternehmen von öffentlichem Interesse** sind und keinen Aufsichts- oder Verwaltungsrat haben, der die Voraussetzungen des § 100 Abs. 5 AktG erfüllen muss, verpflichtet, nach Maßgabe von § 324 Abs. 2 einen **Prüfungsausschuss** einzurichten; Ausnahmen von dieser Einrichtungspflicht sind in Abs. 1 S. 2 vorgesehen. Als **Auffangregelung** soll § 324 sicherstellen, dass grundsätzlich in allen Kapitalgesellschaften von öffentlichem Interesse die institutionellen Voraussetzungen geschaffen werden, um eine **effektive Kontrolle** der Rechnungslegung und des Risikomanagements sowie eine sachgerechte Ausgestaltung der Abschlussprüfung zu gewährleisten. Entgegen dem missverständlichen Wortlaut handelt es sich bei dem zu schaffenden Prüfungsausschuss nicht um eine Untergliederung eines sonstigen Gremiums, sondern um ein eigenständiges Organ der Gesellschaft (Rn 16). Diesem müssen zumindest die in § 107 Abs. 3 S. 2 und 3 AktG genannten Aufgaben zugewiesen sein. Der Prüfungsausschuss hat sich demnach mit der Überwachung des Rechnungslegungsprozesses, mit der Wirksamkeit des internen Kontrollsystems, des Risikomanagementsystems und des internen Revisionssystems sowie mit der Abschlussprüfung zu befassen; zudem 1 muss er Empfehlungen oder Vorschläge zur Gewährleistung der Integrität des Rechnungslegungsprozesses unterbreiten können. Was die organisatorische Ausgestaltung angeht, so enthält Abs. 2 nur rudimentäre Vorgaben. Die Mitglieder sind nach Abs. 2 S. 1 von den Gesellschaftern zu wählen. Nach Abs. 2 S. 2 Halbs. 1 muss die Mehrheit der Mitglieder, darunter der Vorsitzende, unabhängig sein; Abs. 2 S. 2 Halbs. 2 erklärt im Übrigen § 100 Abs. 5 AktG für entsprechend anwendbar, was bedeutet, dass mindestens ein Mitglied über Sachverstand auf dem Gebiet Rechnungslegung und mindestens ein weiteres Mitglied über Sachverstand auf dem Gebiet Abschlussprüfung verfügen muss und die Mitglieder in ihrer Gesamtheit über Sektorvertrautheit verfügen müssen. Darüber hinaus darf der Vorsitzende nach Abs. 2 S. 3 nicht mit der Geschäftsführung betraut sein. Abs. 2 S. 4 erklärt die Vorschriften des § 107 Abs. 3 S. 8 AktG betreffend die Berichtspflicht des Ausschusses, des § 124 Abs. 3 S. 2 AktG betreffend den Beschlussvorschlag zur Wahl des Abschlussprüfers und des § 171 Abs. 1 S. 2 und 3 AktG betreffend die Teilnahme des Abschlussprüfers an Sitzungen für entsprechend anwendbar. Abs. 2 S. 5 verpflichtet den Prüfungsausschuss, den Gesellschaftern einen Vorschlag für die Wahl des Abschlussprüfers zu unterbreiten. Der durch das AReG[1] eingefügte Abs. 3 gewährt der **Abschlussprüferaufsichtsstelle** ein **Auskunftsrecht** in Bezug auf die Durchführung und Ergebnisse der Tätigkeit des Prüfungsausschusses.

2. Entstehungsgeschichte

2 Ursprünglich war in § 324 ein der freiwilligen Gerichtsbarkeit zugeordnetes **Verfahren zur Klärung von Meinungsverschiedenheiten** zwischen der geprüften Gesellschaft und ihrem Abschlussprüfer vorgesehen. Angesichts des nur kurzen Zeitraums, der für eine Abschlussprüfung zur Verfügung steht, sollte dieses gegenüber dem normalen Zivilprozess eine beschleunigte Streitbeilegung ermöglichen. Es hatte aber praktisch fast überhaupt keine Bedeutung, weil Meinungsstreitigkeiten regelmäßig durch berufsständische Gremien oder die Einholung von Gutachten behoben wurden; bekannt geworden sind weniger als eine Handvoll Fälle. Aus diesem Grunde hat der Gesetzgeber mit dem **BilMoG**[2] im Jahre 2009 diese besondere Verfahrensart abgeschafft.[3] Soweit gerichtlicher Klärungsbedarf besteht, steht stattdessen nunmehr der allgemeine Zivilrechtsweg offen.[4] Im weiteren Verlauf hat § 324 eine Reihe von Änderungen erfahren. Hervorzuheben ist das **AReG** (Rn 1), das unter anderem den Ausnahmetatbestand des Abs. 1 S. 2 Nr. 3 sowie Abs. 3 angefügt und in Abs. 2 S. 4 die Verweisung auf § 107 Abs. 3 S. 5 AktG erstreckt hat; das **ARUG II**[5] hat diesen Verweis an die durch dasselbe Gesetz erfolgte Änderung des § 107 Abs. 3 AktG angepasst. Nicht unerhebliche Änderungen sind sodann durch das **FISG**[6] erfolgt. Es hat nicht nur Abs. 1 neu gefasst und damit den Anwendungsbereich der Vorschrift präzisiert, sondern darüber hinaus in Abs. 2 S. 2 die Vorgaben zur Zusammensetzung des Prüfungsausschusses verschärft und in Abs. 2 S. 5 die Vorschlagsverantwortung des Prüfungsausschusses klargestellt und präzisiert; außerdem ist Abs. 3 S. 1 sprachlich neu gefasst und Abs. 3 S. 3 durch die entsprechende Regelung in § 340k Abs. 5 S. 3 ersetzt worden.

---

1 Abschlussprüferreformgesetz (AReG) vom 10.5.2016, BGBl. I, S. 1142; dazu Vor § 316 Rn 14, ferner *Hopt* ZGR 2015, 186 ff; *Merkt* ZHR 179 (2015), 601 ff; *Nodoushani* AG 2016, 381 ff; *Nonnenmacher/Wemmer/v. Werder* DB 2016, 2826 ff; *Schilha* ZIP 2016, 1316 ff.

2 Bilanzrechtsmodernisierungsgesetz v. 28.5.2009, BGBl. I, S. 1102; dazu Vor § 316 Rn 12.

3 Begr. RegE, BT-Drucks. 16/10067, S. 91.

4 *Oser/Roß/Wader/Drögemüller* WPg 2008, 105 (111).

5 Gesetz zur Umsetzung der zweiten Aktionärsrechterichtlinie (ARUG II) vom 12.12.2019, BGBl. I, S. 2637.

6 Gesetz zur Stärkung der Finanzmarktintegrität vom 3.6.2021, BGBl. I, S. 1534; dazu Vor § 316 Rn 17; ferner Begr. RegE, BT-Drs. 19/26966, S. 104 f.

3. Unionsrechtliche Vorgaben

Über einen Prüfungsausschuss hat nach **Art. 39 Abs. 1 Unterabs. 1 APr-RL** in der Fassung durch die Richtlinie 2014/56/EU (Vor § 316 Rn 19) jedes Unternehmen von öffentlichem Interesse zu verfügen.[7] Nach Art. 2 Nr. 13 APr-RL sind das neben kapitalmarktorientierten Unternehmen grundsätzlich auch sämtliche Kreditinstitute und Versicherungen (§ 316a Rn 3); Art. 39 Abs. 3 APr-RL gestattet es allerdings den Mitgliedstaaten, bestimmte Unternehmen von öffentlichem Interesse von der Pflicht zur Errichtung eines Prüfungsausschusses auszunehmen, darunter bestimmte Tochterunternehmen (sofern die Konzernspitze die Anforderungen der APr-RL erfüllt), bestimmte offene Fonds, Emittenten von Asset Backed Securities und nicht börsennotierte Kreditinstitute, die nur Schuldtitel mit einem Gesamtnominalwert von unter 100 Mio Euro ausgegeben und keinen Prospekt veröffentlicht haben. Nach Art. 39 Abs. 1 Unterabs. 1 S. 2 APr-RL ist der Prüfungsausschuss entweder ein eigenständiger Ausschuss oder ein Ausschuss des Verwaltungs- oder Aufsichtsorgans des geprüften Unternehmens; Art. 39 Abs. 4 APr-RL gestattet es zudem, dass die Mitgliedstaaten generell vorschreiben oder zulassen, dass die Aufgaben des Prüfungsausschusses einem anderen Gremium – etwa dem Aufsichtsrat als solchem[8] – übertragen werden.[9] Wird ein isolierter Prüfungsausschuss eingerichtet, so müssen dessen Mitglieder nach Art. 39 Abs. 1 Unterabs. 1 S. 3 APr-RL von der Gesellschafter- oder Aktionärshauptversammlung des geprüften Unternehmens bestellt werden. 3

Art. 39 Abs. 1 Unterabs. 1 S. 3 APr-RL verlangt, dass die Mitglieder des Prüfungsausschusses nicht an der Geschäftsführung des geprüften Unternehmens beteiligt sind. Nach Art. 39 Abs. 1 Unterabs. 2 APr-RL muss mindestens ein Mitglied des Prüfungsausschusses über Sachverstand im Bereich Rechnungslegung und/oder Abschlussprüfung verfügen (also **finanzieller Experte** sein); Art. 39 Abs. 1 Unterabs. 3 APr-RL statuiert in Bezug auf die Ausschussmitglieder in ihrer Gesamtheit das Erfordernis der **Sektorvertrautheit**. Nach Art. 39 Abs. 1 Unterabs. 4 S. 1 APr-RL muss die Mehrheit der Mitglieder des Prüfungsausschuss **unabhängig** sein; Satz 2 ergänzt, dass der Vorsitzende von den Ausschussmitgliedern oder dem Aufsichtsorgan des geprüften Unternehmens benannt wird und vom geprüften Unternehmen unabhängig zu sein hat. Nach Art. 39 Abs. 1 Unterabs. 4 S. 3 APr-RL können die Mitgliedstaaten verlangen, dass der Vorsitzende des Ausschusses alljährlich von der Gesellschafterversammlung oder Aktionärshauptversammlung des geprüften Unternehmens gewählt wird. Die **Aufgaben des Prüfungsausschusses** sind im Einzelnen (und nicht abschließend) in Art. 39 Abs. 6 lit. a)–lit. f) APr-RL aufgelistet, der wiederum auf die einschlägigen Vorschriften der APr-VO verweist. Der in § 324 Abs. 1 S. 1 in Bezug genommene § 107 Abs. 3 S. 2 AktG orientiert sich hieran; die durch das AReG (Rn 1) in § 107 Abs. 3 S. 3 AktG angesprochene (und gleichfalls in § 324 Abs. 1 S. 3 in Bezug genommene) Befugnis des Prüfungsausschusses, Empfehlungen oder Vorschläge zur Gewährleistung der Integrität des Rechnungslegungsprozesses zu unterbreiten, geht auf Art. 39 Abs. 6 lit. b) APr-RL zurück. 4

Hinsichtlich des Tatbestands der Unabhängigkeit wird die APr-RL durch die **Empfehlung der Kommission vom 15.2.2005** zu den Aufgaben von nicht geschäftsführenden Direktoren oder Aufsichtsratsmitgliedern börsennotierter Gesellschaften sowie zu den Ausschüssen des Verwaltungs- oder Aufsichtsrats[10] ergänzt. Insoweit hatte der Gesetzgeber in § 100 Abs. 5 AktG in der Fassung durch das BilMoG (Rn 2) bewusst auf eine Legaldefinition verzichtet und in den Materialien auf Erwägungsgrund 24 APr-RL in der Fassung vom 17.5.2006 verwiesen,[11] wonach sich die 5

7 Näher dazu *Lanfermann/Maul* DB 2006, 1505 ff.

8 Begr. RegE, BT-Drs. 18/7219, S. 30; *Blöink/Kamm* BB 2015, 1067 (1068); *Schüppen* NZG 2016, 247 (253); s. dazu auch § 318 Rn 12.

9 Näher *Habersack* AG 2008, 98 (100).

10 ABl. Nr. L 52/51; dazu *Habersack* ZHR 168 (2004), 373 ff; *ders.* ZSR 124 (2005) II, 533 (558 ff); *ders.* AG 2008, 98 (104 ff); *Hüffer* ZIP 2006, 637 ff; *Nagel* NZG 2007, 166 ff; *Spindler* ZIP 2005, 2033 (2034 ff); *Huwer* S. 218 ff.; im hiesigen Kontext *Schüppen* Abschlussprüfung[2] Rn 20.

11 Begr. RegE, BT-Drs. 16/10067, 101 f.

Mitgliedstaaten auf die Empfehlung „berufen" konnten. War deshalb davon auszugehen, dass der Tatbestand der Unabhängigkeit im Sinne des § 100 Abs. 5 AktG aF nicht ohne Berücksichtigung der Kommissionsempfehlung auszulegen war, so gilt Entsprechendes im Rahmen des § 324. Allerdings weist bereits die Amtliche Begründung zu § 100 Abs. 5 AktG aF zu Recht darauf hin, dass es sich bei den Bestimmungen der Empfehlung zur Unabhängigkeit, nämlich bei Ziffer 13.1 und dem **Kriterienkatalog des Anhangs II** der Empfehlung, „weder um abschließende noch um zwingende abstrakte Vorgaben handelt, sondern nur um Hinweise auf Beziehungen und Umstände, die für die Beurteilung der Unabhängigkeit relevant sein können. Sie sollen es zunächst dem Aufsichtsrat ermöglichen, zu klären, was unter Unabhängigkeit zu verstehen ist, wobei den inhaltlichen Aspekten Vorrang vor formalen Kriterien gegeben werden sollte und begründete Abweichungen im Einzelfall möglich sind (...)."[12]

II. Anwendungsbereich

1. Auffangtatbestand

6 Der Ansatz des deutschen Gesetzgebers ging zunächst dahin, soweit wie möglich von einem Zwang zur Einführung eines isolierten Prüfungsausschusses als einem eigenständigen Organ abzusehen und statt dessen einen ohnehin **vorhandenen Aufsichts- oder Verwaltungsrat** zu adressieren. Um den Vorgaben der APr-RL (Rn 3 ff) Rechnung zu tragen, regeln § 100 Abs. 5 AktG und § 36 Abs. 4 GenG (Entsprechendes gilt nach § 27 Abs. 1 SEAG und § 19 Abs. 1 SCEAG für den Verwaltungsrat einer SE oder SCE mit monistischem System) daher – allerdings über die Mindestvorgaben der RL hinausgehend – für Aktiengesellschaften und Genossenschaften, die Unternehmen von öffentlichem Interesse sind, das Erfordernis zweier finanzieller Experten sowie der Sektorvertrautheit des Aufsichtsrats. Das **FISG** (Rn 2) hat zwar in § 107 Abs. 4 für Aktiengesellschaften, die Unternehmen von öffentlichem Interesse sind, die Bildung eines Prüfungsausschusses gemäß § 107 Abs. 3 S. 2 AktG vorgeschrieben, der die Anforderungen des § 100 Abs. 5 AktG erfüllen muss; allein für den Fall, dass der Aufsichtsrat aus nur drei Mitgliedern besteht, ist dieser nach § 107 Abs. 3 S. 2 AktG auch der Prüfungsausschuss (und damit die Bildung eines gesonderten Prüfungsausschusses entbehrlich). Dies wiederum gilt nach § 27 Abs. 1 SEAG auch für den Verwaltungsrat einer SE oder SCE mit monistischem System. Sowohl für die AG als auch für die SE bleibt es aber dabei, dass der Prüfungsausschuss aus der Mitte des ohnehin vorhandenen Aufsichts- oder Verwaltungsrats zu bilden ist. Lediglich wenn in einer Gesellschaft von öffentlichem Interesse weder kraft Gesetzes noch aufgrund des Gesellschaftsvertrags ein Verwaltungs- oder Aufsichtsorgan besteht, das die Voraussetzungen des § 100 Abs. 5 AktG erfüllen muss (Rn 9 f), greift gleichsam als Auffangtatbestand § 324 ein. Die Gesellschaft ist dann verpflichtet, einen Prüfungsausschuss nach Maßgabe des § 324 Abs. 2 zu schaffen. Aus der Qualifizierung als Auffangtatbestand folgt allerdings **kein Wahlrecht** der Gesellschaft:[13] Sofern eine gesetzliche oder statutarische Vorgabe zur Besetzung des Aufsichts- oder Verwaltungsorgans nach Maßgabe des § 100 Abs. 5 AktG besteht, hat die Gesellschaft dieser Rechtspflicht Folge zu leisten und kann nicht stattdessen einen Prüfungsausschuss entsprechend § 324 Abs. 2 einrichten.[14]

---

12 Begr. RegE, BT-Drs. 16/10067, 102 mit zutr. Hinweis auf Erwägungsgrund 18 und Ziffer 13.2 der Kommissionsempfehlung.

13 Hopt/*Merkt*[41] Rn 3; anders noch die Begründung zu § 342f RefE BilMoG, kritisch dazu *Habersack* AG 2008, 98 (102); *Gruber* NZG 2008, 12 (14); s. sodann *Kropff* FS K. Schmidt, S. 1023 (1028 f).

14 Begr. RegE, BT-Drucks. 16/10067, S. 92; *Ernst/Seidler* ZGR 2008, 631 (663).

2. Tatbestandsvoraussetzungen

Eine Verpflichtung zur Einrichtung eines isolierten Prüfungsausschusses besteht zunächst nur bei **Kapitalgesellschaften**. Darunter versteht das HGB ausweislich der Überschrift vor § 264 die AG, KGaA und die GmbH (unter Einbeziehung der UG).[15] Der AG allgemein gleichgestellt ist weiterhin nach Art. 10 SE-VO die Europäische Gesellschaft. Entsprechende Anwendung findet die Einrichtungsverpflichtung gemäß § 264a auf **atypische Personenhandelsgesellschaften**, also auf solche Personenhandelsgesellschaften, bei denen nicht wenigstens ein persönlich haftender Gesellschafter eine natürliche Person oder eine Personengesellschaft ist, der eine natürliche Person als persönlich haftender Gesellschafter angehört.[16] Weiterhin ordnen unter bestimmten Voraussetzungen § 340k Abs. 5 für **Kreditinstitute** und § 341k Abs. 3 für **Versicherungsunternehmen** die entsprechende Anwendung des § 324 auch dann an, wenn sie nicht in der Rechtsform einer Kapitalgesellschaft betrieben werden (§ 341k Rn 3, 8). Schließlich gilt § 324 Abs. 1, 2 gemäß § 53 Abs. 3 GenG auch für **Genossenschaften**, die keinen Aufsichtsrat haben, sowie gemäß § 6 Abs. 1 S. 2 PublG für **vom PublG erfasste Unternehmen** von öffentlichem Interesse. 7

Im Weiteren muss die Gesellschaft **Unternehmen von öffentlichem Interesse gemäß § 316a S. 2** und damit entweder kapitalmarktorientiert (§ 264d), CRR-Kreditinstitut oder Versicherungsunternehmen sein (§ 316a Rn 6 ff.). 8

Schließlich darf die Gesellschaft **keinen Aufsichts- oder Verwaltungsrat** haben, der die Voraussetzungen des **§ 100 Abs. 5 AktG erfüllen muss**.[17] Über einen entsprechenden Aufsichtsrat verfügen neben der AG zunächst die KGaA (§ 278 Abs. 3 AktG) und die dualistisch verfasste SE (Art. 9 Abs. 2 lit. c) SE-VO). Für die SE mit monistischer Verfassung, die Genossenschaft und die SCE bestehen Sonderregeln, die auf § 100 Abs. 5 AktG verweisen oder vergleichbare Anforderungen statuieren (§ 27 Abs. 1 SEAG, § 36 Abs. 4 GenG, § 29 Abs. 1 SCEAG, Art. 8 Abs. 1 lit. c) SCE-VO i.V.m. § 36 Abs. 4 GenG). Was schließlich die **GmbH** angeht, so muss diese als mitbestimmte Gesellschaft (§§ 6 Abs. 2 S. 1, 25 Abs. 1 S. 1 Nr. 2 MitbestG, § 3 Abs. 2 MontanMitbestG, § 1 Abs. 1 Nr. 3 DrittelbG) und als externe Kapitalverwaltungsgesellschaft (§ 18 Abs. 2 KAGB) über einen entsprechend besetzten Aufsichtsrat verfügen, ferner nach Maßgabe der §§ 22 f, 24 Abs. 2 MgVG die aus einer grenzüberschreitenden Verschmelzung hervorgegangene GmbH. Im Übrigen verweist die – freilich dispositive[18] – Vorschrift des § 52 Abs. 1 GmbHG auf § 100 Abs. 5 AktG. Daher hat auch die mitbestimmungsfreie GmbH, die Unternehmen von öffentlichem Interesse ist und kraft ihres Gesellschaftsvertrags über einen Aufsichtsrat verfügt, für den es bei der Geltung des § 100 Abs. 5 AktG bewendet, keinen Prüfungsausschuss im Sinne von § 324 Abs. 2 einzurichten.[19] Befreit der Gesellschaftsvertrag hingegen von § 100 Abs. 5 AktG, hat eine GmbH von öffentlichem Interesse (auch wenn sie über einen Aufsichtsrat verfügt) nach Maßgabe des § 324 Abs. 1, 2 einen isolierten Prüfungsausschuss zu errichten.[20] Entsprechendes hat zu gelten, wenn der Gesellschaftsvertrag zwar an § 100 Abs. 5 AktG festhält, aber die Haftung der Mitglieder des Aufsichtsrats begrenzt.[21] 9

---

15 S. § 316 Rn 3 f, ferner Hopt/*Merkt*[41] § 264 Rn 1.

16 Begr. RegE, BT-Drs. 19/26966, S. 104. – Anders noch der RefE zum BilMoG mit der Begründung, dass § 264a nicht auf den geplanten § 342f verwiesen hätte, s. *Habersack* AG 2008, 98 (102 Fn 20) gegen *Hommelhoff/Mattheus* BB 2007, 2787 (2790).

17 Näher zu den nicht von § 324 erfassten Gesellschaften sowie zur Organisationsautonomie des Aufsichtsrats *Lanfermann/Röhricht* BB 2009, 887 f; s. ferner Hopt/*Merkt*[41] Rn 3.

18 Dies in Bezug auf § 100 Abs. 5 AktG bezweifelnd Hachmeister/Kahle/Mock/Schüppen/*Staake* Bilanzrecht[3] Rn 14.

19 Begr. RegE, BT-Drucks. 16/10067, S. 92; MünchKommHGB/*Ebke*[4] Rn 5; *Schüppen* Abschlussprüfung[2] Rn 8; *Ernst/Seidler* ZGR 2008, 631 (663); *Kropff* FS K. Schmidt, S. 1023 (1029 f).

20 S. neben den Nachw. in voriger Fn. noch Noack/Servatius/Haas/*Noack* GmbHG[23] § 52 Rn 329.

21 Hachmeister/Kahle/Mock/Schüppen/*Staake* Bilanzrecht[3] Rn 15; *Gesell* ZGR 2011, 361 (366).

3. Verbleibende Anwendungsfälle

10 In einer Gesamtschau verbleiben damit **nur wenige Konstellationen**, in denen § 324 als Auffangtatbestand (Rn 6) eingreift.[22] Das betrifft zunächst die mitbestimmungsfreie und nicht als Kapitalverwaltungsgesellschaft verfasste **GmbH**, die Unternehmen von öffentlichem Interesse im Sinne von § 316a S. 2 ist und entweder über gar keinen oder lediglich über einen solchen Aufsichtsrat verfügt, hinsichtlich dessen die Geltung des § 100 Abs. 5 AktG abbedungen wurde.[23] Sodann haben solche **Genossenschaften** einen Prüfungsausschuss einzurichten, die Unternehmen von öffentlichem Interesse im Sinne von § 316a S. 2 sind und gemäß § 9 Abs. 1 S. 2 GenG auf einen Aufsichtsrat verzichten durften, weil sie weniger als 20 Mitglieder haben (§ 53 Abs. 3 GenG). Schließlich werden **atypische Personenhandelsgesellschaften** (§ 264a), Unternehmen im Anwendungsbereich des **PublG** (§ 6 Abs. 1 S. 2 PublG) sowie nicht als Kapitalgesellschaft verfasste **Kreditinstitute** und **Versicherungsunternehmen** erfasst (§ 340k Abs. 5, § 341k Abs. 3), wenn sie Unternehmen von öffentlichem Interesse sind und keinen Aufsichts- oder Verwaltungsrat haben, der die Voraussetzungen des § 100 Abs. 5 AktG erfüllen muss. Für Sparkassen und sonstige landesrechtliche Kreditinstitute und Versicherungsunternehmen gilt das gemäß §§ 340k Abs. 5 S. 2, 341k Abs. 3 S. 2 allerdings nur, soweit das Landesrecht nichts anderes vorsieht (§ 341k Rn 9).

4. Ausnahmen (Abs. 1 S. 2, 3)

11 In Ausübung der den Mitgliedstaaten in Art. 39 Abs. 3 APr-RL eingeräumten Option befreit Abs. 1 S. 2 bestimmte Kapitalgesellschaften (und atypische Personengesellschaften, § 264a) von der Pflicht, einen Prüfungsausschuss nach Abs. 2 einzurichten.[24] Über die besonderen Verweisungsnormen (Rn 7, 10) gelangen die Ausnahmen auch auf nicht als Kapitalgesellschaft oder atypische Personengesellschaft verfasste Unternehmen von öffentlichem Interesse zur Anwendung.

12 Eine Ausnahme gilt, anknüpfend an Art. 39 Abs. 3 lit. c) APr-RL, nach **Abs. 1 S. 2 Nr. 1** zunächst für Gesellschaften, deren ausschließlicher Zweck in der Ausgabe von Wertpapieren im Sinne des § 2 Abs. 1 S. 1 WpHG besteht, die durch Vermögensgegenstände besichert sind. Freigestellt werden damit Gesellschaften, die lediglich **„Asset Backed Securities“** emittieren und in der Praxis regelmäßig als Vehikel zur Liquiditätsbeschaffung dienen. Entsprechend der Vorgabe des Art. 39 Abs. 3 lit. c) S. 2 APr-RL haben diese Gesellschaften nach § 324 Abs. 1 S. 3 im Anhang darzulegen, weshalb sie von der Schaffung eines besonderen Prüfungsausschusses absehen.

13 Daneben sind nach **Abs. 1 S. 2 Nr. 2 Kreditinstitute** im Sinne von § 340 Abs. 1 befreit, die einen organisierten Markt im Sinne des § 2 Abs. 11 WpHG **nur durch Ausgabe von Schuldtiteln** im Sinne von § 2 Abs. 1 S. 1 Nr. 3 lit. a) WpHG in Anspruch nehmen, soweit deren Nominalwert 100 Millionen Euro nicht übersteigt und keine Verpflichtung zur Veröffentlichung eines Prospekts nach dem WpPG besteht. Anknüpfend an Art. 39 Abs. 3 lit. d) APr-RL sollen damit aus dem Kreis der nicht börsennotierten Kreditinstitute nur diejenigen zur Einrichtung eines Prüfungsausschusses verpflichtet werden, die in wesentlichem Umfang Schuldtitel zum Handel auf einem geregelten Markt ausgegeben haben. Nach der Regierungsbegründung ist darauf abzustellen, ob am Abschlussstichtag Schuldtitel mit einem Gesamtnominalwert von mehr als 100 Millionen Euro im Umlauf sind.[25]

14 Erst durch das AReG eingefügt worden ist der Ausnahmetatbestand des **Abs. 1 S. 2 Nr. 3** für Gesellschaften, die **Investmentvermögen** im Sinne des § 1 Abs. 1 KAGB sind. Ausweislich der

---

22 Vgl. MünchKommHGB/*Ebke*[4] Rn 5; Hopt/*Merkt*[41] Rn 3; für analoge Anwendung auf öffentliche Unternehmen *Hauptmann/Nowak* Der Konzern 2008, 426, 433 ff (nicht überzeugend).

23 MünchKommHGB/*Ebke*[4] Rn 5.

24 Näher zu den Ausnahmetatbeständen Hachmeister/Kahle/Mock/Schüppen/*Staake* Bilanzrecht[3] Rn 27 ff; s. ferner MünchKommHGB/*Ebke*[4] Rn 6 ff.

25 Begr. RegE, BT-Drucks. 16/10067, S. 93.

Begründung des Regierungsentwurfs zum AReG[26] soll dadurch sichergestellt werden, dass „Investmentvermögen auch fortan von der Verpflichtung zur Einrichtung eines Prüfungsausschusses befreit bleiben." Eine explizite Regelung sei zur Beibehaltung der bestehenden Rechtslage notwendig, da der auf „Unternehmen" erweiterte persönliche Anwendungsbereich des § 324 HGB künftig auch Investmentvermögen erfasse. Berücksichtigt man, dass für Unternehmen von öffentlichem Interesse in der Rechtsform der AG, KGaA oder SE § 100 Abs. 5 AktG in jedem Fall und für solche Unternehmen in der Rechtsform der GmbH § 100 Abs. 5 AktG immerhin nach Maßgabe des § 52 Abs. 1 GmbHG Anwendung findet, dürfte der Ausnahme des Abs. 1 S. 2 Nr. 3 keine allzu große Bedeutung zukommen.

Keinen Gebrauch gemacht hat der deutsche Gesetzgeber hingegen von der in Art. 39 Abs. 3 lit. a) APr-RL eröffneten Möglichkeit, eine Ausnahme für **Tochterunternehmen** vorzusehen, wenn sie auf Konzernebene die Anforderungen des Art. 39 Abs. 1, 2 und 5 APr-RL erfüllen. Er hat sich dabei von der einleuchtenden Überlegung leiten lassen, dass auch Tochtergesellschaften eine erhebliche Bedeutung für den Kapitalmarkt haben können und das Vorhandensein eines Aufsichts- oder Verwaltungsrats oder eines Prüfungsausschusses allein auf der Ebene der Konzernspitze keine ausreichend tiefgehende Prüfung der in Rede stehenden besonders sensiblen Fragen der Unternehmensführung in der Tochtergesellschaft gewährleistet.[27] 15

III. Der isolierte Prüfungsausschuss

1. Grundlagen

Bei dem Prüfungsausschuss i.S.d. § 324 handelt es sich um ein – dem Aufsichtsrat vergleichbares – **eigenständiges Gesellschaftsorgan** der kapitalmarktorientierten Gesellschaft, nicht dagegen um die Untergliederung eines bereits bestehenden Organs.[28] Dem entspricht es, dass die Mitglieder nach Abs. 2 S. 1 von den Gesellschaftern zu wählen sind (Rn 19). Nicht erforderlich ist allerdings, dass das Organ als Prüfungsausschuss bezeichnet wird und ausschließlich die in § 107 Abs. 3 S. 2, 3 AktG bezeichneten Aufgaben zu erledigen hat; entscheidend ist vielmehr die gesellschaftsvertragliche (Rn 18) Aufgabenzuweisung als solche. In Betracht kommt deshalb auch, einen ohnehin bestehenden oder eigens eingerichteten **Beirat** mit den Aufgaben eines Prüfungsausschusses zu betrauen.[29] Die **Gesellschafterversammlung** hingegen kann nicht die Aufgaben eines Prüfungsausschusses übernehmen.[30] Dies folgt aus Abs. 2 S. 1, der – die Vorgabe des Art. 39 Abs. 1 Unterabs. 1 S. 3 APr-RL (Rn 3) umsetzend – bestimmt, dass die Mitglieder des Prüfungsausschusses von den Gesellschaftern gewählt werden, und hierdurch die Wahrnehmung der Prüfungsaufgabe durch die Gesellschafterversammlung ersichtlich ausschließt, vielmehr die Einsetzung eines eigenständigen Prüfungsorgans durch die Gesellschafterversammlung voraussetzt; hierdurch soll auch der Gefahr von Interessenkonflikten in der Person der Gesellschafter begegnet werden (vgl. § 318 Rn 14). 16

Bei einer **Personengesellschaft**, die Unternehmen von öffentlichem Interesse ist, ist der Prüfungsausschuss auf der Ebene der Gesellschaft, nicht dagegen auf der Ebene eines (persönlich haftenden) Gesellschafters einzusetzen. Dies gilt auch im Anwendungsbereich des § 4 MitbestG. Die in dieser Vorschrift angeordnete Zurechnung der Arbeitnehmer der Personengesellschaft 17

---

26 Begr. RegE, BT-Drucks. 18/7219, S. 49.

27 Begr. RegE, BT-Drucks. 16/10067, S. 93; s. dazu auch § 318 Rn 69.

28 S. dazu noch Rn 27; wie hier MünchKommHGB/*Ebke*[4] Rn 11; Hopt/*Merkt*[41] Rn 2; *Habersack* AG 2008, 98 (100); *Hommelhoff/Mattheus* BB 2007, 2787 (2790); allg. zum Organbegriff *Schürnbrand* S. 30 ff (speziell zu Kontrollgremien: S. 72 ff).

29 Noack/Servatius/Haas/*Noack* GmbHG[23] § 52 Rn 329; näher zum Beirat § 109 Rn 48 ff (*Schäfer*).

30 Begr. RegE, BT-Drucks. 16/10067, S. 94; Hopt/*Merkt*[41] Rn 6; *Lanfermann/Maul* DB 2006, 1505 (1508).

bleibt zwar unberührt, vermag aber nichts daran zu ändern, dass die Personengesellschaft als solche Adressat des § 324 ist und deshalb über einen Prüfungsausschuss verfügen muss.

18 Der Prüfungsausschuss als von den Organwaltern (Rn 19 ff) zu unterscheidendes Gesellschaftsorgan[31] entsteht bereits durch Verwirklichung des Tatbestands des Abs. 1 und damit **kraft Gesetzes**; er ist insoweit dem Pflichtaufsichtsrat vergleichbar.[32] Der Wortlaut des Abs. 1 S. 1 und der Umstand, dass Abs. 2 nur „rudimentäre Aussagen zur Einrichtung und Organisation" des Ausschusses trifft, die der Ergänzung durch gesellschaftsvertragliche Regelungen – namentlich hinsichtlich der Wahl und der Dauer der Mitgliedschaft – bedürfen,[33] steht dem nicht entgegen; die in Abs. 1 S. 1 vorgeschriebene „Einrichtung" verlangt von den Gesellschaftern die nähere Ausgestaltung und Besetzung des Prüfungsausschusses. Für die hier vertretene Ansicht spricht im Übrigen der unionsrechtliche Grundsatz des effet utile, der eine effektive Umsetzung des Art. 39 APr-RL (Rn 3 f) verlangt. Das Gesetz sieht nämlich **keine unmittelbaren Sanktionen** für den Fall vor, dass die Gesellschafter der Pflicht aus Abs. 1 S. 1 nicht nachkommen, mithin von der „Einrichtung" eines Prüfungsausschusses absehen. Geht man davon aus, dass der Prüfungsausschuss als Pflichtorgan kraft Gesetzes besteht, und berücksichtigt man weiter, dass §§ 111 Abs. 2 S. 3, 124 Abs. 3 AktG analoge Anwendung finden (Rn 25), so ergeben sich **immerhin mittelbare Sanktionen**. In Ermangelung eines Beschlussvorschlags des Prüfungsausschusses wäre dann nämlich der Beschluss der Gesellschafter über die Wahl des Abschlussprüfers mangelhaft;[34] zudem wäre das geschäftsführende Organ an dem wirksamen Abschluss des Prüfungsvertrags gehindert.

2. Wahl und Zusammensetzung

19 **a) Allgemeines.** Nach Abs. 2 S. 1 sind die Mitglieder des Prüfungsausschusses **von den Gesellschaftern zu wählen**. Maßgebend sind die jeweils anwendbaren Vorschriften über die Beschlussfassung in laufenden Angelegenheiten; einer Änderung des Gesellschaftsvertrags bedarf es zwar zur „Einrichtung" des Prüfungsausschusses (Rn 18), nicht aber zur Wahl der Ausschussmitglieder.[35] Anders als § 318 Abs. 1 S. 2 (§ 318 Rn 19 ff) lässt § 324 eine Wahl der Ausschussmitglieder durch ein anderes Organ nicht zu; ausgeschlossen ist damit insbesondere die Bestellung der Ausschussmitglieder durch das Geschäftsführungsorgan. Die Zahl der Mitglieder des Ausschusses und die Amtsdauer sind im Gesellschaftsvertrag festzulegen. Entsprechend aktienrechtlichen Grundsätzen über erledigende Ausschüsse[36] muss sich die Zahl der Mitglieder auf **mindestens drei** belaufen.[37] Mitbestimmungsrechtliche Besonderheiten sind schon deshalb nicht zu berücksichtigen, weil § 324 nur Gesellschaften ohne Pflichtaufsichtsrat erfasst (Rn 7 ff, 10). Auch im Falle einer Personengesellschaft können Nichtgesellschafter gewählt werden.[38] Der Grundsatz der **Selbstorganschaft** findet auf Beiräte und vergleichbare Organe keine Anwendung (§ 109 Rn 52, 55); andernfalls wäre im Übrigen die Beachtung des § 100 Abs. 5 AktG (Rn 20 ff) nicht gewährleistet.

---

31 Zu dieser Unterscheidung s. § 125 Rn 6; näher *Schürnbrand* S. 41 ff.

32 Im Ergebnis wie hier Hachmeister/Kahle/Mock/Schüppen/*Staake* Bilanzrecht[3] Rn 128; **aA** *Schüppen* Abschlussprüfung[2] Rn 27.

33 Begr. RegE, BT-Drucks. 16/10067, S. 94.

34 Für Anfechtbarkeit Hachmeister/Kahle/Mock/Schüppen/*Staake* Bilanzrecht[3] Rn 128; aA – für Einschränkung des Bestätigungsvermerks – *Schüppen* Abschlussprüfung[2] Rn 27.

35 MünchKommHGB/*Ebke*[4] Rn 11; *Schüppen* Abschlussprüfung[2] Rn 15; wohl auch Hopt/*Merkt*[41] Rn 6 („einfache Mehrheit").

36 BGH AG 1991, 398 (399); BGH AG 1989, 129 (130); MünchKommAktG/*Habersack*[5] § 107 Rn 136 mwN.

37 Vgl. Begr. RegE, BT-Drs. 16/10067, S. 94; wie hier auch Hachmeister/Kahle/Mock/Schüppen/*Staake* Bilanzrecht[3] Rn 41; BeckBilKomm/*Grottel*[13] Rn 32; zumindest tendenziell MünchKommHGB/*Ebke*[4] Rn 14; **aA** *Schüppen* Abschlussprüfung[2] Rn 13 (mindestens zwei Mitglieder).

38 Wohl unstr., s. Hopt/*Merkt*[41] Rn 9.

b) Unabhängigkeit und Sachverstand (Abs. 2 S. 2, 3)

aa) Unabhängigkeit. Nach Abs. 2 S. 2 muss **die Mehrheit der Mitglieder** des Prüfungsausschusses, darunter der Vorsitzende, unabhängig sein; der Gesellschaftsvertrag kann weitergehende Anforderungen statuieren, insbesondere verlangen, dass eine qualifizierte Mehrheit der Mitglieder unabhängig sein muss. Das Erfordernis der Unabhängigkeit soll für eine unbefangene Wahrnehmung der Aufsichtsfunktion sorgen. Es ist nicht erst dann missachtet, wenn das Prüfungsausschussmitglied zugleich Geschäftsführungsfunktionen innehat und deshalb nach Abs. 2 S. 3 nicht den Vorsitz des Ausschusses übernehmen darf (Rn 24). An der erforderlichen Unabhängigkeit fehlt es vielmehr auch dann, wenn sonstige Umstände vorliegen, die aus Sicht eines vernünftigen und verständigen Dritten ernsthafte Zweifel an der Unvoreingenommenheit des Ausschussmitglieds begründen.[39] Erwägungsgrund 24 APr-RL in der Fassung vom 17.5.2006 (Rn 3) bestimmt, dass sich die Mitgliedstaaten auf die **Kommissionsempfehlung vom 15.2.2005**[40] „berufen" können. Die Materialien zu § 100 Abs. 5 AktG in der Fassung durch das BilMoG knüpfen hieran und an Ziff. 5.4.2 S. 2 des Deutschen Corporate Governance Kodex aF[41] an und verbinden dies mit dem berechtigten Hinweis (s. Rn 5), dass es sich bei der Kommissionsempfehlung nur um „Hinweise auf Beziehungen und Umstände, die für die Beurteilung der Unabhängigkeit relevant sein können", und dass „inhaltlichen Aspekten Vorrang vor formalen Kriterien gegeben werden sollte und begründete Abweichungen im Einzelfall möglich sind."[42] 20

Vor diesem Hintergrund und mit Blick auf den heutigen Stand der aktienrechtlichen Diskussion bietet es sich an, für den Tatbestand der Unabhängigkeit von C.6 Abs. 2 DCGK auszugehen, so dass ein Ausschussmitglied als unabhängig anzusehen ist, wenn es **unabhängig von der Gesellschaft und deren Vorstand im Sinne von C.7 Abs. 1 S. 2 und** unabhängig von einem **kontrollierenden Gesellschafter im Sinne von C.9 Abs. 2 DCGK** ist.[43] Zwar ist der EuGH der Ansicht, dass die nationalen Gerichte Empfehlungen bei Auslegung des zur Durchführung von Unionsrecht ergangenen nationalen Rechts sowie zur Ergänzung verbindlicher unionsrechtlicher Vorschriften heranziehen müssen.[44] In Fällen, in denen der DCGK hinter der Kommissionsempfehlung vom 15.2.2005 (Rn 20) zurückbleibt, ist deshalb die Empfehlung durchaus in die Betrachtung einzubeziehen.[45] Nennenswerte Diskrepanzen zwischen der Kommissionsempfehlung einerseits und C.6 ff. DCGK andererseits dürften indes nicht mehr bestehen. 21

bb) Sachverstand; Sektorvertrautheit. Nach Abs. 2 S. 2 Halbs. 2 i.V.m. § 100 Abs. 5 AktG in der Fassung durch das FISG (Rn 2) muss der Prüfungsausschuss mindestens über ein Mitglied mit Sachverstand auf dem Gebiet Rechnungslegung und über mindestens ein weiteres Mitglied mit Sachverstand auf dem Gebiet Abschlussprüfung verfügen. Ungeachtet des – auch in § 107 Abs. 3 S. 2 AktG klar zum Ausdruck kommenden – engen Zusammenhangs zwischen Rechnungslegung und Abschlussprüfung bedeutet dies im Ergebnis, dass der Prüfungsausschuss seit Inkrafttreten des FISG über mindestens **zwei finanzielle Experten** verfügen muss.[46] Das zunächst in § 100 22

---

39 Vgl. in Bezug auf den Abschlussprüfer § 319 Rn 1, 16 ff mit umf. Nachw.; ferner *Maushake* S. 302 ff.

40 Dazu Rn 4 mit Nachw. in Fn 6.

41 Dazu *Hüffer* ZIP 2006, 637 ff; *Spindler* ZIP 2005, 2033 ff.

42 Begr. RegE, BT-Drucks. 16/10067, S. 102; engere Anlehnung an die Kommissionsempfehlung noch im RefE BilMoG, s. *Habersack* AG 2008, 98 (105 f).

43 Näher und im Erg. wie hier MünchKommHGB/*Ebke*[4] Rn 19 ff; Hachmeister/Kahle/Mock/Schüppen/*Staake* Bilanzrecht[3] Rn 52 ff.; enger *Schüppen* Abschlussprüfung[2] Rn 19 f.

44 EuGH Slg. 1989, 4407, Tz. 18.

45 Vgl. bereits *Habersack* AG 2008, 98 (105); **aA** *Schüppen* Abschlussprüfung[2] Rn 20.

46 Begr. RegE, BT-Drucks. 16/10067, S. 102 sieht als geeignet an: Angehörige der steuerberatenden oder wirtschaftsprüfenden Berufe oder Personen mit einer speziellen beruflichen Ausbildung, Finanzvorstände, fachkundige Angestellte aus den Bereichen Rechnungswesen und Controlling, Analysten sowie langjährige Mitglieder in Prüfungsausschüsse

Abs. 5 AktG geregelte Erfordernis der Unabhängigkeit des Finanzexperten ist zwar durch das AReG – in Umsetzung von Art. 39 Abs. 1 Unterabs. 4, Abs. 5 APr-RL entfallen.[47] Unberührt bleiben allerdings nicht nur die Vorgaben des Abs. 2 S. 1 Halbs. 1, Abs. 2 S. 3 (Rn 20 f, 24), sondern auch sich aus dem Gesellschaftsvertrag und den für die jeweilige Gesellschaft von öffentlichem Interesse geltenden gesetzlichen Regelungen und Grundsätzen ergebende Anforderungen an die Qualifikation der Ausschussmitglieder. So ist für das Aktienrecht – und damit für den unmittelbaren Anwendungsbereich des § 100 Abs. 5 AktG – anerkannt, dass die Mitglieder eines Ausschusses erhöhten Qualifikationsanforderungen unterliegen.[48] Dieses Qualifikations- und Verantwortungsgefälle tritt am deutlichsten im Zusammenhang mit dem Prüfungsausschuss der AG zutage, weshalb sämtliche Ausschussmitglieder zumindest über „financial literacy“ verfügen müssen. Dies wird man ganz allgemein für die Prüfungsausschüsse im Anwendungsbereich des § 324 anzunehmen haben. Das Erfordernis zweier finanzieller Experten findet im Übrigen seine Ergänzung in dem durch das AReG in § 100 Abs 5 Halbs. 2 AktG geregelten und von dem Verweis in Abs. 2 S. 1 Halbs. 2 erfassten Erfordernis der Sektorvertrautheit der Mitglieder des Prüfungsausschusses seine Ergänzung. Es richtet sich an die **Mitglieder des Prüfungsausschusses in ihrer Gesamtheit**, die, wie es Art. 39 Abs. 1 Unterabs. 3 A formuliert, „zusammen“ mit dem Sektor, in dem das geprüfte Unternehmen tätig ist, vertraut sein müssen.[49]

23 **cc) Rechtsfolgen bei Nichtbeachtung.** **Wahlbeschlüsse**, die den Vorgaben des Abs. 2 S. 2 Halbs. 1 betreffend die Unabhängigkeit bzw. § 100 Abs. 5 Halbs. 1 AktG betreffend die Finanzexperten nicht entsprechen, sind gesetzeswidrig und damit nach Maßgabe des jeweiligen Beschussmängelrechts (§ 318 Rn 74) entweder per se nichtig oder **zumindest anfechtbar**.[50] Voraussetzung ist keineswegs, dass die als Finanzexperte vorgesehenen Kandidaten bei Vornahme des Wahlbeschlusses zu identifizieren sind.[51] Es genügt vielmehr, dass feststeht, dass der Prüfungsausschuss nach erfolgter Einzel- oder Listenwahl den Anforderungen des § 100 Abs. 5 AktG nicht entspricht. Verliert der unabhängige Finanzexperte entweder seine Unabhängigkeit oder seine Expertise, so kann er **aus wichtigem Grund abberufen** werden;[52] auch beim Fehlen entsprechender gesellschaftsvertraglicher oder gesetzlicher Regelungen bildet dieses Abberufungsrecht einen ungeschriebenen Bestandteil des allgemeinen Organisations- und Gesellschaftsrechts. Fehlt es an der Sektorvertrautheit, so gilt im Ausgangspunkt nichts anderes als beim Fehlen der erforderlichen unabhängigen Mitglieder bzw. Finanzexperten, mag auch in diesem Fall Zuordnung des Verstoßes zu einzelnen Bestellungsakten noch größere Probleme bereiten als bei Missachtung der Vorgaben zur Unabhängigkeit sowie zu den Finanzexperten.[53]

---

oder Betriebsräte, die sich diese Fähigkeit im Zuge ihrer Tätigkeit durch Weiterbildung angeeignet haben; näher zum Finanzexperten nach § 100 Abs. 5 AktG *Kropff* FS K. Schmidt, S. 1023 ff; *Gruber* NZG 2008, 12 ff.

47 Näher dazu sowie zu Vorgaben des DCGK MünchKommAktG/*Habersack*[5] § 100 Rn 68; *Koch* AktG[16] § 100 Rn. 25.

48 *Koch* AktG[16] § 116 Rn 3 f.; MünchKommAktG/*Habersack*[5] § 116 Rn 26; *ders.* ZSR 124 (2005) II, 533 (553 f); *Dreher* FS Boujong (1995), S. 71 (86 ff); *Lutter* ZSR 124 (2005) II, 415 (441 f); *Schwark* FS Werner (1984), S. 841 (848); krit. KölnKomm-AktG[3]/*Mertens*/Cahn § 116 Rn 9.

49 Näher GroßKommAktG/*Hopt*/*Roth*[5] § 100 Rn 234; *Koch* AktG[16] § 100 Rn 26 ff.; MünchKommAktG/*Habersack*[5] § 116 Rn 72 f. mwN.

50 MünchKommHGB/*Ebke*[4] Rn. 22; Hachmeister/Kahle/Mock/Schüppen/*Staake* Bilanzrecht[3] Rn 62 ff.; *Habersack* AG 2008, 98 (106); MünchKommAktG/*Habersack*[5] § 100 Rn 75 ff. mwN; näher *Jasper* AG 2009, 607 ff; **aA** *Koch* AktG[16] § 100 Rn. 32 mwN; ferner *Gruber* NZG 2008, 12 (14); im Grundsatz auch *Kropff* FS K. Schmidt, S. 1023 (1032 ff).

51 So aber *Kropff* FS K. Schmidt, S. 1023 (1032 f).

52 MünchKommHGB/*Ebke*[4] Rn. 23; für die AG MünchKommAktG/*Habersack*[5] § 100 Rn 75 ff.; *Kropff* FS K. Schmidt, S. 1023 (1034 f).

53 MünchKommAktG/*Habersack*[5] § 100 Rn. 79; *Behme*/*Zickgraf* AG 2016, R 132 (R 135); *Schilha* ZIP 2016, 1316 (1323); **aA** Grigoleit/*Grigoleit*/*Tomasic* AktG[2] § 100 Rn. 32; *Koch* AktG[16] § 100 Rn. 31 f. mwN.

c) Begrenzte Funktionstrennung (Abs. 2 S. 3). Abs. 2 S. 3 verbietet es, einer mit der **Geschäftsführung** betrauten Person den **Vorsitz des Prüfungsausschusses** zu übertragen. Die Vorschrift will hierdurch für eine hinreichende Unabhängigkeit der Mitglieder des Prüfungsausschusses sorgen. Allerdings bleibt Abs. 2 S. 3 deutlich hinter dem in § 105 AktG geregelten Grundsatz der Funktionstrennung zurück. Im Umkehrschluss lässt sich nämlich Abs. 2 S. 3 entnehmen, dass es nicht generell ausgeschlossen ist, Mitglieder des geschäftsführenden Organs in den Prüfungsausschuss zu wählen; Entsprechendes gilt für die Träger geschäftsführungsnaher Funktionen wie etwa die von § 105 Abs. 1 AktG, nicht aber von § 324 Abs. 2 S. 3 erfassten Prokuristen oder zum gesamten Geschäftsbetrieb ermächtigte Handlungsbevollmächtigten.[54] Unberührt bleiben allerdings die Vorgaben des Abs. 2 S. 2 (Rn 20 ff.). Da es einem Mitglied des Prüfungsausschusses, das zugleich geschäftsführend oder geschäftsführungsnah tätig ist, ersichtlich schon an der Unabhängigkeit im Sinne des Abs. 2 S. 2 fehlt, ist das auf den Vorsitzenden bezogene Verbot des Abs. 2 S. 3 zwar nicht überflüssig,[55] aber praktisch wohl nur von eingeschränkter eigenständiger Bedeutung.[56] Immerhin lässt sich aus Abs. 2 S. 3 herleiten, dass bei seiner Missachtung der Beschluss über die Wahl zum Vorsitzenden – je nach Organisationsverfassung und gesellschaftsvertraglicher Regelung handelt es sich um einen Beschluss der Gesellschafter oder um einen solchen des Prüfungsausschusses – gesetzeswidrig und damit nichtig oder zumindest anfechtbar ist, und zwar unabhängig davon, welche Sanktion ein Verstoß gegen Abs. 2 S. 2 (Rn 23) nach sich zieht. 24

3. Aufgaben (Abs. 1 S. 1, Abs. 2 S. 4, 5)

Nach Abs. 1 S. 1 hat sich der Prüfungsausschuss „insbesondere mit den in § 107 Absatz 3 Satz 2 und 3 des Aktiengesetzes beschriebenen Aufgaben“ zu befassen. Die Aufgabe des Prüfungsausschusses besteht damit „insbesondere“ in der „Überwachung des Rechnungslegungsprozesses, der Wirksamkeit des internen Kontrollsystems, des Risikomanagementsystems und des internen Revisionssystems sowie der Abschlussprüfung, hier insbesondere der Auswahl und der Unabhängigkeit des Abschlussprüfers, der Qualität der Abschlussprüfung und der vom Abschlussprüfer zusätzlich erbrachten Leisungen“. Damit sind in der Tat die wesentlichen Aufgaben des Prüfungsausschusses umschrieben.[57] Soweit Abs. 1 S. 1 Raum für zusätzliche Pflichtaufgaben zu sehen scheint („insbesondere“),[58] kann es sich bei diesen nur um solche aus dem Bereich der Rechnungslegung oder Abschlussprüfung handeln. Schon in der Vorauflage (Rn 25) ist die analoge Anwendung des § 124 Abs. 3 S. 1 AktG befürwortet worden; es ist deshalb zu begrüßen, dass das FISG (Rn 2) in Abs. 2 S. 5 klargestellt hat, dass der Prüfungsausschuss den Gesellschaftern einen **Vorschlag für die Wahl des Abschlussprüfers** zu unterbreiten hat, wenn die Kapitalgesellschaft (Rn 7) keinen Aufsichts- oder Verwaltungsrat hat oder wenn der Aufsichts- oder Verwaltungsrat für den Vorschlag nicht zuständig ist. Von Abs. 2 S. 5 unberührt bleibt die analoge Anwendung des **§ 111 Abs. 2 S. 3 AktG** betreffend die Erteilung des Prüfungsauftrags (§ 318 Rn 44); der Prüfungsausschuss steht funktional dem Pflichtaufsichtsrat i.S.d. §§ 111 Abs. 2 S. 3 AktG, 25 Abs. 1 S. 1 Nr. 2 MitbestG, 1 Abs. 1 Nr. 3 DrittelbG, § 3 Abs. 2 Montan-MitbestG, § 3 Abs. 1 S. 2 MitbestErgG gleich. Hingegen gebietet es Abs. 1 S. 1 nicht, dem Prüfungsausschuss zusätzlich Aufgaben jenseits des Bereiches von Rechnungslegung oder Abschlussprüfung – etwa die dem Aufsichtsrat einer AG obliegende allgemeine 25

54 Hachmeister/Kahle/Mock/Schüppen/*Staake* Bilanzrecht[3] Rn 57.

55 § 324 Abs. 2 S. 2 schließt es für sich genommen nicht aus, eine Person mit geschäftsführender Funktion mit dem Vorsitz des Prüfungsausschusses zu betrauen, wenn nur die Hälfte aller Ausschussmitglieder unabhängig ist.

56 Hachmeister/Kahle/Mock/Schüppen/*Staake* Bilanzrecht[3] Rn 57; s. ferner Hopt/*Merkt*[41] Rn. 8a.

57 Näher GroßkommAktG/*Hopt*/*Roth*[5] § 107 Rn 522 ff; MünchKommAktG/*Habersack*[5] § 107 Rn 114 ff.; s. ferner *Lanfermann*/*Röhricht* BB 2009, 887 (889 ff); *Nonnenmacher*/*Pohle*/*v. Werder* DB 2007, 2412 (2413 ff); *Eibelshäuser*/*Stein* Der Konzern 2008, 486 (489 ff); *Altmeppen* ZGR 2004, 390 (405 ff); *Huwer* S. 89 ff; *Maushake* S. 435 ff.

58 Vgl. auch Art. 39 Abs. 6 APr-RL: „unter anderem“.

Überwachungsaufgabe – zu übertragen. Ausgeschlossen sind derlei Aufgabenzuweisungen freilich nicht (Rn 16).

26 Nach Abs. 2 S. 4 sind §§ 107 Abs. 3 S. 8, 124 Abs. 3 S. 2, 171 Abs. 1 S. 2 und 3 AktG entsprechend anzuwenden. Was zunächst die entsprechende Anwendung des **§ 107 Abs. 3 S. 8 AktG** anbelangt, so dient sie der Umsetzung von Art. 39 Abs. 6 lit. a) APr-RL und betrifft den Fall, dass die Gesellschaft zwar über einen Aufsichts- oder Verwaltungsrat verfügt, dieser aber die Voraussetzungen des § 100 Abs. 5 AktG nicht erfüllt und auch nicht erfüllen muss (Rn 27);[59] dann hat der Prüfungsausschuss dem Aufsichts- oder Verwaltungsrat regelmäßig über seine Arbeit zu berichten. Hingegen geht die Verweisung auf § 107 Abs. 3 S. 8 ins Leere, wenn die Gesellschaft über keinen Aufsichts- oder Verwaltungsrat verfügt.[60] Die Verweisung auf **§ 171 Abs. 1 S. 2 AktG** hat zur Folge, dass der Abschlussprüfer an den Verhandlungen des Prüfungsausschusses über die in § 171 Abs. 1 S. 1 AktG bezeichneten Vorlagen teilzunehmen und über die wesentlichen Ergebnisse seiner Prüfung zu berichten hat; nach Abs. 2 S. 4 i.V.m. **§ 171 Abs. 1 S. 3 AktG** hat der Abschlussprüfer den Prüfungsausschuss zudem über Umstände, die seine Befangenheit besorgen lassen, und über Leistungen, die er zusätzlich zu den Abschlussprüfungsleistungen erbracht hat, zu informieren. Der in Abs. 2 S. 4 gleichfalls in Bezug genommene **§ 124 Abs. 3 S. 2 AktG** hingegen sieht vor, dass bei Gesellschaften von öffentlichem Interesse der Vorschlag des Aufsichtsrats zur Wahl des Abschlussprüfers auf die Empfehlung des Prüfungsausschusses zu stützen ist. Diese – schon für die AG nicht geglückte[61] – Vorschrift ist im Rahmen des § 324 nur insoweit von Bedeutung, als die Gesellschaft über einen Aufsichtsrat verfügt, was nach den in Rn 9 f getroffenen Feststellungen zwar nicht ausgeschlossen ist, aber nicht den Regelfall bilden dürfte;[62] der Aufsichtsrat muss dann die Empfehlung des Prüfungsausschusses in seine Erwägungen einbeziehen, ist aber an diesen Vorschlag nicht gebunden.[63] Hingegen bleibt der Prüfungsausschuss auch dann Adressat der Berichts- und Informationspflichten aus § 171 Abs. 1 S. 2, 3 AktG, wenn die Gesellschaft über einen Aufsichtsrat verfügt; andernfalls liefe § 324 leer.

27 Der Prüfungsausschuss ist im Anwendungsbereich des § 324 auch dann ein eigenständiges Gesellschaftsorgan (Rn 16), wenn die Gesellschaft über einen **Aufsichtsrat** verfügt (Rn 9 f); anders als ein nach §§ 107 Abs. 3 AktG, 52 Abs. 1 GmbHG gebildeter Prüfungsausschuss ist er keine bloße Untergliederung des Aufsichtsrats. In einem solchen Fall sind die Aufgaben- und Zuständigkeitsbereiche beider Organe klar auseinanderzuhalten: Weder kann der Aufsichtsrat anstelle des Prüfungsausschusses dessen Aufgaben nach Abs. 1 S. 1 wahrnehmen, noch kann der Prüfungsausschuss anstelle des Aufsichtsrats dessen allgemeine Überwachungsaufgabe übernehmen. Schon die diesbezüglichen Abgrenzungsschwierigkeiten (s. bereits Rn 26) lassen es als ratsam erscheinen, von der Etablierung eines Aufsichtsrats neben dem Prüfungsausschuss abzusehen. Gesellschaften von öffentlichem Interesse steht es frei, entweder den Prüfungsausschuss mit zusätzlichen Aufgaben zu betrauen (Rn 16, 25) und im Anwendungsbereich des § 324 zu verbleiben oder aber ihren fakultativen Aufsichtsrat im Einklang mit § 100 Abs. 5 AktG zu besetzen und hierdurch den Anwendungsbereich des § 324 zu verlassen. Letzteres bietet sich namentlich für die mitbestimmungsfreie GmbH (Rn 9 f) an.

4. Rechte und Pflichten

28 Mit der Qualifizierung des Prüfungsausschusses als für die Kontrolle der Geschäftsführung zuständiges Gesellschaftsorgan geht die Verpflichtung der Organwalter auf das **Gesellschaftsinteresse**

---

59 Begr. RegE, BT-Drucks. 18/7219, S. 47.
60 Begr. RegE, BT-Drucks. 18/7219, S. 47.
61 *Habersack* AG 2008, 98 (99 Fn 6); s. aber auch *Kropff* FS K. Schmidt, S. 1023 (1030).
62 S. dazu noch Rn 27.
63 Begr. RegE, BT-Drucks. 16/10067, S. 103.

einher.[64] Weder in der APr-RL noch in § 324 geregelt ist die Verantwortlichkeit der Mitglieder des Prüfungsausschusses. Die Lücke ist durch analoge Anwendung der **§§ 116 S. 1, 93 AktG** zu schließen.[65] Angesichts des öffentlichen Interesses an effektiver Kontrolle der Geschäftsführung der von § 324 erfassten Gesellschaften ist von der zwingenden Geltung der genannten Vorschriften auszugehen.[66] Informationsrechte und sonstige Rechte der Mitglieder des Prüfungsausschusses können und sollten im Gesellschaftsvertrag ebenso geregelt werden wie die Einbettung des Prüfungsausschusses in den gesellschaftsinternen Informationsfluss.[67] In Ermangelung entsprechender Regelungen bietet sich die analoge Anwendung des **§ 170 AktG** an; zumindest von dessen Abs. 3 kann der Gesellschaftsvertrag nicht zu Lasten der Mitglieder des Prüfungsausschusses abweichen.

IV. Informationsrecht der APAS (Abs. 3)

1. Grundlagen

Die durch das AReG (Rn 1) eingefügte Vorschrift des § 324 Abs. 3 dient der Ausführung der in Art. 27 Abs. 1 lit. c) APr-VO geregelten Pflicht der von dem jeweiligen Mitgliedstaat benannten zuständigen Behörde – in Deutschland die Abschlussprüferaufsichtsstelle beim Bundesamt für Wirtschaft und Ausfuhrkontrolle (APAS, s. Vor § 316 Rn 26) – zur **Bewertung der Tätigkeitsergebnisse der Prüfungsausschüsse**. Diese Pflicht zur Bewertung der Tätigkeitsergebnisse der Prüfungsausschüsse ist wiederum Teil der allgemeinen Aufgabe der zuständigen Behörden, regelmäßig die Entwicklungen auf dem Markt für die Bereitstellung von Abschlussprüfungsleistungen für Unternehmen von öffentlichem Interesse zu überwachen. Die APAS kann deshalb nach § 324 Abs. 3 S. 1 eine Darstellung und Erläuterung des Ergebnisses sowie der Durchführung der Tätigkeit seines Prüfungsausschusses verlangen. Abs. 3 S. 2 verweist die APAS allerdings vorrangig auf Informationen aus öffentlich zugänglichen Quellen und verleiht damit dem Informationsrecht gegenüber der Kapitalgesellschaft subsidiären Charakter. Entgegen seiner systematischen Stellung gilt § 324 Abs. 3 nicht nur für die von § 324 Abs. 1, 2 erfassten Kapitalgesellschaften. Während das AReG in § 324 Abs. 3 aF noch die einzelnen Kategorien der Unternehmen von öffentlichem Interesse unabhängig von der Rechtsform aufgelistet und in S. 3 eine Ausnahme für Genossenschaften, Sparkassen und sonstige öffentlich-rechtliche Kreditinstitute geregelt hatte,[68] hat das FISG (Rn 2) den Anwendungsbereich des § 324 Abs. 3 präzisiert und auf Kapitalgesellschaften und atypische Personengesellschaften beschränkt; nach wie vor bleibt es aber dabei, dass § 324 Abs. 3 nicht nur für Gesellschaften im Anwendungsbereich des § 324 Abs. 1 und 2, sondern für sämtliche Kapitalgesellschaften und atypischen Personengesellschaften von öffentlichem Interesse gilt, mithin auch für solche, die einen Aufsichts- oder Verwaltungsrat zu bilden haben, der die Voraussetzungen des § 100 Abs. 5 AktG erfüllen muss.[69] Für CRR-Kreditinstitute und Versicherungsunternehmen ergibt sich die Anwendbarkeit des § 324 seit Inkrafttreten des FISG aus § 340k Abs. 5 S. 1, § 341k 29

64 *Schürnbrand* S. 148 ff.

65 Begr. RegE, BT-Drucks. 16/10067, S. 94; *Habersack* AG 2008, 98 (106); BeckBilKomm/*Grottel*[13] Rn 91; Hachmeister/Kahle/Mock/Schüppen/*Staake* Bilanzrecht[3] Rn 115; **aA** *Schüppen* Abschlussprüfung[2] Rn 24.

66 *Habersack* AG 2008, 98 (106); **aA** wohl Begr. RegE, BT-Drucks. 16/10067, S. 94 („Um etwaige Regelungslücken zu schließen, ...). – Zur Satzungsautonomie der Gesellschafter einer mitbestimmungsfreien GmbH in Bezug auf die Verantwortlichkeit des fakultativen Aufsichtsrats s. demgegenüber Habersack/Casper/Löbbe/*Heermann* GmbHG[3] § 52 Rn 130, 375.

67 Begr. RegE, BT-Drucks. 16/10067, S. 94.

68 Dazu Begr. RegE, BT-Drucks. 18/7219, S. 50; MünchKommHGB/*Ebke*[4] Rn 33.

69 Schüppen Abschlussprüfung[2] Rn 29.

Abs. 3 S. 1 und 3;[70] die vormals in § 324 Abs. 3 S. 3 geregelten Ausnahmen finden sich nun in § 340k Abs. 5 S. 3. Unberührt bleibt § 6 Abs. 1 S. 2 PublG (Rn 7).

2. Schuldner, Reichweite, Verfahren, Subsidiarität

30 Informationsschuldner ist die Gesellschaft.[71] Diese wird durch das für die Beauftragung des Abschlussprüfers zuständige Organ vertreten, im Falle einer AG von öffentlichem Interesse also durch den Aufsichtsrat.[72] In inhaltlicher Hinsicht umfasst der Auskunftsanspruch die „Darstellung und Erläuterung des Ergebnisses sowie der Durchführung der Tätigkeit" des Prüfungsausschusses der Gesellschaft. Dies ist vor dem Hintergrund der in Art. 27 Abs. 1 lit. c) APr-VO geregelten Pflicht zur Überwachung der Entwicklungen auf dem Markt für die Bereitstellung von Abschlussprüfungsleistungen für Unternehmen von öffentlichem Interesse zu sehen, so dass es primär um die organistorischen Abläufe und Fragen der Marktkonzentration gehen dürfte.[73] Ob und inwieweit der Subsidiaritätsklausel des Abs. 3 S. 2, mit der die Belastung für die betroffenen Unternehmen möglichst gering gehalten werden soll,[74] nennenswerte praktische Bedeutung zukommt,[75] bleibt abzuwarten. Das Informationsverlangen der APAS kann durch Verwaltungsakt gemäß § 35 VwVfG, aber auch im Wege schlicht hoheitlichen Auskunftsersuchens ergehen.[76]

§ 324a Anwendung auf den Einzelabschluss nach § 325 Abs. 2a

(1) [1]Die Bestimmungen dieses Unterabschnitts, die sich auf den Jahresabschluss beziehen, sind auf einen Einzelabschluss nach § 325 Abs. 2a entsprechend anzuwenden. [2]An Stelle des § 316 Abs. 1 Satz 2 gilt § 316 Abs. 2 Satz 2 entsprechend.

(2) [1]Als Abschlussprüfer des Einzelabschlusses nach § 325 Abs. 2a gilt der für die Prüfung des Jahresabschlusses bestellte Prüfer als bestellt. [2]Der Prüfungsbericht zum Einzelabschluss nach § 325 Abs. 2a kann mit dem Prüfungsbericht zum Jahresabschluss zusammengefasst werden.

Schrifttum

S. die Angaben Vor § 316.

Übersicht

70 Begr. RegE, BT-Drucks. 19/26966, S. 105.
71 Begr. RegE, BT-Drucks. 18/7219, S. 50.
72 *Schüppen* Abschlussprüfung[2] Rn 30.
73 *Schüppen* Abschlussprüfung[2] Rn 31.
74 Begr. RegE, BT-Drucks. 18/7219, S. 50.
75 Dies bezweifelnd *Schüppen* Abschlussprüfung[2] Rn 32.
76 *Schüppen* Abschlussprüfung[2] Rn 33.

https://doi.org/10.1515/9783110565362-015

I. Grundlagen

1. Normzweck

Mit dem Bilanzrechtsreformgesetz[1] wurde großen Kapitalgesellschaften in § 325 Abs. 2a die Möglichkeit eingeräumt, statt des nach den Regeln des HGB aufgestellten Jahresabschlusses einen Einzelabschluss nach IFRS im Bundesanzeiger offenzulegen. Da der Einzelabschluss als Informationsmedium an die Stelle des gesetzlich vorgeschriebenen Jahresabschlusses tritt, soll er in gleicher Weise wie dieser das **Vertrauen der Adressaten** genießen können und ist daher grundsätzlich nach den Vorschriften der §§ 316 ff zu prüfen.[2] Lediglich hinsichtlich der Bestellung des Prüfers und der Erstattung des Prüfungsberichts sieht § 324a Modifikationen vor. Dagegen ist für die steuerliche Gewinnermittlung ebenso wie die gesellschaftsrechtliche Kapitalerhaltung und Ausschüttungsbemessung weiterhin allein der Jahresabschluss maßgebend.[3] Wie der ebenfalls allein Informationszwecken dienende Konzernabschluss wird daher auch der Einzelabschluss nach § 325 Abs. 2a nicht festgestellt, sondern lediglich gebilligt (vgl. Abs. 1 S. 2, Rn 7). Das Zusammenspiel aus Prüfung und Billigung soll der Bedeutung Rechnung tragen, die der Information der Öffentlichkeit zukommt.[4] 1

2. Anwendungsbereich

Zu prüfen sind zunächst all diejenigen Einzelabschlüsse großer Kapitalgesellschaften und atypischer Personengesellschaften,[5] deren Offenlegung nach § 325 Abs. 2a an die Stelle der Offenlegung eines Jahresabschlusses treten soll. Das gilt in entsprechender Anwendung für Kreditinstitute (§ 340l Abs. 1 S. 1), Versicherungsunternehmen (§ 341l Abs. 1 S. 1) und Unternehmen, die dem PublG unterliegen (vgl. § 9 Abs. 1 S. 1 PublG). Hingegen hat das BilMoG (Vor § 316 Rn 12) den Verweis in § 53 Abs. 2 S. 2 GenG auf § 324a gestrichen, so dass eine entsprechende Anwendung des § 324a auf genossenschaftliche Pflichtprüfungen seitdem ausgeschlossen ist.[6] Nach wie vor können aber Genossenschaften und sonstige Gesellschaften, insbesondere also kleine und mittlere Kapitalgesellschaften, einen IFRS-Einzelabschluss **freiwillig** prüfen lassen und mit dem Ergebnis im Rechtsverkehr werben; befreiende Wirkung haben Prüfung und Offenlegung in diesem Fall allerdings nicht.[7] 2

II. Abschlussprüfer

Als Abschlussprüfer des Einzelabschlusses gilt nach Abs. 2 S. 1 der **Prüfer des Jahresabschlusses.** Das erschien dem Gesetzgeber schon im Hinblick auf den einheitlichen Lagebericht zu beiden Abschlüssen als allein sachgerecht;[8] es ist auch, so ist hinzuzufügen, im Hinblick auf zahlreiche Synergieeffekte wirtschaftlich sinnvoll. Einer gesonderten Bestellung des Prüfers bedarf es daher nicht. Anders als im Rahmen des § 318 Abs. 2 S. 1 für den Konzernabschlussprüfer ist die Alternative der Bestellung eines anderen Prüfers nicht vorgesehen. Es besteht mit anderen Worten **kraft zwingenden Rechts Personenidentität** zwischen dem Abschlussprüfer des Jahresabschlusses und des Einzelabschlusses; für eine davon abweichende privatautonome Entscheidung der Gesellschaft hat der Ge- 3

---

1 Bilanzrechtsreformgesetz v. 4.12.2004, BGBl. I 3166.
2 BeckBilKomm/*Grottel*[13] Rn 1; *Schüppen* Abschlussprüfung[2] Rn 1.
3 MünchKommHGB/*Ebke*[4] Rn 4.
4 BT-Drucks. 15/3419, S. 54.
5 Zu ihnen § 316 Rn 5, ferner MünchKommHGB/*Ebke*[4] Rn 2.
6 Näher dazu Baetge/Kirsch/Thiele/*Orth* Rn 10.
7 BeckBilKomm/*Grottel*[13] Rn 1; Hachmeister/Kahle/Mock/Schüppen/*Staake* Bilanzrecht[3] Rn 5.
8 BT-Drucks. 15/3419, S. 45; zust. Hopt/*Merkt*[41] Rn 2; Koller/Kindler/Roth/Drüen/*Morck*/*Bach* HGB[9] Rn 2.

setzgeber aus ordnungspolitischen Gründen keinen Raum gelassen.[9] Die Prüfung durch einen anderweitig bestellten oder gewählten Prüfer ist daher keine Prüfung im Rechtssinne; der entsprechende Einzelabschluss darf nicht gebilligt werden (vgl. Abs. 1 S. 2 i.V.m. § 316 Abs. 2 S. 2). Unberührt bleibt das Erfordernis eines auf die Prüfung nach § 324a bezogenen Prüfungsvertrages.[10]

4 Der gesetzlich angeordnete **Gleichlauf** hat Auswirkungen auf die Beendigung der Amtsstellung. So ist es zwar ausnahmsweise denkbar, dass sich ein Befangenheits- oder Ausschlussgrund nur auf die Jahresabschlussprüfung bezieht, etwa weil der Prüfer an der Aufstellung des Jahresabschlusses, nicht aber an der Aufstellung des Einzelabschlusses beteiligt war (§ 319 Abs. 3 Nr. 3a). Gleichwohl ist er auch von der Prüfung des Einzelabschlusses ausgeschlossen.[11] Im Gegenzug hat sich eine Kündigung des Abschlussprüfers aus wichtigem Grund gemäß § 318 Abs. 6 kraft Gesetzes auf beide Aufträge zu erstrecken.[12] Die genannte Verknüpfung dürfte sich nach der Systematik des Gesetzes aber auch im umgekehrten Fall auswirken: Liegt ausnahmsweise ein Ausschlussgrund nur hinsichtlich der Prüfung des Einzelabschlusses vor, ist der Prüfer jedenfalls an der Prüfung des Einzelabschlusses gehindert, aber eben wohl auch von der Prüfung des Jahresabschlusses ausgeschlossen.

III. Durchführung der Prüfung

5 Die Prüfung selbst ist im Umfang des § 317 durchzuführen und insbesondere auf die zugrunde liegende Buchführung zu erstrecken.[13] Dabei stehen dem Prüfer die Informationsrechte des § 320 zu Gebote. Sodann kann gemäß § 324a Abs. 2 S. 2 der **Prüfungsbericht** zum Einzelabschluss nach § 325 Abs. 2a mit dem Prüfungsbericht zum Jahresabschluss zusammengefasst werden. Es handelt sich dabei um ein Wahlrecht, von dem der Prüfer Gebrauch machen kann, aber nicht muss.[14] Entscheidet er sich für eine Zusammenfassung, so gelten für beide Berichtsteile die in § 321 niedergelegten Berichtsgrundsätze. Es ist daher dafür Sorge zu tragen, dass trotz des Aufeinandertreffens verschiedener Rechnungslegungssysteme die Klarheit und Vollständigkeit der jeweiligen Berichterstattung gewährleistet bleibt.[15] Wiederholungen, die sich aus einem Gleichlauf der Rechnungslegungswerke ergeben, dürfen und sollten vermieden werden. Soweit aber Abweichungen zwischen der Bewertung des Einzelabschlusses nach § 325 Abs. 2a und dem Jahresabschluss bestehen, ist darauf deutlich hinzuweisen. In der Insolvenz der Gesellschaft ist der Prüfungsbericht zum Einzelabschluss nach Maßgabe des § 321a offen zu legen.[16]

6 Das Gesetz lässt eine Zusammenfassung nur der Prüfungsberichte zu; der **Bestätigungsvermerk** (§ 322) ist demgegenüber jeweils gesondert zu erteilen.[17] Eine solche Vorgehensweise ist schon deswegen geboten, weil die beiden Abschlüsse jeweils getrennt mit ihrem Bestätigungsvermerk offen zu legen sind. Die befreiende Wirkung der Offenlegung des IFRS-Abschlusses tritt nach § 325 Abs. 2b nämlich nur ein, wenn sowohl dieser samt seinem Bestätigungsvermerk als auch der Jahresabschluss mit seinem Bestätigungsvermerk eingereicht werden. Diese Sichtweise lässt sich durch einen Umkehrschluss zu § 324a Abs. 2 S. 2 und § 325 Abs. 3a untermauern.

---

9 MünchKommHGB/*Ebke*[4] Rn 5; Ebenroth/Boujong/Joost/Strohn/*Böcking*/*Gros*/*Rabenhorst*[4] Rn 3; Hachmeister/Kahle/Mock/Schüppen/*Staake* Bilanzrecht[3] Rn 11; *Schüppen* Abschlussprüfung[2] Rn 5; **aA** Koller/Kindler/Roth/Drüen/*Morck*/*Bach* HGB[9] Rn 2.

10 MünchKommHGB/*Ebke*[4] Rn 5; *Schüppen* Abschlussprüfung[2] Rn 5.

11 Baetge/Kirsch/Thiele/*Orth* Rn 38, 42.

12 Baetge/Kirsch/Thiele/*Orth* Rn 39.

13 Näher Baetge/Kirsch/Thiele/*Orth* Rn 28 ff.

14 Abratend Baetge/Kirsch/Thiele/*Orth* Rn 85.

15 Ebenroth/Boujong/Joost/Strohn/*Böcking*/*Gros*/*Rabenhorst*[4] Rn 4; BeckBilKomm/*Grottel*[13] Rn 20.

16 Näher Baetge/Kirsch/Thiele/*Orth* Rn 24.

17 MünchKommHGB/*Ebke*[4] Rn 6; Hachmeister/Kahle/Mock/Schüppen/*Staake* Bilanzrecht[3] Rn 16; **aA** Ebenroth/Boujong/Joost/Strohn/*Böcking*/*Gros*/*Rabenhorst*[4] Rn 4; *Schüppen* Abschlussprüfung[2] Rn 4; Baetge/Kirsch/Thiele/*Orth* Rn 52 (für den Fall gemeinsamer Offenlegung der Abschlüsse).

IV. Rechtsfolgen unterlassener Prüfung

Von der Pflicht zur Offenlegung des Jahresabschlusses (§ 325 Abs. 1 S. 1) ist die Gesellschaft nur dann befreit, wenn der stattdessen publizierte IFRS-Einzelabschluss sowohl vom Abschlussprüfer geprüft als auch vom zuständigen Gesellschaftsorgan gebilligt worden ist. Zunächst darf der Einzelabschluss nach § 325 Abs. 2a gemäß § 324a Abs. 1 S. 2 i.V.m. § 316 Abs. 2 S. 2 **nicht gebilligt** werden, wenn nicht zuvor die gesetzlich vorgeschriebene Prüfung stattgefunden hat. Abgeschlossen ist diese erst, wenn der Abschlussprüfer den Prüfungsbericht samt Bestätigungsvermerk oder dem Vermerk über seine Versagung vorgelegt hat (§ 316 Rn 11). Sodann ist der IFRS-Einzelabschluss zu billigen (Rn 1). Zuständig hierfür ist in der AG und in der SE mit dualistischem System der Aufsichtsrat (§ 171 Abs. 4 S. 2 AktG), in der SE mit monistischem System der Verwaltungsrat (§ 47 Abs. 4 SEAG). In der GmbH wiederum ist grundsätzlich die Gesellschafterversammlung zur Entscheidung berufen (§ 46 Nr. 1a GmbHG); existiert ein Aufsichtsrat ist freilich mangels anderweitiger Bestimmung im Gesellschaftsvertrag dieser zuständig (§ 52 Abs. 1 GmbHG i.V.m. § 171 Abs. 4 AktG). 7

Unterbleibt die Prüfung des Einzelabschlusses nach § 325 Abs. 2a, so sieht das Gesetz dafür keine speziellen **Sanktionen** in Form von Nichtigkeits-, Bußgeld- oder Strafvorschriften vor. Das ist in sich schlüssig, weil die Veröffentlichung dieses Abschlusses in Ausübung eines bloßen Wahlrechts erfolgt.[18] Freilich kann ein ungeprüfter IFRS-Einzelabschluss keine befreiende Wirkung entfalten (Rn 7), so dass wegen der Verletzung der Pflicht zur Offenlegung des Jahresabschlusses ein Ordnungsgeld nach § 335 festgesetzt werden kann.[19] Auch handeln die Gesellschaftsorgane pflichtwidrig, die einen ungeprüften IFRS-Einzelabschluss billigen. 8

18 Ebenroth/Boujong/Joost/Strohn/*Böcking*/*Gros*/*Rabenhorst*[4] Rn 5.

19 Baetge/Kirsch/Thiele/*Orth* Rn 92.

Sachregister

https://doi.org/10.1515/9783110565362-016

C

D

www.ingramcontent.com/pod-product-compliance
Lightning Source LLC
LaVergne TN
LVHW081518300926
849161LV00006B/1215